【图文珍藏版】

曾国藩绝学

［清］曾国藩 著

线装书局

第二卷

【图文珍藏版】

冰鉴

[清] 曾国藩 著

线装书局

冰鉴，取其以冰为镜，能察秋毫之义。《冰鉴》是曾国藩观人识人的专著。曾国藩观人鉴人，目的都是为了选贤任能，为了发现人才，重用人才，他摒弃了江湖中那种重形轻神、重奇轻常、重术轻理的习俗，重神而兼顾形，重常而辨别奇，重理而指导术，从整体出发，就相论人，就神论人，从静态中把握人的本质，从动态中观察人的归宿。

卷一　神骨鉴

经文释义

【原文】

语云："脱谷为糠，其髓斯存"，神之谓也。"山骞不崩，唯石为镇"，骨之谓也。一身精神，具乎两目；一身骨相，具乎面部。他家兼论形骸，文人先观神骨。开门见山，此为第一。

【译文】

俗话说："稻谷的外壳分离出来就是没有多大用途的谷糠，但稻谷的精华——米，仍然存在着，不会因外壳磨损而丢失。"这个精华，犹如人的神，是一个人的内在精神状态。俗话又说："山岳表面的泥土虽然经常脱落流失，但山却不会倒塌破碎，因为山有坚硬的岩石支撑着。"这里所谓的镇山之"石"，就相当于支撑人形体的骨骼。一个人的精神状态，主要集中在他的眼睛里；一个人的骨骼丰俊，主要集中在他的面孔上。别家相术相一般人的面时，已经能够谈及人的形骸骨骼，而文人相"文人之相"时则先观察他的"神骨"。所以本卷开门见山，将"神骨说"放在第一卷来讲。

曾国藩像

【原文】

文人论神，有清浊之辨。清浊易辨，邪正难辨。欲辨邪正，先观动静；静若含珠，动若木发；静若无人，动若赴的，此为澄清到底。静若萤光，动若流水，尖巧而喜淫；静若半睡，动若鹿骇，别才而深思。一为败器，一为隐流，均之托迹于清，不可不辨。

【译文】

文人在研究、观察人的"神"时，一般都把"神"分为清明和愚浊两种类型。神骨的清明和愚浊是比较容易区分的，但是"清"中的正与邪，即奸邪与忠正，则不容易分辨。如果想要分辨邪与正，应该先观察他处于动和静两种状态

下的表现。安静时，目光沉稳又暗含光辉，真情内蕴，宛如两颗晶莹的明珠，含而不露；行动时，目光敏锐犀利，精光闪烁，宛如春天树木抽出的新芽。安静时，目光清明澄澈，不为他物所扰，旁若无人；行动时，目光锐利灿然，宛如瞄准目标，一发中的。以上这两种神态，澄澈清明，清到极点，是"清"中纯正的神态。安静时，目光像萤火虫一样昏暗不明，闪烁不定；行动时，目光像流水一样无所归附，游移不定。以上两种神情一种是善于掩饰，一种是奸邪之意在内心萌动。安静时，目光似睡非睡，似醒非醒；行动时，目光像受惊的小鹿一样惶惶不安。以上这两种目光，一则是有智有能而不循正道的神情，一则是深谋图巧又怕别人窥见他的内心的神情。具有前两种神情者，多是品行有瑕疵之辈；具有后两种神情者，则是合而不发之人。两种都属于奸邪的神情，可是它们都混杂在清明的神情中，是观察神情时必须仔细加以辨别的。

【原文】

凡精神，抖擞处易见，断续处难见。断者出处断，续者闭处续。道家所谓"收拾入门"之说，不了处看其脱略，做了处看其针线。小心者，从其做不了处看之，疏节阔目，若不经意，所谓脱略也。大胆者，从其做了处看之，慎重周密，无有苟且，所谓针线也。二者实看向内处，稍移外便落情态矣，情态易见。

【译文】

大凡观察识别人的精神状态，那种只是在那里故作振作，还是真的精神抖擞，都是比较容易分辨的，而那种介于假振作和真抖擞之间的神态就比较难于识别了。精神不足，是由于故作抖擞并表现于外；而精神有余，则是由于自然而生并且蕴含于内。所以道家有"收拾入门"的说法，用于观察神态。尚未去掉杂念，不能以静待动的时候，要观察他行动的轻慢不拘；

面部总图

已经去掉杂念，能够以静待动的时候，要着重看他精细周到的方面。对于小心谨慎的人，要从尚未摒除杂念，不能以静待动的时候去看他。这样就可以发现，他愈是小心谨慎，他的举动就愈是不精细周密，总好像漫不经心的样子。这种精神状态，就是所谓的轻慢不拘；对于性情豪放率直的人，要从已经摒除杂念，能够以静待动的时候去看他，这样就可以发现，他愈是率直，他的举动就愈是周密，他愈是豪爽，他的举动就愈是一丝不苟，这种精神状态，就是所谓的精细周密。所谓"脱略"和"针线"这两种精神状态，实际上都存在于人的内心世界，但

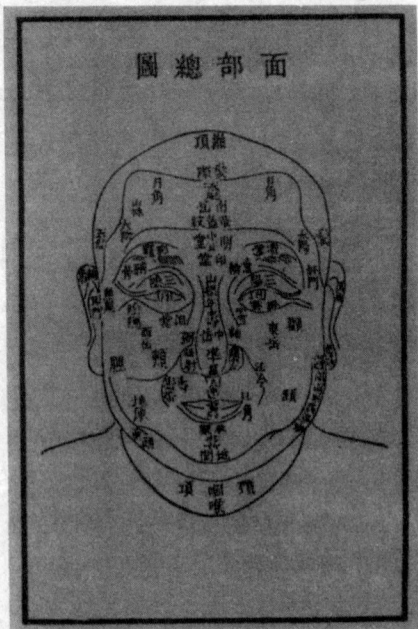

只要它们稍微向外一流露，立刻就会变为情态，而情态是比较容易看到的。

【原文】

骨有九起：天庭骨隆起，枕骨强起，项骨平起，佐串骨角起，太阳骨线起，眉骨伏犀起，鼻骨芽起，颧骨若不得而起，顶骨平伏起。在头，以天庭骨、枕骨、太阳骨为主；在面，以眉骨、颧骨为主。五者备，柱石之器也；一则不贫；二则不贱；三则动履稍胜；四则贵矣。

【译文】

九贵骨各有各的形态：天庭骨丰隆饱满；枕骨充实显露；项骨平正而突兀；佐串骨像角一样斜斜而上，直入发际；太阳骨直线上升；眉骨骨棱显而不露，隐隐约约像犀角平伏在那里；鼻骨状如芦笋竹芽，挺拔而起；颧骨有力有势，又不陷不露；顶骨平伏厚实，又约显约露。看头部的骨相，主要看天庭、枕骨、太阳骨这三处关键部位；看面部的骨相，则主要看眉骨、颧骨这两处关键部位。如果以上五种骨相完美无缺，此人一定是国家的栋梁之材；如果只具备其中的一种，此人便终生不会贫穷；如果能具备其中的两种，此人便终生不会卑贱；如果能具备其中的三种，此人只要有所作为，就会发达起来；如果能具备其中的四种，此人一定会显贵。

【原文】

骨有色，面以青为贵，"少年公卿半青面"是也。紫次之，白斯下矣。骨有质，头以联者为贵。碎次之。总之，头上无恶骨，面佳不如头佳。然大而缺天庭，终是贱品；圆而无串骨，半是孤僧；鼻骨犯眉，堂上不寿。颧骨与眼争，子嗣不立。此中贵贱，有毫厘千里之辨。

十五骨节虚染图　清

【译文】

骨有不同的颜色，而面部颜色，其中以青色最为高贵。俗话说的"少年公卿半青面"，就是这个意思。黄中透红的紫色比青色略次一等，面如枯骨着粉白色则是最下等的颜色。骨有一定的气势，头部骨骼以相互关联、气势贯通为高贵，互不贯通、支离散乱则略次一等。总之，只要头上没生恶骨，就是面相再好也不如头好。但是，如果头大而天庭骨却不够丰隆，终究是卑贱的品位；如果头圆而佐串骨却隐伏不见，多半要成为孤寂的僧人；如果鼻骨冲犯两眉，父母必不长寿；如果颧骨紧贴眼尾而颧峰凌眼，必绝子孙后代。这里的富贵与贫贱差别，有如毫厘之短与千里之长，是非常大的。

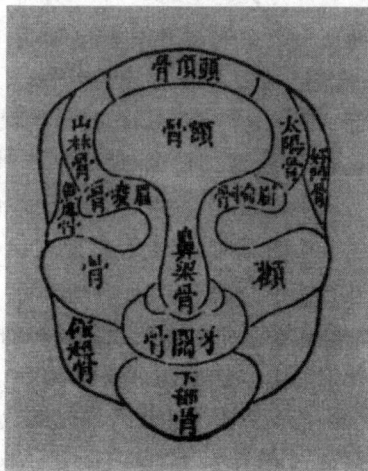

智慧通解

观人面相之说，在中国由来已久。据传项羽年少时遇一老者，老者端详他许久，然后摇摇头，走了。项羽追上去询问，老者说，你将来会贵不可言，但是下场凄凉。后来，项羽大败乌江，看见蚂蚁排就的"项羽死于此"，后面汉军逼近。心里想起老者的话，大叫一声"天要亡我"，于是拔剑自刎。这是民间流传的说法，是否属实，我们尚不得知。但是识人相面之术看来是古已有之，并且历久未灭的。

据说曾国藩善于察人，他的幕府中有不少贤才志士，对于他后来的建功立业起到了不可或缺的作用。曾国藩呕心沥血做出这本《冰鉴》，将自己识人察人的观点公示于众。

神骨为《冰鉴》之开篇，总领全书，当为全书总纲。同时也说明了曾国藩品鉴人物以神为主，形神并重。历代文人都重视外在的"神"、内藏的"骨"。观人的"神""骨"，犹如门外的大山，门既打开，山势自然可见。山势既幽深，必有来龙去脉，既雄伟，必有深根厚基，自此喻人之命运，其优劣高下，不言自明。

首先，这里的"神"并非日常所言的"精神"一词，它有比"精神"内涵广阔得多的内容，它是由人的意志、学识、个性、修养、气质、体能、才干、地位、社会阅历等多种因素构成的综合物，是人的内在精神状态。俗话说："人逢喜事精神爽。"而这里所论的"神"，不会因人一时的喜怒哀乐而发生大的变化，貌有美丑，肤色有黑白，但这些都不会影响"神"的外观，换句话说，"神"有一种穿透力，能越过人貌的干扰而表现出来。

"神"并不能脱离具体的物质东西而空空地存在，它肯定有所依附，这就是说"神"为"形"之表，"形"为"神"之依，"神"是蕴含在"形"之中的。"形"是"神"存在的基

对联　清　曾国藩书

础，与"神"的外在表现紧密相关。如果"神"是光，"形"就是太阳和月亮，日月之光放射出来普照万物，但光又是深藏在日月之中的东西，它放射出来就是光。这就说明："神"藏于"形"之中，放射出来能为人所见，如光一样；"形"是"神"的藏身之处，但又与"神"有着千丝万缕、分割不开的物我关系，"神"必须通过"形"来表现。

这种复杂的关系，说明日常观人时，既要由"神"观"形"，又要由"形"

观"神"，二者相反相成，相辅相依，不能完全割离开来、单独地看。

所以，曾国藩又仔细论证神之有余者应为何种情状，神之不足者、形之有余者、形之不足者各应为何种情状，以及这四种人的福禄寿命等。

《冰鉴》中所言的"骨"，并不是现代人体解剖学意义上的骨骼，而是专指与"神"相配，能够传"神"的那些头面上数量不多的几块骨。

接着，比较形象地说明"神"和"骨"，曾国藩用了两个比喻，以便读者能充分地理解"神"和"骨"的奥妙。

【经典实例】

诸葛亮择官

诸葛亮以其"隆中策"预见天下三分，显示其大才；以其"鞠躬尽瘁"尽忠汉室，显示其大德。其人如此，其择官也以德才兼备为准则。

诸葛亮第一次北伐向刘禅上疏，即《前出师表》，说："亲贤臣，远小人，此先汉所以兴隆也；亲小人，远贤臣，此后汉所以倾颓也。先帝（刘备）在时，每与臣论此事，未尝不叹息痛恨于桓、灵也。"桓帝、灵帝是东汉末年的皇帝，先后兴起第一次、第二次"党锢之祸"，杀戮敢于直言的李膺等贤臣；二人都信任宦官，使宦官得专政，朝政腐败。桓帝封单超等五宦官为侯，任其专横胡为。灵帝公开标价卖官，敛财私藏，上梁不正下梁歪，贪污风盛，民不聊生致社会动荡不安，终于激起黄巾造反。之后群雄攻战，从而形成三国鼎立的局面。诸葛亮上《前出师表》时，刘备已去世，由他执政辅佐刘禅，故在出征前总结了先汉与后汉兴亡的经验教训，谆谆告诫刘禅，不要学桓、灵二帝"亲小人，远贤臣"，要学先汉"亲贤臣，远小人"，才能使蜀国兴隆，以复兴汉室。

诸葛亮还在《便宜十六策》里指出："治国之道，务在举贤。若夫国危不治，民不安居，此失贤之过也。夫失贤而不危，得贤而不安，未之有也。"因此，诸葛亮在治理蜀国时特别重视选拔德才兼备之士。

诸葛亮推荐董允为侍中，领虎贲中郎将，统宿卫重兵，负责宫中之事。刘禅常欲增加后宫嫔妃，董允认为古时天子后妃之数不超过十二人，今已足数，不应增加。刘禅宠爱宦官黄皓，皓为人奸佞，想干预政事，允上则正色匡主，下则数责黄皓，允在时，黄皓不敢胡为。

蒋琬、费祎、姜维都是诸葛亮精心选拔为他理政、治军的接班人。蒋琬人蜀初期任干都县长，刘备下去巡视，适见蒋琬饮醉，不理事，大怒，要杀他。诸葛亮深知其人，为之说情："蒋琬，社稷之器，非百里之才也。其为政以安民为本，不以修饰为先，愿主公重加察之。"刘备敬重亮，听其言，才不加罪。后亮提拔琬为丞相府长史，亮每次出征，琬都足食足兵以相供给。亮常赞琬为人"忠雅"，可与他辅佐蜀汉王业。亮死前，密表刘禅："臣若不幸，后事宜以付琬。"亮死，琬执政，其人大公无私，胸怀广阔，能团结人，明知时势，做到国治民

安。蒋琬病，荐费祎代之，费祎为人明断事善理事，知军事，他在任时边境地虞，魏人不敢正窥西蜀。姜维继诸葛亮复兴汉室之志，屡次北伐，虽无大胜，但魏兵也不能侵入。及司马昭派大军伐蜀，刘禅昏庸不听姜维派兵扼守阴平之议，邓艾得以偷渡而直捣成都，刘禅出降，并令姜维降，姜维想假降待机杀钟会以复兴蜀汉，其夙愿虽不实现，足见其忠烈。

刘备死后，有诸葛亮及其后继者蒋琬、费祎、姜维等辅佐，刘禅这昏庸之主才得安坐帝位达四十一年之久。而曹操死后，其子曹丕篡汉，魏立国虽有四十五年，但早在十七年前司马懿就发动政变夺取曹爽的军权，魏政权已归司马氏，魏已名存实亡，魏政权存在实际只有二十八年。孙权死后，孙亮立为吴帝，内部不和，国势日弱遂被晋灭，孙权后人掌权只有二十七年。三国相比，蜀汉政权较稳固，无内部互相倾轧、争权夺利之事，这是因有德才兼备臣辅佐之故。

元世祖用人

元世祖忽必烈与赵孟頫谈话，问叶李、留梦炎两人优劣，孟頫答道："梦炎，臣之父执，其人重厚，笃于自信，好谋而能断，有大臣器；叶李所读之书，臣皆读之，其所知所能，臣皆知之能之。"忽必烈说："汝以梦炎贤于叶李耶？梦炎在宋为状元，位至丞相，贾似道误画阁上，梦炎依阿取容；叶李布衣，乃伏阙上书，是贤于梦炎也。汝以梦炎父友，不敢斥言其非，可赋诗讽之。"孟頫所赋诗，有"往事已非那可说，且将忠直报皇元"之语，忽必烈颇赞赏。（《元史·赵孟頫传》）

忽必烈是元朝的创建者，是个有作为的皇帝。他任总领漠南汉地军国庶事，开府于金莲川（在今河南结源）时，已任用汉儒为其谋士。及灭宋后，广泛搜求宋朝名士任官，为之理政治民。宋魏国公赵孟頫是宋太祖子秦王德芳之后，宋亡，家居，后被召入朝任官。

忽必烈对叶李、留梦炎的评价与孟頫不同：孟頫赞许留梦有大臣之器，对叶李则认为其才能与己相当；忽必烈却认为叶李贤于留梦炎。这是以两人对贾似道误国罔民的不同态度而定优劣。公元1258年，忽必烈奉蒙哥大汗命进军围攻鄂州，宋派贾似道率军前往救援，而忽必烈因其兄蒙哥死急于回去争帝位，适贾似道派使来求和，忽必烈便顺势答应并率大军北返。贾似道却谎报"鄂州大捷"，说蒙古兵已肃清，这事虽说欺骗宋理宗，贾似道得以人为相，但朝野上下是清楚的，留梦炎却依附之以取悦于贾似道。当时叶李只不过是一个太学生，愤贾似道害国害民，便带头与同学八十三人，伏阙上书揭露贾似道的罪恶，责其"变乱纪纲，毒害生灵，神人共怒，以干天谴。"贾似道大怒，知书是叶李所定，使其党人逮捕叶李，叶李便逃匿。适宋亡，叶李归隐富春山。忽必烈多次派人征召不出，后不得已才人见。忽必烈劳问："卿远来良苦！"又说："卿往时讼似道，朕尝识之。"言下之意，是对他表示敬意。忽必烈向他请教治国之道，叶李陈述古帝王的得失成败，忽必烈赞许，命他五日一人议事，后任资善大夫、尚书左丞。

叶李在宋不过是一布衣，忽必烈却如此破格重用，是因赏识其人忠直敢弹劾误国欺上的贾似道。而对留梦炎这个宋朝丞相和有名的状元，虽赏识其文才，却认为其人有私心而缺德行，便降级使用。

由此可见，忽必烈用人重才学，也重德行。

魏惠王嫉贤妒才

以名利地位来识人，有才也会被看成无才，无才却可能会被看成有才。魏惠王就是以地位看人识人，从而确认其是否有才的。

有的人物色人才时往往是眼睛向上而不向下，地位低的人是看不上眼的。战国时魏惠王正是这样看不起公孙鞅，因而有大才不用，将他输送到敌国——秦国。这事见《战国策·魏国策》。

魏相公叔痤病重，魏惠王前往探看，说：“公叔病，即不可讳，将奈社稷何？”公孙痤答道：“痤有御庶子公孙鞅，愿王以国事听之也。如弗能听，勿使出境。”惠王默然，出而对左右说：“岂不悲哉！以公叔之贤，而谓寡人必以国事听鞅，不亦悖乎！”公叔痤死，公孙鞅便投奔秦国，秦孝公纳而用之，结果是秦国日强，魏国日弱。

商鞅像

魏惠王是战国七雄之一的魏国国君，是一个想有所作为的人，其相公孙痤病危，要求其推荐后继者以辅佐，痤荐举他的御庶子，即家臣，这是低级的官员。魏惠王认为公孙鞅是个小小的官吏，这样地位低下的人而公叔痤竟要他“以国事听之”，这不是“不亦悖乎！”意是说公孙痤是病得糊涂说乱语。公孙痤也知惠王不用公孙鞅，叫鞅来告诉他并要他快走，公孙鞅认为惠王不听痤的话任用他，也就不会听痤说的话“勿使出境”，因为在惠王的眼里，公孙鞅是个无足轻重的人，是不会把鞅放在心里，也就不会理他的。

此处不留人，自有留人处，公孙鞅一入秦，以霸道说秦孝公，孝公正想称霸于天下，以孙鞅所说正称己意，因而大为赏识，任鞅为左庶长，掌握军政大管，实行变法。同是一个公孙鞅，在魏惠王的眼中是个无足轻重的“小人物”，而在秦孝公那里，却让他掌管朝政，成为个改天换地的“大人物”。他实行两次变法，使秦国起了根本的变化，奠定了秦国富强的基础。

魏惠王不知用人，大才如公孙鞅不用，却用嫉贤妒才的庞涓之流，致齐国能用被他迫害致残的孙膑的计谋，于马陵设埋兵大败魏军，全歼魏军十万。而秦有公孙鞅辅佐，国力日强，魏在西方屡败于秦，失去少梁（今陕西韩城）和安邑，

河西屏障开始被秦突破。公元前343年，公孙鞅率秦兵伐魏，虏魏将公子印，从此，魏国国势日衰。

公孙鞅因有功，秦封于商地，尊为商君，故也称为商鞅。

杨广利用离间术杀父登皇位

历史上的隋文帝次子杨广就是利用离间术，挑拨太子与其父皇母后的关系，最后杀父登上皇位的。

隋文帝是历史上一个较好的皇帝，他带头提倡节俭，努力推动生产发展，使隋朝富裕冠历代王朝，但因选错杨广继位，隋传二世而亡。他之所以选择杨广，是因他和其妻独孤皇后，偏恶太子杨勇，致被次子杨广蒙蔽之故。

有所恶，是人的常情，如恶其所应恶，无可非议，但应恶而恶得过分，将会对被其所恶者有错误的看法。杨坚夫妻对其长子杨勇就是如此。

《隋书·房陵王勇传》记载：杨勇好学，擅长词赋，为人宽仁和厚，性情率直。隋文帝即帝位后，立杨勇为太子。军国政事，都令勇参决。勇处理政事，能体察民情，"时政不便，多所损益，上每纳之。"文帝重节俭，因见勇穿"文饰蜀铠"，心里很不高兴，认为这是奢侈，便严厉批评。如仅限于此，问题不大。勇母独孤皇后性最妒，她不仅不准文帝与宫女相近，凡大臣纳妾也心恨之。她因勇多几个内宠，宠爱妾云氏而不喜元妃，及元妃暴病死，竟疑云氏所害，便责备勇。从此，厌恶勇，常派人暗中伺察，寻求勇的罪过，常向文帝进谗，因而太子勇与父皇母后的关系日益恶劣。

太子勇的本质是好的，有一些缺点，如穿"文饰蜀铠"，多几个内宠，这在古代王子算不了什么，如恐其趋向奢侈淫乐，教育之可以，由于偏恶而小题大做，这是不幸之源。文帝的次子杨广知道父母有厌恶太子意，便起夺嫡的野心。杨广很虚伪。他善于伪装，他知道其父皇反对奢侈，母后恶人好女色，便迎合双亲之意而行之；他不与姬妾亲近，只与肖妃住在一起，独孤皇后见了，正合己意，大赞其有德行。他将乐器的弦都折断，蒙上尘埃，显示弃置不用，文帝见了，以为他不好声妓，满口赞誉。及任扬州总管，每岁来朝一次，他的车马侍从都很俭素，接待朝臣也礼极卑屈，因此，在朝臣中，他的声誉在诸王之上。他又勾结大臣杨素等为他捧场，并指使他们挑拨太子与其父皇母后的关系，于是内外诽谤，太子勇的过失日闻，因他父皇母后偏恶勇，人言皆信。始是百官在冬至日前往向太子祝贺，太子张乐相迎，而人报知文帝，文帝责其越礼；杨素等又制造事故，诬太子怨望，要防有他变，文帝信而削弱太子卫队，加强自己的卫队，以防太子夺位。杨广又向母后诬太子勇有相害之谋，独孤后便决心废勇立广，极力怂恿文帝，文帝终于宣布废太子而立杨广。勇被囚于东宫，由广管制。勇认为其罪不当废，求见文帝以申冤屈，杨广不许，勇便攀上树梢，大声呼叫，希望文帝听到能召见。杨素却上奏诬"勇情志昏乱"，文帝也以为然，终不见勇。

文帝病，杨广入宫侍医药时奸污其爱姬，文帝知而埋怨"独孤误我"和后

悔"枉废我儿"时已经迟了，杨广知其父叫人召勇便将其弑杀，并矫诏杀杨勇，杨勇有十子也一个不留全杀了。杨广弑父登上皇位后，其真面目大暴露，因他骄奢淫逸、穷兵黩武、暴虐残忍，弄得众叛亲离，这个独夫终被他认为的"心腹"禁军将领缢死。由于杨坚夫妇偏恶太子勇，致被杨广矫饰所蒙蔽，结果招来祸害，文帝被弑，隋也速亡。

唐太宗平内讧

是人必有爱恶，应爱即爱，应恶即恶，爱恶得家，爱恶分明，能如此，被称为刚正。但偏爱偏恶，对其所爱所恶就可能出现偏激之处，也就对其所爱所恶缺乏实事求是的态度，所爱所恶得过分了，就会起反作用。因为偏爱，就会过分强调或只看到其所爱的对象的好处，而忽视或看不见他的坏处，即使其坏处超过其好处，也视而不见，如此，会把坏人看成好人。偏恶，也就会过分强调或只看到其所恶的对象的坏处，即使其好处超过其坏处，也视而不见，如此，会把好人看成坏人。偏爱偏恶者是普通人，出问题还不会太大，如出于有权力而能决定人的命运者，奸佞的人将投其所偏爱偏恶，可能受到蒙蔽，只看到人的表面现象，而看不到人的本质，也就知错人而用错人，将会惹出祸乱。

唐太宗晚年，发生争夺继位的内讧，跟他偏爱有很大的关系，其事见《旧唐书》李承乾、李泰二人的本传。

李承乾是太宗的长子，太宗即位后立为太子，时年八岁，性聪敏，太宗甚爱之，太宗居父唐高祖丧，政事交给承乾，他处理得井井有条，自此，太宗每外出，都令他居守监国。承乾有脚病，行动艰难，太宗虽感到美中不足，还不因此有废立之意。后来发生内讧致被废立，是因太宗偏爱李泰之故。

李泰少时便善写文章，常与名士交往，因此，太宗批准他调置文学馆，可召集文士一起研究文学。贞观十二年，李泰与士人撰写《括地志》，四年后完成，上呈太宗，太宗下诏付秘阁收藏，厚赏李泰及撰写人。因此，太宗偏爱李泰，每日供李泰的钱财，一度超过太子。李泰腰腹洪大，太宗准他乘小轿到朝所，还想将李泰迁宫内武德殿。太宗甚至亲口说要立李泰为太子，其偏爱李泰如此。于是，李泰便起夺嫡的野心，勾结贿赂朝臣，结成朋党，加紧夺嫡活动。

太宗有废嫡意，承乾怕其太子位被李泰所夺，引发他提前夺帝位的阴谋。他与其叔汉王元昌、兵部尚书侯君集等谋反，将纵兵入宫。未发难，事被揭发，太宗便废承乾为平民，令元昌自尽，杀侯群集等。太宗面斥承乾，乾说：臣贵为太子，更何所求？但为泰所图，特与诸臣自安之道。不逞之人，遂教臣为不轨之事。今若以泰为太子，所谓落其度内。"太宗对侍臣说："承乾言亦是。我若立泰，便是储君之位可求而得耳。"由于李泰夺嫡的阴谋亦揭露，太宗召集六品以上的文武官员宣布："承乾悖逆，泰亦凶险，皆不可立。"太宗不立泰，内心是惋惜的，但他终究是个明君，立泰是不得人心的，为国家计，只好割爱将泰徙居于外，他对近臣表露其心事说："泰文辞美丽，岂非才士。我心中念泰，卿等所

知，但为社稷之计，断割恩宠，责其居外者，亦两相全也。"于是，改封泰为顺阳王，徙居均州的郧乡县，后又封为濮王。年三十五，病死于郧乡。

六国用人唯亲

勿以线识人，这是古今中外识人的历史留给后人的一份最珍贵的遗产。勿以线识人，是决定正确用人方针的前提。

用人唯贤，还是用人唯亲，这是两种不同的用人才方针。用人唯贤，是指不论亲疏恩仇，只要有贤才就用之；用人唯亲，是自己的亲友或亲己者，如信而用之。用人而以亲划线，这就是历史上不少英雄好汉栽跟斗的主要原因之一。

这是因为：一个人的亲友究竟有限，在有限的人数中选拔人才，必然数量少，而质量不高，故多庸才；用人唯亲，必然不信任外人，

三彩骑马男俑　唐

以至排挤人。而不被信任的人才，必然另寻出路，投奔他处。这实是为敌对势力输送人才。其结果是削弱了自己。能否得人才，是胜败的关键，彼此前途如何，可以预料。

为何用人唯亲？无非是亲人可信任而已。是否可信任，主要是看其人的品德如何，而不在是否亲人。每当势衰或败亡时，出卖或杀害自己的，恰恰是其所亲的人。

历史的鉴戒虽然如此深刻，但用人唯亲者仍不乏其人，这既有感情问题，也有认识问题。

战国后期六国为何缺乏杰出人才，是以亲划线识人用人所导致的必然结果。

六国所重用的人，主要是各国的皇亲国戚。以最出名的"四君"为例，他们中有三个都是其本国的公子，除一人较有作为外，其他"三君"并非有经国之才。"四君"都以养士著称于世，但其所养之士中杰出人才少得可怜，治国之才则一个也没有。如齐国孟尝君所养之士中，为人们所称道的不过是鸡鸣狗吠之徒和冯谖而已。孟尝君奉命入秦被囚，靠鸡狗吠之徒帮助才能逃归；冯谖则为他"营三窟"，使他自己在齐国得以安然无事罢了。赵国平原君的宾客中，倒有个

自荐的毛遂，在赵、楚会谈联合抗秦时劫持楚王定从，此外未见有何贡献；而平原君只不过是个"翩翩公子"，他因利令智昏，使得在长平之役中损兵十余万，赵都邯郸几亡。楚国春申君、因他不知人，后来被他所亲信的李园所谋杀。只有魏国的信陵君是个杰出人才，他曾率五国之兵败秦于河外，直追到函谷关，使秦兵不敢出。但魏王中秦离间计，不让他掌兵权，由于不被信用，他郁郁寡欢以致病死。

六国并非没有杰出的人才，但因六国君主用人都以亲划线，杰出的人才就被压制，打击以至驱逐，他们被迫只好出国找出路，既然六国大都用亲人，他们也就投奔能用天下人才的秦国。仅是从魏国投奔到秦国的，先后就有吴起、孙膑、商鞅、李斯、范雎、张仪、尉缭等杰出人才。正因六国有人才而不发现，反而逼他们出走，实是为秦国输送人才，留下的当然以碌碌庸人居多了。

周公足智多谋用贤才

周公，姓姬名旦，亦称叔旦，西周初期人。他是周文王姬昌的第四个儿子，也是文王次子武王姬发的弟弟，因食邑于周（今陕西岐山东北），史称周公。又因受封于鲁地曲阜（今属山东），亦称鲁公。周公是我国历史上有名的政治家，为历代贤相之楷模。

周公是一位足智多谋，"常辅翼武王"；为之出谋划策的人物，他为周朝的建立和巩固立下了卓绝的功勋。他十分尊重和爱惜人才，"犹恐失天下贤人"，而"一沐三捉发，一饭三吐哺"来接待天下贤士。正因为如此，才使周朝人才济济，非常强盛。

周公胸怀宽阔，心地坦诚。周武王死后，年少的成王即位，周公不避嫌疑，竭尽全力辅佐于他。为了治国安邦，他礼贤下士，唯才是举。太师姜子牙（姜太公）虽然出身卑贱，但他具有很高的行政管理水平和军事指挥才能，并写出了《六韬》《三略》之书。因此，周公对他非常尊重，并将疑难不决之事，虚心向他求教。另外，周公还非常尊重大臣召公奭（又叫召康公，很有学问，其思想言论收入《书经》的《召诰篇》），经常同他磋商国家大事。由于周公非常尊重贤才，所以天下有才之士纷纷投奔于他。

周公分封土地于鲁，因他全力以赴辅佐成王，不能亲自去鲁治理，只能委派他的儿子伯禽代替自己前往鲁地行使职权。临行前，周公告诫他的儿子伯禽说："我文王之子，武王之弟，成王之叔父，我于天下亦不贱矣。然我一沐三捉发，一饭三吐哺，起以待士，犹恐失天下贤人。子之鲁，慎无以国骄人。"就是说，我是文王的儿子，武王的弟弟，成王的叔父，我的权力和地位已经够高贵的了。但是，为了接纳天下的贤德之士，我在洗发时还多次停下来接待他们，吃饭时也多次放下筷子，吐出嘴里的饭，恭恭敬敬地款待他们，这样做，我还恐怕失去天下有才能的人。你到鲁国后，千万不要因为你是那里的君王而骄傲自大，怠慢贤人。

周公尊重贤才的事迹被世代所称道。曹操曾在《短歌行》一诗中写道："山不厌高，水不厌深。周公吐哺，天下归心。"高度赞扬周公尊贤爱才的事迹，非常渴望得到众多的贤才帮助他完成统一大业，兴邦治国。并努力效法周公"一饭三吐哺，犹恐失天下之士"的思想和做法。

周公辅佐成王。其间，曾经亲率大军东征，平定了武庚（商纣王的儿子）叛乱（史称"二次克商"），不断完善了分封制，制礼作乐，制定典章制度，出现了"郁郁乎文哉"的盛世。这些辉煌业绩的取得，都是周公爱护和重用贤能之士的结果。

吴王重用孙武与谋国事

吴王阖闾是春秋时吴国国君，公元前514～前496年在位，姓姬，名光，号阖闾，即位前又称公子光，为吴王诸樊之子，吴王僚立，阖闾以僚代嫡继位，不服，派专诸刺僚而自立。即位后用伍子胥、孙武与谋国事，增强国家实力。联合陈、蔡伐楚，攻破楚都，以秦国发兵救楚，退兵。后与越王勾践战于槜李，被越国打败受重伤而死，在位十九年。阖闾执政后，准备攻打楚国，进而争霸中原，所以非常需要有才干的军事将领。伍子胥就把孙武推荐给了吴王。孙武本来是齐国乐安人（今山东广饶），为了避难而逃到了吴国，他就是有名的《孙子兵法》的作者，是中国古代伟大的军事家。

据传，孙武所著《孙子兵法》有13篇。吴王阖闾读了以后，对于孙武一整套的军事理论非常佩服。于是，他立即接见了孙武，并对孙武说："你的兵书我已经读过了，写得很好，但不知道是否可以为我当场实际表演一下你的使兵方法呢？"孙武回答说："当然可以。"吴王阖闾实际上非常想试一下孙武的真实本领，于是就决定把自己的180多名宫女交给孙武，让他当场作练兵的表演。

孙武把这些宫女分为两队，分别让阖闾的两个最宠爱的宫女担任队长。首先，孙武向他们讲清了队伍操练的要求，然后告诉她们说："如果你们已经清楚了我讲的要求，在训练时如果不听号令，就要受到军法的处分。"训练开始后，这些宫女因为平时过惯了散漫的生活，这么一搞训练，非常不习惯，所以大家乱哄哄地笑个不停。见此情景，孙武便对她们说："可能是我的号令你们尚未听清楚，所以你们练不好。

清版《孙子兵法》书影

下面，我把所有的训练要求再重复一遍，如果再有违令者，军法处之！"尔后，

便又开始击鼓操练。结果，大家还是不以为然，队伍仍然乱七八糟，一片哄笑。这次，孙武说："现在我的号令已经反复讲了好几遍，你们也都清楚了，但是，仍然不按我的号令来做，责任就在你们了。所以，现在要依据军法，处罚你们的队长。"于是便下令将两队的队长推出斩首示众。

吴王阖闾在台上见到孙武要斩自己最宠爱的两个宫女，大吃一惊，急忙派人告诉孙武说："我已经知道将军很会用兵了，千万不要杀这两个美人。"可是孙武却说："将在军，君命有所不受。"立即下令将两名队长斩首，然后又指定了两名队长，继续进行操练。这下宫女们都知道了军中号令的厉害，一个个再也不敢含糊，都按着鼓声的指挥，做得整整齐齐，一点差错都没有。

经过孙武的严格要求，女兵是训练好了，可是阖闾心里却非常不高兴。他对孙武说："将军回去休息吧，我可不愿再看下去了。"孙武听了非常失望地回答说："原来您是只想看我的兵书啊！"听了孙武的话，吴王阖闾心中一震。他立刻感到自己要实现争夺霸主地位的目的，不应只为了两名美女而失掉孙武这样的人才。于是，他转怒为喜，正式任命孙武做了大将。孙武后来帮助吴王阖闾打了不少胜仗。

秦穆公举贤用能

公元前659年，秦穆公即位后，努力改革内政，积极大胆地举贤用能，因此，使秦国的政治、经济、文化等各个方面发展很快，成为春秋时期的霸主之一。

秦穆公举贤用能的故事，史书做了大量记载。如在《史记·秦本纪》中，就记载了秦穆公重用百里奚的故事，至今传为佳话，现摘录如下：

晋献公灭虞、虢，虏虞君与其大夫百里奚，以璧马赂于虞故也。既虏百里奚，以为穆公夫人媵于秦。百里奚亡秦走宛，楚鄙人执之。穆公闻百里奚贤，欲重赎之，恐楚人不与，乃使人谓楚曰："吾媵臣百里奚在焉，请以五羖羊皮赎之。"楚人遂许与之。当是时，百里奚年已七十余。穆公释其囚，与语国事。谢曰："臣亡国之臣，何足问！"穆公曰："虞君不用子，故亡，非子罪也。"固问，语三日，穆公大悦，授之国政，号曰五羖大夫。百里奚让曰："臣不及臣友蹇叔，蹇叔贤而世莫知。臣常游困于齐而乞食经人，蹇叔收臣。臣因而欲事齐君无知，蹇叔止臣，臣得脱齐难，遂之周。周王子颓好牛，臣以养牛干之。及颓欲用臣，蹇叔止臣，臣去，得不诛。事虞君，蹇叔止臣。臣知虞君不用臣，臣诚私利禄爵，且留。再用其言，得脱，一不用，及虞君难；是以知其贤。"于是穆公使人厚币迎蹇叔，以为上大夫。

虞国国君贪图晋国贿赂，借道于晋献公。晋消灭虢国后，同时也消灭了虞

国，俘虏了虞国国君和大夫百里奚。百里奚被俘后不愿为晋国服务，于是晋献公就把他作为女儿的陪嫁奴仆送往秦国。在去秦国的路上，百里奚乘人不备，偷偷逃到了楚国苑县，被楚国当作奸细抓了起来，派去养牛看马。后来秦穆公发现少了一名陪嫁奴仆，经过查问，方知是具有才能的大夫百里奚，便想用重金把其赎回来，又怕楚国知道他具有贤能才华而不给。于是便派使者对楚人说道："我夫人的陪嫁奴仆逃到了你们那里，我愿用五张羊皮把他赎回。"楚人同意并放回了百里奚。这时，百里奚已经70多岁了，回到秦国后，穆公亲自为其解去绳索，请入宫中向他请教治国之道。百里奚说："我是亡国之臣，哪能与国君谈论国家大事呢？"穆公说："虞君不重用你，所以亡国，这不是你的过错。"穆公再三请教，百里奚很受感动，和穆公谈了三天，穆公非常高兴，并任他为相，授之以大权，人们称他为五羖大夫。有一次，百里奚又对秦穆公说："我的朋友蹇叔是一个治国的贤才，我的才能比不上他，只是尚未被人发现罢了。过去我在齐国穷得要饭，蹇叔收留了我。我曾想为齐君无知效力，遭到虞叔的劝阻，我才免遭齐国的灾难。于是，我又到了周。周王子颓喜欢养牛。我就为他养牛去接近他。当周王子颓想起用我时，蹇叔又劝阻了我，我离开了周，避免了杀身之祸。跟随虞君时，蹇叔又来劝阻，我却没有听从他的意见，结果当了俘虏。从以上事实看来，蹇叔是一个很有才能的人。"穆公听后非常高兴，立即派人带上丰厚的礼物去请蹇叔，并拜他为上大夫。

秦穆公能够积极大胆地举贤用能，关键在于他具有爱才之心。为了访求贤才，他想方设法用五张羊皮换来百里奚，并能大胆起用，让其辅佐国政。经过百里奚的推荐，又用重金请来蹇叔为其效力。同时，穆公还能客观公正地分析人才，认识人才，使用人才。他对百里奚的选用，并不以虞国的灭亡而认为百里奚无能，而是做到具体问题具体分析，认为"虞君不用子，故亡，非子之罪也。"秦穆公的这些思想和做法，都是值得我们借鉴的。

宁戚求官和桓公用贤

《东周列国志》记载了这样一件事：管仲率师伐宋途中，牧牛野夫宁戚前来求见。交谈中，管仲感到此人论天下事颇有见地，乃是大贤，便写荐书一封，交给宁戚拿着去见齐桓公。宁戚见到桓公后，并不出示荐书，反而讥讽桓公杀兄得国，挟天子以令诸侯，战不胜，盟不成。桓公听后大怒，喝令左右立即将宁戚推出斩首。对此，宁戚全无惧色，桓公见宁戚威武不屈，觉得是个人才，便下令放了他，并倍加礼遇。这时，宁戚才拿出管仲的荐书。见此，桓公感到迷惑不解，便问宁戚："你既然有相国（当时管仲官拜齐国相国）的荐书，为什么不早点拿出来呢？"宁戚答道："当今之世，不但君择臣，臣亦择君。主公若是个不爱听忠言真话，只喜欢阿谀奉承的人，我宁可去死，也不会把荐书献给主公。"桓公听后大为赞赏。接着他们又谈起了天下形势，对于王霸之道，宁戚讲得头头是道。桓公大喜，当夜便要拜宁戚为官。有大臣进谏道："这儿离宁戚的故乡卫国

不远，主公何不派人去调查一下？如果宁戚果真德才兼备，再封官也不迟啊！"桓公说："我看宁戚这个人不拘小节，在家乡难免有过失，若是人们议论纷纷，我派人又调查到了，'爵之则不光，弃之则不惜'。于是不听劝阻，就在灯下拜宁戚为大夫。后来，宁戚果真为桓公的霸业立下大功。

　　史官论及此事，都说宁戚非常幸运，能够遇到桓公这样豁达的明君，才得以大展宏图。实际上，并不是宁戚好运，桓公自然是豁达大度，但也到不了随随便便就把国政委托给一个初识的"牡牛野夫"的地步。齐桓公之所以能够重用宁戚，主要是在初次会面中，宁戚已显示出非凡的才能和卓绝的品质。牡牛之际，已晓天下大事，是其抱负远大；不畏权势，义责桓公，是其气节凛然；临刑不惧，是其胆略过人；不以荐书求达，是其傲骨铮铮。有这几点，再加上一向信任的管仲的知人之明，桓公对宁戚的才德可以说有了一个基本的了解。正是基于这种认识，桓公认定宁戚是个大贤，而不拘小节，无伤大雅，并不妨碍辅佐他的霸业。

　　事实说明，宁戚得遇明主，并不仅仅是幸运而已。宁戚既然了解桓公杀兄得国的劣迹，当然也会清楚地知道桓公不计一箭之仇重用管仲的豁达，励精图治、改革内政的魄力和求贤若渴以图霸业的抱负，宁戚先去见管仲，表明他十分明智；春秋多少诸侯，他独善桓公，表明他眼光非常敏锐。没有上述判断，宁戚"官瘾"再大，大概也不会拎着脑袋去讥讽桓公以表现自己的。总之，宁戚求官与桓公用贤的故事给了后人以非常深刻的启示。

汉武帝起用贤才

　　汉武帝刘彻是一个非常重视人才的皇帝，这在中国历代皇帝中是异常突出的一个。

　　汉朝是在秦末农民起义胜利的基础之上建立起来的，汉初的朝廷官员多是军功贵族。刘邦虽多次下过求贤令，表示与贤士大夫共治天下，然而贤士大夫并没有大量进入朝廷。史称"汉兴二十余年，天下初定，公卿皆军吏。"孝惠帝、高后时，"公卿皆武力功臣"。到文景时期，仍不任儒，都是任用最高军功爵列侯、关内侯的军人或嗣袭侯爵的军功贵族子弟，太常属官博士虽由文人担任，不过具官侍问，也没有进入公卿行列。一直到汉武帝继位之初，汉朝仍然是军人贵族政府。于是，汉武帝决心改变这种状况，适应地主阶级要求在政治上享有更多权利的愿望，广泛地选拔人才，进一步巩固其统治基础。

　　汉武帝自幼接受良好的教育，他十分清楚贤士大夫在治国安邦中的重要作用。因此，极为重视并非常善于选用贤能人才。他一即位，就下了一道诏书，令"举贤良方正直言极谏之士"。建元元年（前140），御史大夫赵绾和郎中令王臧一块给汉武帝上书说，他们的师傅申公对治理国家很有本事，应该录用在朝。但此人由于深藏若虚、深居简出，不易出来为官，故需要重诏才得入朝。申公，原是楚国（汉封诸侯国）名士，曾和当时名士穆生、白生在楚国做官，任中大夫，

一直受到元王刘交的尊敬。到楚刘戊（西汉刘姓诸侯王，楚夷王刘郢之子。文帝前元六年，嗣袭楚王。景帝二年，在为薄太后服丧期间与人犯淫乱罪，削东海郡；三年，复与吴王濞谋反，兵败自杀。在位二十一年）时，由于刘戊沉湎于酒色，无意礼贤，穆生便急流勇退，谢病回家。七国叛乱时，楚王刘戊也要参加，申公、白生由于极力劝阻，触怒楚王而被治罪。最后楚王刘戊兵败自焚而死。叛乱被平定后，申公、白生才被释放免罪，回到故里。对于申公在朝野上下的名气，汉武帝早就有所了解，又经过赵绾、王臧的推荐，更加深信不疑。第二天，武帝便立即派遣使臣，用安车蒲轮（为防车子振动颠簸，用薄草包住车轮子，以示对乘者的敬重），束锦加璧，前去迎聘申公入朝。

当时，申公已经80多岁，多年杜门不出。这次听说汉武帝下旨派使臣前来，知道圣旨难违，便不得不出门迎接。当使臣向申申公宣读圣旨之后，申公感到汉武帝如此敬重自己，可见一片诚心，便应诏入朝。

过了不久，申公来到了长安，晋见武帝。武帝见申公虽然年事已高，但是道骨仙风，目光如炬，所以更加敬重申公，传谕赐座。汉武帝说："久闻申君饱学，今使臣请来，请闻治国之道。"申公非常从容地回答说："为治不在多言，但视力行如何。"两句话说完，便不再说话。申公原想，先用两句话，试验一下汉武帝的智力，尔后再有问必答。武帝非常聪明，听完申公说的两句话便知就里，已是心满意足，不复再问。当即下旨，任命申公为中大夫。

另外，当时朝中有一个名叫江充的大臣，他为人刻薄严厉，但是他刚直不阿，从不徇私舞弊。不论是平民百姓，还是皇亲国戚，朝中重臣，他都一视同仁。因此，深受汉武帝的重用。汉武帝让他做穿着绣花衣服、手持节仗的绣衣使者，带领大军去围剿反抗官府的百姓，去督察皇亲国戚和文武大臣。江充不负重托。有一次，江充查出有些贵族子弟所犯的罪行后，警告他们说要送他们去充军。结果这些贵族子弟便提出交上大笔钱财借以赎罪。这时，汉武帝正需要大量军费，见到江充罚没贵族子弟的大批赎金后非常高兴。从而进一步认为江充对他非常忠实可靠，办事能力强，是一个铁面无私的大臣。有一次，汉武帝带领江充上甘泉宫，路上碰到太子刘据手下人坐着马车疾驶过来，江充便上前喝住，把车扣下。按照当时的规矩，皇帝出行，除了随从的人以外，路上不允许有其他行人，否则就要受处罚。太子的属下竟然违背这种规矩，非同小可。因此，太子刘据非常害怕，于是便派人去找江充求情，不要向皇帝报告这件事。江充根本不买这个账，他特地上了奏章指责太子对于属下管理不严。汉武帝了解这件事后，更加赞赏江充，并夸奖说："作为大臣就应该这样秉公执法，不徇私情。"同时，又给江充升了官职。江充铁面无私，不徇私情，震慑了一些皇亲国戚、王公贵人，使他们变得规规矩矩，维护了朝廷的尊严。

由于汉武帝能够真正起用贤能人才并能充分信任他们，放手使用他们，因此，在他执政期间，不仅在他身边聚集了一大批具有治国安邦才能的文臣武将，而且他们能够尽职尽责，为朝廷效力，发挥自己的聪明才智。正是由于如此，才在中国历史上出现了汉武帝当政时的辉煌时期。

刘备"三顾茅庐"请诸葛

　　刘备（161~223），字玄德，涿郡涿县（今属河北）人士，是汉室之胄。当时东汉王朝岌岌可危，群雄四起，诸侯纷争。为了恢复汉室江山，刘备雄心勃勃，奋起争斗。但是，由于他"智虑短浅"，又缺乏辅佐的人才，不断遭到失败，经常寄人篱下，连一块落脚之地也没有。因此，刘备思贤若渴，总想寻求贤才以辅佐其成就大业。

　　据《三国志·蜀书·诸葛亮传》中记载，琅邪阳都（今山东沂南）人氏诸葛亮（182~252），字孔明，是一个很有才能的人。他在襄阳城西20里的隆中种田时，喜欢吟诵《梁父吟》，并常把自己同管仲、乐毅相比。博陵人崔州平和颍川人徐元直与其交情甚密，并且认为他确实具有管仲、乐毅的贤德和才能。

三顾茅庐版画　清

　　刘备屯兵新野时，徐元直（徐庶）向刘备推荐了诸葛亮。徐庶对刘备说："诸葛孔明者，卧龙也，将军岂愿见之乎？"并告知刘备说："此人可就见，不可屈致也，将军宜枉驾顾之。"意思就是说，这个人只能你去请他，他不会委屈自己到你这里来，将军应当亲自去看望你。于是，刘备先后三次亲自到诸葛亮那里去拜访，诚恳地向诸葛亮请教统一全国、恢复汉室的方针大计。诸葛亮从政治、经济、地理、人事等方面对当时的形势作了深刻、全面、明确的分析，向刘备提出了一套切实可行的战略方针。他向刘备说："自董卓以来，豪杰并起，跨州连郡者不可胜数。曹操比于袁绍，则名微而众寡，然操遂能克绍，以弱为强者，非惟天时，抑亦人谋也。今操已拥百万之众，挟天子而令诸侯，此诚不可与争锋。孙权据有江东，已历三世，国险而民附，贤能为之用，此可以为援而不可图也。

荆州北据汉、沔，利尽南海，东连吴会，西通巴蜀，此用武之国，而其主不能守，此殆天所以资将军，将军岂有意乎？益州险塞，沃野千里，天府之土，高祖因之以成帝业。刘璋暗弱，张鲁在北，民殷国富而不知存恤，智能之士思得明君。将军既帝室之胄，信义著于四海，总揽英雄，思贤若渴，若跨有荆、益，保其岩阻，西和诸戎，南抚夷越，外结好孙权，内修政理；天下有变，则命一上将将荆州之军以向宛、洛，将军身率益州之众出于秦川，百姓孰敢不箪食壶浆以迎将军者乎？诚如是，则霸业可成，汉室可兴矣。"就是说，要联吴抗曹，夺取荆、益二州，对内修明政治，安抚西南边境的少数民族，对外结好孙权，全力对付曹操，统一天下，复兴汉室。这就是历史上著名的"隆中对策"的主要内容。这一对策显示了青年时期的诸葛亮（当时只有 27 岁）的远见卓识，也正合刘备的心意，因此刘备非常高兴地竭力恳请诸葛亮出山帮助自己完成复兴汉室的大业。诸葛亮见刘备确实诚意相求，也欣然愿意"出山相助"，刘备得遂心愿，万分高兴地对张飞、关羽说道："我得孔明，如鱼得水。"

刘备这一发自肺腑的话语，充分说明了人才和事业的密切关系。事业是鱼，人才是水，没有水，不得养鱼，没有人才，事业不能成功。刘备虽然是封建时代的统治者，由于经历了创业的艰辛，对人才与事业的关系，是有深刻认识和体会的，所以能够做到"枉驾屈尊"而"三顾茅庐"。这是多么难能可贵的求贤精神啊！确实值得我们认真学习和借鉴。

刘裕不以门第取人

刘裕是南北朝时期的一个颇有作为、卓有建树的皇帝，也是这一历史时期杰出的政治家、军事家。他字德兴，小名寄奴。生于 363 年，卒于 422 年，终年 60 岁，在位 22 年。

魏晋以来，统治阶级评选人才的标准是门第出身。"上品无寒门，下品无士族"，便是当时官吏制度的高度概括。这也就是说，朝中高官没有一个寒门出身的，当小官的没有一个高门第出身的。由于刘裕家境出身贫寒，父母养不起他，便送与一家姓刘的收养。他长大后砍柴、打鱼、卖草鞋之类的活全都干过，饱尝了清贫之苦。他当了皇帝后，便深深认识到，真正有才、有勇、有谋之士，往往都是处于最下层之中。所以他决心打破传统的选人用人制度的桎梏，坚持唯才是举，广选人才。小吏出身的刘穆之，有"一日百函"的美称，被他发现后，任命为主要辅臣，把一切要务都变给刘穆之承办。大臣刘毅对其很妒忌，曾在刘裕面前谗诋刘穆之，刘裕不但不听，反而对他更加重用。刘穆之病逝后，刘裕对他非常想念，经常叹息道："刘穆之如果不死，一定能够帮助我治理天下，真可谓好人散去，国家遭殃！"又说："刘穆之一死，人们将轻视我。"义熙元年（405），谯纵乱蜀，刘裕出兵征讨，要寻求一个人担任元帅。经过访查，他看上了西阳太守朱龄石，认为他吏才卓异，是担当此任的合适人选，但有人却说朱龄石"资名尚轻，难当重任"。然而刘裕不听这些，坚持任其为帅。徐羡之出身贫

民，也没有上过学，但他却有很大的志向和气度。刘裕发现他智谋内藏，是个难得的人才，于是任命他担任司空，兼任尚书职务。实践证明，刘裕很有眼光，徐美之居高位之后非常胜任，显示了自己的聪明才智。因此，朝野推服，咸谓有宰相之望。郑鲜之曾经为此叹息道："看看徐美之、傅亮的言论，我再也不自以为自己是个有学问的人了。"与此相反，刘裕的中弟刘道邻"愚鄙两贪纵"，其生母萧太妃为刘道邻向刘裕说情，让他出任扬州刺史的职务，刘裕严词加以拒绝。

由于刘裕能够坚持唯才是举，破格起用人才，打破了以门第取人的旧制度，所以一些有才之士都来投奔他，并为他冲锋陷阵，出谋划策，精心治国。这对于刘裕成就帝业产生了重大的作用。

齐武帝唯才是举

建元四年（482）三月，南齐高帝萧道成在临光殿去世，由太子萧赜继承帝位，是为齐武帝。齐武帝生于439年，卒于493年7月30日，终年54岁，在位11年。

武帝萧赜，在帮助其父萧道成夺取帝位后，又历任州郡，积累了一些治国经验，其中最重要的一条，就是唯才是举，不计门第高低选用人才，并且能够做到量才使用。如中书舍人纪僧真出身寒微，但很有才能，智谋过人。武帝萧赜发现后，命他担任中书舍人，受到宠信。纪僧真向武帝请求道："臣不过是出身于本县的一名武官，幸运地赶上清时盛世，官际和荣耀才如此之高，我的儿子又娶了苟昭光的女儿为妻，实在担当不起。我一切都满足，别无他求，只求陛下允许我做士大夫。"对此，武帝没有应允。事后，武帝经常对其他文武大臣说："人生何必计较门户？纪僧真出身寒微，但人才出众，智谋过人，士族豪强都赶不上他。"

按照南齐旧的制度规定，在京城，各个亲王只准有40名侍卫跟随。但是，长沙王萧晃非常喜好威仪，视规定于不顾，进京时私自带了几百名武士。武帝听说这件事后大怒，要将他绳之以法。豫章王萧嶷叩头哭着求情说："先帝临终时嘱咐我们：'刘宋如果不是骨肉之间相互残杀，外姓人怎么会有可乘之机？你们应该引以为戒。'现在萧晃的罪过，诚然不可以宽恕，但请陛下不要杀他。"武帝听了萧嶷的话后便低头哭了。虽然武帝没有将萧晃处死，但是，从此再也不信任他了。

从上述两件事情可以看出，武帝萧赜在位期间，为政比较清明，能够不计门第广选人才为其服务。所以才出现了前所未有的太平盛世。

完颜雍唯才不拘资历

金世宗完颜雍是中国封建史上一个很有作为的皇帝。完颜雍，女真名叫乌禄，汉名雍，太祖阿骨打的孙子，出生于1123年，卒于1189年，史称其体貌奇

伟，美须长过其腹，年轻时善骑射，技术当推第一。

金世宗完颜雍在其执政期间，政绩卓著，天下太平，百姓安居乐业，群臣恪尽职守，上下政通人和，国家强盛，历史上把这一时期称为金朝的"小康之世"，金世宗本人也获得了"小尧舜"的美称。之所以能有这种局面，其中一条最重要的原因，就是他在选官用人的问题上坚持唯才是举，不拘资历。他曾经多次颁布诏令，强调要打破凭资历选用官吏的旧传统，引荐具有真才实学的人出来做官。他曾经对群臣说："只凭资历选人，怎么能够得到有才之士呢？"又说："用人之道，当自其壮年心力精强时用之，若拘以资格，则往往至于耆老，此不思之甚也。"他还举例对群臣说："阿鲁罕若使其早任要职，朝廷必得辅助之力，只可惜他现在已经衰老，力不从心了。为此，今后凡有可用之才，你等可要及早推荐啊！"在这种思想指导下，金世宗选拔了大批有才干而又年富力强的人才，为其治国安邦立下了汗马功劳。如移剌道，原来只是一个都督府长史，资历很浅。金世宗发现他很有才干，便破格将他提拔为转运使，后来又任命他为宰相。又一次，金世宗上京，了解到北京留守刘焕是一个难得的人才，也很有政绩，就直接将他任命为辽东路转运使。

大定十七年（1177），金世宗对他的宰相说："朕今年已55岁了，若过60，虽欲有为，也无能为力了。"为此，他规定，所有官员，只要到了60岁，便允许其辞去官职。

大定二十九年（1189）正月二十四日，金世宗病死于中都福安殿，享年67岁，庙号世宗。

成吉思汗重用耶律楚材

《元史·耶律楚材传》中记载，耶律楚材（1190~1244），字晋卿，契丹人。三岁时，父亲溘然长逝，由母亲杨氏教他读书。他博学多才，既有安邦定国的谋略，又通晓天文、地理、律历、数学以及医药卫生、占星卜卦等方面的知识，并且善写文章，下笔如神。元太祖成吉思汗平定燕京时，听说耶律楚材是个人才，立即召见并起用了他，后来官至宰相。

元朝以马上得天下，重武功，轻文治。成吉思汗在攻伐西夏时，得到一个名叫常八斤的制弓匠，此人以善造良弓颇得成吉思汗的赏识。常八斤非常爱夸耀自己，他常说："国家方用武，要耶律楚材这样的人有啥用？"耶律楚材听到后说道："治弓尚且要弓匠，治理天下岂不更需要治理天下的巧匠吗？"楚材这句富有寓意的话语，受到了成吉思汗的称赞，以后逐步得到重用。

成吉思汗在攻打西域时，对于中原的治理无暇光顾，官员们忙于为自己搜括钱财，致使国库空虚。成吉思汗的亲信别达对成吉思汗说："汉人对国家没有用处，不如把他们统统杀掉，把中原一带变为牧场。"耶律楚材极力反对这种做法，并说："陛下将要南下作战，需要筹备大批军需粮草，如果增加中原的各种税收，每年可得白银50万两，布8万匹，粮食40万石，这怎么能说汉人对国家没有用

处呢?"成吉思汗非常赞赏这一看法,并让耶律楚材负责办理。于是,耶律楚材为了加征各种税收,奏请设立了燕京等十路征收课税使,全部由有才能的人担任。结果征收课税按照预定的计划完成,成吉思汗非常高兴,并任命耶律楚材为中书令(丞相),无论大小事情,都事先征求人的意见后方行实施。

元太祖九年,耶律楚材奏请皇帝开科取士。他说:"制器都必用良工,守成者必用儒臣,儒臣之事业,非积数十年,殆未易成也。"元太祖准奏并令开科取士。于是,耶律楚材派宣德州负责教育的官员刘中到全国各地去监考。开考内容为经义、辞赋、论三科。规定被俘沦为奴隶的知识分子也令参加考试,如果有人隐藏不让他们去考者,就处以死刑。经过开科取士,选拔了 4030 名知识分子充任各级官吏。

耶律楚材担任丞相多年,除了将自己的俸禄分送给他的亲属外,从未任用过一个私亲做官。行省官员刘敏曾经问他:"你为什么不用私亲做官呢?"耶律楚材回答说:"睦亲之义,但当资以金帛。若使从政而违法,吾不能徇私恩也。"就是说,对亲友和睦,在生活上关心他们,物资上帮助他们就行了。如果派他们做官而违反法令,这种徇求私恩的事情我是不能做的。

耶律楚材像

淳祐四年(1244)五月,耶律楚材去世,时年 55 岁。他死后,有人诬告他"天下贡赋,半入其家。"太后乃马真氏派其左右亲近的官员亲到耶律楚材家中察看,其家中只有古琴、古今书画,金石和遗文数千卷,而别无其他。

朱棣资贤重直

朱棣,是明太祖朱元璋的第四子,洪武三年(1370)封为燕王,十三年(1380)就藩北平。他自幼聪慧机敏,深有城府,深受太祖喜爱。靖难之役之后,43 岁的朱棣登上大明皇帝宝座,是为明成祖。

明成祖朱棣是继朱元璋之后明朝又一个有作为的皇帝。他在位期间,继续实行削藩政策,借以巩固皇权;建立东厂(特务机构名称),以加强中央集权统治;派遣郑和下西洋,实际暗中寻找惠帝踪迹,但是,在客观上促进了中国与亚非各国在经济、文化上的交流;治理运河,畅通漕运,有利于南北经济的交流和发展;编纂《永乐大典》,对保存古代文化典籍做出了重要贡献。

明成祖朱棣对于大明帝国多有建树,一个重要原因就是善于资贤重直。他认为,一个国家要治理好,必须要有人才,特别是还要有敢于直言谏诤的人才。他曾多次告诉吏部:"君子为了国家不计个人得失,所以敢于直言,不怕丢官丧命;

小人为了个人不考虑国家，所以溜须拍马，只想升官发财。"他还对其文武百官说道："每个人的才识都不同，要用其所长，避其所短。因此，我如果有了什么过错，你们就要敢于明确提出来，我决不会责怪你们。"永乐初年，浙江义乌县县吏上表，直述战乱之后存在的一些问题，提出了治理意见。明成祖看后十分高兴，一一采纳。不仅对其直言相谏进行通令嘉奖，而且将其奏折拿给六部大臣传阅，并语重心长地对他们说："远在下面的官员都能如此关心国家大事，你们在我左右，更应如此。"原工部尚书郑锡，早年曾为明成祖的部下，后又曾为惠帝督师阻扼燕军。成祖即位后，有人将他列入奸臣的名单中，并建议成祖将郑锡治罪。成祖朱棣深知郑锡才能过人，不忍将其杀死，便将其招来责问道："你为何背叛我？"郑锡回答朱棣说："我不过是对皇上竭尽臣职而已。"成祖听后不仅不怪，反而笑着将其释放，并任命他为工部尚书。由于明成祖重视人才，不计旧隙，使得惠帝手下一大批有才之士，都归服了他。

永乐二十二年（1424）七月，明成祖在第五次亲征蒙古的归途中，率师到达榆木川（今蒙古乌珠穆沁附近）时，一病不起，七月十七日死去，时年65岁，在位22年。

皇太极广纳贤才

清太宗皇太极（1592~1643），努尔哈赤第八子，是在开国创业中成长起来的一位政治家。由于他深于实践，经验丰富，不仅文能治国，武能安邦，而且富有远见。他把培养人才和使用人才，作为一个国家强盛的根本。这一点，在大清河围城战中他得到十分深刻的启示。他亲眼看见，明军长期被围，粮草断绝，杀马为食，马吃完了，就吃树皮挖野菜，尽管如此，仍不肯投降。这是什么原因呢？这就是因为中原汉人读书多，是非界限明确，每个人都把当亡国奴视为最大的耻辱。从这件事使清太宗认识到，马上可以得天下，但是不能长久治天下；要做到长治久安，就必须精于韬略，有一大批贤能志士辅佐朝政，这就是文治的道理。所以，从此以后，清太宗便十分重视读书，大力振兴文化教育，提高满族人的文化素质，他还做出规定，诸王臣的子弟，凡年在8岁以上，15岁以下者，都必须读书，如果子弟不读书，就责罚他们的父母。在提倡读书的同时，清太宗便开科取士，录取满、汉、蒙古族中学习优秀的人为官。

为了广选治国人才，清太宗经常对他的大臣们宣传注重人才的重要性，他说："金银财物是宝贵的，但终归是有数的，总有用完的时候，而人的才能却不是能用金钱去衡量的。如果能得到一两个真正有才能的人为国效力，国家就会得到无穷无尽的利益。"他还告诫大臣们说："我治理国家，以人才为根本，而你们这些做大臣的，也应该以推荐人才作为自己的神圣职责。否则，就是失职。"在用人的实践中，清太宗一贯坚持不问资历长短，不问身份贵贱，只问才学能力和品德，坚持唯才使用。如宁完我原是太宗侄儿萨哈璘的奴隶，太宗发现他是一个人才，立即提升他为参将。后来，宁完我竟一举成为清初的一位治国有方的名

臣。汉官范文程原是明朝名臣，富有治国才能，太宗将其收降后，敬若神明，凡事都要征求范文程的意见后，才下诏去办。洪承畴是明朝一位能征善战、有勇有谋的战将，在几次战斗中，都是由于洪承畴的指挥，明军力战清太宗所率领的清军，并使其连连失利。因此，清太宗对于洪承畴这样一个有才之将十分敬慕，并决心将其弄到自己的身边，为清廷出力。1641 年，洪承畴率军 13 万、马 4 万去解锦州之围。当时，洪承畴认为自己尚未准备就绪，一时没有出战。然而崇祯帝却一天几次下诏催战，洪承畴认为圣命难违，被逼仓促出击，结果大败，洪承畴被俘。清太宗听到俘获洪承畴的消息十分高兴，急忙下令将其解到盛京，并让明将范文程劝降，洪承畴不仅坚持不降，而且骂不绝口。清太宗对于洪承畴这种忠贞不贰的崇高品质便更加敬佩，于是便亲自前去探望，将自己身上穿的貂皮大衣脱下以赐。面对此种景况，洪承畴沉思良久，深感清太宗为有识之君，于是便叩头请降（也是史书记载，清太宗以其宠爱的妃子相许诱降成功的）。洪承畴降清后，清太宗非常高兴，曾陈百戏以表庆贺。对此，清廷诸将非常不满，说道："洪一羁囚，为何待他这样重？"清太宗闻言笑着对他们说："我们这些人顶风冒雨进行征战是为了什么吗？"众人臣道："欲得中原。"太宗说："既然如此，我们有了明朝这员勇敢有谋之将，就像一些瞎子在到处乱撞的时候，忽然得到了一个领路的向导，难道不值得大贺特庆吗？"文武百官听后，认为太宗讲得很有道理，个个心悦诚服。后来，洪承畴在清军入关、挺进中原、荡平江南等战斗中，为清朝立下了汗马功劳。

尧舜禅位用贤能

在《史记·五帝本纪》中，记载了尧舜禅位用贤能的史实。记载如下：

尧曰："谁可顺此事？"放齐曰："嗣子丹朱开明。"尧曰："吁！顽凶，不用。"尧又曰："谁可者？"讙兜曰："共工旁聚布功，可用。"尧曰："共工善言，其用僻，似恭漫天，不可。"尧曰："嗟！四岳：朕在位七十载，汝能庸命，践朕位？"岳应曰："鄙德忝帝位。"尧曰："悉举贵戚及疏远隐匿者。"众皆言于尧曰："有矜在民间，曰虞舜。"尧曰："然，朕闻之。其何如？"岳曰："盲者子。父顽，母嚚，弟傲，能和以孝，烝烝治，不至奸。"尧曰："吾其试哉。"

尧知子丹朱不肖，不足授天下，于是乃权授舜。授舜，则天下得其利而丹朱病；授丹朱，则天下病而丹朱得其利。尧曰："终不以天下之病而利一人。"而卒授舜以天下。

舜践帝位三十九年，南巡狩，崩于苍梧之野。舜子商均亦不肖，舜乃预荐禹于天。诸修归之。然后禹践天子位。

这段话的意思就是说，有一天，尧向大臣们问道："将来谁可以继承我的帝

位呢?"大臣放齐答道:"你的儿子聪明达理,可以继承。"尧说:"唉!这个孩子品德不好,不能用。"讙兜说道:"共工功劳很大,可以提拔。"尧说:"共工能言善辩,夸夸其谈,阿谀逢迎,貌似恭敬,心地不正,不可重用。"接着说:"哎,四岳,我在位已经七十年了,你们诸侯中有贤明的人能奉命继承我的帝位吗?"四岳回答说:"臣等无德无能,有辱于尊贵的帝位,我们不能胜任。"尧说道:"既然如此,请你们为我寻找贤才,不分贵贱亲疏,在位不在位的都要替我推荐上来。"大家异口同声地对尧说道:"民间有一个死了妻子的人,他的名字叫虞舜,非常贤能。"尧说道:"唔,我听说过,此人怎么样?"四岳回答说:"他是一个瞎老头的儿子,父亲很顽固,后母凶狠泼辣,弟弟骄横傲慢,舜却能够孝顺父母,关心弟弟,使家庭和谐。"尧说道:"我要考验考验他。"

尧舜禅位图

尧自知儿子丹朱不争气,不足以托大任,决定把天下重任交给舜。把重任交给舜,对国家对人民有利,对丹朱不利;如果把重任交给了丹朱,则对国家不利而对丹朱有利。权衡利弊后尧说道:"终不能置天下于不利而利一人。"最后才把管理天下的重任交给了舜。

舜登位39年,到南方视察死于苍梧的郊外。舜的儿子商均也无才能,因此,舜在死前就预先选定了治水有功而又贤能的禹做他的继承人。禹受到诸侯的拥护,后来登上了天子位。

尧、舜都是古代传说中的明君,当时还在氏族公社的后期,部落首领老了,不让无能的儿子继位,而是"禅让"给德才兼备的人,这就是古代的"禅让"制度。尧、舜选择继承人都做详细考察,不分亲疏贵贱,胜任不胜任,实际广泛推选荐举,尔后进行考验,如果合格,才把管理天下的重任交给他。这种在选拔人才问题上,"终不能以天下之病而利一人"的精神,值得从政者借鉴。

在选人用人问题上,有的人不是立党为公,而是不讲原则,分亲疏,图私利,只要是自己喜欢的,无能或品质不好的也被重用,相反,再有才能也不予重用,甚至排挤、打击、陷害。这种做法是绝对不可取的。历史的实践证明,这样只能危害国家,危害民族,危害事业。

淳于髡日荐七贤

战国时期，齐国有一个大臣叫淳于髡，赘婿出身，身高不满七尺，滑稽多辩。但是，却很有智慧，又善于识别人才。齐威王在稷下招揽学者，任他为大夫。他曾用"一鸣惊人"的隐语进谏齐王戒淫乐和长夜之饮，亲理政事，振作图强。又与邹忌论政，支持其改革。楚攻齐，他求援于赵，使楚王主动撤退。后至魏游说，魏王欲任为卿相，他辞谢而去。

齐宣王执政后，为了巩固其政权，加强统治，期望得到大批人才为其出力，因此，就让淳于髡为其推荐。结果，淳于髡接受任务后，在一天之内就向齐宣王推荐了七个贤士。对此，齐宣王十分不理解，就向淳于髡说："我听说人才十分难得，千里之内能选拔一个贤士就是相当多的了；百年之中，出现一个圣人就是很难的了；你怎么竟在一天之内就可以向我推荐七个贤士呢？看来贤士太多了。"

淳于髡对齐宣王说，你这种说法是不正确的。因为，同类的鸟儿总是集在一起的；同类的野兽也是一道行走的。比如要找到柴胡、桔梗这些草药，你若是到洼地去找，那是一辈子也找不到的；可是如果到泰山、梁父山北面去找呢，那就可以车载而归。天下的东西都是同类相聚的，人也是如此。我淳于髡总算是一个贤士吧，你让我去挑选贤士，正像到河边去汲水、用火石取火一样容易。我还准备再给大王推举一批贤士哩，何止这七个人。齐宣王听后非常高兴。淳于髡之所以能够在一日之内向齐宣王推举七个贤士，关键在于他善识人才。他通过平常与各方贤士的接触交往，了解掌握了他们的贤德才能。所以，一旦需要，便能一日荐七贤。上述史例说明，人才毕竟是一种客观潜在，能否发现他们，能否合理使用他们，并能充分发挥他们的聪明才智，关键在于领导者是否爱惜人才，尊重人才，是否认识到人才在事业中的地位、作用和意义。所以说，用人首先是识人，识人就要具备识人之慧眼，就要知人之情况。一个单位需要的各种人才固然十分重要，但善于识别人才的领导者更加难得。古人所说"得十良马，不如得一伯乐"，讲的就是这个道理。

唐雎不辱使命

无数历史事实告诉我们，用人是否得当，关系到国家民族的兴衰存亡。用一德才兼备的能人，则国家兴旺发达，用一小人则会导致国破家亡。《战国策·赵策》记载的唐雎不辱使命的史实就是一个很好的例证。摘录如下：

　　秦王使人谓安陵君曰："寡人欲以五百里之地易安陵，安陵君其许寡人！"安陵君曰："大王加惠，以大易小，甚善，虽然，受地於先王，愿终守之，弗敢易！"秦王不悦。安陵君因使唐雎使于秦。

　　秦王谓唐雎曰："寡人以五百里之地易安陵，安陵君不听寡人，

何也？且秦灭韩亡魏，而君以五十里之地存者，以君为长者，故不措意也。今吾以十倍之地，请广于君，而君逆寡人者，轻寡人欤？"唐雎对曰："否！非若是也。安陵君受地於先王而守之，虽千里不敢易也，岂直五百里哉？"

秦王怫然怒，谓唐雎曰："公亦尝闻天子之怒乎？"唐雎对曰："臣未尝闻也。"秦王曰："天子之怒，伏尸百万，流血千里。"唐雎曰："大王尝闻布衣之怒乎？"秦王曰："布衣之怒，亦免冠徒跣，以头抢地尔。"唐雎曰："此庸夫之怒也，非士之怒也。夫专诸之刺王僚也，彗星袭月；聂政之刺韩傀也，白虹贯日，要离之刺庆忌也，苍鹰击于殿上。此三子者，皆布衣之士也，怀怒未发，休祲降于天，与臣而将四矣。若士必怒，伏尸二人，流血五步，天下缟素，今日是也。"挺剑而起。

秦王色挠，长跪而谢之，曰："先生坐！何至于此！寡人谕矣：夫韩、魏灭亡，而安陵以五十里之地存者，徒以有先生也。"

秦在相继灭掉韩、魏两国后，便想侵吞安陵国（当时的一个小国，原是魏国的附庸，魏襄王封其弟为安陵君。安陵即现在的河南鄢陵县西北）。于是，秦王政派人对安陵君说道："我愿用五百里土地交换安陵，安陵君，你可要同意我的意见啊！"安陵君回答道："大王给我这样大的恩惠，用大块的土地换取小小的安陵，这是非常好的事情。虽然这是件好事，但是，安陵是我从先王那里继承来的，我愿意终身守护它，不敢同你交换！"秦王政很不高兴。为了消除秦王换取安陵的念头，安陵君就选派大臣唐雎出使秦国。

唐雎接受诏令到秦国后，秦王对唐雎说："我用五百里的土地换取安陵，安陵君却不听我的意见，这是为什么呢？而且秦国早已灭掉了韩、魏两国，安陵国能够凭借五十里的地方存在至今，是由于我认为安陵君是一个忠厚的长者，所以才没有打他的主意。现在我用十倍的土地交换安陵，是想让安陵君扩大领土，然而安陵君却不识好歹，不接受我的要求，这是看不起我吧？"唐雎回答说："不对，安陵君是继承先王之地而把它守护着，即使你用千里之地他也不敢交换，岂但五百里呢？"

秦王听后大怒，对唐雎说："你见过天子发怒吗？"唐雎回答说："臣没有见过。"秦王说："天子一发怒，可以使上百万的人死亡，血流千里。"唐雎说："大王你见过老百姓发怒吗？"秦王政冷笑说："老百姓发怒，也只不过是摘掉帽子，脱掉鞋子，把头往地上撞罢了。"唐雎非常严肃地说："你说的只不过是平庸之辈的人发怒罢了，并非有本领有胆量的人之怒。专诸刺杀王僚的时期，扫帚刺星冲击月亮；当聂政刺杀韩傀的时期，一道白光直冲太阳；要离刺庆忌时，苍鹰在宫殿上扑击。这三个人都是老百姓中有本领有胆识的人啊！心里的愤怒还未发作出来，上天就降出吉凶的征兆，他们三个人再加上我将成为四个了。如果你一定要激怒我，咱们两人就将会一块死亡，血流于五步之内，天下人今天都要穿

起孝服。"于是拔剑而起,走向秦王。

秦王见到这种情景,顿时脸色大变,立即跪立着向唐雎道歉说:"唐先生请坐,怎么能够这样呢? 有事好商量。我现在明白了,韩、魏两国被灭亡,而安陵仅凭五十里的土地能存到如今,只因为有唐先生这样有胆有识的栋梁罢了。"

唐雎有勇有谋,能言善辩,是一个优秀的外交人才。安陵君知人善任,委派唐雎出使秦国,用才十分得当。唐雎出使秦国而不辱使命,使秦国不能吞并仅有50里土地的小国安陵。如果安陵君不能知人善任,重用唐雎,并委派他为出秦使者,那么,安陵也就只能被秦鱼肉刀俎了。

曹操善用良才

在三国时期,曹操为了夺取政权,非常注重选用人才。他在选用人才中,能够做到知人善任,善用良才,一旦发现,就大胆起用。因此,大批有用之才荟萃在曹魏政权中,为曹魏政权立下了汗马功劳。对此,史书中多有记载。在《三国志·魏书》卷十中,记载了曹操善用奇才荀彧而在官渡之战中转危为安的史实。

荀彧 (163~224),字文若,颍川颍阳 (今河南许昌) 人。少年时,南阳何顺就发现他具有奇才,称赞道:荀彧是"王佐之才也"。永汉元年,荀彧被举为孝廉,拜为守宫令。董卓之乱时,荀彧带领着宗族家室迁到冀州。这时,袁绍 (132~202) 已夺取韩馥的位置,霸占了冀州,见到荀彧待之以上宾之礼。荀彧的弟弟荀谌以及同郡的辛评、郭图等人,都被袁绍重用。荀彧通过同袁绍接触后,认为袁绍不能成就大事,于是,便在初平二年 (191) 离开了袁绍,投奔了当时任奋武将军的曹操。曹操通过和荀彧纵论天下大事后,认为荀彧确系当时少有的奇才。他非常高兴地对文武群臣说道:"荀彧就是我的张良。"于是,便任命他为司马,当时荀彧只有29岁。

建安元年 (196),曹操把汉献帝迎到许昌,"挟天子以令诸侯"。袁绍很不服气,就给曹操写了一封信,措辞骄横傲慢。曹操看罢大怒,于是把袁绍的书信交给荀彧看,并说:"我想讨伐这个不顾大义之人,但我的力量还比较弱小,怎么办?"荀彧说:"古之成败者,诚有其才,虽弱必强,苟非其人,虽强易弱,刘、项之存亡,足以观矣。今与公争天下者,唯袁绍尔。绍貌外宽而内忌,任人而疑其心,公明达不拘,唯才所宜,此度胜也。绍迟重少决不失在后机,公能断大事,应变无穷,此谋胜出。绍御军宽缓,法令不立,士卒虽众,其实难用,公法令既明,赏罚必行,士卒虽寡,皆争致死,此武胜也。绍凭世资,从容饰智,以收名誉,故士之寡能好问者多归之,公以至仁待人,推诚心不为虚美,行己谨俭,而与有功者无所吝啬,故天下忠正效实之士愿为用,此德胜也。夫以四胜辅天子,扶义征伐,谁敢不从? 绍之强其何能为?"就是说,从古代战争的成败得失看,如果拥有人才,即使是弱小会变为强大,假如没有人才,即使强大也易衰败。刘邦、项羽的胜败,足可以说明这个问题了。现在想要与你争夺天下的,只有袁绍。袁绍表面待人宽而内心忌刻,用人而疑其心,内部不团结。而你宽宏大

量，既能广泛延揽人才，又能对其合理使用。这在用人的度量上你就胜过了袁绍。袁绍遇事疑惑犹豫，常常失去良好时机，而曹公你处事果断，善于随机应变。这在智谋上就胜过了袁绍。袁绍不知用兵之法，军令不立，兵多而难用。而曹公你法令严明，赏罚分明，士兵虽少，却都勇敢善战，这在武力上就胜过了袁绍。袁绍凭其门第高，势力大，任人唯亲，所重用的多为亲戚、子弟，并以门第资历取人，跟随他的多为务虚名而没有实际本领的人。而曹公你则在用人上任人唯才，不分亲疏，自己谨慎节俭；而对有功者从不吝啬奖赏，因而手下人多是具有真才实学之士，这在品德方面你又胜过了袁绍。凭这四胜辅佐天子，匡扶正义，征伐不义，谁敢不从？袁绍的兵虽多又能怎么样呢？"曹操听后非常高兴。

初平三年（192），曹操平定徐州后，就与袁绍相对抗。孔融被袁绍的表面优势所吓倒，非常担心地对荀彧说："袁绍地广兵多，有田丰、许攸这样的智谋之士出谋划策；有审配、逢纪这样的忠臣奔走效劳；有颜良、文丑这样的勇将带兵打仗。我们同他们较量，恐怕是难以取胜的。"荀彧说道："绍兵虽多而法不正，田丰刚而犯上，许攸贪而不治。审配专而无谋，逢纪果而自用，此二人留知后事，若攸家犯其法，必不能纵也，不纵，攸必为变。颜良、文丑，一夫之勇耳，可一战而擒也。"就是说，袁绍虽然兵多，但法纪不严整。田丰刚愎自用，袁绍对他不满；许攸贪得无厌，不识大体；审配专断独行，没有谋略；逢纪心胸狭窄，骄傲自大。这几个人在一起，必将发生内变。至于颜良、文丑，不过是匹夫之勇，一战就可以擒获。听了荀彧的分析，孔融等人才打消了顾虑。

建安五年（200），曹操与袁绍连续作战。曹操保官渡，袁绍围曹操。过了一段时间，曹操的军粮快要完了，士卒又很疲劳，便写信告诉荀彧征求意见，想回许都。荀彧回道："现在军中粮少的情况，不如项羽、刘邦的成皋之战时的困难。那时刘邦、项羽都不愿意先退，先退者处于不利的形势。你用十分之一的士兵，坚持守护阵地，扼其要道已半年时间了。双方都很疲劳，谁能坚持到底，谁就能够得到胜利。这是比毅力的时候，机不可失。"于是，曹操听从了荀彧的建议，继续支撑坚持。同时，又派一支奇兵袭击了袁绍的囤粮基地故氏、乌巢，斩了淳于琼等守将，袁绍只得退兵。这时许攸在邺城的家族犯了法，被留守邺城的审配抓起来关入狱中，许攸大怒，叛离袁绍投向曹军，颜良、文丑在战争中也被曹军杀死；田丰因劝说袁绍而被袁绍杀掉。事情的发展，都如荀彧所料。袁绍终被曹军打败。

三国时期，曹、袁两军的官渡之战，是历史上有名的以少胜多、以弱胜强的战役。它是决定曹、袁双方命运的关键性一战。从表面上看，袁绍兵多将广，地盘大，物资丰富，有胜利的把握。而曹操兵少将少物资缺乏，失败的可能性很大。但是战争的胜败，不只决定于天时、地利，而更重要的是人谋。只在有了人才，并能合理使用他们，充分发挥他们的聪明才智，就可以变不利为有利，就可以以少胜多，以弱胜强。曹操之所以能够在官渡之战中取得胜利，是与他善于识别、选拔一批年轻有为，出类拔萃的人才分不开的，而荀彧正是这些人才中杰出的一个。他年轻、敏锐，知识渊博，不被表面现象所迷惑，具有相当强的政治洞察力，富有谋略

和远见卓识。因此，在官渡之战的每一阶段，他都能为曹操提出中肯而切合实际的建议，使曹操在关键时候转危为安，转败为胜。所以曹操在《请增封荀彧表》中赞扬他说："荀彧提出的建议，使我军转亡为存，变祸为福，这样高超的计谋和异常的功绩，是我比不上的。"曹操的胜利充分说明，战争要胜利，事业要成功，政权要稳固，必须要有一大批既有胆识又有才干的出类拔萃的人才，必须善于使用这些人才。他们是事业兴旺发达的中坚，不可忽视。如果像袁绍那样骄横跋扈，猜疑贤能，胸襟狭窄，连一个才智出众、忠心不二的田丰都容不下，那么失败则是必然的。

良臣魏徵

在《资治通鉴》卷一百九十二中记载了唐太宗不听小人谗言而信任魏徵的一段史实。记载说：

> 或告右丞魏徵私其亲戚，上使御史大夫温彦博按之，无状。彦博言于上曰："征不存形迹，远避嫌疑，心虽无私，亦有可责。"上令彦博让徵，且曰："自今宜存形迹。"他日，徵入见，言于上曰："臣闻君臣同体，宜相与尽诚，若上下俱存形迹，则国之兴丧尚未可知，臣不敢奉诏。"上瞿然曰："吾已悔之。"征再拜曰："臣幸得奉事陛下，愿使臣为良臣，勿为忠臣。"上曰："忠、良有以异乎？"对曰："稷、契、皋陶，君臣协心，俱享尊荣，所谓良臣。龙逢、比干，而折廷争，身诛国亡，所谓忠臣。"上悦，赐绢五百匹。

这段话的意思就是说，有人向唐太宗告发右丞相魏徵结党营私，唐太宗便派御史大夫温彦博前去查办，结果没有发现什么问题。温彦博对太宗说："魏徵作为一个大臣，行为不太检点，不注意回避嫌疑，以致受到没有根据的诽谤，这是应该受到责备的。"唐太宗听后感到有道理，于是，又派温彦博去责备魏徵，说："从今以后，你应当十分注意检点自己的行为。"过了几天，魏徵去见太宗，说："我听说君主和臣子像人身一样是一个整体，相互之间应当开诚相见。倘若主上和臣子之间互相戒备，有一段距离，不能开诚相见，专门在检点自己的行为上下功夫，那么国家的兴衰成败就难以预料了。因此，君主你叫我检点行为的指示，实在不敢遵照执行。"唐太宗听后恍然大悟，说："你说得很有道理，我已经觉察到我说错了。"魏徵叩头说："我有幸为陛下办事，希望陛下让我做良臣，不让我做忠臣。"太宗奇怪地问："良臣与忠臣有何不同？"魏徵答道："稷、契、皋陶都是良臣，良臣和君主同心协力，共享美名，国家因而兴旺发达。龙逢、比干都是忠臣，他们在朝廷上当面劝告帝王，指出政治上的错误，恼怒了天子而被杀害，国家也破灭了。这就是人们说的忠臣。"唐太宗听了，感到受益匪浅，十分高兴，便奖给魏徵五百匹绸缎。

魏徵关于"忠臣与良臣"的看法，是很引人深思的。历代忠臣往往受到奸佞小人的陷害，得不到君主长期的信任和重用，君主昏暗，人才遭难，其结果是"身诛国亡"，屈原、岳飞就是这样的例子。而为良臣的，多数是君主比较贤明，他们能够对人才识之、信之、任之，因而人才也有得以施展才华的机会。魏徵不愿意当忠臣而愿当良臣，其实是提出忠告，希望唐太宗成为贤明的君主，能够信任人才，重用人才。唐太宗确实是一个贤明之君。当他听取魏徵之言后能够察觉自己的过失而改正之，并能给良臣以真正的信任。这就是值得当今领导者加以借鉴之处。

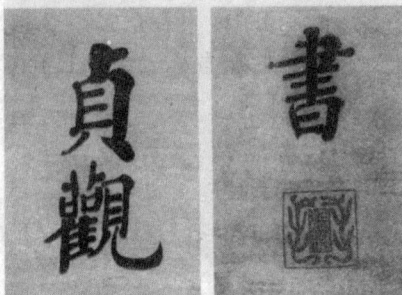

魏徵书法　唐

宗泽慧眼识奇才

岳飞（1103~1142）是南宋时的抗金名将。他能够被朝廷发现并能受到重用，是与宗泽（1060~1128）分不开的。

岳飞是相州汤阴（今河南汤阴县）人，字鹏举。家世代为农，生活比较贫苦。在艰苦的环境中，岳飞磨炼成了刚毅顽强的性格。岳飞自幼好读史书，尤其是特别喜欢读孙、吴兵法。因此，古代军事家的战略思想使岳飞受到极为深刻的影响。到了青年时期，岳飞长得体貌雄健，能拉满300斤的劲弓，而且善于骑射，左右开弓，技术也在众人之上。靖康元年（1126），金军入侵中原，直趋北宋京都东京（今河南开封），北宋皇帝宋钦宗便封康王赵构为兵马大元帅，封抗金名将宗泽为副元帅，并令他们带兵入援京师。赵构部下刘浩在相州招募兵士，于是，岳飞便投靠刘浩军队，并很快被提拔成为一名下级军官。

靖康二年（1127），宗泽率领部队转战开德府，接连同金军大战13次，均取得了胜利。在一次两军对阵交战过程中，岳飞见金军两个旗手在阵前摇旗呐喊，鼓动厮杀，便立即弯弓搭箭，两发两中，人倒旗落。顷刻间，敌军乱成一团，岳飞率军乘势发起攻击，金军死伤无数，溃败而逃，岳飞获胜，并缴获了大量兵器。不久，宗泽又率领部队分兵北上。岳飞所率一部北上途中与金军在曹州（今山东菏泽）相遇。金军凶猛扑来，岳飞身先士卒，冲锋陷阵，与金军展开激战。由于岳飞英勇顽强，指挥得力，士卒个个拼命同敌战斗，最后大获全胜。

经过开德、曹州两次大战的胜利，宗泽对岳飞的英勇善战非常钦佩。有一

天，宗泽把岳飞召去说："你的英勇与智谋，武艺与才气就是古代的良将也不能超过你，但是只擅长野战，还不是万全之计。"宗泽非常喜爱岳飞的才华，因此，有意对其栽培，使其了解、精通更多的作战方法，于是便送给岳飞一张作战的阵图。岳飞接过阵图仔细看了以后，便对宗泽说："古今时代不同，平地和山险不同，怎么能用一定的阵图用兵?"宗泽反问道："像你这样讲，阵法岂不是没有用了?"岳飞回答说："列阵而后战，乃兵家的常规，但其运用之妙，却存乎一心。"宗泽听了岳飞的议论，心中十分佩服，认为岳飞是一个很了不起的人才。

宗泽像

南宋建立后，岳飞向皇帝宋高宗赵构多次上书，要求北上抗金。但是，宋高宗却认为岳飞官小职微、越职上奏，便把他革职。然而，岳飞抗金报国之心毫不动摇，于是便投奔张所，被任为武经郎，充中军统领，在都统制王彦部下当偏裨将。岳飞随同王彦渡过黄河抗金，因为岳飞同王彦的意见有分歧，便脱离了王彦部去投奔宗泽。这时，宗泽已调任东京留守。岳飞到东京后还未见到宗泽，就被王彦的部下捉住，正当王彦要按军法处斩岳飞时，宗泽正好赶来，并发现王彦将要处斩的人就是在开德、曹州大捷中建立奇功的岳飞，立即让王彦将其当场释放，并留军前听用。不久，抗金前线传来急报，说金军又要进攻汜水关（今河南汜水镇西），宗泽立即命令岳飞率500名骑兵出征迎敌。岳飞接受命令后星夜兼程赶到前线，他身先士卒，英勇善战，奋力杀敌，经过激战，大败金军，凯旋而归，宗泽立即擢升岳飞为统制官，成为统率千军万马的高级将领。

宗泽慧眼识奇才，而岳飞没有辜负宗泽的提擢与期望，建立了抗金的奇功异勋。宗泽去世后，岳飞随从杜充南下。建炎三年（1129），金兀术率金兵渡江南侵，杜充弃城投降金兵。岳飞在广德、宜兴一带坚持抵抗。次年，金军被迫北撤。岳飞乘机率军袭击金军后队，收复建康（今南京），并被提升为通泰镇抚使。绍兴二年（1132），任承宣使、湖北路、荆、襄、潭州制置使，屯鄂州（今武昌）。他率领的军队纪律严明，战斗力强，有"撼山易，撼岳家军难"之说，为金兵闻风丧胆。岳飞曾多次上书宋高宗，屡请北伐，反对屈辱求和。绍兴九年（1139），宋高宗和秦桧与金议和，他上表称"可危而不可安，可忧而不可贺"。次年，金兀术分兵四路，大军南下，侵入河南。岳飞出兵迎击，节节胜利。后又以"将在外，君命有所不受"拒绝高宗班师诏，继续率部抗击金军，并在郾城大败金军，收复颍昌（许昌）、郑州、洛阳等地，继而又在朱仙镇大败金军。这时，两河义军纷纷响应，收复河北指日可待。但因高宗、秦桧一心求和，连下12道诏书，催命岳飞班师回朝，使大好形势毁于一旦。岳飞回到临安后，被解

除了兵权，改任枢密副使，不久，被秦桧诬陷谋反下狱，绍兴十一年十二月二十九日（1142年1月27日），岳飞同其子岳云以及部将张宪一同惨遭杀害。

康熙帝善用人

康熙二十二年（1683），清军水师乘风破浪，一举攻克澎湖，随即进取台湾，迫郑克爽投降，一直与中央政府分庭抗礼的台湾至此又重新统一于清朝政府的管辖之下。指挥这次重要战役的就是降清的郑芝龙部将施琅；而慧眼识英雄，大胆使用施琅的正是清朝著名的康熙皇帝。当时，在众多大臣反对的情况下，康熙皇帝敢于任用郑氏降将确实需要些胆略和气魄。康熙帝的这一果断决策正是建立在善于察贤辨才，并真正了解施琅的基础上的。后人曾就此评论说："台湾平，琅专其功。""功名之际，有难言之矣。大敌在前，将帅内相竞，审择坚任，一战而克，非圣祖（即康熙）善驭群才，曷能有此哉？"这是对康熙皇帝善于用人的高度赞扬。

施琅（1621~1696），字尊侯，号琢公，福建晋江人。原为明朝总兵郑芝龙的部将，顺治三年（1646），郑芝龙降清，施琅亦从降。十三年（1656）升副将，十六年（1659）升总兵，康熙元年（1662）迁水师提督。施琅归降之后，一直忠心耿耿，为清朝的统一大业奋力拼杀。但是，当时朝廷内掌权的满、汉官员看不起他，特别是康熙初年掌权的鳌拜集团更不肯重用他。

康熙初年，郑成功之子郑锦据台湾，并欲攻福建。施琅调兵遣将，出海截击，大败之。七年（1668），鉴于郑锦已势单力薄，施琅密奏朝廷，"宜急攻之"。刚刚亲政一年的康熙皇帝览奏之后，立即召施琅入京，并亲询方略。施琅言："贼兵不满数万，战船不过数百，锦智勇俱无。若先取澎湖以扼其吭，贼势立绌；倘复负固，则重师泊台湾港口，而别以奇兵袭南路打狗港及北路文港海翁堀。贼分则力薄，合则势蹙，台湾计日可平。"十五岁的少年天子康熙皇帝虽然第一次与施琅当面交谈，但施琅的谋略与能力却深深地打动了他的心。他很赞赏施琅收复台湾的计划，遂下部议。由于康熙帝刚刚亲政，朝廷大权仍掌握在以鳌拜为首的保守势力中，而这些人一贯反对施琅，因此以"海洋险远，风涛莫测，长驱制胜，难计万全"为由，将施琅的建议搁置下来，并裁其水师提督，改授内大臣，调回京师。

不久，康熙帝计擒鳌拜，真正掌握了大权。由于三藩事起，统一台湾之事便暂时放下，但他心中时刻不忘。康熙二十年（1681），三藩平，康熙帝再次提出统一台湾问题，并询问群臣意见，结果群臣"咸谓海波不测，难以制胜"，反对进取台湾。这时，内阁学士李光地、福建总督姚启圣都认为台湾可取，并推荐施琅担当此任。康熙皇帝想起几十年前的往事，也认为"壮猷硕画，无出公（指施琅）右者"。于是，再次召施琅入宫，并"宴内廷，谘进讨事"。由于施琅"治军严整，通阵法，尤善水战，谙海中风候"，因此他向康熙皇帝详细谈了如何训练水师、如何利用风向变化等具体方略。康熙帝听后十分满意，决定再次任

其为福建水师提督，即赴前线，操练水师，待机进取台湾。这时，有人提出，施琅既已调京多年，不宜再派往福建，康熙帝不予理睬。又有人公开反对任用施琅，"以为不可遣，去必叛"。康熙帝仍不为所动，既然主意已定，就用人不疑。于是，当机立断，晋施琅为太子少保，兼福建水师提督。施琅临行之时，康熙皇帝还特意"临轩劳之"，并勉励他说："平海之议，惟汝予同，其努力无替。"

施琅受知遇之恩，果然不负康熙帝的厚望，他积极训练水师，做好了大战前的一切准备工作，终于在康熙二十二年克澎湖，迫郑克爽投降，使统一台湾大业顺利完成。

清军在攻占台湾后，在对台湾的处理问题上又出现了分歧。有人荒谬地提出，"宜迁其人，弃其地"。李光地甚至提出"招来红毛，畀以其他"，将祖国领土台湾奉送给西方殖民主义者。施琅则坚决反对放弃台湾，力主台湾不可弃，奏请设官兵镇守。他认为"弃之必酿成大祸，留之诚永固边围"。康熙皇帝坚决支持施琅的主张，指出："台湾弃取，所关甚大"，"弃而不守，尤为不可"。于是，遵照施琅的意见，在台湾设一府三县，并设一总兵，驻兵八千。至此，台湾的行政建置完全与内地划一。

此后，在镇守台湾的问题上，康熙帝仍十分信任施琅。康熙二十七年（1688），年近七旬的施琅以年老多病、行动不便请求解任，康熙帝对他说："吾用汝心，不在乎手足矣。"充分说明了康熙帝对施琅的了解与信任。

康熙皇帝以敏锐的观察力发现了施琅这个人才，而且力排众议大胆重用，这正是他在用人问题上的成功之举。事隔数年之后，康熙帝对施琅说明了观察、任用他的曲折过程："尔前为内大臣十有三年，当时尚有轻尔者。惟朕深知尔，待尔甚厚。后三逆平定，惟海寇潜据台湾以为福建害，欲除此寇，非尔不可。朕持加擢用，尔能不负任使，举六十年难靖之寇，殄灭无余。或有言尔特功骄傲；朕令尔来京，又有言当留勿遣者。朕思寇乱之际，尚用尔勿疑，况天下已平，反疑而勿遣耶？"康熙皇帝的这段话并非自夸。可见，后人评论平台湾一事，认为施琅当为首功，而"非圣祖善驭群材"也不可能有此结果，这一结论显然是公允的。

梁惠王后悔未重用商鞅

商鞅，姓公孙，名鞅，是卫国的没落贵族之子，他的祖先是姬姓。少年时期，商鞅非常喜欢研究法家治国强兵的理论，长大成人后，商鞅当了魏相公叔痤的家臣。公叔痤非常了解商鞅，他知道商鞅才华出众，是个难得的人才。但是，公叔痤还未来得及推荐商鞅就得了重病。魏惠王（即梁惠王，战国时魏国国君，公元前369~前319在位。魏武侯之子，名罃，又做太子。因他在位时迁魏都于大梁，公元前344年改侯称王，又称梁惠王。惠王即位后，军事上累受敌国摧折，与秦交战，败于远里，失少梁；与齐战，先败于桂陵，再败于马陵。上将庞涓战死，太子申被虏，丧失土地700余里，国势日益衰落。惠王为此卑礼厚币招致贤者，孟轲、邹衍、淳于髡均曾至梁。

在位 50 年）得知公叔痤病重的消息后便前往探望，并问道："公叔，你有什么忧虑的事不可隐瞒，你对国事还有什么需要安排吗？"公叔痤答道："我只有一件事要告诉你，就是我的家臣公孙鞅，年纪虽轻，但有奇才，希望你能够重用他，让他来管理国事。"魏王听后默然不语，他回去后，便对左右的侍臣说道："公叔病得糊涂了，实在可悲啊！公叔还想叫我重用公孙鞅来管理国家大事，这岂不太荒谬吗？"

不久，公叔痤便告别人世。公孙鞅听说秦孝公下令在国内招贤，打算恢复秦穆公时代的霸业，收回东南被他国侵占的土地。于是，公孙鞅便去西面投奔秦国，通过秦孝公的宠臣景监见到了秦孝公。商鞅对秦孝公说："一个国家要想富强，必须注意农业，奖励将士；要打算把国家治好，必须有赏有罚。有赏有罚，朝廷有了威信，一切改革也就容易进行了。"秦孝公听后完全同意商鞅的主张，拜商鞅为左庶长（秦国的官名），并责令公孙鞅直接管理国家改革事宜。

秦国自从商鞅变法以后，农业生产增加了，军事力量也强大了。秦国的强盛，使周天子送祭肉给秦孝公，众诸侯都来祝贺。在这种情况下，商鞅向秦孝公建议说："魏国对于秦国就像人的心腹之患，将来不是魏国兼并秦国，就是秦国兼并魏国。"秦孝公认为商鞅说得很对，就派商鞅率领军队攻打魏国的西部，并从河西打到河东，把魏国的都城安邑也打了下来。这时，魏国经过秦国的打击和齐国的攻占，国力不断削弱，国内非常空虚。于是派遣使臣，割让河西土地献给秦国以求和。同时，魏国也就离开安邑，迁都大梁。魏惠王感慨万千地说："我悔恨过去为什么不听公叔痤的话重用卫鞅啊！"

赵王错用赵括遭惨败

在《史记·廉颇蔺相如列传》中记载了公元前 260 年，秦赵长平之战赵王错用赵括而导致惨败的史实。摘引如下：

七年，秦与赵兵相距长平，时赵奢已死，而蔺相如病笃，赵使廉颇将攻秦，秦数败赵军，赵军固壁不战。秦数挑战，廉颇不肯。赵王信秦之间。秦之间言曰："秦之所恶，独畏马服君赵奢之子赵括为将军。"赵王因以括为将，代廉颇。蔺相如曰："王以名使括，若胶柱而鼓瑟耳。括徒能读其父书传，不知合变也。"赵王不听，遂将之。

赵括自少时学兵法，言兵事，以天下莫能当。尝与其父奢言兵事，奢不能难，然不谓善。括母问奢其故，奢曰："兵，死地也，而括易言之。使赵不将括即已，若必将之，破赵军者必括也。"及括将行，其母上书言于王曰："括不可使将。"王曰："何以？"对曰："始妾事其父，时为将，身所奉饭饮而进食者以十数，所友者以百数，大王及宗室所赏赐者尽以予军吏士大夫，受命之日，不问家事。今括一旦为将，东向而朝，军吏无敢仰视之者，王所赐金帛，归藏于家，而日视便利田宅可买者买之。王以为何如其父？父子异心，愿王勿遣。"王曰："母置之，吾已决矣。"括母因曰："王终遣之，即有如不称，妾得无随坐乎？"王许诺。

赵括既代廉颇，悉更军吏。易置军吏秦将白起闻之，纵奇兵，佯败走，而绝其粮道，分断其军为二，士卒离心。四十余日，军饿，赵括出锐卒自搏战，秦军射杀赵括。括军败，数十万之众遂降秦，秦悉坑之。赵前后所亡凡四十五万。明年，秦兵遂围邯郸，岁余，几不得脱。赖楚、魏诸侯来救，乃得解邯郸之围。赵王亦以括母先言，竟不诛也。

在赵孝成王七年（前260），秦赵大战后，两军相持于长平（今山西省高平市西北20里）。当时，赵国的大将赵奢已经死了，而蔺相如又病情严重，赵王就派遣廉颇率兵攻秦，由于秦兵多次击败赵军，廉颇到长平后，以逸待劳。秦军多次挑战，廉颇不肯应战。秦国久攻不下，就使用离间计说："廉颇老了，不能打仗了。秦军最害怕的是赵国的赵括将军。"赵王听到后，便决定立刻派赵括替代廉颇。蔺相如说："大王仅凭他的虚名使用他为大将是不行的，他是一个拘泥兵书不知变通的人，只能纸上谈兵，不会机动灵活地指挥军队作战的空谈家。"赵王不听蔺相如的劝告，便任命赵括为大将。

赵括从小学习兵法，熟读兵书，谈到用兵打仗的事滔滔不绝，自认为天下无敌。他曾经与其父赵奢谈论用兵之法，尽管赵括谈得头头是道，但赵奢却从不认为他是一个熟谙用兵韬略的人。赵括的母亲问丈夫赵奢："为什么不赞扬儿子呢？"赵奢说道："用兵作战，是关系着人的死活、国家兴亡的大事，而赵括谈起来好像十分容易。假使赵国将来一定要用赵括带兵打仗，赵国的军队一定会被他葬送掉的。"到赵括将要出发去代替廉颇时，他的母亲向赵王上书说："决不能派赵括为将。"赵王问道："这是为什么呢？"赵母答道："过去我侍奉他父亲时，他父亲也正是带兵的主将，曾多次亲自为官兵捧食进饮，官兵中许多人与他结成了朋友，大王和王族赏赐他的财物，全部用来赠送给军吏、士大夫们，只要大王的命令一下达，他就全心全意投身于军中，从不过问家中之事。而今赵括刚一当上将军，对官兵的态度就像主人对待仆人一样，军吏们都不敢抬头看他一眼，大王所赐的金银绸缎，都拿回家来收藏着，并且天天在注意购买便宜的田产房屋。大王，你看他哪一点像他的父亲呢？父子二人的思想品德有着这么大的差距，我希望大王还是不要委他以重任。"赵王说："你的意见暂且放一放吧，我的主意已经定了。"赵母见赵王不接受自己的意见，便又说道："大王如果一定要派他出任将军，将来不称职而获罪，大王一定不能牵连于我。"赵王答应了赵母的要求。

赵括代替廉颇后，全部改变了廉颇治军的规章制度，调换了下层军官，军事防务全部更改。秦将白起听到赵括代廉颇为将的消息，立即率领一支军队装作胆怯的样子败走，赵括不知是计，便下令乘机追击，结果被秦军截断粮道，军队被分割为两部分，前后不能相救，士卒因此与主将离心离德。赵军被围困40余天，士卒无粮充饥，疲惫不堪，赵括又不断驱兵与秦军交战，都被秦军所打败，赵括也被秦军乱箭射死。赵军大败，几十万军队全部向秦军投降，结果全部被活埋。从战争开始到失败，赵军前后共损失45万人，第二年，秦军便包围了赵国的首都，围了一年多，几乎不能解脱。最后还是楚国、魏国等诸侯发兵来救，赵国才

免除了亡国之祸。赵括之母因事先已向赵王提出不受牵连而未被治罪。

在用人问题上，不能知人善任，用错了人，其严重危害性，已被无数历史事实所证明。固守长平当时是正确的，但赵王不听忠告，错用赵括而不用廉颇，不仅使赵括丧了命，而且赵国40多万将士也全部惨遭活埋，赵国也因此差点被秦国消灭，造成了历史上罕见的大悲剧。幸亏楚、魏等国相救，赵国才幸免亡国之灾。这足以说明对人才的识别、信用有多么重要。

陈平三易其主

在《史记·陈丞相世家》中，记载了陈平三易其主的史实。

陈平，阳武户牖乡（今河南陈留一带）人。年少时就博学多才。陈平家境贫穷，与兄嫂居住在一起，兄长去耕田种地，让陈平去游学。但是，他的嫂子非常讨厌陈平，最后便把陈平逐出家门。

不久，陈胜吴广起义反秦，在陈称王，派周市平定魏地，封魏咎为魏王，与秦军在临济交战。此时，陈平告别了兄长，带领一帮年轻人加入了魏王咎的反秦队伍。魏王任命陈平担任太仆，陈平多次向魏王献良策，但是，魏王都没有采纳。还有一些人处于嫉妒之心，多次在魏王面前说陈平的坏话，陈平知道后，便逃离魏王而去。

秦末陈胜、吴广大泽乡起义

后来项羽在黄河边与秦军作战，陈平听说后便又投奔了项羽，赐爵为卿。殷王反楚，项羽封陈平为信武君，打败殷王受降而回。过了不长时间，楚汉战争爆发后，殷王反楚投汉，项羽因为陈平是打败殷王的主要将领之一，所以准备将陈平杀掉。陈平得知消息后，忙将印和项羽赐给他的金银财宝封好，命人送给项羽，独身佩剑而逃，投奔了汉王刘邦。

经陈平好友魏无知的推荐，汉王刘邦召见了陈平，经过当面策略问答，刘邦认为陈平是个奇才，非常高兴，当即任其为都尉，加参乘（古代官名，常在帝王左右），兼掌护军。陈平当即受命，再次拜谢而出。诸将听说陈平一来到就被封为这么大的官，心中非常不服，就连周勃、灌婴这些重臣，也生妒意，你一言，我一语，议论纷纷，埋怨刘邦对其心迹未明，便加重用，是不辨奸贤之举。这些话刘邦听到后，置若罔闻，不予理睬。后来，一些人为了试验陈平，故意向其送金银行贿，陈平对此从不拒退，有送则收，满不在乎。这样，又被众将抓住了把柄，便推周勃、灌婴为代表去向刘邦说："陈平虽美如冠玉，只怕是空有外表，内无真才。听说他在家时行为不轨，常有欺兄盗嫂之事；今掌护军，又受贿收

礼。陈平如此淫默，实为不法乱臣，务请大王明察，且不要为其辞令所惑！"刘邦为让群臣进一步了解他爱才惜能的用人观点，便把魏无知召入账内，当众责问道："陈平欺兄盗嫂，贪财受贿，如此行为不端的人，你荐来何用？"魏无知从容而对曰："臣所推荐的是陈平的才学；大王问的是他的品行。今日楚汉相争，全仗计谋、才学。至于他有无欺兄盗嫂行为和贪金受贿之事，我认为不必详究，如果陈平确实无能，臣甘愿受责。"刘邦听罢，并不表态，只是微微一笑。随后，他又把陈平叫到面前，当众问他说："先生原在魏王手下，干了一段时间不干了；后投项羽手下没有多长时间就弃印而走；今你投到我的账下，有人说你品行不端，贪金受贿，是不是想来捞上一把一走了之？"陈平说："魏王不用，所以我不干，项羽不信任我，所以我也不干。听说大王你爱才如宝，注重学识，我才甘心弃魏、楚，而归顺汉王。"同时，他对欺兄盗嫂的传闻不做任何辩解，任其所言；而对贪金受贿，却自认不讳，并且慷慨陈词向刘邦说："我孑然一身，远道而来，若不受金，没有资金来源。纵有天大的本事，又怎么能付诸实施呢？我今天来投靠大王你，是想把我一生所学贡献出来，你看能行，便可采纳，如认为无用，所收原金俱在，尽可归公处理，并甘愿听从处理！"刘邦听后，非常叹服，更加重用，当众将其晋升为护军中尉。这样一来，其他人再也不敢说什么了。其后，陈平在为刘邦白登山解围，计除韩信和后来除掉诸吕的过程中，发挥了重要作用，和周勃、灌婴齐名并传不朽。

陈平有奇才，为何三易其主？很值得人们深思。陈平先去魏王那里谋事，魏王非常固执，不听忠言，只好又奔项羽；项羽志大才疏，任人唯亲，不讲政策，大搞株连，陈平只好逃走，去投靠刘邦。但为此事又引起了不少谗言，遭到怀疑。什么"品德不正""三心二意""反复无常的乱臣"等等，幸亏刘邦还注意问个明白，要不陈平只得告辞另投他人了。刘邦重用了陈平，陈平为辅佐刘邦灭掉项羽起了重大作用。陈平三易其主的经历和原因说明，一个领导者本身的素质与人才的使用有着多么密切的关系。要做到合理使用人才，领导者不仅起着关键的作用，而且他们本身的政治、业务素质也在起作用。这个问题确实值得研究。

汉哀帝用董贤至西汉衰败

绥和二年（前7）三月，汉成帝病死，由太子刘欣即位，是为汉哀帝。汉哀帝是一个不学无术，沉湎于酒色的昏君，所以更不知如何使用人才为其巩固政权服务。

在满朝文武百官之中，汉哀帝认为只有年轻漂亮的大司马高安侯董贤是个难得的人才，因此，对他的宠爱到了无以复加的程度。

董贤，云阳（今陕西淳化西北）人，字圣卿，十五六岁时为太子舍人，十七八岁时便出息得身如杨柳，面如桃花，令人初看，倒像是个女扮男装的袅娜宫女，更加柔声轻语，颇具女儿之态。有一天因宫内点名，哀帝发现了董贤，

便产生爱慕之心，问明姓氏，立即封其为黄门侍郎，收到身边侍候。董贤除了会阿谀奉承以外，还具有一副女子性情，很有勾引手段，不时搔首弄姿，以目传情，惹得哀帝实在把持不住，一下子扑了上去，抱住又亲又啃，而后同寝取乐。从此，哀帝与董贤外游同榻，入宫共寝，形影不离。因此，哀帝不久又封董贤为驸马都尉侍中、参乘、高安侯、太司马等职。接着，董贤的父亲也被任命为光禄大夫（掌顾问应对的官），封董贤的弟弟为驸马都尉，连董贤的岳父也封为大匠，妻弟为执金吾等。为了让董贤不离左右，汉哀帝又让董贤把妻子也搬进宫中居住，还将董贤的妹妹封为昭仪。到元寿元年（前2）九月，为尊崇董贤，竟罢免大司马丁明，而以董贤代之。

有一天，董贤和汉哀帝同床午睡，董贤枕了哀帝的袖子，汉哀帝醒后要起床，为了不惊动熟睡中的董贤，竟用剑割断了衣袖。还有一天，汉哀帝在麒麟殿大宴群臣。席间，汉哀帝突然笑着对陪酒的董贤说："我想效法尧舜禅位的故事，把帝位禅让给你，如何？"董贤听后被惊呆了，一时不知如何回答是好。正在一旁陪酒的侍中王闳郑重地对汉哀帝说："江山是高祖皇帝打下的，陛下如今继承了皇位，还要传于子孙。作为皇帝，怎能随便开此玩笑？"汉哀帝听后很不高兴，酒宴不欢而散。不久，汉哀帝就将王闳罢了官。

汉哀帝为了宠幸董贤，还为董贤在皇宫前面修建了一座富丽堂皇的宅院，并赏赐给董贤大批金银财富。另外，汉哀帝还为董贤修建了规模像皇陵一样宏大的祖坟，赏给董贤大批土地（一次就达2000多顷）。董贤败亡时，抄出的家产多达43亿，相当于西汉全年赋税的二分之一。

汉哀帝如此宠爱和重用无才无德的董贤，引起许多大臣的不满和反对。谏议大夫鲍宣上书说："皇帝重用董贤这样无能之辈，如何能治理好国家？朝中的文武大臣都有离异之心，百姓涂炭，怎能不令人心忧如焚！"但是，汉哀帝对此置若罔闻，眼中除董贤外，别无人才。由于汉哀帝的愚昧无知，荒唐昏庸，真正的人才得不到重用，遂使西汉很快走向衰败。

刘表不识人才

东汉末年，群雄逐鹿中原。汉室宗亲、荆州刺史刘表，占据荆襄九郡，地方数千里，带甲十余万，是汉末割据势力最雄厚的诸侯。可是到后来，刘表却轻易断送了数十年开创的基业。之所以导致这样可悲的局面，其主要原因就是刘表不识人才。

荆襄一带，自古以来就是一个多才之地，但是，刘表对于那里的人才却很少起用。如居住在离襄阳不远的南漳县有一个叫司马徽的人，他不仅才学高深，而且善于识别人才。对此，刘表却充耳不闻，有目不见，甚至见而不用，司马徽曾向刘备推荐贤才说："卧龙、凤雏，二人得一，可安天下。"而此二人，皆在荆襄。所称卧龙者，即曾随其叔父诸葛玄从山东投奔与其有旧的刘表，移家襄阳，隐居隆中，躬耕垄亩，以待明主的诸葛亮。诸葛亮有经天纬地之才。然而近在咫

尺，竟不为刘表所知，而被刘备三顾茅庐，恭请出山。诸葛亮辅佐刘备，战赤壁，夺荆州，进西川，使刘备很快有了转机。进而帮助刘备建立了蜀国政权，同魏、吴抗衡。时称凤雏的庞统，隐居襄阳，与诸葛亮为友，亦不为刘表所知，后避乱到江东，为周瑜献连环之计而在赤壁大败曹军。后来，经诸葛亮、鲁肃的举荐，刘备用庞统为副军师中郎将，与诸葛亮共同谋划运筹，显示出奇才。这样两位难得的人才，就在刘表身边，而且与他还有亲旧关系，刘表却视而不见，见而不用，却被刘备所得。可见刘表确实不识人才。另外，像崔州平、石广元、孟公威等一批隐居在荆襄地区的名士奇才，都不为刘表所识。所以，虽"刘表坐镇荆州，世称'八俊'之首"，但被曹操斥之为"徒有虚名而已"。

当时，在刘表那里，虽然也曾有过不少有名的人才，但是由于刘表不是不识人才，就是不用人才，结果这些人才有的不能发挥作用，有的移附于他人。如当时有个叫王粲的人，他才气过人，聪慧练达，是一个不可多得的人才。王粲自幼刻苦读书，并具有惊人的记忆力。他和同伴走路，看到路旁有一块石碑，他将碑文浏览一遍，便一口气把碑文一字不漏地全背下来。王粲和许多人围观别人下棋时，一个人不小心把棋盘碰翻了，王粲就按原来的棋局重新将棋子摆好。王粲不仅有惊人的记忆力，而且数学也很好，至于他的文才，更是出人头地。有人称赞他是"文若春华，思若涌泉，发言可咏，下笔成篇"。王粲确实是曹魏时期才子中的佼佼者，因而学人们无不愧叹不如。有一次，王粲去拜访当时著名的学者蔡邕，蔡邕慌忙出来迎接，竟然穿倒了鞋子。在蔡邕家中的宾客都非常震惊地说："蔡中郎何独敬此小子耶？"蔡邕回答："此子有异才，吾不如也。"王粲17岁时，就辟为黄门侍郎，但因董卓党徒李傕、郭汜举兵混战，他没有就任。王粲因避战乱就南行依附刘表。刘表见王粲相貌平常，身体又弱又小，一直不予重用。后来，刘表死后，刘琮归顺了曹操，曹操闻知王粲具有异才，立即拜他为丞相椽（即丞相的属官），还赐爵关内侯。王粲从此才有了施展自己才能的机会。

在那个时候，那些慕名投奔刘表的人才，大多是乘兴而来，败兴而去。徐庶也曾投奔刘表，因不被识用，只好离去。徐庶辞别刘表夜过南漳水镜庄，对水镜先生（即司马徽）说："久闻刘景升善善恶恶，特往谒之。及至相见，徒有虚名，善善而不能用，恶恶而不能去者也。故遗书别，而来至此。"清人毛宗岗读到此曾评论道："此刘公所以亡。"徐庶辞别水镜后，径至新野，在市上高歌："天地反复兮，火欲殂；大厦将崩兮，一木难扶。山谷有贤兮，欲投明主；明主求贤兮，却不知吾。"刘备是个善识人才的人，当他听到徐庶的歌子后，遂将徐庶请来，并将他拜为军师。当曹仁进攻新野时，就是徐庶为刘备献计，才巧破"八门金锁阵"，大败曹仁。如此这样的人才，刘表却不能用，那么又怎么能够去巩固他的基业呢？

郭嘉弃袁奔曹

郭嘉，是曹操人才群体中一名最杰出的人才，深受曹操的敬重和信任。他在

国学经典文库

以后曹操统一北方的事业中，发挥了极其重要的作用。

郭嘉，字奉孝，颍川阳翟（今河南禹县）人。当初他到北方谒见袁绍，经过一段时间的观察，郭嘉便对袁绍的谋臣辛评、郭图说："夫智者审于量主，故百举百全而功名可立也。袁公徒欲效周公之下士，而未知用人之机。多端寡要，好谋无决，欲与共济天下大难。定霸王之业，难矣！"就是说，凡聪明的贤士，要详尽地观察所依附的主人，可从他的行动、考虑的问题、采取的措施而推测他的事业能否成功。袁绍空学周公的礼贤下士，他却不知用人的关键所在。所欲多端，不知选择主次轻重，好计谋却无决断，打算与他共同平定天下，立霸主之业，实在太难哪。于是，郭嘉便离开了袁绍。原先，颍川的戏志才，是个善于出谋划策的谋士，曹操很器重他。但是，戏志才过早地离开了人世。曹操写信给荀彧说："从志才亡故后，没有与我共议大事的人了。临汝、颍川一带本多志谋之士，你看谁可以继承志才的职务？"荀彧推荐了郭嘉。曹操召见郭嘉，谈论天下大事，很高兴地说："使我成就大事的人，一定是此人。"郭嘉出来后，也很喜悦地说道："这才真正是我的主人。"曹操上表荐郭嘉为司空祭酒。

郭嘉跟随曹操攻破袁绍军队，袁绍死后，又跟曹操讨伐袁谭、袁尚，在黎阳连战连克。将士们想乘胜攻取袁谭、袁尚，郭嘉说："袁绍非常爱这两个儿子，但他们没有一个是嫡子。现有郭图、逢纪为他们的谋臣，二人势力相当，各树党羽，必互相斗争，离心离德。如果进攻太急，他们就会团结一致对付我们。暂缓对邺城的攻击，他们将会火拼。我们可以假作南征荆州的样子，以待袁氏内部的变化；等它变化时再进攻他们，可一举平定河北。"曹操听后立即采纳他的意见，于是南征。军队开到西平，袁谭、袁尚果然因争夺冀州而发生了武装冲突。袁谭被袁尚击败，退守平原，派遣辛毗向曹操请求救援，曹操回兵相救，攻占了袁氏的老巢邺城。后来郭嘉又跟随曹操平定了冀州，曹操从此在北方站稳了脚跟，并大封功臣，封郭嘉为洧阳亭侯。

自古说："良禽择水而栖，贤臣择主而事。"袁绍刚愎自用，心胸狭窄，不懂用人之事；曹操礼贤下士，气量宏大，善用人才。郭嘉通过观察并对这两者经过比较鉴别之后，弃袁奔曹，这是十分明智的。否则就会像田丰一样被冤杀，更不会有机会施展自己的聪明才智了。

袁绍错杀田丰致官渡大败

《三国志·魏书卷六·袁绍列传》中记载了田丰被袁绍冤杀的史实。现摘录如下：

初，绍之南也，田丰说绍曰："曹公善用兵，变化无方，众虽少，未可轻也，不如以久持之。将军据山河之固，拥四州之众，外结英雄，内修农战，然后简其精锐，分为奇兵，乘虚迭出，以扰河南，救右则击其左，救左则击其右，使敌疲于奔命，民不得安业；我未劳而彼已困，

不及二年，可坐克也。今绎庙胜之策，而决成败于一战，若不如志，悔无及也。"绍不从。丰恳谏，绍怒甚，以为沮众，械系之。绍军既败，或谓丰曰："君必见重。"丰曰："若军有利，吾必全，今军败，吾其死矣。"绍还，谓左右曰："吾不用田丰言，果为所笑。"遂杀之。

上述这段话的意思就是说，当初，袁绍准备率军南下与曹操决战，田丰劝袁绍说："曹操善于用兵，变化多端，兵虽少，不能轻视他，还不如与他打持久战，将军你占据的地方宽广，又有险要的山河，可作防守的屏障，还拥有四州的人员，假如你对外结识英雄豪杰，广招人才，对内整顿农耕，搞好生产，训练军队，然后挑选一批精兵分成几路作为奇兵，趁敌人的空虚轮番出击，以扰乱河南，敌方救右翼我就攻击他的左面，他救左翼我就打击他的右方，使敌人疲于奔命，人民不能安居乐业；这样我们还未疲劳，而敌方已被拖得困乏不堪，不要两年，可以大获全胜。现在放下全胜之策，而决定成败于一战，如果不能达到目的，后悔也来不及了。"对于田丰的这一建议，袁绍不予采纳。田丰还是诚恳地劝告他，袁绍非常生气，认为田丰在人们面前败坏自己的名气，于是下令给田丰戴上脚镣手铐，并将其拘禁起来。后来，袁绍的军队果真吃了败仗。有人对田丰说："你一定会得到重用。"田丰说："如果出兵胜利，我就没有什么事，现在失利了，我只有一死了。"袁绍回来后，对左右说道："我不采用田丰的意见，果然被他笑话于我。"于是下令把田丰杀了。

田丰是一位非常精明的谋士。他对袁、曹官渡之战形势的分析十分准确精辟。他既有战略思想，也懂战术。曹操、刘备在徐州"鹬蚌相争"，难分难解时，田丰向袁绍提出乘其后方空虚，奇袭曹营的主张，但是袁绍却不予采纳。等曹操打败刘备，回师官渡时，袁绍却要同曹操决战。田丰认为战机已失，应以持久战为上策，袁绍不听忠言而一意孤行，结果官渡一战袁绍大败。事实证明田丰的意见是正确的。田丰是难得的奇才。然而，袁绍有奇才而不用，反而因田丰预见正确，而自己又怕被他人耻笑而将田丰杀死。袁绍的所作所为实在令人感到痛恨和可笑。这样的领导者，迟早是要失败的。

慈禧反对维新变法

慈禧太后，即为叶赫那拉氏。叶赫那拉氏，小名兰儿，因其祖先住在叶赫（在辽宁省开原市北），所以又称她叫叶赫那拉氏。

甲午中日战争以后，帝国主义国家纷纷在中国强占"租借地"和划分"势力范围"，对中国进行瓜分。光绪二十一年（1895）四月八日，光绪皇帝被迫批准了中日《马关条约》。这个条约的签订，使光绪帝思想上受到了一次沉重的打击，同时也使他的头脑清醒起来，认识到要想改变被动挨打的软弱局面，就必须进行政治革新，增强国家实力。恰在这时，正在北京应试的资产阶级维新派人物康有为和他的学生梁启超等人，出于爱国之心，为广大民众反对《马关条约》

所感动，写成了 14000 余字的《上皇帝书》。在《上皇帝书》中，康有为建议光绪帝应抓紧实行变法，主张在中国发展资本主义，建立君主立宪政体，借以挽救大清濒临危亡的局势。《上皇帝书》得到了 1300 多名举人的签名支持，这就是历史上有名的"公车上书"。康有为、梁启超等人的维新变法主张，在当时是不为一般人所理解的，因而被视为"耸人听闻"的"标新立异"。当时，清朝统治集团内部由以慈禧太后为首的顽固派和洋务派大官僚组成的所谓"后党"极力反对维新变法，极力排斥维新派人士。只有光绪皇帝和他的老师翁同龢为首组成的所谓"帝党"支持维新变法，重用维新派人士。光绪二十四年(1988) 春，光绪皇帝将康有为召到总理衙门，向李鸿章、翁同龢、荣禄、廖寿恒、张荫恒五大臣申述变法主张，受到了翁同龢等帝党的支持，同时遭到了李鸿章、荣禄等反对党的反对。当时，清朝大权不在光绪皇帝手中，而被慈禧太后所操纵。因为光绪皇帝已到成年，所以慈禧太后只好按照清廷规定归政于光绪皇帝，自己退居颐和园。不过，慈禧太后虽然本人离开了皇宫，但是她的

慈禧太后油画像

爪牙仍然在清廷中占据要位，使光绪帝亲政处处受到挟制。光绪帝决不甘心受制于人，决心破格任用一批人才。

在维新派的推动下，光绪二十四年 (1898) 四月二十三日，光绪皇帝决定实行变法，下诏"明定国是"，宣布变法。五天以后，光绪帝在颐和园召见了康有为，接着，又召见了梁启超，随后，光绪帝便向全国连续颁发了几道变法法令，提出了许多有关发展资本主义经济、政治、文化等方面的改革措施。紧接着，光绪帝又针对守旧派的反对，连续下了三道命令：一是裁减了一些衙门和官员；二是把违抗新法的礼部尚书怀塔布等人撤职；三是授给维新派人士谭嗣同、林旭、刘光第、杨锐四人四品官衔，让他们在军机处任职，专门给皇帝审阅有关变法的奏折，草拟诏书。同时，光绪皇帝破格任命康有为做顾问，并任总理衙门章京，任命梁启超主持译书局。

光绪皇帝破格起用维新派人士担任政府官员，这是慈禧太后所不能容忍的。就在光绪皇帝下达变法诏书的第四天（四月二十七日），慈禧太后就逼迫他一连下了三道命令，一是免除翁同龢的职务，送回江苏原籍；二是新授二品以上文武大臣先要谒见慈禧太后，向她谢恩，这就阻塞了光绪皇帝破格委任维新派人士担

任高级官吏的道路；三是慈禧太后任命顽固派首领之一荣禄为直隶总督，加强了对军事的控制。随着变法运动的深入，慈禧太后决心清除已被光绪皇帝破格任用的维新派人士。光绪二十四年（1898）八月初六日，慈禧太后发动北京政变，把光绪皇帝囚禁在中南海中四面环水的瀛台，废除新法，罢免维新派人士担任的政府职务，而且加以追捕。康有为闻讯逃出北京，在英国人掩护下逃往香港。梁启超在日本人庇护下，化装逃到日本。谭嗣同、刘光第、林旭、杨锐、杨深秀、康广仁等六人被捕，于八月十三日在北京菜市口被慈禧太后下令杀害。

慈禧太后反对维新变法，反对光绪皇帝破格起用年轻的维新派人士，使清王朝只能依靠那些老朽无能的封建官僚在封建主义轨道上苟延残喘。因此，没有多长时间，在武昌起义的枪炮声中，清王朝寿终正寝了。

伯乐相马如选人

在《列子·说符》中记载了伯乐与秦穆公论相马的对话，现摘录如下：

秦穆公（春秋时秦国国君，公元前660～前621在位）谓伯乐（以善相马著称，秦国人）曰："子之年长矣，子姓有可使求马者乎?"伯乐对曰："良马可形容筋骨相也。天下之马者，若灭若没，若亡若失，若此者绝尘弭。臣之子皆下才也。可告以良马，不可告以天下之马也。臣有所与共担纆薪菜者，有九方皋，此其于马非臣之下也。请见之。"穆公见之，使行求马。三月而反报曰："已得之矣，在沙丘。"穆公曰："何马也?"对曰："牝而黄。"使人往取之，牡而骊。穆公不说，召伯乐而谓之曰："败矣，子所使求马者! 色物、牝牡尚弗能知，又何马之能知也?"伯乐喟然太息曰："一至于此乎! 是乃其所以千万臣而无数者也。若皋之所观，天机也，得其精而忘其粗，在其内而忘其外；见其所见，不见其所不见；视其所视，而遗其所不视。若皋之相者，乃有贵乎马者也。"马至，果天下之马也。

上面这段对话的意思就是说，秦穆公对伯乐说："你年纪大了，你的子孙中有没有可被派去访求良马的人呢?"伯乐回答说："良马可以靠外表的形态、骨架去鉴别。但是要说到天下最出众的马，却只能靠一种若有若无、若隐若现的神态气色来鉴别。这种马跑起来快得马蹄不沾尘土，驾车快得不留车辙。我的子孙在相马方面都是下等人才，他们可以鉴别出良马，却鉴别不出天下最出众的神马。有个和我一同担柴担菜的朋友，名叫九方皋，他在相马方面的功夫不在我之下，请让我引他来见您。"穆公于是召见了九方皋，派他去访求骏马。过了三个月后，九方皋回来报告说："已经找到了一匹骏马，这马正在沙丘上。"穆公问道："是匹什么样的马呢?"九方皋回答说："是匹黄色的母马。"秦穆公便派人去沙丘上取这匹骏马，一看，却是一匹黑色的公马。穆公得知后，十分不高兴，

便把伯乐叫来并对他说："坏啦，你推荐来让去访求良马的人就是连马的颜色、性别都不能区分，又怎么能鉴别出马的优劣呢？"伯乐听后深深地叹了口气说："九方皋相马的技术竟是如此高明啊，这正是他大大超过我的地方。像九方皋所着眼的，纯粹是马的内在神韵，他只要得到了马内里所具有的出众品性，就可以完全忽略这马的外表，他只看重马的内在品质，而不看重马的外表。那些应当受到鉴别的方面，在他眼中暴露无遗，而那些不值得在意的地方在他眼中都隐匿起来。也就是说，他只注意观察应该注意和重视的方面，根本不去在意那些无关紧要的地方。像九方皋这样的相马技术，还有比相马本身更宝贵的意义。"后来那匹马被送来了，一看，果然是天下难得的骏马。

这段对话说明，伯乐相马的神技历来为人所叹服，而他无私推荐贤人的品格更为难能可贵。秦穆公让他推荐一个善于相马的人来代替他，他没有推荐自己的儿孙亲属，而是不遗余力地保举了相马技术高深的九方皋，从而确保了在自己身后，仍然会有真正的"天下之马"脱颖而出。

伯乐相马，注重马的内在本质，而不注重马的外形，九方皋相马更是如此。所以能够选出天下难得的骏马。相马同选人。现在，有些执政者，在选人用人方面，缺乏伯乐荐贤为公的精神，更缺乏九方皋的才能。他们有的只是为自己着想，想的只是"位子、儿子、票子"，而不想党的事业、国家的事业、人民的事业是否后继有人。有的选人只看是否"听话"，是否能"按自己的意图办事"，是否维护自己的"独立王国"。而根本不看其是否忠于党、忠于国家和人民，是否具有真才实学，是否能够创造性地开展工作，为人民群众谋福利。这样，往往让一些心术不正的投机者得到重用，使真正的人才被埋没。这是完全不可取的。你要得到真正的人才吗？那么，就请学习一下伯乐和九方皋。

王孙圉论人才为"六宝"之首

《国语·楚语》下篇中，记述了春秋时期赵简子和王孙圉在一次宴会上的谈话。在这次谈话中，王孙圉提出了人才是宝中之宝的观点，其政治见地实在令人敬佩。

楚国大夫王孙圉出使到晋国，晋定公（春秋时晋国国君，前511～前476在位，名午，晋顷公子）设宴款待他，晋国大夫赵简子（春秋时晋国卿大夫，赵武之子，即赵简子，亦称赵孟、赵简主）作陪。席间，赵简子击响佩玉作赞礼，并向王孙圉说道："楚国的美玉白珩还在吗？"王孙圉答道："在。"赵简子又说道："这块宝玉价值多少呢？"王孙圉回答道："未尝为宝。楚之所宝者，曰观射父，能做训辞，以行事于诸侯，使无以寡君为口实。又有左史倚相，能道训典，以叙百勣，以朝夕献善败于寡君，使寡君无忘先王之业。又能上下悦于鬼神，顺道其欲恶，使神无有怨痛于楚国。又有薮曰云梦，连徒洲，金木竹箭之所生也。龟珠角齿，皮革羽毛，所以备赋用以戒不虞者也，所以共币帛以宾享于诸侯者也。若诸侯之好币具，而导之以训辞，有不虞之备，而皇神相之，寡君其可以免

国学经典文库

罪于诸侯，而国民保焉。此楚国之宝也。若夫白珩，先王之玩也，何宝之焉。围闻国之宝，六而已。圣能制议百物，以辅相国家，则宝之，玉足以庇荫嘉谷，使无水旱之灾，则宝之，龟足以宪臧否，则宝之，珠足以御火灾，则宝之，金足以御兵乱，则宝之，山林薮泽，足以备财用，则宝之。若夫嚣之美，楚虽蛮夷，不能宝也。"就是说，这块白珩，我们从未把它看成宝，而视为宝的是善于辞令，能说会道的观射父，他擅长外交，能够结好诸侯，不使我们国君在诸侯面前丢脸。还有一个左史叫倚相的人，也是楚国的宝。他能陈述先王的训诫，有条不紊地安排国家的各项事务，早晚向国君讲述历史的经验教训和先王治国的法则，使国君不忘先王的功业而奋发进取。他还能讨得天地鬼神的欢喜，顺从他们的意志行事，使神鬼不怨恨楚国。除此之外，我们还有大泽叫云梦，连着徒洲，它是金、木、竹、箭、龟、珠、角、齿、皮革、羽毛的产地，这些丰富的物质资源，是完成国家税收，防备外患的物质基础，又是结好诸侯的馈赠礼品。这样与诸侯修好的物质具备了，又有善于交往的人员与诸侯联络感情，再加上有防备外患的准备，更有上天的照应，国君就可以消除与各国的隔阂，楚国人民就可以得到安宁的生活。这些才是楚国的宝贝啊。至于白珩，只不过是先王的玩物罢了，那算什么宝贝呢！我听说国家的宝，有六种啊。聪明而有才德的人，能够掌握形势、分析问题，并辅助君王治好国家，就把他当作宝贝；祭祀时用的玉，象征美好，使国家免遭水旱之灾，也应视为宝物；龟甲可使筮卜作为选善避恶的标准，也应视为宝贝；珠能防火，也是宝贝；金属能制造兵器，也是国家的宝贝；山林沼泽，是国家经济来源之地，也是国家的宝贝。像那些杂乱的鸣玉声，即使楚国地处边远，文化落后，也不能把它当作宝贝。

在 2000 多年以前的春秋战国时期，王孙围就把人才列为"六宝"之首，看成是宝中之宝，确实具有很高的政治见地。今天，"尊重知识，尊重人才"已经成为我们时代的口号。人才是创业之本，人才的兴旺发达是一个国家兴旺发达的重要标志之一。这些观念日益深入人心。但是，我们确实有一些同志的认识远不及王孙围这位古人。他们同赵简子一样，目光非常短浅。他们眼中无才，心中忌才。对人左右挑剔，求全责备，甚至弃人之才，毁人之才。所以，应该向这些同志进一言，没有现代化的科学文化知识，没有大批掌握现代科学文化知识的各种人才，政权就无法巩固，四个现代化建设更无从谈起。

孟子论用人之法

在《孟子·梁惠王下》中记载了齐宣王六年至七年间（前313~前312），孟子与齐宣王关于怎样用人的一段对话。现摘录如下：

> 孟子见齐宣王，曰："为巨室，则必使工程求大木。工师得大木，则王喜，以为能胜其任也。匠人斫而小之，则王怒，以为不胜其任矣。夫人幼而学之，壮而欲行之，王曰：'姑舍女所学而从我'，则何如？

今有璞玉于此，虽万镒，必使玉人雕琢之。至于治国家，则曰：'姑舍女所学而从我'则何以异于教玉人雕琢玉我？"

这段对话的意思就是说，孟子谒见齐宣王时对他说："您要建造一所宏大的宫室，就一定会派工匠去寻找巨木。工匠找来了巨木，您见了就很高兴，认为他能够胜任其职。如果工匠把木料砍小了，您见了就会生气，认为他不称职。人们从小研习一门技艺，长大后便想将它加以应用。可是大王却对他说：'扔开你所学的那一套，照我的话去办吧！'这怎么行呢？假定您有一块未经雕琢的玉石，虽然价值连城，也必定会请玉匠来雕琢它。可是一谈到治理国家，您却对臣子们说：'扔开你所学的那一套，照我的话去办吧！'这跟您教玉匠怎么雕琢玉石有什么两样呢？"

通过孟子和齐宣王的这段对话，我们可以看出，孟子主张一定要把国家交给具有真才实学且德才兼备的人去治理，君主不应随便对其文武百官指手画脚，不要过多地干涉他们的行动，要尊重他们的政治经验，要创造良好的环境和条件，放手让他们大胆地、创造性地去工作，使他们能够充分发挥其聪明才智，并在治理国家的实践中实现他们的政治抱负和主张。只有如此，人才才能广泛地涌现出来，才能乐于贡献出自己的全部智慧和才能，才能在事业中起到中流砥柱的作用。

王粲论人才与事业

据《三国志·魏书·王卫二刘傅传》记载，三国时，一个叫王粲（177~217，字仲宣，山阳高平县人）的人，非常有才华。汉献帝被董卓挟持西迁时，王粲来到了长安，左中郎将蔡邕（132~192，字伯喈，陈留围人）见到他，便认为他是一个奇才。当时蔡邕的文才已经非常出名，又受到朝廷的重视，经常车马盈门，高朋满座。一天，蔡邕正在家中宴客，家人来报王粲在门外求见，蔡邕慌忙起身拖着鞋子就出来迎接。蔡邕亲迎王粲进入客厅，客人们以为是贵客临门，大家不约而同地举目看他，却是一个年少体弱、容貌不扬的年轻人。满座客人都感到惊诧。蔡邕立即向大家介绍说："这就是三代显官的王公家的孙子，名叫王粲，很有天才，我不如他。"并说："我准备把我家的书籍文章全部送给他。"由于蔡邕的介绍，王粲的名字才被大家广为传扬。十七岁时，司徒征召他去做官，皇帝任命他为黄门侍郎，由于当时西京混乱，王粲没有就职。于是他便到荆州刘表那里寄身。刘表见王粲貌丑体弱，不拘小节，没有重用他。刘表死后，王粲劝刘表的儿子刘琮归附曹操。曹操委任王粲为丞相府的属官，并赐给关内侯的爵位。曹操摆酒汉滨以示庆贺，席上王粲举杯祝贺说："方今袁绍起河北，仗大众，志兼天下，然好贤而不能用，故奇士去之。刘表雍容荆楚，坐观时变，自以为西伯可窥。士之避乱荆州者，皆海内之俊杰也；表不知所任，故国危而无辅。明公定冀州之日，下车即缮其甲卒，收其豪杰而用之，以横行天下；及平江、汉，弓其贤俊而置之列位，使海内回心，望风而愿

国学经典文库

治，文武并用，英雄毕力，引三王之举也。"就是说，目前的形势是：袁绍起兵于黄河以北，倚仗兵多将广，妄图兼并天下，然而他对贤能之士不能使用，故人才外流。刘表拥有荆楚广大地区，坐以待变，自认为可仿效周文王从西方兴起成就统治天下的事业。而避乱荆州的人，都是天下的俊杰；刘表不知任用他们，所以国家无辅，日趋没落。而你聪明的曹公，在克定冀州之日，刚下车就整顿军队，收罗任用人才来平定天下。在平定江、汉一带之后，便举荐、提拔了许多贤能之士，并把他们放在非常显要的位置上，因而天下的人都拥护你，响应你，文臣武将你都能重用，他们都愿为你尽力。你的这些做法，是古代贤君的行为。"王粲的中肯分析，受到了曹操的赞赏，于是便提升他为军谋祭酒。魏国建立后，官拜侍中，他知识广博，有问必答。

"袁绍兵多将广，志兼天下，但好贤不能用，故奇士去之。"刘表拥有荆楚广大地区，坐观时变，自以为西伯可窥，然而对在荆楚避乱的天下豪杰不知任用，所以还是无路可走，终至衰亡。而曹操深知人才的重要，能广收天下豪杰而用之，引贤俊而置之列位，所以他能兴旺发达，终成大业。王粲通过上述分析，充分说明了人才与事业的关系。无数历史实践证明，要使国家兴旺发达，必须充分重视人才，挖掘人才，使用人才。今天，我们建设有中国特色的社会主义，发展社会主义市场经济，更应做到这一点。

刘劭和他的《人物志》

刘劭，字孔才，三国时广平邯郸（今属河北）人，大约生于汉灵帝初（168～172），卒于曹魏正始年间（240～249），曾任散骑常侍、陈留太守等职，赐爵关内侯，是三国时期杰出的人才学家。在刘劭的一生中，有过许多著作，其中他的《人物志》一书，被称为我国最早的一部人才学著作。

在《人物志》这部著作中，刘劭深刻地阐述了他的用人思想和人才分类管理的理论。他根据人的"才""性"的不同，通过对人的神、精、筋、骨、气、色、仪、容、言等"九征"的分析，把人才分为三类十二种。所谓三类就是品德高洁的"兼德"之人，德才兼备的"兼材"之人，才高德少的"偏材"之人。所谓十二种人，就是指的"清节家、法家、术家、国体、器能、臧否、伎俩、智慧、文章、儒学、口辩、雄杰"。人的情性和质素是存在差别的，所以，刘劭提出，要根据不同的流品委任不同的职务，也就是说要做到因材使用。如法家之材可任为司寇，伎俩之材可任为司空，文章之材可修国史，臧否之材可任为参谋。另外，刘劭对于"英雄"二字结合人才使用做了解释，他指出："聪明秀出谓之英，胆力过人谓之雄。"假如一个人足智多谋而短于胆略，只能称之为"英"，反之，有勇无谋只能称之为"雄"，因此，"英可以为相，雄可以为将"。为此，他反复强调说："夫人才不同，能各有异，故量能授官不可不审也。"

刘劭在确定人才的分类后，对于如何鉴别人才也提出了自己的见解，就是"八观""五视"的方式方法。"八观"的内容是："一曰观其夺救以明间杂，二

日观其感变以审常度，三曰观其志质以知其名，四曰观其所由以辩依似，五曰观其爱敬以知通塞，六曰观其情机以辩恕惑，七曰观其所短以知所长，八曰观其聪明以知所达。""五视"的内容是："居，视其所安；达，视其所举；富，视其所与；穷，视其所为；贫，视其所取。"

刘劭提出的鉴别人才的"八观""五视"之法，是对前人观察和检验人才方式方法的总结，是对姜子牙、庄子、诸葛亮等选拔使用人才思想的发展，比其更加全面和系统。根据他的理论，就是说，要认识一个人，必须对其人的品德、气质、情感、志趣、见识、能力，乃至于行卧起居、言谈举止诸多因素进行综合分析，才能比较全面地判断他究竟是属于哪种人。

在《人物志》中，刘劭还突出强调指出，由于客观条件的限制，特别是执政者的好恶和感情用事，识别人才时常常容易出现偏差和谬误。这些偏差和谬误主要表现在以下七个方面：

一曰察誉有偏颇之缪（谬）；

二曰接物有爱恶之惑；

三曰度心有小大之误；

四曰品质有早晚之疑；

五曰变类有同体之嫌；

六曰论材有申压之诡；

七曰观奇有二尤之失。

为此，刘劭希望执政者在察选人才时，应该秉公立正，豁达大度，不要存有私心，不要带有偏见。只有如此，才能比较恰当地选择出合格的人才。

刘劭的《人物志》一书，是在前人有关基础上的集大成者。在当时的历史条件下，他的有关看法或许还值得商榷，如汉朝王允曾说："人命禀于天，骨法之谓也。……非徒富贵贫贱有骨体也，而操行清浊亦有法理。贵贱贫富，命也；操行清浊，性也。非徒命有骨法，性亦有骨法。"又如王符曾说："人身体形貌，皆有象类。骨法鱼肉，各有部分，以著性命之期，显贵贱之表。"刘劭继承了这种"骨相"之说，认为人"禀阴阳以立性，体五形而著形"，因而可以通过人的外貌而察其内在的精神。这种说法显然是很不正确、很不科学的，但却是传统文化遗产的一部分，需要我们进一步探索和研究。但是，需要强调指出的是：刘劭所提出来的察选人才的原因和方法，以及执政者在察选人时应持的立场和态度，仍然具有现实的意义。

刘实让贤推能

刘实（220~310），字子真，西晋时平原高唐（治所今山东平原县西南）人。他曾经历武帝、惠帝、怀帝三朝，官至太尉，位列三司。当时，朝纲不振，谦逊道阙，官吏昏庸，社会混乱，因此，刘实目睹此状，便写了《崇让论》一文，提出了让贤推能以整顿朝政和矫正时俗的理论和主张。

骑射图　西晋

刘实认为，让贤推能乃是淳古之风，是关系国家兴亡成败的一件大事。他曾经说："古之圣王之天下，所以贵让者，欲以出贤才，息争竞也。"推让之道行，贤能者日被荐举，不肖者自当见绌，先拔人才工作就会公正合理，众官造退之日亦将后继有人。反之，如果时不贵让，世多进趣，"则贤才不进，贵臣日疏"，"能否混杂，优劣不分"。因此，一旦官职有缺，必然是请托交行成风。那些典掌选举的州郡大小中正便以钱多为贤，以势大为上，只凭家世和资历去擢拔选用，从而难谋其政，"不胜其任之病发矣"。为此，刘实慨叹道："观在官之人，政绩无闻，自非势家之子，率多因资次而进也。"如此下去，将会给国家带来极大的祸患，不能不令人担忧。

为了进一步说明推能让贤之风的重要意义，刘实通过南郭先生吹竽的故事，嘲笑和抨击了虚食官俸而溜之乎也的伎俩后，他大声疾呼："推贤之风不立，滥举之法不改，则南郭先生之徒盈于朝矣！才高守道之士日退，驰走有势之门日多矣。虽国有典刑，弗能禁矣。"

刘实认为，任何时代都有众多贤才，关键在于能否去发现识别他们，并能积极实行推能让贤制度，使能者上，庸者下。他分析当时官场现状，严肃地指出在职官吏中，存在着一种"虽自辞不能，终莫肯让有胜己者"的歪风。更有甚者，还有的人一旦看到别人的才能超过自己时，他便马上进行毁谤中伤，散布种种"浮声虚论"，甚至不惜制造种种事端，使有才能的人永远没有出头之日，而被扼杀。因此，刘实一针见血地指出，凡是不能让贤推能的人，虽然官居高位，多食俸禄，"而望其有益国朝，不亦难乎！"

在实际生活当中，刘实也确实看到了实行推让贤能之风的难度，但是他相信也是可以做到的。因此，他在《崇让论》中指出：第一，在职官吏中，虽然其间杂有凡猥之才，但贤明的人终究是大多数。他们不是对让贤推能的重要性认识

不足，只是因为时不贵让，没有习以成风的缘故。第二，要恢复过去"进贤能以谢国恩"的做法。凡是担任官职的人，在上"谢章"是，首先要推举贤才，以表示自己对职守的忠贞。这样，"贤智显出，能否之美历历相次"。事业必然后继有人。第三，要废除只凭门第阀阅和论资排辈的选士标准。凡是官职有缺时，上至三司四证，下至州官郡守，都可以按被推举最多的人去补上的办法。例如，"三司有缺，择三司所让最多者而用之"；"郡守缺，择众郡所让最多者而用之"。

刘实所处的时代，是崇尚虚无、奢侈相高的时代。执政者多不关怀事务，终日纵酒谈玄，坐而论道，手执尘尾，行步顾影。如丞相何曾"食日万钱，犹云无下箸处"。其子何劭，官至侍中尚书，也是"食必尽四方珍异，一日之供以钱二万为限。"再如太仆石崇，与武帝之舅王恺斗富，以腊当柴烧，用椒泥涂墙壁，连厕所里也挂着绛纹帐，还有两个婢女手持香囊侍候。其他文武百官奢侈之风无法形容。而位列三司的刘实，却能一反时俗，过着贫士般的俭朴生活。据《晋书》本传载，他"虽处荣宠，居无第宅，所得俸禄，赡恤亲故"。他上疏告退以后，直到91岁，仍然关心国家大事，充当朝廷顾问。所以，左丞相刘坦曾上书怀帝，称赞他"体清素之操，执不渝之洁，悬车告老，二十余年，皓然之志，老而弥笃，可谓国之硕老，邦之宗模。"

刘实作《崇让论》，当然是要维护和巩固封建王朝的统治。做到"君子尚能让其下，小人力农以事其上。"但其文言简意赅，切中时弊。《崇让论》一文洋溢着刘实关心国家大事，敢于揭露当时官场弊端，并提出了解决这些积弊的措施。这在1600多年前的西晋时期，可谓奇峰突起，难能可贵，不乏后人学习的楷模。

人才管理学专著《刘子》

《刘子》一书，是我国古代一部系统的人才管理学专著，此书系何人所作，迄今尚未定论。有的传为北齐的刘昼所作，有的传为萧梁时的刘勰所作。全书有55篇，而人才管理方面的内容就占了四分之一，计有《荐贤》《适才》《崇学》等15篇，堪称我国古代人才管理学的精选，值得我们认真学习和研究。

《刘子》一书中强调，人才在治国安邦中具有十分重要的地位。书中强调指出："国之需贤，譬车之恃轮，犹舟之倚楫也。车摧轮则无以行，舟无楫则无以济，国之乏贤则无以理。"此书作者先是历数前朝各代的贤才，充分肯定他们在安定社稷和国计民生方面的业绩，然后总结性地指出："立政政治，折冲厌难者，举贤之效也。"

当时，在选择人才方面存在着许多流弊，阻碍着无数贤才志士的脱颖而出。为了改变这种弊端，作者强调必须建立人才诠选的赏罚制度。其基本原则是："进贤受上赏，蔽贤蒙显戮。"对于那些专搞"吹毛觅瑕，捃空成有，称白为黑"的妒贤嫉能者，作者不留情面地给予严加痛斥，揭露他们之所以过分地苛刻人才，"宣恶出于情妒"，是由于嫉妒和隐私在作怪。作者还举出伊尹、傅说、百

里奚、段干木、管仲、吴起、樊哙、周勃、陈平等人为例，这些人虽然出身非常贫贱和生活小节上有些缺点，但都是国家的栋梁之材。为此，作者认为，选用人才应从大处着眼，不能"以其小过弃彼良才"，应持"小恶不足伤其大美"的积极态度。这样人才才能层出不穷。

从人才管理的角度出发，作者在书中还提出了"适才"和"均任"的指导思想。所谓"适才"，就是说人才有高下之分和大小之别，且各有不同的特点和特长。所谓"均任"，就是指的要做到"量才而授任，量任而授爵"。也就是说的量才使用的原则。作者认为，治国安邦是一项庞大的建设工程，因此，要求执政者要对人力物力进行合理的分配，形成一个合理的、有机的、科学的管理体系，做到物尽其用，人尽其才，"各尽其分而立功"，从而达到"事寡而功众"的目的。

另外，《刘子》一书的作者还认识到，人才管理不单纯只是选拔和使用的问题，而应从百年大计出发，重视和加强人才的培养与教育工作，为将来从政打下坚实的基础。作者认为："首都玄化为本，儒者德教为先"，"道以无为化世，儒以六艺济俗"。也就是说，要在思想教育和业务知识两个方面下功夫，熔道家的养性和儒家的智育为一体，把儒家的"六艺"即礼、乐、射、御、书、数学到手。对于那些从事政治的人来说，除加强品德修养和明确"因学而鉴道"的要旨以外，还要通过工作实践使所学的知识得到深化和运用。作者在书中强调说："不登峻岭，不知天之高；不瞰深谷，不知地之厚；不游六艺，不知智之源。"

在《刘子》一书中，作者除强调治国安邦不能离开少数贤哲以外，还把眼光放在人才结构方面。也就是说，要治理好一个国家，还需要依靠许许多多的具有不同知识技能的人才。在人才选拔过程中，既不能求全责备，也不应该受家世和出身的限制。在委任职责时，必须注意"适才"和"均任"，充分发挥和调动他们的长处和积极性。这些人才思想。不仅只是突破了南北朝时期"九品官人法"重视门第阀阅的藩篱，就是对今天的人才管理工作仍有重要的启迪和借鉴意义。

苏绰的人才观

西魏时期有位政治家叫苏绰（498～556），字令绰，京兆武功（今属陕西）人，官至大行台度支尚书兼司农卿，深得宇文泰的信任。他所写定奏行的《六条诏书》，可以称为当时强国富民的政治纲领。其中《擢贤良条》对于人才问题曾有精辟的论述，主要有以下观点：

第一，苏绰开宗明义地指出，"得贤则安，失贤则乱"，这是百王不能改变的自然之理，是安邦治国的最重要的原则。这样，他把人才问题的重要性提到了哲理的高度，看成是一条普遍而永恒的规律。

第二，苏绰针对当时选人用人偏重门第和论资排辈的陋习进行了有力的谴责，提出"今之选举者，当不限资荫，唯在得人。苟得其人，可自起厮养而为卿

相"。他举例说道，奴隶出身的伊尹，辅佐商汤攻灭了夏桀；泥瓦匠出身的傅说，协助商王武丁，把国家治理得井井有条。反之，即使是身为帝王之胤的丹朱、商均，由于才能平庸，素质低劣，而尧帝和舜帝也不把帝位传让给他们，终不以天下之病而利一人。

第三，人才的标准是有德有才，德才兼备。苏绰强调指出："刀笔者，乃身外之末材。……若刀笔之中而得志行，是则金相玉质，内外俱美，实为人宝也；若刀笔之中而得浇伪，是则饰画朽木，悦目一时，不可以弃榱橼之用也"。很清楚，苏绰认为，如果一个人只有德而无才，那么就像土牛木马，不可以涉道致远；如果一个人只有才而无德，也只能当一个刀笔之吏，而绝对不能让其充当国家的栋梁。

第四，人才要在实践中培养锻炼。苏绰指出："夫良玉未剖，与瓦石相类；名骥未驰，与驽马相杂。"只有"剖而莹之，驰而试之"，然后才能知道是宝玉和千里马。他举例论证说："姜太公是钓鱼的老翁，百里奚是喂牛的，如果没有机遇，不任之以事业，不责之以成务，使其没有施展本领的机会，没有参加社会实践的舞台，那么，即使再过一千年，也不会出现赫赫有名的姜太公和百里奚之类的人物。"根据这一例证，他提醒执政者说："得贤而任之，得士而使之，则天下之理，何向而不可成也。"

第五，驳斥了无贤可举的谬论。苏绰首先引用孔子的话说："十室之邑，必须忠信如丘者焉。"接着，他严厉驳斥无贤可举论者说："岂有万家之都，而云无士？但求之不勤，择之不审，或授之不得其所，任之各尽其才，故云无耳。"又说："但能勤而审之，去虚取实，各得州郡之最而用之，则人无多少，皆足化矣。孰云无贤。"

第六，苏绰极力主张裁减官吏以改变人浮于事的流弊。他向执政者提出警告说："官省，则善人易充，善人易充，则事无不理；官烦，则必杂不善之人，杂不善之人，则政必有得失。"意思就是说，只有精简机构和裁汰不合格的官员，把有才华的人充实到各级政权中去，充分调动他们的积极性，才能提高工作效率。否则，就会出现互相扯皮，你推我卸，什么事情也干不好的被动局面。

从上面可以看出，苏绰的人才观是比较系统、比较完整、比较科学的，也是富有真知灼见的。他认为，要想国泰民安，人君必须要重视人才，合理使用人才。举凡公侯将相、州官郡守，乃至党长和里正等地方小官，都应该择贤而用之。他的"得贤则安，失贤则乱"的至理名言，是今天从政者必须牢牢记取的一条理。

李绛与唐宪宗论"量才授任"

《资治通鉴》卷二百三十八中记载了李绛与唐宪宗论不可避嫌而弃才的一段对话，摘录如下：

春，正月，辛未，以京兆尹元义方为廊坊观察使。初，义方媚事吐突承璀，李吉甫欲自托于承璀，擢义方为京兆尹。李绛恶义方为人，故出之。义方入谢，因言"李绛私其同年许季同，除京兆少尹，出臣廊坊，专作威福，欺罔聪明。"上曰："朕谙李绛不知是。明日，将问之。"义方惶愧而出。明日，上以诘绛曰："人于同年固有情乎？"对曰："同年，乃九州四海之人偶同科第，或登科然后相识，情于何有！且陛下不以臣愚，各位宰相，宰相职在量才授权，若其人果才，虽在兄弟子侄子之中犹将用之，况同年乎！避嫌而弃才，是乃便身，非徇公也。"上曰："善。朕知卿必不尔。"遂趣义方之官。

上述这段话是元和七年（812）正月十一日，唐宪宗与元义方、李绛的对话。这时，李绛已升任宰相（中书侍郎、同平章事）。这段对话的意思就是说，这年春季的正月十一日，任命京兆尹元义方为廊坊观察使。当初，元义方巴结吐突承璀，李吉甫也想把自己的命运寄托在承璀身上，便提升元义方为京兆尹。李绛讨厌元义方的为人，所以把他调出朝廷。元义方入宫向唐宪宗表示感谢，并乘机说："李绛偏袒他的同年许季同，任命许季同为京兆尹，却把臣调到廊坊，专门作威作福，欺骗蒙蔽陛下。"唐宪宗听后说："朕熟识李绛，他不会像你听说的那样。明天，朕要问问他。"元义方听了感到非常惊慌和惭愧，便退了出来。第二天，唐宪宗责问李绛说："人们对于自己的同年必然有私情吗？"李绛回答说："所谓同年，就是来自全国各地的人们偶然在科举考试中考上同一科，其中有些人还是考上以后才相互认识的，这里有什么私情！而且陛下不以臣愚笨，让臣担任宰相，宰相的职责在于估量人们的才能并授给他们相应的官职，如果有人真有才能，即使他是自己的兄弟子侄，也要任用他，何况是同年呢！因为避开嫌疑而抛弃人才，这是方便自己，而不是舍身为公。"唐宪宗说："说得好，朕知道你肯定不会这样做。"于是便催促元义方到廊坊去上任。

李绛认为，宰相的职责在于"量才授任"，谁有才能就任用谁，即使是兄弟、子侄、同年，只要具有真才实学就要任用，不要怕别人说徇私。如果"避嫌而弃才"，就会给民族、给国家带来不可估量的损失和灾难。

用人不可"避嫌而弃才"

《资治通鉴》卷二百三十九中记载：

上尝于延英谓宰相曰："卿辈当为朕惜官，勿用之私亲故。"李吉甫、权德舆皆谢不敢。李绛曰："崔祐甫有言：'非亲非故，不谙其才。'谙者尚不与官，不谙者何敢复与！但问其才器与官相称否耳。若避亲故之嫌，使圣朝亏多士之美，此乃偷安之臣，非至公之道也。苟所用非其人，则朝廷自有典刑，谁敢逃这！"上曰："诚如卿言。"

上面是光和七年（812），唐宪宗与宰相们的一段话。这段对话的意思是，唐

宪宗曾经在延英殿对宰相们说:"你们应当为朕珍惜职位,不要利用职位来偏爱自己的亲朋故旧。"李吉甫、权德舆(字载之,天水略阳人,时为礼部尚书,同平章事)都说不敢这样做,李绛说:"崔祐甫(字贻孙,京兆长安人,唐德宗时,曾任门下侍郎,同平章事)说过:'既不是亲戚,又不是故旧,不可能了解他的才能。'对自己熟识的人还不授给官职,对自己不熟识的人怎么敢授给官职!只不过是看一个人的才能器识和他的官职是不是相称罢了。如果为了避免亲朋故旧的嫌疑,使朝廷失去了人才济济的美好局面,这就是苟且偷安的臣子,而不是坚持大公无私的做法。如果任用的人不合适,朝廷自然会有刑法处理,谁敢逃避呢!"唐宪宗说:"的确如你所说的。"

光和七年(812)的正月十一日,唐宪宗和李绛等人对话时,李绛就曾经提出,用人要看才能,不可"避嫌而弃才"的观点,在这里,李绛进一步发挥了这种思想,也为后人选才提供了借鉴的依据。

陈子昂论任人唯贤

在《新唐书·陈子昂传》中,记载了陈子昂任人唯贤的用人思想。陈子昂,字伯玉,梓州射洪(今四川射洪县)人,生于656年,卒于695年。因为他家庭比较富足,所以他年至18岁时,仍然不知道读书。然而他为人豪爽,打猎、下棋,样样精通。后来进乡村私塾上学,为自己的不学无术深感悔恨。当即下定决心痛改前非,发愤读书。唐睿宗文明元年(684),陈子昂考取进士。期间,他曾经上书就如何识别人才问题发表了如下议论:

> 官人唯贤,政所以治也。然君子小人各尚其类。若陛下好贤而不任,任而不能信,信而不能终,终而不赏,虽有贤人,终不肯至,又不肯劝。反是,则天下之贤集矣。
> 议者乃云"贤不可知,人不易识"。臣以为固易知,固易识。夫尚德行者无凶险,务公正者无邪朋,廉者憎贪,信者疾伪,智不为愚者谋,勇不为怯者死,犹鸾隼不接翼,薰莸不共气,其理自然。何者?以德并凶,势不相入;以正攻佞,势不相利;以廉劝贪,势不相售;以信质伪,势不相知。智者尚谋,愚者所不听;勇者徇死,怯者所不从。此趣向之反也。贤人未尝不思效用,顾无其类则难进,是以湮汨于时。诚能信任俊良,知左右有灼然贤行者,赐予尊爵厚禄,使以类相举,则天下之理得矣。

陈子昂在上书中,特别强调了选拔官吏一定要任人唯贤的问题。他指出:选拔官吏一定要任人唯贤,国家才能治理好。如果陛下爱好人才而不任用,任用了而不能信任,相信了又不能有始有终,又不加以奖赏,那么,虽然有人才,他也不愿意来为陛下效力。反之,天下的人才都会聚集在陛下身边。

陈子昂特别强调指出，人才是一定能够识别的，人也是可以了解的。因为品德高尚的人不会去行凶冒险，公正无私的人不会有狐朋狗友，廉洁的人憎恶贪婪，诚实的人痛恨虚伪，聪明的人不为愚蠢的人出谋划策，勇敢的人不为胆小鬼去死，就好比凤凰和老鹰不会比翼双飞，香草和臭草不会是一种气味一样，这是一个很自然的道理。因为善与恶，正义与奸邪，廉洁与贪婪，诚实与虚伪，这些都是水火不相容的。聪明人多谋善断，愚蠢的人不会采纳；勇敢的人为正义去献身，胆小鬼不会跟着去。这是因为志趣相反。人才都希望能够为报效国家出力，但没有贤人引荐则难以被任用，只能埋没于时。假如皇帝能够信任人才，对身边德才兼备的人给以重用，并给以优厚的待遇，再让人才推荐人才，治理好天下就是完全可能的了。

我国是一个大国，现在约有 12 亿人口，约占世界总人口的四分之一，这是一个蕴藏着无数人才的巨大的人才宝库。然而能否正确地识别人才，选择人才，在很大程度上取决于识才者本人是否具有识才的才能，思想路线是否端正，是否具有爱才、惜才、容才、用才的博大胸怀。有了这样的领导者们，识才并不难，一大批卓有才华的人才一定会涌现出来，为建设有中国特色的社会主义贡献力量。古人说得好，"固易知，固易识"，其因就在这里。

后周世宗与臣下论用人

《资治通鉴》卷二百九十四中记载了显德六年（959）六月，后周世宗和大臣们的一段对话。摘录如下：

> 上欲相枢密使魏仁浦，议者以仁浦不由科第，不可为相。上曰："自古用文武才略者为辅佐，岂尽由科第邪！"己丑，加王溥门下侍郎，与范质皆参知枢秘事。以仁浦为中书侍郎、同平章事，枢密使如故。仁浦虽处权要而能谦谨，上性严急，近职有忤旨者，仁浦多引罪归己以救之，所全活什七八，故虽起刀笔吏，致位宰相，时人不以为忝。

上述这段话的意思就是说，后周世宗想要任命枢密使魏仁浦（字道济，卫州汲县人，幼孤贫，13 岁即只身至洛阳谋生。后晋末，在枢密院任文书小吏。后汉时，在郭威手下任职。郭威即帝位，任后周枢密副承旨等职。世宗时，官至中书侍郎，同平章事）为宰相，参加议论的人都认为魏仁浦不是科举出身，不可以当宰相。周世宗说："自古以来都是任用有文武才略的人为宰相，哪里都是经过科举及第的呢！"十五日，加封王博为门下侍郎，和范质一起参与掌握枢密事务。任命魏仁浦为中书侍郎、同平章事，原来的枢密使官职不变。魏仁浦虽然处在非常重要的地位，但能谦虚谨慎。世宗性情严厉急躁，身边的官员有违犯意旨的，魏仁浦总是把罪责归到自己的头上来挽救他们，使面临死亡的人十之七、八都能保全性命。因此，他虽然出身于办理文书的小吏，即达到了宰相的职位，当时的

人并不以为他不称职。

这段对话集中体现了后周世宗的用人思想。史书上说：柴荣（即周世宗）"好拔奇取俊，有自布衣上书，下位言事者，多不次进用。"只要有才能，不管名位资历，世宗都设法搜罗来，委予官员，加以录用。魏仁浦出身贫苦，当然没有条件参加科举考试。但是，他从十几岁起就到官府当差，在实践中逐渐增长了知识和才干，提高了办事能力，终于成为一名德才兼优的高级官员。周世宗不因为他是小吏出身，没有科举及第，而不顾一些人们的非议，大胆地提拔他为宰相，是值得称道的。

韩愈论人才培养与管理

中国历史上，被称为"唐宋八大家"之首的韩愈（768～824），字退之，是唐代邓州南阳（今河南南阳市）人。自谓祖籍昌黎，又称韩昌黎。进士出身，官运多乖，后累任国子祭酒、兵部侍郎、吏部侍郎等。他一生著作宏丰，其主要代表作有《韩昌黎先生集》，计有正集四十卷，外集十卷，遗文一卷。他主要在文学、哲学方向颇有建树。但是，在人才培养和管理方面，也留下了非常有价值的名言和见解。

第一，韩愈提出了"业精于勤荒于嬉，行成于思毁于随"的观点。韩愈是个孤儿，他在三岁时就失去了父母，依靠兄嫂抚养长大成人。他少年时读书非常刻苦勤奋，睡觉把书当成枕头，吃饭没有菜，就把看书当菜下饭。韩愈从七岁开始倍加刻苦用功，经过十多年的刻苦努力，读遍了尧舜以来的各种书籍。并立志要像古代圣贤皋陶和后稷那样做一番大事业，在作文写诗方面，要超过曹植和谢灵运。他在为官以后，仕途坎坷，尽管多不称心如意，屡遭贬谪，但仍然"酷好学问文章，未尝一日暂废"。他"口不绝吟于六艺之文，手不停披于百家之编"。元和七年（812），当他担任国子博士（相当于大学教授）时，他教育太学生们说："业精于勤荒于嬉，行成于思毁于随。"意思就是说，学问专精在于勤奋，荒疏在于游戏，品德行为高尚在于深思，劣迹在于因循懈怠。因此，他要求学生们要勤奋读书，掌握本领，以便使自己能够在将来成为国家所需要的栋梁之材。

第二，关于"弟子不必不如师，师不必贤于弟子"的观点。在《师说》一文中，韩愈一方面强调从师学习的重要性，指出："古之学者必有师，师者所以传道授业解惑也。人非生而知之者，孰能无惑，惑而不从师，其为惑也终不解矣。"另一方面，他又通过转引孔子的"三人行必有我师"的话后，强调指出："是故弟子不必不如师，师不必贤于弟子。闻道有先后，术业有专攻，如是而已。"借以鼓励学生们以能者为师，互相学习，对于年龄大小和出世先后，不必去做计较，对于尊卑贵贱，门第高低，也不必去计较。只要把学问学到手，才能为他日后干一番事业奠定良好的基础。

第三，关于"世有伯乐，然后有千里马"的观点。韩愈在《杂说》一文中，对人才管理问题提出了自己独到的见解，他把贤能之人比作千里马，把好的管理

者比喻为善于相马的伯乐。并且指出说："世有伯乐，然后有千里马。千里马常有，而伯乐不常有。故虽有名马，只辱于奴隶人之手，骈死于槽枥之间，不以千里称也。"在这里，韩愈既强调了杰出人才，同时又指出只有杰出人才不行，还必须要有善于发现和识别人才的管理者，如果没有独具慧眼的人去发现人才，识别人才，那么人才就会被埋没，被浪费，就不能发挥其应有的作用，那么，人才也就失去其特有的作用和价值。为此，韩愈建议执政者应给人才提供发挥才能的条件和基础，提高他们的待遇，为他们创造良好的生活环境。他说："马之千里者，一食或尽粟一石。食马者不知其能千里而食也，是马也，虽有千里之能，食不饱，力不足，才美不外见，且欲与常马等不可得，安求其能千里也。"针对当时一些统治者面对人才而否认人才的做法，韩愈为之非常痛心。因此，他大声喊道："呜呼！其真无马也？其真不知马也。"

第四，关于"校短量长，惟器是适"的观点。韩愈认为，不仅要十分重视杰出的人才，同时也要重视和善于使用一般人才。他在《进学解》中写道："……各得其宜，施以成室者，匠氏之工也；……校短量长，惟器是适者，宰相之方也。"韩愈举木工为例，使用木材时大木为栋梁，细木则可为椽子、斗拱、梁上短柱、门臼、门上竖短木、门闩和楔子之用。由于用其所长，各得其宜，终于做成了房屋，这是木工的技巧。宰相也是这样，要秉公立正，不计亲疏，善于给各方面的人才提供发挥专长的机遇，他们才能为安邦兴国发挥其应用的作用。

总之，韩愈在人才培养和管理方面确有自己独到的见解，为执政者、为后人提供了非常有益的借鉴之处。

司马光坚持德才兼备

司马光（1019~1086），北宋史学家、政治家。字君实，陕州夏县（今属山西）涑水乡人，世称涑水先生。仁宗宝元时进士，累迁官至天章阁待制兼侍讲、知谏院。英宗时任龙图阁学士。治平三年（1066），向朝廷进献所撰《通志》八卷，深得英宗赏识，奉诏设局续修。宋神宗即位后，司马光官至翰林学士，因与王安石政见不合，反对推行新法，乃于熙宁三年（1070）出知永兴军（今陕西西安）。次年，退居洛阳，以书局自随，专心修史。元丰七年（1084）书成。神宗认为此书可"鉴于往事，有资于治道"，故赐书名为《资治通鉴》。元丰八年（1085），哲宗即位，高太后听政，司马光被召入朝主政。次年任尚书左仆射，尽废新法，复旧制。不久便病死，封温国公。

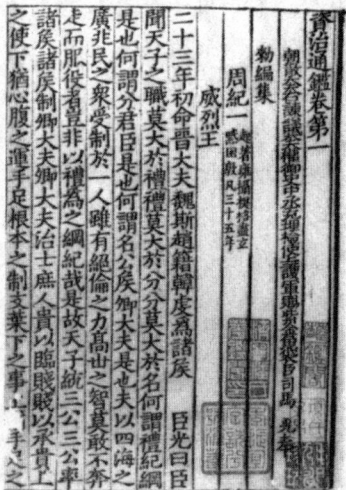

《资治通鉴》内页

《资治通鉴》是我国古代规模较大的编年体通史名著。它记载了上起周威烈王二十三年（前403）下迄后周世宗显德六年（959）计1362年的史实。尽管本书多偏重于政治之论，但不乏功力深厚，有诸多可以借鉴之处。在其《卷一》中，对于德才关系的论述，至今仍有指导意义。摘录如下：

夫才与德异，而世俗莫之能辨，通谓之贤，此其所以失人也。夫聪察强毅之谓才，正直中和之谓德。才者，德之资也；德者，才之师也。……是故才德全尽谓之"圣人"，才德兼亡谓之"愚人"；德胜才谓之"君子"，才胜德谓之"小人"。凡取人之术，苟不得圣人、君子而与之，与其得小人，不若得愚人。何则？君子挟才以为善，小人挟才以为恶，挟才以为善者，善无不至矣；挟才以为恶者，恶亦无不至矣。愚者虽欲为不善，智不能周，力不能胜，譬如乳狗搏人，人得而制之。小人智足以遂其奸，勇足以决其暴，是虎而翼者也，其为害岂不多哉！夫德者人之所严，而才者人之所爱；爱者易亲，严者易疏，是以察者多蔽于才而遗于德。自古昔以来，国之乱臣，家之败子，才有余而德不足，以至于颠覆者多矣！……故为国为家者苟能审于才德之分而知所先后，又何失人之足患哉！

上面这段话的意思就是说，才与德是根本不相同的，然而社会习俗往往把二者混为一谈，笼统地称之为贤，这就是不能正确识别人才的原因。天资聪慧，头脑清醒，能力很强，性格刚毅，这些叫作才；为人正大，直道而行，信守中庸，仁爱和平，这些叫作德。才是德的辅助，德是才的统帅。……才德兼备叫作"圣人"，才德两无叫作"愚人"。德高而才浅可称为君子，有才而无德只能叫作小人。选拔人才的原则是：如果找不到圣人和君子亲近结交，那么，与其得到一个小人，不如用一个愚人。为什么呢？君子凭借自己的才干去行善，小人就会利用自己的本事来为恶。凭着才干做好事，各种好事都可做到，利用本事去干坏事，各种坏事都干得出来。愚人也想做坏事，但智力不够，力不胜任。譬如吃奶的狗崽要咬人，人可以轻易地制伏它。而小人的智力足以帮助他顺利实现其奸计，勇力足以助长他果断地施展暴力。这好比老虎长了翅膀，其危害是相当严重的。有德之人，人怀敬畏，有才之人，人人喜欢。喜欢的人就容易去亲近，敬畏的人反而容易疏远。所以考虑人才时就常常为一个人的才能所蒙蔽，而忽略了他德的表现。自古以来，一国的奸臣，一家的孽子，往往都是才有余而德不足，以至于身败家破国亡，这样的事例实在太多了！……所以治国治家的人，若能明确区分才、德这两个不同的标准，摆正二者的先后顺序，那就不必担心选拔不到优秀的人才了！

正确处理德才关系，这是选拔使用人才的一个重要的问题。当前，我们选拔干部，必须坚持革命化、年轻化、知识化、专业化的方针和德才兼备的标准。坚持德才兼备，必须把德放在第一位。正如陈云同志在党的十二大的

讲话中所指出的："德才相比，我们更要注意德，就是说，要确实提拔那些党性强、作风正派，敢于坚持原则的人。"因为，这是关系到我们的事业是否真正后继有人的大问题。

王安石变法

　　王安石是宋代抚州临川（今江西抚州）人，字介甫，生于1021年，卒于1086年。从1068年到1076年，先后两次为相，辅佐神宗推行新政，使北宋"积贫""积弱"的政治经济之一振，被革命导师列宁誉为"中国十一世纪的改革家"。王安石之所以能够在比较长的时间里推行变法，并取得较大的成果，原因是多方面的，但是，他的人才思想和实践，当是一个重要因素。

　　王安石非常重视人才。他认为，人才是"国之栋梁"，"得之则安以荣，失之则亡以辱"，古今中外，概莫能外，尤其是实行变法革新，就更加需要大量的能够为改变献身的人才。因此，他特别重视人才教育，把学校教育作为培养人才的基础，指出："学不可一日而亡于天下"，主张加强对学校的管理，增加办学经费，革新教育制度和教育内容，把学校办成培养人才的重要基地。在对待如何选拔人才问题上，王安石则主张选人"必予乡党庠序，察举人推其贤能"。就是说要广泛听取众人的意见，从基层和有知识人的当中选拔人才，另外，他十分强调选拔人才必须掌握标准。他所规定的人才标准是"道德于上"；"为国深忧"和"急其民之急"；"通古今，明经术"，"貌、语、行精，作风正派"，"公听并观"，"试之以事"。在人才使用中，王安石主张以德才为用人标准，反对以出身、资历用人。他认为有才不用"犹无有"，因此，发现人才应及时应用。为使"大者小者长者短者强者弱者无不适其任者"，应当铢量其能，不拘文牵俗，不责人以细过而用之。王安石提出要"推己之心而置于其心"，以增强人才的安全感和责任感，激励人才不断进取的自信心；要贵以得士，最大程度地满足各类人才的合理需要。他认为这是充分调动人才积极性，发挥人才聪明才智的重要保证。

　　王安石强调，要想摆脱国家"积贫积弱"的困境，关键在于当政者能够以史为鉴，坚持举贤任能。他在《临川先生文集·兴贤篇》中写道：

　　国以任贤使能而兴，弃贤专己而衰。此二者必然之势，古今之道义，流俗所共知耳。所治安之世有之而能兴，昏乱之世虽有之亦不兴？盖用之与不用之谓矣。有贤而用，国之福也，有之而不用，犹无有也。商之兴也有肿旭、伊尹，其衰也亦有三仁（即微子、箕子和比干等三位贤人）。周之兴也同心者十人（即周公旦、召公奭、太公望、毕公、荣公、太颠、闳公、散宜生、南宫适、文母等十位贤人）。其衰也亦有祭公谋父，内史过。两汉之兴也有萧、曹、寇、邓之徒（即萧何、曹参、寇恂、邓禹），其衰也亦有王嘉、傅喜、陈蕃、李固之众。魏晋而下，

至于李唐，不可遍举，然其间兴衰之世，亦皆同也，与上观之，有贤而用之者，国之视也，有之而不用，犹无有也，可不慎与？

今犹古也，今之天下亦古之天下，今之士民亦古之士民。古虽扰攘之际，犹有贤能若是之众，况今太宁，岂曰无之，在君上用之而已。博询众庶，则才能者进矣；不有忌讳，则谠直之路开矣；不迩小人，则谗谀者自远矣；不拘文牵俗，则守职者辨治矣；不责人以细过，则能吏之志和以尽其效矣。苟行此道，则何虑不跨两汉、轶三代，然后践五帝、三皇之涂哉！

在这篇文章里，王安石以商周和两汉各朝的兴衰为借鉴，反复阐明任贤与弃贤的利弊得失，希望当政者能够认识重贤用人的重要性，以及如何对待贤才与小人，坚持重贤用才，只有如此，才能走上国家大治的康庄大道。

另外，早在仁宗嘉祐三年（1058），王安石就针对人才的培养和选用方面的流弊，提出了四个"有其道"的理论。即：

一曰教之之道。教之"可以为天下国家之用"的学问，无济于社稷国家大事的学问不教。

二曰养之之道。培养人才要做到"饶之以财，约之以礼，裁之以法"。即官吏薪俸要优厚，要他们知廉知耻，对贪赃枉法者加以制裁。

三曰取之之道。选拔人才不能"听取于一人之口"，授官后"试之以事"进行考察，考察人才不能单凭考试。

四曰任之之道。用人要依据其专长以便"使之得以其意"，实行"考绩之法"，德厚才高者"以为之长"，德薄才下者"以为之佐属"。

王安石的人才管理和培养的主张，当时并未引起宋仁宗的重视。到宋神宗即位后，王安石升宰相之职，便在变法过程中部分地加以推行。他改组太学、小学等各类学校，取消过去以诗赋取士，改为试经义和策试。同时，还设置了经义局，以新思想训释《书》《礼》《诗》等儒家经典，颁于学官。对于被录用为官的士子，提高他们的俸禄待遇，使其安心供职，"足以养廉耻，而离于贪鄙之行"。

王安石把对贤才的任弃问题，看成是国家兴衰的大问题，他的"有贤而用之者，国之福也"这句话，历来受到当政者的重视，值得引为借鉴。

再者，王安石还在他的《才论》一文中，提出了"患才不用"的观点。他在这篇文章中说：

天下之患，不患才之不众，患上之人不欲其众；不患士之不欲为，患上之人不使其为也。夫才之用，国之栋梁也，得之则安以荣，失之则亡以辱……

噫！今天下盖尝患无才可用者。吾闻之，六国合纵而辨说之才出，刘、项并世而筹划战斗之徒，唐太宗欲治而谟谏诤之佐来。此数辈者，

方此数君未出之时，盖未尝有也；人君苟欲之，斯至矣。今亦患上之不求之、不用之耳。天下之广，人物之众，而曰果无才者，吾不信也。

　　这段话的意思就是说，国家的忧虑，不是怕人才不多，而是怕上层人物不希望人才多；不是怕有人才能的人不愿为国家效力，而是怕上层人物不让他们效力。人才是国家的栋梁，得到他们，国家就会安定、昌盛；失去他们，国家就要灭亡、受辱……

　　现在，天下仍在担忧没有可用之才。我听说，战国时期六国联合起来抵抗秦国时，能言善辩的人才纷纷涌现；刘邦、项羽争雄时期，出谋献策、勇敢善战的人才就不断出现；唐太宗决心治理国家时，一批多谋敢谏的辅佐之臣就投奔于他。这些人才，当那几位君主还没出来的时候，他们也不会被发现，如果人君想求得人才，他们就源源而来了。今天的情况还是这样，忧虑的是上层人物不去寻求人才，不能任用人才罢了。天下如此广大，而且人才济济，却竟然说没有人才，我是不相信的。

叶适论人才管理

　　对于人才管理，许多古人具有独到的见解。南宋永嘉（今属浙江）人叶适就是其中的一个。叶适（1150~1223），字正刚，因其居住在永嘉城外水心村，世称水心先生。进士出身屡迁尚书左郎选官、宝文阁学士、通议大夫。是"永嘉学派"的主要代表人物。著有《水心文集》《水心别集》等，后合编为《叶适集》。

　　叶适对于国家的行政和经济管理有一套比较成熟的见解，在人才管理方面有其独到的见识。叶适认为，人才是国家最重要的资源，选好用好人才是关系国家不衰的头等大事。他强调指出："欲占国家兴衰之符，必以人才离合为验。"又说："国家之用贤才，必如饥混之于饮食，诚心好之，求取之急唯恐不至，口腹之获唯恐不尽。"如果国家有了众多的贤才，并合理地使用他们，那么抗金斗争就会胜利有望，割地赔款之辱就能可雪，一个和谐、协调与完善的社会状态"极"就可能到来，"报之于天下，无不有也"。

　　叶适认为，在选拔人才过程中，应当坚持以才能和品德作为其标准，不能单凭资格选人。如果选拔人才只是"计日月，累资考"，"资深者叙进，格到者次迁"，那么，"贤否混并而无所别"。只能导致人们庸庸碌碌，无所作为，使国家的大小事情都办不好。因此，叶适强调："以贤取人，以德命官贤有大小，德有大小，而官爵从之。"意思就是说，官位的高低应与人才的能否成正比，不应当受资格的限制。

　　另外，叶适认为，行之日久的科举考试是选拔人才的主要途径，他在肯定这项制度的同时，也批评了它存在的弊端，并提出了改进的具体建议：第一，考试内容不应单考诗词歌赋，不要只取"艺文之可称者"，更重要的是考核士

人对安邦治国的创见和能力。第二，选择人才不能只看他"力足以勉强于三日课试之文"，更要重视他的抱负、气节和才干。第三，要改变过去按地区"百人解一"的旧例，对于那些读书人集中、文化水平较高的地区，应当适当扩大录取的数额；而对读书人少的地区，也应宁缺毋滥，不必"以仅能识字成文者"充数，而降低录取的质量。

叶适还认为，在实行科举考试的同时，对于已仕的官吏和未仕的士人采用荐举之法，将优者推荐出来，给予重任。这是一项积极的措施，它可以使更多的人才不通过科举途径选拔上来。但是，采取这种荐举之法，必须防止和杜绝滥举，不能使官员"非举不得入"。否则，就会出现下级官员为了求得升迁，势必要巴结讨好高级官员，"卑身屈体以求之"。一旦这种风气泛滥成灾，真正有才能的人反而无法荐举上来，而一些投机钻营者和奸佞小人则竞想而进，这是很危险的。为此，叶适一方面建议要实行保荐法，如果被推荐者确实是一个人才，荐举者可以受奖，否则就要受罚。另一方面，要加强对人才的考核工作，对于那些杰出的人才可以破格提拔，不必循序渐进，对于那些不称职者，要坚决黜陟。

叶适认为，人才问题是关系国家兴衰成败的大事，必须引起当政者的高度重视。同时还对人才选拔工作提出了行之有效的改进意见。这些都值得我们重视和借鉴。

许衡知人用贤

许衡（1209~1280），字仲平，元代怀州河内（今河南沁阳）人。许衡自幼聪颖悟达，曾三易其师。后因博学弘通，人称鲁斋先生。他屡官至国子祭酒，后谢病回家。至元二年（1265）复被召回上都（开平，今内蒙古正蓝旗东闪电河北岸，1267年始移中都，即今北京市）命议事中书省。他针对当时立国、治民、农事、理财等各个方面存在的问题和弊端，上奏《时务五事疏》，疏中提出了卓有见识的用人思想和理论。

按照元代当时的制度，全国最高行政机构是中书省（相当于丞相府），它总领百官，事务冗杂。许衡认为，"中书之务不胜其烦，然其大要在于用人、立法二者而已矣。"法令制度的贯彻和执行，关键也在于用。他以栉（梳子和篦的总称）、匕（曲柄浅斗，状如今之羹匙）进行比喻说："发之在首，不以手理而以栉理；食之在器，不以手取而以匕取。手虽不取，而用栉与匕，是即手之为也。"又说："自古论治道者，必以用人为先务。"一句话，如果用人得当，则上安下顺，事烦实省。

许衡进一步认为，作为一国之君，要做到"以知人为贵，以用人为急"，如若"用得其人，则无事于防矣"。他特别强调说："用人"首先在于"知人"，而"知人"则是为了"斥佞"和"进贤"，如果"人之贤否，未得其详，固不可得而递用也"。那么，如何做到"知人"和"用人"呢？他要求国君和大臣们必须注意以下两点：

第一，要善于识别奸佞。许衡说："奸邪之人，其为心也险，其用术也巧。惟险也，故千态万状而人莫能知；惟巧也，故千蹊万径而人莫能御。其计似直，其欺似可信，其佞似可近，务以窥人君之喜怒而迎合之，窃其势以立己为威，济其欲以结主为爱，爱隆于上，威擅于下，大臣不敢议，近亲不敢言，毒被天下而上莫知，至是而求去之亦已难矣。"在这里，许衡对那些奸究之徒的刻画可谓是入木三分，十分精当。指出如果一旦让邪佞得势，必然导致国破家亡。

第二，要千方百计援引贤者。许衡说："夫贤者以公为心，以爱为心，不为利回，不为势曲。"他认为，贤者为人品德高尚，爱憎分明。但是，有才德的人往往以清高自诩，像毛遂那样肯于自荐的人是很少的。在坏人当道的情况下，有才德的人宁愿不出来做官，也不趋炎附势。他说："夫贤者遭时不遇，务自韬晦，世固未易知也。虽或知之，而无所援此，则人君无由知也。"

许衡还认为，对于贤人不仅要尊重他们，更重要的是还要信任他们。他指出："凡如厮养（充当杂役），贤者有不屑也，虽或接之以貌，待之以礼，然而言不见用，贤者不处也。"又说："或用其言也，而复使小人参之，责小利，图近效，有用贤之名，无用贤之实，贤者亦岂肯尸位素餐以取讥于天下哉，此特难进者也，而又有难合者焉。"因此，只有"斥佞"，才能"进贤"，只有尊重和信任贤人，才能使他们为国效力，为民造福。

另外，在《时务五事疏》中，许衡还特别对大力兴办教育，培养人才的重要性做了深刻的阐述和强调。许衡认为，要想做到"革其事"，而必须"当先革其心"。为此，他建议说："自都邑而至州县，皆设学校，使皇子以下至于庶人之子，皆入于学。"使他们懂得父子君臣之间的伦理，以及治国安邦之要道。如果能够做到这一点，必将有更多的可用人才为国家效力。"十年之后，上知所以御下，下知所以事上，上下和睦，又非今日之比矣。"

归结许衡的用人思想，主要有三点：一是要"斥佞"，二是要"进贤"，三是要"育才"。其中，许衡关于用人在于知人和用贤在于名实相符的见解，尤其值得借鉴。

朱元璋举贤任才

朱元璋（1328～1398），幼名重八，又名兴宗，字国瑞，濠州钟离（今安徽凤阳东）人。朱元璋出身非常贫贱，少年时曾经沦为乞丐，并落发为僧。后来朱元璋参加了农民起义，短短几年间，他独自发展势力，吞并其他起义军，继而进行北伐，终于推翻元朝统治，成为明王朝的开国皇帝，史称明太祖。

朱元璋之所以能够成就帝王大业，其中最重要的原因就是能够尊重贤才，爱才如宝。他认为，选用人才是治国的根本大计。他说："举贤任才，立国之本。"又说："贤才不备，不足以为治。人君之能致治者，为其有贤人而辅也。"因此，在诸多的农民起义军中，朱元璋有自己的独到之处，就是他不同于其他农民起义军，对于有知识的儒生们优礼相等，经常听取他们关于安邦定国的至理名言。如

冯胜兄弟向他建议要"倡仁义，收人心，勿贪子女玉帛"；李善长要他效法汉高祖刘邦"行仁义，禁杀掠，结民心"；朱升要他"高筑墙，广积粮，缓称王"。这些切合时宜的建议，在朱元璋开创基业过程中都得到了具体运用。结果，他先后兼并和击溃了张士诚、徐寿辉、方国珍、陈友谅等人的势力，统一了南方，为最终推翻元王朝政权奠定了基础。

洪武元年（1368）元月一日，朱元璋经过南征北战，削平群雄，经过百官劝进，终于在应天府登基称帝，定国号为"明"，建元"洪武"，将应天府改为南京。同年8月，朱元璋派徐达率军攻克大都（今北京），元朝灭亡，终于统一了中国。接着，朱元璋便向全国发布"求贤令"。令中强调指出："贤才，国之宝也。""天下之治，天下之贤共理之。……天下甫定，朕愿与诸儒讲明治道。有能辅朕济民者，有司礼遣。""盖人主之心当以爱物为主，治国之道当以用贤为先，致治在得人，不专恃法。"并形象地比喻说："鸿鹄之能远举者，为其有羽翼也；蛟龙之能腾跃也，为其有鳞鬣也；人君之能远举者，为其有贤人而为辅也。"为了广泛地罗致人才，他不仅多次下"求贤令"，贴"招贤榜"，设"礼贤馆"，而且责令中央、地方各级有司深入下层和民间，将那些"或隐于山林，或藏于士伍"中的人才查访出来和荐举上来为其所用。

在举贤任能中，朱元璋非常重视中央级官员的选任。洪武二年（1369），谕廷臣曰："六部总领天下之务，非学问博洽，才德兼全之士，不足以居之。"对于地方官吏的任用和优劣也非常关切。洪武七年（1374），谕吏部曰："古称任官唯贤才，凡郡得一贤守，县得一贤令。如颍川之黄霸，中牟之鲁恭，何忧不治。"

为了能够选拔具有真才实学的人治理国家，朱元璋还对选贤规定了"得贤者赏，滥举及蔽贤者罚"的奖惩制度。

由于朱元璋选才用才心诚意笃，使洪武年间"由布衣而登大僚者不可胜数"。另外，对于元朝的官吏，朱元璋也以"不以前过为过"的诚挚态度，留用了许多具有真才实学的人，诸如刘基、宋濂、叶琛、张昶等人，便都成为明朝初期的重要朝臣。

另外，尤其值得我们注意的是，朱元璋在用人当中十分重视人才的年龄结构，据《明史·选举志》记载，朱元璋将入选人才的年龄分为三个等级，即"二十五岁以上，资性明敏，有学识才干者辟赴中考"，"四十以上六十以下者，于六部及市、按两司用之"，"年六十以上七十以下者，置翰林以备顾问"。朱元璋认为，只要注意人才的年龄结构，就能做到"老者休致，而少者已熟于事。如此，则人才不乏，而官使得人"。

朱元璋对于人才的培养非常重视，他从长远利益出发，强调学校建制和教育的重要性。他说："朕惟治国以教化为先，教化以学校为本。"还说，学校是"国家资之以取人才地也"。为此，他不但发展了中央的高级学府国子监，使在校学生增至8124人（止于洪武二十六年），对于府学、州学和县学，也设立教授、学政、教谕和规定生员人数，甚至在乡村也由国家设置礼学，开展初级教

育。朱元璋能够成为一代开国帝王，其主要原因盖由此也。

马皇后论得贤才

在明代余继登写的《典故纪闻》中记载了马皇后同明太祖朱元璋的一段对话，摘录如下：

> 马后闻得元府库输其货宝至京师，问太祖曰："得元府库何物？"太祖曰："宝货耳"。后曰："元有是宝，何以不能守而失之？盖纲财非宝，抑帝王自有宝也。"太祖曰："皇后之意，联知之矣，但谓以得贤为宝耳。"后曰："妾每见人家产业厚则骄生，时命顺利则逸生，家国不同，其理无二。故世传：技巧为丧国斧斤，珠玉为荡心鸩毒，诚哉是言。但得贤才，朝夕启沃，共保天下，则大宝也。"

这段对话的意思就是说，朱元璋推翻元朝以后，马皇后听说元朝府库里的财宝运到了京城，便问明太祖朱元璋说："得到了元朝府库的什么东西呀？"太祖说："不过都是些珍宝财物罢了。"马皇后说："元朝有这么多的珍宝，为什么无法守护而丢失了呢？看来财物不是珍宝，而帝王却有他自己的珍宝。"太祖说："皇后的意思我知道了，只是说得到贤德人才才是得宝。"皇后说："我往往看到人家产业丰厚就骄横起来，时运顺利就贪图安逸。家与国虽然有所不同，但它们的道理却没有什么两样。所以世代传说的奇技淫巧，是亡国的媒介，珠宝玉器是毁坏人心的毒药，这话说得真有道理啊！只有得到贤明而有才

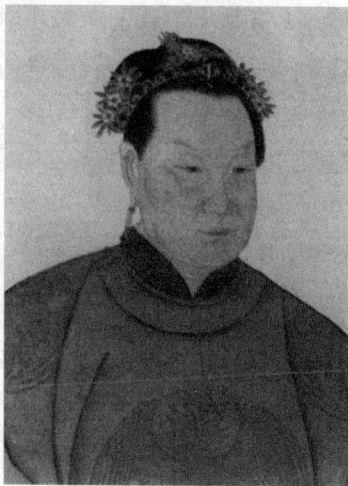

马皇后像

能的人，早晚都能听到诤谏忠告，君臣共事保住江山，这才是最珍贵的财宝啊！"

人才在事业中的关键作用，自古以来就为杰出的政治家、军事家以及像马皇后这样具有远见卓识的人所关注、所重视。世界最宝贵的不是珍珠美玉，也不是金钱财货，而是人才。这已被古今中外的杰出政治家、军事家所共识。斯大林说过："人才、干部是世界上所有宝贵的资本中最宝贵最有决定意义的资本。"把人才、干部看成最宝贵的资本，从具有决定意义的战略高度来认识，是完全符合历史唯物主义观点的。因此，在建设中国特色社会主义的今天，更应当尊重知识、尊重人才，真正把人才当作珍宝，充分发挥他们的聪明才智，使他们为发展经济、振兴中华做出更大的贡献。

刘宗周与崇祯帝论进贤才

有《明史》卷二百五十五《刘宗周传》中记载了刘宗周与崇祯帝论进贤才、开言路的对话。现摘引如下：

> 因议督、抚去留，则请先去督帅范志完。且曰："十五年来，陛下处分未当，致有今日败局。不追祸始，更弦易辙，欲以一切苟且之政，补目前罅漏，非长治之道也。"帝变色曰："前不可追，善后安在？"宗周曰："在陛下开诚布公，公天下为好恶，合国人为用舍，进贤才，开言路，次第与天下更始。"帝曰："目下烽火逼畿甸，且国家败坏已极，当如何？"宗周曰："武备必先练兵，练兵必先选将，选将必先择贤督、抚，择贤督、抚必先吏、兵二部得人。宋臣曰：'文官不爱钱，武官不惜死，则天下太平。'斯言，今日针砭也。论者但论才望，不问操守；未有操守不谨，而遇事敢前，军事畏威者。若徒以议论捷给，举动恢张，称曰才望，取爵位则有余，责事功则不足，何益成败哉。"帝曰："济变之日，先才后守。"宗周曰："前人败坏，皆由贪纵使然；故以济变言，愈宜先守后才。"帝曰："大将别有大局，非徒操守可望成功。"宗周曰："他不具论，如范志完操守不谨，大将偏裨无不由贿进，所以三军解体。由此观之，操守为主。"帝色解曰："朕已知之。"敕宗周起。

上述这段话的意思就是说，崇祯帝与大臣商议更换督、抚，于是左都御史刘宗周请求先免去督帅范志完。并且说："十五年来，陛下您处置不当，导致了今天的败局。不追究造成祸害的根源，改弦更张，另找出路，却试图用一些临时性的措施，来弥补眼前的漏洞，这不是长久之计。"崇祯帝听后脸上变了颜色，并十分生气地说："以前的事已无法换回，怎样处理好以后的事呢？"刘宗周说："在于陛下你开诚布公，以天下人的好恶为好恶，以百姓的取舍为取舍，招纳贤才，广开言路，逐渐地为天下人除旧布新。"崇祯帝说："眼前战火已经逼近京城，而且国家又败坏到了极点，应当如何好呢？"刘宗周说："巩固军备必须练兵，训练军队必须先选将，选拔将领必须先选择好的督、抚，选择好的督抚必须选择好的吏部和兵部长官。宋朝大臣说：'文官不爱钱，武将不怕死，天下就会太平。'这句话，正是医治今天弊病的良药。一般人评论人物只论才能威望，不提节操；从没有过节操不好，却能遇到事情敢于向前，能得到军士们敬畏的人。如果只是凭言辞敏捷，举动张扬，就号称有才能和威望，获得个爵位倒是绰绰有余，担负工作是不会取得成绩的，对于国事的成败又有什么好处呢？"崇祯帝说："拯救大乱之世，还是先讲求才能，再讲求节操吧。"刘宗周说："前人使世道败坏，都是由于贪婪放纵造成的；所以拿救世来说，更应该先说节操，再讲

才能。"崇祯帝说："大将的才能是另外一回事，不是只有节操就可以成功的。"刘宗周说："其他人就不用说了，像范志完这样不能严守节操，无论大将还是偏将们没有不是靠贿赂升官的，所以三军军心离散。从这件事上可以看得出，还是节操重要。"崇祯帝的脸色缓和了许多，最后说："我已经知道了。"于是让刘宗周站了起来。

刘宗周 (1578~1645)，明末哲学家。字起东，号念台，山阴（今浙江绍兴）人。万历二十九年 (1607) 中进士。历任仪制主事、右通政、吏部右侍郎。崇祯十五年，官至南京左都御史。南明政权灭亡，他绝食20天而亡，终年68岁。上述这段文字是崇祯十五年 (1642) 明思宗与刘宗周的一段对话。这段对话反映了刘宗周在治理国家方面要广开言路、招纳贤才的政治主张。同时也充分反映出了他所坚持的国家官吏应该把笃行节操、严于律己的品德放在第一位，而把敏捷的语言才能、大造声势的魄力和资格威望放在第二位的人才观。从而可以看出，任何时候选拔人都要坚持德才兼备，以德为主的路线，否则，就会导致国破家亡的悲剧。

康熙的用人之道

康熙帝，是清朝皇帝中最有作为的一个。1661年1月6日，顺治帝病死，遗诏玄烨继位，并令异姓功臣亭尼、苏克萨哈、遏必隆、鳌拜四人辅政。这月9日，玄烨即位，第二年改年号为康熙元年（即1662年）故又称康熙皇帝。

康熙即位时，年只8岁，由于年幼，凡事由四大辅臣共议后，奏请孝庄太皇太后裁决执行。康熙六年 (1667)，14岁的康熙开始亲政。康熙自幼聪明好学，亲政后，尤其好读《资治通鉴》，从中汲取历朝治政之经验。在辅政四大臣中，鳌拜自恃有功，十分跋扈，专横朝政，排除异己，安插亲信，欺上瞒下。康熙八年 (1669)，康熙一举智除鳌拜。康熙二十年 (1681) 平定了三藩叛乱，两年后又攻台湾郑氏政权实现了两岸统一，康熙二十四年 (1685)，出兵驱逐盘踞黑龙江流域的沙俄军队，康熙二十八年订立《中俄尼布楚条约》，确定了中俄之间的东段边界。他在位期间，曾经三次平定准噶尔部的叛乱，加强了多民族国家的统一。另外，康熙非常重视农业生产，奖励垦荒，治理黄河，减轻水患，保证大运河的畅通。并且进行了全国性土地测量，完成了《皇舆全图》的绘制。开设了博学鸿词科、明史馆，编纂《全唐诗》《佩文韵府》《字典》等书籍，提倡程朱理学。这些都为社会安定做出了贡献，同时为巩固清朝的统治奠定了基础。

从上可以看出，康熙皇帝在位61年间，在统一国家、捍卫主权、发展生产、提倡文化等方面做出了重要贡献，是中国封建帝王中比较开明的皇帝。康熙皇帝之所以能够创建历史上的一代盛世，也与他善于择贤任能分不开的。并且具有自己比较系统的用人思想，列举如下：

"观人必先心术，次才学"的观点：

谕曰："有治人无治法。朕观人必先心术，次才学，心术不善，纵

有才学何用？"

　　这段话的意思就是说，康熙帝说："只有管理好人没有说管理好法律的。根据我观察任用人的经验，一个人必须先看他的居心好不好，然后才看他有没有能力和知识，如果居心不好，就是有能力和知识，这又有什么用呢？"

　　"弃短取长始能尽人之材"的观点：

　　　　康熙四十三年甲申六月丁酉，上谕讲官等曰："古今讲道学者甚多，尤好非议人，彼亦徒能言之，而言行相符者寡。是以朕不尚空言，断不肯非议古人。何以言之？盖人各有长矩，弃短取长始能尽人之材，若必求全责备，稍有欠缺即行指摘，此非忠恕之道也，故孔子当时惟节取人之善，隐讳人之短。"

　　这段话的意思就是说，康熙四十三年（1704）六月，康熙帝对讲官等人说："古代和现代讲道学的学者很多，特别喜欢责备其他人，其实他也只能是能说会道而已，真正言行相符的人很少。所以朕不提倡说空话，更不能责备古人。为什么这么说呢？每个人都有自己的优点和缺点，也就是长处和短处，取长补短才能够一个人的才能，如果一定要求全责备，别人稍微犯有一点错误就加以批评指责，这不符合忠厚宽恕的精神，因此孔子在当时只选择吸取别人的优点，闭口不谈别人的缺点。"

　　"为政在于用人"的观点：

　　　　康熙五十六年丁酉十月甲戌，上谕大学士等曰："朕莅政五十余年，海内升平，皆恃众大臣为朕股肱耳目。朱子亦云为政在于用人。大小臣工俱宜实心任事，直言勿隐，方为社稷苍生之福。为大臣者当识大体，不可琐屑刻薄。朕待大学士、尚书、侍郎以至小臣各有等级，若待大学士与小臣无异即非礼也。又如翰林等作诗写字作古文或时文，朕皆因材器使，未尝求全责备也。"

　　这段话的意思就是说，康熙五十六年（1717）十月，康熙帝对大学士等人说："朕执政五十多年，国内太平无事都是靠大臣们的帮助。朱子也说过治理国家关键是用好人。大小官员都应该脚踏实地工作，直言不讳，这才是国家和人民的福气。作为大臣应当知道识大体，对一些琐屑小事不要过分苛求。朕对待大学士、尚书、侍郎以至小官各有不同的等级，如果对待大学士和小官一视同仁就不合制度。又如翰林院士作诗写字、作古文和作时文，朕都量才使用，从来都不求全责备。"

　　"世间全才未易得"的观点：

　　　　康熙二十五年丙寅闰四月戊午，上谕大学士等曰："世间全才未易得，但能于性理一书稍加观览，则愧怍之处甚多，虽不能全依此书以行，亦宜勉强研求明晰义理，若祗泥辞章字句有何裨益？"

　　这段话的意思就是说，康熙二十五年（1686）四月，康熙帝对大学士等人说："人世间不容易得到没有缺点的全才，但是只要能够对性理一书稍微看一下，那么扪心自省的惭愧地地方就很多，自己的言行虽然不能完全按照这本书所说的

去做，也应该对这本书认真研究明白一些道理，如果只拘泥于辞藻字句又有什么好处呢？"

"国家政务必委任贤能"的观点：

> 康熙七年戊申三月丁未，上谕吏部："国家政务必委任贤能。……今在京各部院满汉官员俱论资俸升转，虽系见行之例，但才能出众者常以较量资俸超擢无期，此后遇有紧要员缺，着不论资俸将才能之员选择补用。"

这段话就是说，康熙七年（1668）三月，康熙帝给吏部下达谕旨说："国家政事必须委托给德才兼备的人。……现在京城各部院满汉官员的升迁都是论资排辈，虽然这些都是多年的惯例，但才能出众的人常常却因为资历太浅升迁无望，此后如果有重要的职位空缺，应该不论资历，选拔有才能的人来担任。"

从上可以看出，康熙皇帝为了封建国家的长治久安，特别重视"治国者，以人才为要"。因此，他在选贤任能中有如下特点：

一是主张德才并重，以德为主，以才为辅。如果只重才而不重德，"虽能济世，亦多败检"；"较庸劣无能之人，为害更甚"。但是，只重德不重才，"操守虽清，不能办事，亦何裨于国"。因此，强调选才"要学行兼优，方为允当"。"国家用人，当以德为本，才艺为末"。"务使德胜于才，始为可贵。"康熙主张"善相马者，天下无弃马；善相士者，天下无弃材"。以任官为例，"有能理繁者，有操守者，有练习其事者"，也有"优于学问而短于办事者"，各有短长，因此"弃短取长，始能尽人之才"，绝对不能"求全责备"。在发掘和使用人才上，康熙基本做到了只要符合德才标准，不搞其他附带条件。

二是主张不分民族。康熙曾经多次提出，不"偏向汉人"，亦不"庇护满洲"。对于"满洲、蒙古、汉军、汉人毫无异视"。他说："朕于旗下汉人视同一体，善则用之，不善则惩之。"对守法的外国人，也根据他们的特长，安排适当工作，如任比利时传教士南怀仁为钦天监之职就是例证。

三是主张不分地域。康熙说："朕观会试正考官系北人，则必取北为首；系南人，则必取南人为首，可谓之无私乎？""自古用将，何分南北，唯在得人耳。"

四是主张不分资格和年龄。康熙曾经公开诏示：只要"德才兼优"，虽"微末秩员"，亦当重用。对于"外官告病不准起用"的定例实行改革，认为"其中有才品优长政绩素著者，迫于一时至情引例告归，终身弃置深为可惜"。于是于康熙十二年（1673）癸丑九月辛未，上谕吏部："宜令地方督抚确行咨访，果有才品堪用者，着据实保奏以凭擢用。"如施琅年迈力衰，康熙用其收复台湾，琅辞以年老，康熙说："将尚智不尚力，朕用尔亦智尔，岂在手足之力哉？"后来施琅果然胜利地完成了任务。

康熙对于选拔培养人才制订了许多办法，如通过学校和科举，众官推荐和康熙直接选拔，试用考核以选拔人才等。为此，康熙严格要求各级官员都要勤奋读书以培养才德。康熙二十四年（1685），下令"文武各官皆须读书，于古今得失

加意研究。"同年，康熙在朝廷官员中举行一次考试，结果 800 多人交了白卷。为此，康熙下令："此等毫无学问，何以居官？俱着解任，令其读书，俟学习之后，考试补用。"

五是主张"疑人勿用，用人勿疑"。从而反映了康熙这位封建政治家的用人魄力。

六是主张"亲贤远佞"，要"躬行实践"。康熙十六年（1677），康熙帝对讲官喇沙里、孙廷敬等说道："君子进则小人退，小人进则君子退，君子小人，势不并立。孟子所谓一曝十寒，于进君子退小人，亲贤远佞之道，最为明快，人君诚不可不知也。"同时指出"尔等进讲经书，皆内圣外王修齐治平之道"，但"学问无穷，不在徒言，要惟当躬行实践，方有益于所学。"康熙帝非常赞扬关于进君子退小人、亲贤良远奸佞的道理，并强调对此必须躬行实践。

唐甄的人才观

唐甄，字铸万，清代达州（今属四川）人，生于 1630 年，卒于 1704 年。他在《潜书·主进篇》中提出了"唯用贤为国之大事"的观点。唐甄强调指出："为政亦多务矣，唯用贤为国之大事。治乱必于斯，兴亡必于斯，他更无所于由也，一于斯而已矣。"在这篇文章里，对于选才用才问题，唐甄提出了自己比较独到的见解，并做了较为详尽的论述。下面简述如下：

第一，详尽论述了用贤、进贤之不易。唐甄认为，在进用贤才方面，尽管有多种途径，诸如或则由大臣荐于天子，由各级有司荐于大臣；或则访之于乡人，访之于乡士大夫。但是古之人多直，今之人多诈，因此，单单靠听其言，观其行的办法容易出现偏差和失误。他指出："今也听其言为君子之言，观其行为君子之行，而其人则小人也。"这些人善于乔装打扮，赶时髦，钻空子。当社会上重视知识的时候，这种人就变成了"儒者"，如果社会上讲究文辞，这种人就变成了"名士"；当社会上提倡气节，他们就会吹嘘自己为"直士"；如果社会上美慕功业，他们又将变为"才士"。这些人非常善于见风使舵，吹吹拍拍，其根本目的都是为了沽名钓誉，追逐名利。为此，唐甄无不遗憾地说道："以利达之徒人于多私者之门，则以合进；以矫饰之徒人于不知人者之门，则以罔进。于是有举皆其阶，有位皆其窟矣。"就是说，若使贪图富贵的人进入了私欲很重的大官的家门，他们就会因臭味相投而推荐来人当官；假如装模作样的人进入了糊涂无知的达官贵人的家中，达官贵人也由于受到欺骗而推荐来人当官。于是，这些人便骏马得骑高官得做了。这就叫作"贤者难知"。

第二，采取"类进"之法进贤。所谓类进之法，就是用人以群分和物以类聚的方式去选拔人才。他说，一般的凡鸟引不出凤凰，"贤不肖各有其类"。"从伯夷游者，必伯夷之所与也，无盗跖之徒也。"反之，与盗跖一块的人，也不会有伯夷之徒。正是这个原因。"若使盗跖主进，而望其所进之人有若伯夷者，岂可得哉！"因此，作为一国之明君，必须先在群臣之中选用大贤，将其放在重要

位置上，并使其有职有权。同时，对于那些奸究之徒的谗言坚决不予听信，而对大贤则"唯其言之是听"，"各以类进，则贤才不可胜用矣"。

第三，"唯君先正其身以为天下表"。唐甄援引《尚书·立政篇》所载有关商纣王之所以国破家亡，主要原因在于他性情刚戾强横，以刑杀为虐，因此，下面百官也就随之效法，尽干缺德之事，把国家搞得混乱不堪，最后被周灭亡。而周文王、周武王却与此不同，他们用仁爱、管理、法度等三方面去考察官吏，了解他们的心思和品行，坚持任用有道德的人为官，所以使国家得到大治。因此，唐甄指出："由是观之，惟君先正其身以为天下表，卿士百职，罔非正人，天下不得其径而缘之。"君王做得正，百官得其人，国内就再没有歪门邪道让那些奸诈小人有空子可钻了。

实践证明，选人用人是件很不容易的事情，而把人才选得准确，用得得当就更不容易了。但是只要当政者出于公心，以国家计，以民族计，以事业计，始终坚持任人唯贤、唯才是举、德才兼备的原则，就一定能够选拔出大批有用之才为国为民效力。

乾隆帝用人

雍正十三年（1735）八月二十三日凌晨，雍正帝胤祯暴死于圆明园寝宫。其第四子、宝宁王弘历继承皇位，是为乾隆皇帝。

弘历自称"幼读诗书，颇谙治理"。他阅读《贞观政要》一书，十分赞赏唐太宗及其臣僚的"嘉言善行"。他即位时年方25岁，"春秋方富，年力正强，乃励精图治之始"，很想有一番作为。清代经顺治、康熙、雍正三朝近百年的经营，封建统治比较稳定。从表面上看，乾隆帝从祖父、父亲手里接过的是太平江山，但是，清王朝这时已经存在着深刻的社会矛盾和潜伏着危机。这些矛盾和危机，主要表现在官员腐化日深，吏治日渐松弛。因此，乾隆皇帝为了维持清朝的鼎盛局面，不得不用很大的精力来选拔官吏，整顿吏治。从而建构了他自己的一套选人思想和路线，主要如下：

一是对于人才要严格鉴别的观点。乾隆十年（1745）十月，上谕内阁指出："夫人才原属不一，或朴实有余而才情不能适应，或办事干练而居心未能悫诚，或新任励志可以造就，或年老未衰尚堪驱策，俱当鉴别精详，核实人告，方不负朕封疆委任之寄。今伊所奏属员一折，笼统开载，漫无区别，竟似通省官员并无一人可訾议者。巡抚有察吏之责，留心人才最关紧要，若衡鉴不精，何以克称重任？"意思就是说，人才并不是一个模子倒出来的，有的或朴实有余而才情不足；有的或办事于练而居心不诚；或新官上任志行高远前途无量，或年老未衰尚有余热发挥。这些都应该认真鉴别，详细报上来，这样才不负我委以封疆之重任。眼下你们报告的情况非常笼统，没有区别，好像全省官员竟没有一个人有毛病似的。作为一省之巡抚，有考察一省官员的责任，鉴别人才非常重要，如果不认真精细地考察和权衡官员们，他们又怎么能担当如此重任呢？

为了考察鉴别人才，乾隆皇帝召见大臣，往往随手记下观察得来的印象，作为日后用人的参考。他要求臣僚荐贤举能，但对滥举官员者，无论满汉大臣，都要受到严厉谴责或处分。乾隆三十一年（1766）上谕中规定，督抚妄荐人员要判罪。此后，确有督抚因徇私妄荐而坐罪。清代考核官吏，三年一次，京官称为"京察"，外官称为"大计"，经过考核，

乾隆咸弧射鹿图

将不称职的官吏分为年老、有疾、浮躁、才力不及、疲软无为、不谨、贪、酷八种，同时给予不同处置。乾隆认为，这是荐剡人才、参革衰冗的大典，一定要认真执行。他连篇累牍地训斥都院堂官和督抚的姑息瞻徇之习，要求在"京察""大计"中秉公查核。乾隆十八年（1753）以后，多次对"京察"各官亲自裁定。以后又宣布对过去一向不考核的各省藩臬人员亦须考绩，并传谕京官可以密折奏闻属吏贤否。乾隆四十八年（1783）规定"京察""大计"中保举的卓异官员如发现有犯赃行为，原保荐上司要受到议处。有资料统计，乾隆一朝，在考核中因"不谨""疲软"而被革职的，因"老""疾"被勒令"休致"的，因"才力不及"和"浮躁"而被降调的，合计受处分的达6000多人，这在中国封建社会政治史上是少见的。

乾隆三十年（1765）七月，乾隆皇帝针对新选官员具有不称职者一事对内阁说："吏部过堂及九卿验看，何以不行举出？看来近日吏部、九卿于验看一事，不能实心任事，如此废弛之渐，殊为可虑。著严饬行。""不若慎简于铨选之初，量才而授，尚可冀其黾勉策励。是以重铨衡、公验看，无非求尽。所以择吏安民之道，从前谆切训谕，至再至三。而吏部、九卿又复狃于积习，不思澄叙官方，乃吏部职掌果其为官择人，甄别精当，岂得谓之专事权而作威福？今第以次注名漫无可否，乃昔人所一吏可任者，铨衡重寄固如是乎？"这两段话的意思就是说，对于选任官吏，"吏部进行了考察，九卿也参与了验收工作，为什么没能发现。看来吏部、九卿都没有全力投入、尽心尽职，像这样草率行事，于国堪忧啊！这种状况要严加整顿。""选择官员应把好关，量才录用，到任他才能勤勉政事、治理主方。所以把好选择官员这道关口是安邦治国的关键啊！对此，我一再谆谆告诫你们，而吏部和九卿却陋习不改，当作耳边风，不加以重视。选择、考察官吏是吏部的职责，吏部如果真能做到慧眼识人，把好关口，又怎会叫作专政逞威呢？现在的状况是说说而已，对被考核官员不置可否。过去人们常说，一个称职的官员全靠善于选拔啊，的确如此。"乾隆皇帝强调指出："况秉公纠举，则驽骀不得与骐骥同骖，燕石不得与连城相混。循卓之风必自此始，即在不自量之

辈，未必尽其能心服。而一人之得失，与一邑之政治孰重孰轻？……嗣后吏部、九卿务体朕拳拳吏治之苦心，其矢公忠，屏除瞻徇，凡遇验看之日，详慎简择，擢拔人才，郑重司牧，毋得任意因循懈忽。"就是说："如果真正秉公考察官员，劣马就不可能同千里马共驾一辆车；石头也不可能同美玉相混。这样，好的风气必然由此而兴起，即使有个别不自量力之辈心有不服，但是你比较一下，究竟是一个人的得失重要还是一个地方的政务重要？……今后，无论吏部还是九卿，务必领会我对官员队伍治理的一片苦心，共同秉公办事，不要怕得罪人，除掉从前那种瞻前顾后、怕担责任的不良风气。凡是到了考核官员的时候，一定要认真审查，把真正的人才选拔出来，决不允许随便因循、苟且应付了事。"

二是替补官员，应当选择"年力精壮，以为地明白者"。乾隆皇帝强调指出，衰庸老官"留一日即多误一日之事"，特制定八旗武职年老休致例和各类衰惫老官休致便。乾隆二十二年（1757）和三十三年（1768）分别规定部院属官五十五岁以上要详细甄别，"京察"二、三等六十五岁以上要带领引见，"候朕鉴裁"。对于边疆办事司员，年过六十岁以上就不许保送。他非常重视文官中的知县、武官中的总兵的年龄结构。因为"知县为亲民之官，一切刑名、钱谷、经手事件，均碍紧要，自不便以年力不衰之人听其滥竽贻误"；"总兵有整饬营伍、训练兵丁之责，岂可任年老衰颓之人因循贻误"。只是漕务职司可以"稍有区别"，其他任何"亲民之官"均不得以任何理由留于原任。

三是慎重挑选官员的观点。乾隆四十一年（1776）正月，乾隆皇帝上谕内阁，指示要慎重挑选幕僚，强调"著各该督抚实力整饬、稽查，如有恶幕招摇生事及劣员徇纵滥交者，即行严参究治。若督抚袒庇属员，姑容消泯，或经科道参奏，或别经发觉，惟该督抚是问。"乾隆四十一年十月，乾隆皇帝又上谕内阁指出："朕简任封疆大臣，委以地方政务，惟视奉职，程其殿最。"同时，对于边地官员的挑选，乾隆皇帝也再三强调做到慎之又慎。他指出："守令为亲民之官，最关紧要，而边疆之地，民夷杂处，抚绥化导，职任尤重，更不得不慎选其人以膺牧民之寄。""嗣后遇有苗疆要缺，应令该督抚慎选贤员，以居其任。三年之后察其汉夷相安，群情爱戴者，保题升迁以示优奖。其有恃才贪功者，虽有才干，不得轻任以滋事端。"

乾隆七年一月，乾隆皇帝上谕内阁，指出"夫州县为亲民之官，若稍存姑息，必致贻误地主，所关非细。"并且强调说："嗣后务须秉公，详加验看，有庸老不胜任者，或应勒休，或应改补教职等官，即据实具奏，不得仍前因循聊且塞责。"就是说，州县是联系老百姓最为密切的官员，如果稍稍有姑息之念，选择不当，以后必然贻误地方，关系甚大。因此，今后务必秉公认真甄别、验看，有衰老平庸，不能胜任者，或者让其退休，或者另外安排，然后据实上报，不准因循观望、敷衍塞责。

四是不断整顿吏治的观点。乾隆皇帝为了整顿吏治，对官吏要求极为严格，如对自己身边的文臣要求更不例外。他即位后的第二年，在上谕中指出："翰林乃文学侍从之臣，所以备制诰文章之选。朕看近日、詹等官，其中词采可观者固

不乏人，而浅陋荒疏者恐亦不少，非朕亲加考试无以鼓励其读书向学之心。"他亲自命题、阅卷，命"自少詹讲读学士以下，编修检讨以上"皆要参加，且不许"称病托词"，考试以后按其优劣分别升降。这样的考试曾经举行过多次。

另外，乾隆皇帝坚决反对各级官员授意属员或地方缙绅为自己树立德政碑、去思碑，他认为这是"俗吏不务实政"，是"欺名盗世之长"，"属员藉以适迎上司"，下令一律毁掉。

封建社会的官场，贪赃枉法是难以整治的痼疾。乾隆在即位初期，虽然政崇宽大，但对贪官污吏决不轻纵。他告诫督抚等"务以休养吾民为本，而一切扰累之事速宜摒除"，禁止督抚接受属员礼物。乾隆三年（1738）六月，上谕中把贪官污吏比同恶棍奸民，如果包容便是好坏不分，要严加惩除。随着贪污行贿的恶性发展，乾隆皇帝下决心进行整顿。如他连续处决了一大批不法官僚和贪污犯。其中有的是总督、巡抚、布政使、按察使。例如，乾隆四十六年（1781），浙江巡抚在甘肃布政使任内，贪污赈灾款项，此案牵连官吏有60多人，因贪污二万两以上被处以死刑的有22人；陕甘总督勒尔谨也被赐令自尽。与此案相关的闽浙总督陈辉祖，在查抄家产时，竟敢以银换金，隐藏珠玉等珍品，将搜出的赃物窃归己有，事情败露后，因闽、浙两省亏空钱粮很多，乾隆令陈辉祖自尽。乾隆四十七年（1782），山东巡抚国泰、布政使于易简等贪黩营私，向下属勒索钱财，以致山东各仓库亏空。国泰是军机大臣和珅的心腹，和珅向国泰通风报信，竭力营救，也未能幸免，国泰等被赐令自尽。其他如江西巡抚郝硕、闽浙总督人纳、福建巡抚浦霖、浙江巡抚福崧，都因贪污被处死。乾隆皇帝这样做的目的，在于希望"经此一番办是，所谓文官不要钱，武官不惜死，人人奉公洁己？勉为良有司。"

在惩治贪污行贿的同时，乾隆皇帝对于官吏当中不称职者也相继进行处理。乾隆二十年（1755）八月，乾隆皇帝上谕指出："嗣后各督抚题奏改补人员，务于本折内分析声明，或宜调简，或勒令休致，其才具平常而年未衰老者，或以同知降补，俱著送部引见。有违例仍请改用部曹者，吏部一面将该督抚议处，一面行公离任，毋致贻误地方。"就是说，今后各省督抚要求调整人员务必要在报告中说明，或调用，或勒令退休。对于才干平常、还没有衰老的官员，应以同级别降级任用并且以候补名义送吏部处理，如果违反规定仍然请求本部另外安排职务者，吏部应立即查处该省督抚，同时命令不称职的官员立即离任，不准贻误地方工作。

总之，乾隆在选人用人方面，具有自己的思想和观点，这些思想和观点在他执政期间得到了贯彻和实施。但是，其局限性也是在所难免的。

卷二 刚柔鉴

经文释义

【原文】

既识神骨，当辨刚柔。刚柔，则五行生克之数，名曰"先天种子"，不足用补，有余用泄。消息与命相通，此其较然易见者。

【译文】

已经鉴识神骨之后，应当进一步辨别刚柔。刚柔源于五行的相生相克，道家叫作"先天种子"，是人先天遗传下来的。刚柔不足的要增补它，有余的要消泄它，使之刚柔平衡，才能达到和谐的状态。刚柔的状态和阴阳的消长与人的命运密切相关，这是在对比中就能很容易发现的信息。

【原文】

五行有合法，木合火，水合木，此顺而合。顺者多富，即贵亦在浮沉之间。金与火仇，有时合火，推之水土者皆然，此逆而合者，其贵非常。然所谓逆合者，金形带火则然，火形带金，则三十死矣；土形带土则然，土形带水，则孤寡终老矣；木形带金则然，金形带木，则刀剑随身矣。此外牵合，俱是杂格，不久文人正论。

曾国藩手札

【译文】

五行之间具有相生相克的关系，这种关系称为"合"，而"合"又有顺合与逆合之分，如木生火、水生木这种就是顺合。有顺合之相的人大多富裕，但不会显贵，就算偶尔显贵也只能是一时之事，难以持久。

金仇火，有时火与金又相合相成，类而推之，水与土等等之间的关系都是这样，这就是逆合。有这种逆合之相的人，往往显贵非常。但是逆合之相中又自有区别。

如果是金形人带有火形之相，便是好事，相反，如果是火形人带有金形之相，那么年龄到了三十岁就会死亡；土形人带土还好，如果是带有水形之相，那么就会一辈子孤寡无依；如果是木形人带有金形之相，便会非常高贵，相反，如

果是金形人带有木形之相，那么就会有刀剑之灾、杀身之祸。至于除此之外的那些牵强附会的说法，都是杂凑的模式，不能归入文人的正宗理论。

【原文】

五行为外刚柔，内刚柔，则喜怒、跳伏、深浅者是也。喜高怒重，过目辄忘，近"粗"。伏亦不佼，跳亦不扬，近"蠢"。初念甚浅，转念甚深，近"奸"。内奸者，功名可期，粗蠢各半者，胜人以寿；纯奸能豁达，其人终成。纯粗无周密，半途必弃。观人所忽，十有九八矣。

【译文】

五行只是刚柔之气的外在显现，称为外刚柔，而内刚柔指的是喜怒情感、激动情绪和心态城府。遇到喜事则乐不可支，遇到烦心事就怒不可遏，而且情绪转瞬即忘，这种人气质近乎粗鲁。平静的时候没有一点张扬之气，遇到高兴的事情也激动不起来，这种人阴柔之气太盛，其气质接近于"愚蠢"。

遇到事情，起初的考虑都很肤浅，然而一转念，又考虑得非常周到和深入。这种人阳刚与阴柔并济，其气质接近于"奸"。内奸即内心机智的人往往能够成就一番功名；既粗鲁又愚蠢的人，刚柔能够支配他们的心，使他们乐天知命，因此其寿命往往超过常人；纯奸即内心机智的人，如果能够豁然达观，最终会获得事业的成功。那种粗莽而不周密的人，做事必定要半途而废。

从内刚柔这方面观察人这一点往往被忽视，而且人们十有八九都犯这个毛病。

智慧通解

"神"和"骨"为相之本，有本才会有种子。"刚柔"是相的"先天种子"。换句话说，"神"和"骨"很重要，而"刚"与"柔"同样很重要，"辨刚柔"，方可入道。

阴阳五行学说，是"刚""柔"的理论基础。"刚柔，五行生克之数"。如果人观五行中的某一"行"不足，其他部位都可以加以弥补，即《老子》中所言的"损有余而补不足"，如果一"行"有余，其他部位却可以加以削弱。这就是比较中和平衡的"刚柔相济"。"不足用补，有余用泄"，这个思想在阴阳五行中是辩证的重要体现。

以阴阳刚柔及五行学说来品鉴人物，其说由来已久，而最为术数相学所推崇。曾国藩认为人的"先天"品性与命运，可以通过"不足用补，有余用泄"的方法来补偿，也在一定程度上继承了道家学说思想。特别是其"内刚柔"之说又对"外刚柔"的机械倾向，作了补正，强调要通过人的言行举止、思想品行来观察人物、品鉴人物，并重点分析了"粗""蠢""奸"三种人物的品性。这就由"外刚柔"的"五行命相"论，转而偏向于"神鉴"论，如所谓"喜高怒重，过目辄忘，近'粗'。伏亦不佼，跳亦不扬，近'蠢'。初念甚浅，转念甚深，近'奸'"。

人不可无刚，无刚则不能自立，不能自立就不能自强。由于有了刚，那些先

贤们才能独立不惧，坚忍不拔。刚就是一个人的骨头。

人也不可无柔，无柔则不亲和，不亲和就会陷入孤立。柔就是使人挺立长久的东西，是一种魅力，一种收敛，一种方法，一种春风宜人的光彩。

刚，并不是指暴虐，而是指强矫；柔，并不是指卑弱，而是指谦逊退让。

然而，太刚则折，太柔则靡。刚性事物性坚而易裂，易于进取而难守。柔性东西性钝而有韧，易于守成而难攻。所以太刚易折，太柔则废，刚猛有利于进攻，柔弱有利于守成。各有长短，只有刚柔相济，方能无往而不胜。

曾国藩早年刚猛过人，得罪不少当朝权贵，也因此受到排挤。后来认真研习黄老学说，领悟阴阳相生，以柔克刚等道理，揉以孔子"中庸"之道，所以他后来才功成名就，并能抽身退隐。孔子提倡"中庸之道"，认为"执乎其中，不左不右，不刚不柔，刚柔相济"，这才是至高境界。

曾国藩在《冰鉴》中由"喜怒、跳伏、深浅"论及人心内阴阳之气变化，既是指喜怒哀乐等情感，又指沉静、急躁、胸有城府等各种性格。

史载张飞是水命之人，
面目黝黑，性格暴躁

人本来以阴阳之气来确立性情，阴气太重则失去刚，而阳气太重则失去柔。太柔则处事小心谨慎，不敢大刀阔斧；太刚是亢奋者，常超越了一定的度。这些人各有长短，或者说各有优缺点。因此"善有所章，而理有所失"。

【经典实例】

孙休诛权臣夷灭三族

三国时期的吴国，在孙权去世后，就陷入了权臣相争的内部倾轧中。继孙峻诛诸葛恪之后，吴国朝政又为孙峻所把持。孙峻素无名望，且骄矜残暴，招致朝臣与百姓的极大怨愤，不断有人试图谋杀他，都被他发觉处死。他在擅权三年之后，于吴太平元年（256年）中历九月病卒，临死将大权交给其从弟孙林。

孙林与孙峻同祖，受命之时只有24岁，又无战功，所以当时在外征讨魏国

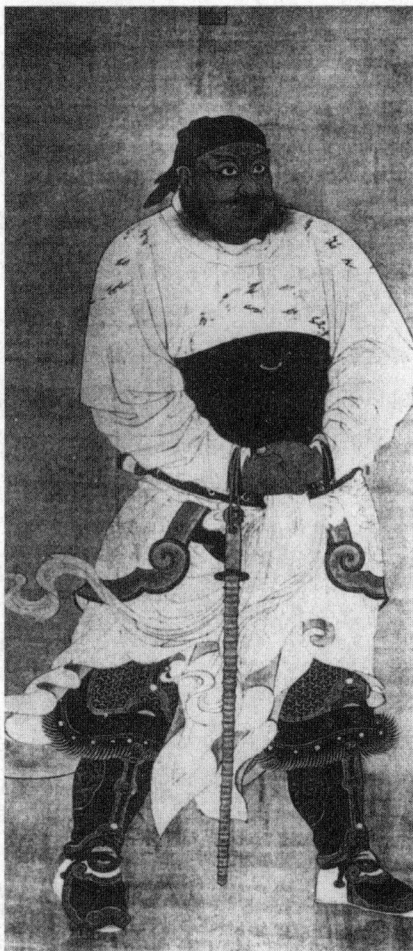

的吕据等大将很不服气，曾与诸葛恪从受孙权辅政遗诏的滕胤更不甘心受孙綝节制。吴太平元年（256年）中历九月和十月，吕据和滕胤先后举兵讨孙綝，孙綝派从兄孙虑迎击吕据和滕胤，后因吕、滕二人配合不好，被孙虑钻了空子，兵败，被夷三族。

铲除了朝中政治敌手，孙綝遂无所顾忌，把谁都不放在眼里。他自任大将军，封永宁侯，总揽政纲。孙虑曾为孙峻诛除诸葛恪出谋划策，孙峻对他礼遇备至；孙綝征讨吕据、滕胤，他又为作主帅。但孙綝对他却很轻视无礼，于是孙綝又受到了来自宗族内部的威胁。吴太平元年（256年）中历十一月，孙虑联合将军王敦，密谋杀死孙綝。事泄，孙綝杀死王敦，孙虑被迫饮药而死。孙綝又一次稳固了自己的地位。

在吴国权奸肆虐时，曹魏政权内部也矛盾重重，李丰、夏侯玄、毋丘俭等人先后举兵反对司马师被族诛，大将诸葛诞自感危机，遂于吴太平二年（257年）中历五月叛归吴国。魏国以20万大兵将诸葛诞围困在寿春（今安徽寿县）。孙綝急欲收降诸葛诞扩充势力，先后派出三批军队共11万人去为诸葛诞解围，均告失败，孙綝怒而斩杀了大将朱异。这场战争，劳民伤财。没有救出诸葛诞，孙綝还自戮名将，引起了吴国上下一片怨声。

孙綝自知招怨甚大，遂称疾不上朝，并让弟弟孙据掌管宿卫，另外三个弟弟孙恩、孙干、孙阄分掌诸营之兵，拥兵自固。他这样总揽兵权，不仅是为了防备诸臣叛伐，而且要防备吴主孙亮对他动杀机。

孙亮这时已年满16岁，于诸葛诞叛魏前即已亲政。他对孙綝擅权的不满日益显露出来，对孙綝所奏表章，常常不客气地质问不休；他还简选15至18岁的士卒子弟3000人，令大将子弟为将帅，在皇家林苑中终日操练。当孙綝救诸葛诞未成，大失民心之时，孙亮觉得时机已经成熟，遂与公主鲁班、太常全尚、将军刘承共谋诛除孙綝。

孙亮之妃是孙綝的外甥女，她听到孙亮等人的密谋，就使人告诉给孙綝。孙綝先发制人，于吴太平三年（258年）中历九月，派兵夜袭全尚之宅，将他拘捕；又遣弟孙恩杀死刘承。孙綝亲率士卒将孙亮的宫殿团团围住，孙亮闻讯，执弓上马，对宫内情臣们说："我是大皇帝（孙权）的嗣子，即位已经五年了，谁敢不跟从我去拼杀！"众人上前劝他不要去送死。不多时，孙綝就冲了进来。他宣布废孙亮之帝位，降之为会稽王。尔后，孙亮被送往会稽（治今浙江绍兴市），全尚被杀于流放的途中。

孙綝在废黜孙亮后，很想自己即位称帝，左思右想，唯恐诸臣不服，只得派人将孙权的第六子孙休从会稽接来，拥之为帝。孙休知孙綝势力强大，为稳住他，不惜对他及其宗族封官晋爵。不仅孙綝本人被任为丞相、荆州牧，增加五县封邑，他的四个弟弟都分别被任为将军，封为县侯、亭侯。《三国志·孙綝传》说："綝一门五侯，据皆典禁兵，权倾人主，自吴国朝臣未尝有也。"

其实，孙休对孙綝家族权势过盛早心存不满，他也不愿做傀儡皇帝，只是不敢贸然行事，以免重蹈孙亮的覆辙。然而矛盾渐渐激化，就迫使孙休不得不采取

断然措施了。一次孙綝向孙休进献牛和酒，孙休拒绝了，孙綝大为恼怒，乘酒酣之时，故意对孙休的近臣张布说："初废少主时，多劝吾自为之者。吾以陛下贤明，故迎之。帝非我不立，今上礼见拒，是与凡臣无异，当复改图耳。"这是对孙休的公然威胁恫吓。孙休听了张布的汇报，一面对孙綝屡加赏赐，以稳住其心；一面将孙恩加侍中之职，与孙綝分掌其原来独揽的职权。当时有人告孙綝欲谋反，孙休不加审讯，就将其交给孙綝处理，弄得孙綝很尴尬。

孙綝感到孙休不像孙亮那么好对付，就想到地方发展自己的势力。吴太平三年（258年）中历十一月，孙綝正式提出到武昌屯兵，孙休满口答应。他又请求将他以前统领的中营精兵万余人带往武昌，并要求取走武库中的兵器，孙休也一一应允。

当时，朝中大臣看到孙休对孙綝如此不加防备，暗暗为之担忧。事实上，在麻痹孙綝的同时，孙休已与近臣张布、左将军丁奉密议诛除孙綝之策。当年十二月戊辰日（259年1月18日），朝中按例举行腊会，孙綝似已感到将起变故，称病不赴会。孙休连续派了十几个人去请他，孙綝不愧为诡计多端之人，他整装准备赴会，又暗嘱家人说："速将应付事变的兵卒集合好，待我一入宫，你们就在府中放火，我可以借口回府灭火，尽快离开皇宫。"

果然，孙綝入宫不久，就传来其府内起火的消息。孙綝请求回府，孙休说："外面兵卒那么多，何劳丞相亲自操劳此事？"孙綝还是要强行离去，丁奉和张布忙向左右亲信使眼色，大家一齐上前，将孙綝牢牢地捆绑起来。孙綝失去往日的威风，跪地叩头说："我愿流放到交州！"孙休说："你怎么当初不将吕据、滕胤流放到交州呢？"孙綝又说："我愿没入官家为奴！"孙休说："你当初为什么不以吕据、滕胤为奴呢？"孙休是在指责他逼死吕据、族灭滕胤，孙綝对此无以辩白，只好引首就戮。

此后，孙休令将孙綝夷灭三族。其弟孙闿闻讯欲乘船逃奔曹魏，途中被追杀。其从兄孙峻虽早已死去，也被掘出棺材，将其所佩印绶取走，豪华的棺材被砍得七零八落，才重新埋葬。

孙峻和孙綝这一对专权欺主的兄弟，最后落了个夷族灭门的下场。

兄弟两世诛权臣

南北朝时期，曾出现两个相对峙的魏政权，即东魏和西魏。其中西魏是由北魏权臣宇文泰在杀死北魏最后一个皇帝孝武帝之后，拥立北魏孝文帝之孙元宝炬而建立的。此后西魏先后有二任皇帝，但大权始终牢牢掌握在宇文泰手中。

西魏恭帝二年（556年）中历十月，宇文泰病故。临死时，他考虑到自己的儿子尚在幼年。就将朝政大权交给一直辅助他统治西魏的亲侄子宇文护。宇文护受权之后，于次年正月，就实现其叔父的夙愿，废除西魏政权，拥立宇文泰之子宇文觉为天王，建国号为周，此即北周政权。

北周建立后，宇文护打着受宇文泰托孤的旗号，专制朝政。这引起了北周君

臣的不满。北周闵帝元年（557年）中历二月，即发生了赵贵、独孤信等前西魏将军谋杀宇文护事件。他们二人在西魏都与宇文泰行辈相等，不甘心服从于名位皆在他们之下的宇文护的控制，遂共谋暗杀宇文护，因虑事不周，事未行而谋泄，二人及其党羽皆伏诛。宇文护铲除了政敌，自任相当于宰相的大冢宰，地位更加巩固。

宇文泰墓　南北朝

然而北周的第一位皇帝宇文觉虽年仅16岁，性情却刚决果断，他对宇文护专权也极感不快。为此他常将亲信武士聚集在苑中习武，演习捉拿宇文护。一些对宇文护不满的人，如李植、孙恒、乙弗凤等，窥知皇帝之意，便劝他早日除掉宇文护。宇文护探知其谋，于闵帝元年（557年）中历九月，先发制人，将所有预谋此事的大臣一网打尽，进行诛灭。宇文觉也被杀害。

宇文觉被杀后，宇文护又迎立宇文泰的长子宇文毓为周天王。宇文毓是个有才干谋略之人，他即位后即称宇文护为太师，给予其以崇高地位，连宇文护之子宇文至也被封为郡公。宇文护也假意上表归政，宇文毓虽答应了其请求，但朝政大事仍尽委于他。宇文护看到宇文毓不动声色的样子，内自疑惧，总觉得大祸临头。于是他于北周明帝武成二年（560年）中历四月，无缘无故地派负责皇帝饮食的膳部中大夫李安在糖中下毒药给宇文毓吃。宇文毓吃后病发，他似已觉察到是宇文护做的手脚，在临终时，没有选择年幼的儿子为继承人，而是选择年纪已届20的四弟宇文邕为嗣君。据载，他口授遗诏达五百余言，其中有谓："朕子年

幼，未堪当国。鲁公（宇文邕），朕之介弟，宽仁大度，海内共闻；能弘我周家，必此子也。"可见宇文毓已将诛除宇文护的期望寄托在宇文邕身上。

宇文邕果然有见识，他即位后并不急于触动宇文护，反而对其极尽崇遇。宇文护也更加骄恣，他的府第所屯的禁卫兵，规格甚至超过皇宫；其母亲生活十分豪华，史书称："荣贵之极，振古未闻。"其子十余人均封官晋爵。史书称其"诸子，僚属皆贪残恣横，士民患之"。但皇帝宇文邕却从长计议，"深自晦匿，无所关预，人不测其深浅"。

直至北周武帝天和七年（572 年），宇文邕见时机已成熟，才采取了断然措施，除掉了宇文护。当时，宇文护因他本人的专恣和子弟的贪残已大失人心；又因此前宇文护率兵与北齐军队在洛阳一战，无功而还，声誉大扫；同时与宇文护相亲的宇文邕之弟宇文直与宇文护也渐生怨恨。这些情况为诛除宇文护提供了条件，宇文邕遂与宇文直等密议此事。

当年三月十八日（572 年 4 月 16 日），宇文护自外地回到京师，他特地到皇帝居住的文安殿去问安。皇帝宇文邕与他寒暄几句，就请他一起到太后居住的含仁殿去，并对他说："太后春秋已高，却极好饮酒，我屡次谏阻，都不蒙垂纳，望兄再去劝说太后！"说着还将先秦时周成王所作《酒诰》递给他，让他按照那上面所讲的饮酒之弊去进谏。

宇文护丝毫没有觉察到情况有何异样。因为以前他也常随宇文邕去见太后，每次都是太后赐宇文护坐，宇文邕却依照家内的兄弟齿序，立在宇文护座旁，从不端君主的架子。此次却不同往常了，当宇文护刚刚拿出《酒诰》读了几句，宇文邕就将手中的玉廷（帝王所持的玉器）向他砸去，他颠扑倒地。宇文邕忙命跟从他的宦官何泉用御刀砍宇文护，由于宇文护平日威权甚重，何泉心内惶恐，连砍数刀，竟未伤及宇文护。这时，隐在另一室中的宇文直急得跳跃而出，一刀就斩杀了宇文护。

此事宇文邕办得干净利落，朝臣无人知晓，待其召集群臣宣布已将宇文护诛杀，群臣才似醒悟过来，立即分头将宇文护的儿子宇文公、宇文至、宇文静、宇文乾嘉等捕获斩杀，宇文护的弟弟乾基、乾光、乾蔚、乾祖、乾威也先后伏诛。当时宇文护还有两个儿子宇文训和宇文深正在外地统兵，宇文邕为了斩草除根、不留后患，也派人星夜赶去杀死他们。至此，宇文护一门尽灭。宇文邕终于没有辜负其兄宇文毓的期望，将政权收归其家门。

温峤行骗计击政敌

东晋初年，王敦率军占据长江上游的江陵一带地区，手中握有朝廷的重兵，早就图谋叛乱，反叛朝廷。当时，足智多谋、遇事善断而又忠于朝廷的温峤，在王敦的部下任左司马，目睹王敦野心日渐膨胀，深感忧虑与不安。于是，温峤先是装出一副勤勉谨慎的样子，时时处处迎合王敦的心意行事，传授一些小秘妙计，以博取好感。故王敦对温峤也越来越器重，愈加亲密。此时，王敦身边还有

一个心怀叵测的亲信人物，名叫钱凤，温峤为使王敦、钱凤不疑，主动又与钱凤交往，常常称道他满腹经纶、才智出众，使钱凤听得满心欢喜。不久，晋朝的丹阳尹去世，温峤乘机给王敦献策出谋说："丹阳一地，地处咽喉重地，公应该自己选派人去做丹阳尹。"王敦听后，颇觉有理，便反问他："谁可胜任此官职呢？"温峤于是便顺势推荐了钱凤，而钱凤获悉后又举荐温峤，温峤假装极力推辞。结果，王敦听信了亲信钱凤的举荐，立即向晋明帝司马绍上表，请求任命温峤为丹阳尹。

丹阳地处东晋京师建康（今江苏南京）附近，王敦之所以要推荐温峤为丹阳尹，其本意主要是想用温峤来窥伺朝廷中的动静，以便自己好乘隙起兵反叛。对此，温峤心中深知，却故意深藏不露。但他恐怕自己走后，钱凤这个两面三刀的人物，在王敦面前挑拨自己，从而使清除政敌王敦、钱凤一伙的计划过早暴露而招致失败。于是，温峤便在王敦为自己赴任丹阳的送别宴会上，故意在酒过多巡后，站起来行酒作答。待走到钱凤身边时，还没等钱凤举杯，温峤便故意假醉而失态的样子，手脚错乱，行步摇曳，用手版将钱凤头上所戴的头巾碰掉在地上，并且大声吼道："钱凤是什么人，竟敢在温太真行酒时而敢故意不饮！"王敦一见此状，便以为温峤是真的酒后胡言乱语，便急忙将此二人拉开，进行调解。而待酒宴散后，温峤离宴在向王敦告别时，又满脸涕泪横流，待走出门后又折返回来，一连几次均如此，颇有饮酒深醉难醒、精神恍惚、有失常态之状。见此，王敦更加坚信温峤是真的喝醉了，一切皆酒后所为，不足为奇。待温峤走后，不出所料，钱凤果然对王敦告诫说："温峤与朝廷关系甚密，更与庾亮的交情颇为深笃，此人不可信，靠不住啊。"又提醒王敦应对温严加防范，但王敦一听却大不以为然，便对钱凤说："昨天温太真饮酒醉了，因此对你说话时动了一些声色，触怒于你，又何必因为计较这些小事来说他的坏话呢？"自此以后，钱凤便不敢再在王敦面前说温峤的不是与坏话。而温峤在到了东晋都城建康以后，便将王敦密谋逆反作乱的阴谋，如实而详尽地奏告了晋明帝，并且在暗中与庾亮计划、筹备讨伐王敦事宜。后来，当王敦起兵叛乱之时，由于温峤、庾亮对此早有准备，便立即奉朝廷之命，起兵加以讨伐，最后终使王敦一伙的野心未能得逞。

温峤只身一人，独在密谋反叛的王敦属下为官，要破敌，首先须保存自己，他便用"假奉（承）""假恭（顺）""假谋（计）"等柔态，以博取王敦的信赖，并与赴丹阳尹之任，开辟了道路。其次，对钱凤则是一拉二打三离间，即先密交、后举荐，再"假（酒）失（态）"而辱之，以引私怨，这样，钱凤进谗言便有挟私报复之嫌，而失王敦之信任。而"间敌"，则免后顾之忧，赢得筹备破敌的宝贵时间。再次，上奏朝廷，下谋庾亮，密谋紧敌，使王敦叛起而不慌，讨逆而有备。温峤行欺骗之计，击溃政敌集团，而王成朝廷讨逆破贼之计划。

袁世凯以屈求伸

1901 年，洋务派首领李鸿章病危，临终时，他推荐袁世凯继位自己的直隶总督兼北洋大臣。1903 年，清政府成立练兵处，任命袁世凯为会办大臣，主持训练新军，将"北洋常备军"扩编为六镇，他便成了北洋军阀的最高首领。1907 年，他又调任为军机大臣、外务部尚书。这一切，引起清廷内部一些人的忌妒。1908 年，摄政王载沣罢了袁世凯的职，叫他回家养病，并派了武弁"随身保护"。袁世凯在政治上处于劣势，但他没有气馁，没有自暴自弃，而是乘机养精蓄锐，以图东山再起。

袁世凯很清楚，随身而来的武弁实际上是朝廷派来监视他的，绝不是什么"随身保护"。因此，他便特别款待武弁，平日里是大鱼大肉，遇有过年过节则另外多加赏赐，给了武弁不少好处。俗话说："吃了人家的东西嘴软，拿了人家的东西手软"。武弁向上报告袁世凯的行踪表现时，便少不了几句美言，说他是如何安于隐居生活，如何感激朝廷的大恩大德，以使朝廷放松警惕。但袁世凯觉得这样还不够，为了进一步掩饰自己，他还饮酒作诗，持杆钓鱼，闲云野鹤，以示韬晦。并刻有《圭塘唱和集》，分赠给北京的亲友，在更大的范围内故意隐蔽自己，转移朝廷视线。但实际上他却一刻也没离开政治。

袁世凯像

他和庆亲王奕劻、北洋军的各级将领以及英国公使朱尔典等人，始终保持着联系。徐世昌、杨度等人，则经常给他通报消息。他的大儿子袁克定是农工商部的参议员，及时了解北京情况并禀告家父。他家有电报房，他利用电报房跟各省的督抚通电往来。他的身边还有一批幕僚清客。当时，朝廷政局不稳，天下也不太平，这为袁世凯再度出山提供极好的时机。所以，袁世凯饮酒作诗，泛舟钓鱼，只是为了欺骗政敌，其政治用心则是以屈求伸。

1911 年，孙中山领导的辛亥革命在武昌爆发，袁世凯再也沉不住气了。在英美公使的敦使下，清政府又重新任命袁世凯为内阁总理大臣，兼湖广总督。从此，他施展反革命两面手法，既诱使革命派妥协议和，又挟制清帝退位，遂窃取中华民国大总统职位，在北京建立代表大地主、大买办阶级利益的北洋军阀政府。1915 年 12 月，正式宣布恢复帝制，改中华民国五年为洪宪元年，但因各省因此宣布独立，不得不于 1916 年 3 月 22 日宣布取消帝制。同年 6 月 6 日，在全国人民的一片讨伐声中忧惧而死。他虽然以屈求伸，争得了政治地位，但因他站

在反历史反人民的立场上，终被历史所淘汰，被人民所唾弃。

箕子用假痴不癫之计

假痴不癫的运用，最为典型的就是以装疯卖傻的假象来隐藏自己的才能，忍辱负重，以屈求伸，商朝时的箕子就是一例。

商纣王是商朝末代之君主，他暴虐成性，荒淫无度，日夜和他宠爱的纪子妲己以及贵族幸臣们酗酒玩乐，过着"酒池肉林"，"为长夜之饮"的腐朽生活。他经常出去打猎游玩，使耕地荒芜，民不聊生。晚年纣王更是变本加厉，重刑厚敛，淫虐无度，拒谏饰非，打击宗室重臣，残害忠良，以致国势危急，民心动乱。他的庶兄微子多次劝谏他，他根本听不进去。微子为了避免灾祸，就愤而出走。箕子是商纣王的叔父，他身为太师，见到这种情况，也是无能为力。商纣王的另一个叔父，少师比干，认为做了大臣，不能不冒死劝谏。于是他苦苦规劝纣王，一连谏了3天不离开，纣、王恼羞成怒，将他杀死，还把他的心剜出来看，说："比干自以为是圣人，我听说圣人的心脏有七窍，我倒要看看他的心是不是有七窍。"箕子十分恐惧，怕残暴的纣王对自己下毒手。于是就假装疯狂，披头散发，胡言乱语，一点儿太师的尊严也没有了，完全像个癫狂之人。纣王见他如此，就把他关在囚牢里。

周原是商朝的一个侯国，周文王在位时，就打算灭商，做了许多准备。周武王即位以后，招纳贤才，励精图治，使国家很快兴盛起来。这时，他见商纣王倒行逆施，使大臣和诸侯大都叛离了他，感到灭商的时机已经成熟，就与谋臣吕尚商议，很快率领3000勇士、45000甲兵，联合800诸侯，大举讨伐商纣王。

纣王发兵在牧野抵抗。但士兵们由于恨透了纣王，所以倒戈反攻。商纣王众叛亲离，见大势已去，逃回国都朝歌，登上鹿台，穿上宝衣，自焚而死。商朝灭亡，西周王朝建立。周武王这时从囚牢中放出了箕子。

箕子是中国古代第一个运用假痴不癫之计的政治家。他身为太师，但是却无法劝说纣王施行善政。面对纣王的残暴行为，他由恐惧到生计保全自己，是通过装疯来使自己幸免于难的。在纣王即位不久的时候，开始使用象牙筷子，箕子看见后，就说："用象牙的筷子，那么一定不会再用泥土的器具，而是要用犀玉之杯了。用象牙筷子和犀玉之杯，也一定不会吃什么粗茶淡饭，穿什么粗布短衣，而住在茅屋之下了。锦衣九重，高台广室，以此为标准，大肆追求，天下不足以供给。远方珍奇的贡品，车马宫室的制作营造，都没有止境。从此开始，我恐怕他要走上绝路了。"

果然不出箕子所预料，纣王很快就兴筑鹿台，建造琼室玉门，以狗马珍奇充斥其中，而百姓们不胜其苦，民心离散。

纣王还常常做长夜之饮，喝得昏天黑地，酩酊大醉，连年月日都忘得一干二净，不知当天是几月几日，就问左右的人，左右的人都回答说："不知道"。纣王就派人去问箕子。箕子想了一下，回答说："我喝醉了，也搞不清今天是什么

日子。"使者走后，他的弟子们问箕子："先生明明知道今天是什么日子，为什么说不知道呢?"箕子说："作为天下之主，而使一国失去了时间和日月的概念，天下已到了危急的时候了。但是一国的人都说不知道的事情，唯独我一个人说知道，那我岂不是危在旦夕了吗? 所以我假借酒醉，也推说不知道。"从这件事可见箕子提防纣王对自己起疑心，已是处处在明哲保身了。

作为一个政治家，箕子凭着自己的政治才能，很早就敏感地从小事看出了纣王必将走向灭亡的道路。但是没有回天之力，又见比干的赤胆忠心，换来的却是一个极其悲惨的下场。所以为了保全自己，想出了假痴不癫之奇计，经过巧妙伪装，以假象来迷惑纣王，目的就是实现死里逃生。纣王虽然把箕子囚禁起来，但是终于没有杀掉他。这就是他施展示假隐真之计的成功之处。

唐伯虎诈疯保全自己

明朝文学家、书画家唐寅，字伯虎。唐寅与祝允明、徐祯卿、文徵明齐名，称"吴中四才子"。关于他一生的风流韵事多有传说，但这位江南才子，不仅能书善画，最难得的是他能够在险恶的政治斗争中，运用计谋保全自己。

明太祖分封诸王时，第17子宁王封在大宁。当时太祖诸子之中，以燕王最为善谋，而以宁王最为善战。燕王靖难起兵之时，用计将宁王迁到北平，把大宁给了朵颜三卫；后来又迁宁王到江西。到了明孝宗弘治年间，朱宸濠嗣宁王位。武宗时，宁王见皇帝整日沉于游乐，不理朝政，就认为有机可乘，想要图谋不轨，他先通过向宦官刘瑾行贿，恢复了原来已被夺去的护卫职务。但是刘瑾倒台以后，职务又被取消。于是他又勾结皇帝身边的亲信钱宁，终于又恢复了护卫职务。当时术士李自然、李日芳等人胡说他有奇异的相貌，当为天子，又说南昌城东南有天子气。宁王本是个有野心的人，这就更使他的野心迅速膨胀起来。他特地在城东南建立了一座阳春书院，并且用重金到处招聘人才，打算发展自己的势力，为起兵夺取皇位做准备。

这时，宁王久闻唐伯虎的才名，特地派人带了重金去苏州礼聘他。唐寅以为这位宁王是爱才之人，是礼谦下士的贤王，所以就欣然前往了。到了南昌以后，宁王以别馆居之，待为上宾。但是唐寅在南昌住了半年以后，渐渐感到气氛不对。宁王经常强夺民间田宅子女，豢养一群强盗，在江湖上打家劫舍，当地地方官员无人敢管，任他胡作非为。唐寅眼见他的所作所为，都是不法之事，所以料定他日后必会阴谋反叛。于是他感到宁王府是个火坑，必须想办法脱身。但怎么能够脱身呢?

唐伯虎采用了一个锦囊妙计——佯装癫狂。从此，他饮食起居一反常态。宁王朱宸濠派人给他送东西，他假装发狂，借着酒醉，当面脱去衣服，赤身裸体，使人无法接近。并且无端哭闹，捡吃脏物。又装着色情狂的样子，见到妇女就追。宁王得知后，说："谁说唐寅是个贤才子? 他不过是个癫狂之人而已。"就把他撵出了王府。这样，唐寅平平安安地回他的老家苏州去了。

后来，明武宗正德十四年（公元 1519 年）六月，宁王果然发动叛乱。他以庆贺生日为名，设宴诱骗地方官员进府，随后将不从他反叛的官员全部杀掉，并亲率舟师前去攻打安庆。当时明朝巡抚都御史王守仁与吉安知府伍文定急忙派兵会剿。王守仁先将他的老巢南昌攻下，不久捉住了朱宸濠，平定了叛乱。

宁王事发后，那些他礼聘为上宾的所谓名士们，都被列为逆党，无一幸免。只有唐寅，因为早有察觉，及早地佯狂脱了身，所以没有受到株连。他在苏州桃花坞筑室而居，终老于故乡。

唐寅用计，平安脱身，保全了自己的性命名声，显示了他既有远见又有计谋。而愚蠢的宁王还真以为他只不过是个癫狂的书生。唐寅运用此计所想要达到的目的完全实现了。这正是他运用此计的妙处。唐寅是一位极为聪慧而有才能的人，他的一生，表面上狂放洒脱，放荡不羁，不受礼俗的羁绊，实际上政治上的不得志与怀才不遇的苦闷一直郁积在他的心底。年轻的时候，他和同乡不拘小节的书生张灵，纵酒放荡，不事科举。经祝允明劝说，考中了乡试第一，即解元。后因科场案牵连下狱，从此断送了一生的政治前程。在宁王重礼聘请下，他初以为自己怀才不遇、抱恨终生的日子可以结束，能够有机会施展自己的政治才华了。但他毕竟是个精明过人的人，在南昌目睹了宁王的所作所为以后，很快判断出宁王将有异志。而经历过科场案的他，决不愿再卷入一场叛乱之中。于是他只得以计脱身，保全自己。当他佯装疯狂之时，必定要做出常人所不能做出的举动来，这样才能使宁王府上下都相信他是真的疯癫，而不会对他起疑心。他知道如果当时他要辞职回乡的话，宁王决不会答应，而且弄不好反会使宁王对自己起了疑心，甚至会招来杀身之祸。所以他采用计谋，以计脱身，这在当时不仅完全达到了目的，而且在宁王叛乱被平息下去以后，也保全了自己不被株连。

海瑞过刚不获重用

就性质而言，刚柔即阴阳，刚为阳，柔为阴，为事物的两面，阳刚显于外，阴柔蕴于内，既相互对立又相互依存；彼此保持均衡是常态，一旦失去均衡，事物就会发生变化。

过柔即驯顺无骨，人则不立，曾国藩一生功名，"毁于津门"就是过柔。

过刚即挺然独立，事则不远，海瑞就是因为过刚，而一生坎坷，不获重用。

海瑞，字汝贤，琼州府琼山县人。嘉靖二十八年（1549），试中举人。次年进入京城，即向朝廷上《平黎策》，希望开道立县、以安定乡土。此策传诵一时，有见识的人读后大加称赞。

后来，授闽南平县教渝。有御史来到学校视察，主管学校的官吏都跪在地上谒见，独有海瑞挺立而行长揖礼。并说："参谒台臣应当注意礼节。这是学宫明伦堂，是师长教授学生的地方，不应当屈身下跪。"后来，升浙江严州府淳安县知县。他穿布袍，吃糙米，令家中老仆种菜自给。

总督胡宗宪的儿子路过淳安县时，因驿站供应不完备而发怒，并把驿吏倒悬

起来。海瑞说："过去胡公巡查部属，命令他所经过的地方不要摆设酒食和帐幕等物。今天来人行装富足，必定不是胡公儿子。"因而下令把胡公子袋子里面的黄金数千两全数纳入公库里，并将此事告诉了胡宗宪。但胡宗宪也无可奈何。

海南省海口市海瑞墓

鄢懋卿以都御史总理盐政，巡视部属经过淳安县时，供应菲薄，海瑞高声直言淳安小县，不能容纳车马。鄢懋卿很愤怒，然而素来听说海瑞的名声，只得收敛威风离去。

当时明世宗在位已久，不临朝听政，深居西苑，一心一意设道场祈祷神佛。朝廷大臣自杨最、杨爵抗疏直谏获罪后，没有人敢于议论当朝政事。唯独海瑞敢直言上疏，说："天下人皆认为陛下不称职。"

世宗收到海瑞的奏章后，压不住心头怒火，把奏折扔到地上，对左右侍臣说："赶快捉拿海瑞，别让他跑了。"宦官黄锦在旁边说："这个人素有无知狂乱的名声。听说他上疏时，自己知道冒犯皇上定当死罪，就买了一口棺材，诀别妻子，等待朝廷问罪，家中僮仆也都奔走离散而没有留下一个人，看来他是不准备逃走的。"皇帝因而将奏章留下，数月不做批示。

适逢世宗有疾病，烦闷不乐，召阁臣徐阶商议内禅帝位一事，对他说："海瑞所说的话，都是正确的。这个人可与殷纣王时的比干相比拟，但朕不是殷纣王罢了。朕如今病得久了，哪里能临朝听政。"又说："朕没有谨慎珍惜，才招致如此窘困境地。但朕若从西苑出去，返回大内，不就等于接受了此人的辱骂吗?"于是手批海瑞奏章"谩主毁君"，将海瑞逮捕入狱，并追究主使者。不久，移交刑部，拟定死罪。但刑部议罪奏章仍然留在世宗身旁，没做批示，户部司务何以尚估计皇帝没有处死海瑞的意思，便上疏请求释放海瑞。世宗大怒，诏令锦衣卫把他杖打百下，枷锁狱中，昼夜拷打审讯。过了两个月，世宗死去，穆宗即位，海瑞、何以尚一并获释。

世宗初死时，朝廷外百官大多数人不知道。刑部主事听到了消息，认为海瑞将来会被重用，就摆设酒食款待海瑞。海瑞怀疑要赴西市刑场，便恣意吃喝，无所顾忌。刑部主事贴近海瑞耳旁，密告说："嘉靖皇帝刚刚死去，先生如今就要出狱大用了。"海瑞闻听，大声痛哭，把刚吃的东西完全吐了出来，昏厥在地上，醒后终夜哭声不绝，后海瑞获释，恢复原来官职。不久，改任兵部武库司主事。翌年（1567）初，擢尚宝司司丞，调任大理寺右丞。

海瑞历官两京通政使司左、右通政。隆庆三年（1569）夏，升都察院右副都御史，总理粮储提督军务，兼巡抚应天十府，治所在苏州。所管属的官吏都畏惧他的威望，贪黩不廉洁的人大多自己弃官而去。有权势人家的大门本来漆成赤红色，现在听说海瑞来到，就改漆成黑色。监督织造的宦官，也减少了抬轿和侍从的人役。

海瑞令下如暴风那样疾速猛烈，所属官吏怀着恐惧心情遵照执行，豪强中有能力的人甚至逃窜到别的郡县躲避起来。而奸诈的人大多乘机揭发人家的隐私，世家大族大姓时常有被诬告蒙受冤屈的。海瑞又减省驿站传递公文、转运货物或官员过往休息等项的冗费。因而，居官任职的人出差到这里，都得不到安排，由此而怨恨海瑞的人颇多。

都给事中舒化，上疏论责海瑞迟滞而不明白政体，应该以南京清闲的官职安置他。不久，给事中戴凤翔也上疏弹劾海瑞庇护奸诈的人，欺凌有权势的官僚地主，猎取名誉而败坏政治，等等。于是，海瑞被改任督南京粮储，但不到半年就被免职。后海瑞到云南赴任，但适逢高拱被召用主掌吏部，而高拱平素怨恨海瑞，故将海瑞职务合并到南京户部，于是海瑞称病辞官，返归乡里。

万历初年（1573），张居正执掌国事，他也不喜欢海瑞，更令巡按御史去查访海瑞。御史来到琼山县深山里巡视，海瑞杀鸡为黍，与御史相对而食，御史见居室内冷落凄切，非常寒素，便叹息离去。张居正因畏惧海瑞严峻刚直，所以尽管朝廷内外诸臣上疏举荐，他始终不予召用。

神宗屡次想要召用海瑞到北京任职，只是因主执国事大臣暗中阻止未成，后海瑞被升为南京都察院右都御史。南京都察院诸官平素苟且怠惰，海瑞以身作则，清廉无私，因而得罪了诸官，他们纷纷上疏毁谤海瑞。海瑞也屡次上疏请求退休，但神宗慰勉留任，不允去职，万历十五年（1587），海瑞死于南京职守。

海瑞平生治学，以刚为主，因而自号刚峰，天下人称他为刚峰先生。

李隆基巧施计谋独揽朝政

唐朝的玄宗李隆基，人们知他是一个风流皇帝，与杨贵妃的爱情故事至今传唱通都大邑，穷乡僻壤，但却不知他也是一个谋略家。他上台之初巧施计谋，出卖亲信部将，安抚势众权大的姑母太平公主，后来又杀太平公主一伙，自己独揽朝政，成为唐王朝在位最长的一位君主，其中故事生动而有趣。

唐先天元年（公元712年）八月，唐睿宗李旦主动传位给太子李隆基，自称

太上皇，五天一次在太极殿处理政务，凡三品以上的大员的任免以及朝中大事，由睿宗处理，唐玄宗李隆基每日在武德殿理政。李隆基由懂事开始，亲眼见到过武则天势力专权李唐，韦武集团把持国政，历经宫中多次人事变乱，现在当了皇帝，按理应轻松愉快地吐出多年的晦气了，可是整日里仍然乌云挂脸。原来自己虽贵为天子，大权仍在父亲之手。尤其是姑母太平公主，一心要做第二个武则天，玄宗朝廷中的文武百官，也大多依附太平公主，七个宰相，除魏知古、郭元振、陆象先外，另外四人都是太平的党羽。姑母太平公主把李隆基作为自己专权的政敌，两人在朝廷明争暗斗，已延续了多年。所以说李隆基虽登台称帝，心情并不怎么愉快。

李隆基登台后，也密切注意网罗自己党羽人才，书生王据虽然家穷，因为才华出众，即被李隆基拔擢为太子中舍人，中书侍郎，两人经常在一起密谋诛灭太平公主之事。王据对他说："韦后因为毒死中宗，招致天下人心不服，才能一击而中，很容易除去。太平公主是则天皇后的女儿，凶狠狡猾，朝中大臣大多归顺她，对她应该孝顺仁慈，天子当以宗庙社稷为重，为了天下安定，应去小节留大义。"宰相刘幽求是玄宗李隆基的心腹，当年诛杀韦武集团，刘幽求立有大功。他见太平公主在朝势大，玄宗苦于应付，就私下里与右羽林将军张韦密谋，想把同居宰相之职的太平公主重要党羽窦怀贞、崔是，岑羲三人杀死。两人谋划妥当后，张韦秘密请示玄宗，李隆基点头称是，要两人赶紧布置。哪知张韦谋事不密，消息传泄出去。玄宗得知消息泄密，在东宫极为紧张，思考再三，还是认为自己不能稳操胜券，担心势大的太平公未会乘机反击，自己的皇位即将不保，于是抢先进殿，向睿宗主动揭发。就在玄宗告发时，果然太平公主得窦怀贞、崔是密报，进宫向睿宗控告，说侄子隆基无端加害，要睿宗处置。睿宗面对亲妹妹的诉苦，只得严词训斥自己的儿子，玄宗无法自解，就把一切责任推到刘幽求、张韦身上，并答应严加惩办。不日，崔是等人在太平公主的暗示下，让台谏上折数列刘幽求、张韦等人犯有大逆之罪，罪在处斩。玄宗不愿意在太平公主未除的情况下，先斩大将，赶忙到睿宗处说情，说刘幽求等人，立有诛韦武拥父皇登位大功，应当免死。睿宗准请，结果刘幽求由狱中放出，远流到封州（今广西梧州），张韦远流至峰州（治所在今越南河西省）。

李隆基要驱逐朝中太平公主的势力，舍得把亲信手下刘幽求、张韦作为替罪羊抛出，是心藏深谋的。景元四年，武则天的儿媳韦皇后胆大妄为，毒死中宗李显，立少帝李重茂，韦后自己临朝听政，上演了一场武则天的故事。韦氏宗族亲信把持李唐上下，甚至要谋害相王李旦。为了逐杀共同的政敌，李隆基考虑到韦氏势众，于是联合姑母太平公主，密结禁军，与刘幽求等人起兵突袭杀了韦后及其党羽。李旦上台，是为睿宗。李隆基因拥立大功，先是封王封相，领马骑禁军，后又册立为太子。睿宗初上台，听从李隆基的劝告，任用宋景、姚崇等人为相，整顿吏治，贬斥奸佞，一时政风变良。太平公主身为武则天之女，自小聪明过人，长得很像其母，又机敏沉着，善于权略；武则天当政时，即参与谋划。当初诛杀张易之兄弟，她立有大功，现在同侄子联手，再立灭韦新功，这两次关系

到李唐王朝兴亡治乱的重要大功，加上自己的亲哥哥睿宗为帝，自然她的权力欲和党羽势力在朝中也膨胀起来。她的3个儿子被封王，其他儿子起码也进入九卿之列。皇帝也对她非常偏爱器重，每次与她议论朝政，往往相坐逾时，时间很长。如果有几天太平公主不来朝殿，睿宗就叫宰相去她的府中询问。太平公主长期侍奉武则天身旁，善于猜测上意，所以每当与睿宗议事，她都能迎合帝意，凡是她推荐的人，都会被睿宗封给高官，甚至当宰相。很快地，太平公主在朝廷中网罗了大批党羽，势焰灼人。睿宗上台伊始，太平公主还不曾以李隆基为敌，欺其年少，想他不会有多少作为，她逐渐地感受到自己的这个侄子英武过人，在朝中又得到人望，刘幽求、宋璟、姚崇等不少人被其所用，已经势压自己，于是太平公主一改初衷，以李隆基为政敌，必欲除去而后快。先是她极力劝谏，反对睿宗立隆基为太子，布置密探，搜集李隆基活动的情报，又四处散布谣言，中伤李隆基。一时间，窦怀贞、萧至忠、崔湜、薛稷、常元楷，李慈等宰辅重臣，都被搜罗在她的羽翼之下。李隆基面对太平公主的咄咄逼人之势，也寻机反攻，例如，指使姚崇、宋璟等人出面奏告，使睿宗下令，把与太平公主关系亲密的宋王李成器、幽王李守礼等人外放到京郊去做刺史，把太平公主夫妇迁到蒲州（今山西永济）居住，且让睿宗答应由李隆基监国行政。太平公主遭到排挤后，联合李成器、李守礼和李隆基两个被解除典领禁军之权的弟弟，一齐向李隆基施加压力，逼着李隆基自剪羽翼，以离间姑侄、兄妹关系之罪，把宋璟、姚崇两相贬职到地方去做刺史。后来太平公主又利用睿宗让位一事，迫使李隆基主动提请，召太平公主回京居住。到了景元二年，太平公主的势力在朝中基本占了上风。

李隆基上台为帝，睿宗退至幕后，却仍以太上皇之位掌握朝政大权，就是太平公主从中做的手脚，所以李隆基上台之初，还不具备与太平公主硬拼的实力条件。为了暂时稳固皇位，争取时机，以达到最后铲除太平公主的势力的政治目标，玄宗需要暂时的妥协，这就是唐玄宗抛出刘幽求、张韦的主要缘故。

到了先天二年（公元713年），李隆基和太平公主之间的斗争更趋激烈，双方都磨刀霍霍。太平公主先是唆使宫女元氏乘机下毒，由于玄宗防范严密，事未逞。她又与典领羽林军的常元楷、李慈等频繁密谋，想在七月四日以羽林军冲入武德殿，迫玄宗退位，由窦怀贞等人领南牙兵作声援，发动政变。哪知太平公主的消息被左散骑常侍魏知古侦知，即刻报告了玄宗。玄宗集合兵部尚书郭元振、龙武将军王毛仲、殿中少监姜皎、太仆少卿李令问、内给事高力士、果毅李守德以及歧王、薛王等先发制人。七月三日，首先动手，领兵冲入座化门，杀死羽林军首领李慈、常元楷，又把萧至忠、窦怀贞等太平公主党羽斩首。太平公主闻变逃到南山的佛寺中躲藏起来，两天后抓捕下狱，被玄宗下令赐死，凡朝野内外太平党羽一举被杀者几十人。睿宗李旦见事已至此，下令今后朝政大权，一切由玄宗李隆基处理，自武则天称帝以来的唐初数十年宫廷政争，至此停息，李隆基取得了最后的胜利。那位被贬到封州的刘幽求，也被玄宗及时召回京都，封为左仆射，重新予以重用。

宋太宗柔以掩刚翦政敌

宋开宝九年（公元976年），宋太祖赵匡胤病逝，弟弟赵（匡）光义嗣位登基，即宋太宗，改年号太平兴国。

赵匡胤死后没有传位儿子，把皇位给弟弟继承，主要是总结了后周朝廷因幼主嗣位，被自己兄弟发动陈桥兵变，黄袍加身，一举而篡夺天下的教训，担心传幼子之后，被别人以自己使用的故伎，加害到大宋赵家的皇帝身上。早在建隆二年（公元961年），杜太后病危时，就把太祖匡胤和谋臣赵普叫到病榻前，当面问赵匡胤："知道因为什么原因你得到天下登上皇位的吗？"赵匡胤说是托祖宗及太后的余庆。杜太后说："错了，是因为后周柴氏以幼主主宰天下。若是后周有成年君主，你就不会有今天了。你与光义都是我的亲生儿子，你百年之后，应当传位给弟弟光义，然后光义传位给弟弟廷美，廷美死后再传位给你的儿子德昭。天下地广事多，能立成年君主，这是造福社稷的事情。"宋太祖事母忠孝，谨守母训，当即答应杜太后，并命令站在身边的赵普把太后遗训记下。赵普赶紧听命，记录完毕后，还署上"臣普记"字样，太祖亲手封藏在金匮密室中保存。当然现在看这事未必真实，很可能是赵光义和赵普杜撰的，因为此事不见正传，且又是在赵匡胤死后多年才传出来的，这样的大事好事何须保密，其间不能自圆其说之处甚多。不过我们如妄听之，也不去深究了。

宋太祖赵匡胤着眼赵宋王朝的安危，死后果然让位于弟弟。太祖皇后宋氏开始也想立自己的儿子，但被赵光义安插在身边的私党做了手脚，遣使召当时还是晋王的赵光义进宫人承大统，宋皇后对他说："我们母子的身家性命，全都托付给你了。"光义当面泣告，发誓说："一定共保富贵，请勿担心忧虑。"但是赵光义一登大位，所言所行就大不相同。兄长赵匡胤有四个儿子，两个已经夭折，剩下德昭、德芳，当时德昭25岁，已是成人，最有可能继位。所以赵光义首先把目标指向德昭。太平兴国四年（公元979年），赵光义带德昭出征幽州时，光义故意试探，令人散布谣传说皇帝不知下落，军中众人慌乱不已，果然就有人想立即拥戴德昭称帝。太宗发现德昭上台可能性很大，出征返师回京后，以此出征未取得大胜为由，迟迟不予论功行赏。赵德昭善意劝谏，促叔叔光义速决此事，赵光义见侄子劝言，故意用语刺激德昭："等到你做皇帝时，再行赏也不晚嘛"，嘲讽德昭擅自干政。赵德昭性格耿直，善意为国，反取折辱，回府后思绪不平，自刎而死。两年之后，他的22岁弟弟赵德芳也病死。这样来自兄长宋太祖一支威胁太宗后代继承皇位的危险彻底消除了，下一个目标就是赵光义的弟弟廷美了。

秦王廷美作为光义之弟，按太后遗训，当在赵光义死后上台继位。他看到了赵光义在长兄宋太祖时，扩大势力，为后来顺利上台，奠下扎实基础，于是也想仿效，除了秦王府内早就豢养了一批幕僚将官外，而且新近还同当朝宰相卢多逊搭上了钩。这卢多逊原来是赵光义晋王府重要的爪牙，中过进士，宋太祖时，官

至中书舍人，参知政事。太宗一上台，任命他为中书侍郎，平章事，做了当朝宰相，予以重用。卢多逊与秦王廷美相勾搭一事，很快有人上报给太宗光义，赵光义虽然十分恼怒，但虑及此事关系到皇位继承大事，事牵太后遗命中的未来皇帝和在朝宰相，而且朝廷群臣到底什么态度，自己还没有十分的把握，就想在朝中寻找卢多逊的政敌，促其内部互攻，这既可以无损自己，又可以坐收别人攻敌之利。于是宋太祖时期的宰相赵普被召入京都，想利用赵普与卢多逊的矛盾，达到驱除卢多逊、廷美的目的。

赵晋是宋朝的开国元勋，赵匡胤上台代周就得力于他的计谋，其后一直作为宋太祖重要的政治谋臣被重用。太祖乾德二年，迁升门下侍郎、宰相、集贤大学士，独居相位，处理大宋国政。可是因为敛财受贿，私运木材扩展府第，加上结姻亲枢密使李崇矩，被太祖冷淡。而就在此时，当时身为翰林院学士的卢多逊，每有召时，总是攻击赵普，导致开宝六年（公元973年），赵普被罢相，贬到河阳，做了一个三城节度使。赵普视卢多逊为不共戴天的宿敌，所以听到太宗召还入京消息，连日起程返都。

太宗对秦王廷美和卢多逊的暗中活动，一开始没有采取过激措施，担心两人受到刺激在朝中联手反击，所以当一些卢多逊同僚因不满卢的专权，上折密告卢和廷美时，他没有立即动手罢免卢多逊，只是对一些告密者奖励，如对密告卢多逊的左拾遗田锡，赏钱50万。他这样做的考虑有两个：一是暗中鼓励卢的政敌进一步告发，

宋太祖赵匡胤雪夜问赵普图

促使他们相互攻伐。二是赵光义认为这些人还不足以制服卢多逊、廷美，尚须更高一级的政敌出面，引发更加激烈的政争，才能做到在敌方凶残反目的时候，一网打尽，坐收渔利。所以他召还赵普后，复赵普相位，以牵制廷美和卢多逊。

赵普复相后卢多逊果然深感不安，而赵普位列开国勋旧，秦王廷美也自感难以凌驾，主动提出让出自己首辅地位，前推赵普。赵普再相，总结了前次被太祖罢相的教训，极力讨好太宗赵光义，他把自己当初与太祖受太后遗命的故事，详加叙述，还说自己要"备位枢机以察权变"。于是大力攻击政敌卢多逊，痛陈卢多逊以势欺压，结交私党，专权用事等情况。太宗看赵普上钩，随即命令赵普调查卢多逊与秦王廷美勾结一案。

赵普拿到赵光义给的尚方宝剑，不遗余力地明察暗访。廷美位居秦王，身为

皇族显贵，卢多逊位列宰相，执朝纲权柄，两人都是居一人之下，百官之上的高位人物，平日与朝臣将官交结往来很多，如有意查找此类关节过失，自然不是难事。赵普还把卢多逊廷审杂治，卢多逊在赵普势逼下，供认自己曾遣派心腹属官密告秦王廷美朝中机密，向秦王输诚投靠，还对秦王说过：等太宗死了，我将尽力侍奉秦王。秦王也以弓矢回赠自己，以增信任。赵普抓到了卢多逊的罪证，认为他勾结秦王，阴谋篡夺是大逆不轨的重罪，立即上报宋太宗。宋太宗当然顺水推舟，命削去卢多逊的官爵，与家属一道配流崖州（今广东海南岛南部）。秦王廷美在太平兴国七年，就被免开封府尹，出为西京留守，此次赵普特意向赵光义建议："太祖已经失误，陛下岂可再误。"鼓动赵光义传位于自己的儿子，不用说这自然会得到赵光义百分之百的赞成。

赵普更是不遗余力地怂恿太宗去铲除秦王，生怕哪天秦王上台，自己落个悲惨下场。所以当审查卢多逊案时，他极力把卢多逊案件往秦王身上引，借机株连，以免后患。卢多逊供认后，他立即授意开封府尹李符，以廷美与卢多逊交通，要求把秦王再度远贬。李符还诬告秦王在留守西京期间，不思悔改，埋怨皇上，"不利朝廷"。赵光义视秦王廷美为自己身边隐患，赵普等人如此卖力邀功，乐得他心花怒放，立即诏令降廷美为涪陵县公，安置房州（今湖北房县），不许外出。一年后，廷美整日忧悸，病死贬所。

赵廷美和卢多逊一去，赵光义顺意地传位给自己的子孙计划得以实现。杜太后的"兄终弟及"的遗训（如果有的话）被彻底抛在一边，而宋太宗赵光义一支的嫡长子继承制度取得了稳固的地位。从此以后，赵宋皇位都是在太宗后代手中，延续传继。

赵光义利用隔岸观火之计，在卢多逊、廷美相互勾结，势力逞强的时候，尽管朝中卢多逊的一些政敌，也攻击卢多逊，但不足以制胜。所以采取静观时变的态度，密切观察二人动向，以确定下一步策略，后来又调入开国元勋赵普，利用赵普和卢多逊之间水火不容的关系，暗中助其互相攻伐，挑起更大的火并，一举把卢多逊、秦王廷美赶下权坛，远贬荒芜之地。

赵普赶走了卢多逊，自以为出了一口怨气，未想到有赵宋第一谋臣之称的他，也有老来失手的时候。他的宰相之位还未坐热，赵光义就向朝臣宣布："赵普有功于社稷国家，与朕是昔年故旧，现在花甲已过，已是白发上头，牙齿松落，念及旧情，再也不忍让他辛苦劳累，应当择一善地，以尽享晚年。"赵普马上收拾行装，乖乖地到他的"善地"邓州，做一个节度使去了。

马皇后远避权势传美名

东汉光武帝严禁贵戚干政，其子明帝也规定："后宫之家，不得封侯与政（参与政事）"。尚书阎章的二妹为贵人，阎章通晓经典，早就应该循序升任重要官职，明帝就因他是后宫的亲属，竟不让他升迁。明帝的皇后马皇后的哥哥虎贲中郎将马廖，黄门郎马防、马光，在明帝统治时期，也没有升迁过任何职位。

马皇后从不利用自己的特殊地位，向皇帝提出什么个人的要求。

永平初，明帝下令图画光武帝中兴以来为国立有大功的 28 将于京师南宫云台，让人瞻仰。唯独不画出生入死、为光武统一天下立下汗马功劳的马援画像。他的弟弟东平王刘苍看到后，觉到太不公平了，就问明帝道："马援随先帝出生入死，立有大功，为什么偏偏不画上他的画像呢？"明帝无言可对，搪塞过去，马皇后知道后，装作若无其事，从不向明帝提起父亲画像的事。

明帝一死，朝中给外戚封侯的呼声高涨起来。那些善于投机钻营的人，认为巴结马皇后家族往上爬的时机已到，纷纷制造舆论，要求因袭朝廷旧制，给马家兄弟封侯。马皇后却不让自己的亲属恃仗皇上的亲戚关系，享受任何特权。她诏令京畿地区长官，凡马氏家族亲属有不法行为，交结郡县官长，干扰吏治的，一律绳之以法而奏闻。而皇帝每有封爵马家兄弟的决定，她都坚决反对。

建初元年（67 年），章帝想封马皇后的三个哥哥马廖、马防、马光为侯，马皇后坚决不答应。第二年的夏天，国家遭受了罕见的大旱灾。一些大臣见有机可乘，上奏章帝说，上天谴怒，赤县千里，是朝廷不封外戚的缘故，希望章帝按朝廷的常制加封马廖等为侯。

当章帝准备下令有关官吏具办此事时，马皇后听到了以后，她赶紧下诏说："说国家遭受大旱是朝廷不封外戚的缘故，这是别有用心的。人们是想讨得我的欢心，而求发财高升。成帝时候，王氏家族 5 人同日俱封为侯，据说那天黄雾弥漫，却没有下过什么雨。武帝时，田分、窦婴以外戚故宠贵，专横跋扈，到头来均得不到好的结果。所有这些，天下人都是知道的，因此先帝警惕，提防贵戚外家，不让他们担任国家重要的职务。给王子封爵，也仅仅只让他们有以前楚藩国、淮阳藩国一半的地盘。而且经常说，'我的孩子不应当与先帝诸子在待遇上平等并列'。现在，你们怎么能把马氏家族与前代阴氏家族来相比呢！我身为天下之母，之所以衣着俭朴，食不求甘美，令部属只穿帛布衣服，不用香薰饰物，就是想自己亲自做出榜样，希望外戚亲属们见了，感愧而改之。谁知他们只是笑着说我本来就喜欢节俭。前不久，我经过濯龙门，看到往外家拜访的人群，车如流水，马如游龙，熙熙攘攘，不可胜数。奴婢穿着绿色的臂衣，清一色雪白耀眼的衣领衣袖。回头看我的御者，远远不及。我当时不加斥责，只是回宫后下令减少他们每年的俸禄，就是期望他们有愧于心，能够扪心自问。但他们还是懈怠，没有忧国忘家的志向。知臣莫如君，何况我自己的亲属呢？再说，我又怎能上负先帝的意旨，下亏先人的德行，使国家招致前朝那样的败亡之祸！"

章帝看到马皇后的手书，悲伤感叹，又一次请求说："皇朝自建立以来，外戚舅舅以恩泽封侯，就像封皇子为诸侯王一样，是国之常例。您确实是心怀谦让，怎么令我唯独不加封舅舅呢？况且大舅已到高龄，二舅、三舅身体也都不好，如果有朝一日，天有不测风云，没有加封三位舅舅，会使我遗憾终身的！"

马皇后把章帝叫到自己面前，轻轻地拍着他的肩膀，让他挨着自己坐下，语重心长地说："我考虑再三，想两全其美。我怎能是想获谦让之名，而让你背上不肯以恩泽封爵外家的名声呢！以前窦太后打算封景帝王皇后之兄王信为侯，丞

相周勃说，高祖定下过法规，'无军功，非刘氏不侯'。现在马家兄弟无功于国，我又怎能与阴后、郭后等王室中兴之后相比呢？我阅读史书，看到富贵的家族，禄位重叠，好像一年之内结了两次果实的树木，其根必有伤害一样，一定会败亡。况且人们希望得到封爵，不过是想上奉祭祀，下求温饱而已。如今祭祀祖先的物品足够使用，衣食则国家供给了俸禄。难道还有什么不满足，一定要求封一县吗？我已考虑成熟了，这次不给他们封侯。你不要犹豫不决。最孝的行为是使长辈平安。现在国家遭受多次灾害，谷物上涨了好几倍，我日夜忧虑，坐卧不安。你怎么却能够避开国家大事不顾，先封外戚，违背慈母的心意！我一向性情刚急，胸中有气，是不可不顺的。如果天下阴阳调和，边境安宁了，你再来加封他们，我就不再过问了。"章帝没有办法，只好将加封舅舅之事搁浅。

建初四年（79年），国家谷物获得了大丰收，边境安宁。章帝于是不管马皇后同意不同意，封三位舅舅马廖、马防、马光为列侯。马廖兄弟知道马皇后的脾气，遵守她的教导，都坚决地推辞不受，愿封为空有爵号而居住京城、没有封邑的关内侯。

马皇后知道了此事，乘辇即刻赶往朝廷，叫过章帝和马氏兄弟，大怒说道："圣人因材施教，知道人的性情是不一样的。我青少年的时候，就仰慕古代名节卓立、千古流芳的人物，刻写他们的业绩于布帛，随时仰视，常以为自己的楷模。我立志向他们学习。为了这种志向的实现，我可以献出自己的一切甚至生命。现在人虽然老了，却更加警惕贪婪，不欲滥封我的亲属。因此，考虑降损他们的荣禄。居不求安，食不念饱。希望能坚持廉俭，不辜负先帝的心意，并用此来化导兄弟，一起实现远大的抱负。期望瞑目的时候，无愧于人生。哪里料到年老了，抱负却不能实现！百年之后，九泉之下我会遗恨终生的啊！"说完，她已声泪俱下。

马廖等没有办法，只好要求退职回家，不再过问政事。章帝无可奈何，也只有批准。

马皇后还亲自撰写《显宗（明帝）起居注》，在书中，她有意不记载外戚的功劳。哥哥黄门郎马防，在明帝卧病期间，曾参与医药之事，勤勤恳恳，日夜操劳侍候。但在《显宗起居注》中却略而不载。章帝请求说："黄门舅白天黑夜劳碌，侍候汤药一年之久，没有功劳也有苦劳，史书不载，恐怕是做得太过分了吧！"马皇后回答说："我不想让后世人知道先帝多次亲近后宫外戚。"她坚持不载，章帝也只好由她。

东汉初，光武帝为了大力矫正西汉末期和王莽时期士大夫阶层朝秦暮楚，苟苟求荣的士风之弊，大力崇尚气节，鼓励人们名垂青史，为刘姓政权效忠尽力。他一登基，就派人到处探访王莽时的隐逸之士。活着的，他大相征用，委以重任；死了的，予以表彰，族显其节。如南阳人卓茂，西汉末为京部丞，王莽居摄，他称疾归乡里，不肯为王莽政权服务。更始立，以卓茂为侍中祭酒，他跟随更始至长安后，看到更始政治昏乱，又以年老为由请求离职归还原籍。光武即位后，第一件事就是访求他，表彰其"束身自修，执节淳固，诚能为人所不能

为"，因之能"名冠天下"。又封他为褒德侯。明帝继承了光武帝的传统，特别强调"孝悌"之行。如永平八年（66年），他为外戚樊、郭、阴、马4姓子弟置《五经》师，下令期门兵、羽林军，人人都要通《孝经》章句。其鼓励人们效忠大汉王朝的目的是十分明显的。受这种政治空气的影响，马皇后对其祖先马何罗的谋反被杀，深恶痛绝，认为是奇耻大辱，玷污了马氏家族的门楣。她指令史官，把马何罗开除出马氏宗族。在史籍中，凡有记载"马何罗""马通"的地方，都一律改写为"莽何罗""莽通"。她对亲属中有谦让谨慎、广行仁义等美行的，就加以表彰；但有了一点点过错，就严颜厉色地加以训斥责备。如果有奢侈淫侠不遵守法规的，就与他断绝亲属关系，遣归乡里。

建初四年（79年）初，马皇后患病。六月，病情恶化。她不信巫祝小医，多次下令，禁止替她祷告和祭祀天地。她于病榻之上，对马廖、马防、马光兄弟再三告诫说："人的一生是短暂的。封侯显赫，富贵荣华就像过眼烟云一般易逝，是不值得追求的。我知道自己将不久于人世，唯一的希望是你们能在后世留下一个好的名声，可不要违背先帝的旨意，不要辜负你父的教导！"说罢泪如涌泉。三兄弟赶忙答应，马皇后不久与世长辞，享年40岁。

晁错不谙人情世故而亡身

汉文帝死后，太子启即位，是为汉景帝。这时，自刘邦以来分封的诸多藩王势力逐渐强大，有了很强的经济势力和独立性。对于汉朝中央政权来讲，渐成尾大不掉之势。晁错就是在这种情况下登上历史舞台的。

晁错虽然才识过人，却不谙人情世故，不知自谋后路，只知一味前行，终不免落入败亡的境地。晁错的性格在一定程度上决定了他悲剧性的结局，而这种性格又是因缺少社会磨炼，"坐直升飞机上来"做官而造成的。

晁错原是太子家人，景帝即位后，由于晁错的对策言论很合景帝的心意，就被由中大夫提升至内史。由于晁错是景帝的旧属，又格外受到信任，因此，晁错经常参与景帝的一些谋议活动，他的建议和意见也多被采纳，朝廷的法令制度，晁错大多数都动了一遍。这样一来，朝中大臣都知道景帝器重宠信晁错，没有人敢与他发生顶撞，这也就引起了一些人的嫉妒。

宰相申屠嘉觉得自己受到冷落，就心怀不怨，暗中寻找时机，想把晁错除去。晁错在这时也有点忘乎所以、胆大妄为起来。一次，晁错未经任何人批准，擅自将他的内史署舍开了一个角门，穿过了太上皇庙的短墙。原来，晁错的署舍坐落于太上皇庙的后边，如果从署舍去大街，就必须绕很长的圈子，如果能穿墙而过就方便得多了，这样，他就找人来开门拆墙。这件书让宰相申屠嘉知道，立刻令府吏草写奏章，说晁错未曾奏闻，擅自拆墙，实是蔑视太上皇，应以大不敬论罪，按律当诛。有人闻知这件事，忙给晁错通信，晁错一听，真是吓得魂飞魄散，深夜中即跑进皇宫，去见皇帝。景帝本允许他随时奏事，这时忽然寅夜来见，不知何事，连忙召见。等晁错说明白，景帝却说无妨，尽管照办。

第二天上朝，申屠嘉呈上奏章，满以为景帝会治晁错的罪，谁知景帝看后却淡淡地说："晁错另辟新门以求方便，仅是穿过太上皇庙外墙，与庙无损。且早已告朕，丞相不必多心。"申屠嘉下朝后妒怒交加，吐血而死。景帝就让御史大夫陶青做丞相，让晁错升为御史大夫。晁错不仅未得罪，反更受宠，也就不思其他，只顾报效皇上了，好像朝廷对他绝对信任似的。

一般人在顺境当中，容易变得不谨慎，晁错更是如此，他年轻气盛，接连升任真觉得世上没有做不到的事情。更想趁此机会做几件大事，一方面压服人心，一方面也是效忠皇上，于是，上书景帝，请求首先从吴国开刀削藩。其大意是说：当初高祖初定天下，诸兄弟年少，子侄也柔弱。所以才大封同姓诸王。齐国有七十余城，吴国有五十余城，楚国有四十余城，几乎把半个天下封给了他们。现在，吴王诈称病不朝，按照古法

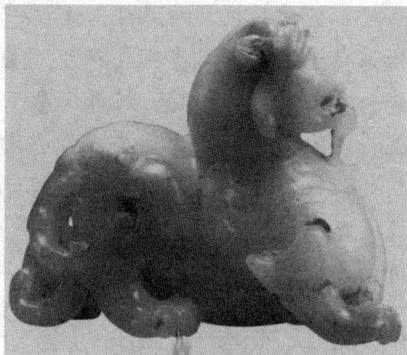

玉辟邪 西汉

应当诛杀，文帝不忍，特别赐予他几杖，这是最厚的仁德了。吴王本当改过自新，但反而更加骄横无礼。靠山冶铜锈钱，煮海水制盐，诱收天下逃亡的罪犯，阴谋叛乱。现在看来，削藩吴、楚等国要反，不削藩也要反。如果削藩，可促成他们早反，这样，其准备不充分，为祸就会小一些；如果不削藩，他们准备得充分了，虽反得迟一些，却是为祸甚大，不易平定。

景帝平时就有削藩的想法，这次晁错又提出来，他就把晁错的奏章交给大臣们讨论。大臣们慑于晁错的权势，没有什么人敢提出异议，只有詹事窦婴，极力阻止。窦婴虽无很高的职位，但因是窦太后的侄子，有着内援，才不惧晁错，敢于抗言直陈。因有窦婴的反对，削藩之事也只有暂且作罢。晁错不得削藩，便暗恨窦婴。

不久窦婴就被免职。原来，景帝的弟弟梁王刘武来朝觐见，窦太后又特别喜欢自己的小儿子梁王，所以，景帝也就曲承母意，格外优待自己的这个胞弟。母子三人同席而饮，景帝在酒酣耳热之际，竟说自己千秋万岁之后当传位给弟弟梁王。窦太后听了很高兴。梁王虽口称不敢，心里也着实得意。这话偏让一边侍候的窦婴听见了，他跑上前来。直呼"不可"，并强迫景帝罚喝一杯酒，收回成言，结果弄得刘武、窦太后很不高兴。第二天，窦婴免官，窦太后也将他除去门籍，不准觐见。

晁错见窦婴免职，就又复提前议，准备削藩，正在议而未决之时，逢楚王刘戊入朝，晁错趁机说他性好色，薄太后丧时亦不加节制，仍然纵淫，依律当处死，请景帝明正典刑。刘戊确是不尊礼法，不敬长贤，荒淫无度，楚国的几位贤士如穆生、申公、白生等人相继离去。就是因为在薄太后丧事期间，他仍是偎红依翠，不思哀戚。太傅韦孟等人讽谏不成，都相引而去。现在被晁错抓到实处，不能不认。只是景帝宽厚，未忍加刑，只是把他的东海郡收归皇帝，仍让他回到

楚国。

楚国既削，晁错便搜罗赵王过失，把赵国的常山郡削了去，然后又查出胶西王私自卖官鬻爵，削去了六县。晁错见诸侯没有什么抵制性的反应，觉得削藩可行，就准备向硬骨头吴国下手。

吴王刘濞听说楚、赵、胶西王均被削夺封地，恐怕自己也要遭削，便要起兵造反。当初刘邦封刘濞时，就曾告诫他勿反。刘濞是刘邦哥哥的儿子，刘邦曾带他证讨过陈稀，刘濞孔武有力，骁勇善战，军功卓著。平定陈稀后，刘邦就封刘濞为吴王，封赏之时，刘濞伏身下拜，刘邦忽然发现刘濞眼冒庚气，背长反骨，就料定他必反，直言相告说："看你的样子，将来恐反。"惊得刘濞汗流浃背。刘邦又抚其背说："汉后50年东南有乱，莫非就应在你身上吗？为汉朝大业计，还是不要反！"现在，刘濞果真派使者联络胶西王、楚王、赵王及胶东、淄川、济南六国一起造反。

吴、楚七国起兵不久，吴王刘濞发现公开反叛毕竟不得人心，就提出了一个具有欺骗性和煽动性的口号，叫作"诛晁错、清君侧"。意思是说皇帝本无过错，只是用错了大臣，七国起兵也并非叛乱，不过是为了清除皇帝身边的奸佞大臣。

景帝一听到叛乱的警报，立即召集群臣商议，晁错平乱心切，居然不合时宜地提出要景帝御驾亲征。景帝问道："我若亲自出征，谁来留守都城呢？"晁错说："臣当留守都中。陛下应出兵荥阳，堵住叛兵，徐潼一带，不妨弃去，令他们自生骄气，自减锐气，然后一鼓可平。"景帝听后，未加理睬，忽然想起文帝临死前告诉他的一句话："天下有变，可用周亚夫为大将。"便命周亚夫为太尉，领兵出征，周亚夫并无推辞，领命而去。不久又接到齐王求援的告急文书，景帝想起窦婴忠诚可嘉，便派人持节前去征召。窦婴还记着前嫌，不肯受命，经景密一再督责，才拜命而出。

窦婴正要发兵，忽有故友袁盎来访。袁盎曾是吴国故相，到了晁错为御史大夫，创议削藩，袁盎才辞去吴相之职，回国都复命。晁错说袁盎私受吴王财物，谋连串通，应当坐罪，后来景帝下诏免除了他的官职，贬为庶人，袁盎故此时晁错怀恨在心。他见到窦婴说："七国叛乱，由吴发起，吴国图谋不轨，却是由晁错激成的。只要皇上肯听我的话，我自有平乱之策。"窦婴原与晁错不睦，虽是同朝事君，却互不与语，听了袁盎的话以后，窦婴满口答应代为奏闻。

袁盎当时身为庶人，不能晋见皇帝，只有通过窦婴这条门路，才能奉特诏见到皇帝。景帝一听袁盎有平叛妙策，正如雪中送炭，立即召见了他。当时，晁错也正在场，向皇帝汇报调拨粮饷的事，袁盎本想陷害晁措，在这种情况下，袁盎的言谈举止亦可奉为经典：景帝见袁盎问："吴、楚七国造反，您有什么好办法平定叛乱呢？"

袁盎并不显出庄重的样子，而是随口答道："陛下尽管放心，不必挂怀。"

景帝有点着急，他不想听这种空洞的理论，想听具体办法。又问道："吴王倚山铸钱，煮海为盐，招诱天下豪杰，若非计出万全，怎肯轻易发兵，怎能说不

必忧虑呢?"

　　袁盎抓住景帝的心理, 并不谈及实质性问题, 而是进一步促发他的好奇心。袁盎说:"吴国只有铜盐, 并无豪杰, 不过是一群无赖子弟, 亡命之徒, 乌合之众, 如此一哄为乱, 实不必忧。"

　　景帝真的着急了, 说道:"你来难道就是跟我说这些无用的话吗?"

　　袁盎这才说:"臣有一计, 可使平叛。只是不得外人与闻。"

　　景帝这才真正打起精神来, 连忙屏退了周围的人, 但晁错还在。

　　袁盎十分清楚, 如果当着晁错的面说出自己的计划, 晁错必定会为自己辩解, 景帝肯定下不了决心, 到那时, 不仅杀不了晁错, 自己肯定还会被晁错所杀, 所以, 他才一步步地把景帝的情绪调动起来。现在只剩下最后一人, 他说:"我的计策是除了皇上以外任何人不能听到的!"

　　说完这话, 袁盎的心都吊了起来, 如果景帝认为晁错不必趋避, 又逼着自己说出计策, 那自己就是死路一条了。好在沉吟了片刻之后, 皇上终于对晁错说:"你先避一避罢!"

　　袁盎知道这是千载难逢的机会, 立即对景帝说:"陛下知道七国叛乱打出的是什么旗号吗? 是'诛晁错, 清君侧'。七国书信往来, 无非说高祖子弟, 裂土而王, 互为依辅, 设想到出个晁错, 离间骨肉, 挑拨是非。他们联兵西来, 无非是为了诛除奸臣, 复得封土。陛下如能诛杀晁错, 并能赦免七国, 赐还故土, 他们必定罢兵而去, 是与不是, 全凭陛下一人做主。"说毕, 瞪目而视, 再不言语。

　　景帝毕竟年幼识浅, 不能明辨是非。他听了袁盎这番话, 想起了晁错建议御驾亲征的事, 越发觉得晁错用心不良, 即使未与七国串通一气, 也仍另有他图。当即对袁盎说:"如果可以罢兵, 我何惜一人而不能谢天下!"

　　袁盎听后, 十分高兴, 但他毕竟是老手, 为了避免景帝日后算账, 他先把话栽实, 让景帝无法推诿责任。袁盎郑重地对景帝说:"事关重大, 望陛下三思而后行!"

　　景帝不再理他, 只是把他封为太常, 让他秘密治装, 赴吴议和。

　　等袁盎退出, 晁错才出来, 他也过于大意, 明知袁盎诡计多端, 避着自己, 所出之计应与自己有关。但晁错过于相信景帝, 见他不说, 也就置之不问, 只是继续陈述军事而已。

　　晁错还以为景帝并未听从袁盎的计策, 岂知景帝已密嘱丞相陶青、廷尉张欧等人劾奏晁错, 准备把他腰斩。

　　一天夜里, 晁错忽听呼呼的敲门声, 急忙看时, 原是中尉奉诏前来, 传御史晁错立刻入朝;晁错惊问何事, 中尉只称不知。晁错急忙穿上朝服, 坐上中尉的马车。行进途中, 晁错忽觉并非上朝, 拨开车帘往外一看, 所经之处均是闹市。正在疑惑, 车子已停下, 中尉喝令晁错下车听旨。晁错下车一看, 正是处决犯人的东市, 才知大事不好。中尉读旨未完, 只读到处以腰斩之刑处, 晁错已被斩成两段, 身上仍然穿着朝服呢!

　　景帝又命将晁错的罪状宣告中处, 把他的母妻子侄等一并拿到长安, 惟晁错

之父于半月前服毒而死，不能拿来。景帝命已死者勿问，余者处斩。晁错一族竟被全部诛戮。

晁错族诛，袁盎又赴吴议和，景帝以为万无一失，七国该退兵了，但等了许久，并无消息。一日，周亚夫军中校尉邓公从前线来见景帝，景帝忙问："你从前线来，可知晁错已死，吴、楚愿意罢兵吗？"邓公直言不讳地说道："吴王蓄谋造反，已有几十年了，今天借故发兵，其实不过是托名诛错，本是欲得天下，哪里有为一臣子而发兵叛乱的道理呢？您现在杀了晁错，恐天下的有识之士都缄口而不敢言了。晁错欲削诸侯，乃是为了强本弱末，为大汉世事之计，今计划方行，就遭族诛，臣以为实不可取。"

景帝听罢，低头默然。

袁盎来到吴国议和，吴王当然不许，反把他囚禁起来，好在他宁死不降，总算有点气节。后来经人相救，逃回长安。诛杀晁错一事虽由袁盎提议，却是景帝一手定办，又兼袁盎拒不降吴，不便加罪，景帝只好让他照常供职。

晁错不仅是替罪的羔羊，还是用来祈祷平息叛乱的祭品，他死得确实冤枉，完全是一场政治、军事与权谋斗争的牺牲品。在封建官场的惨无人性的争斗中，充斥着奸诈、残忍、嫉妒、仇恨和愚昧；一味正直前行的人往往会在这台恶魔般的机器里被碾得粉碎。

晁错的悲剧也是由他的性格所致，只知忠诚，却不知忠须有道；只知为国家着想却不知自谋生路。锋芒太露，不知迂徐婉转；触人太多，不知多结善缘。如果不改其性，即便当时不死，也决不会长期立足于汉廷，因为只靠一个人一时的信任实在是很不牢靠的！

当然这绝不是说人应当圆滑诡谲，毫无棱角，而是从把事情做好这一角度出发的。拿削藩为例，如果渐行其道，分割削减，而不是骤然削封，逼迫各诸侯团结一致对付皇帝，恐怕不至于激成一场祸国殃民的叛乱。

石勒用计灭王浚

西晋白痴皇帝惠帝上台后，凶悍的皇后贾南风专权用事，引发了西晋政权固有的种种矛盾，一场长达16年的"八王之乱"，使两晋政权仅剩的一点生气，消耗殆尽，王室的内乱，朝政的腐败，益发使天下人心怨愤不已。匈奴刘渊乘势起兵，建立了汉国（传至刘曜时史称前赵），羯族人石勒也聚众起兵反晋，投拜刘渊，封为辅汉将军、平晋王、安东大将军，所领军队成为刘渊政权中的一支骨干势力。他利用独领军权的机会，企图谋就自己的大业。在长期作战之中，他先后灭除了自己的政治对手王弥等人。

永嘉之乱之后，并州刺史刘琨和幽州刺史王浚，成为中原一带有强大军事力量的割据势力，石勒有心统一北方，于是采用谋臣张宾建议，舍弃晋北中郎将刘演据守的邺城，进占襄国（今河北邢台西南），以此为立业基地，把消除不利于自己建业的王浚、刘琨作为主要目标。

石勒占据襄国不久，广积储粮，积极修备，引起王浚的敌视。永嘉六年（公元 311 年），王浚勾结鲜卑首领段疾陆眷，围攻石勒，石勒闭门示弱，暗中出奇兵突袭，一举俘获鲜卑军首领之一段末丕，然后放俘示好，使王浚联合鲜卑攻击自己的企图落空。

石勒与鲜卑结好之后，开始图谋消灭王浚、刘琨，第一步先计划把首鼠两端的王浚诛除，于是问计谋臣张宾，张宾说："王浚表面上称制南面，做晋朝的大臣，实际上怀有僭逆之志，企图废晋自立，可是担心四海英雄不能相从，他想得到您，就如项羽想得韩信，将军威震天下，举足轻重，如果用谦恭之辞、丰厚之礼折节逢迎，必能使其上当。"石勒采纳了张宾的建议。建兴元年（公元 313 年）十二月，石勒派舍人王之春、董肇携厚礼到浚处拜见，表示臣服。所呈上表中写道："石勒本是小小胡人，因世局饥乱，四处流离屯守，流窜冀州，不过想互相聚集保存性命罢了。现在晋室天祚沦亡，中原无主，殿下出身尊贵的名门望族，四海尊崇，能做天下帝王的人，非您莫属。石勒所以起兵诛讨凶暴，正是为了殿下驱除乱贼强寇而已，希望殿下应天顺人，早早登位。石勒愿奉戴殿下如天地父母，请殿下体察我的心愿，把我当作儿子一样看待。"

王浚此时正为鲜卑、乌桓离叛自己，手下属官百姓不苟残暴纷纷逃离而苦恼，见到石勒劝进表，虽然心中欣喜，但开始还有怀疑，对王之春说："石公是一时的英武豪杰，占据赵、魏旧地，与我成鼎峙之势，怎么向我称藩呢？"王之春赶紧巧言相劝："殿下出身尊贵，势达于胡人、华人地区，自古以来胡人中有辅佐君主的名臣，却没有出帝王。右将军因顾虑帝王自有天道气数，非智力才能所能取得，即使强取，也未必为天人所承认，犹如项羽虽强，但天下终归汉朝。石将军相比殿下，犹如月亮之于太阳，所以鉴于前朝史事，归身殿下，这是石将军的远见卓识远远超过别人的地方，请殿下不要相疑。"王浚听后心中大喜，封王之春、董肇为侯，予以重金酬谢。

石勒为消除王浚的疑虑，还重金贿赂王浚的左右枣嵩等人。王浚的邵属游统，当时镇守范阳，此时暗地里派遣使者到襄国，想依附石勒，石勒令杀死使者送给王浚，王浚遂真心相信石勒忠诚依附自己。

建兴二年（公元 314 年）正月，王浚遣使者偕王之春到襄国，石勒令藏起精兵锐器，留下老弱残兵接待来者。使者出示王浚的信，石勒虔诚向北作拜后才敢接受。王浚送来的尘尾，石勒假装不敢手拿，悬之墙壁之上，朝夕叩拜，以示尊敬。他对使者说："我没见到王公，见赐物如见公也。"又令董肇遣表王浚，约定三月中旬亲至幽州尊奉王浚为帝。又给王浚的心腹枣嵩去信，请求担任并州牧、广平公。王浚的使者返蓟地回报王浚："石勒目前情形兵弱势寡，输诚之心无二。"王浚非常高兴，更加骄纵懈怠，对石勒不再戒备。

石勒从返回襄国的王之春处详细询问幽州的政情，得知王浚刑政苛酷。赋税劳役频繁扰民，忠贤人士相继远离，夷狄胡人离心谋外，去年洪水灾后，幽州百姓无粮可食，王浚不思赈赡，反而囤积居奇。所属已是人心失散，皆知其将亡。而王浚自己却若无其事，毫不察觉，甚而把自己看作比刘邦、曹操还要高明。于

是，石勒决意攻伐王浚。

石勒虽然下令军队作攻伐王浚的准备，但对同为晋室将领的刘琨非常顾虑，担心刘琨乘自己袭幽州时，进攻襄国。为此迟迟不发进攻命令。谋臣张宾为之献计，认为应该出奇制胜，不能拖延时间。还说"刘琨、王浚虽同列晋朝大臣，实际矛盾重重，如果我们遣使去信，送人质请求停战，刘琨只会为我们的顺服和王浚的灭亡而高兴，肯定不会援救王浚而背后袭击我们。"石勒听张宾说完，不由心喜，说："我所未想到的事，张右侯都已决断，我还有什么可以犹豫迟疑的呢？"

石勒一边遣人送信刘琨，表示自己忠心晋室。刘琨见信，果然被欺骗迷惑，按兵不动；那边石勒亲率轻骑，举火把连夜行军，奔袭幽州，很快到达蓟城城下。大军过昌水的时候，王浚的部属孙伟本想阻拦，却被有心依附石勒的游统阻拦。王浚一心等待石勒来蓟城尊奉自己称帝，令部属宰杀牛羊，布置宴会；三月初三日，石勒喝开城门，令前锋赶放数千头牛羊进城，声称是向王浚献礼，实际是堵塞街巷，防避城中伏军。王浚至此时才感到情况有异，开始坐立不安，刚想布置防御，可惜为时已晚，石勒领兵入其住地，王当众被缚。石勒命部下押其到襄国，中途王浚投水自杀未成，结果被士兵拉到襄国，斩其首级向汉主刘聪报捷。擒住王浚的时候，石勒指着王的鼻子痛骂："你身为晋朝大臣，手握重兵，位居其他朝臣之上，却坐视朝廷倾覆，不去援救，还想自尊为天子，又专任奸诈小人，虐待百姓，残害忠良，祸害遍及燕土，真是凶恶叛逆，自取灭亡。"

王浚被杀，刘琨才知上了石勒圈套，不得不上表晋室说："东北八州，石勒灭了七个，晋朝的州牧，只剩下我一个。现今石勒占据襄国，与我一山之隔；朝发夕至，各城堡为之震骇惊恐，我虽然心怀忠心和仇恨，却力不从心呀！"建兴四年，石勒率大军与刘琨决战，大败其部将韩据、箕澹，韩据弃钻城而走，箕澹轻骑逃脱代郡，晋司空长史李弘率并州向石勒投降，刘混进退失据，不知所措，投奔段匹单，后来被段所杀。石勒在河北的两个劲敌均被其用计各个击破，大兴二年（公元319年），石勒称赵王。咸和二年（公元329年），石勒灭前赵，兼并了关陇地区，建都襄国，称帝登极。

石勒是西晋十六国时期杰出政治家，是由奴隶逐渐晋升，直至做了后赵的皇帝，统一了曾经分崩离析、割据不停地黄河流域，他的成功不仅在于自己的军事征战，还得益于他成功的谋略，石勒灭西晋割据权臣王浚、刘琨，即是一个成功的例子。要除王浚、刘琨，同时攻击两个目标将会导致两人联手谋己，所以他采取各个击破的战术，先取王浚。王浚有野心，想自立为王，谋叛晋室，石勒就投其所好，上表称臣劝进，要尊其为天子，且想方设法消除王浚的疑虑，示弱兵于王的使臣，把游统派来的使者杀死送给王浚，明示自己的无二之心。以上措施终于使王浚完全放松了对他的戒心，石勒通过公开的以尊奉王浚为帝名义出兵，使王浚感到师出有名，乃常道也，不知常道之中，正隐藏了杀机。甚至石勒大军入城时，王浚还斥责要求防范石勒进攻的部下，说："石公来是拥戴我的，妄说者斩首。"伪饰和好，上表称

臣，使王浚懈怠戒备；遣使刘琨，呈信效忠晋室，造成刘琨麻痹，双管齐下，为成功偷袭王浚创造了好的条件，轻骑千里突袭，到达城下时，又以数千牛羊为诱饵，既可免王浚之疑，又防城中伏兵，可谓主意绝伦。王浚出府，来到中庭即被捆束手绑，也说明了石勒动手迅速敏捷，王浚被杀，刘琨孤立无援，正如他自己所说的，石勒大兵的到来，不过朝夕之间，其命运已定下，生死存亡只是时间问题，并州一失，最后刘琨逃到段匹单处，已是他人手中之物，自然不能成任何气候了。

王曾用心除丁谓

丁谓是北宋真宗时一个有名的权臣，真宗时官升三司使，加枢密直学士，累官同中书门下平章事、昭文馆大学士，封晋国公。他多才多艺，通晓诗、画、博弈、音律，正因为有才，被重才的宰相寇准推荐为参政知事，做自己的副手。丁谓又是一个善于趋炎附势的奸诈小人，真宗初年，权臣王钦若得势时，他专投王钦若所好，惟王是从。王钦若失势免宰相职后，他采取欺骗手段，骗取了寇准的信任。真宗大中祥符年间，他劝诱君臣封禅祀神，从事虚诞邪僻之行。丁谓迎合君意，对当时朝臣皆不多言的建宫之义，极力怂恿。他对真宗说："陛下富有天下，建一宫崇奉上帝，有何不可！"宋真宗随即命他总管建宫之事，结果丁谓大肆铺张，不惜扰民害命，所建的玉清昭应宫，精美绝伦，工程中间稍有不合意处，即推倒重造，有关理财部门，丝毫不敢阻拦。为了建宫，他又令在南方大肆伐木，百姓服役者死亡无数，许多死亡者被诬指为畏罪逃亡，家中妻儿也被网织入狱。当时的朝官张咏为此上疏朝廷，要求杀丁谓以谢天下，说："陛下不该修造宫观，竭天下之财，伤天下之命，这都是贼臣丁谓诳惑皇上，请斩丁谓之头悬于国门，以谢天下；再斩张咏之头悬丁氏之门，以谢丁谓。"张咏以死相谏，反对劳民伤财修建宫观，却由于真宗的意愿，加之宰相寇准为其所骗，丁谓得以安然无恙。

真宗大中祥符八年（公元1015年）冬，丁谓与曹利用同时出任枢密使，掌军机大权。曹利用与寇准有宿怨，早仇恨在心。丁谓本来由寇准所荐，得以进宫，但不久前因寇准当着群臣的面，对逢迎自己的丁谓表现的奴颜之相予以公开嘲讽，由此丁谓衔恨，与曹利用联手，共同对付正直的寇准。天禧四年（公元1020年）宋真宗患病不能理政，皇后刘氏开始干预朝政。寇准曾铁面无私惩治了刘皇后的不法亲戚，刘皇后心中亦是恼怒万分，此时自己执掌权柄，自然要乘机报复，这样，在朝中形成了刘皇后、曹利用，丁谓和翰林学士钱惟演为核心的反寇准集团势力。宰相寇准见刘、曹、丁、钱势焰熏天，而宋真宗卧病在床，于是进宫私下建议真宗，要求他以社稷为重，传位给众望所归的皇太子，并选择真正干练的大臣辅佐朝政，并说："丁谓、钱惟演乃奸邪小人，万万不可辅佐少主。"真宗当时病重，心有传位于太子

之意，对寇准的建议顿首同意，并要他布置准备。可惜因寇准豪饮酒宴，醉后走漏风声，事被丁谓得知，反而串通刘皇后，至真宗前诬告，说寇准是挟太子夺权，欲架空皇上。真宗被惑昏愦，忘了自己对寇准的嘱托，随即免寇准职。这年七月，把丁谓升为宰相职，丁谓上台，即排挤寇准，月内三黜，把他远贬道州司马。

丁谓执宰相权柄后，宫内恃靠刘皇后，一时间势夺朝廷内外。朝中另一宰相李迪，与寇准相契，丁谓就勾结刘皇后无中生有，裁诬李迪结党营私，把他贬到衡州，当时有人对丁谓说："李迪如果死在衡州贬地，丁公如何受得了世人的舆论。"丁谓却大言不惭地笑道："不过他日好事书生记载此事时，写上一句'天下惜之'罢了。"果然，丁谓在传达皇后的懿旨时，有意让传令的太监在马前头悬带穗宝剑。示上意行将诛戮之意，诱使李迪自裁，李迪幸亏儿子及左右相劝，才免枉死。寇准在李迪被贬的同时，又被贬至雷州，做一个司户参军。太监受丁谓指使，传令时同样装扮成杀气腾腾样子，寇准坚持要看圣旨，揭穿了传令太监的画皮，被迫告以实情，使丁谓伪饰杀人的阴谋未能得逞。

寇准、李迪等清正大臣相继被丁谓排挤后，丁谓成了北宋朝廷一手遮天的人物，他恃势恣横，为所欲为，一时朝臣为之侧目。当时京城流传民谣"欲得天下宁，当拔眼中钉；欲得天下好，莫如召寇老"。讽刺丁谓当道弄权，向往正直之臣寇准返都执政。

乾兴元年（公元 1022 年）二月，真宗病逝，仁宗赵帧即位。

此时王曾拜为宰相，他对丁谓的揽政专权极为不满，一直想方设法除去丁谓，但丁谓处事机敏，清楚自己坏事做尽，朝臣心中不服，所以极力限制朝臣与皇帝接近，担心有人乘机参劾自己。当时朝中不少直臣，也想谋除丁谓，苦于丁谓不准朝官单独留在皇上身侧奏事的限制，只能无可奈何地远离丁谓，难以有所动作。王曾见状，心生一计，凡朝中政事，只要丁谓所说，一切顺从，从来不予顶撞反对。这样一来，丁谓逐渐放松对王曾的警惕。一天，王曾对丁谓说："我自己没有生子，想把兄弟的儿子过继来作为继承人，此事想请皇上恩准，可是担心大人误会，所以不敢单独留下奏明此事。"丁谓见王曾所说并非什么大事，而王曾一向顺从自己，便对王曾说："你尽管留下无妨。"说完自己先动身离朝。

王曾于是有了一个独见皇帝的机会，他赶忙独见仁宗，呈上一份奏疏，尽列丁谓多年以来的奸事。有丁谓伙同内侍雷见恭擅自改动先帝陵墓计划等。仁宗见疏，甚为吃惊，几天后，下诏宣布丁谓获罪，免去所属宰相之职。丁谓那天让王曾单独留下，自己走出没有多远，就十分后悔。免职诏旨一下，心中甚恼自己大意失荆州。不久，他又被查出勾结女道士刘德妙欺君罔上，语涉妖邪。结果数罪并罚，被仁宗贬到崖州，也做了一个司户参军。他于贬所途中经过雷州寇准贬地，寇准把欲杀丁谓的家仆关在府内，不准外出，又派人特意送蒸羊一只，借此暗示自己坦白胸襟，丁谓见状，赶紧离道

逃到崖州，直到英宗明道年间，才离开贬地。

从以上事实我们可以看出，丁谓靠迎奉起家，以后攻倒寇准，慢慢爬上了真宗的宰相职位，成为真宗末期、仁宗初年的独揽专权的权臣，面对这样一个强大政治对手，如何与之对抗，且要把他去除，确是一件难事。王曾用心良苦，刻意筹划。作为同任宰相之职的大臣，从长计议，甚至做出忠直之士不齿的行动，先是事事顺从丁谓，以公开的假象迷惑住他。当下定决心参劾丁谓时，又明白告诉他是为自己过继儿子一事须奏明皇帝，害怕丁大人误会，特此提出请求，如此温顺的语言，终于一时欺骗了本来谋事机敏的丁谓，为参劾丁谓找到了机会，借此掩护，终于能单独面奏仁宗，把丁谓的丑行如实汇报于上。这时的丁谓，已是俎上之肉，要后悔已是来不及了，那大宋皇帝当然难容威胁自己统治地位的权臣当道，数罪并罚，丁谓也只好做一个小小崖州司户参军。

鲍叔牙不计小节荐管仲

在司马迁所写的《史记·管晏列传》中，记载了鲍叔牙不计小节推荐管仲的故事，值得从政者一读。

鲍叔牙是春秋时的齐国大夫，又称鲍叔。齐桓公为公子时，鲍叔牙为其傅。鲍叔牙年轻时曾与管仲交往，并为好友。他知道管仲具有很高的治国之道。于是，齐桓公即位后，鲍叔牙积极向桓公推荐管仲。

《史记·管晏列传》中记载说：

管仲夷吾者，颍上人也。少时常与鲍叔牙游，鲍叔知其贤。管仲贫困，常欺鲍叔，鲍叔终善遇之，不以为言……

管仲曰："吾始困时，常与鲍叔贾，分财利多自与，鲍叔不以我为贪，知我贫也。吾尝为鲍叔谋事而更穷困，鲍叔不以为我愚，知时有利不利也。吾尝三仕三见逐于君，鲍叔不以我为不肖，知我不遭时也。吾尝三战三走，鲍叔不以我为怯，知我有老母也。公子纠败，召忽死之，吾幽囚受辱，鲍叔不以我为无耻，知我不羞小节而耻功名不显于天下也。生我者父母，知我者鲍子也。鲍叔既进管仲，以身下之。天下不多管仲之贤而多鲍叔能知人也。"

上述这段话的意思就是说，管仲字夷吾，颍上人。年轻时曾与鲍叔牙交往，因此，鲍叔牙非常了解管仲，并知道管仲有奇才。尽管管仲家里很穷，常欺骗鲍叔，但是鲍叔始终待他很好，从不说管仲的坏话。

管仲担任齐国的宰相后，曾经发自肺腑地说道："我在穷困时，曾经与鲍叔牙一起做生意，分取盈利时，自己总是拿得多一些，但是，鲍叔知道我家里非常贫困，所以不认为我贪心。我曾为鲍叔办过几件事，不但没有办成，反而弄得很糟，但是鲍叔不认为我愚蠢，他能体谅到办事情难免有顺利和不顺利的时候。我曾经三次做官，三次被罢免，鲍叔不认为我无有才干，

知道客观条件对我不利。我曾三次作战，三次逃跑，鲍叔不认为我胆怯，知我家中还有老母。公子纠失败，召忽自杀，我被囚禁，鲍叔并不认为我不知羞耻，知道我并不以这些小事为耻，而是耻于自己的聪明才智不能发挥出来罢了。生我的是父母，而能了解我的却是鲍子啊。"

鲍叔推荐管仲后，就退到了第二线。因此，天下的人，不称赞管仲的贤能却称赞鲍叔能够识人荐贤。

管仲是春秋前期最著名的大政治家，为辅佐齐桓公治理齐国，使齐国称霸于诸侯，做出了卓越的贡献，被齐桓公尊为"仲父"。但是，管仲也有自己的短处。他与鲍叔一起经商做买卖，经常多分盈利；为鲍叔办事，多次没有办成，并且越办越糟；三次做官，三次丢官；三次参加作战，三次逃跑。如果不加分析地看待这些"历史问题"，那么就会得出管仲既无德又无才的结论。像这样的人，不仅不能担任宰相之职，就连做芝麻小官的资格也没有。然而鲍叔却不这样，没有就事论事，没有陷于片面性，而是具体问题具体分析。他首先认识到管仲是一个经邦治国不可多得的人才。他对管仲的"三次逃跑"不认为是贪生怕死，而是因为家中有老母

管仲像

的缘故；办事不成不是没有才能，而是受客观条件所限；多分财利则是家中贫困所致。因此，这些"短处"都不能掩盖管仲的贤德与才华。后来，管仲为齐国的强盛所做出的卓越贡献，证明了鲍叔的认识和荐举是十分正确的。鲍叔牙与管仲早已成为历史人物，但是鲍叔牙在对待人才问题上的所作所为，不能不给当今当政者以深刻的启示和教育。

齐景公拜穰苴为帅退敌兵

《史记·司马穰苴列传》中记载：

齐景公时，晋国联合燕国出兵攻打齐国。晋国袭击齐国东阿、甄城，燕国侵入河上，齐军失利，节节败退，形势十分危急。齐景公召集群臣商讨应付之策。晏婴献策说："臣保举一人，名叫田穰苴，他虽然是田氏的小老婆所生，出身微贱，但他文能服众，武能震敌，希望大王不要计较他的出身，能够大胆地起用他。"

齐景公马上派人请来穰苴，与他谈论用兵之事，穰苴侃侃而谈，应答如流，提出了很多退敌之法，景公听了非常高兴。认为穰苴虽然出身微贱，却

是一个难得的帅才，于是便任命他为将军，让他统领大军保卫齐国，抵挡燕晋之军。

田穰苴受命之后便对齐景公说道："臣素卑贱，臣擢之闾伍之中，加之大夫之上，士卒未附，百姓不信，人微权轻，愿得君之宠臣，国之所尊，以监军，乃可。"就是说，我平素地位低下，大王把我从下层提拔为大将，位列大夫之上，恐怕士兵们不服，百姓不信任，人微权轻，请大王派一位你最亲信、最尊敬的、地位最显贵的近臣为监军，才能发兵。齐景公答应了穰苴的请求，于是便派庄贾去当监军。

庄贾当时任齐国司马，为齐景公的宠臣。任为监军后，穰苴与他商定第二天中午在军门相会。第二天，穰苴立下木杆以观日影，设滴漏以计时刻，等待庄贾。平时，庄贾自恃为齐景公的宠臣而非常骄横，认为到自己的军队中去任监军，不必着急；有的亲朋和部下又为他备酒设宴送行。时间到了中午，庄贾还未来到军营，穰苴就放倒测日影的木杆，倒掉计时用的漏壶中的水，进入军中，召集军队，再次讲明纪律。到了傍晚，庄贾才到。穰苴问道："为什么这时才到？"庄贾抱歉说："我的亲戚和一些官员为我送行，所以耽误了时间。"穰苴说道："将受命之日则忘其家，临军约束则忘其亲，援枹鼓之急则忘其身。今敌国深侵，邦内骚动，士卒暴露于境，君寝不安席，食不甘味，百姓之命皆悬于君，何谓相送乎！"就是说，作为一个将领，接受命令就应当忘掉家庭，统率军队就应忘掉亲人，临阵对敌就应忘掉自身。现在敌人侵入我国的领土，人心浮动不安，士卒暴露在边境上，国君为此忧虑，吃不下饭，睡不好觉，老百姓性命难保，国家危在旦夕，你还有什么心思饮酒作乐？说完后便叫军正来问道："军法规定，不按时到达者怎样处理？"军正回答说："应当斩首。"庄贾见状非常害怕，立即派人飞马去向齐景公报告，请求解救。报信的人还没有回来，穰苴便已将庄贾斩首晓示三军，三军将士无不受到震动。

过了一段时间，齐景公派遣使者持着赦免庄贾的命令，骑马跑入军营，穰苴说道："大将在军中，可以不接受君令。"回头问军正道："对在军中跑马，军法上应该给予什么处置？"军正回答说："应当斩首。"使者非常害怕，穰苴说道："国君的使者不能杀。"于是斩其仆及车左的骖马，毁掉车左的木杠，以晓示三军，派使者回报，然后发兵抵抗燕、晋侵略军。燕、晋两国听说齐国以穰苴为帅，士气高涨，便撤兵而去。齐军追击，于是收回被侵占的土地，胜利归来。

齐景公在危急关头，召集大臣共谋，要选拔一名退敌之将。晏婴根据任务要求，推荐了"文能服众，武能震敌"的田穰苴。但是田穰苴出身微贱，在当时是一个很大的"短处"。然而，景公敢于打破门第之见，大胆起用穰苴，并委以重任。穰苴在接受齐景公的任命后，敢于执法如山。当齐景公骄纵的宠臣庄贾违犯军法时，毫不徇情，将其绳之以法，从而鼓舞了士气，振奋了军威。结果，不仅打退了燕、晋侵略军，而且还收回了失地，为齐国立下了汗马功劳。

冯谖不拘礼节三弹三得

《战国策》记载,齐国有个孟尝君,姓田名文,其父田婴,是齐宣王的异母兄弟。孟尝君袭封于薛,称薛公,是"春秋四君"之一。他轻薄钱财,礼贤下士,招揽天下贤者,门下食客达3000之多。不论贵贱,待遇都和他自己一样。当时,有一个人叫冯谖,家里非常贫穷,他听说孟尝君喜欢招揽宾客,就托人介绍,投奔孟尝君门下做宾客。孟尝君把他留下,并把他安排在传舍。左右管事的人因为孟尝君不重视冯谖,便把粗劣的食物给他吃。过了不久,冯谖靠在厅堂的柱子上一边弹着佩剑,一边唱了起来,"长剑啊,咱们回去吧,没有鱼吃啊!"管事的人把这件事报告孟尝君,孟尝君说:"把他转到幸舍,按照一般门客的待遇给他饭菜。"这样,使冯谖每天都能吃到了鱼。过了不久,冯谖又唱起来,"长剑啊,咱们回去吧,这里出门没有车子坐啊!"孟尝君听到后又把他转到了代舍,使他出门就有车子坐了。于是,冯谖坐上他的车子,举起他的剑去拜访他的朋友,说:"孟尝君把我当成客了!"后来,过了一段时间,冯谖又弹着他的剑唱道:"长剑啊,咱们回去吧,没有东西养活家里的人啊!"其他人都非常讨厌冯谖,认为他一点也不知道满足。孟尝君听到后,不但没有讨厌他,而且非常关切他,并问管事的人:"冯先生有亲人吗?"管事的人回答说:"冯先生家里还有一个年迈的母亲。"于是,孟尝君派人给冯谖母亲送去粮食,并保证他家不缺少日常用品。从此,冯谖不再唱了。有一次,孟尝君询问他的宾客说:"哪个人能够为我到薛地去收债?"冯谖便踊跃报名,愿去薛地收债。孟尝君对其他人说:"冯谖果然有才能啊,我真是亏待了他。"于是把他请来相见,并向冯谖道歉说:"我被政事缠绕得疲惫不堪,被忧虑折磨得心烦意乱,而且生性懦弱愚笨,完全淹没在国家大事之中,得罪了先生,先生不以为耻辱,还有意去替我收债,真是十分感激。"冯谖表示一定办好这件事,于是准备车子、整理行装,装好借债的契约就要出发。辞行的时候,冯谖问孟尝君:"催促完了债务,回来的时候买点什么东西?"孟尝君说:"买点我们家里没有的东西吧!"冯谖到了薛地后,派出官吏召集那些应当还债的百姓都来核对完毕后,便假传孟尝君的命令,把借款赐给百姓,并烧了他们的借约。百姓齐声欢呼万岁。

冯谖很快回到了齐国,大清早就去求见孟尝君。孟尝君非常奇怪他为什么回来得这么快。便立即穿好衣服出来接见冯谖,并询问说:"薛地的债款都收齐了吗?"冯谖回答说:"收齐了。""你买了什么东西回来啦?"冯谖说:"你宫中堆满了金玉宝物,狗、马装满了狗马栏,美丽的女子每个房间都有,但就是缺少仁义,为此,我为你买了仁义,宣扬了你的美名。"孟尝君问:"仁义怎么个买法?"冯谖回答说:"如今你只有一块小小的薛地,却不能抚育爱护那里的百姓,反而用商贾的手段向百姓索取利息,这是不得民心的。因此,我私自假传你的命令,把借款赐给那里的百姓了,并烧掉了他们的借款契约,百姓齐声欢呼万岁,

这就是给你买的仁义啊!"孟尝君听后很不高兴。

过了一年,齐湣王对孟尝君说:"我不敢拿先王的臣子作为自己的臣子。"孟尝君只好回到封邑薛城去住。走到离薛城还有一百多里的地方,百姓扶老携幼,在大路两旁迎接孟尝君,整整有一天时间。孟尝君回头对冯谖说:"先生替我田文买的仁义,竟在今天看到了。"通过这件事,孟尝君看到了冯谖的卓越的政治远见和才能,从此便非常器重和信任他。

过了一段时间,冯谖对孟尝君说道:"聪明的兔子有三个洞穴,便能够避免死亡。如今你只有一个洞穴,因此,不能高枕无忧,请让我替你再凿两个洞穴吧!"孟尝君给了他50辆车,500斤金子,向西方去游说梁国。冯谖对梁惠王说道:"齐王放逐他的大臣孟尝君到诸侯中,先迎接他的,就使自己的国家富足,军队强大。"于是,梁惠王空出最高的官位,把原来的丞相调做上将军,派遣使者带着黄金千斤,赶着车马百辆去薛城聘请孟尝君。冯谖抢先回薛嘱告孟尝君说:"黄金千斤是一份厚重的聘礼啊,马车百辆是一位显贵的使臣啊。齐王大概听到这个消息了。"梁国的使臣往返了三趟,孟尝君坚决推辞不肯到梁国去。

齐湣王同他的大臣们听到这个消息都惊慌害怕起来,便派太傅携带黄金千斤,华丽的车子两辆,佩带的宝剑一把,还写了一封道歉的信一并让太傅带到了薛地。齐湣王在信中说:"都是我不好,遭受祖宗降给的灾祸,偏信阿谀逢迎的奸臣,得罪了你。我是不值得你辅佐了,只希望你念在先王宗庙的份上,暂且回到国都来统率广大的百姓吧!"冯谖嘱告孟尝君说:"希望您能向齐王请求分一部分先王的祭器,在薛建立宗庙。"宗庙建成后,冯谖向孟尝君说:"三个洞穴已经凿好,现在你可以高枕无忧了!"

孟尝君担任齐国丞相几十年,没有遇到一点灾难,这都是冯谖精心谋划的结果。

非常贫穷的冯谖去做孟尝君的门客,他不拘礼节三次弹铗,但却三弹三得。如果不是孟尝君既有倾心待客的雅量,又能及时发现和掌握每个门客的长处和短处,并能在使用中扬长避短,因材使用,发挥每个门客的作用。那么,冯谖的三弹三求,就会很有可能被认为是过分的奢求,不知羞耻,难以得到满足。正因为如此,尽管冯谖三弹三求,既能得到满足不被耻笑,还能充分发挥他的才能,最后以自己卓越的聪明才智为孟尝君服务。这一点,确实值得我们借鉴和深思。

烛之武能言善辩退秦军

在《左传·鲁僖公三十年》中记载了郑文公在国家危亡的危急时刻,充分发挥烛之武能言善辩的特殊才能退秦军的史实。书中记载说:

> 九月甲午,晋候、秦伯围郑,以其无礼于晋,且贰于楚也。晋军函陵,秦军氾南。
>
> 佚之狐言于郑伯曰:"国危矣!若使烛之武见秦军,师必退。"公

从之。辞曰："臣之壮也，犹不如人；今老矣，无能为也已。"公曰："吾不能早用子；今急而求子，是寡人之过也。然郑亡，子亦有不利焉！"许之。

夜缒而出。见秦伯，曰："秦、晋围郑，郑既知亡矣。若亡郑而有益于君，敢以烦执事。越国以鄙远，吾知其难也。焉用亡郑以陪邻？邻之厚，君之薄也。若舍郑以为东道主，行李之往来，共其乏困，君亦无所害。且君尝为晋君赐矣，许君焦、瑕，朝济而夕设版焉，君之所知也！夫晋，何厌之有？既东封郑，又欲肆其西封。若不阙秦，将焉取之？阙秦以利晋，唯君图之！"

秦伯悦，与郑人盟。使杞子、蓬孙、杨孙，戍之，乃还。

这段话的意思就是说，鲁僖公三十年（前630）九月甲午这一天，晋文公（春秋时晋国国君，名重耳，前636～前628年在位）秦穆公（春秋时秦国国君，姓嬴名任好，德公第三子。前659～前621年在位）以郑国曾经对晋文公失礼，而且又对晋国有二心，却同楚国亲近为由联合攻打郑国。晋国派兵驻扎在函陵，秦国派兵驻扎在汜水的南岸。

在这危急时刻，郑国一位大夫佚之狐对郑文公（春秋时郑国国君，前672～前628在位，名踕，又称郑伯）说："现在郑国面临即将灭亡的危险。如果能派烛之武去会见秦君，秦晋两国的军队就会撤离。"郑文公按照佚之狐的意见召见了烛之武。烛之武却推辞说："我在壮年的时候，都还不如别人，现在已经老了，不能够再做什么事了。"郑文公说："我不能早些起用你，现在有了急事才来有求于你，是我的过错。但是，如果郑国一旦灭亡，对你也有不利啊！"烛之武只好答应了郑文公的请求。

深夜，烛之武悬城而下去见秦穆公，并对他说："秦、晋两个大国围攻郑国，郑国已经知道自己行将灭亡了，如果郑国灭亡了而对秦国有利的话，那么，我就麻烦你把郑国灭掉吧。越过一个国家（指晋国）去夺取那边远的地方，你也知道这是很困难的。你为什么想灭亡郑国去增强你邻国（指晋国）的实力呢？邻国的力量雄厚了，你的实力就薄弱了。如果放弃灭亡郑国，使其成为你过路时的东道主，秦国的外交人员往来于郑国，郑国就可以供给你们缺少的资粮，这对秦国是毫无坏处的。况且，你（指秦穆公）曾经给晋君（晋惠公）有过恩惠，晋国也答应把晋国的焦、瑕两个地方割给你们以作酬谢，但是，晋君早晨渡过黄河回国，晚上就在焦、瑕两地布设城防拒绝割地。对此，秦君你是清楚的。晋国的贪欲哪能满足呢？晋国既然要灭亡郑国，用来作为它东边的疆界，又要想扩大它西边的疆界，如果不损伤你秦国，它又从哪里取得土地呢？结果必然削弱秦国而有利于晋国，希望国君你仔细考虑这件事吧！"秦穆公听后，感到烛之武说得很有道理，非常高兴，便与郑国结盟友好。还派了杞子、蓬孙、杨孙三位秦国大夫帮助郑国防守，秦国的军队便从汜水的南岸撤退了。

郑国在秦、晋重兵压境、面临国破家亡的危急时刻，竟然用一人在一夜

郑国举行祭祀的坑　春秋

之间，不费一刀一箭，不伤一兵一卒，使国家转危为安，这不能不说是郑文公能够扬长避短起用人才，充分发挥烛之武能言善辩的特殊才能所带来的好处。

　　烛之武年龄较大，是他的短处，但是，能言善辩则是他的长处。郑文公则正是发挥了他的长处，而拯救了自己的国家。人各有所长，也各有所短，在用人问题上，只有用其所长，避其所短，适才适用，才能尽其所能。不同的人才有各自不同的特点和长处，因此对人才的使用和安排，要强调扬长避短，注意把工作需要和个人才能两者有机地结合起来。这样，才有利于发挥个人的一技之长，为社会作出更大的贡献。

卫侯起用苟变为将军

　　战国时期，各个诸侯国互相争雄称霸，征战不息。卫国是战国时期的一个小国，它西近魏国，北边赵国，东临齐国。因为比较弱小，所以经常受到周围大国的侵扰和攻击。

　　为了不受大国的欺侮，文武大臣纷纷举荐人才，以期使国家振兴强大起来。有一天，子思对卫侯说："苟变是一个能攻善战的人才，他可以统率五百乘大军。"在战国时期，兵车一乘有甲士三人，步卒七十二人，五百乘计有兵力 37500 人。这在当时，是一支人数不少的队伍了。特别是像卫国这样的小国，这些军队几乎就是全国所有的军队。子思向卫侯推荐苟变，希望他能够重用人才，加强保卫国家的力量。

对于苟变这个人，卫侯也有所了解，他对子思说："我早就知道苟变有统率军队的才能，是一个不可多得的将军。可是你不知道，他曾在做官的时候，从老百姓那里搜刮了两个鸡蛋吃了，所以我不起用他。"

子思听了卫侯的话，感到十分可笑。于是他委婉地对卫侯说："夫圣人之官人，犹匠之用木也，取其所长，弃其所短；故杞梓连抱而有数尺之朽，良工不弃。今君处战国之世，选爪牙之士，而以二卵弃干城之将，此不可使闻于临国也。"就是说，古往今来的贤明君主，他们选用人才就好像木匠使用木材一样，取其所长，弃其所短。几抱粗的杞木和梓材，是相当好的木料，中间可能有几尺已经腐坏，但是高明的木匠并不把整个木材扔掉，而是用其所长，弃其所短。选用人才也是这样。现在正是战国之世，诸侯之间互相征伐，非常需要有才干的人。各国都在招贤纳士，然而，你竟因两个鸡蛋的问题把一个能率千军万马，能征善战的将军丢弃不用，这样的事情绝对不可让邻国知道啊！"

卫侯听了子思一席话，立即恍然大悟笑着对子思说："我明白了，愿意接受你的指教！"遂起用苟变为将军。

汉武帝善用人才之长

霍去病（前140～前117），西汉时河东平阳（今山西临汾西南）人。他的父亲霍仲孺、母亲卫少儿都是平阳公主（汉武帝的胞姐）家里的奴仆。建元二年（前139）三月，平阳公主设宴款待胞弟汉武帝。当时，霍去病的姨母卫子夫也是平阳公主家的奴仆。但是由于卫子夫长得十分漂亮，又能歌善舞，汉武帝刘彻看中了她，这个偶然的机遇，使卫子夫的弟弟卫青，连同她的外甥霍去病也随其来到长安，从而摆脱了奴仆的命运。

汉王朝经过文帝（刘恒）、景帝（刘启）的努力，变得十分富强，出现了历史上有名的"文景之治"（前179～前141）。汉武帝刘彻（前156～前87）是一个非常有作为的君主，他即位后，决心改变高祖刘邦和文帝、景帝时对于匈奴采取的"和亲"政策，多次对于匈奴的入侵进行反击。元朔六年（前123），汉武帝命卫青再次出击匈奴。这时，霍去病年已十八岁，他自幼习武，武艺高强，胆略过人，雄心勃勃，因此，多次要求随军出征。尽管霍去病出身卑贱，汉武帝并未因此而嫌弃，特意吩咐卫青挑出八百骑兵由他率领，并任命他为骠骑校尉。在战斗中，霍去病不负厚望，凭着自己的勇敢机智，乘夜偷袭敌营，斩杀了匈奴单于的叔祖籍若侯产，活捉了相国和单于的叔父罗姑比，匈奴大败、望风而逃。汉武帝为了表彰他的功劳，擢封他为冠军侯。

元狩二年（前121），汉武帝任命霍去病为骠骑将军，配合卫青为夺回"河西走廊"再次出击匈奴，霍去病率军1万余人越过焉支山（今甘肃永昌西）一千余里，歼灭敌军8900余人，缴获了匈奴休屠王用于祭天的金人，迫使匈奴浑邪王带领4万余人马投降汉朝。这次战役基本解除了匈奴对汉朝的威胁，汉政府

在河西走廊设立了酒泉、武威、张掖、敦煌四郡。

元狩四年（前119），霍去病再次奉命攻打匈奴。他率兵五万余人，超过离侯山，穿过弓闾河，一直打到翰海（今西伯利亚贝加尔湖），凯旋而归。这次战斗，歼灭敌人七万余人，俘获王、将军、相国、都尉等凡八十三人，使匈奴左贤王遭到惨败。霍去病为了悼念为国捐躯的将士，在狼居胥山（约在今蒙古克什克腾旗西北圣阿巴嘎旗一带）举行封山仪式，祭告天地，然后班师回朝。

汉王朝反击匈奴的战争是正义的事业，它制止了匈奴贵族的野蛮掠夺，维护了边郡的生产和人民生命财产的安全，巩固了汉王朝的统治地位。在反击匈奴的战争中，霍去病立下了汗马功劳，因此，汉武帝不仅加封他的食邑5800户，升迁他为大司马，还特意为他修建了一所十分豪华的住宅。但是，霍去病雄心未已，希望为国家再次效命疆场，彻底摧垮匈奴的势力。他对汉武帝表示自己的雄心壮志以后，坚决地说："匈奴未灭，无以家为。"就是说，当今匈奴未有彻底消灭，我不能够就为自己的家庭私事做打算。这种以公去私的精神，表现了霍去病报国豪情的高尚品质，也是霍去病光辉一生的写照。

元狩六年（前117），年仅二十四岁的霍去病不幸逝世，汉武帝悲痛欲绝。特意在自己的坟墓茂陵（今陕西兴平市境）的旁边，为他修建了一座规模壮观的坟墓。如今，茂陵及其附近的霍去病、卫青、霍光墓等已成为人们瞻仰和旅游的胜地。

汉武帝作为一个封建帝王，在用人问题上能够不讲门第，不论出身，而且善用人才之长，对于兴国安邦起了重要作用。这一点确实值得我们借鉴。

封德彝求全责备荐人

在《资治通鉴》卷一百九十二中记载了唐太宗让大臣封德彝举贤的事情。记载说：

上令封德彝举贤，久无所举。上诘之，对曰："非不尽心，但于今未有奇才耳！"上曰："君子用人如器，各取所长，古之致治者，岂借才于异代乎？正患己不能知，安可诬一世之人！"德彝惭而退。

上述这段话的意思就是说，唐太宗让大臣封德彝举荐贤才，过了很长时间一个也没有推荐出来。唐太宗责问封德彝什么原因，封德彝回答说："我不是不留心，只是当今没有奇才啊！"唐太宗便驳斥他说："用人应当用其才能，各取所长。古时候也有过太平盛世，难道那个时候的贤才是从别的朝代借来的吗？你自己不能知人，哪能妄说今世没有奇才呢？"封德彝感到非常惭愧。

唐太宗是中国历史上的一代明君。他不仅非常善于发现和识别人才，而且非常重视人才，能够扬长避短，合理使用。他始终把"择善任能"作为"立政之本"，所以才创建了历史上有名的"贞观之治"。唐太宗认为人才就在今世，并

且各行各业都有人才。只要随时留心就能从新人、疏人甚至敌人中得到许多文武奇才。他曾反复告诫他的文武群臣说："为政之要，唯在得人，用非其才，必难致治。""今所任用，必须以德行、学识为本。"并强调对于人才不可求全责备。任人"不可以求备，必舍其所短，取其所长"。这些理论至今仍有借鉴之处。

唐长安城

今天，组织人事工作者和各级领导干部选拔使用人才，更要坚持借鉴古人正确的用人思想，一方面要坚持德才兼备，任人唯贤，另一方面也不能求全责备，要避其所短，用其所长。你要的是教师，那就只能要求其具有专业知识和高超的传授能力，不必要求他兼有组织部长之才；你要的是组织部长，就不能苛求他要有文科教授的文才。

现实生活当中，一些领导干部同封德彝一样，为四化建设不是不举荐人才，就是举不出人才。其原因不是他们嫉贤妒能，就是他们缺乏识别人才的慧眼，并经常被"罗兰夫人的错觉"所制约。这是阻碍发现成千上万人才的一个重要因素。

忽必烈重用郭守敬

郭守敬（1231~1316），是我国古代一位杰出的科学家。顺德邢台（今属河北）人，字若思。他在幼年的时候，就接受祖父的教育和熏陶，学到了不少数学和水利知识。后来，他又从师于元世祖忽必烈的重要谋臣刘秉忠学习天文地理和数学。

中统三年（1262），当时对数学很有造诣的张文谦结识了郭守敬，他发现郭守敬是一个非常难得的人才，并评价郭守敬"熟悉水利，思想精巧，超过常

人"。于是就向元世祖忽必烈推荐郭守敬。一次，忽必烈召见郭守敬，郭守敬便向忽必烈讲述了关于水利建设的六项建议，其中包括建议修复中都（今北京）到通州（今北京市通州区）的运粮河道，并在邢台等地治理河流，开设灌渠，发展农田灌溉和水运产业。听了郭守敬的建议，忽必烈非常高兴，并决定予以采纳，诸项付诸实施。忽必烈对郭守敬为国为民干事业的精神非常敬佩，感慨地说："如果所有的大臣官吏都像郭守敬这样去做事情，百姓就不会吃糠咽菜了！"并且立即提拔郭守敬为提举诸路河渠，第二年又提升他为副河渠使。这时，郭守敬只有33岁。

至元元年（1264），郭守敬随同张文谦到西夏（今甘肃、宁夏、内蒙古一带）视察。在这一带，黄河两岸有不少古渠道，其中的唐来渠，长400多里，汉延渠长250多里，其他地方还有长200多里的10多条干渠和68条大小支渠。这些纵横交错的大小渠道可大约灌溉土地9万多顷，但是因为战争的破坏，已残废淤塞，沟断残缺，不能使用，整修这些古渠道，工程十分艰巨。郭守敬经过多方考察，提出了合理整修古渠道的方案，决心克服种种困难完成这一艰巨工程。工程整修过程中，郭守敬不辞劳苦，克服困难，充分发挥自己的业务专长，只用了近3个月的时间，便胜利竣工，受到元世祖忽必烈的赞赏。到了至元二年（1265），郭守敬又被提升为都水少监。后在至元八年（1271），郭守敬又被任命为都水监，担任主管水利的最高长官。

另外，郭守敬对于天文、历法等方面都有很深的研究，对此，元世祖也都让其发挥作用。忽必烈在统一江南后，为了巩固其统治地位，加强统一，发展农业，便想制定一个误差更小、更为准确的历法。于是，忽必烈下令设置历局，对原有的历法进行更为精确地修订，并任命张文谦为历局主要负责人，郭守敬也参加这一工作。在修订历法过程中，郭守敬发挥了卓越的才能，先后研制了大小20多种仪器，其中有观测太阳位置和日食的仪器，有测月影的圭表等。这些设计精巧的大小仪器，为新历的编制提供了不少精确的数据。

至元十六年（1279），历局改为太史院，忽必烈任命王恂为太史令。为了发挥郭守敬在天文、历法方面的业务特长，忽必烈又任命郭守敬为太史院的副职。至元十七年（1280），新历编制成功，定名为《授时历》。《授时历》把一年定为365.2425天，一个月定为29.530593日，达到了非常高的精确度，是我国古代成就最为显著的历法之一。就在这一年，太史令王恂病逝，忽必烈就任命郭守敬为太史令，成为太史院的最高官吏。

郭守敬是一个不可多得的专业奇才，而元世祖忽必烈又是一个善于识别和使用人才的一代明君。所以当忽必烈一旦发现郭守敬后，就能合理地使用他，使他的专长充分得到发挥。郭守敬也不负厚望，能够在自己的工作岗位上创造性地开展工作，为国家、为民族贡献自己的聪明才智和毕生的精力。

肃顺的人才观

肃顺（1816~1861），爱新觉罗氏，字豫亭，满洲镶兰旗人。清朝咸丰帝时，肃顺深得信任，以协办大学士名义管理工部、户部政务，历任内务府大臣、尚书等职。咸丰十年，随咸丰帝到热河。次年，咸丰帝病逝，被受命为辅政大臣。因为坚决反对东、西两太后垂帘听政而被杀害。

肃顺是一个很有才干的人。据史书记载，肃顺当时在朝廷内部确实是一个盛气凌人、骄恣不检、蛮横不可一世的飞扬跋扈之辈。但是，他却"才气开朗，勤于任事，论治则袭申韩法家之绪余，以严为尚。盖欲承帝意以求起积弊于衰靡之世也"。另外，他还具有一个当时一般昏庸官僚所不及的优点，就是礼贤下士，善于延揽人才。

当时，清朝选拔官吏，在上层统治者中存在着一种重满轻汉的狭隘的民族心理，对于汉族当中的一些贤能之上很少使用，致使许许多多的仁人志士不能得以报效祖国。而在清廷的上层统治者中，好多都是一些不学无术甚至昏庸无道的王公贵族及八旗子弟。这种状况，对于巩固和加强清王朝的统治不能不说是一种潜在的危险。但是，肃顺却十分清醒地意识到了这一点。他认为，要想巩固清王朝的统治，必须进一步打破民族界限，从有胆识、有真才实学的汉族知识分子中网罗、选拔为其服务的各种人才。鉴于这种指导思想，他特别注意荐举和提拔"汉员"做官吏。

肃顺不仅能够积极从汉族人员中选拔人才，而且对于汉族官员比较尊重，并注意扬长避短，合理使用。他"一见汉吏，立即改容致敬，或称先生，或称某翁、某老爷"，备至殷勤，优礼有力。作为一个封建大官僚，肃顺也时常纳贿，而且胃口很大。但是，他"索贿亦唯满人，若汉员之一丝一粟，不敢受也"。受过肃顺所保举、推荐、提拔的人才中，除了有后来成为"中兴名臣"的曾国藩、左宗棠、胡林翼等人外，还有郭嵩焘、王闿运、高心夔、陈孚恩、匡源、黄宗汉等人。这些人后来大多都成为支撑清王朝封建统治的骨干力量，为稳定清王朝的封建统治起了巨大的作用。

咸丰年间，左宗棠入京参加会试，上书指陈时事，因为从许多方面触及了忌讳之事激怒了咸丰皇帝。咸丰下谕将左宗棠"革举人，命顺天府五城逮捕治罪"，肃顺深知左宗棠是个难得的人才，为了保护他，"阴命文襄（即左宗棠）逸，次晨旨下，而文襄已出国门矣"。

肃顺推举的曾国藩也是治国治军的人才。在皖南作战初期不慎失败，对此，朝廷内外交相弹劾曾国藩。对于此事，咸丰帝一度举棋不定，迟迟下不了决心，打算将曾国藩撤换掉。肃顺非常了解曾国藩的才能，便出面极力为其说情开脱。他说："胜败兵家之常，临阵易帅，兵法大忌，不如使之戴罪立功可也。"由于肃顺的保奏，咸丰帝没有撤换曾国藩，终于成就了曾国藩镇压太平天国起义的"功业"。

　　肃顺爱才闻名遐迩，"邸客常满"，"一时名士，咸从之游"。他在咸丰皇帝面前，一有机会就高唱"满将帅腐败不可恃，非重用汉臣不可"的论调，使咸丰帝借以受到影响，重用汉族人才，以期支撑摇摇欲坠的清王朝。所以，咸丰帝非常器重肃顺，他的建议多被咸丰帝所采纳。

　　肃顺在使用人才方面，确有他的独特建树，尤其是能够不因一件小事、一次失误，或者某些短处就以以偏概全，埋没人才，并且能够扬长避短，量才使用。尽管肃顺的人才观是为镇压农民起义、巩固清王朝的封建统治服务的，但是他能够善于识才，热切爱才惜才，积极举才的做法和品质，在当时是有过人之处的。所以，当时就有人议论，对清王朝来说，"肃顺有大功于国，实隐成中兴之业"。

商汤善屈得天下

　　先站在低处，然后才知道攀登高处的危险；先处在昏暗处，然后才知道置身光亮的地方会显露刺眼。先保持宁静心情，然后才知道喜欢活动的人太辛苦；先保持沉默心情，然后才知道话说得多了很烦琐。

　　在人生之中有困苦也有欢乐，唯有在苦难之中不断地磨炼，才能使得来的幸福长久。既要有信心又要有能屈能伸的精神。安不忘危，存不忘亡，治不忘乱。思危才能求安，能屈才能见伸，虑退才能得进，惧乱才能保治，戒亡才能求存。

　　孟子曾回答学生怎样才能使国家免于灾患时说，首先在于行仁政，不仅于此，还要尽力防患于未然。国家无内忧外患，则趁此修明政治法典，如此国家自然会强大起来。成汤正是深明此理，所以，先屈国王之金身，拜伊尹这样一个小小厨子为师，然后再拜为相，如此便奠定了殷商王朝六百三十九年的基础。

　　商国的伊水河畔，住着一户兴养蚕桑的农家。他家里有个人叫伊尹，是个耕田种地、植桑养蚕的好手，同时，他还研究三皇五帝和大禹等英明君主的施政之道，又是一位治国的贤才。

　　伊尹听说商汤是个贤德的君主，很想向他提出自己的治国主张，一直苦于没有机会，于是他就作为商汤的妃子有莘氏的奴隶，以厨师的身份见到了汤，并向他陈述了施政之道。此后不久，伊尹就避居到乡下去了。商汤深知伊尹确实是一位治国的贤士，决定去聘请他。

　　成汤派出使者带着礼品去请伊尹，伊尹是个安分守己的人，不轻易去朝中做官。伊尹对使者说："我是一个自在惯了的人，自耕自食，不懂国家大事，多谢商王的关照与器重。"婉言谢绝了成汤的邀请。

　　成汤真心实意地想聘请伊尹，又派人带着更多的礼品前去。

　　伊尹诚惶诚恐，很有分寸地说："我是一个平庸的庄稼汉，没有一点功劳，怎么敢妄收商王的礼物、坦然受任呢？"推辞不去。

　　当时，一个封地的领主，对自己的属民有生杀之权。成汤对于伊尹的推辞，没有发怒。他想，聘请有真本领的人，是不会轻易得像招呼奴仆一样唤之即来的。成汤第三次命令使者带着珍贵的礼品，赶着装饰一新的马车去请伊尹。伊尹

见成汤是诚心诚意来请，便欣然从命。

成汤亲自率众出城迎接，并以贵宾相待。他俩攀谈数日，情投意合，成汤给桀王写了一封信，把伊尹作为奇才推荐给他。

桀王见到伊尹，问了几句话，就不去理他了，更说不上重用。伊尹看到桀王倒行逆施、荒淫无道，料定夏王朝一定要灭亡。他在夏的国都期间，细心考察其政治情况，为今后讨伐夏桀做好了准备。

成汤看到桀王不重用伊尹，就请他到商国都并拜他为相，授予国政。伊尹帮助成汤，努力发展农耕，铸造兵器，训练军队，使商国更加强大。

桀王听说商国强大了，就把成汤召入夏朝国都。当时桀王每天沉湎在酒色之中，亲近奸佞的小人，残害贤能的大臣。有个叫作关龙逄的大臣，耿直地进谏，桀王大怒，把他杀了。大臣们个个吓得心惊肉跳，面如土色。成汤控制不住自己的感情，号啕大哭，痛心失去了贤才。桀王借此理由，命令把成汤囚禁在叫作夏台的地方。

商国国君被囚，商国的群臣惊慌失措，伊尹更是焦虑万分，他终于想出了一个营救成汤的好主意。他派人搜寻绝色美女、觅取各式各样的珍宝，送给桀王。同时，还私下送一部分给桀王宠信的近臣赵梁。

桀王见到商国送来的美女、珍宝，笑逐颜开，赵梁则趁机美言，桀王洋洋得意，便将成汤放回去了。

成汤亲自尝到了桀王虐政之苦，回到商都后在伊尹的帮助下，加紧操练兵马，屯聚粮草，先后征服了韩、顾、昆吾等夏王朝属国，势力迅速扩大。

公元前1711年，成汤联合各诸侯兴师讨伐夏桀，出师前发出了声讨夏桀罪行的檄文——《汤誓》。

成汤率领各路大军，在伊尹的辅佐之下，深得老百姓的支持，很快就逼近了夏朝国都。桀王带着军队仓促应战，士兵早就恨透了桀王，临阵溃散，反戈一击，桀王大败，被生擒当了俘虏。各路诸侯推举成汤为天子，建立了商朝，伊尹帮助成汤很快就平定了天下。

成汤死后，伊尹又先后辅佐了成汤的三个子孙外丙、中壬、太甲为天子。太甲继位三年，不守成汤立下的法令，伊尹多次劝告他，仍无悔改。于是，伊尹把太甲关进桐宫，责令他反省，伊尹亲自摄政。

帝太甲在桐宫住了三年，开始悔过自新，改恶从善。伊尹又派人接回太甲，把政权交给他。太甲接受了教训，勤政修德，各诸侯都很佩服，不敢作乱，老百姓也得到了安宁的生活。伊尹写下太甲训三篇，褒奖太甲施行的德政。

伊尹活了一百多岁，当了二十多年的相国，为商王朝延续六百年的统治奠定了坚实的政治基础，成为我国历史上第一个著名的贤相。

姬昌折节求贤西周兴

许多有才能的人，常常屈居在蠢蛋们的手下，是因为贤者手中没有权；而无

才之辈之所以能够驾驭贤者，那也只是因为他暂居尊位。就连那传说中的圣君唐尧，也是如此。当他只是一个普普通通的老百姓时，他想请邻居帮个忙，即使喊破嗓子，也少有搭理的；待他后来称王了，他就能一呼百应，令行而禁止了。

吕尚穷困，年老时，过着隐居的生活，垂钓于渭滨。周文王打猎时和他相遇，谈得极为投机，即拜为师。后吕尚助武王伐纣灭殷建立周朝，留下千古美谈。不管是早还是迟，一个人施展才华抱负的机遇总是会有的。当它呈现在我们面前时，就必须牢牢抓住，紧紧把握，切勿失之交臂。

有一次，西伯侯姬昌要带随从出去打猎，在出发之前，他让太史占了一卦。太史告诉他："今日出猎预兆吉祥！"接着又说："今日出猎，得到的猎物不是龙也不是螭，不是虎也不是熊，得到的将是辅佐国君的栋梁之材。"姬昌听了非常高兴，便带着随从，沿着渭水北岸出发了。渭水两岸草深林茂，他们一面追赶着野兽，一面往前走。突然，从渭水边传来一位渔夫唱着一首不俗的歌曲。一打听，原来此歌是一位在蟠溪边钓鱼的老者所作，此人姓姜名尚，字子牙。他的祖宗被封在吕地，又叫吕尚。姜尚年轻时，在商的首都朝歌以屠牛为业，后来在孟津开个小饭馆，现在年纪大了，很穷，以钓鱼为生。

姬昌带着随从，沿着渔夫指引的方向，来到蟠溪边。这里很幽静，在溪边一棵高大的柳树下，有一块大石头平整如台，台上只见渔竿，不见渔翁。

姬昌抚摸着渔竿感叹道："商王朝衰败，天下荒乱，贤能君子隐居不出，姬昌岂能不折节求贤！"便虔诚地等着，一直到日落西山，夜幕降临，也未见姜尚的影子。

大臣们不耐烦了，纷纷说："大王不要轻信小民之言，此老头未必是个大贤，明日臣带他见您好了！"姬昌告诫他们说："求贤聘杰，理当隆重，今日来意不诚，故其远避。我们要学古人求贤，待回去择吉日迎聘，方是敬贤之礼！"

过了几天，姬昌穿着崭新衣服，带着大队人马，旌旗鲜明，抬着聘礼，前来迎接姜太公。在离蟠溪很远的地方，他就下了车，步行进入山林。来到溪水边，远远望见溪边的大石头上，坐着一位老人，正在垂钓。姬昌就来到他的身边，亲热地和他攀谈起来，不多久，就发现这位老人很有才学，正是自己梦寐以求的大贤。于是他恭恭敬敬地对吕尚说："像您这样的人，真是天下的奇才啊！我的老太公生前对我说过，将来一定会有了不起的人来帮助治理国家，那时，我们周国就会兴旺起来。我家太公向往您已经很久了。今天，我特带薄酒前来聘请，望先生不弃，辅佐周国。"

周文王姬昌像

姜太公说："我已经老了，文不能安邦，武不能定国，恐怕要辜负您的期望，让您白跑了几趟！"

姬昌说："先生有大德，何必隐心中之奇谋，忍心百姓惨遭涂炭，而艰苦地在此垂钓？"说着，便命令随从把聘礼摆开。

姜太公早就知道西伯侯姬昌待人诚恳，颇具开创大业的君子气质，就答应了他的请求，当了周国的臣子。传说，这时姜尚已是七十岁了（也有人说其时姜太公是一个部落的年轻首领）。

姬昌得了姜太公，真如猛虎添翼。后来，他和虞、芮两国建立同盟，国势更加强大。这时，姬昌声称自己接受了"王命"，周围四十多个诸侯国都前来祝贺，尊他为周文王。从此西伯侯改称为周文王，以取代商王的真命天子自居。

周文王"受命"第二年，姜太公带兵攻打西方的犬戎族，大获全胜。接着，他又向文王建议攻打西北方的密须国。

周文王的三儿子鲜反对说："密须的国君精明能干，先打他不好吧！"

姜太公说："要树威，就须先打强的、不服从的国家。"

周文王很赞成姜太公的主张，就发兵攻打密须国，占领了密须国的全部领土。

姜太公连续两战告捷，乘胜攻打离商都很近的黎国，黎国立即投降。过了一年，周国又派兵把黎国南边的邘国占领了，那是商纣王经常打猎的地方。这样，周的势力就深入到了商王朝的中心地区。

到了周文王晚年，姜太公带兵又占领了崇国。周将国都迁到原来崇国国都所在地，奠定了推翻商王朝的基础。

周文王病死以后，二子发即位，是为周武王。周武王在"相父"吕尚的帮助下，推翻了商王朝，暴君纣王自焚而死，建立了中国历史上的周王朝。姜太公因在建立周朝的过程中屡建奇功，被封在齐地，成为齐国的始祖。

恒心和毅力是能屈能伸的重要方面，因为人们的事业之梦，常常封锁在环境的橱柜里，被时间之神保护着，必须以全部的生命力与它搏斗，以胜利者的姿态夺过来，使它成为日常生活中不可缺少的东西，直到生命的最后一刻而告终。

我们如果对事业有一种朝秦暮楚的思想观念，或者是时做时辍的疟疾病状态，这样便是一个不可救药的死症。所以孟子说："一日的曝晒，又以十天的冰冻，没有能生成的了。"又说："挖井数丈，还不见水冒出来，等于是口废井。"

在另一方面，更不能求速达，古语说："想求速度就不能达到目的。"再说："他的进度快退缩得也快。"《孟子》中有一个寓言说：宋国有个人，认为他家的禾苗生长得太慢了，于是他就在地里一棵一棵地拔高禾苗，还自认为这样是帮助它们生长，然后一副得意的样子回到家中，对他的儿子说："今天我累坏了，我帮助禾苗长高了。"他的儿子跑到地里一看，禾苗都枯死了。因此说，我们要想养成对一种事业的恒心，首先就要培养自己对这种事业的嗜好，然后再培养一种不求速达的心理状态，稳扎稳打，循序渐进。

想求速达，就难以满足妄想的急切心情，就难以把事业办扎实。达不到心理

上的要求，就容易灰心丧气。灰心丧气就会渺茫，就容易辍业或者改业，也就难得有恒心了。无有恒心事业难成，想速达也不会达。所以说，时间想它快而功力不想它快，功力想它快而效果不想它快。早熟便是小材，大器必然晚成，所积累的厚，成就便大。日积月累，坚持不懈，就会年年精进，这就要靠君子的恒持之心。

所以孔子说："善人，我没有看到过，所见到有恒心的人，这就可以了；把没有当作有，把虚当为盈，将约以为泰，难得有恒心了。"又说："恒心大，没有错处，利益坚定，同时利也就有所来到了。"有人说："凡是事业的成功，都在于有恒心，所失败的，就是缺乏恒心。所以做人立业，贵在守住恒心以持成功，抱一守终，必有所得。"

罗隐在《题蟠溪垂钓园》诗中写道："吕望当年展庙谟，直钩钓国更谁知。"姜太公在渭水岸边韬光养晦，在"钓"中求伸。大凡一个有远大志向，有卓越才能的人，绝不甘心自己的抱负不能施展，绝不甘心自己的才智在无声无息中泯灭，只不过是等待一定的贤明主子和一定的时机而已。

管仲拜相兴齐

一件事情的成功与失败，虽然与客观环境有很大的关系，但决定因素还在于每个人自身。因此，要抱着一个坚定的信念，持之以恒地努力奋斗下去，要有"天行健，君子自强不息"的奋斗精神。特别是在失败后处于逆境之中，更不要自暴自弃，被失败压倒了。要冷静下来，仔细想想自身的潜力和长处，树立起坚定的生活信心，振奋精神，重新拼搏。"天生我材必有用，千金散尽还复来"。相信一定会找到成功的起点。每个人都有成功的机会，但要靠你抓住它，把握好它，虽然中途也有失败，但只要你坚强的信念还一直屹立着，是没有什么力量能压倒你、毁灭你的。即使是那些浪荡公子和身在铁窗之内的人，只要不是自取灭亡，谁也不能使他消亡；只要树立新生活的信念，则是"浪子回头金不换"。

《管子》书影

管仲是有志之士，自然能经受大磨难，绝不会灰心丧气，屈时则屈，伸时则伸，而且是大伸拳脚。可见英雄气短，怨天尤人，不是有才者的气量，唯能屈能

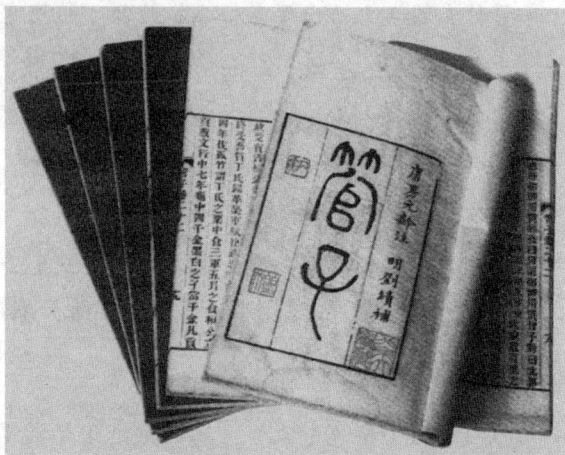

伸者，方可成大器，铸大业。

管仲自是一位贤相的化身。然而，自古英雄多磨难，多经磨难方显出英雄的才智。管仲不死守僵死的臣节，能权衡利害而通人变；危急之中显机智，作歌鼓动众人摆脱敌手；自知之明极强，又能知人善任，推荐人才，共辅王业；经纶满腹，韬略无数，兴邦治国之策频出，辅佐君王，以图霸业。这些都展现出他的雄才大智。

齐桓公即位后，管仲、召忽等陪同公子纠继续在鲁国避难。齐桓公为了剪除后患，遣派鲍叔牙率领大兵压境，迫使鲁国庄公杀掉公子纠，引渡管仲和召忽回齐发落，在将要进囚车的时候，召忽仰天痛哭道："为儿子者死于孝，为臣下者死于忠，这是人的本分。"说罢一头撞在大柱上，倒地而死。管仲却说："自古有死臣也有生臣，我要入齐为子纠申冤。"说完，便径自走入囚车之中。

在场的鲁臣施伯见此情景，私下对鲁庄公说："臣观管仲之相，必将不死。此人是天下奇才，如果不死，受到齐国重用，必然使齐称霸天下。君王不如请求齐国不要杀他，他必定感激我们，这样，就能为我们所用了。"庄公说："管仲是齐侯的仇人，我们不好求情。"施伯说："如果不能为我们所用，就不如杀了他，将尸体归还给齐国。"庄公觉得这个主意不错。

其实，鲁臣施伯的分析是准确的。齐国名义上是讨回管仲发落他，实际上是要重用管仲为齐国的振兴服务。因此，当鲍叔牙得知鲁庄公要杀管仲的消息后，立刻派人去同庄公交涉，说："管仲曾经亲手射杀我们的国君，我们国君对他恨之入骨，想要亲手杀死他。"庄公无话以对，只得将管仲连同子纠、召忽的尸体交给齐国使节。

管仲在囚车上悟出了齐桓公和鲍叔牙的用意，也猜测到鲁国会反悔，派人来追杀自己。于是，心生一计，编了一首《黄鹄歌》，教给推囚车的士卒们唱，歌词曰：

> 黄鹄，黄鹄！战其翼，挚其足，不飞不鸣兮笼中伏。高天何蹉兮，厚地何踌！丁阳九兮逢百六。引颈长呼兮，继之以哭。
>
> 黄鹄，黄鹄！天生汝翼兮能飞，天生汝足兮能逐。遭此网罗兮谁与赎？一朝破樊而出兮，吾不知其升衢而渐陆。嗟彼弋人兮，徒旁观而踯躅！

推囚车的士卒边走边唱，高兴得忘记了疲劳，快速奔走，只用了一天时间，就走出了鲁国的地境。鲁庄公果然悔悟，急忙派公子偃来追赶，但为时已晚。管仲得知这一消息后，仰天长叹道："我真是再生了一次啊！"

管仲能死里逃生离开鲁国，除了他善于正确地分析形势外，还有一个十分重要的因素，就是他的临机应变之谋，面对险境，胸有对应之策。

管仲回齐国之后，入朝去拜见齐桓公，便向桓公谢罪。桓公亲手将其扶起，对管仲说："寡人有事要向你请教。齐国是大国，先君僖公曾经威服过诸侯，人

们称为小霸。但是，自从襄公以来，政事荒废。国力空虚。现在我刚刚即位，人心不定，国势不张。我想修理国政，立纲陈纪，不知你有什么良策？"

于是，管仲向桓公陈述了怎样治国图霸的观点。管仲说："礼义廉耻是立国的根本，这样才使民众为自己所用。但要使民，必先爱民。"桓公问："爱民之道是什么呢？"管仲答道："爱民之道就是公修公族，家修家族，使民相亲。省刑罚薄敛税，使民能够富裕。让贤士教于国，使民知有礼节。"也就是说，与百姓事业相连，俸禄互相补充，人民相亲相近；宽免旧罪，救助旧宗，为没有后代的人立嗣，这样人民就能生育繁殖；减轻刑罚，薄收赋税，人们就会富裕；在各地选用贤士，向国民实施教化，人民就能遵守规范。这样做就能满足人民的愿望，争取到民心，也就巩固了国家政权。管仲还向桓公谈了许多关于内政和外交上的改革设想。据说，两人一直畅谈了三天三夜，桓公觉得管仲的话，句句投机，字字中听，一点都不觉得疲倦。

拜相以后，管仲着手落实其"政之所兴，在顺民心；政之所废，在逆民心"的民本思想。在发展农业生产上，他主张不误四时农事，确保粮食贮备。为了提高土地利用率，他打破过去井田制的限制，收农赋按粮食数量计算，按土地肥瘠等级和年景收成征收，荒年不收，待饥荒缓解后再补收；在手工业和商业方面，他将工匠安置在靠近官府的地段，商人安置在市场附近，以利于各安其业。并加强货币的铸造和管理，注意调整物价，放宽关、市的征税，做到通货积财，富国富民；坚持以"四维"（礼、义、廉、耻）教导百姓，令百姓臣服，君令得以顺利推行，国势大振。

为国为政，图谋远略大计的人，必然有高瞻远瞩的见识，有不可预料的准备。为国家策划宏谋远略，主要在于明白"因革损益"的方法、"杜害防弊"的策略。管仲采取了一系列政治、经济、军事等措施，使齐国由一个分封在海滨的百里小国，一跃成为春秋时期举足轻重的大国，说明他正是明白了这点。

凡是策划谋略，就要以利害得失作为度量的准绳。在这里就得知道什么事有利必有害、有得必有失的道理，不能只看到利而看不到害，只看到得而看不到失。所以，在"因革损益"的时候，必须方方面面都考虑到，从而有"圆通周备"的措施。力求做到"杜害防弊"，才能说达到了至善至美。不然，就会顾此失彼，难以达到目的了。

计谋防备于前人的所失，而我没有所失；计谋防备于前人的所败，而我没有所败。这里面的奥妙，只有大智大谋的人才能悟透。

各有所整治，而各又有所败。因革损益而作为防备，备于适当的备，而忘它的所不防，所以终究失败于所不防，也就是失败于所说的利与得。

如果不知道害存在于利之中，失存在于得之内，这就像老子所说的"福中隐藏着祸，祸中潜伏着福"的辩证道理一样。如果能在远略大计制定、施行之后，执守的人与继承的人，都是随时做到因革损益，随时做到杜害防弊，自然能做到"苟日新，日日新，又日新"的新境界。新就无弊端，所以在日新的境界里，就永远没有弊端，没有失败。

晋文公让中求达

为人处世遇事都要有让人一步的态度方称高明，因为让一步则为日后进一步做好了准备。所以，无论是为了大事业，还是为了与人方便，让人一步都是日后替自己留下方便的基础。

为人处世，退让与得失，古代多有训诘，唯列子在这方面有其独到的理解。列子在《天瑞》篇中写道："若使很聪明的人计算利害，估量虚实，揣度人情，所得一半，所失也一半。若是不太聪明的人，不计算利害，不估量虚实，不揣度人情，所得一半，所失也有一半。计算与不计算，估量与不估量，揣度与不揣度，有什么不同？只有无所估量，才能无所不估量，则完全成功而没有失败。"所以说，让人不是怯懦，"让"中有伸，"让"中有术。

晋文公重耳在外流亡时，辗转来到楚国，楚成王把他当作国君一样的贵宾看待。一次，成王在为重耳举行的宴会上问道："公子如果回到晋国当国君以后，用什么来报答我呢？"晋文公当时答道："玉石、美女和绫罗丝绸你们有的是，珍奇的鸟羽、名贵的象牙就产在你们国土上，流落到我们晋国去的，不过是你们剩余的物资，我不知道拿什么来报答你们。"楚成王还是抓住这个话题不放，继续说："即使就像你说的那样，你总得给我们一点报答吧！"重耳考虑了一下说道："如果我托您的福，能够返回晋国，有朝一日不幸两国军队在中原相遇，我将后退三舍回避您，以报答今日的盛情。若这样做还得不到您的谅解，我也就只有驱马搭箭与您周旋一番了。"

公元前632年，晋文公采纳中军元帅先轸的计谋，离间了楚国与齐、秦的关系后，又离间了曹、卫与楚的关系。楚国被激怒，楚王命令尹子玉立即率军北上，征讨晋国。

晋文公见楚军逼近，便下令晋军后撤90里（古时一日行军30里称为一舍，90里即为三舍）。晋军将士对面临楚军来犯而自己后撤不大理解，他们认为：晋国之君躲避楚国之臣，这是一种耻辱的举动，何况楚军在外转战多时，宋国一直不能攻克，士气已经衰竭，晋军不应后退。晋臣狐偃向大家解释说，国君这样做，是为了报答当年楚国的恩惠，兑现"两国若交兵，退避三舍相报"的诺言。如果国君以前说的话不算数，我们就理屈了。

其实，晋文公下令退兵90里，一方面是为了实现诺言，更重要的还是军事上的需要，想以此法来激励晋军将士，同时也使晋军避开楚军的锋芒，进一步养成子玉的骄横情绪，然后选择有利的时机和地势同楚军会战。

果然，晋军撤到城濮后，宋、齐、秦等国也分别派来了军队，支持晋文公的行动。而在楚军中，一些将士见晋军撤退90里，也主张就此撤军返楚。但是，子玉却坚决不同意，他认为，晋军的后撤是惧怕楚军的表现，于是率领楚军紧追不舍，一直到城濮的一个山头下驻扎下来。结果，城濮一战，楚军被晋文公率领的联军打得大败。

距今2400年前的战国时代，七国争雄，其中"魏""齐"都是强国。

某年，魏、齐缔结了同盟条约，相约军事联合。而齐弃约，攻打魏。魏惠王恼怒非常，拟派杀手刺杀齐王。

为此，惠王召集重臣开会。结果，赞成与反对两种意见一时难以决下。

这时，宰相惠子向惠王推荐贤者戴晋人。戴晋人被邀入座后，对惠王说道："大王可知蜗牛这种小动物吗？"

"当然知道。"惠王答。

"这个蜗牛的左角上有一叫触氏的国家，右角上有个叫蛮氏的国家，两国为领土问题，不断刀兵相见。一次，双方激战15天，死伤数万方才息兵。"

"哦，不是开玩笑吧？"惠王不解。

"这绝非玩笑，大王，您是否想过宇宙上下四方可有尽头？"

"应该没有尽头吧！"惠王回答。

"那么，让一位可以以内心悠游于无穷世界的人来看，地上的诸国，不都是很微小吗？"

"在这些国家里有个魏，魏里有个梁都，梁都里住着大王，以此来看，您与触氏、蛮氏相比，没有多大差距吧？"

"哦，是没有什么差别！"听了戴晋子的一席话，惠王一副怅然若失的样子。

的确，看问题应该有恢宏的视野。观照自身也是同理。只有把自己放进广阔的空间与时间里，才能知道自己的存在和努力的方向。成功了可尽情地享受喜悦，失败了也可找到安慰自己的方法。

人生就是如此，只要我们走出蜗牛的视野，任何风都是顺风！

刘备行韬晦之计

不善猜忌他人之人，往往被他人所猜忌；惯于猜忌他人行为不轨的人，又往往是以小人之心度君子之腹，使自己的言行落入轨道之中。孔子云：不预先猜测他人要蒙蔽自己，也不无端怀疑他人不老实，但遇到不老实的人或欺伪不实之事，却能及早觉察，如此才算得上是贤明之人。

《水浒传》中的林冲，已被人多次算计，还要诚实地赴约误入白虎堂，甚至到了黑松林还要说"无冤无仇，望祈饶命"的痴话，这是由老实而落入愚蠢。至于三国时期的刘备装呆作痴，则是谋略上的装作呆痴、韬光养晦之术。刘备处在低谷时期，只有暂时投向走红运的曹操。而他暗地又参与了灭曹的组织，只好装痴，将自己的计划隐藏到深处，屈作一菜农。不然稍稍露出蛛丝马迹，就会遭杀身之祸。

曹操击败吕布，夺取了徐州，刘备因自己势单力薄，只好隐藏下自己独展宏图的夙愿，暂时依附于曹操。

曹操原本对刘备不放心，消灭吕布后，让车冑镇守徐州，把刘、关、张一同带回许都。既然归顺于他，也就得给些甜头，于是曹操带刘备进见献帝，论起辈

刘备像

份，刘备还是献帝的叔叔，所以后来人家叫他"刘皇叔"。刘备原先就是豫州牧，这次曹操又荐举他当上了左将军。曹操为了拉拢刘备，对他厚礼相待，出门时同车而行，在府中同席而坐。一般人受到如此的礼遇，应该高兴，刘备却恰恰相反。曹操越看重他，他越害怕，怕曹操知道自己胸怀大志而容不下他。更怕"衣带诏"事发。原来，献帝想摆脱曹操的控制，写了一道讨灭曹操的诏书，让董承的女儿董贵人缝在一条衣带中，连一件锦袍一起赐给董承，董承得到这"衣带诏"，就联合了种辑、吴子兰、王服和刘备结成灭曹的联盟。因为此事关系重大，一点儿风也不能透漏。于是，刘备装起糊涂，在后花园种起菜来，连关羽、张飞都摸不透大哥为什么变得这么窝囊。

一天，刘备正在后园浇水种菜，许褚、张辽未经通报就闯进后园，说曹操有请，马上就去。当时关羽、张飞正对刘备那种悠闲自得的行为不满，一块儿出城练习射箭去了。刘备只得孤身一人去见曹操，刘备心中忐忑不安：难道董承之谋露了馅！因为心里有鬼，所以越发紧张。曹操见了他，劈头就是一句："您在家里干的好事呀！"刘备觉得脸上的肉都僵了，两条腿直发抖，吓得一时说不出话来，幸好曹操长叹了一口气后，又冒出一句："种菜也不是一件容易的事呀！"刘备这才知道曹操所说的"好事"不是指谋反，提到嗓子眼的那颗心才暂时放了下来。曹操拉着刘备的手，一直走到后花园。曹操指着园中尚未成熟的青梅果子，对刘备讲起前不久征讨张绣时发生的"望梅止渴"的故事来："征途中酷暑难忍，将士们口干舌燥，我就用马鞭遥指着前方一片树林说，前边有一片梅林，梅果青青，可以止渴了。将士们一听'梅果青青'，不觉人人牙酸流涎，嗓子一时竟不渴。今天，我看到这后园的青梅，不由得想起旧事，特地请您来赏梅饮酒。"刘备此时仍是惊魂未定，虽是心不在焉，却还是故作认真地听着。

六月的天，孩儿的脸，说变就变。刚才还是大晴的天空，现在却涌起团团乌云，急风吹得梅树刷刷地响，常言"风是雨的头"，曹操忙拉上刘备躲到小亭子里。刘备这才发现，亭中已经备好一盘青青梅果，一壶刚刚煮好的酒，知道是曹操早有准备。二人对面坐下，开怀畅饮，天南地北闲聊起天来。

曹操为什么单单要请刘备来喝酒呢？原来他也是想趁酒后话多的时候，探测刘备的真心，看他是不是也像自己一样，有不甘人下、称王称霸的雄心。当酒喝得正来劲的时候，曹操发话了："玄德，您久历四方，见多识广，请问，谁称得上是当今的英雄？"刘备没有提防曹操突然谈这个主题，一时不知他葫芦里卖的

什么药，只好搪塞道："我哪配谈论英雄呢？"可是曹操抓住这个话题不放，又补充一句："即便不认识，也听别人说过吧！"刘备见曹操全定要自己说个究竟，心里已对曹操的用意猜出八九分。于是开始装糊涂了，他略一思索说："淮南的袁术，已经称帝，可以算作英雄吧！"曹操一笑说："他呀，不过是坟中的枯骨，我这就要消灭他！"刘备又说："河北的袁绍，出身高贵，门生故吏满天下，现在盘踞四个州，谋士多，武将勇，可以做英雄吧！"曹操又笑了笑说："袁绍外表很厉害，胆子却很小；虽然善于谋划，关键时刻却犹豫不决。这种干大事怕危险、见小利不要命的人，可算不得英雄。"刘备又说："刘表坐镇荆州，被列为'八俊'之首，可以算作英雄吗？"曹操不屑地说："刘表徒有虚名而已，也不能算英雄！"刘备接着说："孙策血气方刚、已经成为江东领袖，是英雄吧！"曹操摇摇头说："孙策是凭借他父亲孙坚的名望，算不得英雄。"刘备又说："那益州的刘璋能算英雄吗？"曹操摆摆手说："刘璋只仗着自己是汉家宗室，不过是个看家狗罢了，怎么配称英雄呢？"刘备见这些割据一方的大军阀都不在曹操眼里，只得说："那么像汉中张鲁、西凉韩遂、马腾这些人呢？"曹操一听刘备说出的尽是一些二流的名字，禁不住拍手大笑说："这些碌碌的小辈，何足挂齿呀！"刘备只得摇摇头说："除了这些人，刘备我孤陋寡闻，可实在不知道还有谁配称英雄了。"

曹操停住笑声，盯着刘备说："英雄，就是要胸怀大志，腹有良谋。所谓大志，志在吞吐天地；所谓良谋，谋能包藏宇宙。"说罢，他仔细观察刘备的反应。刘备佯装不知，故意问道："请问，谁能当得起这样的英雄呢？"曹操用手指指刘备，又点点自己，神秘地说："现在天下称得起英雄的，只有你和我呀！"一听这话，刘备不由得心中一震，吓得手一松，筷子掉到了地下。此时，恰巧闪电一亮牵出一串震耳欲聋的霹雳，轰隆隆炸得天都要裂了。刘备弯腰拾起筷子，缓缓地说："天威真是厉害，这响雷几乎把我吓坏了！"曹操通过对世之英雄的一番议论，观察到刘备闻雷时丢掉筷子的情景，曹操还真以为刘备不但是个目光不够远大之人，而且是个让惊雷震掉了筷子的胆小鬼，禁不住哈哈大笑起来。自此，对刘备的戒备也就放松了许多，最终使刘备寻得脱身到徐州的机会。

刘备正是一味装呆作痴，隐真示假，行韬晦之计，给曹操一种朦胧，使自己的利益在朦胧中得以保护。

凡是重大事情的策划之际，它的秘密性就更加重要。战略与政策谋略获胜的秘诀，全在于出奇制胜。而出奇制胜的法宝，一在于计策的周全详备，二在于严守机密。所以《易经·节爻》中说："初九，不出户庭，无咎"。

孔子说："祸乱所产生的缘由，就是以语言作为阶梯，做君主的不缜密就会失去大臣，做大臣的不能保守机密就会丧身，重大的事情不能保守机密就难以成功，所以君子缜密，而不轻易说出话来。"

老子说："鱼不能脱离深渊，这样才能受到保全，国家的精良的先进武器不能随便展示给人们。"

因此，凡是谋略，务必绝对保持秘密以至于神鬼莫测，所有行为都是玄妙

神奇。不仅是出乎意料之外，而且是出乎天下后人的意料之外。这样才可以说是"神秘"了。

鬼谷子在《谋篇》中说："圣人的方法在于隐蔽与匿藏。"又在《摩篇》中说："圣人的谋略在于暗处所以说神妙，成就于明处所以说神明。"

在事业上，我们的原则是：尽量探求他人的秘密，而全力隐藏自己的秘密，尤其在筹划大谋略、大计划时，更是如此，所以姜太公在他的兵法中著有《阴符》《阴书》的篇章，并且明白揭示"神机鬼薮，是阴阳相胜的道术。"这不能说是没有根据的说法。

揭子在《兵经·秘篇·二十八》中说："一个计谋的成功在于能严守秘密，失败就在于泄密。所以军事上最重要的事情，就是要严守机密。用一人做的事，不能让两人知道；明天的行动，不能在今天就泄露出去。仔细地推敲计谋中每一细节，谨慎得不能有丝毫的疏忽。所作所为都能保密，还要防止在言谈中泄密；在容貌上要做到不露声色，还要小心表情上泄密；表情上做到了隐藏不露，还要当心在说梦话时泄密。部队在行动前一定要隐蔽企图，用谁执行任务先不告诉他。如果某些可以说的，也不妨先说，以表示对他的信任，常常与他开诚相见，袒露一些秘密是为了更好地保密。"

历史上，因稍一疏忽，泄露了机密，而前功尽弃的事实比比皆是。所以鬼谷子在《摩篇》中说："掩盖隐匿起来，逃脱在情理以外，使人不知、鬼不觉，这样的人成就事业而无祸患。"

《淮南子·铨言训》中说："圣人不为名而丧生，不为谋而外露，不被智慧主宰。藏在无形之中，行动也无踪迹，遨游无自我。所以圣人掩藏起聪明不露痕迹，把足迹藏于无为之中。"

在《兵略训》中又说："用兵贵在谋略不能使人测定，把兵力隐匿起来，出于人们的意料之外，使敌人知道就受制于敌。所以善于用兵的人，上能隐瞒天，下能隐瞒地，中间能隐瞒人。"

重要的军事计划、政治谋略，没有不是以隐藏为上策的，做人是同样的道理。可以隐瞒的一定要隐瞒，与人无关就不对他说，不必告诉人的就隐瞒住不告诉他。自己的长短都隐藏住，要想有所作为，就得更加如此，隐藏在不露形迹之中，就是最好的方法。

李渊屈节让步

老子说：善于领兵作战的将领，不逞其勇武；善于作战的人，不容易激怒；善于取胜的人，讲究战略战术，一般不与敌方正面交锋而取胜；善于用人的人，对人谦下而忍让。

宋代苏洵在《审敌》中写道："为一身谋则愚，而为天下谋则智。"为个人谋利益则思维狭隘，为天下谋利益则思维开阔。它的主要原因就是，为一己私利考虑得多，就必然将自己的利益凌驾于许多人的利益之上，思维基础的变化必须

导致思维结局的变化。所以，只有思维开阔，不受私利的狭隘思维所限制，才能使一个人的思维清醒、正确、明智。

对于权利和财势，不接近、不受其污染当然清白，接近了而不受其污染就更清白，才算是具有最高洁人格的圣贤；权谋诡诈，不知道的人算高明，知道了却不使用就更高明。有道是："男儿膝下有黄金，大丈夫一屈值千金"。李渊膝下一屈，何止"千金"？李渊膝下一屈，揭开了大唐帝国三百年的基业。

隋炀帝大业十一年（公元615年），李渊被任命为山西、河东抚慰大使，奉命讨捕群盗。对于一般的盗寇如毋端儿、敬盘陀等，都能手到擒来，毫不费力；但对于北邻突厥，因突厥自恃有铁骑，民众又善于骑射，却是大伤脑筋。经多次交战，李渊败多胜少，突厥兵更是肆无忌惮，李渊视之为不共戴天之敌。

公元616年，李渊被诏封为太原留守，突厥竟用数万兵马多次冲击太原城池，李渊遣部将王康达率千余人出战，几乎全军覆灭。后来巧使疑兵之计，才勉强吓跑了突厥兵。更可恶的是，盗寇刘武周，突然进据归李渊专管的汾阳宫（隋炀帝的离宫之一），掠取宫中妇女，献给突厥。突厥即封刘武周为定杨可汗。另外，在突厥的支持和庇护下，郭子和、薛举等纷纷起兵闹事，李渊防不胜防，随时都有被隋炀帝借口失责而杀头的危险。

人们都以为李渊怀着刻骨仇恨，会与突厥决一死战。不料李渊竟派遣谋士刘文静为特使，向突厥屈节称臣，并愿把"美女玉泉"统统送给始毕可汗！

李渊的这种屈节让步行为，就连他的儿子都深感耻辱。李世民在继承皇位之后还念念不忘："突厥强梁，太上皇（即李渊）……称臣于颉利（指突厥），朕未尝不痛心疾首！"

李渊却"众人皆醉我独醒"，他有他自己的盘算，屈节让步虽然样子上难看一点，但意识到能屈能伸方可成为大丈夫。

原来李渊根据天下大势，已断然决定起兵反隋。要起兵成大气候，太原虽是一个军事重镇，但不是理想的发家基地，必须西入关中，方能号令天下。西入关中，太原又是李唐大军

唐高祖李渊像

万万不可丢失的根据地。那么用什么办法才能保住太原，顺利西进呢？

当时李渊手下兵将不过三四万人马，即使全部屯住太原，应付突厥的随时出没，同时又要追剿有突厥撑腰的四周盗寇，已是捉襟见肘。而现在要进伐关中，显然不能留下重兵把守。唯一的办法是采取和亲政策，让突厥"坐受宝货"。所以李渊不惜屈节让步，俯首称臣，且亲写手书："欲大举义兵，远迎主上，复与贵国和亲，如文帝时故例。大汗肯发兵相应，助我南行，幸勿侵暴百姓。若但欲

和亲，坐受金帛，亦唯大汗是命。"与突厥约定，共定京师，则土地归我唐公，美女玉帛则统统献给可汗。

退一步，海阔天空。唯利是图的始毕可汗果然与李渊修好。在李渊最为艰难地从太原进入长安这段时间里，李渊仅留下第三子李元吉率领少数人马驻扎太原，却从未遭过突厥的侵犯，依附突厥的刘武周等也收敛了不少。李元吉于是有能力从太原源源不断地为前线输送人员和粮草。等到公元619年，刘武周攻克晋阳时，李渊早已在关中建立了唐王朝，而此时的唐王不仅在关中站稳了脚跟，拥有了新的幅员辽阔的根据地，而且此时的刘武周再也不是李渊的对手。李渊派李世民出马，不费多大力气便收复了太原。

再一重要原因，由于李渊甘于屈节让步，还得到了突厥的不少资助。始毕可汗一路上送给李渊不少马匹及士兵，李渊又乘机购来许多马匹，这不仅为李渊拥有一支战斗力极强的骑兵奠定了基础，而且因为汉人素惧突厥兵英勇善战，李渊军中有突厥骑兵，自然凭空增加了声势。

李渊屈节让步的行为，虽为不少人所不齿，但在当时的情况下，不失为一种明智的策略，它使弱小的李家军既平安地保住后方根据地，又顺利地西行打进了关中。如果再把眼光放远一点看，突厥在后来又不得不向唐求和称臣，突厥可汗还在李渊的使唤下顺从地翩翩起舞哩！

由此看来，暂时的屈节让步，往往是赢取对手的支助，最后不断走向强盛，再反过来使对手屈节的一条有用的妙计。

李渊"尊隋"暂寄身

要想成就一番大事业，单靠自己一方面的力量是不够的。在力量不强大时，就要善于借助他方的力量，扛起有名望或有实力一方的大旗，寄人篱下，寻找大靠山。在他方的大树下面开辟一片新天地，这不仅仅是谋略，也是一种成功经验的智慧产物。

上天运用智慧的神力，创造了人类，创造了万物，这是天地宇宙的奇观；人类运用自己智慧的神力，改造人类，改造万物，改造自然，这也是天地宇宙的奇观；上天把智慧赋予人类，使人类充分运用智慧来完善人生，光辉人生，这些都是智慧的奇观。

数千年的人类历史文化，是人类祖先运用智慧的产物；未来无穷年度的历史文化，要靠我们后辈运用他们的智慧去开创。我们不能以"完成自我"而满足，而应以完成人类完成天地为目的。神奇的智慧，可以经纶宇宙，经纶天下，经纶国家。智者善于使用它，就能无所不成，使人生光芒万丈，与天地同存；愚者不善于使用它，从而一事无成，使人生黯然无光，而与草木同朽。所以说："我们最稳当的保证人，是我们自己心中的智慧。"

公元617年5月，一直处在韬光养晦中的隋朝太原留守李渊，见时机成熟，毅然起兵反隋。

当时东、西突厥再度强盛，太原又地处突厥骑兵经常出没袭扰的地方，为解除后顾之忧，李渊亲自用十分卑恭的口气给突厥写信求和，又以厚礼相赠，希望得到援助。突厥始毕可汗却回答说，李渊必须自立为天子，突厥才会派兵援助。

眼看强大的突厥希望李渊成为天子，李渊属下将士包括文臣谋士，无不欢呼雀跃，纷纷劝谏李渊赶快做把龙椅，登上皇位。李渊当然也在做称帝的美梦。但此时，他却异常冷静，考虑得很多、很远。

根据当时的局势来看，全国农民起义风起云涌，他们大多打着明确的推翻隋王朝的政治旗帜，使饱受隋炀帝横征暴敛的穷困百姓趋之若鹜，农民军声势迅速壮大。李渊当然也想取代隋炀帝，但他考虑自己还不是农民起义军，因为他所要依靠的对象主要是新兴的贵族、官僚和豪强势力。这股势力中的人与农民不一样，他们具有浓厚的"忠君"意识，他们只反对某一个皇帝，只想用一个"明主贤君"去代替当朝的"暴君昏君"而已，绝不容许有人推翻整个政治制度。目睹当今隋王朝行将没落，中央集权名存实亡，而地方贵族、官吏则拥兵自重，具有很大的实力，他们为确保自己割据一方的地位而控制着武装力量，无论在武器装备还是在战斗方面，并不亚于朝廷的正规部队，手持锄头、竹竿而又分散的农民力量是无论如何也无法与其相比的。

再者，从隋炀帝前不久镇压杨玄感反兵之迅速、果断和残忍来看，杨广对于贵族阶层的叛乱更为深恶痛绝。隋朝虽行将就木，但它毕竟是一国之政权所在，如果隋炀帝集中力量来剿灭李渊，那么此时此刻恐怕有十个李渊也是难逃灭顶之灾……

经过深思熟虑之后，李渊否决了部下的建议，不仅没有自立，反而打出了"尊隋"的旗号，尊隋炀帝为太上皇，立留守关中的杨广之孙代王杨侑为新皇帝，并移檄郡县，改变旗帜。这样，在突厥方面看来，李渊声势浩大，马上便要自立，自己的建议已被采纳，也就不再随意侵扰，并有条件地给予支持。而在隋朝当权者看来，当然怀疑李渊身藏野心，但他竟打着尊隋的旗号。现在明目张胆要推翻隋朝政权的农民军比比皆是，这些都无力对付，哪还能专力去攻李渊？因此，除了做一些少量的防御布置外，一时从未对李渊发起过主动的攻击围剿，李渊便乘机有计划、有步骤地发展壮大起来。

更重要的是，李渊的尊隋旗帜迎合了"忠君"思想浓厚的贵族士大夫阶层。而且李渊新立代王杨侑为帝，在这批人看来，朝廷官僚便有一次大换班的过程，对他们来说，则是一次难得的升官发财的机会，谁先加入李渊部队，谁便会抢到更好更多的先机。于是，众多手握精兵的贵族士大夫们纷纷投入李渊部下。李渊的实力急剧强大起来。

当然，李渊"尊隋"毕竟是个权宜之计，他只把隋朝当作一棵正在快速腐朽过程中的大树。当自己刚刚破土、尚处幼苗之时，机敏地把苗根一下扎在这棵大树之上，饱吸树中水分养料，又借大树遮风挡雨，甚至让大树误认为这棵小苗乃是自己身体的一部分而加以悉心保护，李渊从而获得迅速壮大的有利条件。而等到时过境迁，李渊便一脚蹬开隋朝这截烂木头，建立唐王朝，自己去

赢得更为广大的民心。

借棵大树暂寄身。唐军借此办法迅速地从幼小变成了强大，李渊用计何其妙也！

唐玄宗用良相呈"开元盛世"

人情世态，真可谓错综复杂，瞬息万变，所以对待任何事情都不要过于认真，都要留出一线，该放一马时必须要放。过分计较，不留半点人情，也就堵住了自己日后的退路。俗语悦："山不转水转"，他日见面之时，又是一种怎样的场面呢？听以，宋代大儒邵尧夫说："从前所说的我，如今都变成了他；还不知道今天的我，到头来变成什么人呢！"

有句俗语叫作"打发乞丐的最好办法是慷慨布施"。在人性中有种弱点便是喜欢"落井下石"，对落难人往往不屑一顾甚至横加奚落伤害。然而困兽犹斗，这种不道德行为极有可能遭到"乞丐"的拼死反击，并招致公愤，反而置自身于困境。应该说这是一种极不明智的做法，学习智谋，还应认识到在永恒运动变化的环境当中，乞丐可以变成富翁，权贵也有落难之时。而且今日的落难人，或许正是他日唯一能使自己远离危难的救星。因此，大度为怀，宽厚待人，尤其是"慷慨布施落难人"，便成了常用的智谋之一。

唐玄宗在位初期，先后任命了几位干练的宰相，从而在初唐经济发展的基础上，使唐朝达到了全盛阶段。公元713年到公元741年被称为繁荣的"开元盛世"。

唐玄宗最初任命的宰相是姚崇和张说。两人都有经世雄才，但都有气量狭窄的小毛病。尤其是张说，才智有余，度量不足。这里要讲的却是张说难得的一次慷慨救了自己一条性命的故事。

姚崇、张说虽同朝为相，却互不相容，竞相排挤对方。有一次姚崇抓住把柄，狠奏了张说一本。唐玄宗大惊失色，当即命御史中丞等秘密行事调查处理张说的罪行。

张说毫不知晓，尚安居宅中悠然自得。忽由门吏传进一张名帖，原来是一个叫贾全虚的人求见。张说不禁万分恼怒，吼道："他来见我干什么？"门吏报告说："贾全虚说有紧急事宜，事关相公全家，故特地赶来报知。"张说带怒接见了贾全虚。两人既已见面，张说却仍是怒容满面。

原来张说有个小妾，名叫宁怀棠，其貌如仙，而且精通诗文，深为张说所宠爱，并让她掌管了文牍密件。

姚崇像

　　相传宁怀棠的母亲因梦见神人授海棠一枝而得孕。怀棠在五六岁时，便已姿态秀美，娇小动人。家里人都用"海棠睡足"等话来与她嬉戏，她母亲又因"名花宜醒不宜睡"的缘故，给她取了一个表字叫作醒花。

　　这醒花嫁给了张说，本是淑女配才子，醒花也颇觉满足，张说更是半夜都要起床感谢老天爷给了他如此好的桃花运，把醒花珍视得如同性命一般。

　　这时偏偏又来了一个贾全虚，因为他是张说朋友的儿子，又年少多才，张说便把他留下来作为记室。贾全虚在张说家中渐渐待熟了，便不避嫌疑，常有与醒花见面的机会。有道是"月里嫦娥爱少年"，这醒花见了贾全虚，顿时跌进了爱河，时常惦念，免不了笔墨流情。贾全虚本是个风流少年，当然也贪爱美人芳心，见到那明显挑逗的文字，岂能装聋作哑？于是醒花和贾全虚之间，便你一唱，我一酬，诗订鸳盟，文通媒使，早早地两心便系一块了。碰巧张说因公事住进宫中，醒花便为情忘节，悄悄偷出内庭，去与如意郎君相会。贾全虚正玩月书斋，蓦见天仙降临，不觉惊喜交集，倒屣欢迎。彼此寥寥数语之后，便拥入帐中，宽衣解带，曲尽了绸缪。欢会结束，彼此商量终身大事，便是采用"走"为上策。两人披衣下床，草草收拾了行装，借着天色未明，一溜烟逃走了。

　　然而宰相家门岂是那么容易走进走出的？张说于次日回家不久，一对小情人便已双双落难，被捆得结结实实扔到了张说面前。

　　贾全虚明知只有死路一条了，干脆放胆大展口才："贪色爱才，乃人人通病，男子汉死何足惜？但明公为何舍不得一小女子而想诛杀才子，难道明公长此显贵，绝无危难求人的时候吗？从前楚庄王不究绝缨，杨素不追红拂，度量过人，古今称美，明公器量何故如此狭小？……"

　　不料张说听了贾全虚的话，不觉想到贾全虚虽为落难之人，却不失才子之称；美人虽然可爱，却已死心塌地跟定了别人。不如慷慨一次将美人布施给这落难人，或许施恩得报，将来缓急有个报应。于是怒容稍敛，对贾全虚道："你不该盗我爱妾，眼下木已成舟，我亦自悔失防，就把她赏给你吧！……"

　　张说把话说完，即令醒花跟上贾全虚，并赠送了丰厚的嫁妆。

　　贾全虚也不推却，挈艳出门，在京城住了数日，竟找到一条门路，到内廷机要处担任了传递奏章诏书的职责。姚崇排挤张说的奏折以及唐玄宗的批文，贾全虚当然也比别人更早地知晓了。

　　贾全虚于是飞报张说，详述姚崇的奏章及玄宗的密敕。张说一听，早把偷盗爱妾的羞怒抛诸九霄，只是急得不知所措，连唤奈何了。还是贾全虚再献一计："全虚蒙公厚施，特来图报。请公不惜重宝，交与全虚，代通关节。即使被贬外调，必不至横遭意外之祸。"张说依靠贾全虚之力，果然重罪轻办，"调查处理"草草收场，仅仅被贬任为相州长史，后来仍被调到朝中任了宰相。

李泌为官平"安史之乱"

　　每个人的际遇各有不同，机遇好的可以施展抱负干出一番事业，机遇坏的虽

怀有满腹学问却也一事无成。在各种不同的情况下，怎样当好自己命运的舵手呢？机智聪明的舵手，遇弯就弯，遇直快行。遇弯不转舵就会触礁，遇弯停滞不前，又达不到航行的目的地。

儒家鼻祖孔子说："天下有道则见，无道则隐。"认为君子士人在天下有道时，应当出来做官，正所谓"邦有道，则仕"，天下无道时，则应当退隐山林。孔子的观念，并非真正的消极避世、纵情山水而忘天下的观念，而是"隐居以求其志"，随弯而屈，伸展自如的处世方法。

公元756年，太子李亨跟随唐玄宗为避安禄山追杀而逃至了灵武附近，应建宁王李倓及当地百姓所请，李亨留在当地准备组织军队反击安禄山。在灵武称尊登基以后，唐肃宗考虑到"举大事者以人为本"，很想招募一个胸有大略的智谋家来参谋主持军国大事。他很自然地想到了故交李泌。李泌身怀治国安邦的雄才大略，可是他淡泊名利，一直过着恬静的隐居生活，要让他出山做官，几乎有登天之难。以前太平时期，身为太子的李亨曾多次提出过这样的请求，每次都被李泌严词拒绝了。

现在已到了非常时期，唐肃宗感到非得李泌的辅佐不可。于是开始耐下性子来施行的他的"登门槛"逐步逼近的计谋。

唐肃宗特地命人去请李泌，但并不说是让人他来为官，只是会面叙旧。李泌当然应召前来。唐肃宗见到李泌之后，却当即想任李泌为右丞相。李泌赶紧推辞道："陛下屈尊来待我，视我为宾友，实际上比宰相显贵得多了。我可以在陛下身边多住些时日，有了想法，都当及时相告，何必定要授官呢？"唐肃宗一听这些话，表面上装出无可奈何的样子，心里却暗暗高兴：李泌已经接受下山会面的要求之后，又接受了答应参谋军国大事的要求了。从此以后，唐肃宗对李泌待以客礼，出门并骑，晚上同床，事事请教，有劝必从。这期间，李泌还为肃宗起草了颁发各地的诏书，甚至连立谁为天下兵马元帅、处理肃宗的长子与次子之间的关系等重大事件上也提出了自己独到的意见，唐肃宗一一欣然接受了。

当然，唐肃宗的最后要求是希望李泌正儿八经地穿上官服，名正言顺地成为他的臣下，从制度上保证这一大谋略家永远侍候在自己身边。因而他继续在"登门槛"。

不久，依李泌的意见，唐肃宗诏令长子广平王李俶为天下兵马元帅，统帅诸将东征安禄山。李俶受命，请求给他一个谋臣。唐肃宗清楚，这个事关国家兴亡的大谋臣非李泌莫属。于是故意对李泌说："先生白衣事朕，志节高尚，朕亦深深佩服。只是前几日朕与先生一同去检阅军队时，曾有军士窃窃私语说，黄衣为圣人，白衣为山人，怎么会混在一起？我需先生决谋定策，但也不能使军士滋生疑团。是不是请先生勉强穿上紫袍（五品以上官服为紫色），以免除大家的非议呢？"李泌心想，身着百姓衣服，夹杂在冠戴整齐的军人和朝官当中，也的确令人瞩目，不如披件朝服倒能省却众人注目，也就同意了唐肃宗的请求。唐肃宗即忙命人赐给最高级别的金紫色的官服。李泌穿了官服笑着再来见唐肃宗。不料唐肃宗紧接着又提出了更高的要求，也笑着对李泌说："既然已经穿上了官服，又

岂能没有官位?"说着把一纸敕文递给了李泌。李泌一看,自己已被授职"军国元帅府行军长史"。敕文上盖着镇国大印,要想抗旨拒绝,显然太不顾情面了。再说自己已心甘情愿地穿上了官服,又何妨再加个官名呢?

从此李泌便在朝为官,为平定"安史之乱"出谋划策,做出了巨大贡献。

"安史之乱"进入到第五个年头,史思明抢居了叛军头目的宝座。唐肃宗怕郭子仪功高震主,也把平叛大军从郭子仪手中交给了李光弼。唐肃宗乾元二年(公元759)年,史思明率数十万大军猛扑两京。李光弼见敌众我寡,为确保西京长安的安全,干脆让出空城洛阳,亲率5万人屯驻河阳(今河南孟州市西北),北连泽、潞数州,依托黄河,虎视洛阳,控制安军侧背,从而使史思明不敢贸然西进。

吏思明见无法西进,李光弼的防守又无隙可击,便屯兵河清(今河南孟州市西南),企图切断李光弼的粮道。李光弼于是驻军野水渡(今河南济源、孟津二县之间的黄河上)加以抵制。

两军对峙一日,傍晚,李光弼自回河阳,留兵千人,命部将雍希颢留守。临走时李光弼告诫道:"贼将高庭晖、李日越均有万夫不当之勇。他们来了,你等千万不要出战。如果他们投降,你们就与其一道回来。"言罢即走。众将领却听得莫名其妙,暗暗发笑。

第二天大清早,果有一贼将率领500骑兵来到野水。雍希颢见来势汹汹,知道不可硬拼,便对军士们说:"来将不是高庭晖便是李日越,我们应听元帅告诫,不必出战,只需从容等着,看他如何行动。"于是裹甲息兵,吟笑静观。

来将走到防御栅栏下,看到李光弼所带的军队竟会如此松散,不禁大为惊奇。于是喝问守将:"李光弼在吗?"

雍希颢道:"昨晚已回河阳。"

来将问:"留守的有多少人马?"

雍希颢答:"千人"。

来将问:"统将是谁?"

雍希颢答:"便是我雍希颢。"

雍希颢是无名小辈,来将显然从未听说过,雍希颢见来将沉吟不答,左右徘徊,猛想起李光弼的话来,猜测来将莫非真是来投降的,赶紧发问:

"来将姓李还是姓高?"

"姓李。"

"想必便是李日越将军了?"

"你怎么知道?"

"李光弼元帅早有吩咐,他说将军你对唐廷素抱忠心,不过一时为史思明逼迫才勉强跟从叛乱,今特地命我在此等候,迎接将军归唐呢。"

李日越踌躇了一会儿,对左右说:"今天无法抓捕李光弼,只有雍希颢,回去无法交账,不如归降唐朝吧!"众人均无异议,李日越便投降了。

雍希颢赶紧开了栅门,即刻带着李日越一起去见李光弼,李光弼十分高兴,

对李日越特别优待，并视为心腹猛将。李日越感激万分，请求写信去招降高庭晖。哪知李光弼却说："不必不必，他自然会来投诚，与公在此地相见的。"众将领听后更觉奇怪，连李日越也被弄得糊里糊涂，不知他葫芦里卖的是什么药。哪知过了数日之后，高庭晖果然率所部前来投降。李光弼于是奏报朝廷，请求给李、高以官职。史思明失去了两员虎将，李光弼则转守为攻了。

手下因见李光弼如此轻而易举地降服了两将，怀疑他们三个是否有约，便去问李光弼到底是怎么一回事。

李光弼说：我与两将素不相识，哪来密约？不过是因"隙"利导，揆情度理罢了。史思明经常对部下说，李光弼只善于守城，却不会野战。我出城驻军野水渡，他当然视之为捕杀我的天赐良机，肯定要派猛将来袭击。史思明有个天大的毛病，就是残暴待下，对于败军之将无法容忍。如果哪位将军放过如此良机而让我生还，他还不要把那将军生吞活剥？李日越奉命而来，却得不到与我作战的机会，势难回去见史思明，请降唐军岂不在情理之中？高庭晖的才勇远在李日越之上，他见史思明残暴，而李日越在唐军中得以宠任，自然也想到我这里来谋占一席之位。……

"人往高处走，水往低处流。"李光弼揆情度理，瞄准史思明酷待部下的"间隙"，有意制造李日越惧怕回去见史思明的情势，并安排优厚的待遇，从而使李日越、高庭晖自然而然地投降了唐朝。我们把这种根据对手之间的某种漏洞、缝隙或者各种离心力，并有意加以放大，顺势使对手放弃敌对态度的计策叫作"因'隙'利导"。逆水行舟，不进则退，往往需要奋力拼搏，才能使船前行。"因'隙'利导"则如顺水推舟，显得轻松自如。如果李光弼与李日越、高庭晖硬拼，且不说要损兵折将，付出极大的代价，而且当时实际上处于不利地形，李光弼也无必胜的把握，李光弼妙用此计，则不费一枪一弹，不战而全胜。

廉颇负荆请罪

老子说：天下最柔弱的东西，能够驰骋于天下最坚硬的东西之中。这是因为虚空无形的力量能够穿入没有空隙的东西里面。我由此知道无为的利益。不须用言语教导，不须讲解无为的益处，普天之下有什么能赶得上它呢？

列子说：天下有常胜的方法，有不常胜的方法。常胜的方法是柔弱，不常胜的方法是刚强。这两方面都容易明白，而人们却不去明白它们。所以，上古时代的谚语说：刚强的人认为任何事物都不能胜过自己；柔弱的人认为任何事物都可能胜过自己。认为不能胜过自己的，待到与自己相差无几时，那就危险了。认为可能胜过自己的，就不会有危险出现。用这种方法能取得胜利，用这种方法能应付天下的各种情形。这叫作不想取得胜利而自然取得胜利，不想应付各种事情而自然可以应付各种事情。

公元前279年，即赵惠文王二十年，秦昭襄王二十八年，秦昭襄王约请赵惠文王相会到西河外的渑池（在河南省铁门县），相互订立友好盟约。

渑池本属东周管辖范围，但秦国已控制了这一地区，因此赵惠文王十分担心会被秦王作为人质而扣留。于是，他召集群臣，共商对策。

蔺相如和廉颇像

赵惠文王说："秦王曾以会盟的名义欺骗了楚怀王，将楚怀王囚禁在咸阳，至今楚人还伤心不已。现在又约我相会，会不会像对待楚怀王那样对待我呢？"

廉颇和蔺相如都认为，如果赵王不去赴约，就是向秦示弱，会叫秦国看不起的。蔺相如表示愿意护送惠王前去赴会；廉颇则表示，愿意辅佐太子固守本土。

赵惠文王听说蔺相如愿一同前行，便十分高兴地说："蔺大夫尚且能完璧，何况寡人呢？"

平原君赵胜说："昔日宋襄公单车赴会，就遭到了楚国的劫持；鲁君与齐王相会于夹谷，有左右司马陪同，就全身而退。即使有蔺大夫为您护驾，最好也要挑选五千名精兵作为随从，以防不测；此外，再派大军离三十里外屯扎，这才是万全之策。"

赵惠文王听从平原君的劝谏，以李牧为中军大夫，使其率精兵五千名相随。并让平原君率大部队紧跟其后。

廉颇将赵惠文王一直送到边境上。廉颇对赵王说："大王与虎狼之王相会，结果实难预测。现在我与大王相约，估计来往道路上和相会所费时日不超过三十天。如果过期您还未归来，我就请求按楚国的办法立太子为王，以杜绝秦国的非分之想。"赵惠文王表示同意。

赵惠文王和秦昭襄王如期相会于渑池。双方置酒为欢，饮至半酣，昭襄王借

着酒意说："我听说赵王精通音乐，而我这里有宝瑟，请赵王弹一曲，以助酒兴吧！"赵王脸红了，又不敢推辞。秦王侍者将宝瑟置放在赵王面前，赵王只得弹了一曲湘灵曲。秦王连声称好，并笑着说："我曾经听说赵国的先祖赵烈侯十分爱好音乐，想不到您尽得家传。"于是，命令御史记下这件事，秦国御史就秉笔取简写道："某年某月某日，秦王与赵王相会在渑池，赵王为秦王鼓瑟。"

蔺相如走到秦王跟前，说："赵王听说秦王精于秦声，我特地恭敬地捧上瓦器，请求秦王敲击它，来相互娱乐。"

秦昭襄王十分气愤，对蔺相如不加理睬。蔺相如将盛酒用的瓦器取来捧着，在秦王面前跪着请秦王敲击，秦王就是不肯答应。

蔺相如说："大王是否是依仗秦国强大的兵力来欺负人？可是，在这五步以内，我就可以把我的血溅到大王身上。"

秦王的左右侍从被蔺相如的凛然正气征服了，谁也不敢上前。秦王虽然满肚子不高兴，但慑于蔺相如的威严，只得勉强地将瓦器敲了一下。蔺相如这时才站起，将赵国的御史召上来，让他写上："某年某月某日，赵王与秦王相会于渑池，秦王给赵王敲瓦盆。"

秦王的大臣见蔺相如如此作践他们的君王，很不服气。其中有几位从宴席中站起身，对赵王说："今日赵王惠顾，请您割下五座城池替秦王祝寿吧！"蔺相如也对秦王说："既然赵国进十五座城池给秦国，秦国也应该有所回报，请求秦国用咸阳替赵王祝寿吧！"

秦国的客卿胡阳等人私下建议秦王将赵王拘留起来。秦王不同意这样做。因为他已得谍报人员的报告，说赵国部署得相当周密，大军就驻扎在附近，因而不敢贸然行事。秦王知道用武力不可能占到便宜，就更加敬重赵王，两人相约为兄弟，保证双方互不侵犯。

为了取得赵国的信任，秦王将太子安国君的儿子异人作为人质留在赵国。秦国的大臣们弄不懂为什么将异人作人质送往赵国，秦王就解释说："赵国的力量正强大着，暂时不能图谋它。将王孙送入赵国，就是为了让赵国更加信任我，我就能专心致志地对付别的国家了"大家非常佩服秦王的卓识。

渑池之会归来，赵惠文王非常感激蔺相如为自己挽回了面子。他对群臣说："我有了蔺相如，就如泰山一样安稳，赵国的地位也就重过九鼎。蔺相如的功劳真是谁也没法儿比呀！"于是，拜蔺相如为上卿，位出廉颇之右（古人以右最尊）。

廉颇对此愤愤不平，认为赵王十分不公允，他怨怒地说："我出生入死，攻城略地，维护赵国的安全，从情理上说应是我的功劳最大。蔺相如只不过稍微动了动口舌，能有多少功劳？官职却在我之上，况且他曾经是宦官的宾客，出身很低微，我怎么甘心屈居于他之下呢？今后只要我看到他，就一定要让他瞧瞧我的厉害。"

廉颇的话传到了蔺相如的耳朵中，从此每次上朝蔺相如都托病不去，以免与廉颇相遇。宾客们都以为蔺相如害怕廉颇，私下里常常议论这件事。

国学经典文库

一天，蔺相如因故外出，恰巧廉颇也外出。蔺相如远远见廉颇的车队，就让手下人将马车赶到小巷中躲起来。等廉颇的车队过去之后方才出来。宾客们十分气愤，就一块去见蔺相如说："我们远离故土，抛却妻儿投奔您的门下，是因为看重您是顶天立地的大丈夫。廉将军与您同列班，况且职位在您之下，然而廉将军竟然口出恶言。可是，您不仅不报复，反而在朝堂和路上都躲避他，您为什么如此怕他？真让我们感到羞愧，我们请求辞去。"

蔺相如说："在你们看来，廉将军与秦王相比，谁更厉害呢？"

宾客们说："那当然廉将军比不上秦王。"

蔺相如说："以秦王的威严，天下没有人可与他抗争；而相如敢当面斥责他，侮辱他的群臣。相如即使没有才能，怎么也不会仅仅怕一个廉将军。我考虑的是，强秦之所以不敢对赵国用兵，就是因为有我们两个人在。如果我与廉将军相争，两虎共斗必有一伤，这样就为秦国侵犯赵国提供了机会。因此，我强忍着不与他发生冲突，是将国家大计放在首位，个人的得失放在次位。"

宾客们都为蔺相如的高识确论所折服，更加敬佩蔺相如。

然而，蔺相如愈谦让，廉颇愈气盛。赵惠文王十分担忧这件事。虞卿就自告奋勇地说和廉颇与蔺相如。虞卿见到廉颇后，先是歌颂一番他的功劳，然后话锋一转，说："论功劳是你大，但论气量还是蔺相如大。"并将蔺相如对宾客所说的告诉了廉颇。廉颇听了感到十分惭愧，肉袒负荆，跑到蔺相如家中请罪，说："鄙人志量浅狭，不知相国如此宽容，就是死也不足以赎罪。"

蔺相如："我们两人并肩事主，为社稷的重臣，将军能见谅，就是十分幸运的了。"

于是，两人相约，结为生死之交，虽刎颈不变，后人所说的"刎颈之交"和"负荆请罪"就来源于此。

鹖子说："要想刚，一定要用柔来守住它；要想强，一定要用弱来保持它，柔积得多必然刚，弱积得多必然强。看他所积的是什么，就晓得他所得到的是福还是祸。用强来取胜于不及自己的，等到能与自己相匹敌时就易于损伤；用柔来取胜于超过自己的，那种力量是不可估量的。"

老子说："兵强就会被消灭，木强就会被折断。柔弱的事物属于生存发展这一类，刚强的事物属于没有发展前途这一类。"

老子说：普天之下没有哪一样东西比水更加柔弱的，而攻克坚强的力量却没有哪一样可以超过水了。因为水的这种攻克坚强的力量是任何力量也改变不了的。弱可以胜强，柔可以胜刚，普天之下没有谁不知道这个道理，就是没有人依此而行。因此，圣人说："能承受国家的耻辱，就叫作一国的君主；能承受国家的祸难，就叫作天下的君主。"

春申君为相助楚兴

一个具有高深才德的读书人，身居要位，必须操守严谨方正，行为光明磊

落，心境平和沉稳，气度宽宏大量，绝对不可接近或附和营私舞弊的奸邪之辈，但也不要过分偏激而激化矛盾触怒那些阴险狠毒的屑小之辈。

战国四公子中，平原君、孟尝君和信陵君都出自王族贵胄，唯有楚国的春申君例外。就先天条件来说，与前三位相比，似嫌不足，但春申君却以自己的过人之处，闻达于各国诸侯。

春申君是楚国人，姓黄名歇。曾经游学天下。学识渊博，为时人所称颂。因而以其才学被楚顷襄王重用。

其时，国际形势风云变幻。秦昭王派白起为大将攻伐韩、魏两国，在华阳大败两国联军，生擒魏国将领芒卯，迫使韩、魏两国臣服归附于秦。在征服韩、魏后，秦国又将目标瞄准了南面的楚国。秦昭王命令白起联合韩、魏两国军队共讨楚国。楚顷襄王在此形势下，决定委派能言善辩的黄歇出使秦国。游说秦王停止对楚国采取军事行动。

等到黄歇一行抵达秦国，秦军的先头部队已攻取了楚国的巫和、黔中两郡，并攻拔了鄢都，东面打到了竟陵，迫使楚顷襄王不得不迁都陈县。黄歇十分清楚楚国局势之险，因为楚怀王已被秦国所诱而入朝，留死于秦。其子顷襄王不被秦国所看重，万一秦军展开全面攻击，楚国必亡无疑。

于是，黄歇运用他的博学才识，草就了洋洋洒洒的万言书给秦昭王。该书开宗明义地指出秦与楚必须和为上策。因为秦与楚为天下至强，秦国攻楚，无异于两虎争斗，必然为他国提供了可乘之机。因此，秦国"不如善楚"。黄歇又旁征博引，指出秦楚合一以临各国，才是霸者之道。

秦昭王阅后，击节称善。于是下令白起停止对韩、魏用兵，并派出使者带着厚金前往楚国，相约建立同盟。按照秦楚合约，黄歇和楚太子完作为人质留在秦国。几年以后，楚顷襄王病重，欲召太子回国，但按规定太子不能回去。而楚太子完与秦国宰相应侯关系友善。于是，黄歇就向应侯求援。

黄歇说："相国您是真心对待楚太子吗？"

应侯说："是的。"

黄说："现在楚王恐怕要一病不起了。秦国不如归还楚国的太子，太子如果被拥立为王，必然倚重秦国，并且十分感激相国，秦国就可以得到楚国这样大国的支持；如果不让太子回国，那么太子就成了咸阳城一个普通百姓。楚国又会重立太子，那样肯定就不会亲近秦国，秦国也就失去了楚国的支持。这两种结局您希望的是哪一种？愿您深思熟虑这件事。"

应侯将此事报告给秦王。秦王说："如此的话，让楚太子的老师先回国去探视楚王的病情，回来后再考虑这件事。"

黄歇得知秦王仍不肯让太子回国，就与楚太子商议说："秦国将太子您留在咸阳，目的是想借重您获取一定利益。目前就您的能力来说还不能使秦国有利可图，为此我非常忧虑。而阳文君的两个儿子都在楚国。假若君王辞世了，而太子您又不在国内，阳文君的儿子必然被立为楚王，太子您就无法入楚主政了。为今之计，您不如偷偷离开秦国，和楚国的使者一同回去，而我留下来，以自己的性

命阻挡来自秦王的责难。"

于是，楚太子完更换了衣服，扮成楚国的使者逃离了秦国。黄歇假称太子生病，整天守在房中不外出。过了些时日，黄歇估计太子完已远离秦国而去，秦国再也不可能将他追回，就亲自跑到秦王跟前，对秦昭王说："楚太子已经踏上楚国的归途，并且离开秦国很远了，黄歇欺骗了大王罪当处死，请大王将我处死吧！"秦昭王闻言大怒，当场令黄歇自裁了断。应侯在一旁加以劝阻说："黄歇作为人臣，愿以自己的性命殉其主人，实在令人敬佩。如果楚太子被拥立为王，必然重用黄歇，所以不如不治他的罪，让他回到楚国去。"

秦昭王觉得应侯的话也有道理，于是让黄歇回国了。

就在黄歇回国后的三个月，楚顷襄王死去。太子完被立为王。是为考烈王，这一年为公元前262年，周赧王五十三年。

考烈王即位后，为感谢黄歇拥戴自己有功，任命黄歇为宰相，封为春申君，并将淮河之北的十二县赐给他。后因淮北屡遭齐国侵犯，春申君又请求改封于江东。在吴国的故都废墟上，春申君又重建了都邑。

春申君为楚相主楚政之时，齐国的孟尝君，魏国的信陵君，赵国的平原君，正互相争贤纳士，招揽宾客。以此提高自己的形象，达到辅国特权的目的。作为后起之秀，春申君也不甘落后。投奔于他的门下的宾客数量之多，享受待遇之优越远远超过了前三者。

春申君为相期间，凭借他的才识和努力，使一度中落的楚国重新强大起来。在他为楚相的第四年，秦国大破赵军于长平，消灭赵军四十万人；后一年，秦国围攻赵国的邯郸。在邯郸的形势极为严峻的情况下，赵王和平原君求助于楚、魏。春申君自告奋勇，率领楚军讨伐秦军。由于楚、魏、赵三军的联合夹击，秦军逃回了函谷关，邯郸之围得以解脱。春申君并没有因此向赵王邀功请赏，班师而回。

在春申君为相的第八年，他主持率军北伐，消灭了鲁国，任命荀卿作兰陵令。从此，楚国的地位日益高涨起来。

此间，赵国的平原君派人来见春申君。春申君将最好的房子给使者居住。平原君的使者想在春申君面前夸耀自己，便以玳瑁为饰，用珠宝镶嵌刀鞘。在他出席春申君的酒宴时，却发现春申君的三千多名宾客中，凡是上等宾客都穿着镶有珠宝的鞋。平原君的使者相形见绌，感到十分惭愧。

一个心怀宽宏忠厚的人，好比温暖的春风可以化育万物，给一切具有生命力的东西带来生机；一个心怀狭隘刻薄的人，好比阴冷凝固的白雪，给一切具有生命力的东西带来杀气。掌握权势者，用人不宜刻薄，过于刻薄则使愿为你效力的人离去；交友不可太浮，不然那些善于逢迎献媚的人就会想方设法接近你。世事无常，变幻莫测，不断变化、不断发展却是一个普遍现象，不必为事不如意而发愁。称心如意，生活安定固然可喜，但事物在不断变化，失意是得意的基础；不要为一时的幸福而得意，得意是失意的根源。

勾践忍辱负重报雪耻

败军之将，岂敢言勇？亡国之君，岂敢称荣？聪明才智之士，在此情况下，唯有能上能下，能进能退，低下高贵的面首——作龟儿子，委曲求全，以图将来东山再起。如果以仅存的一点微薄力量，义无反顾，破釜沉舟，不看形势，不分场合做最后的拼搏，并非智者的行为。所谓委曲求全，忍辱称臣，又有两重意义：一则是为了个人的安危荣辱之计；二则是为了事业成败之计。如果不能临敌变计，屈身求和，岂不功败垂成，徒呼负负。

勾践大败之后，以重金、美女贿伯嚭，于是，伯嚭道："大王难道忘记了孙武的话？'兵，凶器，可暂用而不可久也'，越虽然得罪了我大吴，然而他们派来请罪的使者已到了，勾践请为吴臣，其妻请为吴妾。越国宝器珍玩，尽归以贡于吴宫，所求之大王的，却不过是存其一条生路。大吴倘受越之降，有厚利可图，赦越之罪，必将显名天下，名利双收，大吴必称霸诸侯！如果非要倾全吴之兵以诛越，勾践必定焚毁国库，杀妻灭子，沉金玉于江河，率五千死士血战，大王又敢保证众将再无伤亡吗？不如应了请和之约，获越国之利。"夫差点点头，问道："越使何在？"伯嚭忙出外唤文种进来。文种膝行到夫差面前，再申请和卑辞。夫差问道："你君勾践请为吴臣，能随我回吴国去吗？"文种道："即为吴臣，死生在大王手里，又怎敢不服侍左右？"伯嚭忙插话道："勾践夫妇愿来吴国，吴虽名义上赦了越国，实际已得了好处，大王又何必有所求？"夫差答应了文种的请和之约。

这时，早有人去右军营报告了伍子胥。伍子胥匆匆忙忙来到军帐内，见伯嚭和文种一同站在吴王身畔，怒气冲冲问夫差道："大王已经许了越国的请和之约吗？"夫差道："已经许了。"伍子胥乱摆双手道："不可，不可！越与吴相邻，势在不能两立，若吴不灭越，越必灭吴。如果是秦、晋之国，我大吴攻而胜之，得其地而不能居，得其车而不能乘。今攻越而胜之，其地可居，其舟可乘，这是社稷之利，万不能错过。况且又有先王大仇，不灭越国，何以谢当年立国之誓？"夫差答不上话来，便目视伯嚭。伯嚭道："相国之言十错八九！先王建国，水陆并封，吴、越两国宜水，秦、晋两国宜陆。若以其他可居、其舟可乘为由，道吴、越两国无法共存，则秦、晋、齐、鲁皆陆国，其地亦可居，其车皆可乘，这四国岂不是要并成一处吗？若要说先王大仇，必不赦越，那么相国仇恨楚国更厉害，又怎么不灭楚国而答应了楚的请和之约呢？现在勾践夫妇都愿入吴服役，比楚国仅仅纳献贡礼有天壤之别，相国自己行忠厚之事，而想让大吴居刻薄之名，忠臣又怎会是这个样子？"夫差听了大为高兴，道："太宰所言极是，相国且退下，等越国的贡礼到时，分你一些就是了。"伍子胥心中气闷，怏怏退回右营去了。

夫差答应了文种的请和之约，派了王孙雄押文种同至越国，催促勾践夫妇五月中旬入吴为臣。又命太宰伯嚭屯兵一万在吴山相候，如勾践夫妇过期不至，灭

了越国来报。夫差引大军自己回去了。

文种回来告诉勾践，道："吴王已经退兵了。大夫王孙雄随我到此，催促起程。太宰屯兵吴山，专候我王过江。"勾践不觉双目泪流，文种劝道："五月之期迫在眉睫，大王应从速料理国事，不必要做此无益之悲。"勾践引兵入都，见市井如故，壮丁萧条，又垂泪伤心。一边留王孙雄在驿馆，一边收拾了库藏宝物，装载马车之上，又选了国中女子三百三十人。三百送吴王，三十送太宰。王孙雄不断催促，勾践叹道："我自承先人之业，兢兢理政，不敢荒疏。今夫椒一败，国亡家破，千里为囚，行有去日，再无归期。"群臣都垂泪无语，范蠡越众而出，道："以前汤囚于夏台，文王囚于羑里，一举而成王；齐桓公奔莒，晋文公逃翟，一举而称霸。困顿磨难乃是上天给大王的赏赐。大王秉承天意，自有兴期，又何必如此伤心劳神？"

勾践即日便祭宗庙，让王孙雄先行，自己与夫人随后启程。

大自然的寒冷冬天和炎热夏季都容易躲避，人世间的炎凉冷暖却难以消除；人世间的炎凉冷暖即使容易消除，存积在我们内心的恩仇怨恨却不容易排除。勾践是败亡之君，不得不遵从吴王夫差的条件，怀着满腔的羞愧，带着送给吴王的宫廷美女及金银财宝，带着自己的王妃虞姬，去越国做囚徒。忍辱负重，屈节称臣，以求全身，这就是忍屈图伸的谋略。勾践此时方明白：要想回国复仇，必须吃天下人所不能吃之苦，受天下人所不能受之气，忍天下人所不能忍之事。如此，方可成天下人所不能成之功，立天下人所不能立之业。

"大丈夫报仇，十年不晚。"总的说来就是要根据时势，等待机会。这个等待机会，既不是消极的等待，必须经过艰苦卓绝的努力，不断地积蓄力量，也不是绿林豪杰的那种个人武功之修养，而是一种依靠国策、民力的大计划。国富民强，兵力雄厚，"伸"的机会虽然来到了，也还要等到对方的兵力、民心弱到一定的位份，估量对方已远非自己的敌手，此刻才是"伸"的大好时机。有这等机会，千万不可放过，此时报仇雪耻，必然成功。

勾践念念不忘会稽山之耻，想要在此山建城郭，重立都城，就把这事情交给范蠡承办。范蠡日察地理，夜观天文，造成了一座新城，团团围会稽山入内。西北方在卧龙山上立了飞翼楼，示为天门；又在东南方挖了漏石窦，示为地户。外郭长长绵延十数里，却单独留了西北一个豁口，称道"已臣服于吴，不敢壅塞贡献之道"，其实是为了异日进取姑苏之便。

费工月半，新城建成，忽一夜城里涌出一山，方圆数里，样子似一大龟，上面草木繁盛，有人知晓这是琅琊东武山，不知为什么，飞到了这里。范蠡奏道："我筑城是应天象，察地理，天降昆仑，是预示大越要称霸诸侯。"越王大喜，给山命名为飞来山，又叫龟山，在山顶上建了灵台，立三层楼，以作观光之用。

制度具备，勾践迁入新都，对范蠡道："我实不德，竟然失国亡家，为吴奴役，如果不是大夫相助，又怎会有今日？"范蠡道："此乃大王之福，非我之功，只要大王时时不忘石室之苦终有一日越国当兴，吴仇得报。"勾践大喜，封了范蠡为相国，又授了大将军，专治军旅；再封文种和计然二人为大司马，辅治国

政，尊贤礼士，敬老恤贫。越国上下一片欢呼。

勾践自从尝过粪以后，老是觉得口中有臭气，范蠡便在城北山上找了一种蔬菜，名叫蕺，微微有一种清甘气息，送给勾践，并令文武群臣一起食之。

勾践急切要复仇，苦身劳心，夜不倦卧。他命人采了大批柴薪，积成丈高，夜夜栖息上面，不用床褥，又命人悬一胆于坐卧之所，饮食起居，必取而尝之。

范蠡告诉勾践，丧败之余，应行温和政令。勾践就传了告示道："壮者勿娶老妻，老者勿娶少妇；女子十七不嫁，男子二十不娶，父母俱有罪；孕妇将产，报告官吏，派医师守之，生男赐以壶酒、一犬，生女赐以壶酒、一豚；生子三人，官养其二，生子二人，官养其一；有死者，地方官吏亲为躬吊。"这还不止，勾践自己每出游，必载饭与羹于后车，遇到年幼的小童，取饭羹哺之，问其姓名。遇耕时，躬身秉耒，夫人自织，与民同苦。七年不收赋税，食不加肉，衣不重彩。

越国渐渐强大起来，有近乎称霸的资本，于是向吴国大举兴兵复仇。一天夜里，范蠡悄悄带了右军，在离吴营不足十里处伏下；文种又带了左军，溯江而上五六里以待吴兵；勾践自率了中军，鼓声震天，似欲前袭吴营。

夫差闻听鼓声大作，夜里难辨虚实，只是令万名弓弩手一齐放箭相抗，一边匆匆令人举火，以备夜战。火光方明，两下里文种和范蠡的二三万弓弩手一齐连珠攒射，吴军死伤无数。勾践立即引大军掩杀上前，三军汇合，威势骇人。其时天色尚未明亮，夫差只觉前后左右皆是越军，不敢恋战，率吴兵大败逃走。勾践率三军紧追，一连三战，大败吴师。夫差手下的名将王子姑曹、胥门巢都战死了。夫差收拾残兵，遁进姑苏城内，闭门不出，勾践命人在姑苏城外筑一城，名为越城，大举困吴。

过三个月，姑苏城中粮草告罄。夫差无奈，欲再寻伯嚭请和，伯嚭托病不出。夫差只好派了王孙骆，袒露肩背，膝行出城，进越城来见勾践，道："我王夫差，昔日在会稽山得罪大王，夫差不敢违天命，与大王讲和一同归吴。如今大王兴兵伐吴，我王夫差请大王效会稽之赦，愿世为越臣！"勾践不语，范蠡道："我家大王早朝晏罢，图谋二十年，又怎肯功成而弃？"不准请和，把王孙骆逐了出去。王孙骆往返七次，都被文种、范蠡挡了回去。勾践不敢再延时日，挥兵攻城。

此时伯嚭献城，引越兵进了姑苏。夫差同王孙骆和王子地一行人匆匆奔逃，昼夜驰走，到了干隧。勾践与范蠡带一万精甲，一齐追来，困住了夫差，文种随后又至。

夫差作书，系书矢上，射入越军营中，军卒呈给文种和范蠡两人，见道："狡兔死而良犬烹，自古亦然；敌国如灭，谋臣必亡，将军何不存吴一线，自为余地？"文种系矢回书，答道："吴有六过：戮杀忠臣伍子胥，为其一；伯嚭谗言，而听用不疑，此其二；齐、鲁无罪，数伐其国，此其三；吴、越同壤而侵伐，此其四；越戕吴前王，吴不报仇，却纵敌贻患，此其五；宠美误朝，沉湎酒色，所施无道，此其六。有此六过，欲求不亡，又怎能够！昔年天以越赐吴，吴

不肯受，如今天又以吴赐越，越不敢违天命。"夫差阅了书信，泣道："我不诛勾践，忘先王之仇，实是不肖子孙，这是天所以弃吴啊!"王孙骆道："大王，我愿再赴越营请和。"夫差点头，从腰里抽出属镂宝剑，猛地斩断了右腕，对王孙骆道："大夫此去，以断腕为信，我不愿复国，但请许为越之附庸，世代对越称臣，不敢有异心妄想。"

王孙骆哭别了夫差，持断腕来越营。范蠡和文种早吩咐了军卒，拦住王孙骆，只是不许晋见。王孙骆泣泪三日，怏怏回返。勾践远远望见夫差的使者跟跄奔去，又闻夫差断腕之举，心颇不忍，使人告诉夫差道："我念使君昔日情意，欲置使君甬东之地，封人丁五百，以为供养，如何?"夫差叹道："大王赦了吴国，吴亦是大王的宫廷外府。如果颠吴社稷，废我宗庙，即有五百家供养，又有何用? 我老了，不能从编氓之列，唯有一死。"

越使来告勾践。勾践候之许久，却终不见夫差自裁，于是对范蠡和文种道："二位将军何不擒夫差而杀之?"范蠡道："为人臣子，不敢诛君，请大王自命之。天命当诛，不可久延。"勾践无奈，持了仰光宝剑，立在军前，使人告夫差道："世无万岁之君，人终一死，又何必让越师加刃使君?"夫差燃起熊熊烈火，叹道："我无面目见伍子胥于地下，唯求自焚，一死了之!"遂抛了属镂之剑，投身烈火之中，片刻焚尽。王孙骆、王子地都拔剑自刎。勾践攻上干隧，以诸侯之礼葬了夫差，折返姑苏。

机会对报仇雪耻者来说，太重要了!

天玄子说："圣人知机，愚人不见机; 圣人用机，愚人不用机。就像对待事物的利害得失，就像彰昭明显，天下人都看得见，才能乘着机会去做，这样就制服机会从而能成功于事，这就不贱于圣贤哲士了! 圣人哲士的做法，在于能见微知著，能谋求于无形之中，成就于无迹之处。所以说，善于用机的人，常先知如神。"这就是"用机原理"的名分。所以它在事业上的重要性，可以说是不可否认的事实。

历史上没能成为领袖的人物，就是忽视了这重要的一点。姜太公曾经对周文王说："涓涓的流水不堵塞，将来有成为江河的可能。星星的火点不扑灭，就会燃烧成熊熊大火。大树两边的障叶不除去，怎么好用斧子去砍伐呢?"管仲说："防备在祸患没有发生之前。"这都是古代圣贤在成事、立业、治国及治天下时，不得不慎戒机微的原则指示。

周文王经常是小心翼翼，成王每天夜晚敬止，孔子常常戒慎、恐惧。诸葛亮一生的事业，都在于谨慎行事。事不分大小，物不分巨细，都在于谨慎之机，所以一生少有失败。因此我们对待事情，不论大小都不能疏忽，不能小祸不见、小善不施、小恶不除。

可曾想过山岳虽高，也是一个又一个土块、一个又一个石块堆积而成的。江河可以说算大，也是涓涓细流积聚而成的。孔子曾经评论商汤王、周武王的兴旺"不是行一善而称王的"; 夏桀、殷纣的败废，也"不是做一恶而灭亡的"。

吕不韦曲中求贵

每个人的耳朵都喜欢听美妙之音，每个人的眼睛都喜欢看美艳之色，所以这些都是来自外界的影响。每个人都有容易冲动的感情，都有无法满足的欲望，所以这些都是心理上的反应。你有千种嗜好，我便有万变之"药"，采用各种各样的方式来亲近你，诱惑你，动摇你。投其所好，必然能获万金之利。吕不韦以一个大商人的眼光，搞起了大量的"开发"投资，获取了无法计算的"万本之利"。

吕不韦在邯郸，早就选中了一个美艳又善歌善舞的年轻女子与其同居，可惜这个女人的名字现已无案可稽，姑且称她为邯郸姬吧！有一天，邯郸姬告诉吕不韦说，自己已经怀孕，肚子里有了吕不韦的孩子。吕不韦听到后，立刻计上心来，当晚就请异人到自己和邯郸姬的住宅饮酒。

贪杯好色的异人得知吕不韦宴请，当然欣然赴约。这一次不同以往，在宴席间不仅有美酒佳肴，还有一位妖冶、风流、艳丽动人的少妇陪伴饮酒。大概第一眼看到这位美人，异人的魂就被勾走了。几杯酒下肚，更不能自持，仗着酒盖脸，也未及问清楚这女人和吕不韦的关系，就起来向主人请求："把这个美人赠给我吧！"异人厚着脸，无耻地向吕不韦提出要求。

"岂有此理！"吕不韦心中暗自欣喜，但表面上却装出一副生气的样子，呵斥他道："这是我的姬妾，你如此无理，我决不饶你。"说着就装模作样地要与异人拼命、绝交。异人吓得连连请求宽赦，但好色之心仍促使他死皮赖脸地向吕不韦要这个美人。

"既然我已破产弃家为你奔走，也没什么舍不得的了！"经过一番拿捏，吕不韦最后以无可奈何的口气叹道："既然你喜欢她，我就送给你了。"

吕不韦的"慷慨""大度"几乎使色迷心窍的异人感激涕零，恨不得跪下来给他磕几个响头。心中充满感恩之情，欢欢喜喜、心满意足地把那位风流、标致、肚子里怀着吕不韦孩子的邯郸姬接回了住处。在烽火连天的邯郸城里过起"恩爱夫妻"的生活了。

这是吕不韦的又一笔投资，它的效益要在异人下一代国君身上收回。

吕不韦处心积虑地谋取秦国权位，从秦昭王四十五年在邯郸操纵公子异人开始，十余年来把一腔心血、全家财富，悉数投入到这笔投机生意之中，他那"富累千金"的家已不复存在，故乡濮阳和故国卫国也在风雨飘摇之中。生活对吕不韦说来已没有任何退路，只有奋力前行。然而，在这场特殊的交易中，决定吕不韦能否成功的，不仅在于他自身方面的筹措，还要等到客观的时机成熟。而吕不韦全部计划的关键一招，就是异人登上秦国王位，只有候补秦王的继承者公子异人成为秦国正式国王，吕不韦的巨额投资才开始产生效益。在此之前，他只有等待，耐心地等待。在人生的历程中，等待也是必不可少的内容，不善于等待的人是难以成功的。

难耐的寂寞等待，终于在公元前 251 年（秦昭王五十六年）到了尽头。

老国王秦昭王驾崩的消息一传出，全国上下都笼罩在一片哀悼、肃穆的气氛之中。殡葬的礼仪是隆重的，这是秦国五十六年历史中的第一次大丧。百官和宫女、宦官个个身着孝服，普通百姓也都严禁喜庆欢乐，满朝文武不免为埋葬国王的繁文缛礼而忙乱一番。陵墓是早已建好的，那是在灞水东岸的洪庆原上的芷阳，与先昭王而去的王妃唐八子合葬。原来继昭王之位的孝文王（即安国君）并非昭王的正妻——太后所生，而是一个媵妾——八子的儿子。昭王死后，孝文王继位，第一件事就是主持其父的葬礼的同时，"母以子贵"，孝文王尊自己亲生母为太后，并将唐太后与昭襄王合葬于芷阳。

夕阳、蓑草和秋日的蛙鸣，伴随着低沉的哀乐，将叱咤一世的秦昭王送人冰冷黑暗的芷阳墓穴之中。当送葬的臣下刚刚散去，哀悼的气氛尚未在落叶飘零、苔侵殿阶的咸阳宫消失，就有人禁不住喜形于色，公开欢庆了。

首先为昭王去世而高兴的是吕不韦，他离所追求的目标毕竟又接近了一步。

因为昭王去世而欢欣鼓舞的第二位是公子异人。他终于因父亲孝文王继承王位，而成为王太子。离登上秦国国王的宝座，也只有一步之差了。

最直接的受益者，当然是安国君嬴柱。这位五十三岁的太子，在苦苦地等待了几十年之后，终于坐上了最大的一个诸侯国的王位，其兴奋之情可想而知。

登基大典以后，孝文王就连续发布笼络臣民的政令：赦罪人，弛园囿。把正在服刑的罪犯赦免出狱，开放国王园囿，令民众出入采摘果物。这本是秦昭王极力反对的、因情枉法的政策。但孝文王一反其父的作风，迫不及待地宣布了这几项伪善措施。此外，孝文王又犒赏先王功臣，赏赐王室亲族，这些做法无非希图在臣民面前造成贤明君主临朝的形象。

可惜这位待位多年的王储，大约在宫中长期沉醉于安逸，在脂粉堆中过惯了淫乐生活，又长期迷恋华阳夫人这样妖冶的女色，身体早已空虚，一旦临朝掌政，无力应付繁杂的政务。加之称王时的激动，在当了三天秦王之后，就一命呜呼，猝然而死。成为中国历史上执政时间最短的君主之一。

功名富贵乃人的大欲望。人人都想活得潇洒一些，轻松一些，快乐一些，但终其一生也潇洒不了、轻松不了、快乐不了。他们被什么东西拴住了、缠住了、卡住了？这些东西就是功名富贵。功名与利禄成了人生的境界，似乎功名愈厚，人生也愈美妙。其实，功名也罢、利禄也罢，都是一张用花环编织的罗网，只要你钻进去了，就无法自在逍遥。没有功名利禄，又想得到功名利禄；得到了功名利禄，又想得到更大的功名利禄；得到了高功厚禄，又怕失去了功名利禄。世人只知功名利禄会给人带来幸福，岂不知也会给人带来痛苦与祸患。为了功名利禄，人们去劳心、劳神、劳力；为了功名利禄，人们去计划、忙碌、奔波；为了功名利禄，人们去怀疑、欺诈、争斗；为了功名利禄，人们去耍阴谋、施诡计、拍马屁。真可谓求功名、求利禄、求富贵，泯灭了人生本质，误尽了天下苍生！

秦王政用王翦吞并六国

才智超群的人广博、豁达，自然不会急躁、轻狂，丰富的知识使得他们思想深沉，涵养有素；气节坚贞的人壮怀激烈，应当修德以养性，融解自身的偏激。君子为人处世，不轻易表现出喜怒无常。有喜怒，则自己的心思、好恶皆被他人所掌握，感情用事则正是受外物所牵累的表现。

秦王政十八年，王翦率兵向赵国发动总攻，消灭了赵政权，赵王迁投降了秦国。

接着，王翦又指挥王贲所部，对燕国展开了全面攻势，致使燕王喜远逃辽东，燕政权名存实亡。

这样，三晋中的韩、赵已纳入秦国版图；残燕和梁魏唾手即得。东部齐国遭受齐燕争战之苦，国力衰弱，入主齐国指日可待。由此观之，秦国唯一的劲敌则是南方的楚国。

因此，秦王政在灭燕后，将军事打击重点集中在南部的楚国。但在对楚用兵问题上，王翦与秦王政有较大的分歧，造成了秦王政对王翦的一度不信任。

其实，楚国在楚怀王事件之后，国势每况愈下，日渐衰落，已失去了往日霸主的雄风。然而，百足之虫死而不僵。特别是楚国地方割据势力严重，各部族都有一定独立作战能力。再加上有幅员辽阔的疆域和丰富的人力物力资源为后盾，形成了可以抗衡秦国的能力。若秦国要彻底击败楚国，就必须尽国力而行事。

秦王政在伐楚问题上犯了个大错误。一来他手里没有多少可征调之兵，因为新占领的赵、燕地区需要驻军防守；再者将秦国所有兵力托付一人，他又心存顾忌。因此，他怀着侥幸的心理，希望能以较少的兵力赢得伐楚的胜利。

在讨论攻楚方案会议上，秦王政看中了年轻的大将李信。他问李信：“如果由你来主持这次伐楚战争，你需要多少人马？”

李信回答：“也就是二十万吧！”

秦王政又将目光转向王翦，说：“你觉得呢？”

王翦说：“照我估计非六十万不可。”

秦王说：“王将军年老了，也不应如此胆怯。还是李将军年轻有魄力，就依李将军吧！”

于是，秦王政拜李信为大将，蒙武为副将，带领二十万人马往南方去。王翦托词有病，告老还乡休息。

此间，秦王政又任命王贲为大将，率军士去攻打魏国。王贲命令大军将大梁团团围住。时值阴雨连绵，河水猛涨。王贲让士兵决堤灌城。大梁不攻自破。魏王假被俘，魏国灭亡，秦国在魏的辖地设立三川郡。

出乎秦王意料的是，攻楚的大军却遭受致命的打击。李信和蒙武兵分两路，一路攻打平舆，一路攻打寝丘，约定会师城父。李信攻下平舆后，一直打到西陵，与楚国大将项燕相遇，由于双方力量悬殊，李信的军队被打得大败。有七名

都尉被杀死，士卒死伤无数，秦军只得退回秦国境内。

秦王政闻讯大怒，将李信革了职，并骑马兼程到王翦家乡，亲自请王翦出马。

王翦推辞说："我已经老了，大王还是另请别人吧！"

秦王政说："上次是我错了，这次非将军亲自出马不可，望千万不要推辞。"

王翦说："那么，还是非要六十万人不可。"

秦王政说："好吧，就照将军说的办。"

公元前224年，秦王政动员了全秦的力量，集中了六十万兵力，亲自送王翦出征。

一年后，王翦的部队擒获了楚王负刍，楚国正式灭亡。

同年，王翦又率军降服了越君，设置会稽郡，统一了长江流域。

王翦之子王贲在灭燕后，又挥师南下，兼并了最后一个诸侯国——齐国。

这样，在公元前221年，几十万秦军攻打齐国时，长驱直入，如入无人之境。齐国的军队根本没作抵抗，临淄很快就被占领了。齐国也就宣告灭亡。

从公元前230年灭韩开始，秦王政用了十年工夫，吞并六国，结束了长期的分裂割据局面，在中国历史上第一次建立了统一的中央集权制的封建国家。

贪得无厌的人，给他金银还想得到珠宝，封他公爵还想封将相，这种人虽身居豪富权贵之位却等于自甘沦为乞丐。"得寸进尺，得陇望蜀，"贪得无厌，被铜臭包围，将自己变成财富的奴隶。为财富不择手段，为权势投机钻营，这种人只会受世人讥笑；自知自足的人，即使吃粗食野菜也比吃山珍海味还香美，穿粗布衣也比穿狐皮裘还要温暖，这种人虽说身为平民，实质比王公贵族还要高贵。

干大事有成功也就有失败，功劳越大祸患来得越快，须知"位高震主"，手握倾国之兵权的王翦极能明白此理，不仅抑制住居功自傲目空一切的心态表现，而且绝不"伸"出志向来，为儿孙留条后路。

霍光受命托孤

一个生长在豪富之家的人，丰富的物质享受，会令人养成各种不良嗜好及喜欢作威作福的个性。不良的嗜好对人的危害好似烈火，专权弄势的脾气对心性的腐蚀如同火焰；假如不及时给一点清凉冷淡的观念缓和一下其强烈的欲望，那猛烈的欲火即使不将其烧得粉身碎骨，也会使其贪心"贪"完自己。正如老子所说："祸莫大于不知足，咎莫大于欲得。"所以人们必须加强自身的道德修养，缓和自己的贪欲，尽量避免"伸过头""蛇吞象"的现象出现，如此才能潇洒地走完人生历程。

霍光是骠骑大将军霍去病的弟弟，汉武帝时，他做了大司马，大将军，权重一时。武帝去世时，他接受遗诏辅佐太子，以托孤大臣的身份，主持朝政，皇帝对他都有几分敬畏，举国上下都把他看成国家最高领导人。

14年后，年轻的昭帝病逝，没有留下亲骨肉，霍光和群臣拥立刘贺做了皇

帝。刘贺是个淫棍加笨蛋，霍光建议废除了他，又迎立刘询做了皇帝。在这走马灯似的换皇帝的过程中，霍光起了十分重要的作用，于是他在朝廷的地位也越来越高，简直炙手可热，他的亲属朋友亲戚们借他的赫赫威势也飞扬跋扈起来，渐渐引起了许多人的不满。

刘询本来已有妻室，他感念结发妻原先不嫌弃他贫贱，立了她做皇后。霍光的夫人显女士利令智昏，嫌霍家的势力还不够大，一心要把女儿扶上皇后的位置。她派人毒死了原来的皇后，硬把自己的女儿嫁给了刘询，做了皇后。这样霍家的权威如虎添翼，如日中天。在霍光死后，仍然把持朝廷军政，女儿做着皇后，儿子、女婿们担任军界和政界的官职。

刘询收到许多报告，是揭露霍家罪行的，考虑到霍家对自己的威胁，于是他开始削弱霍家的权力。

眼看着霍家走着下坡路，握惯了大权用惯了大权的一家人不禁惶惶不可终日，最后商量出废除刘询的一不做二不休的办法。发动政变的重要机密竟被泄露，刘询下令逮捕了霍家老小，显女士和她的儿子、女儿、女婿们全部被处死，受株连的有一千多家。

霍光是一位极其谨慎的人。他受命托孤，确立了自己的地位，后来为了天下的利益废除笨蛋加淫棍的皇帝，更是加强了自己的权威，但他并没有倚权自重、为非作歹。只是霍光的家人为权力所惑，陷于追求权力的泥潭不能自拔，不满足于已经极盛的权威，却想做皇帝，最后的结局一定只能是悲剧了。权力中毒太深，人的忍受系统免疫力就会逐渐受损。显女士和他的儿子、女婿们疯狂追逐权力，权利的双刃剑却毫不客气地刺向了他们自己。

欲望是很难满足的，俗话说："人心不足蛇吞象。"越是贪婪地追逐、满足私欲，就等于把那把双刃剑磨得越来越锋利，最终会害了自己。不如学学张良，位居列侯之中，功成身退，放下人间的事情，跟从黄石道人云游而去。把功名金钱等人间的荣华富贵视为身外之物，就差不多能做到"明哲保身"了。

人生的一切欲望，归纳起来不外乎是精神欲望和物质欲望。为了满足这两种欲望，相应地产生了两大追求——精神追求和物质追求。庸人、小人把物质欲望当作人生的全部，因此对精神欲望的追求不高，有识之士精神欲望则相当强烈。所以说，追求功名利禄时不要抢在前面，当进行品德修养创立事业时不要落于人后，享受物质生活不要超过一定的范围。

完颜亮之"忍"丧失天良

过于坚硬就会折断，过于柔软就会卷曲。金属过于坚硬就容易折断，皮革过于坚硬就容易破裂；领导者过于残忍、武断，大祸必然到来。灾祸的降临是从萌芽开始的。出现祸乱的萌芽，如果不加警觉，不加防范，后悔就迟了。

岳飞被害死后，宋朝再也没有能常打胜仗的人了。金国的宰相完颜亮自觉劳苦功高，看皇帝也看不顺眼，老觉得讨厌，便把完颜亶杀掉了，自立为皇帝，反

正金朝乃番邦异族，不玩礼仪游戏，更何况礼仪讲了几千年的汉人不是也老搞篡权夺位的那一套吗？完颜亮比起他们，真如萤火之比月亮了。完颜亮的手段其实是向汉人学的，他并没有在这个方面申请专利的资格。比如武则天上台后大杀李氏，连儿子、女儿也毫不留情，还收录了几个面首中队。完颜亮上台后，将那些开国元勋们，如完颜斡里不、完颜粘没喝、完颜兀术等人的后裔，不管老少，功劳多少，杀得个精光，但将他们的老婆、女儿，统统纳入后宫，供他淫乐。这一大帮人，都是完颜亮的叔母、姑妈、姐妹辈，但他已是贵为天子了，早和这大帮人脱离了血统关系。"率土之滨，莫非王臣"，既是臣子，以自己的身躯侍奉皇帝，也就不存在乱伦关系了。即使乱伦，死后堕入十八层地狱，完颜亮也受得了，忍得住。他的姓就是没脸皮，还有什么不能忍住的。

完颜亮还大兴土木，修建了新的首都。宋朝有一个书呆子，叫柳永，写了一首词，中有"三秋桂子，十里荷花"之句，被完颜亮看到了，顿生无限羡慕之意，自己的土地上黄沙遍地，尸横遍野，哪有江南那种锦绣繁华。脑子一热，便下令发兵江南，征讨宋朝。他的母亲徒单太后稍稍说了几句反对的话，便被力大如牛的完颜亮夺过卫兵手中的狼牙棒，将母亲活活打死。

完颜亮率兵60万人，一路所向披靡，毫不费劲地就攻到了安徽和县，然后令60万旱鸭子们收集船只，准备南渡长江。谁知虞允文带着残兵败将，驾着捉泥鳅的小船，蚂蚁似的出江作战，打败了完颜亮的第一次进攻。完颜亮勃然大怒，将败退回去的金兵全部赶进江中喂鱼，自己带领大军，来到下游的瓜州准备渡江。谁料想根据地大本营的人早已忍无可忍，趁他远在江北，发动政变，拥立完颜雍为帝。消息传来，完颜亮深感不妙，怕受两面夹击，命令士兵强渡长江，江没渡成，金兵还死伤惨重。完颜亮不但不安抚士卒，反而残暴地斩杀败兵，结果大部分士兵溃退回国，部分士兵趁夜杀死完颜亮，揣着他的头回国报功升官去了。

忍有多种。完颜亮之忍，实是一种残忍，丧失天良，灭尽伦理，残忍得连猪狗都不如。秦始皇残忍狂暴，自己没受到报应，却报应到子孙身上。贾庄自以为杀掉了赵家三百余口，最终仍然死于黄乳之手。俗话说天网恢恢，疏而不漏，忍可以换来成功和幸福，再不济也足以保身，颐养天年，而强以救"伸"则必遭覆灭。愿世人戒之。

老子说：名声与生命相比较哪个更亲近？生命与财产相比较哪样更贵重？得与失相比较哪样更有害？过于爱惜必然要付出很大的耗费，过于积藏财富必然会导致更加惨重的损失。所以要意识到：知足就不会招到侮辱，知道适可而止就不会遇上危险，因此就能够保持永久的平安。

老子说：五彩缤纷令人眼花缭乱；五种嘈杂的音调令人听觉失灵；五样增强食欲的胃口，令人舌不识味；纵马驰骋狩猎令人心情激动发狂；难得的稀世珍品，容易激起人们的贪欲而令人行为不轨。因此，圣人的准则是：只求得温饱和宁静而不追求声色娱乐。

朱元璋礼贤下士成大业

元朝末年，朝廷昏庸无道，各地贪官污吏横征暴敛，闹得民不聊生，纷纷揭竿起义。其中的义军领袖朱元璋顺应民心，广召天下英雄豪杰，决心推翻元朝统治，把民众从水深火热中解救出来。

朱元璋见各路英雄好汉应召而来，独缺一位运筹帷幄的领兵元帅，便召集众将举荐帅才。部下胡大海想到自己的姑表兄徐达，从小曾受高手名师指点，不光十八般兵器样样精通，而且熟读兵书，胸有韬略，可称天下奇才，只因不满朝廷的昏庸，因而隐居山庄，过着自食其力的田园生活。于是，便向朱元璋举荐。朱元璋一听喜出望外，当下备了一份厚礼，派胡大海前往，要他务必把徐贤士请出山来。

南京皇城午朝门

胡大海领命后，立即来到徐达的住处，说明了来意。谁料到徐达说道："多承贤弟美意，只是愚兄久居穷乡僻壤，一向孤陋寡闻。往日所学已荒废，怎敢担此重任？加之父母年迈，愚兄未进寸孝，怎好撇舍远离？因此实难从命！"

徐达这一番话，把胡大海说得从头顶凉到脚心。他知道徐达为人谨慎，他对朱元璋不大了解，怎肯轻易出山呢？于是胡大海又苦口婆心地劝说半天，徐达仍不点头。胡大海心想，不把徐达请出山，我的差就交不了哇！就干脆住下来，准备跟徐达"泡"到底。

第二天，胡大海又去徐达家"磨"他。可徐达的家人说，他有重要事情出远门了，胡大海明白这是徐达故意躲避出去了。这咋办呀？胡大海急得来回直转

圈子。他瞅了眼徐达家干净、整洁的四合院，猛地想了个主意。

这天半夜时分，徐宅突然起火，庄上的乡亲们从睡梦中惊醒一看，只见浓烟滚滚，烈焰腾空，火借风势，风助火威，直烧得棒竹林木噼噼啪啪，吱吱冒烟。大火一直烧了大半夜。好端端的一座徐宅，烧成了一片灰烬。

当徐达闻讯赶回来，得知自己年迈的老母竟葬身火海，直急得捶胸顿足，哭得死去活来。就在此时，只见胡大海骑着马气喘吁吁地赶来说道："表哥莫哭，赶快追拿强人，为姑母报仇雪恨要紧。小弟看得真切，这火是一伙强人所放，小弟追截了半夜，这伙人且战且退，无奈小弟身孤力单，只好赶回来叫人……"

徐达一听，急切地拉着胡大海就去追，嘴里还骂道："我非擒住这伙毛贼，碎尸万段，方解心头之恨！"

约莫追到天亮时分，前方果然看见有一伙人马在往南行。徐达一见，便打马猛追。那伙人一见有人追来，也加快了马速，直到徐达的马跑不动了，放慢了速度，前面的人马也慢了下来，好像在故意跟胡大海和徐达逗着玩。就这样追了好长时间，怎么也追不上。气得徐达干着急，没办法。

胡大海一看把徐达气得不轻，就劝说道："哥哥不要过分上火，谅他一伙毛贼也走不脱。这都怪你不听小弟之言，才闹出了今天这烧身大祸……"一句话提醒了徐达，他心里一动：莫非是胡大海请不动我因而设下的计？想到这，他一把揪住胡大海要问个明白。

胡大海这才赔礼告罪，把事情真相说了出来。原来胡大海见请不动徐达便想出了一个笨办法，他吩咐手下人连夜备好车辆，假装一伙强人闯进徐宅，将其姑母及嫂子、侄儿一并接走，又把所有值钱的东西装了几车，然后放了一把火，把徐宅烧个片瓦无存，好让徐达断了留恋故园之心。胡大海最后笑着说："老哥若想见俺姑母，只有随小弟去军营走一遭。"

徐达见事已到此地步，闹得自己无家可归，哭笑不得，只得长叹一声，随胡大海到朱元璋大营去了。

朱元璋见徐达确是经天纬地之才，于是拜徐达为三军大元帅。徐达见朱元璋果然礼贤下士，平易近人，也看出此人今后必成大业，方才相信胡大海所言句句是真，也就没有再推辞，一心一意帮助朱元璋出谋划策，领兵东征西战。

荀子说：有涵养的人，在心志宽广时，就敬重天道，遵循常规；在心志狭窄时，就敬畏礼法，自守操节；智虑所及，就精明通达事理，触类旁通；有智慧闭塞时，就老实诚恳地遵守礼法。当受重用时，便恭敬处事，不轻举妄动；不受重用时，便肃敬庄重；心情愉快时，便和颜悦色的办事；心情忧虑时，便静待守理；地位显赫时，就用文雅的语气阐明事理；处境穷困时，就用含蓄的言辞阐明事理。没有涵养的人则不是这样：他的心志宽广时，便傲慢粗暴；他心志狭窄失意时，就奸邪倾轧；受重用时，就逢迎巴结，傲慢不逊；不被重用时，就怨天尤人，阴谋活动；心情愉快时，便轻浮飘忽；心情忧虑时，便垂头丧气，胆小怕事；地位显达时，便骄傲偏激，不可一世；处境穷困时，便自暴自弃，颓唐没落。重"后天"，不说"入圣"，只谈"成仙"，说"登真"，"修仙"的事，说

"修真"，并且常说"返朴归真"，"反本归元"，也是说明这个道理。

禅宗教人一个最简单的原则是："不立文字，明心见性，立地成佛。"这里所说的明心就是本心、真心。所说的见性，就见这个"本性""真性"，除此之外别无他图。

这里的一切大机大锋，大体大用，大彻大悟，都是在寻求这个，领悟这个，了解这个。而历代禅宗大德中，大多数豪杰，也在这个根本之处参悟，在这里修养人生。确实，在天地间与人性中，只是一个好的流行，只是一个真的流行，只是一个美的流行。

一个人只要能抛弃自己的欲望，不受外界所扰乱，不被外物所引诱，不被外尘所迷惑，而保全生命中内在的、本来具备的真善美的神奇潜力，并将它扩充和发扬光大，便自然能产生无穷无尽的伟大力量，甚至能支撑天地，弥纶宇宙。

高士奇受康熙帝恩宠

下定决心去做一件事是容易的，但能做完一件事就不那么容易了。有些人，头脑一发热，没有估量到困难，但困难出现后，便退缩了；有的人，头脑冷静一点，估计到了困难，可没估计到困难有那么大，于是也退缩了。眼看与成功仅一步之遥，一纸之隔，就是挺不住，结果，前功尽弃。孟子说，一个人的作为就像挖井一样，挖呀挖，没水，再挖还是没水，眼看就挖到水了，却停下放弃了。有些人，也懂得屈伸之理，就是不依从这方面的道理去做，还有的人既想留种，又想留金。

高士奇，华亭人。少时家境贫穷，靠卖字维持生计，为纳兰明珠所赏识而推荐至内廷。

康熙帝非常喜爱他敏捷的才思，凡遇巡狩出猎都让他与羽林诸将一同随驾，所以他的诗中有"翡翠丛中列，鹅黄队里行"之类的句子。高士奇生性乖巧，善于揣摩他人心思，深得康熙宠爱。一日，康熙在打猎中坐骑突然失蹄，尽管没摔下来，但康熙被弄得很不高兴。高士奇听说此事，就故意将污泥涂到衣服上，催马来到康熙身边。康熙见他满身污泥，觉得很奇怪，就问他是何原因。高士奇说："臣刚才落马坠入污泥中，衣服还未来得及更换。"康熙听了哈哈大笑，说："你们这些南人身体就是孱弱。刚才我的马也突然失蹄，竟没有掉下去。"语言中露出几许得意的神情，刚才的不快早已忘到爪哇国去了。

高士奇随康熙南巡，在杭州的灵隐寺，寺僧跪求康熙赏匾额。康熙写"灵"字时，"雨"字头写得太大，下半部就不好写了，康熙犹豫半天落不下笔。高士奇灵机一动，在手掌上写下"云林"二字，假装替康熙磨墨，暗中将手掌亮给他看。康熙马上醒悟，即改为云林二字，所以灵隐寺又别号云林，来由就在于此。

当康熙游镇江金山寺时，寺僧也求匾额。康熙想了半天未动笔，高士奇连忙用一张纸写四个字呈给康熙。康熙打开一看是"江天一色"四色，康熙大悦，

立即挥毫而就，所以这四个字比其他地方所题匾额尤为精神饱满。

苏州的狮子林，亭台奇秀，曲径通幽，康熙游毕，赞之曰"真有趣"，并从高士奇所请，去"有"题"真趣"匾额。在其偏殿中，康熙与明珠、高士奇同站在一起，康熙笑着问："今儿我们像什么？"明珠抢着回答说："像三尊菩萨"。高士奇却跪下说："高明配天。"明珠至此时才意识到什么，不觉汗流满面。

高士奇的发迹，有一段鲜为人知的历史。当年，高士奇自己肩扛着铺卷进入京都后，即手书联扇遍赠朝中权贵的宠仆，以作为进身之阶。明珠府的司阍见他会写字，就请他去教自己的儿子。一天，明珠要写几封急件，仓促间找不到人，司阍就将高士奇召到明府代笔。顷刻间即完成了任务，明珠大喜，就让他在明府担任书记，后来入翰林，入直南书房，都是明珠出的力。

高士奇有些小聪明，身居显赫的权位之后，口袋也渐渐地满了，但他并不甘心做个"土财主"，而是用这些财富去交结康熙的近侍，来探取宫内皇帝的一举一动。内侍每报一声，高士奇就酬谢一颗金豆。他每次入朝时满荷包都装的是金豆，天黑退班时荷包全都掏光了。因为有这样一招，内廷的任何隐秘事都瞒不了他。

有时，高士奇侦察到康熙在阅读某一部书，就立即找来同样的书阅读。一旦康熙偶尔谈及此书，他也就能说出个大概来，所以更加得到康熙的宠爱。康熙曾经说过："廷臣中知识渊博并能和我论古的，非高士奇莫属。"

高士奇越受康熙的恩宠，别人对他的忌恨也就越深。高士奇最初因明珠的举荐才得以进入内廷，现在明珠却要反过来向他探听消息。每次入值归来，其府第前的小巷则被各部九卿的轿子塞满了，明珠也在其列。高士奇目不斜视，踏步入门，仿佛什么也没看见。诸贵客都派仆人去打听，回来报告说"在洗脸""在用餐"，过了一会，才传呼请明相国入内，两人总是要谈很长时间，其他大臣能相见的仅一、二人。第二天又重复如此，声势显赫异常。

也有谗言说，当初高士奇扛着被子入都，今天看看他的家资就可知全是招权纳贿的。康熙某日问及此事，高士奇跪着说："督抚诸位大臣因我蒙您的恩宠，以为馈赠的东西不少。实际上圣明威福从未旁落，我有何能耐参与过一字呢？在他们也并未得到好处，在我则是寸丝粒粟都是由恩遇中得到的。"康熙听了笑了笑，再也没过问此事。后来因为弹劾他的人太多了，康熙才罢了他的官。

无论是领袖，还是圣人、贤人、哲士，或是普普通通的凡人，都有自己的弱点，而且都有特有的弱点。掌管人、使用人的技术，就是制服人的这些弱点的技术。就像牛要穿鼻子，马要勒口一样。你如果把握住了人们的弱点，一切都能得心应手，称心如意。同时也要了解自己的弱点，你能利用别人特有的弱点，别人也会利用你特有的弱点。人们都是在相互利用，是使你成功还是失败，是得还是失，这就要看你利用的技术运用得如何。

人无时不在为着名，无时不在为着利。有为名甚于为利的人，有为利甚于为名的人，有既要为名又要为利的人。有名义上是为名，实际上是为利的人；有名义上是为利，实际上是为名的人。所以你不得不做精确细致的观察，从而使你利

用的技术有新的提高。

孙中山退位

时势造英雄，乱世出枭雄。聪明者善据时势，需要屈时就屈，需要伸时就伸，能屈则屈，能伸则伸。屈于当屈之时，是智慧；伸于可伸之机，也是智慧。屈是保存力量，伸是光大力量；屈是隐匿自我，伸是高扬自我；屈是生之低谷，伸是生之峰巅。有低谷，有峰巅，一起一伏，犬牙交错，波浪行进，这才构成完满丰富的人生。明智者，在"退让"中求发展，绝不会拘泥于一着。

1912年1月1日，所有热爱自由的中国人都永矢不忘的一天。上午10时，孙中山偕各省代表由上海乘沪宁线专车赴南京。下午5时，汽笛一声长鸣，火车驶入了下关车站。当晚，孙中山到达总统府所在地——旧两江总督署。晚上10时举行总统受任礼，改元为中华民国元年。

中国的君主专制从此结束。

孙中山没有忘记举行祭祀天地祖先的仪式。他带着一群同甘共苦的党人，亲自到明太祖孝陵拜祭。孝陵在钟山之阳，当年诸葛孔明登临此山，意味深长地说了一句"钟山龙蟠"；据说晋元帝曾看见山上有紫气缭绕，因此又把钟山称作紫金山。风水学认为这里是"众山之杰"。康熙年间，洪门五祖立下"反清复明"、恢复炎黄甲胄的宏愿，在经历237年之后，终于由洪门的弟子实现了。

孙中山站在钟山北麓，眺望茫茫大地，一时间胸中血气沸腾，不能自已。

然而，人们很快发现，真正掌握北方局势的人是袁世凯，而非孙中山。袁世凯手里有一张王牌，就是他能够左右

广州军政府大元帅孙中山身着戎装

北京那个小朝廷，他以制造军人骚乱和拉拢党人的办法，使不少人相信：孙中山无法驾驭各个党派，使之协调一致。

事实上，孙中山对领导这样一个混乱、衰败的国家，确实缺乏思想准备。有

一次安徽军人索饷，孙中山随手批了20万元，但当时财政部的金库里只有10块大洋。孙中山对此竟一无所知。不仅如此，在外交方面临时政府也一筹莫展。外交使团对孙中山并不看好，他们宁可留在北京，因为北京是袁世凯的地盘。

不久，孙中山便痛苦地意识到了这一点。这是一场艰苦卓绝的斗争。几乎所有的老党人都反对继续战争，黄兴断然表示："就算和议不成，我也不能下动员令，如果先生一定要打，我只有切腹以谢天下。"只要宣统退位，一切条件均可接受。这是残酷的现实。孙中山必须让位于袁世凯，尽管他们都看出此人是一代枭雄，但迫于形势，也无可奈何。在经过痛苦犹豫之后，一心想独揽大权、推行三民主义的孙中山，被迫让位，但条件是废黜宣统皇帝和定都南京。

袁世凯一口应允。2月12日，宣统皇帝退位。紧接着孙中山向临时参议院提出辞职，并荐袁世凯以代。但袁世凯宣称他的国家元首职位，是受命于清皇室，而不是民国。孙中山觉得被自己的同志出卖了。一种愤怒而屈辱的感情压在心头。

4月24日孙中山抵达香港，换乘兵轮，次日下午抵达广州。省城万人空巷，热烈欢迎这位下野总统。

孙中山的南下，对于北方政府来说，并不是一件好事。虽然孙中山一再表示下野之后将致力于中国的铁路建设，但没有人相信他真的会把精力投放到经济问题上来。

袁世凯邀请他到北京一晤。孙中山慨然答应了。"你不能去"，人们吃惊地劝他，"袁世凯这人是个大枭雄，什么都做得出来。只怕你进了北京就出不来！"

"此行不外是调和南北感情，"孙中山微笑着说，"至于外交、财政、内政各事，如果袁总统有问，我一定会尽我所知告诉袁总统；如果他不提起，我也不会过问。"

8月18日，孙中山启程北上了。8月24日，孙中山由天津入京，受到极其隆重的欢迎。当他乘坐的专车驶入前门车站时，军乐队奏着欢快的乐曲，儿童队伍唱着欢迎歌，礼炮轰鸣，人们挥动着帽子，掌声雷动。孙中山乘坐一辆金碧辉煌的朱轮马车，车内衬着黄缎，驾以白马，前有30名骑兵开路，后有几十名军警拥护，从正阳门直入迎宾馆。

继孙中山晋京之后，黄兴、陈其美等人也联袂北上。他们和袁世凯举行了十几次会谈，话题无所不包，但最重要的还是经济问题。孙中山向袁世凯谈到了引进外资、修筑铁路、平均地权等问题。袁世凯几乎一律表示支持。这反倒使孙中山觉得十分奇怪。

关于铁路，孙中山说他打算在10年之内，筑20万里的铁路线，"纵横五大洲之间"。

"嗯，嗯，"袁世凯问道，"听说你计划借外债来建铁路，是吗？"

"是的，"孙中山用热情洋溢的语气说，"20万铁路之费，可由十大公司自行借外债。铁路初归民有，40年后收归国有。事权不落于外人之手，国家不负债务，到期收路，不出赎资。"

"那很公道，那很公道。"袁世凯摸着光光的脑袋说。

"总统是带兵出身的，"孙中山说，"自然应该明白，铁路与练兵，应以铁路为先。无路，有兵也用不上。"

"有道理，有道理。"袁世凯大笑。

9月16日，孙中山、黄兴和袁世凯共同协商，制定了8项《政治纲领》：一、立国取统一制；二、主持是非善恶之真公道，以正民俗；三、暂时收束武备，先储备海陆军人才；四、开放门户，输入外资，兴办铁路矿山，建置钢铁工厂，以厚民生；五、倡资助国民实业，先着手于农林工商；六、军事、外交、财政、司法、交通皆取中央集权主义；七、迅速整理财政；八、竭力调和党见，维持秩序，为承认之根本。

孙中山和袁世凯还达成了一项君子协定，即南方对北方的中央行政不加干预，但北方对南方在经济建设方面的用人也不要干预。

如果这8项政治纲领真的能付诸实行，将是一次由南方人发起的大规模的"经济北伐"，由于强调开放门户和引进外资，给中国社会带来的冲击肯定比洋务运动，以及所有的军事北伐更为巨大和深远。

可惜，由于政治局势一直动荡不安，南方既没有从事经济建设，袁世凯也不能遵守自己的诺言。

做事业有成功就有失败，一个人如果能洞悉此中规律，凡事就不会过于求得成功。事业之中，总有些无法解决的问题，总有些无法做到的事情。一句话，总有限定，总有不如意，总有失败。怎么办？在尽了一切努力之后，就是平静地接受那必然到来的最后的结果和事实。总的说来，随时势可屈可伸，柔顺如蒲席，可卷可张，这不是胆小怕事；刚强、勇敢而又坚忍不拔，不屈不挠，这也不是骄傲暴戾。

刘恩源与刘定五之争

为人处世必须学会谦恭、礼让，不可处处都想占先取胜，不可事事都想露上一手，遇到难行之处退一步则会海阔天空。人生得意之时也应把功劳让与他人一些，不可居功自傲，得意忘形。何况人类的情感复杂多样，人心的变化也是奥妙无穷。今天以为是美的，明天可能认为是丑的。所谓"人情冷暖，世态炎凉"也就是"人情反复，世路崎岖"之理。尤其是世道多险阻，人生到处都有陷阱。人生之路有高有低，有曲有直。当你受到挫折时，必须鼓起勇气做人；当你事业发达时，也不要忘记贫穷之人，这样就可防患于未然。知退一步之法，明让三分之功，不仅是一种谦让的美德，也是一种安身立命的善措。可是过分的谦让，就会变成卑躬屈膝、处处讨好，如此就会给人一种用心机的感觉。

冯玉祥带头向当时的财政部长刘恩源索取军饷。刘恩源答应在三五天之后一定解决。

"三五天后，如果还筹不到钱，怎么办？"王怀庆追问。

国学经典文库

刘恩源猛地跺着脚，"如果爽约，我就辞职，以谢在座各位！各位不妨另觅贤能，以图善后。"

"放屁！"冯玉祥勃然大怒，气势汹汹地说："我们是来索饷，财政总长辞不辞职，关我们屁事！刘总长爱干不干，我们全管不着，只知道财长在位一天，就要负筹款之责。如果我有用人之权，早就把这种财长换了。"

"刘文泉（刘恩源字）固然不懂财政，"张绍曾悲哀地长叹一声，"但试问中国财政，就是请行家来管，又有什么办法呢？"

"财政总长简直不能干，"刘恩源气愤地说，"一天到晚东也要钱，西也要钱，谁也没本事应付。像胡笠僧这种土匪，也是再三地来要钱。国家拿钱养土匪，真是从哪里说起！"

刘恩源是河北河间人，早年在天津武备学堂肄业，又到德国留学，回国后一直碌碌无为，担任咨议、参事、顾问一类闲职，后来投到曹锟麾下，极获宠信，才开始平步青云，成为保定系的干将之一。

而胡景翼虽是刀客出身，但现在已经投到吴佩孚的旗下，是一名骁勇善战的猛将。刘恩源把胡景翼骂作土匪，在洛阳系的耳朵听起来，就等于骂吴佩孚一样。

农商总长刘定五"呼"的一声站起来，用手指着刘恩源大声说：

"今天们要先讨论一下财政总长的话。他既然说胡笠僧是土匪，国家为什么要养土匪？我们应该请总理下令讨伐这个土匪；如果胡笠僧不是土匪，我们也应该有个说法，不能任意含血喷人，不问事实！"

会议厅爆发出一阵低语声，旁听的军官们也笑了起来。刘恩源的脸最初发白，然后转红，最后变成紫色。

"我们还是先讨论别的问题吧。"张绍曾干咳了两声说。

"不行！"刘定五咄咄逼人地叫着，"今天一定要先弄清胡笠僧是不是土匪这个问题！这是关系到国法的大问题！"

刘恩源保持着僵硬的笑容，希望这次事件只是一次玩笑，但他觉得脊背已经被汗湿透了。

"噢"，他艰难地说，"我刚才不过是说了一句玩话，何必这么认真呢？"

"这里是堂堂的国务会议会场，不是说玩话的地方。要解决这件事，只有两个办法，一是请刘总长发个通电承认自己说话等于放屁：二是请总理下令讨伐胡笠僧。"

刘恩源的心一阵可怕的紧缩，他一咬牙，一跺脚，走到刘定五面前，深深地鞠了一个躬，大声说："好好好，你算祖宗，我那话简直是放屁！请你饶了我，好吗？"

人们的惊奇已经达到顶点，谁也没有料到刘恩源会说出这么一番话，会场上扬起一片嗡嗡的嘈杂声。这次事件虽然以闹剧的形式过去，但保定系和洛阳系之间的裂痕，已经如此清楚地呈现在冯玉祥的眼前。

对待他人的错误和过失应多加宽恕，可是自己有过失和错误时，却不可宽

恕；当自己受到屈辱时，应尽量忍受，可是他人受到屈辱时就要设法帮他消除。

冯、阎歃血为盟

选择朋友第一件要紧的事，就是必须选择志向远大的人，第二点就是选择气味相投的人。所谓气味相投的人，也就是指志同道合的人；所谓志向远大的人，也就是在事业上可以做终身益友的人。

君子先选择然后才交友，所以少忧。小人先交友然后再选择，所以多怨。与其不欢而散，还不如谨慎地相交于开始。朋友是五伦之一，在事业上也可以说是很重要的一环。《说文》中说："朋友，就是感情的象征。志同道合就可以结为朋友。"《易经》上说："同声相应，同气相求。"所以说，志同道合，意气相同的人，就会结交成真心的朋友。

一般来说，有益处的交友有三种情况，有害处的交友也有三种情况。同正直的人交友，同诚信的人交友，同见识广博的人交友，这是有益的三友。同惯于走邪道的人交友，同善于阿谀奉承的人交友，同惯于花言巧语的人交友，这是有害的三友。

《礼记》上说："与君子交朋友，就像进入了芝兰花圃，时间长久了，就闻不到它的芳香，也就是与它同化了，与小人交朋友，就像进入了鲍鱼铺子，时间长久了，就闻不到它的臭气，也就是与它同化了。"所以交正人君子为朋友，就可以说是一生的幸福；交邪恶小人为朋友，就可以说是一生的祸害。因此，交朋友不得不慎重地审度与选择。

近朱者赤，近墨者黑。所以谯周说："交友的方法，最要紧的是清楚明白，沾染上了红色就变为红色，沾染上了蓝色就变成了青色。"又说："交朋友得到了门道，就是千里同好，稳固得像胶漆一样；交朋友不入门道，就会同室操戈，形同水火。"

冯玉祥被阎锡山以商谈合作为由软禁起来，西北军将领们天天开会商讨对策，对阎锡山骂不绝口。鹿钟麟甚至在秘密地调兵遣将，准备一举攻入山西，营救冯玉祥，把阎锡山彻底解决掉。

虽然冯玉祥一再通过秘密信使，叫西北军必须坚持反蒋，但鹿钟麟认为不救出总司令，反蒋只是一句空话。

"我再也不能等下去了！"鹿钟麟激愤地对其他将领说，"我一家伙杀入山西去，管他三七二十一！"

以什么名义向阎锡山宣战呢？

鹿钟麟列举了向山西动武的三大理由：一、连年内战，阎锡山是个祸首；二、西北军必须以西北为根据地，如果不除掉阎锡山，不把山西拿到手，西北军就永远会受威胁；如果西北军占有了山西，则进可攻，退可守；三、西北军决不能看着自己的总司令被软禁而无动于衷，要救冯玉祥，就必须和阎锡山兵戎相见。

西北军能打得过晋军吗？这是一个至关重要的问题。

"妈的，老子找老蒋去。"鹿钟麟叫道。

西北军的代表秘密入京，向蒋介石表示，西北军愿意和中央通力合作，把阎锡山驱逐出山西。蒋介石说，如果西北军真有这个决心，中央一定全力支持。尽管当时蒋介石的代表正在太原和阎锡山秘密谈判。

石友三的队伍开始从平汉线向石家庄方向移动了。阎、冯之间的一场恶战即将爆发。但由于机密泄露，阎锡山已经得到了情报。他问冯玉祥："你究竟卖的是什么假药？还说和我合作再谈下去，西北军就占了太原。"

冯玉祥大惊失色，连忙申辩："这件事我完全不知道。"

阎锡山佯笑着说："那大概是你的部下自作主张了。难道他们一向喜欢自作主张吗？"

冯玉祥的脸一下子涨得通红，竟半天说不上一句话来。

"这几天，"阎锡山慢腾腾地说，"南京的代表天天坐在我的办公室里不走，叫我就近把你给解决了。我没答应他们。为什么？不就看在咱兄弟的情分上吗？蒋介石可以不讲交情，可咱们不能不讲啊！你说是吧？"

冯玉祥"呼"的一声站起来，拧着脖子高声说："我当然是和阎先生合作到底，反蒋到底！现在事态紧急，请阎先生相信我，放我回去，我去说服他们。如果阎先生不相信我，就当是我叫他们打山西的吧。但我冯玉祥绝不是这种背信弃义的人！"

阎锡山感动得热泪盈眶，一把抱住冯玉祥，两人竟跪在地上放声痛哭。

"从此以后，"阎锡山咬着牙说，"咱们同生死，共患难，反蒋到底。"

"我们永远是好兄弟。"冯玉祥哽咽着说。

冯、阎二人当场歃血为盟，结为兄弟。阎锡山给了冯玉祥一批子弹和20万现款，连夜派车把冯玉祥送到风险渡。

交朋友贵在以道相合，以义相聚，以信相守，以心相应；贵在互相敬重、互相信赖、互相体谅、互相爱护、互相帮助。而最要禁忌的是，以权势、利害相交。《史记》中所说："以权势、利害相交合的朋友，权势倾倒，利害已尽必然疏远。"

以势力相交的朋友，势力倾倒就会绝交；以利益相交的朋友，利益没有就会疏散；以富贵、功名相交的朋友，富贵、功名的利害相同就会结合，富贵、功名的利害相背就会离开。唯有以道义相交，性情相交，肝胆相交，真诚相交，才会深切长久，才不至于被富贵、贫贱、患难、利害所分离。

欧阳修说："不就利，不为害，不强交，不马虎绝交，只有怀道的人才能做到。"如果不能互相操守大道，互相勉励大义，互相守住忠信，互相以心相应，互相劝导为善，互相规范于过，互相砥砺以廉，互相鼓励以耻，却只是互相装饰，互相凭借引援，互相以朋党相利用，互相以比周相给与，就是朋友满天下，誉称天下，也是庸俗之辈。即使功成名就，显身扬名，也是奸雄狡诈之徒，也无益于人民，无益于社会。所以孔子说："君子讲求和谐而不同流合污，小人只求

完全一致，而不讲求协调；君子相聚在一起而不勾结，小人是为了勾结才相聚在一起。"曾子说："君子以文章学问来交朋友，依靠朋友帮助自己培养仁德。"

周恩来与张学良在延安谈抗日

宁静忍耐，是考虑事情的最好方法；从容稳重，是处理事情的最好方法；谦逊退让，是保护自己的最好方法。办事果断，心中就无所牵挂。也许有人会问："在什么时候决断呢？"答道："谋划之后要当机立断，行动之后要当机立断。"周恩来同志的一句话道破真谛——在真假抗日的实事上见真章。

1936年2月，中共的代表李克农、钱之光与东北军的代表王以哲、赵镇藩在洛川举行秘密会谈。很快便达成了一项口头协定，包括政治上东北军正式同意共产党提出的"停止内战，一致抗日"的主张；军事上双方互不侵犯，各守原防；经济上恢复通商，双方可以互派人员到对方驻地办货。协定从3月5日开始执行。

3月3日，张学良从南京述职回到西安，第二天便乘飞机飞赴洛川。他一下飞机就对共产党的代表说："我是来做大买卖的，搞的是整销，不是零售。"大家哄然大笑。

当天下午，张学良和李克农举行了正式会谈。窗外北风怒号，大家围着火盆，神情显得十分严肃。

"会谈开始的情况我都听了王、赵的报告，"张学良声调不紧不慢地说，"我认为很好，完全同意那几项协定。"他请共产党的代表谈谈对抗日战争的看法。

李克农侃侃而谈，说当前日寇烧杀掳掠，蹂躏人民，而蒋介石却搞不抵抗政策，给人民带来深重的灾难。我们都是中华儿女，应该枪口对外，收复失地。因此，两军不宜再对立下去，应该尽快联合起来，一致抗日。

张学良说，抗日民族统一战线，不包括蒋介石是不行的。蒋介石有国家政权、军队、财权，实力雄厚。抗日只有在蒋介石的领导下才能在全国范围内展开。

李克农说，抗日统一战线包括不包括蒋介石，这要取决于蒋介石本人。共产党的政策是"反蒋抗日"，而张学良则认为离开了"拥蒋抗日"的原则，就谈不上统一战线了。

周恩来（1898~1976），祖籍浙江绍兴，生于江苏淮安。

4月9日，中共副主席周恩来和张学良在肤施（延安）的一个天主教堂里举行了更高级的会谈。张学良再次强调拥蒋抗日的重要性。他说，只有法西斯主义能够救中国。中国应该有个领袖，实行法西斯专政，把朝野各党派的意志集中起来，把全国各方面的力量统一起来，像希特勒之于德国，墨索里尼之于意大利那样，才能够抗击日本的侵略，挽救国难。

周恩来一直保持着平静的微笑，他很留意地倾听张学良的讲话，然后以理解的语气说："副司令既集家仇国难于一身，也是集毁誉于一身的，副司令处心积虑要雪国耻报家仇的心情，只有我们中共党人了解你、同情你，并会帮助你。但可惜你的路子走错了。"

张学良的眉毛向上一挑，目光炯炯地注视着周恩来。

"什么是法西斯主义？简单说，就是军事独裁。袁世凯搞过军事独裁，失败了；吴佩孚要以武力统一中国，也失败了。谁想在空前国难中搞独裁，而不去抗日救亡，谁就是历史的罪人，民族的罪人，必然要失败。"

周恩来顿了一顿，继续说："至于蒋先生如果真能像副司令讲的那样，争取做到真正抗日，我们是可以联合他并拥护他的，但必须是真抗日，而不是口头上的假抗日。"

在这次会谈中，共产党表示出不一定要反蒋抗日，使张学良更加坚信拥蒋抗日是可行的。只要他想办法让蒋介石放弃内战的政策，共产党就再也没有反蒋的理由了，全国各党派的大联合也就有实现的希望了。

张学良和周恩来的会谈，达成了必要时和新疆、甘肃、宁夏结盟，形成四省抗日大联合，对蒋介石施加压力，迫其走上抗日道路。自从西北军、东北军和共产党接触以后，一股逼蒋抗日的正气，在西北渐渐弥漫起来。

达到了至诚的地步，诚挚当然还是诚挚，虚伪也会变得诚挚；没有达到至诚的地步，伪善当然还是伪善，就连诚挚也变得虚伪了。只有道德修养深厚的人，才能够用浅显朴实的语言说明事理；大凡言语晦涩、深奥难懂的人，都是道德修养肤浅的人。

公正能使人变得明智，诚挚能使人变得明智，从容也能使人变得明智。公正产生明智，是因为不被私心贪欲所遮蔽；诚挚产生明智，是因为没有虚伪烦忧；从容产生明智，是因为不会由于情感的波动导致事理混淆。

蒋介石以退为进

一个人越是有私心，就越难以为自己；越想有所为，就越不能有所为。如果你与全国人去争国家，与全天下人去争天下，与全事业领域中的人去争成败，结果必然是一无所获。

你如果不与人们去争，恬淡无为，反而必有所得，不争的争反而是争，所以老子说："深知什么是雄强，却安守雌柔的位份，甘愿做天下的溪涧。甘愿做天下的溪涧，永恒的德性就不会离失，回复到婴儿一样单纯的状态。深知什么是明

亮，却安守于昏暗的位份，甘愿做天下的模式。甘愿做天下的模式，永恒的德行就没有过失，恢复到不可穷极的真理。深知什么是荣耀，却安守卑下的位份，甘愿当天下的川谷。甘愿当天下的川谷，永恒的德性才能得到充足，回复到自然开端的朴素、纯真的状态之中。"

委曲便会保全，屈枉便会直伸；低洼便能充盈，陈旧便会更新；少取便会获得，贪多便会迷茫。这就是老子极力主张以柔克刚、以弱克强的阴柔手段。用无为治国，以不争天下而得天下为反策略。

经过多年的恩恩怨怨、风风雨雨，1938年10月22日，蒋介石、汪精卫、胡汉民三位巨头在上海见面了，当他们互相握手时，一股刺骨的寒意从掌心传遍了全身。他们用奇异的目光互相打量着。

胡汉民请汪精卫先发言。汪精卫干咳了两声，"这些年来，"他慢吞吞地说，"党内同志离隔，致使行动冲突。但都是为公，而不是为私。这次代表粤方同志来此，解决一切，共济国难。"

"唔，唔，很好。"蒋介石诚恳地点着头。

汪精卫说，粤方的意见大致可定三点：一、国府主席宜如德法总统，由行政院负政治责任；二、废总司令制；三、由一、二、三届中委任党事。

"我完全赞成汪先生的意见。"蒋介石以浓重的宁波口音说，"诸同志都是党中前辈，本人为后进，向来服从前辈。这次诸同志议定的办法，凡胡、汪两先生同意之事，我无不同意照办。我若不行，请大家严责。"

粤方代表拒绝立即入京。蒋介石也同意和会在上海开，并明确表示他个人的进退绝无问题。

然而，从10月26日天始，宁粤双方代表在上海举行谈判，但一连三天，龃龉颇多，进展不大。胡汉民发表低调谈话："和平会议前途，就近两日之形势观之，似仍陷于悲观。"粤方代表也在《申报》上公开批评："蒋先生谓两星期前曾有辞职之意，现已打消，决不辞职云云。"孙科、李文范、陈友仁三位代表乘机拂袖而去。

随后，南京、广东和上海几乎同时举行四全大会。南京的四全大会由蒋派主持，广东的四全大会由孙科等粤籍委员主持。不久，改组派代表一百多人到上海开会，也选出了一批中央委员。这时，汪精卫和蒋介石已经达成了秘密谅解，汪精卫主持党务，任南京政府行政院院长和国民党中央政治会议主席；蒋介石则主持对日军事和围剿共产党的战争。

11月21日，在南京的四全大会第九次会议上，恢复了过去在历次反蒋之役中被开除党籍者的党籍。蒋介石痛心疾首地说："各同志前以政治关系，开除党籍，但实际上并未叛本党。反对攻击者，系对我蒋某个人，故一切罪恶皆由我一人而造成。"

12月15日，蒋介石正式发表辞职通电。

至此，各地的中委才陆续入京。12月22日，四届一中全会在南京召开。蒋介石携夫人乘飞机抵达宁波，转乘汽车回老家奉化溪口去了。

　　临下野前，蒋介石已经把浙江、江苏、江西三省主席全部换成忠于他的军人，把南京的飞机汽油统统运到郑州，把警卫军几万人马调到杭州，把宁沪兵工厂的重要机器都拆运到洛阳，他的嫡系部队进驻河南、甘肃、宁夏、青海，严密监视着大西北。

　　天地以顺为动，所以日月就以四季更替而不差失；圣人以顺为动，所以刑罚清明而人民归服，这就是豫的伟大之处。

　　阴阳以顺则豫，天地以顺动而有规有序，圣贤以顺动就能正直，国家以顺动就能富强，战争以顺动就能取得胜利，全人类与天下所有万事万物以顺动就能宜而可止，达到至善。宜就适当，适当就诚实，诚实就不停息，不停息就久远，久远就宽厚，宽厚就高明。

　　宽厚就能承载万物，高明就能覆盖万物，久远就能成就万物。宽厚配于地，高明配于天，久远则无限。这样不见自彰，不动自变，不战自胜，不争自有，无为自成，无私自大。这就是顺应的功效。

　　作为领导来说，想要在历史上写上光辉的一页，最上乘的成功秘诀在于：以退为进，以守为攻，以小为大，以卑为高，以辱为荣，以屈为直，以不争为争。

　　这些方面，大概是不可磨灭的原理。历史上许多伟大的领导，不能保持这些，所以亡身败国的举不胜举。

　　老子的《道德经》始终贯穿着这个原理，总的可以归纳为：不大的大，才是最大；不高的高，才是极高；不德的德，才是上德；不争的争，才是上争；无为的为，才是至为；不治的治，才是至治。

　　只有透彻地明白它，它才神明。而用又在于人，成就也在于人。用它就觉得玄妙无比；保存它，又在于人心而已。

屈原的高洁气质

　　美丽清高的白莲花朵，"出淤泥而不染，濯清涟而不妖"。它丝毫不受外界环境的污染而改变自己的高尚节操。自古圣人多以莲花自喻，表现自己"世人皆浊我独清"的情怀。

　　老子说：应诺和呵斥，这相距有多少？美与丑，这又相差多少？人们所惧怕的，不可以不感到惧怕。这种风气自古以来就会这样，没有尽头。大家都纵情欢放、兴高采烈，就像去参加盛大的宴会，就像春天里登台眺望美景那种舒畅的样子，而我却独自淡泊恬静，无动于衷，从不自我炫耀。混混沌沌啊！就像初生的婴儿不会嬉笑。疲倦困乏啊！就像流浪汉无家可归。大众都能富有，而我却像一无所有。我真是一个愚笨心肠的人啊！大众都是那样的清醒，我独如此昏昧；大众是那么精明、苛刻，我独如此糊涂、淳朴。恍恍惚惚啊！就像茫茫的大海；恍恍惚惚啊！就像小船遇上狂风无处停泊。大众都有一套精明取巧的本事，我独愚钝无知。我唯独与众人不同的是，从生育天地、养育万物的母亲那里吸取养料罢了。

屈原是楚国的大政治家，伟大的爱国诗人。他出身于楚国贵族，学识渊博，善于外交辞令，二十几岁担任左徒官，与楚怀王商议国事，发布号令，对外接待宾客，应对诸侯。

楚国、齐国和西方的秦国是当时最强的国家。秦国力量比较强大，其次就要算楚国了。在秦楚争强的情况下，屈原主张革新政治，联合齐国，抵抗秦国，达到统一全国的目的，他提出合纵的政策。所谓"横则秦帝，纵则楚王"，连横策略胜利秦国就会称帝，合纵策略胜利楚国就统一天下，说明秦楚的斗争是很强烈、尖锐的。屈原的合纵策略是正确的，但遭到上层腐朽的保守势力上官大夫靳尚等人的嫉妒和反对。靳尚在楚怀王面前挑拨离间，破坏屈原的威信，说屈原每次公

屈原像

布法令后总是夸耀自己，说除了他谁也办不成。楚怀王的幼子子兰也在怀王面前进谗言。多疑的怀王逐渐相信，对革新事业动摇了，发怒而疏远了屈原。屈原被免去左徒官，改任为三闾大夫，只管些不重要的事情。屈原感叹地说："忠何罪以遇罚兮，亦非余之所志也"，即忠诚竟反而有罪免职，这是我所预料不到的。但屈原仍不灰心，并没放弃自己的政治理想。他发誓："亦余心之所善兮，虽九死其犹未悔！"就是说，我一心坚持自己的政治主张，即使九死而无一生也决不后悔！

屈原被疏远，秦国见有机可乘，便派张仪到楚国同齐国断交，秦国则愿意赠送楚中六百里土地。屈原揭露了这个骗局，劝告楚王不要上当。可是楚王仍然宣布了与齐国断交然后派人到秦国去接受赠地。张仪指着地图说："这儿六里地送给楚国。"楚使问："不是六百里吗？"张仪冷笑着说："楚王听错了，哪有六百里呢？"

楚怀王对这个骗局恼羞成怒，立刻出兵攻打秦国，结果两战两败。后来秦昭襄王做了国君，他给楚怀王来信，请他到武关（陕西丹县东南）相会，订立盟约。屈原劝告说，"秦国像虎狼一样，不可相信，千万不能去！"可是子兰则劝怀王去，说："不能推辞秦国的好意！"楚怀王终于到秦国去，果然被软禁于咸阳，要楚国大臣拿土地来赎回他。楚怀王忧愤成病，死在秦国。

楚国立太子为国君，是为楚顷襄王。子兰当了楚国令尹（宰相），继续说屈原的坏话。楚顷襄王就把屈原撤了职，放逐到湘南去。

战国时代，许多贤才在本国不能实现抱负，便周游列国，寻求知音的国君，以求实现自己的理想。屈原在被流放期间也想遨游天下，实现理想，可是出发时，他忽然在晨曦中看见家乡。车夫也感到悲伤，连车马都驻足了。他终于留下来，他说，就是死也要"狐死必首丘"，不愿离开祖国。屈原被流放长达二十来年，终年漂泊，过着非常艰苦的生活，但始终没有放弃自己的政治主张，决不向

腐朽势力妥协。他走遍了湖南湖北，接触了人民群众，怀着忧国忧民、愤世嫉俗的心情，写下了大量诗章。如《离骚》是他的长篇抒情诗，把现实和幻想交织起来。他在作品中上天下地、驰骋四方去追求他的理想，揭露黑暗势力的丑陋嘴脸，迸发出疾恶如仇的激情，表现了追求理想的坚贞意志和深挚的爱国之情。

楚国国势衰落了。公元前 278 年，秦兵南下，攻破了楚国郢都。他感到祖国濒临危亡，前途茫茫，自己已无立足之地，于是怀着满腔悲愤的心情，写下了诗篇《怀沙》。

五月五日这一天，屈原在长沙附近的汩罗江畔徘徊，面对江水，心潮起伏。他为自己政治理想的破灭和无法挽救祖国的灭亡感到绝望，仰望长空，悲壮地大声吟诵《怀沙》诗章："知死不可让，愿勿爱兮。明告君子，吾将以为类兮。""我知道面前只有死路一条了，为了真理我绝不吝惜自己的生命。光明磊落的君子啊，我将以你们为榜样。"然后，抱着一块石头，怀着一腔浩然正气，纵身跃进波涛之中。时年六十二岁。

屈原的正气、品格、爱国忠贞，历来被人们所敬仰和怀念。他的高洁气质与日月争光。唐代大诗人李白说："屈平词赋悬日月，楚王台榭空山丘。"《离骚》被译成各种文字，为世界人们所传诵。

至今到了农历五月五日，中国广大城市、农村都吃粽子。称为端午节。周处《风土记》说："仲夏端午，烹鹜角黍，进筒糭。"即将如鹜鸟（鸭）形的粽子放在竹桶里。《续齐谐记》说：屈原五月五日自投汩罗而死，楚人哀之，每至此日，以竹筒贮米，投水祭之。汉建武年，长沙欧回见人自称三闾大夫，谓回曰："见祭甚善，常苦较龙所窃。可以楝叶塞上，以彩丝约缚之。二物蛟龙所畏。"人们纪念屈原，用竹筒装米投入水中。后说被蛟得去了，便改成用楝叶包裹，用彩丝线缠上，以避咬龙，以后又用彩丝系在臂上避邪，令人不得瘟病。这个风俗还传到朝鲜、日本和东南亚各国。

划龙舟据说也是为了屈原。《荆楚岁时记》按语说："五月五日竞渡，俗为屈原投汩罗日，伤其死，故并命舟楫以拯之。舸舟取其轻利，谓之飞凫。"用轻快的舟，以最快的速度去抢救。就是划龙舟的由来。

正如李白所说，楚王的楼阁成了荒丘，屈原的正气却满乾坤，与日月争辉，与山河同在。

楚庄王励精图治

利是人们共同喜好的，害是人们共同畏惧的。追逐名利，人之常情。名利所在，往往祸害并存。利欲熏心，见利忘义，则灾祸必至。由此可知，利害生出得失，而得失又生出成败。愚笨的人常常困惑于蝇头小利而招致祸殃；聪明的人却能趋利避害，以义取利。利害之算，实为愚智之分也。

春秋时期，楚国国君楚庄王励精图治，国家渐渐强盛。

一天，楚庄王设宴，款待群臣，并要自己特别宠爱的美人为大家劝酒。天幕

低垂，烛光摇曳，君臣武将们喝得兴高采烈。突然，一阵大风吹过宫殿，所有的蜡烛同时都被吹灭了，宴席上顿时一片漆黑。

正在这时，那位在席间对酒的美人，不知被谁在黑暗中拽住了衣袖。她想喊，又不敢喊，走又走不掉。情急之中，她一把拉断了那个人的帽带，那人一慌，她才挣脱了身子。

美人跑到楚庄王身边，向他哭诉被人调戏的经过，并告诉他那人的帽带被她拉断，待蜡烛全被重新点燃后，一检查帽带就能把那个人抓出来。

楚庄王听了，心想：这可能是某个人酒后的一时冲动，如果为了显示妇人的贞节，将那人治罪，不仅把热烈的晚宴气氛全搅了，还会让人觉得自己宠美人而轻大臣武将，今后谁还愿尽忠效力呢？因此不应按美人的要求做。于是，他趁蜡烛尚未全部点燃，在昏暗之中大声喊道："在这丰盛的宴会上，诸位一定要开怀畅饮，谁的帽带要是还系得好好的，没有断开，谁就没有酒量!"

在座的人为了讨楚庄王的欢心，纷纷把自己的帽带者扯断了，等宫殿再度辉煌时，所有的人的帽还都是断的，调戏美人的人也就无从查处了。

此后，在一次围攻郑国的战役中，有一位武将奋勇当先，五个回合就斩下五个敌军的首级，令敌人丧胆，楚国在那次战役中大获全胜。据说，那位最勇猛的武将，就是在晚宴上被美女拉断帽带的人。

《周易·乾》中说：通过学习来培养自己的德性；通过质疑问难来弄懂自己不明白的问题。用对待事物的仁爱之心来支配自己的行动，并使天下百姓受到恩惠。这段话是讲进德修业的具体方法和待人处世的原则的。认为培养高尚的道德品质要通过学习的办法来解决，弄懂疑难问题要通过询问、商讨的方法来解决。为人处事必须遵循仁义的原则。这样，就可以给天下百姓带来利益。

人无不依赖自己的生命生存，但是却不知道自己的生命是什么；人无不依赖自己的知觉感知，但是却不知道自己的知觉是什么，这都是"心"不做主的苦痛。心如果不主宰自己的生命，就是黑白分明的东西在面前，眼睛也看不见；就是对着耳边敲响大钟，耳朵也听不见。受到蒙蔽的不是眼、耳，而是心中的良知。

敢于承担恶名的元褒

不思善不思恶自然就没有做好作恶，这种不落两边的心态就是心之本体，这种心体敢于自我承当，自我保持平衡，自我反省，这种平衡的心态就是"未发之中"。

何谓"至善"？不但没有恶，连善也没有，唯有事物的本源，自然之本体便是"至善"。明白了"至善"，那么为何在"格物"上下功夫，也就自然明白了。所以，人们不要拘泥于一事一物，事事物物都要顺其自然之规律，对自然环境的破坏是过，过分的修饰是偏，二者都不能"至善"。

心随五官追求外物，那么心中的和气就会受到污损，恶念即可能由此滋生；

得道的人，心能统领五官，外物变化而心中和气不会受到污损，和气存养于心，善念自然萌生。

元褒先生是原州的最高长官，那天，他正端坐在大堂之上，突然有一商人前来报案。原来商人在旅馆被盗，他怀疑是和他同住一室的人干的，于是把那人扭送到官府来。

元褒先生听取了双方的陈词，觉得原告缺少充分的证据，讼词中有不少是虚妄的猜测；再听被告的辩护，更觉得被告理直气壮，不像做贼心虚的样子，察言观色，又发现他的神色像受了冤屈，于是把被告放走了。

商人气愤不过，越级上告，把案子捅到了隋文帝那儿。商人控告元褒受了盗贼贿赂，放走了盗贼，为了端正风气，隋文帝命令纪律检查和监察部门官员去调查此事。携着材料带着尚方宝剑的调查团很快开到原州。

原州上下风波顿起，大家猜想，元褒是个清廉的好官，绝不会受贿释盗；但案件明摆着没有了结，不知道谁会遭殃了。

团长找到元褒，希望他能讲实话，以便把事情的真相弄清楚，而且暗示即便他犯了错误，只要能找一个替罪羊，也可以不予追究。元褒告诉调查团，盗贼确曾贿赂过自己，所以把他放走了。自己犯了受贿罪和渎职罪，理应二罪并罚，判个三年五载的。

既然这样，调查团只好把他带到京城。很快，他被免除上官职。朝廷上下都讨论元褒的错误，案情通报一直发到了最下边。一时间，朝野哗然，元褒形象一落千丈。

过了不久，抢劫商人的真正罪犯在其他地方被抓获。一件悬案水落石出，元褒的冤案也很快得以平反，元褒的名誉得到恢复。其自诬的风范、清廉的美德流布四海之内。

文帝很是感动，又颇疑惑。他问元褒："爱卿，你是朝廷重臣，德隆望尊，当初何必为一件小事面损害自己的名誉和地位呢？如果不是老天有眼，你岂不是要一辈子背着黑锅？"

元褒坦然地说："我也不愿平白无故地受冤屈，因为我是原州的父母官，盗贼在原州为非作歹，这是我的第一条罪状；本州的百姓受诬告，不把他交给司法总门，却把他放了，说明我法制观念太差，是我第二罪状；第三，尽管我对这案子判断正确，但找不到真实凭据，是我办事无能。我有这么多错误，怎么能够不引咎自责呢！再说，如果我不说自己受贿，调查团一定会穷追不舍，那么更多无罪的人会受到干扰，这就更加重了我的罪责，所以我承认我有罪了。"

受贿而释放盗贼，不仅关涉名誉，而且必受法律制裁。元褒之所以敢于承担恶名和后果，大概是以为，自己纵使受了天大的冤枉，总会给世人带来更大的利益。以己之所换取百姓的太平安定的生活，对于一个封建官僚来说，心胸不可谓不宽广了。为自己利益而屈，隐姓埋名地修炼，或者受人胯下之辱，只是忍小而谋大，这样的人诚然值得佩服；为他人集体而屈，牺牲个人利益，实在是心胸宽广，品德高尚，更让人钦佩。为官一个单位，一人

部门，一个地方，一个国家的人们该学学元褒。倒不是叫他们自诬自谤，而是要像元褒一样，以一种长者风范，不计较个人得失，为民造福，代民受过。只有这样，才能为官一处，造福一方。

老子说：知道自己还有所不了解的，那就是很高尚的。不知道却自以为有所了解，这就是很差劲的。

"金无足赤，人无完人"，"人非圣贤，孰能无过"。当犯了过错之后，自己马上发现，就要在心中进行自我批评，立即改正，这样就能增进德行。知错而不改，只会使自己变成一个恶人。

谁人无过，能改就好。对待别人要仁慈宽厚，当他人犯错误时，像他没犯错误一样原谅他，这样才会心平气和；严格要求自己，在无错时也应该常查找自己的差距，检省自己，这样才能使自己的品德进步，胸怀更加宽大。

一个人尤其是领导者，在待人方法上有两条原则，对于功劳和过失，不可有一点模糊不清。功过不明就会使人心灰意懒不肯上进；对于恩惠和仇恨，不可表现得太鲜明，如果对恩仇太鲜明，容易使人产生疑心而发生背叛。

刘秀屈己扬人赢人心

在许多场合下，不可只重视饮宴谈笑的交际应酬，应彼此抱着患难与共，同身共济的侠义精神，做到心心相印。做人还需保持一颗纯洁的赤子之心，与志向

凤灯 西汉晚期

一致，心灵相通，侠肝义胆之人一同为社会服务。当受他人侮辱时也不怒形于色，一个人有宁可吃亏，忍辱，息事宁人的胸襟，在人生旅途中会自觉得妙处无穷，对自己的前途和事业也是受用不尽。

西汉末年，王莽篡权后，骄奢淫逸，民不聊生，各路豪杰和农民起义军纷纷兴起，与王莽政权斗争。结果，王莽政权被推翻了。然而在王莽政权倾覆之后，各种豪杰为争皇位，又打得不可开交，其中有一支由刘秀领导的队伍。

刘秀采纳了部下邳彤的建议，用大司马的名义，召集人马，又招募了4000精兵。他的部将任光向天下宣告说："王郎冒充刘氏宗室，诱惑人民，大逆不道。大司马刘公从东方调百万大军前来征伐。一切军民，归顺的，既往不咎；抗拒的，决不宽容！"

任光派骑兵，把这个通告分发到巨鹿和附近各地。老百姓看到了通告，纷纷议论，把消息越传越远。王郎手下的兵将听了，都害怕起来，好像大祸临头似的。

刘秀亲自率领4000精兵，又打下了邻近好几座县城，声势渐渐大起来。没过多少日子，又有不少地方首领，看到了通告，率兵前来投靠刘秀。刘秀十分慷慨，封了许多将军，还封了许多侯爵。就这么七拼八凑，他竟收罗了十几万人马，带着这不断壮大的军队，刘秀向巨鹿发起了攻击。

不久，刘玄也派兵来征伐王郎。两路大军联合在一起，连续攻打了一个多月，仍然没有打破巨鹿城。有几位将领对刘秀说："咱们何必在这儿多耗时日呢？不如直接去攻打邯郸。打下了邯郸，杀了王郎，还怕巨鹿城不投降吗？"

刘秀采纳了他们的意见，留下了一部分马继续围攻巨鹿，自己带领着大军去攻打邯郸，接连打了几个胜仗。王郎的军队支持不住了，就打开城门，献城投降。刘秀率领大军进入邯郸，杀了王郎。

刘秀住进了王郎在邯郸修建的宫殿，命令他手下的人检点朝中的公文。这些公文大部分是各郡县的官吏和豪绅大户与王郎之间往来的文书，内容大多数是奉承王郎，说刘秀坏话，甚至帮助出主意剿杀刘秀的。

对这样的文书，刘秀看也不看，全都堆在宫前的广场上，并召集全体官吏和将士，当着他们的面，把这些文书全部烧掉了。有人提醒刘秀说："您怎么就这样烧掉了呢？反对咱们的人都在这里头呐，现在连他们的名字都查不着了。"刘秀对他们说："我烧掉这些，就是要向所有的人表明，我不计较这些已经过去的恩恩怨怨，好让大家都安心，让更多的人拥护我们。"

劝说的人这才明白过来，刘秀不追究那些曾反对过自己的人，那些人就会心安理得地服从刘秀，而不会因为害怕刘秀报复，投入反对刘秀的营垒。大伙都佩服刘秀的深谋远虑和开阔的胸怀。一些过去反对刘秀的人，见了刘秀的这种举动，反而愿意为刘秀效力了。

刘秀赢得了人心，得到了更多人的支持，最后终于成为东汉的开国皇帝。

恩仇德怨是相对的，在一定条件下可以相互转化。怨恨会由于行善、施惠而更加明显，可见行善并不一定都使人赞美，所以与其让人感恩怀德，不如让人把

赞美和怨怒统统忘掉。仇恨会由于恩惠而产生,可见与其施恩希望人家感恩戴德,还不如将恩惠与怨仇两者都消除。大丈夫为人行事,只要问心无愧,世俗小人与邪恶之徒的怨恨、非议是不足计较的。从大处着眼,恩仇德怨要以全局来看,不可局限于某人某事而论长短。

赵绰宽宏大量救奸臣

为人处世遇事有退让一步的态度方为高明,因为让一步就等于为日后进一步做准备;待人接物以抱宽厚态度为最快乐,因为给人家方便就是为自己以后留下方便之门。"先天下之忧而忧,后天下之乐而乐","让一步,宽一分"。以这种做人的态度做人,才是修养品德和心性的准则。在狭窄的路上行走,要留一点余地给他人走。羊肠小道两个人互相通过时,如果争先恐后,两人都有堕入深渊的危险。

隋朝的时候,有一个名叫赵绰的人,在隋文帝当朝时曾任大理寺少卿(也就是宫廷法官)。

一次,奸臣来旷诬告赵绰,隋文帝根据诬告派人做了调查,发现所告都是些诬蔑不实之词,十分生气,说法下令把来旷斩首。

来旷得知皇上的决定,吓得魂不附体。可是赵绰得知此事后,却主动出面,为来旷求情。

隋文帝听了赵绰的恳求并不高兴,很不愉快地说:"他诬陷了你,你反而救他。这样一来,倒显得你很宽宏大量,我这个皇帝却不能够容人。"

赵绰并未退缩,连忙磕了几个头说:"陛下不以为我愚昧无知,命令我执掌国家刑法。所以我只知道按法律办事,而不知还有什么其他的准则。按照法律,来旷的罪不该判死罪,这样依法办事,不正可以体现陛下的仁爱宽厚之心吗?"

可是隋文帝心中的气愤并没有消除,他拂袖离开了朝廷,并传下话来,不许再提来旷的处罚之事,若有其他的事才可请求面谈。

赵绰见此,只好向通报的人说:"臣不再提来旷的事,但有几句其他的话要面奏皇上。"

经隋文帝批准,赵绰再次见到了隋文帝,赵绰一见面就跪下磕头说:"臣有三大死罪,现在向您请罪。"

隋文帝有些奇怪,不知他又有什么要说,就让他仔细讲来。赵绰说:"我作为大理寺少卿,不能教育好自己的部下来旷,使他触犯了陛下的刑法,这是第一大死罪;来旷的罪不该死,而我却不能力争,使他免于死,是我的第二条死罪;第三条死罪是我根本没有什么其他的事要说,却说假话请求您见我。所以要向您请罪。"

这时候,隋文帝的气已经消了一些,脸色温和了下来,就叫赵绰起身,对他说:"难为你这样忠贞,我会考虑你的请求。"随后,他下令免除了来旷

的死罪。

为人处事难免有过错，责备他人的过错不可太严厉，要考虑对方能否承受得住，能否接受你的批评；教诲别人行善时，不可期望太高，要顾及对方能否做到，不要把自己的意愿强加于他人。

人生在世不必想方设法去强取功劳，无过便是功；救助他人不必望他人感恩戴德，无怨便是德。真正的给予，不是施小惠，而是一种自我牺牲，保持自我而不被功利迷惑，不属于自己的东西不强求，任其自然。

张英旷达忍让

一个人的名望、地位能代替，而一个人的举止气质则不可以代替。荀子告诉人们，长者的风范是这样：所戴的帽子高大，衣服宽敞，面色温和，庄庄重重的，严严肃肃的，宽宽舒舒的，大大方方的，开开脱脱的，明明朗朗的，坦坦荡荡的。张英就有长者的风范，"千里来信为堵墙"之事，为后人留下了一个美好的传说。

清朝康熙年间的某一天，一骑快马跑进宰相府。并不是天下出了什么大事，宰相张英收到一封来自安徽桐城老家的信。

原来，他们家与邻居叶家发生了地界纠纷。两家大院的宅地，大约都是祖上的产业，时间久远了，本来就是一笔糊涂账。想占便宜的人是不怕糊涂账的，他们往往过分自信自己的铁算盘。两家的争执顿起，公说公有理，婆说婆有理，谁也不肯相让一丝一毫。由于牵涉到宰相大人，官府和旁人都不愿沾惹是非，纠纷越闹越大，张家人只好把那件事告诉张英。

张英大人阅过来信，只是释然一笑，旁边的人面面相觑，莫名其妙。只见张大人挥起大笔，一首诗而就。诗曰："千里家书只为墙，让他三尺又何妨。万里长城今犹在，不见当年秦始皇。"交给来人，命快速带回老家。

家里人一见书信回来，喜不自禁，以为张英一定有一个强硬的办法，或者有一条锦囊妙计，但家人看到的是一首打油诗，败兴得很。后来一合计，确实也只有"让"这唯一的办法，房地产是很可贵的家产，但争之不来，不如让三尺看着。于是立即动员将垣墙拆让三尺，大家交口称赞张英和他的家人的旷达态度。

人家宰相肚里能撑船，咱们也不能太落后。宰相一家的忍让行为，感动得叶家人热泪盈眶。全家一致同意也把围墙向后退三尺。两家人的争端很快平息了，两家之间，空了一条巷子，有六尺宽，有张家的一半，也有叶家的一半，这条一百多米的巷子很短，但留给人们的思索却很长很长。

张英先生乃位及一人之下万人之上的宰相，权势显赫，如果在处理自家与叶家的矛盾时，稍稍打个招呼，露点口风，肯定会发生自下而上的倾斜，叶家肯定无力抗衡；再进一步，要是通过地方政府，不顾法律，搞行政干涉，叶家更会吃不了兜着走。这样，有形的尺寸方圆的土地是到手了，产业是又庞大了，要是遇

上今天经营房的主儿，保不准给他家挣回十个张家大院，但无形中准会失去许多东西。倒不只叶家这样的朋友，余波或许会从桐城一下子震荡到京城，在京城里的影响可大着呢！

就算是张英先生旷达忍让，如果叶家人不予理睬，那条巷子也就只有三尺宽。三尺宽的巷子，也总是一条通道，通则通矣，事情通了，人也通了，路也通了，却有点儿不够完美。完美是感觉出来的，六尺不比三尺宽多少，但如果人们置身其间，会发现这是一条多么宽的人间道路。互相忍让，天地才会更宽广啊！

古人云："天道因则大，化则细。"意思是说，任其自然、顺乎人情去做，就能成其"大"，任人所为、违反自然规律去做，所得者就微小（细），这就是"天道"。

平常人的才能只在名物度数上辩事识物，但世界上事物无始无终，无边无际，所以，人纵有千算，但具体到一个人，也只能得其有限的小算。通音乐则不能精种植，长种植则难于通音乐。圣人的才能从心体上显现天理，天理现则心体纯正，心体纯正则事理通融。小道理归大道理管，一千个小算全在一个圣算之中。

万物是自然界的一个方面，一物是万物的一个方面。人与草木都是生物中的一种，是生物都具有自身的物性。人性即理，草木之性变即理，万物之性变即理。所谓物理，就是说各种生物（包括实物）特性中都涵藏着大自然变化、运动、发展的规律，这种规律名为"道"。"道"是大自然的性，是大性，那么，人性、草木之性当然寓于这个大性之中。

宇宙万物中，没有什么比天地日月还大。而唐代大诗人杜甫却说："日月是笼中之鸟，乾坤（指天地）乃水上之沤。"

在诗人的眼光中，鸟笼能关住日月，水池能浸泡天地。

世间万事中，没有比谦恭礼让和征战讨伐的事更大，而宋代著名学者邵雍说："唐虞拱手行礼至酒过三巡，汤武征讨敌国视如纹枰一局。"一个人具有如此博大的胸怀和宽广的眼界，即可吞吐宇宙，包容千古。

大事临头如在大海中自由浸泡、漫游；大事结束又如形影消失在空中，即使经过万千变化，依然是轻尘不飞。这正是学者的大小观。

雍正生活节俭，乾隆大兴土木

崇尚节俭，鄙视奢侈是中华文化积淀中的传统美德。老子将"俭"视为三宝之一；孔子认为礼的根本"与其奢也宁俭"；荀子说："富国之道，节用裕民"；墨子说："俭节则昌，淫逸则亡。"古人的训诫对现在与将来都十分有教益。节俭而不吝啬，应该成为社会的价值取向。

勤勉的人应该努力在品德和义理上下功夫，然而有的人却依仗勤奋来解决自己物质上的贫乏；俭朴的人应该把财货和利益看得淡泊，然而有的人却

假借俭朴为由来遮掩自己的吝啬。勤奋和俭朴本来是有才德的君子立身处世的信条，不料往往成为市井小人徇私营利的工具，真令人感到惋惜。可见，不管什么东西产生的客观效果首先要由运用者来决定。运用者的内在素质低，思想境界差，再美好的东西都会成为营利的工具。所以，君子应以勤俭立德，千万莫以勤俭图利。

世宗雍正有一很值得称道的优点，就是生活节俭。大臣廷玉入值内廷时，看见雍正曾把掉在饭桌上的饭粒、饼屑都一一拾起来，放入口中，生怕有一点浪费。

而乾隆显然就不相同，乾隆时期，大兴土木，建造了许多亭台楼阁等游玩设施，不知耗费了多少银两！是不是乾隆时期，物质生活就很富裕了呢？这倒不尽然，甚至在皇族宗室中，也还有饿饭者，且不说普通百姓。

乾隆中期，皇家宗室有部分人贫困潦倒，卖尽产业，无以活命。乾隆得知这件事后，立即下令让宗人府给予抚恤救济。最穷的人赏银三百两，稍好一点减半给予。让他们用这些钱去赎回卖掉的田地房屋，以谋求一点生存的资本。乾隆又顾及他们的婚丧嫁娶费用没有着落，又规定，凡是有婚嫁的，赐银一百二十两；有丧事的，赐银二百两。

当然，宗室的困顿并不能遏制乾隆奢华的欲望。在他晚年，又特地在热河建立避暑山庄，使自己的游乐又多一去处。

避暑山庄面积非常大，共圈地数十华里。乾隆在山庄里，广筑围场，供骑射打猎之用；种植大量鲜花，使一年四季都能欣赏到赏心悦目的花朵，还修建了许多的亭台水榭。所以在山庄里游玩，各种各样的景致会让你目不暇接。忽而是青枝蓊郁，忽而是竹篱茅舍；忽而是流水潺潺，碧波荡漾；忽而是亭阁高耸，直破苍穹。这里真是天下的一大奇观。当年大学士纪晓岚曾伴随乾隆在此游玩有几个年头，留下了许多的讥讽诗句。

只是某次，乾隆皇帝在庄中游玩，来到苍石边，环顾四周的茂林修茵，绿草如茵，清风习习，不禁心旷神怡，脱口说道："这里的景致真让人忘记了酷暑的厉害啊！"又转身对随行的一位武臣说："这里的气候温淑，远远胜过京都，实在无愧于避暑山庄的名称。"

武臣听了回答说："的确如此。不过陛下您是就宫中而言的，如果是外边的城市就不是这样。城里的街道狭窄，房屋低小，老百姓大多蜗居在里面，炎热之甚，超过京师十倍。所以民间有个谚语：皇帝之庄真避暑，百姓仍是热河也。"

乾隆听了这一番话，顿时满脸愠色，半天没说一句话，挥手让武臣出去。此后三天内，脸上没有一丝高兴的表情。

有人说，这个武臣是个满人，所以乾隆没有降罪于他。如果是个汉人说这样一番话，那肯定是要丢官的，说不定还要搭上性命。

乾隆赏罚分明

"祸兮福之所倚，福兮祸之所伏。"老子对祸福的论述颇富有哲理。人生遭际，祸福无常，岂能预料？因此，居安者必得思危。人无远虑，必有近忧。通达显贵时，应谨小慎微，切不可忘形得意，忘乎所以，否则必是乐极生悲。当遭受祸殃时，也不必悲观失望，自暴自弃。有道是："山重水复疑无路，柳暗花明又一村。"

当代有位学者说："心量有多大，福报就有多大。"百福之基立于心量之中。《太上感应篇》说："祸福无门，唯人自招"，祸福的分流是善恶。欲要避凶趋吉，须开万善之法门，人心不动，欲念未形，无欲念自无吉凶。古人所以昼勤三省，夜惕四知，戒惧恐于不睹不闻之际，无非惩恶扬善。所以说吉人语善、视善、行善，一日有三善，三年必降之福也。

乾隆年间，有一个叫颜希深的人，在平度任知州。某一年夏天，颜希深因公务去了省城，逢平度州遭遇暴风骤雨，整个城市被大水淹没了。居民无家可归，到处流浪。所有粮食也冲走了，灾民无以为食，纷纷拥塞于路旁。

知州不在位，赈灾工作无法进行。颜希深的母亲望着灾民，忧心如焚。她觉得自己有责任来拯救这些灾民。于是，她下令打开仓廪，将所有的存粮发放给灾民。由于有了裹腹之物，灾民终于渡过了难关。

颜希深之母赈饥之举自然受到百姓的拥护，但在其上级眼里，却是件犯上作乱之事。颜希深的顶头上司以擅动仓谷的罪名，向乾隆参劾颜希深，要免除他的知州职务。

乾隆皇帝看过奏章，拍案大怒，说："如此贤良的母亲，如此好的官吏，尽忠尽职为国为民，不保举他们反而弹劾他们，拿什么来让天下人效法呢？"说后，立即下令将颜希深擢升为知府，并赐给他的母亲三品封号。

乾隆帝朝服像

这就是乾隆的治政风格，赏罚分明，体察入微。对杨瑞莲之事也同样如此。

杨瑞莲是常州人，书法颇佳，尤精于篆体和隶书。最初在乡里一直郁郁不得志，只得前往京都，投靠亲戚梁诗正。梁诗正就让杨瑞莲作了一名缮写官。到这一年的八月十三日那天，同馆的人大都参加乡试去了，只有瑞莲一个留在馆中，

午饭后，一个身材魁伟的人进来，因为不相识，瑞莲只是同他随便打了个招呼，让他坐下，两人攀谈起来。

来人问瑞莲馆中人都哪儿去了，瑞莲答都去参加乡试去了。来人又问为何一个人留下，瑞莲答担心宫内紧急抄件，所以就留下了。又问瑞莲的籍贯、姓名，瑞莲一一做了回答，来人又提出要看看瑞莲所写的东西，瑞莲满足了他的要求，看后对瑞莲的书法非常赞赏。

正说话中，忽然见几个侍卫赶来了，瑞莲这才知道来人是高宗乾隆就赶紧趴在地上，叩首请罪。乾隆笑笑点头而去。

第二天，乾隆对梁诗正说："你的那个亲戚杨某非常诚实，篆体和隶书都写得很好，这样的人才不去参加乡试，实在太可惜了。就赏他个举人吧！"

乾隆的确没有看走眼，这个杨瑞莲在任上干得很好，成绩颇佳，因而被选为湘潭县令。不过，这位杨县令却也有个毛病，有点孤芳自赏的味道。某次不小心把上司给得罪了，遭到上司弹劾。乾隆皇帝看过奏章后，说："杨瑞莲是个诚实的人，这一点我非常了解，所参不准。"杨瑞莲于是得以保全。由此可知，乾隆察人，于细微处见品质。

爱好对别人诽谤、讥讽、毁誉，暴露的正好是自己灵魂的丑恶。受到他人的毁誉，并不以怨对怨，而是"有则改之，无则加勉"，结果使自身的缺点得到修正，人品增发光彩；喜欢依恃强横欺人、压人、侮辱人，失去的正是自身的福报，受到他人的欺侮，并不以仇解仇，而是使自己的志向更远大，信念更坚定，最终会扬眉吐气，转祸为福，成为人中丈夫。

五官是精神的窗户，血气是五脏的使役。耳目放纵于声色，五脏就动摇不定，血气荡扬而无休止，精神驰骋而不可守持，心念丛生而难以自制，这样，祸福来到时，即使像山丘那样明显，也无从辨晓。所以，圣人爱惜自己，而不使血气、精神和心念外泄。

正直太监寇连材

人，固有一死，但死有重于泰山，轻于鸿毛之别。舍生取义，杀身成仁，贫贱不移，富贵不淫，威武不屈，这才是英雄好汉。背信弃义，苟且贪生，奴颜媚骨，这类人乃千夫所指。文天祥诗云："人生自古谁无死，留取丹心照汗青。"宋代女词人李清照也有诗曰："生当作人杰，死亦为鬼雄。"

没有灵魂的身体，不过一具躯壳，人的生死相续，与万物变化同出一理，能认得这一变化之规律，则天地间的真理就在悟中。积极地修身养性，陶冶情操，完善人生，使自我生活得更加充实，更加安详，更加自信，也更加超然物外，不断地升华自己的人生。

清宫的太监并不都是贪婪之徒，他们中也不乏正直之人，奏事处太监寇连材就是其中的一位。

寇连材是直隶昌平州人，十五岁时被阉割入宫，侍慈禧太后，为梳头房太

监，深受慈禧太后的宠爱。凡是慈禧宫内的开支都由寇连材负责。稍大后，看见慈禧所作所为，多是淫佚放纵之事，寇连材很是不满，屡次讽谏慈禧，慈禧因他年纪小，地位低下，仅仅斥一顿就算了，从不加罪于他。并觉得他忠直可靠，不久提升他为奏事处太监。一年后，继续任慈禧会计房太监。

因生活在慈禧身边，寇连材耳闻目睹了慈禧的许多卑劣的行为，如杖打瑾、珍二妃，让德宗吸食鸦片，大兴土木，以纵娱乐等等。最使寇连材气愤的是，慈禧对待德宗实在太过分了。寇连材在自己的日记中写道：中国四亿人中，境遇最苦的人是皇上，他从五岁时就没有人疼爱，即使是生身母亲也不能见上一面。每日给西太后请安，没有命令是不敢起来的。稍有不如意，就要受罚长跪不起，因而皇上见西太后，总是战战兢兢。每天三顿饭，菜虽然有几十盘，但离座较远的多半已腐臭，靠座位近的即使不臭，也是久熟干冷，不堪下箸，所以皇上时时吃不偿。每每让膳房换一点可口的饭菜，管膳的人就会面奏慈禧，慈禧总是以俭德来责备他。而慈禧本人却穷奢极欲，挥金如土。圆明园中工匠年年不停，内有铁路、轮船。仅每夜数百盏电灯就要开支六百两金子。

寇连材为大清忧，为皇上忧，忧心如焚，如醉如痴。某一天，竟涕流满面地长跪在西太后面前，递上一个折子，提出十项请求，让西太后还政于皇上。停止修建颐和园，免修铁路，革除李鸿章官职，加强战备与日本人作战等等。

慈禧太后看过折子后十分震怒，怀疑寇连材受什么人指使。但看见条陈中内容有的地方文理不通，且有不少的错别字，才相信是寇材亲自写的。慈禧决定亲自审讯寇连材，慈禧问："你难道不知道祖制有规定，太监不能议论政衙吗？"寇连材说："知道。但事情有轻重缓急，因而不敢拘泥于陈例。"慈禧又问："你不知道这样是犯了死罪吗？"寇连材回答说："知道。我是拼死相谏的。"慈禧叹了一口气，许久才说："既然如此，也就不能怪我太残忍了，把他交给刑部，按照旧例办理。"

本来慈禧是非常喜欢寇连材的，想给他留一条生路，所以自己亲自审讯，希望寇连材乞求饶命。谁知寇连材如此强硬，视死如归。

公元 1896 年 2 月 16 日，即光绪二十二年，寇连材在菜市口被处决。临死前，曾脱下一个碧玉扳指送给刽子手，并说："费心，动作迅速些。"又拿出一块玉佩和一块金表，送给前来送行的同事太监。然后从容就死，神色不变。死时年仅十八岁。

寇连材一案受牵边的有文廷式，也被驱逐出京；同时还有个叫王四的，也是西太后梳头房中的太监。王四也是非常同情德宗的，结果被发往军台；加有一个叫闻古廷的，是德宗的内侍，闻古廷本来是个贡生，十分爱好文学，对德宗非常忠诚，当然也成了西太后眼中之钉，不久即被发配至宁古塔，随即被杀害了。

老子说：人出生于世上，最后还是要进入死地。长寿的人有十分之三；短命而死的有十分之三；人本来可以长寿却意外死亡的也有十分之三。这是什么原因呢？这是因为求生的欲望太强，养生过度。听说善于保养自己生命的人，在山路上行走，不会碰到凶恶的犀牛与老虎，在战场上也受不到武器的伤害，犀牛在他

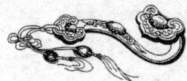

的身上没地方投角，老虎在他的身上也没有地方伸爪子，兵器在他的身上没地方刺击。这是什么原因呢？这是因为他还没有达到死亡的境界。

庄子说：生与死是命中注定的，就像日夜交替一样，是自然规律。有许多事情是人力无法改变的，这些事情都是万物所固有的常态。人们认为生命之父是天，因而终身爱戴它，何况那卓越独立的道呢？人们都认为国君比自己高贵，不惜牺牲自己来效忠他，何况是那真正的道呢？

李莲英营私纳贿

一个人身无半点刚骨，不仅安身不稳，而且颇受后代唾弃。一个人只要心中稍出现一点贪婪或私心杂念，那么，他本来的贱下人格就更加贱下了。原来阴险的性格被蒙蔽得昏庸，原本奸诈的性格变得更残酷。结果仅存的一点人性都泯灭了。所以，圣贤认为，做人要以"不贪"为修身之宝，这样才能超越他人，战胜物欲度过一生。

内监中有至善者如寇连材，亦有至恶者如李莲英。李莲英的秽迹腥闻，令天下人发指。

李莲英是直隶河间府人。本是一个流氓无赖之徒，自小失去父母，无人教养，因而落拓不羁。曾经因私贩硝磺，被捕入狱，释放后改行补皮鞋，用"皮硝李"三个字为招牌，勉强糊口。

河间本是个产太监的地方，李莲英有个同乡叫沈兰玉的在宫中做太监，二人关系一直很好。沈兰玉见李莲英境况如此之差，就要李莲英另觅出路，李莲英觉得做太监也

画珐琅带托杯 清

很风光，就让沈兰玉给引进引进。不久，机会来了。西太后听说京市上流行一种新的发式，就让梳头房太监梳这种样式，换了几个人都不能如意。沈兰玉偶尔在公共场合听到这个消息，就告诉了李莲英。于是李莲英花了数周时间，游遍了京都的妓院，刻意地揣摩了那些窑姐的发式，终于学成了这一技艺。然后由沈兰玉推荐进入宫中，从此就得到了慈禧太后的宠幸。

李莲英为人十分机警，善于揣摩别人的心事，这就是他得宠的主要原因。李莲英的房间与后宫距离很近，太后常常去他那儿看看，房间有上十把座椅，被太后坐过的有七八把。凡太后坐过的李莲英都用黄缎蒙起来，以此讨慈禧的欢心。慈禧暮年好静，不爱说话，李莲英就事先将她所用的东西，如饮食、汤药、服

饰、车马等等，一一准备得妥妥帖帖，从未出过一点差错。凡李莲英休假时，其他太监都少不了挨打的份，所以他们时常乞求李莲英为自己代班。可以说，慈禧在世之日，李莲英根本没有离开其左右。

自东太后死后，李莲英越发肆无忌惮，由梳头房太监晋升为总管，权倾朝野，无恶不作。通过他得到显位的有许多人，如张荫桓、陈璧等。当时慈禧太后对他宠爱简直是无以复加，他可以和慈禧并坐看戏，有什么好吃的慈禧要给李莲英留着。李莲英四十岁时，慈禧赐予许多珍品和蟒缎，与朝中重臣相同，内自军机大臣，外至各省督抚，都送礼祝贺。慈禧死后，李莲英又为隆裕太后所庇护，直至病死。

大概是苦日子过怕了，李莲英得势后一味地营私纳贿，索受的赃款约有千万两银子。在死后，其他太监都觊觎他的财富，筹思篡取，纷纷派出心腹四处调查。调查结果显示，除他的原籍及各银号金店存款外，仅宫中储存的现银就有三百余万两。众太监共谋瓜分，因分赃不均发生了争斗。受伤的小德张将此事报告给隆裕太后，太后让内务府大臣查办，将所有存款一律充公。后来宫中大兴土木，购置各种西式用器，东交民苍各洋行生意兴隆，都是由死鬼李莲英"报销"的。

富贵的一生，宠幸荣华，到死时反增添了一个"恋"字，享乐反而成了心理上的负担；贫贱的一生，困苦清贫，到死时反而脱去了一个"厌"字，就像解脱了沉重的枷锁。死对人生来说是一件最可怕的事，人们既然来到了人间，都希望大家能平安顺利地活下去。顺治皇帝在出家诗中说："来时糊涂去时迷，空在人间走一回。生我之前谁是我，生我之后我是谁。长大成人方知我，合眼朦胧又是谁。不如不来亦不去，世无欢喜也无悲。"

谭嗣同慷慨就义

谭嗣同，湖南浏阳县人。少有大志，博览群书，能诗能文；又好剑术，勇武侠义。1894年中日甲午战争以后，民族危机日益深重，一部分民族资产阶级和开明地主阶级的代表人物产生了变法图强、改良政治的主张。清光绪廿四年、戊戌年（1898年）四月廿二日（6月11日），光绪采纳了康有为、梁启超等人的变法主张，宣布变法，实行新政，这遭到以慈禧太后为首的守旧派的激烈反对。他们密谋筹划，掌握了兵权控制了局势，于是在八月六日（9月21日）发动政变，囚禁了光绪皇帝，宣布垂帘听政，接着逮捕了全部参与变法的人。变法于是宣告失败。

新法诏令下达后，皇帝召见谭嗣同。因回答问题很得皇上常识，被提升为四品官，任军机处章京之职。他与杨锐、林旭、刘光第共同参加新政事务，人称"军事四卿"，类似于唐宋时的"参知政事"，其实是宰相职务。当时皇上惧怕西太后，不敢重用康有为。谭嗣同入军机处，皇上与康有为之间的意见才能渐渐直接通达，也就确定了大规模的改革。

　　光绪与西太后之间矛盾加剧，皇帝发下一份密诏，说自己皇位几乎不保，叫康有为、谭嗣同赶快想法营救。但皇帝手中没有兵权，而当时袁世凯主张变法，谭嗣同便去向袁世凯求助，袁世凯慷慨陈词，坚决站在改革派一边，并允诺借荣禄在天津阅兵之机杀掉他。谭嗣同相信了袁世凯的话，上了他的当。到八月初六，政变就发生了。

　　梁启超去探访谭嗣同，二人做了些应变的设想，忽然传来搜查、逮捕康有为的消息，不久又听到了垂帘听政的诏令。谭嗣同从容镇静地说："以前想救皇上不能救，现在想救康先生也不能救，我已经没有事情可做，只有等待死亡的到来而已！尽管如此，天下正义的事业，明知难做也应尽力去做，梁先生您可试着到日本使馆，访见伊藤先生，请他电告上海日本领事馆营救康先生。"谭嗣同在家一整天不出门，等待前来逮捕的人，第二天又去日本使馆，劝梁启超去日本，并把自己的几本书稿，还有一箱子家信托付给梁启超。他说："没有出走的人，就没有谋取将来胜利的人；没有死难的人，就没有报答明主的人。现在康先生生死难料，我国古代有程婴和杵臼，日本古代有月照和西乡（他们为了正义事业都是一个死去，一个活下来），我和您分别来充当他们吧。"二人拥抱后就分别了。初七、初八、初九三天，谭嗣同又跟侠士大刀王五商量营救皇上。在被捕前一天，日本几位赞助变法的朋友苦劝谭嗣同到日本去避难。他说："各国变法，没有不是由流血牺牲而取得成功的。今天中国还没听说有因从事变法而流血牺牲的，这是国家不昌盛的原因。如果需要这样的人，就请从我谭嗣同开始。"他坚持不离开祖国，于初十被捕入狱，在狱壁上写了前面这首诗，以此来怀念康先生，表白自己的志向。谭嗣同在八月十三被公开斩首，卒年三十三岁。临刑的那天，围观的人成千上万。谭嗣同慷慨激昂，精神气色没有一点改变，从容就义，实在是壮烈啊！

　　戊戌变法运动是一次资产阶级政治改良运动。它反映了民族资产阶级和开明地主阶级振兴祖国、挽救民族危机的愿望和要求，具有爱国意义。谭嗣同立场坚定，积极参与新政。政变前夕，他不顾个人安危，竭力挽救危局；政变发生后，他以"图将来"为计，力求保存变法力量，而自己甘愿去死；临难之时，视死如归，表现了一位爱国志士的高尚品德质和坚贞气节。谭嗣同的死是高度自觉的。政变发生时，他完全有可能脱险，但他不听日本友人的苦劝，拒绝了大刀王五的护送，从容镇定，等待死期。他为什么甘愿去死？因为他认识到任何进步事业，都要为斗争付出代价，难免要流血。牺牲者的血是不会白流的，它将激励后来者继续战斗。基于这一认识，所以当事业需要先驱者流血的时候，他毫不犹豫地回答："请自嗣同始。"这种高度自觉的忠于进步事业、勇于自我牺牲的正气是十分可贵的。它曾经激励了多少志士仁人，为了国家民族的独立富强而前赴后继地战斗，今天依然值得我们继承和发扬。

　　伸张正义时畏缩不前，挟私报复则拼死相斗，这不能称作"勇"。若义之所在，纵刀锯斧钺加项，此心不动，此志不移，方可称为真正的"勇"，亦所谓的"义勇""智勇"。孔子说："君子有勇而无义，为乱；小人有勇而无义，为盗。"

所以，为人处世，"理义之勇不可无，血气之勇不可有"。圣人良言，当为世代之座右铭。

孔子说：于水上行走不躲避蛟龙，这是渔夫之勇；在陆地行走不躲避凶兽，这是猎人之勇；在危难中能视死如归，这是英雄气概；懂得贫困是天命，顺达是时运，临危不惧，这是圣人的气概。

徐世昌不争名夺利

争强好胜，道路就觉得狭窄，如果能退后一步，自然觉得道路宽平很多；过于浓香的味道是短暂的，如果能清淡一分会觉得滋味愈久弥香。做人贵在自然，贵在培养那种高尚的君子风格，宁做泥中藕，不做水上萍。行事不强求，在大是非面前，在天下兴亡的大义面前不争不斗还能等待什么？在名利场中，在富贵乡里，在人际是非面前，退一步让三分又有什么不好？

从暗杀宋教仁，解散国民党，到祭天祀孔，大肆复旧，直至解散国会，恢复帝制的叫嚣，简直风靡整个北方官场。报纸上倡议复辟、抨击共和的文章像潮水一般汹涌而来。著名政客杨度谈及共和制对军队的影响，他说："当君主时代，当兵者之常曰：'食皇家饷，为皇家出力耳。'今忽去其有形之皇室，代以无形之国家，彼不知国家为何物，无可指实，以维系其心。"

对于带兵出身的袁世凯来说，这番话可谓一语中的，振聋发聩。军队必须效忠于个人，而不是效忠于抽象的概念。这是袁世凯毕生奋斗的目标，也是北方军队建军的伦理基础，决不能废弃。

纵观北方的整个政治环境，根本不会接受一位真正推行民主政治的领袖。所有复辟帝制的舆论，并不是袁世凯一个人造出来的，他只是被这股潮流推着往前走。

袁世凯作为一位资深的北方官僚，他也不会接受民主政治的概念，他不知道什么叫民主，但他深知什么叫皇权。一想自己有可能成为一代开国君主，他就兴奋得夜不能寐。

一天，袁世凯的四弟世传对他说："敢于倡议帝制横议者，等于昌言叛国，你为什么不令行禁止？"

袁世凯微笑着说："书生闲着无事，议论多而成功少。若无效果，自然就会归于消失，何须禁止，徒兴文字之狱？民国共和，怎么能像满清一样，动辄禁止人结社集会？"

理由十分光明正大，世传无话可说。但不久——12月19日——政事堂奏请设立大典筹备处；21日，袁世凯给十九名官员封爵；31日，下令以明年（1916）为洪宪元年，预备登基。世传这才知道被亲兄弟骗了，他莫名地悲愤，回家对着母亲大哭说："吾族有灭门祸矣！"然后，又给袁世凯修书一封，笔泪齐下地写道："一俟兄登大宝，弟即披发入山，不复与人世相见，今当永别。"

袁世凯宣布帝制自为之后，北方的官僚集团不禁哑然了。原来袁世凯不是还

政于清，而是自己当起了皇帝！他已经在道德上判了自己的死刑，在不忘故主的前清旧臣中，他成了篡位的奸臣贼子。

袁世凯几次征询徐世昌的意见。徐世昌却自始至终，不发一言，既不赞成，也不反对。

"外间劝进的事，闹得很凶，"袁世凯一面装出苦恼的样子，一面却非常注意徐世昌那种不满的神色，"大哥一定有所耳闻。大哥觉得这事可行吗？"

徐世昌抬头盯了袁世凯一眼，又低下头去。

"大哥倒是说句话呀。"

"我不知道。"

"外面宣传已久，你怎么会不知道？"

"知之为知之，不知为不知。"

从此以后，徐世昌托病请辞，回到东四五条铁匠营家中，自书"谈风月馆"一匾，悬于书斋，表示不问政治。

人生如同击石所产生的短暂火光，一闪即逝，在这种短暂的生命中去争名夺利究竟有多少时间呢？人类在宇宙中所占的空间就像蜗牛触角那么小，在这狭小的地方去争长竞短，究竟有多大的世界呢？人生渺小，岁月短暂，何不珍惜时间，在有限的生命中干一番事业？

往往因一念之间的祥和，可以创造人际的平和之气；心地纯洁清白，可以使美名传千古。在日常生活中，注意检点自己的言行，从待人到律己都应注意维护声誉，保持心灵的完美。

粟裕居功不傲

磨炼身心要像炼钢一般反复陶冶，急着希望成功的人就不会有高深修养；做事要像拉开千钧大弓一般，假如随便发射就不会收到好的功效。

才智超群的人广博豁达，自然不会急躁、轻狂，丰富的知识使得他们的思想深沉，涵养有素；气节坚贞的人壮怀激烈，应当修德养性，融解自身的偏激。

粟裕青年时代就参加了方志敏率领的抗日队伍，在安徽境内作战时，被敌人打散。他带着突围出来的残部400余人在浙江坚持军事斗争，在战斗中锻炼出自己的军事才能。组成新四军后，他带领部队在句容韦岗伏击日军成功，从此揭开了他军事生涯中新的一页。

1945年日寇投降时，粟裕的部队发展到几万，建立了广大的解放区。10月，中央任命他为苏皖军区司令，张鼎丞为副司令。他接到电报后，对中央的任命深感不安，觉得自己不能胜任，便向中央和华中局发了电报，请求由张鼎丞任司令，自己为副职。隔了一段时间，他没有收到中央和华中局的复电，当机立断，命令业务部门暂不发任命文件，自己又向中央发了封加急电报，详述了自己请求改任的理由：张鼎丞是前辈，资格能力均超过了我，战功卓著，政策水平高，声望更高，理应以张为司令，我当倾心协助，当好副职。中央认为他从大局出发，

深谋远虑，句句在理，便同意了他的要求，改变了原先的命令。

1948年5月，中央提出让粟裕率华东野战军三个纵队渡江作战，开辟根据地，调动蒋军南撤，以减轻中原战场的压力。粟裕经仔细考虑后，提出在中原大决战的设想，不应抽掉兵力去江南，中央接受了他的意见。鉴于他对淮海战役的设想、步骤比别人早，准备也早，中央又决定调陈毅和邓子恢到中原局和中原军区工作，华东野战军和华东军区的司令、政委由他一人担任。粟裕又一次提出请求，他从华野的具体情况出发，认为华野离不开陈毅，陈毅也离不开华野，自己愿居副职。毛泽东接受了他的请求，又从中原大决战的需要出发，让陈毅继续任华野司令兼政委，但去中原局负责协调华野和中野的工作，粟裕任华野代司令员兼代政委，统一指挥华野参加淮海战役的作战。

如果说前一让司令是小忍，那么后一让司令就是大忍了。粟裕在职务上以共产党员的高姿态不断做出忍让，但在打仗上对不正确的做法从不忍让。蒋军大举进攻解放区时，粟裕在苏中作战，陈毅在两淮作战。陈毅几仗没打好，要求粟裕率部队去两淮增援，粟裕从敌强我弱的形势和战场的具体态势出发，认为打两淮是不正确的，也不应增援，而应在内线依托根据地和群众的支持，才能有取胜的把握，并积极组织，取得了苏中"七战七捷"的胜利，扭转了江北战场的被动局面。

在职位高低上的忍让和在战争策略上的决不退让体现了粟裕的坚强性格，有忍才有坚强地勇执己见，有勇执己见，也才有忍让。高风亮节和独具慧眼的战略目光体现了粟裕将军的完美人格，更体现了中国人传统的美德。居功不傲，谦让禅贤，正应是共产党人所具备的品德。

立身处世，事事都须谨慎，心思动念更要光明磊落。一念、一言的偏差正是偏之毫厘，谬以千里。防范犹如乘坐在渡海中的橡皮舟上，船身不可有针眼大的裂缝。盖棺论定，终身无愧，全靠平素的修持，一点一滴地积累，不敢有丝毫的懈怠和杂念，这也就是做人的难为之处。所以说唯有心胸开阔的人，才能对幸福与祸患一视同仁。深解"祸兮福所倚，福兮祸所伏"之理。唯有意志坚强、聪明大度的人才能在失败中寻找出成功的因素。在成功时总能思考危险的成分，在喜悦中总能注意探求不利的因素。

刘伯承屈己

桃树和李树的花朵虽然艳丽夺目，但一年四季永远苍翠的松柏是那样的坚韧不拔！梨子和杏子的滋味虽然香甜甘美，但怎比得上橙子和橘子经常飘散的清淡芬芳呢？

一个人一定要抱着虚怀若谷的胸襟，因为只有谦虚才能容纳下真正的学问和真理；同时一个人又要抱着择善执着的态度，因为只有坚强的意志才能抵御外来物欲的侵入诱惑。

刘伯承元帅长得文文静静的，一副知识分子样。他不但熟读兵书战策，五韬

六略，还在伏龙芝军事学院读了几年书，是个学成归来的人物。这位常胜将军最敬佩汉代的张良，指挥打仗也像张良那样，善于谋略，攻城略地，屡屡出奇制胜。为人也向张良学习，功高不傲，功成身退。

革命胜利后，他便不再担任要职，而是以他无比丰富的实践经验来创办军事学院，并亲自担任南京军事学院的院长兼政委，成了军中的国子监祭酒。

有一次，刘伯承参加一个庆功会，一位地方领导代表当地百姓送给刘伯承一块横匾，上面烫金烫着"常胜将军"四个大字，金光闪得人眼花缭乱。刘伯承眼睛虽然有毛病，但对这种金光却特别敏感，他道："常胜将军我是不敢当的，能有个三七开我就心满意足了。毛主席，朱总司令才是常胜将军。匾应该送给他们。以后这种活动不要搞了，劳民伤财，让人接受不了。不如给根'红塔山'抽抽，那我的心里会踏实多了。"

南京军事学院的几位毛头小伙子，办了份油印的《军学生活》，请刘伯承题几个字。刘伯承虽精通军事艺术，对书法艺术却无甚了解。但还是给热心的小毛头们题了两句话："攻书求实用，应如攻坚求战果。"可是那个时代的人喜欢刷标语，一有风吹草动，马上就是遍地标语，像无数的蛛网一样，缠得人眼睛不开，腿迈不出。这几位小干事们也把刘伯承题的词制成标语，满校乱挂。刘伯承知道了，命令道：

"快把标语撤下来，换成毛主席语录。我这话毛主席井冈山时就说过了，这样做他会告我侵犯版权，要吃官司的。"

一家出版社编写《苏联大百科全书》，里面有"刘伯承"一条，编者写好了，拿来请刘伯承过目。刘伯承将自己名下的"革命军事家"改成"革命军人"。秘书不解，刘伯承就说："要说是革命军事家，只有毛主席才当得起，我们是在他的领导下打仗的，是他的小学生，和千千万万的战士一样，称'革命军人'已经高攀了。"

刘伯承元帅谦虚谨慎，巨功之下，仍然以屈己为原则，同时还怕自己不能把持，仅仅担任一普通院长的职务，可见他的高贵品德。纵观历史许许多多的功臣们在丰功面前不能忍，居功自傲，弄得身败名裂：韩信为此而掉了脑袋；关公因此败走麦城；吴三桂为此全家抄斩。刘伯承屈己除了能学张良，谙于历史教训外，还因他是个共产党员，这又是古代将相无法相比的优点。

孔子曾经说："数年发愤，勤奋苦读，而不想做官发财的人，真难得呀！"清代刘宝楠则是另外一种说法：《周礼》中已规定官府三年选拔一次人才。但是有不顾"小成"（做小官）者。则可继续读书。读满九年，达到大成。孔子因为读书人"急于仕进，志在利禄，鲜有不安小成者"，所以，发出了"不易得"的感叹。至于"早秀不如晚成"大概认为：由于少年得志易生骄狂，自我吹嘘而至堕落。饱经沧桑，才体会出创业艰难而安于守成。

卷三 容貌鉴

经文释义

【原文】

容以七尺为期，貌合两仪而论。胸腹手足，实接五行；耳目口鼻，全通四气。相顾相称，则福生；如背如凑，则林林总总，不足论也。

【译文】

凡是观人形貌，观姿容以七尺躯体为限度，看面貌则以两只眼睛为主。人的胸腹手足都与五行相关联，耳目口鼻皆和四时之气相贯通。若是人体各部位搭配得和谐融洽就是福相；反之，若显得不协调、纷繁杂乱，就可能其命运不济了。

【原文】

容贵"整"，"整"非整齐之谓。短不豕蹲，长不茅立，肥不熊餐，瘦不鹊寒，所谓"整"也。背宜圆厚，腹宜突坦，手宜温软，曲若弯弓，足宜丰满，下宜藏蛋，所谓"整"也。五短多贵，两大不扬，负重高官，鼠行好利，此为定格。他如手长于身，身过于体，配以佳骨，定主封侯；罗纹满身，胸有秀骨，配以妙神，不拜相即鼎甲矣。

曾国藩像

【译文】

人的姿容以"整"为贵，这个"整"并非整齐划一的意思，而是要人整个身体的各个组成部分要均衡、匀称，使之构成一个有机的完美的整体，就身材而言，人的个子可以矮但不要矮得像一头蹲着的猪；个子也可以高，但绝不能像一棵孤单的茅草那样耸立着。从体形来看，体态可以胖，但又不能胖得像一头贪吃的熊一样的臃肿；体态瘦也不妨，但又不能瘦得如同一只寒鸦那样单薄。这些就是本节所说的"整"。再从身体各部位来看，背部要浑圆而厚实，腹部要突出而平坦，手心要温润柔软，手掌则要形如鸳弓。脚背要丰厚饱满，脚心不能太平，以自然

弯曲到能藏下鸡蛋为佳，这也是所谓的"整"。五短身材虽看似不甚了了，却大多地位高贵，两脚长得过分的长往往命运不佳。一个人走起路来如同背了重物，那么此人必定有高官之运，走路若像老鼠般步子细碎急促，两眼又左顾右盼且目光闪烁不定者，必是贪财好利之徒。这些都是常见格局，屡试不爽。还有其他的格局：如两手长于上身，上身比下身长，再有着一副上佳之骨，那么一定会有公侯之封。再如皮肤细腻柔润，就好像绫罗布满全身。胸部骨骼又隐而不现，文秀别致，再有一副奇佳的神态的话，日后不是拜相就是人鼎甲之列。

【原文】

貌有清、古、奇、秀之别，总之须看科名星与阴骘纹为主。科名星，十二岁至三十九岁随时而见；阴骘纹，十九岁至四十六岁随时而见。二者全，大物也；得一亦贵。科名星见于印堂眉彩，时隐时见，或为钢针，或为小丸。尝有光气，酒后及发怒时易见。阴骘纹见于眼角，阴雨便见，如三叉样，假寐时最易见。得科名星者早荣，得阴骘纹者迟发。二者全无，前程莫问。阴骘纹见于喉间，又主生贵子；杂路不在此格。

【译文】

人的面貌可分为清秀、古朴、奇伟、秀致这四种，主要从科名星（印堂与眉毛之间）和阴骘纹（眼眶之下卧蚕宫上之纹）上来辨别。科名星在十三岁到三十九岁这段时间随时都可以看到，阴骘纹在十九岁到四十六岁这段时间也可随时看见。如果一个人阴骘纹和科名星这两样都具备的话，将来定会成为非同寻常的人，即便只能得到其中一样，也会富贵。科名星显现在印堂和眉彩之间，时隐时现，形状有时像钢针，有时如小球，是一种红光瑞气，在喝酒之后和发怒时最容易看见。阴骘纹常常出现在眼角，遇到阴天或下雨天便能看见，形状像三股叉，人瞌睡时最容易见到。有科名星的人年轻时就会取得功名，发达荣耀。有阴骘纹的人发迹则要晚些。如果两样都没有，那么前程就不用问了。如果阴骘纹出现在咽喉部位，预示着该人将得贵子；如果阴骘纹出现在其他部位，则不属于"生贵子"这个格局。

三停五部图　清

【原文】

目者面之渊，不深则不清。鼻者面之山，不高则不灵。口阔而方禄千钟，齿多而圆不家食。眼角入鬓，必掌刑名。顶见于面，终司钱谷：此贵征也。舌脱无官，橘皮不显。文人有伤左目，鹰鼻动便食人：此贱征也。

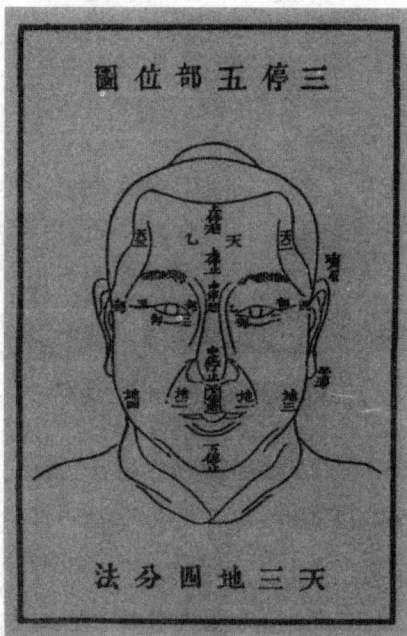

【译文】

人的眼睛如同面部的两方水潭，神气不深沉含蓄，面部就不会清朗明爽。鼻子如同支撑面部的山脉，鼻梁不挺拔，面部就不会显现机灵聪慧之气。嘴巴宽阔又方正的人必多钱财，牙齿细小而圆润的人，适合在外地发展事业。两眼秀长并延伸到鬓发处的人，必会执掌司法大权。秃发谢顶而使头与面额相连没有限界的，能掌财政大权。这些都是富贵的征兆。口吃的人没有官运。面部皮肤粗糙像橘子皮的人不会发达。文人如果左眼有伤，那么文曲星陷落，该人终生无所作为。鼻子如鹰钩状的人，必定内心阴险狠毒，喜伤人。这些都是贫贱的征兆。

智慧通解

"容"，即姿容，察看一个人的姿容要以躯体为限度；"貌"，即面貌，观察一个人的面貌要以他的两只眼睛为主。"容"与"貌"的问题，实则是"形"与"神"的问题，也就是从"容"和"貌"这个特定的角度来看"形"与"神"。并以此为基础，进一步预测人一生的吉凶祸福，即命运。

看"形"与"神"要注意的是，要以"神"为主，"形"为辅。

"形有馀"，指的是一种理想的形相，拥有此形相的人，健康长寿，富贵快乐，它又包括两个方面：即"容"与"貌"。属于容者：头顶要圆厚，腹背要丰厚隆起，肩膊宽大，胸脯平坦宽阔，腹要浑圆且下垂。举止端庄、严肃、三停匀称。肉要细腻，骨要圆峻，手要长，足要方。属于貌者：额头四方宽阔，口如角弓，唇红如樱桃，齿白如霜雪，双耳圆如轮，鼻直如悬胆，眼黑似漆，眼白如玉。眉毛修长疏朗，五岳朝拱聚合。一个人在形体上具有以上这些特征，便是"形有馀"之相。令人望之巍巍然而来，仰之怡怡然而去。

形不足是"形有馀"的反面，其特点是猥猥琐琐，神态萎靡，令人望而生厌，可谓不堪入目。形不足之人，多病而折寿，福浅又命薄。它同样包括"容"与"貌"两个方面。属于"容"的特征主要有：头顶尖突，头部单薄，肩膀胳膊又窄又斜，胸部或凸出或凹下，背部削薄，腹部又扁又平，臂部低陷，脑袋大身子小，上身短下身长，指间稀疏，手掌菲薄，肢节短且粗，走路摇晃不定，声音嘶哑。属于"貌"的特征主要有：额头深陷，口唇薄如纸，鼻梁低塌，耳轮外翻，双眉一弯一直，双眼一高一低，双眼一大一小，颧骨一上一下，睁着眼睛睡觉，男子声音女性化，牙齿发黄且外露，嘴巴尖突且有口臭，秃顶无发，眼睛深陷，眼眶神态萎靡怯懦。上面所述，实际上是形体缺陷的汇集，一个人不可能这些缺点全有，不过，只要占其一条，就会被认为是形相上的破缺而减少福分。

"神有馀"是指一种理想的精神状态。具体而言，指眼睛明亮有神、精神抖擞、举止端正、办事沉着老练、处变不惊，不论何时何地，都能坚守其节操。也就是"富贵不能淫，贫贱不能移，威武不能屈"的典型。神不足就是"神有馀"的反面，即精神萎顿，气质猥琐，到了无以复加、不可救药的地步。以这种状态立于人世，肯定惹是生非而招来官司牢狱之灾，即便阴差阳错做了官，最后也得丢掉乌纱帽。

古人把人的身体分成三个部分，称为三停。头为上停，头形圆实饱满而又显秀长者，是大吉富贵之人，但要与中停、下停对称，和谐。身小头长或身长头小，则表示此人贫贱；从头部到腰部为中停，中停也要与上停、下停相称，太短则寿命不长，太长则一生贫困，腰身软弱者既无力气也不太长命；腰以下到脚为下停。下停也要与上、中停相称，太长多病。总之，三停要比例相称，相称者既美观、身相又好。

一般来说，上身长下身短，主人官运亨通，有福寿。反之，则一生贫贱又短命，若上中下三停俱短，只要无亏损缺陷，且五官端正也是一种相称之样，同样可以富贵双全。

形有"五短之形"和"五长之形"之分：五短之形：就是头短、面短、身短、足短、手短。五长之形：就是头长、面长、身长、手长、足长。五短之形与五长之形本身没有优劣之分，关键要看它们与其他方面的配合而定。五短之形的人如果骨细面滑，印堂明亮，五岳朝拱，定上佳。五长之形的人配以骨丰貌隆，清秀滋润，就是奇佳之人，这样的人会富贵双全。五短之形的人如果骨骼粗恶，五岳陷塌，肯定贫贱无疑。五长之形的人如果是骨肉枯槁，筋骨暴露在外的样子，那么就是恶相，也很贫贱。

还有一种说法就是，手短脚长就会贫贱交加，而手长脚短则会既富且贵。

古人认为，富相是腰圆背厚，鼻梁高耸，双颧隆起，口角方正，地阁方圆，四角丰隆；气色红润清朗，身体肌肤柔软光滑，面部丰满，骨相清奇；手背肉厚，行立坐卧，姿态端正，神情潇洒，举止稳重。

五岳虞染图　清

古人对贵相的总结是：贵相要脸黑身白，面粗身细，身体短小而声音洪亮，面部短而眼睛长，身体体味清香。

凡此种种，不一而足。曾国藩吸收前人的各种说法并加以糅合，提出了自己对容貌的看法和观点，都有一定的依据。比如说，眼睛的神气要深沉含蓄，这样面部才会清朗明爽。只有学识渊博，思想丰富的人，眼睛才会深邃含蓄。这样的人多半不是池中之物。为官者须能言善道，清楚地表明自己的意见，而口吃的人很难表达自己内心的想法，所以不适合做官。面部皮肤粗糙像橘子皮的人一副风餐露宿的样子，多半不能有很好的生活条件。

曾国藩借用自己察人识人的能力为自己招揽了不少谋臣志士，为自己稳固湘军，攻克太平天国立下了赫赫战功。

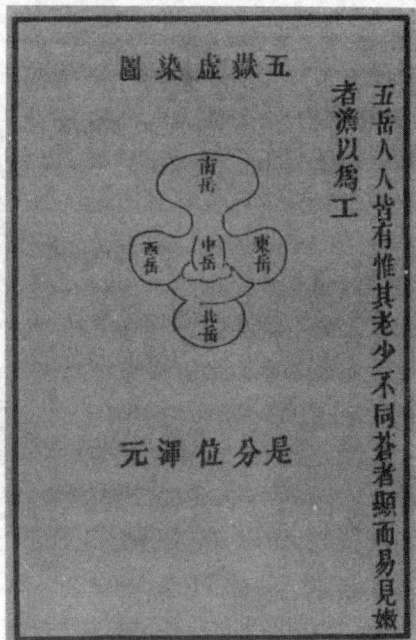

【经典实例】

齐威王识人

俗话说，耳闻不如一见。就是指耳闻之不如目见之。耳听为虚，眼见为实。所以，识人特别强调要讲究识人的艺术，识人不能光凭耳要听，还要用眼睛看。

齐威王时期的即墨大夫，自从到即墨之后，勤于理政，公正廉洁，使那里五谷丰登，百姓安居乐业，没有什么官司之类的事情发生。就是这样的一位即墨大夫，齐威王左右的人却不断地在齐威王面前讲他的坏话。齐威王没有听信这些坏话，派人到即墨那里了解情况，发现他左右的人之所以讲即墨大夫的坏话，是因为即墨大夫没有给他左右的人送礼求情。于是，升了即墨大夫的官爵。

另有一个大夫，到阿地之后，整日花天酒地，不理政事，使那里田地荒芜，民不聊生。赵攻鄄，他不去救；卫取薛陵，他竟不晓得此事。就是这样的一个阿大夫，齐威王左右的人却经常在齐威王面前讲他的好话。齐威王也没有听信这些好话，派人到阿地做了了解，知道了其中的奥秘。于是召见了阿大夫，对阿大夫说：

齐都遗址 今山东省淄博市

"自从你到了阿地之后，天天有人讲你的好话，可事实情况并不是这样，可见你必然送了些好礼物给我手下的人，让他们尽在我耳边讲你的好话！"接着，就把阿大夫和夸过阿大夫的那几位手下人都宰了。这一来，齐威王手下的臣子个个既惊又怕，再也不敢谎报情况了。齐国的兴盛强大与此不无关系。

上述故事，在《资治通鉴》里有记载。它告诉人们这样一个道理：不论是讲人好话的还是讲人坏话的，都有其目的性，有其内在的原因，尤其是在上司面前讲的话。领导者身居高位，对下情不可能事事清楚，他需要别人提供情况。领导者为官一任，最可怕的是被蒙蔽而听不到真切的声音。进耳之言，究竟可靠与否，还是需要调查研究的。齐威王能从被毁者中看出好人，从被誉者中找出坏人，不被谎报"军情"的小人所欺骗，就是因为他搞了调查研究，弄清了产生坏话和好话的原因。当今领导者应当从中受点启示，把自己听到的关于部属声誉的坏话和好话认真地分析一番，以期得出公正的结论。

陶朱公识子

知人的基本方法，无非听其言观其行，而以观其行为主。

思想指导人的行动，心里想什么，要想干什么，必然体现在他的言行之上。但有些人的言行并不一致，如果谨听其言，就会受其所骗。所以听其言，必然观其行。人是极其复杂的，因为人的内心所想要干的与其言行，因人不同而有异，即有一致的或相反的。一般而论，刚直的人，心所想的，就照说照干，这种人言行一致易于了解，听其言观其行便知其人。但狡佞的人，所想所要干的是一回事，所说的以至所行的又是另一回事，即以其漂亮的言辞，合乎道义的行为，掩盖其罪恶的用心，因而获得人们的赞赏和支持，以达到其罪恶的目的。所以对这种人，只察其言观其行，一时还难识其人，必是大智者或花相当的时间加以考察。所以说知人不易。

但是，即使最狡佞的人，明智的人以其行观察其人，加以仔细分析，终会发现其漏洞之处，如易牙、开方、竖刁等人，齐桓公认为他们的言行都合乎己意，是忠于己的侍臣，视之为心腹；而管仲从他们的"杀子""背亲""自阉"以讨好桓公，是不近人情之举，他们如此自我牺牲必有所图，故得出"难用"的结论，而桓公不听，结果自取其祸。这证明管仲有知人之明，由此可见，观察其人行动是否合乎道义，是衡量人的标准之一，也是一种知人的良法。

要知人就要掌握其人的全部言行的情况，这是知人的基本条件，如果仅据其人一言一行而对其人做出结论，必然失之偏颇。如果能了解其人的全部情况，既可从其过去知其现在，也可根据现在所作所为预料其发展的趋向和后果。

凡能知人者，必有所根据，而其中以知情最要紧。只有掌握其人的第一手材料，全面了解其人，并据此做出分析，才能对其人有正确认识。不然，则不可能知其人，对其人有所看法，也不过是乱猜胡说而已。

最了解其人的，莫过于他身边的人，如父母最熟悉子女的情况，他们对子女的看法也大都准确。陶朱公料其长子难救其弟，赵括母亲预见赵括为将必败，汉宣帝说太子后将败刘家，后都果如他们所言。原因无他，都因他们最了解其子女的情况，乔玄评曹操，也因了解其人才能做出正确的评估。

可以说，要知人首先要知情，也就是说：知情始能料人。

陶朱公，即范蠡，助越王勾践兴越称霸后，料"勾践为人可与同患，难与处安"，便辞别勾践，浮海到齐，经营产

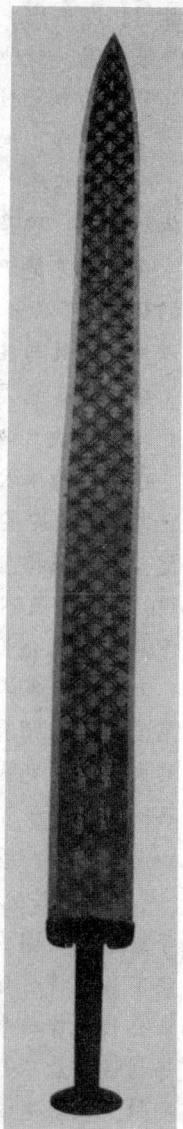

越王勾践剑　春秋

业，后又到陶，从事耕畜，并做买卖，成为巨富，天下称他为陶朱公。朱公有子三人，次子杀人，被囚于楚。朱公拟派小儿去探望，从中营救。朱公给他黄金千镒，作为营救费用，将要启程时，长子坚决要求代其少弟前往，朱公不听。长子说："家有长子曰家督，今弟有罪，大人不遣，乃遣少弟，是否不当。"并说如不让他去，就要自杀。他的母亲为他求情说："今遣少子，未必能生中子也，而先空亡长男，奈何？"朱公不得已派长子前往，写一信给了带去交给在楚的故交庄生，叮嘱说："至则进千金于庄生所，听其所为，慎毋与争事。"长子自己也带上了私蓄数百金，以防意外之用。

朱公长子到楚，前往拜见庄生，将信和金交给他。庄生对他说："可疾去矣，慎毋留！即弟出，勿问所以然。"朱公子没有听他的话，他因见庄生家很穷，所住屋很破漏，对他缺乏信心，担忧不能救他的弟弟，仍留在楚，从事营救活动，将其带来的私蓄数百金献给有权势的楚国贵人。

庄生虽穷，但为人廉直，以此名闻于楚国，自楚王以下都尊他为师。朱公送金，他并非想要，他想等代办成事后送还金，以取信于朱公罢了。他收金后，告诉他的妻子：这是朱公金，后当交还，不要动用。

庄生入见楚王，说有某星出现，将对楚不利。楚王问有何办法，庄生说："独以德为可以除之。"楚王便决定要大赦。楚贵人听到了消息，告诉朱公长子。他以为弟遇赦与庄生无关，而白白送给庄生千金于心不甘，便往见庄生说弟遇赦事。庄生知其意是要回千金，便叫他入室去拿去。朱公长子自我庆幸，弟既遇赦，又不花钱。

庄生认为朱公长子不信任他，是对他的羞辱，于是恼羞成怒，又入见楚王说："臣前言某星事，并言以修德报之。今臣出，道路皆言陶之富人朱公子杀人囚楚，其家多持金赂王左右，故王非能恤楚国而赦，仍以朱公子故也。"楚王大怒说："寡人虽不德耳，奈何以朱公子而施惠乎？"即令当日杀朱公之子，明日才下赦令。朱公长子只好以所坐来的牛车载弟死尸归去。

乃到家，家人及乡人都痛哭，只有朱公独笑，说："吾固知必杀其弟也！彼非不爱其弟，顾有所不能忍者也。是少与我俱，见苦，为生难，故重弃财。至如少弟者，生而见我富，乘坚驱良逐狡兔，岂知财所来，故轻弃之，非所惜吝。前日吾所为欲遣少子，因为其能弃日才故也。而长者不能，故卒以杀其弟，事之理也，无足悲者。吾日夜固以望其丧之来也。"（以上见《史记·越王勾践列传》）

"知子莫若父"。朱公认为要营救次子，要不惜花钱，少子可负起这一任务，长子则不能。因少子时家已经富裕，不知财来不易，不会吝惜钱财，且阅历少，办法不多，将会按照朱公的话去做。如果是朱公少子前往，其二哥将安然归来。而朱公长子曾与朱公创业，知财来之艰苦，必然吝惜钱财，加上他经验丰富，又是势利眼，看不起庄生，因救弟心切，而另贿赂楚贵人。本来他不去索回金，弟可安归，金必送回，救了弟弟也不花钱。而他却去索金，原以为弟弟得救又得回金，孰料却是相反，金是索回了，弟弟的命却送了，正是朱公长子的吝惜和势利眼，害了他的弟弟。长子不能救其弟弟，早在朱公的意料之中。

东郭先生的故事

识人须观表察里，这可说是正确认识别人的一种必不可少的识人艺术。因为看人的表面，便对其人做出全部评价，就难于得出正确的结论。如此轻易评价人，将会知错人，用错人。识人须观表察里，这里的"表"就是指人的外部表面形象；所谓里就是指人的内部的内心世界。人的表面形象与其内心世界往往是不一致的。心里想的与嘴里说的不一样，说的是一套，做的是另一套；人前是一套，人后又是一套；当面说好话，背后下毒手；阳的一套，阴的一套。"与人只说三分话，未可全抛一片心。"有的人是绣花枕头稻草芯；有的人是当面是人背后则捣鬼；有的人是笑里藏刀，黄鼠狼给鸡拜年不安好心。这种人与那种表里如一，言行如一，始终如一的人完全不一样，所以，只有观表察里，透过表面去识别其内心世界，才不至于识错人。

一个面目可憎的人，也许他心地最善良；一个生得很漂亮的绝世美人，也许她为人比毒蛇还狠。因此，识人不能只看表面，还需要通过表面去观察其内在。

人世间，势利眼的人大有人在，人贫困时看不起，富贵时相争高攀。也因此，相遇其人于贫困，失之交臂；其富贵时与之相见，想高攀却攀不上。《史记·滑稽列传》记载东郭先生的故事，对势利眼者就是当头一棒。

东郭先生住在公车官署等候任官，皇帝的诏书却久久未见下达，他钱都花光了，贫困得很，衣服鞋烂，饥寒交迫。他行走在雪地上，虽穿鞋，鞋有帮无底，实是赤脚走路。人们看见了，都嘲笑东郭先生，东郭先生毫不介意，他自我解嘲说："谁能履行雪中，令人视云：其上履也；其履下处，乃以人足者乎?"及东郭先生接到诏书被任命为二千石的官职，他从皇宫回来，佩着紫青色的印绶，告辞官署的负责人，离开京城去赴任。跟东郭先生住在一起候差事的人，都排列成行送他到城门外。东郭先生贫困时，人们看不起他，及其富贵，争着高攀。正如谚语所说："相马失之瘦，相士失之贫。其此之谓邪！"

"相士失之贫"，是说人才困贫而被人看错。世上势利眼的人是看不起贫困的士人的，也恰恰在这一点上看错人。除了一些生长在富贵之家的人外，有真才实学的士人，在他们未被发现或未知名时，一般都处于底层，处于贫困的困境。人是否有才或无才，不在于贵贱，所以，如因人贫困而看不起人，也就容易把人看错了。我们必须透过现象看本质，知人不仅要观外表，也要看其品质，只有这样才能识准人。

孔子识人重其行

"人不可貌相，海水不可斗量"，这是中国人民的一句有益的识才辨才的格言。泰戈尔说得好："你可以从外表的美来评论一朵花或一只蝴蝶，但不能这样来评论一个人。"以相貌取人，判人，没有丝毫的科学根据。早在商周时期，吕

尚就提出选将不能以外表为准，他说："夫士外貌不与中情相应者十五：有贤而不肖者；有温良为盗者；有貌恭敬而心慢者；有外廉谨而内无诚者；有精而无情者；有湛湛而无诚者；有好谋而不决者；有如果敢而不能者；有悾悾而不信者；有恍恍惚惚而反忠实者；有诡激而有功效者；有外勇而内怯者；有肃肃而反易人者；有嗃嗃而反静悫者；有势虚形劣而外出无所不至，无所不遂者。天下所贱，圣人所贵，凡人莫知，非有大明，不见其际，此士之外貌不与中情相应者。"事实上其貌不扬的人，有不少有才学的人，而相貌出众的人，也有不少平庸之辈。任何人也没有找到的人才能与人的相貌之间有必然的联系。

识人不要以相貌为标准，才能真正地识别其是否有真才实学，是否是真正的德才兼备的有用之才。中国历史上大圣人孔子就主张识人莫以相貌为标准。

孔子说："吾以言取人，失之宰予，以貌取人，失之子羽。"（《史记·仲尼弟子列传》卷67）

孔老夫子这人，"知过勿惮改"，他曾以言语来看宰予，以相貌来看子羽，后为他认为都看错了，就公开承认自己的失误，这不仅使自己，也使别人能接受"以貌取人"的教训。

澹台灭明，武城人，字子羽，比孔子小三十九岁。他长得丑陋，欲拜孔子为师，孔子看了他那副尊容，认为难以成才，不会有大出息，因子羽是他的学生子游介绍来求学的，孔子虽看不起他，还是收留为弟子。他在孔子那里学了三年左右，孔子才知道他是个貌丑而才高德隆的人，所以说"以貌取人，失之子羽"。子羽学成后，曾任鲁国大夫，后来南下楚国。他设坛讲学，培养了不少人才。成为当时儒家在南方的一个有影响的学派。

宰予也是孔子的学生，鲁国人，他以善辞令著称，列言语科之首。也因了善辞令，孔子收他为学生。他自始至终跟随孔子周游列国。孔子对他的一些作风和主张有意见。

孔子像

有一次宰予白天睡觉，孔子说："朽木不可雕也，粪土之墙不可圬也。于予与何诛？"（《论语·公冶长》）这是说，朽腐的木头是无法雕刻的，粪土一样的墙壁是无法粉刷的，对宰予这样不可救药的人，责备他是无用的。又说："始吾听人，听其言而信其行。于予与改是。"（同上）这是说，他过去是听人言而信其行，宰予使他改了，现在是听其言还要观其行。宰予还主张改变旧礼制，认为守丧时间太长，影响生产，可使礼坏乐崩，应改为一年，因而遭到孔子的斥责。所以，

孔子说"以言取人，失之宰予"。

也许孔子在这方面又把宰予看错了，宰予主张一年丧，未可非议，说明他敢于改变旧礼制一些不合时宜的事。宰予是个德才兼备的人，孔子曾派他出使楚国，楚昭王认为楚国的官尹中没有任何人的才能可以与之相比。楚昭王要把一辆华丽的车子送给孔子，他以理拒收，受到了孔子的称赞。他在孔子弟子中是个有所建树的人，唐玄宗开元八年（公元720年）被列为"十哲"之一，配祀孔子。因宰予有一次在白天睡觉，孔子竟斥为"朽木不可雕也"，这是孔子又一次犯了以貌取人的错误。

在中国古代知人的经验教训中，以貌取人还是看人重在其行，这是两种截然相反的知人之法。前者只看人的外表，而后者看其实践如何。前者知人多误，而后者则较能揭开人的真假、善恶、美丑。

以貌取人，连圣人孔老夫子也犯这种错误，他就公开检讨说："以貌取人，失之子羽。"孔子因子羽貌丑曾看不起他，其实子羽是很有德才之士。人的外貌跟面貌没有必然的关系，因而以貌取人多误。

晏婴识贤

古人说得好，"射者非前期而中谓之善射，天下皆羿也。"这就是说，射箭的人如果不是射中事先确定的目标就算是善射，那么天下的人都是羿那样的射手了。从识贤的视角来说，即指天下如果没有公认的是非标准，那么人人都是尧那样的圣人了。这就告诉我们，识别人才应该有标准，识别贤才也应该有识别的标准。如果没有识贤的标准，就会出现"有贤不能知，与无贤同"。有贤良之才而不能识别，与没有贤良之才不就一样了呢？可见，如果世上没有识贤的标准，对贤才不能认识、发现，将极大地浪费、埋没人才。

那么，什么是贤才呢？因其历史条件的不同其识贤的标准是不完全一样的。当然，从总体上看，既有同中之异，也有异中之同。识贤、论人物当论是非，不当论成败。这就是说，评价人物应以是非为标准，而不应该也不能以其成败作为唯一的标准。

古人云：道远知骥，世伪知贤。这就是说，道路遥远，才能识别出千里马；世道欺诈，才能识别出贤良的人，这说明只有通过实践的检验，才能识别贤愚，辨别真

晏婴像

国学经典文库

伪。事实也是如此，"器必试而后知其利钝，马必驾而后知其驽良"。工具一定要经过试用，然后才知道它究竟是劣马还是良马。这更是说明了只有经过实际工作的考验，才能识别、分辨出贤才和庸才。

对于识贤的标准问题，古人还告诫人们下面这一种识贤标准是不可取的。即"君以世俗之所誉为贤，以世俗之所毁者为不肖，则多党者进，少党者退。若是，则群邪比周而蔽贤，忠臣死于无罪，奸臣以虚誉取爵位，是以世乱愈甚，则国不免于死亡。"（见《六韬·举贤第十》）意思是说，如果君主认为一般人所称赞的是贤人，一般人所诋毁的是不贤的人，那么党羽多的就会被任用，党羽少的就会被排挤。这样奸邪势力就会结党营私而埋没贤人，忠臣无罪而被置于死地，奸臣以虚名骗取爵位，社会就会愈加混乱，国家也就不能避免危亡了。

在中国历史上，把能不能纠正自己的错误和过失及敢不敢及时向君主谏言其过失而作为识贤的标准。例如，春秋时期的齐国贤相晏婴就是采用了这一标准来识贤的。

高缭在晏婴的相府里工作，已经三年，没有什么过错，晏婴辞退了他。左右的人认为这不近情理，对晏子说："高缭之事夫子三年，曾无以爵位，而逐之，其义可乎？"晏婴说："婴，厌陋之人也，四维之然后能直。今此子事吾三年，未尝弼吾过，是以逐之也。"（《说苑·臣术》）

晏婴辞退高缭的唯一理由是不能匡正其过。因为晏子认为自己是"灰陋之人"，意思说自己见识不广，不能没有缺点，所以要用"四维"即礼、义、廉、耻来要求自己，才能不犯错误以行直道。而高缭事已有三年，没有提过意见以纠正自己的过失，所以留下这种人对自己没有帮助便辞退了他。可见，晏婴的看法与左右截然不同，虽然高缭没有什么过失，但无所作为就是最大的过失。

在用人上，有两种人，一是喜欢阿谀奉承，而厌恶人提与己相反的意见，因此，尽忠者遭排斥，巴结者得信用，这么一来，有错改不了，错误就日多日严重，结果是：于己有害，于事业有损。另一种是闻过则喜的人，晏婴就是这种人，他深知"人孰无过"，知过则改，就可少犯错误或不犯错误，而改了错误，所做的就正确了。因此，晏婴把能不能纠正自己的错误作为贤不贤的标准之一。能者则留用，不能者则辞退。晏婴是春秋时齐国的贤相，正因他能闻过则喜，故用得其人，齐国治理得很好，政治稳定，人民安乐。

樊姬论贤相的标准

伏契克说过："英雄——就是这样一个人，他在决定性关头做了为人类社会的利益所需要的事。"

刘劭在《人物志》一书中有一节《英雄》篇。他把英和雄分别为两个概念："聪明秀出谓之英，胆力过人谓之雄。"如果一个人聪明过人有"英"的素质，但没有"雄"的胆略，则其聪明谋划无从实现；如果只有胆量而没有聪明机智，则其雄只能是无谋之勇，也难成事。因此，在用人的时候应当把两种素质结合起

来，刘劭举汉初的例子说：张良"聪明能谋，始明能见，机胆能决之"，可以算英，韩信"气力过人，勇能行之，智足断事"，可以算雄。"故英可以为相，雄可以为将。"

樊姬是春秋时楚庄王的夫人，她认为宰相不荐贤不能称为贤相，她这个论点见于刘向《新闻·杂事》：

有一次，楚庄王上朝后回来很晚，樊姬问其故，庄王说："今旦与贤相语，不知日之晏也。"

樊姬问："贤相为谁?"庄王说："为虞丘子。"

樊姬掩口偷笑，庄王问她为什么笑，她答道："妾幸得执巾栉以侍王，非不欲专贵擅爱

也，以为伤王之义，故能进与妾同位的数人。今虞丘子相数十年，未尝进一贤。知而不

进，是不忠也。不知，是不智也，安得为贤?"

苏州盘门　建于春秋吴王阖闾元年

楚庄王明日上朝，将樊姬的话告诉给虞丘子。虞丘子叩头说："如樊姬之言。"于是，

虞丘子辞去宰相位，推荐孙叔敖代之。

虞丘子听樊姬的话承认自己的严重缺点并主动改正，荐贤以自代，也称难能可贵，故他辞相后被人尊敬为国老。但更可贵的是樊姬能指出宰相虞丘子的要害，使他让位给孙叔敖，在孙叔敖的辅佐下，楚庄王终于称霸：孙叔敖任相后，辅佐楚庄王整顿内政，发展经济，在期思、雩娄（今河南商城东）兴修水利，又开凿芍陂（今安徽寿县安丰塘），蓄水灌田，促进楚国经济发展，国力增强。楚晋在邲（今河南荥阳北）之战中，孙叔敖辅助楚庄王指挥楚军，大败晋军，国威大振，使鲁、宋、郑、陈等国陆续归附，楚庄王成为霸主。

孙叔敖辅佐楚庄王称霸，樊姬是有大功的，有云："一语兴邦"，信然。樊姬是楚庄王的宠姬，但她没有嫉妒之心，也许是出于古代所谓的"妇德"，她不是不欲君王宠爱集于一身，而是诚恐这样有损楚庄王的名义，为了爱楚庄王，所以主动推荐了跟她一样地位的几个美女。也许她由此而推理，如果宰相虞丘子是爱王爱国的话，也应推举贤臣以帮楚庄王治理好国家。可是，虞丘子当了几十年的宰相，却没有推荐一个贤人，不推荐贤人哪能称为贤相呢? 她的理由是："知而不进，是不忠也；不知，是不智也。"这么说从正反方向看，都不能称为贤相：知贤而不推荐，显然，作为宰相不是嫉贤妒才，就是另有所想，这肯定对君主不忠；宰相位在一人之下万人之上，辅佐君王领导群臣，而他却不知哪个是贤人，

因而无法推荐，这就是不智了。不忠不智的宰相，当然不能称为贤相。

更重要的是，从樊姬对宰相不贤的评论中，可以得出衡量宰相称不称职的标准，即能否荐贤，这是因为：作为宰相，要辅助君主治理好国家，不能只靠宰相一人，要有众多的贤臣共同辅佐才行。不然，即使这位宰相很有才干，也不可能把国家治理好。因此，宰相的主要职责，应是荐贤，如此才能说是称职的贤相。反之，则不配当宰相。

伯乐荐九方皋相马

识人与相人看起来似乎是一回事，其实并非如此。识人与相人有一定的联系，但二者也是有区别的。相人作为识人的一种类型，主要是相人之表面，正如我们常说的"相面"。相面主要是对人的外表的一种认识。人都有一副脸，就是平时所说的面子。某一种身份的就有某一种面子。我们认识了人的面孔，就是一种相人的具体行为，当然还包括其体态、衣着等外部表现。但知人知面不知心还不行。所以，相人只是识人的一种前提和基础，要想真正了解一个人，还必须从相人进入到识人的阶段，即从第一印象进入到对第二印象的认识；从对外形的认识进入到对内心的认识；从人的表面现象进入到对人的本质的认识，从一级本质到二级本质，从二级本质到三级本质的认识，可见，相人与识人的区别在于相人主要是相"形"，识人主要是识"心"，相人是对人的表面现象的认识，识人则是透过现象对人的本质的认识。

本质，是说原来的本质，本质与素质的意义一样。素质包括德才两方面。德的素质有好坏，忠厚、老实、公正，这是好的品质；奸恶、虚伪、自私，这是坏的品质。人的素质也有高低之分，高的素质如精明、能干、敏捷，低的素质如愚笨、庸劣、迟钝。看人，主要是要弄清其本质、素质，这对于了解其人是很重要的，也可以说是知人、用人的关键环节。

《列子·说符》记载了伯乐推荐九方皋相马的故事：

秦穆公对伯乐说："子之年长矣，子姓有可使求马者乎?"伯乐答道："良马，可以形容筋骨相也。天下之马者，若灭若没，若亡若失，若此绝尘弭辙，臣之子皆下才也，可告以马，不可告以天下之马也。臣有所以共担缠薪菜者，有九方皋，此其于马，非在臣之下也，请见之。"穆公便召见，派他去求千里马。三个月后，九方皋回来报告说："已得之矣，于沙丘。"穆公问："何马也?"九方皋说"牝（母马）而黄"。穆公派人去取马回来，却是一匹黑色的牡（公）马。穆公很不高兴，派人叫伯乐来对他说："败矣! 子所使求马者，色牝尚弗能知，又何马之能知也。"伯乐说："一至于此乎! 是其所以千万臣而无数者也。若皋之观，天机也，得其精而弃其粗，在其内而忘其外；见其所见，不见其所不见，而遗所不视。若皋之相，乃是贵乎马者也。"穆公叫人把马牵给伯乐一看，果是一匹千里马。

秦穆公认为九方皋连马的颜色和是公是母也分不清，还懂得相马吗? 而伯乐

却说九方皋相马的本领比他强千万倍，因为九方皋相马是看它的本质，是否具有千里马的特征。至于什么颜色，是公是母，他没有必要注意。从九方皋相马中给人们一些什么启示呢？

相马要把握它的本质特征，相人也应如此。善于知人用人者，都是从人才的本质特征中去考察，而不为其表面一些现象所迷惑，凡在知人用人上的失误，都是只注意人才的一些表面现象，如貌好、会说、顺眼、合意等等，对于其人的德才却没有深加考察。人才的内涵，主要是德才二者，而德是人才的灵魂。一个大有作为的人才，其才必须是建立在良好的德行的基础上；如果德行败坏，就不能更好发挥作用，甚至可能走上邪道，害国害民害己。

不以舆论与传闻识人

在识人的问题上，我国战国时著名哲学家韩非在总结历史经验教训的基础上，强调识人不可以舆论与传闻为依据。

韩非认为，对人，只应看他是否具有才华，而不管他是否受到非议或是赞誉。

为什么在识人的问题上要排除舆论与传闻的干扰呢？韩非一针见血地指出：如果以声誉的好坏来作为提拔人才的依据，那么臣下就会背离君主而在下面相互勾结，以便制造对对方不利的舆论与传闻；如果根据朋党关系来荐举官员，那么臣民就会致力于勾结拉拢而不再在法律的规定内凭功业来求得任用。所以，如果任命官员不以才能作为标准，而只根据声誉、朋党关系如何，那么，国家就会混乱。没有一套正确方法来识别人才的君主，

韩非像

必然会根据他人的议论来判断一个人的智愚与忠奸。别人称赞谁，君主就随之喜欢谁；别人非议谁，君主也随之厌恶谁。这样传闻与毁誉成了衡量官员好坏的标准。于是，那些惯于讨好、习于钻营、善于拉拉扯扯的人，就会得逞于一时，朝廷则可能被这群结党营私的小人所充斥；而那些正道直行的贤人君子，就会显得孤立无援，长此，就将形成小人道长、君子道消的局面。

战国时期，齐威王派朝中两位大夫分别去治理即墨和阿邑两个地方，过了一段时期，齐威王身边不断有人非议派往即墨地方的大夫，而对派往阿邑地方的大夫却屡屡赞扬。齐威王遣人至两地观察，看到即墨地方田陌纵横，人民富足，秩序安定；而阿邑地方却是田园荒芜，百姓穷困。为何对两个官员的反映都与真实

的情况截然相反呢？齐威王通过探查，才弄清真相。原来是阿邑地方的大夫用大量钱财贿赂了朝廷官员，求其在国王面前为自己美言；而即墨地方的大夫却不这样做，朝廷官员就有意中伤他，于是，齐威王对作风正派、政绩卓著的即墨大夫给予万家赋税的封赏，而对弄虚作假、蒙骗朝廷的阿邑地方的大夫处以烹刑。结果，"群臣悚惧，莫敢饰非，务尽其情，齐国大治。"

倘若齐威王闻言不察，听风即是雨，就会造成黑白颠倒，是非混淆，小人得志，贤人遭殃。所以，作为一个领导者，绝不可轻易听信传闻，不能仅仅以世俗之毁誉定人贤愚、优劣，而须认真考察真情后再做结论。对此，《吕氏春秋·听言》有精辟的论述，"听言不可不察，不察则善不善不分；善不善不分，乱莫大焉。"

三国时代的刘劭说得更为全面，他说，想做一个好官，必须要严格执法，事事为国家分忧，为百姓解愁。这样做虽然于政治有益，但也会引起一些人的不便、不安和不满，所以，容易被人诽谤而声誉不见得好；反之，违背自己的意愿，顺从那些人，这样虽然于政治无益，却可以博得他们的称誉。所以，识别人才，一定要了解真实情况。

唐朝的唐玄宗也是因忠奸莫辨，信用李林甫，并听信其谗言，贬黜贤相裴耀卿和张九龄，导致朝政更加昏暗，教训是极为深刻的。

传闻与谗言，本是无从证实，甚至是凭空捏造的。它有时是在某些人、某些事危及一些人的利益时而产生的。有些人是出于恐惧、不安全感对现象胡乱猜测，而更多的情况则是，某些人看到别人能力比自己强，心里失去控制，便产生强烈的妒忌心理，为使内心达到某种平衡，就故意制造出传闻与谗言去攻击他人，以满足自己的虚荣心，使自己在某些方面占上风。这种人实质上品行恶劣，道德沦丧。

在现代企业中，如果传闻与谗言盛行，就会使积极向上的人遭到非议和诽谤，从而丧失信心；也会使有缺点的人被旁人的舌头压得抬不起头；甚至还会使有凝聚力的集体变得涣散。

作为领导者，应以古鉴今，以古为镜，不听信传闻与谗言，凭借辨别是非的能力去了解实际情况，识别贤才。同时，要关心、鼓励遭受非议的人，使正直的人能有一个宽松的工作环境和轻松愉悦的心情；而对于那种嫉贤妒能、编造传闻流言、无中生有中伤别人的人，给予严厉的批评与教育。

传闻与谗言，留给今天的领导者的思考是沉重的。某公司的一位经理由于对新调来的两个业务主管不了解，心里没底，于是，就找了几个跟自己亲近的人了解情况。而这些人对新来的两位主管严格管理、秉公办事的做法很不习惯，便借所谓"群众反映"不好为由，对其捏造一些流言蜚语，结果，这位经理偏听偏信，于是找个理由把这两名主管调离了工作岗位。

这事听起来幼稚可笑，可在现实生活却屡见不鲜。生活中往往有这样的事例，有些人才，其观点、谋略新颖奇特，一时难为多数人所理解与接受，然而，却是可行的，甚至是难能可贵的。而这种人，往往难以取得多数人的支持，也常

常会有不好的舆论。如果仅凭"传闻"以舆论识人，就会把这种难能可贵的人才连同他的观点、谋略一起拒之门外，岂不是一大损失！

因此，在识人的实践中，既不可不注意"民意"，又不可被表面的"民意"所左右。"群众反映""民意测验"，从本质上说，都无可非议。但如果仅凭此识别人才，未免过于草率。至于将一些流言蜚语、闲言碎语等视同为"群众意见"，那就更幼稚可笑了。

此外，在现实生活中，还有一种所谓"有争议的人物"。这种人，舆论对他们不利，然而，他们却是一批有才华、有所作为的人群。我们的企业领导，对他们，不应以所谓的舆论而弃之，而应当用事实去考察、去识别。

魏国谋士李克谈识人

如何全面地历史地识人，我国战国时代魏国的谋士李克在回答魏文侯问话时，谈到从五个方面去识别人才。

第一，屈视其所亲。当一个人怀才不遇时，就看他跟哪样的人亲密来往。如果他是跟一些同样不得志的人亲密相处，发牢骚，鸣不平，他就是个心胸浅薄的小人物。

第二，富视其所与。当一个人非常富有的时候，要看他把钱往什么地方用。如果他专走后门，贿赂有权势的人，或只会送礼给比自己地位高的人，这个人肯定不怎么样；如果他把钱慷慨地用在培养穷但有才干的人身上，或是仗义疏财于慈善事业，这样的人就值得提拔。

第三，达视其所举。当一个人仕途壮大，大权在握时，就要看他举荐拔擢的都是些什么人。如果举荐的是无才无能的人，表示他有私心，不为国家着想；如果举荐的全是睿智、廉洁的人，表示他绝无私心，一心为社稷着想，这种人是值得赋予重任的。

第四，穷视其所不为。如果一个人求取功名不得，仍保持名节，不走歪门邪道，不奴颜婢膝，不投机钻营，表示他是个可以担大任的人。

第五，贫视其所不取。当一个人穷得难以度日，就看他是不是贪婪如饿鬼。若一味拍马求好处，就是不可用的小人物；若是穷不丧志，对有钱人仍然不卑不亢，就是一个非同寻常的人物。

用发展的眼光识别人

任何一个人，其思想境界、性格作风、学识水平、专业能力等，都在不断发展变化。有的越变越好，小才可以变大才，歪才可以变正才；有的则由好变差，或由风华正茂变为江郎才尽。

古语说，士别三日，则当刮目相看。这就是说，人是在不断变化的。三国时，孙权手下有员大将叫吕蒙。他打仗很勇敢，但因小时家贫，没上过学，不懂

兵法。每当孙权和大将们谈论兵法时，他就在一旁打瞌睡。孙权劝他多读点书，他总是强调没有时间。孙权教育他说："我每天处理国家大事，还能挤出时间学习，你就不能吗？要知道，有勇无谋成不了大器，只是一介武夫而已！"吕蒙羞得无地自容，回到军营后，天天学文化，夜夜读兵书。两年以后，孙权再和大将们聚会谈论兵法时，吕蒙滔滔不绝，说得有理有据，大家都从心里佩服。吕蒙由有勇无谋变得文武双全，受到孙权的器重。他智擒关羽，收复荆州，为东吴立了大功。

汉代叱咤风云的大将韩信，早年家贫，又不会做买卖，常寄食于别人，众人多嫌弃他。淮阴屠户当众欺负他，使他蒙受"胯下之辱"。他后来投奔项羽，不受重用。汉丞相萧何不计其过往劣迹，慧眼识真才，发现他具有卓越的军事潜能，便月下追还，向刘邦保举其为大将军，并勉励他施展才华。在漫长的楚汉战争中，韩信充分发挥了他的军事才能，为刘邦建功立业出了大力。

拜将坛　秦

如果孙权总以一介武夫的眼光衡量吕蒙，而断言他没什么发展前途，不鼓励他学习兵法；如果刘邦总是用韩信受过胯下之辱的往事来估量韩信的才能，而没有发展看人的慧眼，则吕蒙、韩信就只能成为别人眼中的武夫、无才之辈，一代人才就会被埋没。

从上面的事例中可以清楚地看出，用静止、孤立的观点看待人，会把活人看成"死人"。只有在发展中看人，才能真正做到知人善任。

反观今天的某些企业管理者，平时总是嘴上说自己观察人是多么仔细、多么准确，并且总是能够首先看到人家的发展方向。这些话让手下人不免为之心动。

可在实际工作中，他们却往往总是一提到某人，就先从这个人以往的某几件事情上大肆议论，历数他过去的种种过失，然后，就轻易地下结论说，这个人似乎也就这样了，以后难有作为。这种用静止的眼光识人的做法，实际上是在毁灭人才。

人是在发展变化中走向成熟的，总是在不断总结经验教训中增长才干，发挥才能。善于用发展的眼光来识别人才，才是唯物主义的科学态度。因为他不仅仅是在识察人的潜能，也是在培养和锻炼人的能力。

如果总拿一个人过去的失误来判断他的未来发展，从而否定其潜在的能力，这等于是用其以往的经历以主观臆断来压制他的潜能的发挥，打击他的积极性，同样也是在打击他的自信心、进取心，当然也就更谈不上培养和造就人才了。其实，作为领导者，真正以发展的眼光识别人才，实际上也正是他自身素质不断提高的过程。

勿以爱憎、好恶识人

对人的看法，不能以个人的好恶来决定其好坏。因为人的兴趣、爱好、性格各有所异，不能只凭自己的爱好，以己之见来断定某人是否为贤。有的管理者往往以感情用事，看到某人的脾气和志趣与己相投，便不再注意这个人的其他方面，就把他当成了人才。这样，往往会出现只有相投意和的人才被重用，搞自己的"人才小圈子"，而埋没了很多为领导者所"不了解"的人才。

刘备在未得到诸葛亮之前，只凭个人的喜好作为识人标准，凭个人的印象和臆测选识人才，并自认为自己已"文有孙乾、糜竺之辈，武有关、张、赵之流"。殊不知，天下之广，人外有人。只凭个人感情来评判人，结果往往会走入迷津。他常叹自己思贤若渴，身边无人才，以至于第一次见到司马水镜时竟无端埋怨说，我刘备也经常只身探求深谷的隐贤，却并没有遇到过什么真正的人才。司马水镜引用孔子的一段话，批驳了刘备的错误观点，说："孔子说过'十室之邑，必有忠信'，怎么能说无人才呢？"继而又指出，荆襄一带就有奇才，你应该去访求，为三顾茅庐拉开了帷幕。所以，仅凭长官意志、个人印象来肯定或否定某个人，只能空怀爱才之心，不会得到真正的人才。

唐高宗时，大臣卢承庆专门负责对官员进行政绩考核。被考核人中有一名粮草督运官，一次在运粮途中突遇暴风，粮食几乎全被吹光了。卢承庆便给这个运粮官以"监运损粮考中下"的鉴定。谁知这位运粮官神态怡然，一副无所谓的样子，脚步轻盈地出了官府。卢承庆见此认为这位粮运官有雅量，马上将他召回，随后将评语改为"非力所及考中中"。可是，这位运粮官仍然不喜不愧，也不感恩致谢。原来这位运粮官早先是粮库的混事儿，对政绩毫不在意，做事本来就松懈涣散，恰好粮草督办缺一名主管，暂时将他做了替补。没想到卢承庆本恰是感情用事之人，办事、为官没有原则，二人可谓"志趣、性格相投"。于是，卢承庆又大笔一挥，又将评语改为"宠辱不惊考上上"。卢公凭自己的观感

和情绪，便将一名官员的鉴定评语从六等升擢为一等，实可谓随心所欲。这种融合个人爱憎好恶、感情用事的做法，根本不可能反映官员的真实政绩，也失去了公正衡量官员的客观标准，势必产生"爱而不知其恶，憎而遂忘其善"的弊端。这样，最容易出现吹牛拍马者围在领导者左右，专拣领导喜欢的事情、话语来迎合领导的趣味和喜好的现象。久而久之，领导者就会凭自己的意志来识别人才，对他有好感的人便委以重任；而对与领导保持距离、印象不深的人，即使真有实才，恐怕也不会委以重任。所以说，偏爱偏恶对人的识才与任用是片面的，对国家、对事业将会带来不良后果。

最典型的事例要算是秦始皇以自己的爱憎标准来判定"接班人"，致使江山断送的那段历史了。秦始皇偏爱幼子胡亥，偏恶长子扶苏，这与他重法轻儒有关。秦始皇非常信奉法家学说，他喜读韩非的《孤愤》，是因韩非的思想对他进行统一战争很有作用。韩非指出，国家强弱的关键在于"以法为教""以吏为师"。秦始皇崇信法家思想，蔑视以"仁爱"为核心的儒家思想，更容不得其他思想的存在。恰恰在这个关键问题上，扶苏与之意见相反，他坚持儒家思想，建议以仁义治国，以德服天下。这引起秦始皇的不满，赶扶苏去做监军。因赵高学法，而赵高又是胡亥之师，所以，始皇宠信胡亥。不可否认，秦始皇以法治国对统一中国是起了决定作用的。但爱憎要实事求是，不能偏爱、偏恶。任何学说，都有其产生的客观原因，有其合理的部分，都必须随时代的变化、条件的更新而向前发展，或被其他学说所吸收，或兼容并蓄。而秦始皇统一中国后仍严刑峻法；加之私欲膨胀，至胡亥更甚，民不聊生，暴秦终被推翻。正是秦始皇不讲德治，对长子的直谏，不采用其合理之言，反而责为异端，对那些以法为名、实为害民的胡亥、赵高等爱之、用之，使其以谗言陷害扶苏得以夺权篡位，致使秦传至二世而亡。所以说，识人才，绝不能仅凭自己的爱憎，轻易断言。

识人不能求全责备

古人云：龙有蛇之一鳞，不害其为灵，玉有石之一脉，不害其为宝。这说明识人时不能求全责备。

求全责备还是舍短取长，这关系到能否知人用人。求全责备，大才也会被埋没，天下无可用之人；能舍短取长，人人可尽其力，天下无废人。

"金无足赤，人无完人"。是人总有缺点，对人才求全责备，即使有大才在身边也会视之不见。战国时卫国的苟变，很有军事才能，能带领五百乘兵，即三万七千五百人，那时能带领这么多兵，可说有大将之才了。子思到卫国，会见卫侯时向他推荐苟变，卫侯说知道这人有将才，可是，他当税务官时白白吃了农民的两个鸡蛋，所以不用他。子思听了，要他千万别说出去，不然，各国诸侯听到了会闹笑话。子思指出这种"求全责备"的思想是错误的，认为用人要像木匠用木一样，"取其所长，去其所短。"合抱的大木，烂了几尺，木匠也不会弃掉它。今处于战国之世，正需要军事人才，怎能因白吃两个鸡蛋的小事而不用一员

银嵌有翼神兽 战国

大将呢？因子思的话说到点子上，卫侯的思想才能转过弯来，同意用苟变为将。如果没有子思的推荐和教导，有大将之才的苟变就因白吃两个鸡蛋而被卫侯弃置不用了。

领导者对人才的求全责备，不只不能知人，且将会陷害人才。历史上不少贤才之所以蒙冤，都是由于君主喜欢追究小过，如司马迁只不过为李陵说几句公道话，却被汉武帝处以腐刑，使他遗恨终生。苏轼因对朝政有意见而写几首讽喻诗，却蒙"乌台诗案"之冤，下半生都被贬逐，过着颠沛流离的生活。而在历史上，因主上苛求人小过，别有用心的人和溜须拍马之徒就趁机投井下石，极尽其吹毛求疵之能事加以诬陷，因此，贤才蒙受不白之冤的事就更多了。

有鉴于求全责备失才害贤，孔子对仲弓问政特别强调："赦小过，举贤才。"历史上，能知人善任者都是如此。齐桓公发现宁戚是个人才，决定要用他时，有人主张调查他是否有问题后再确定，桓公说："不然，问之恐其有小恶，以其小恶，忘人之大善，此人主所以失天下之士也。且人固难全，权用其长者。"于是，封他为卿，用宁戚之所长，让他负责农业部门的工厂。后桓公称霸，宁戚起了重要作用。刘邦用陈平，有人告陈平"盗嫂受金"，刘邦责备推荐人魏无知，无知说："臣所言者能也；陛下何所问者，行也。今有尾生、孝己之行而无益处于胜负之数，陛下何暇用之乎？楚汉相拒，臣进奇谋之士，从其计诚足以利国家耳。且盗嫂受金又何足疑乎？"刘邦因而不计较陈平的小过而重用之，后刘邦能开创汉朝，陈平是立大功的。范仲淹选拔人才也多取气节而略小故。他任陕西河东宣

抚使兼陕西四路安抚使时，开设幕府，选用幕僚，多用因罪降职而还没有复职的人。有人怀疑他用人是否适当，范仲淹说："其有可用之才，不幸陷于吏，不因事起之，遂废人矣。"因此，范仲淹所选拔的人，大多有真才实学。

司马光于公元1086年上书朝廷时也指出："人之才或长于此而短于彼"，"若指瑕掩善则朝无可用之人；苟随器任授，则世无可弃之士。"司马光所说确是至论。

唐太宗看人总是看人的主流，而不斤斤计较人的小过，故能知人之长而用之。房玄龄、杜如晦被太宗所重用，肖禹向太宗说他俩短处，谗他俩"朋党比周，无心奉上"。唐太宗说："知臣莫若君，夫人不可苟求也，自当舍其短而用其长。"因唐太宗深知二人，不为肖禹谗言所惑，始终予以信任。

管理者一定要能够正确对待知识分子的某些缺点和不足。任用时，一定要有"力排闲言碎语"，不怕"吹冷风"的勇气和魄力。现在，在我们一些单位的人才使用中，常见一些人自觉不自觉地在遵循一条所谓"保险法则"，叫作"有反映者不要轻易使用"，由此往往导致一批贤能之士、开拓创新之才被拒之于门外，而某些平庸之辈却容易得到重用。

识人切忌求全责备，就是识人看本质，看主流，不能因有点短处而不见其长处。科学地对待人的短处和长处，人才是有的，不要因为他们不是全才，不是党员，没有学历，没有资历，就把人家埋没了。善于发现人才，团结人才，使用人才，是领导者是否成熟的主要标准之一。

富于领导经验的同志总是经常向自己提出问题。例如，当他认为某个下级不得力时，他就着重问自己"这个下级有什么长处？""现在交给他的任务能否发挥他的长处？""自己为发挥他的长处创造了哪些条件？"如果这些都做得不好，"不得力"的责任就应该在自己，而不在这个下级。

高明的领导人懂得，得力或是不得力是一个相对的概念，关键在于使用是否得当。用其所长就得力，用其所短就不得力。用人最忌讳勉为其难。如果硬要下级干他不善于干的工作，自然难于获效，久而久之，还会导致上下级关系紧张化。

对待上级和同级也是如此，利用上级的长处，既有利于上级的工作，也有利于下级的工作。例如，有的上级善于从统计数字中看出问题，有的善于抓典型分析。下级就应当根据上级的不同特长，给前者多提供准确的统计数据；而给后者多提供有代表性的典型。这样，不仅给上级工作提供了方便，也便于上级了解下级的工作。对同级也是如此，用其所长，才能互相支持，要求人家做办不到的事情，必然影响两家关系。

看别人的短处容易，看别人的长处难，这是阻碍我们"识人之长"的障碍。例如，对待下级，领导者往往对其缺点和短处敏感，而使其优点和长处被掩盖。再如，选人，我们过去常常本末倒置，不是从使用出发，着重了解其所长，而是把注意点放到被选者有哪些毛病，一再细致地了解其短处，这样做，就算选到短处不多的人，但也很难是很有本事的人才。其结果势必逼着我们去干那种用其所

短，勉为其难的蠢事。选人的原则，应当不是选没有毛病的人，而是选有本事的人。往往长处明显的人，短处也明显，如果只着眼于短处和缺点，就会选不到有用的人才，因此也就做不到用其所长。

当然，这不是说可以不顾及缺点和短处，对待缺点和短处，领导者的态度是，如果不影响交给他们的工作和长处的发挥就不必苛求。领导艺术的作用，是如何运用组织手段和思想工作，克服短处，使其不发生影响，而不是听之任之。譬如对于那些品质上存在某些缺欠的人，尽管他有一技之长，也不能忽视其问题，要在用其所长的同时，辅以必要的措施，防止给我们的事业带来损害。

识人切忌求全责备，这就要求我们的人事部门，尤其各级的领导者和管理者要知人之长，善用其长。如果"乔太守乱点鸳鸯谱"，舍其所长，用其所短，即使是委以重任，也是违背现代管理原则的。

"金无足赤，人无完人。"用唯物辩证法的语言来说，就是在每一个人的身上都会同时有长处和短处，优点和缺点。对一个人来说，有长处必有短处，《三国演义》中的周瑜，可谓文武双全，既能出谋划策，又会领兵打仗，这是其长，但气量狭小却是很大的短处；诸葛亮足智多谋，治国治军出类拔萃，人们都钦佩由衷，但"事必躬亲，后继无人"却又是其长中之短。

识人切忌求全责备，就要破"求全的心理"。切忌宁肯使用"低能好驾驭者"，也不愿起用"高能难驯服者"。

唐太宗知人善任

心公则平，其心如称，不偏轻重，则能公平衡德量才，实事求是地评估人，为用人提供正确的根据。如此则能用得其人，有利于事业。如心私则偏，就会颠倒贤佞，以贤为佞，以佞为贤，不可能正确评估人，将为用人提供错误的根据，结党营私者往往如此，故用不得其人，有害于事业。

李渊代隋创建唐王朝后，封李建成为太子，李世民为秦王，李元吉为齐王，各设王府可任官，拥有将兵，"玄武门之变"后，李建成，李元吉被杀，李世民被封为太子，同年受父李渊禅位即帝位，是为唐太宗。这时，如何对待有功之臣和原来的敌对势力，尤其是前东宫及齐王府的文臣武将，这是唐太宗面临的重要问题。当然，在李世民南征北战以及"玄武门之变"中，追随他的原秦府官兵功劳最大，如私于党，只提拔任用原秦府的人员，排挤一切敌对势力的人员，则必将树敌而不能更好地巩固新的政权，这当然不为英明之主唐太宗所采纳。而"至公"，即"平恕无私"对待三府人员，如他所说："用人但问堪否，岂以新故异情？"唐太宗除了重用秦府旧人如长孙无忌、房玄龄、杜如晦、尉迟敬德、宇文士及程知节、秦叔宝、屈突通等人外，对于原东宫的魏徵、王珪等人也不咎既往而用之。总之，对于原有人员，不论亲疏、恩仇，凡有才能的都量才任用。而原秦府没有升官或还未安排的人员，则纷纷有怨言，有的甚至主张原秦府的士兵也要一律升为武官。"以天下为家"的唐太宗，对这种"用人唯亲"而不视其才

国学经典文库

行的观点，当然反对，他说："唯有才行是任，岂以新旧为差？"

唐太宗跟古代一般皇帝不同的是他有"至公"思想，即"以天下为家"，这个家不是说天上下是他一家的，而是说这个"家"包括天下的百姓，他和百官的衣食出于百姓，靠百姓来供给的。所以，唐太宗知人善任的原则是"朕以天下为家，不能私于一物，唯有才能是任，岂以新旧为差？"

赵宣子荐韩厥为司马

《国语·晋语五》记载：赵宣子向晋国国君灵公推荐韩厥为司马。河曲之役，赵孟使人用他乘的车子冲犯军阵的行列，韩厥逮捕驾车

朝阳南塔

的车夫，按军法将之杀了。众人议论说："韩厥必不没矣。其主朝升之，而暮戮其车，其谁安之！"赵孟召见韩厥，以礼相待，表示对他的敬意，说："吾闻事君者比而不党。夫周以举义，比也；举以其私，党也。夫军事无犯，犯而不隐，义也。吾言女（汝）于君，惧女不能也。举而不能，党孰不焉！事君而党，吾何以从政？故吾以是观女。女勉之。苟从是行也，临长晋国者，非女其谁？"赵孟告知晋国各大夫说："二三子可以贺我矣，吾举厥也而中吾乃知免于罪矣。"

赵宣子，即赵盾，任晋国正卿，晋灵公时执掌朝政。秦伐晋，两军在河曲列阵对峙。赵宣子推举韩厥任掌管军官的司马。赵宣子为考验赵厥能否公正地执行军法，便指使车夫驾他坐的车冲犯军阵的行列，韩厥虽明知是赵宣子的车，也按照军法将车夫杀了。这引起众人议论纷纷，认为早上韩厥被赵宣推荐而韩厥晚间却杀其车夫，谁能放心用这样的人，韩厥一定不得好死。可是，赵宣子却与众人的看法不同，他认为军阵是不能冲犯的，他的车夫冲犯而韩厥不为他隐瞒，按照军法处理，这样做是很对的。所以他召见韩厥对他表示敬意，勉励他如以后都能这样行事，统帅晋国三军的长官非他莫属了。事实说明：赵宣子推荐韩厥是出于公心，韩厥也不是赵宣子的私党，即"比而不党"。赵宣子推荐韩厥后，老是怕推荐错人，那将是一种罪过，现在他放心了，庆幸自己推荐得人，要各大夫向他祝贺。后来，果如他所料，韩厥升任晋国的统帅。

刘备冤杀养子刘封

中国封建社会几千年间，历代王朝都把天下作为一家之私产，其继位都是从皇帝的嫡系中选择，且一般以长子继承，据说立幼废长将起内讧，因此，长子继承制大都为统治者所遵循，即使长子昏庸以至是白痴、二流子，也非他莫属。为

国学经典文库

了使其后继者能巩固其统治地位，采取了一切办法和手段，为其继位扫清前进的道路。如有谁想染指，即使他是亲人而有才能，也要除之而后快；尽管他没有罪，但欲施之罪何患无辞。在中国古代，不知有多少人因此而冤死！古代号称贤明的君主，也不能摆脱这种愚蠢的选择，为了使自己的血统——亲生儿子能登上王位，儿子虽昏庸无能，也非选他不可，至于他能否治国、安民，在所不顾，在接班人问题上，是如此不明，如此不知人！

中国历代王朝，自开国君王之后，统治者大多昏庸无能，使人民处于水深火热之中，封建继承制是造成这种祸害的主要原因之一。

《三国志·蜀书·刘封传》记载：刘封，原罗侯寇氏的儿子，长沙刘氏的外甥，刘备到荆州时因无嗣便养封为子。刘备取蜀，那时刘封已二十余岁，他有武艺，气力过人，每战必胜。蜀地平定后，刘封被任为副军中郎将。刘备任蜀降将孟达为宜都太守，命他率兵攻上庸，又恐达难独任，便派刘封去统领达军。上庸太守申耽投降，刘备仍让他任上庸太守，任其弟申仪为西城太守，升任刘封为副军将军。关羽围攻樊城、襄阳，要求刘封、孟达率兵来助，封、达以山郡初附，人心未定，难以出兵为辞。关羽败死，孟达害怕刘备加罪，又与刘封有矛盾，便降魏。申耽、申仪叛变，刘封逃回成都。刘备斥责封侵陵孟达，又不救关羽。诸葛亮因刘封刚猛，恐"易世之后终难制御"，劝刘备因此除之。于是，刘备赐封死，令他自杀。封临死前后悔说："恨不听孟达之言！"

刘封虽有过，但不致有死罪，刘备杀刘封实是为阿斗继位扫清道路。这是因为刘封刚猛，而阿斗昏庸，阿斗继位，"难制御"刘封，这便是刘封被杀的原因。刘备是三国时的明主，诸葛亮是贤相，从正统思想出发，竟杀罪不应杀的人，这既是刘备的悲剧，也是封建制度的罪恶。

有何根据说刘封罪不应死？

一、不救关羽，虽可责备刘封，但即使去救也是无济于事，而关羽败死，刘备不能辞其咎。

关羽要求刘封相助时，吕蒙已袭荆州，关羽在曹、孙大军夹击下，加上吕蒙的攻心战，军心已瓦解，无心应战；且孙权倾师出动，以狮子全力搏兔之势追击关羽，关羽已处于绝境，他的败死是不可避免的。而刘封、孟达所领上庸之军有限，前往相救也不可能挽回关羽的颓势。

关羽的败死，则与刘备的失策有关。诸葛亮的"隆中策"的战略决策是：占领荆益两州，然后分兵两路夹击曹魏。可是，关羽率兵直向宛洛，围樊城，水淹七军，降于禁、擒杀庞德，威震华夏，吓得曹操要迁都以避之，在此大好形势面前，在益州的刘备既不率兵出秦川以取长安，也未见对关羽有所支援，始终是由关羽孤军奋战，一直到荆州被袭，关羽败走麦城被杀，刘备都安坐成都，毫无动静，这殊令人费解！

如果说孙权派吕蒙袭荆州是出乎刘备意料之外，也说不通。因为孙权为索回荆州，不仅派人几次交涉，且以武力相夺。如刘备得益州仍不交回荆州，孙权便派吕蒙袭取长沙、零陵、桂阳三郡，刘备立即率兵五万下公安与之争夺，但因这

时曹操取汉中，刘备恐其取蜀，只好向孙权求和，急忙率兵退回益州。孙权无日不在图谋荆州，刘备心里是明白的；荆州是处于曹孙夹攻之势，刘备也是清楚的。关羽北伐是一件大事，胜败有关蜀国的兴衰；且孙权将会趁机会从后袭取荆州也是意料之事，以关羽的军力是难用"两个拳头出击"的。刘备对关羽北伐始终袖手旁观，不管出于什么样的原因，关羽的败死，刘备应负主要的责任。

二、刘封、孟达之间的矛盾，刘封是有过失的，但孟达的叛变，刘备对他不信任是主要的外因。孟达原是刘璋的将领，归刘备后是立功的。对于降将，如不信任则不应置于前线。任为宜都太守，令他独当一面率军攻上庸，后又派刘封统领其军，这是刘备不信任孟达的具体表现，引起孟达的不安，加上不救关羽及与刘封不和，促使他下决心叛蜀降魏。当然，从内因来说，是因孟达是个反复小人。

三、刘封是员勇将，屡有战功。刘备任汉中王后，任阿斗为太子，刘封未见有何怨言。孟达曾以利害劝说刘封叛蜀投魏，刘封不为所动。申耽、申仪勾结魏叛变，他力不敌，而回成都，据他的表现，说明他是忠于蜀汉的。

刘备有"仁君"之称，也以知人善用得誉于世，但为了巩固儿子阿斗以后的统治地位，而不管儿子是个十足庸才，不择手段冤杀英勇善战的养子刘封。可见，一个人心私则暗，好坏不分。

晋武帝立傻子司马衷为太子引"八王之乱"

识人有私心，晋武帝立傻子而逼死有贤名的亲弟。

晋武帝生二十六个儿子，有八个儿子早死，长子二岁时死，次子司马衷是个傻子，也许是立嗣立长的缘故，他不从众子中选个精明的，却立这个傻子为太子。这位司马衷傻到什么程度呢？据《晋书·惠帝纪》记载：

司马衷听到蛤蟆声，问左右："此鸣者为官乎，私乎？"有人答道："在官地为官，在私地为私。"有一年，天下饥荒，百姓饿死，他说："何不食肉粥？"他就是这样傻得令人发笑。他当太子，朝廷上下都知其不能理政事。武帝为了证明太子有才能，他对太子进行考试，不叫太子来，而是召集东宫的属官，叫他们提出策问，然后派人将试题送到东宫让太子对答。太子不可能对答，他的妻子贾妃是个很厉害的女人，当然心照不宣，便请人代答，由太子抄写好后，送给武帝。武帝看了很高兴，并给东宫属官看，以显示太子才能过人。尽管武帝弄虚作假，朝臣心里是明白的，司空卫瓘想请武帝废太子，但不敢明说，有一次在宴会后，瓘假醉，跪在武帝座前说："臣欲有所启。"武帝说："公何言耶？"瓘想说几次都说不出口，却以手抚着武帝的宝座说："此座可惜！"武帝悟其意，因装糊涂说："公真大醉耶？"瓘就不敢再说了。

在武帝晚年，朝臣内外见太子如此傻，都主张由武帝亲弟司马攸继位。司马攸是个什么样的人呢？

《晋书·齐王攸传》记载：司马攸和武帝都是司马昭所生，因昭兄司马师无

子，以司马攸为嗣。司马攸少而聪慧，及长"清和平允，亲贤好施，爱经籍，能属文，善尺牍，为世所楷。才望出武帝之右。"其祖父司马懿甚为器重。武帝代魏后，司马攸被封为齐王，他协助武帝统军治国抚民，甚得官民爱戴。中书监荀勖、侍中冯就是以善于阿谀奉承武帝而得升官，司马攸甚憎厌他俩为人。勖等因攸得朝望，如由攸继位，将祸及己，故趁机对武帝说："陛下万岁之后，太子不得立也。"武帝问："何故？"勖说："百僚内外皆归心于齐王，太子焉得立乎！陛

六抬肩舆图　西晋

下，试诏齐王之国，必举朝以为不可，则臣言有征矣。"统也说："陛下遣诸侯之国，成五等之制者，宜先从亲始。亲莫若齐王。"勖、统二人的谗言，正合武帝意，于是便下诏令司马攸到封国去。攸知勖、统谗诮，气得生病。他因病不能到封国理事，便要求去守太后陵墓，武帝不许。武帝派御医去诊视，诸医知其意，都说无病，因而耽误了医治。攸病加剧，武帝仍下诏催他启程。攸不能不入辞，攸虽病，因素重仪容，强自打起精神朝拜，举止如常。武帝更信其无病。攸辞出，过了一夜，呕血而死，时年三十六。

在立嗣上，封建统治者都是极端自私的，不管是贤愚，所立的都必须是自己最亲的血缘，又因固执于立嗣立长的传统，故使像司马衷这样的傻子继位，而逼死有贤名为众望所归的亲弟司马攸。如果由司马攸继位，晋朝历史将重写。由于司马衷继位，他不能理朝政，权力由其皇后贾南风所操纵，她胡作非为，引起"八王之乱"，使中国大分裂达286年之久，由于武帝选接班人不当，当时给人民带来的灾祸是罄竹难书的。

费无极嫉贤妒才

妒忌是人的一种通病。

妒忌有种种：自发，自觉，恶意。见人有突出的成就，自己望尘莫及，由美慕而产生妒忌，这是自发的妒忌；因别人成就超越自己，但不服气，有意贬低之，这是自觉的妒忌；如是恐人超己，或己超己，怕取己位而代之，而加以毁谤，这是恶意的妒忌。

不论何种妒忌，都是嫉贤妒才的具体表现，只是程度不同而已。产生妒忌的

人，是因其人自私、无能、胸怀狭窄，见人超己，便自觉、不自觉地产生妒忌，其甚者就加以毁谤，以至谗害。这不仅不利于人才的发展，且将阻塞贤才之路，甚至扼杀人才。

历史上，不少人才被打击，排挤，以至被杀害，不正是嫉贤妒才的思想在作怪吗？

费无极是楚国大夫，此人嫉贤妒才，凡受重用的人都要千方百计除掉，因其心险而巧，被害者受其害而不知。

《左传·昭公十五年》记载：楚王宠信朝吴，把他安排在蔡国工作。费无极妒忌之，想除掉朝吴，他对朝吴说："王唯信子，故处子于蔡。子亦长矣，而在下位，辱。必求之，君助子请。"又对位在朝吴之上的人说："王唯信吴，故处诸蔡，二三子莫之如也。而在其上，不亦难乎？弗图，必及于难。"夏天，蔡国人赶走了朝吴。朝吴逃亡到郑国。楚王大怒说："余唯信吴，故置诸蔡。且微（无）吴，吾不及此。女（汝）何故去之？"无极答道："臣岂不欲吴？然而前知其人为之异也。吴在蔡，蔡必速飞。去吴，所以剪其翼也。"

费无极此人确是心险而巧，他先对朝吴说，吴虽得楚王信任，但地位低下，这是一种耻辱，鼓动他伸手要官，实是以此说明朝吴因地位低而不满，为他毁谤朝吴有"异心"找根据。继而挑动官位比朝吴高的人与朝吴的关系，说他们地位比吴高，而王信吴，他们是难安于其位的。如不早图，"必及于难"。正是在这些人的煽动下，夏天，蔡国人赶走了朝吴。当楚王责备无极时，他说朝吴有异心，有才能的朝吴在蔡国，蔡国一定能起飞，去掉朝吴，这就是剪除蔡国的翅膀。无极是妒忌朝吴而把他赶出蔡国，还说是为楚国打算，楚王虽宠信朝吴，也无可奈何了。

费无极也因妒忌郤宛而设计除掉之，其手段更毒辣，且杀人不见血。《韩非子·内储说下》记载：郤宛新事楚令尹（宰相），令尹甚爱之。费无极妒忌郤宛，便设计害他。费无极对令尹说："君爱宛甚，何不一为酒其家？"令尹说："善。"因通知郤宛在他家摆酒。无极又对宛说："令尹傲而好兵，子必谨敬，先丞陈兵堂下及门庭。"宛照做了。令尹一到，看到堂上、门庭都站满手拿刀枪的兵士，大惊说："此何也？"无极说："君殆（危），去之！事未可知也。"令尹大怒，立即回去，派兵来捉郤宛，将他杀了。

费无极此人，可说险诈到了极点，一方面使令尹叫郤宛在家摆酒，一方面说令尹"好兵"，要郤宛陈兵于堂下及门庭，使令尹一见误会是郤宛要杀害他，费无极说危险极了，要令尹快走。郤宛还来不及申辩，而令尹一气之下回去立即派兵来将他擒杀了。郤宛死得冤枉，而令尹还在梦中，只有费无极心中明白，在奸笑：轻易地除掉了他妒忌的人。

王国宝妒贤乱政

王国宝初任东晋尚书郎，因其堂妹是会稽王道子妃，便巴结道子。及晋孝武

帝即位，道子辅政，国宝入补侍中，升中书令、中令军，与道子权倾内外。国宝无士操行，善阿谀奉承，故得孝武帝宠信。国宝对凡与已不和或才高于已的，就加以谗毁。他阻挠孝武帝会见名士王珣，其计之巧，确是别出心裁。这事见《晋书》其本传，《世说新语》也有记载。

孝武帝时，王国宝和王雅得都得宠信，孝武帝嗜酒如命，常常酩酊大醉，以致清醒时少。某天晚上，孝武与王国宝和王雅一起饮酒，王雅推荐名士王珣，孝武叫人去召王珣，王珣已到了门外，已听到了门卒的禀报声。国宝自知才在珣下，恐怕孝武对自己的宠爱被王珣所夺，因见孝武脸上已有酒红，便说："王珣古今名流，不可以酒色见，自可别召见也。"孝武同意他的意见，认为这是国宝忠于自己，于是，就传令不见王珣了。

国宝不仅妒忌王珣，甚至对他的舅父范宁也加以谗陷。范宁任中书郎，为人儒雅方正，深恶国宝为人佞诈，曾劝孝武罢免他。国宝通过道子谗陷范宁，将之调出外任。孝武帝死，其傻儿子晋安帝继位，一切由道子、国宝摆布，任意胡为，政治日益腐败。国宝贪污腐化，聚敛无数，侍妾上百，珍宝满库。皇太后史兄王恭等恶道子、国宝乱政，以讨国宝为名，起兵进逼建康。道子便诬罪国宝，将之付廷尉，赐死。

我们主张在妒忌之中引出竞争，但不主张引出嫉恨。如果嫉贤妒能，并由此产生了嫉恨心理，进而想方设法阻挠别人的发展，更有甚者再千方百计地扼杀别人，那就大错而特错了。这样下去，势必尔虞我诈，由此引起混乱和黑暗。所以，作为一个领导者要限制自己的"妒嫉"之心，以保持自己健康的"竞争"心理。大家都这样做了，已经患上"领导者综合征"的就可以使症状减轻以至于得到消除，没有患上的就可以得到预防了。

曹操唯才是举

识人者首先须有爱才之心。不爱才的人是很难谈到识人才有方的。识人之道中，很重要的一条，就是要用父母爱儿女之心，来爱护我们所识之人。爱护所识之人的才能，要对所识之人的前途和命运自始至终给予关心照顾。帮助克服和解决其成长过程中的困难和问题。

曹操在统一北方后，拟进行统一全国的战争，他预料将需要众多的各种各样的人才，便于建安十五年（公元210年）颁布《求贤令》，要求所属"唯才是举"。他说："'孟公绰为赵、魏老（家臣）则优，不可以为滕、薛大夫'。若必廉士而后可用，齐桓其何以霸世！今天下得无有被褐怀玉而钓于渭滨者乎？又得无有盗嫂受金而未遇无知者乎？二三子其佐我明扬仄陋（意是发现被埋没的人才），唯才是举，吾得而用之。"之后，他又连续下令申明其"唯才是举"的主张并要求推荐人才：建安十九年（公元214年）又颁布了《敕有司取士毋废偏短令》，他指出："有行之士，未必能进取；进取之士，未必能有行也。陈平岂笃行，苏秦岂守信耶？而陈平定汉业，苏秦济弱燕。由此言之，士有偏短，庸可

废乎!"建安二十二年（公元 217 年）又颁布《举贤勿拘品行》，他列举了出身低贱，或起于下层，或在政治、品行上有各种错误的人如伊尹、傅说、管仲、萧何、曹参、韩信、陈平、吴起等人用之卒能称霸成帝，或使国富兵强以打败敌人，以说明举才不要计较其品行，只要有才能都可以推举。这是曹操对"任人唯亲""论资排辈"及世俗的偏见的公开挑战。

"唯才是举"是曹操起事之初就已执行了。他在与群雄逐鹿中，因急需人才，凡是有用之才他都搜罗了，甚至是敌人也能"矫情任算"而用之，如陈琳曾为袁绍写檄文骂他及其祖宗三代，张绣在渭水偷袭将之打败，杀其一子一侄，曹操后来也收降他们。由于曹操能唯才是举，其身边人才济济。

正因曹操爱才，故常物色人才，提拔人才。《魏书》说他"知人善察，难眩以伪，拔于禁、乐进于行阵之间，

汉代耙耱图

取张辽徐晃于亡虏之内，皆佐命立功，列为名将。其余拔出细微，以为牧守者，不可胜数。"其身边的谋臣如荀彧、郭嘉、贾翊等都是三国时一流人才。也因其爱才，其麾下不少人甘为之效死尽忠，如庞德被关羽擒获后，关羽以其主将马超在蜀劝其投降，庞德拒不降蜀，愿以死报曹操知遇之恩；许褚在战争中常冒死保卫曹操，使曹操多次转危为安；典韦在淯水之战中，以死拒敌，使曹操安然脱险。

卷四 情态鉴

经文释义

【原文】

容貌者，骨之余，常佐骨之不足。情态者，神之余，常佐神之不足。久注观人精神，乍见观人情态。大家举止，羞涩亦佳；小儿行藏，跳叫愈失。大旨亦辨清浊，细处兼论取舍。

【译文】

容貌是骨骼的外在表现，观察它可以弥补我们在"骨相"品鉴上的不足。情态是精神的流露，能清楚表明人的精神状态。

如果要长久地关注某人，应该注重发现其精神内质，初见某人则应注意其情感态度。举止有大家风范的人，他的羞涩情态都显得优雅得体；而小人之态则愈是叫嚣得厉害，愈显得幼稚粗俗。观人情态，要在大处分辨清浊，而在小处不仅要分辨清浊，还要分辨其行止主次，方可做出取舍。

【原文】

有弱态，有狂态，有疏懒态，有周旋态。飞鸟依人，情致婉转，此弱态也。不衫不履，旁若无人，此狂态也。坐止自如，问答随意，此疏懒态也。饰其中机，不苟言笑，察言观色，趋吉避凶，则周旋态也。皆根其情，不由矫枉。弱而不媚，狂而不哗，疏懒而真诚，周旋而健举，皆能成器；反之，败类也。大概亦得二三矣。

中国杰出的女革命家、烈性女子秋瑾

【译文】

常见的情态有以下四种：柔弱之态、狂放之态、疏懒之态和周旋之态。如小鸟依人，情致婉转，娇柔亲切，这就是弱态；衣冠不整，不修边幅，目空一切，

旁若无人，这就是狂态；想做什么就做什么，想怎么说就怎么说，不分场合，不论忌宜，这就是疏懒态；把心机掩藏起来，处处察言观色，事事趋吉避凶，处事圆滑周到，这就是周旋态。这些情态，都出自人内心的真情实性，不是任意虚饰造作而来。委婉柔弱而不曲意谄媚，狂放不羁而不喧闹嘈杂，怠慢懒散但坦率纯真，处事圆滑却强干豪雄，这些人日后都能成为有用之才；反之，则会沦为无用的废物。只要分辨出大致情态，对一个人的将来就能看出个二三成。

【原文】

前者恒态，又有时态。方有对谈，神忽他往；众方称言，此独冷笑；深险难近，不足与论情。言不必当，极口称是，未交此人，故意低毁；卑庸可耻，不足与论事。漫无可否，临事退回；不甚关情，亦为堕泪。妇人之仁，不足与谈心。三者不必定人终身。反此以求，可以交天下士。

【译文】

前面说的是人们在生活中经常出现的情态，称为"恒态"。除此之外，还有几种情态，称之为"时态"。正在跟人交谈时，他却把目光和思路转向其他地方去；在众人言笑正欢的时候，他却在一旁冷笑；这类人城府深沉，居心险恶，不能跟他们建立情感。别人发表的意见未必完全妥当，他却在一旁连声附和；还没有跟这个人打交道，就在背后对人家进行恶意诽谤和诬蔑；这两种人庸俗下流，卑鄙可耻，不能跟他们合作共事。无论遇到什么事情都不置可否，事到临头还迟疑不决、犹豫不前；为不值得的事情伤心落泪，大动感情。这类人的仁慈纯属"妇人之仁"，不值得跟他们推诚交心。以上三种情态虽然不一定能决定一个人终身的命运，但若能够反以上三种人而求之，那么就可以遍交天下朋友了。

智慧通解

曾国藩认为"情态"与"神"有着非常紧密的关系，它们是里与表的关系。"神"蓄含于内，"情态"则显于外，"神"以静态为主，"情态"以动为主，"神"是"情态"之源，"情态"是"神"之流。"情态"是"神"的流露和外现，二者一为表一为里，关系极为密切，所以说"情态者，神之余"。如上所述，如果其"神"或嫌不足，而"情态"优雅洒脱，"情态"就可以补救其"神"之缺陷，所以说"常佐神之不足"。

所谓"久注视人精神，乍见观人情态"。"神"往往呈静态，"情"常常呈动态；"神"一般能久长，"情"通常贵自然。总之，精神是本质，情态是现象。情态与容貌之间，也是既有联系又有区别的。容貌为形体的静态之相，是表现仪表风姿的，情态为形体的动态之相，是表现风度气质的，二者质不同，"形"亦有别。然而二者却可以相辅相成，相得益彰。

曾国藩明确提出"恒态""时态"概念，动静结合，仔细分析。将静态具体落实到弱态、狂态、疏懒态、周旋态这四种情态上，一一对比。

"弱态"之人，性情温柔和善，平易近人，往往又爱多愁善感，"细数窗前雨滴"，缺乏刚阳果敢之气，有优柔寡断之嫌。"狂态"之人，大多不满现实，

爱愤世嫉俗，对社会弊病总喜欢痛斥其不足，个人品性往往是耿介高朴，自成一格。具"疏懒态"者，大多有才可恃，对世俗公认的行为准则和伦理规范不以为然，满不在乎，由此引发而为怠慢懒散，倨傲不恭。陶渊明即是"疏懒态"的典型。具"周旋态"者，智慧极高而心机机警，待人则能应付自如，接物则能游刃有余，是交际应酬的高手和行家。

但是，也还有其他变数。"弱态"若带"媚"，则变为奉迎谄媚之流，摇尾乞怜之辈，这是一种贱相。"狂态"若带"哗"，则为喧嚷跳叫，无理取闹之流，暴戾粗野，卑俗下流之辈，这是一种妄相。"疏懒态"若无"真诚"，则会一味狂妄自大，此实为招祸致灾之阶，殊不足取。这是一种傲相。"周旋态"若无"健举"，会由城府极深，迹近狡诈、阴险和歹毒，这是一种险相。

恒态主要分两种。"方有对谈，神忽他往"，正在与人交谈时，他却随便把目光转移到其他地方去，或者一个话题正在交谈中，他却突然把话题转到与此完全不相干的另一件事上去，可见这种人既不尊重对方，又缺乏诚意，心中定有别情。

"众方称言，此独冷笑"，大家正谈得笑语嫣然，兴致勃勃之时，唯独他一个人在旁边作冷然观，无动于衷，可见这人自外于众人，而且为人冷漠寡情，居心叵测。

三国时，黄盖假意投靠曹操前，派阚泽前往曹营当说客。阚泽把黄盖的"归附信"递给曹操后，曹操反复看了十几遍，说道，黄盖用苦肉计，要你投诈降书，好乘机袭击我。这种伎俩，难道我还不能识穿?!便喝令左右把阚泽拉出斩首。阚泽面不改色，只冷笑。这冷笑让曹操心里发毛，对自己的判断产生怀疑，也给了阚泽说话和劝服的机会；结果，曹操轻易地被阚泽说服，使在赤壁之战中，孙刘联军的火攻计划得逞，让自己军力遭到重创，元气大伤，从此再无力征服江东。这一切都源于"冷笑"，冷笑背后是对别人的轻蔑（打击别人的自信）、是深藏的心机、是要得逞的阴谋。

以上两种情况均与正常情态相悖，不合常理。如果不是当时心中有什么其他急事，导致他失常的表情，那么这种人多半是属于胸怀城府，居心险恶之人。这种人与他人建立良好友谊不容易，别人对他也敬而远之。此所谓"深险难近，不足与论情"。

"言不必当，极口称是"，别人发表的观点和见解未必完全正确，未必十分精当，他却在一旁连连附和，高声称赞，一味地点头"是，是，是"。这种人如不是故意的，定是一个小人，胸无定见，意志软弱，只知道巴结奉迎，投机取巧讨好别人。这类人自然担不得重任。

当然，曾国藩作为清朝的封建官员绝不敢批评大清皇帝的用人之道，但在今人看来，乾隆皇帝身边的和珅正是这样一个言必称是、巴结逢迎的小人。史书记载，他以"善伺上意"而得宠幸。乾隆一生喜爱作诗、写书法，和珅为了迎合上意，在这些方面下了不少功夫，并达到了较高的水平——这"投其所好"法让乾隆对其自然偏爱。另外，和珅还自卑、自谦，最善于展现自己的奴才相，抬

高主子，"高宗（指乾隆）若有咳唾，和珅以溺器进之"，谄媚到了这种程度，连英明的君主也难免糊涂。结果，和珅擅政二十余年，升迁四十七次，权倾朝野，百官争相谄附。他又公然勒索纳贿，排斥异己，使吏治败坏，官场上充满了小人。不管是普通人还是想成大事者，都要远离这种小人，否则，你因为被他捏住了"软肋"——尽说些让你头脑飘飘、心花怒放的话——就成了任他摆弄的傀儡。

"未交此人，故意诋毁"，不曾与人家交往，对人家全然不了解，全是道听途说，加上自己的主观想象，就在人背后飞短流长，说人坏话，故意恶意诽谤他人，诬人清白。这种人多半是无德行的小人，无学无识，又缺乏修养，既俗不可耐，又不能自知。

以上两种人，由于品格卑下，又无识无能，庸俗无聊，鄙贱无耻，既不能与之共事，更不可与之共友。立身端正的人，应与这类人划清界限。当然，如果他们知而能改，又当别论。

有一种人，他们优柔寡断、畏畏缩缩，做事只知因循守旧，而不知人有创新，陈规当除。因此，他们既缺少雄心壮志，又没有什么实际才干，动手动脑能力都差。遇事唯唯诺诺，毫无主见，喜欢推卸过错，不敢承担责任，不敢挑工作重担。因而，他们什么见解也没有，什么事也做不成，徘徊迟疑，犹豫不决，空老终身。还有一种人，过于多愁善感，他们内心世界很丰富，也非常敏感；凡遇事情，不论与自己相不相关，都一副泪眼汪汪的样子，一副病中女儿态。曾国藩对以上两种情况一言评之为妇人之仁。与这两种人共事，都会让他人不胜疲累。

上面这三种情态的人实在是不值得结交。所以曾国藩在综观他们状貌以后，得出总结，"反此以求，可以交天下士"。

【经典实例】

孔子论君子与小人

孔子认为：君子懂得的是义，小人懂得的是利；君子想的是道德和法度，小人想的是乡土和恩惠。他曾经给小人定下五大罪状，并据此诛杀了鲁国大夫少正卯。孔子任鲁国司寇时，上任七天，就诛杀了少正卯。他的学生子贡对他说："少正卯是鲁国的名人，您刚上任就杀了他，有人认为是不是太过分了？"孔子说："普天之下，有五种人罪大恶极，小偷、强盗还不在其中。第一种是心怀叛逆而又阴险狡诈的；第二种是行为邪恶而又顽固不化的；第三种是言语虚伪而又善于诡辩的；第四种是探听国家的阴暗面，而且记得很多，到处宣扬；第五种是附和错误的上司而获得恩宠的。这五种罪恶够上一条，就免不了被君子诛死。少正卯正是这种五毒俱全的人，他呆在那儿，就足以在那里拉帮结派；他的言论足以文过饰非，迷惑他人；他控制了权力就足以谋反叛乱，自立为王。这种人就是人中的奸雄啊，怎么可以不杀呢？"他还引《诗经》上的诗句慨叹："真令人忧

孔子杏林讲学

心如焚啊，我恨透了这些小人；小人成群结党，这就值得忧虑了！"

晏婴论君子与小人

春秋时齐国的晏婴在《晏子春秋》中对君子和小人的行为曾做过更为具体的评述。叔向向晏子问道："正直之人的道义，邪恶之徒的行为，到底是怎么样的呢？"晏子回答说："正直的人身居高位之后，不徇私情，不谋私利。对国家来说，这种人是值得培养的。而他们也是不会忘记国家恩情的。得志了，他们就辅佐国君，使国君体恤人民；窘困时，就教化人民，使人民顺从国君的领导。侍奉君主，按礼仪行事，忠心耿耿，不计较爵位俸禄。不任用他们，他们就坦然离开，毫无怨言。他们在交朋友的时候，注意对方的身份，行为合乎道义，决不做不正当的事情。看法不同，就交换意见，而不恶意攻击，更不会到君王面前诋毁别人。不用苛刻的手段对付人民来换取尊贵的地位。所以，这种人被君王重用就能够使人民安居乐业，在人民中间做事就能使君王受到人民的尊重和拥护。所以他们能得人心而君王对他们也深信不疑。为君王办事，决不搞歪门邪道。因此，得重用时，不玩物丧志，不被任用的，也不忘正心修身。这就是正直之士的行为。而那些邪恶奸诈的人就大不相同了。做了高官就残害人民，在下面做事，就违逆君主意志；侍奉国君，就献媚迎合而不尽忠心，交朋结友，无原则地凑合，不干好事。以阿谀乖巧的手段谋取私利，与奸诈之徒结党营私，养肥自己。夸耀自己的权势俸禄来凌驾于人民之上，用铺张礼仪，装饰门面的手段来哗众取宠，招摇过市。不被重用时，就轻率地

议论朝廷；与朋友相处不融洽时，就在背后诽谤。所以，在朝廷为官，老百姓就担忧，在下面做事，就危及君王。因此，让这种人辅佐君王，简直是罪过；这种人和谁交朋友，谁就要大祸临头。这种人得到重用，会带来耻辱，任其发展会破坏刑律。所以，这种人在朝为官就要滥杀无辜，在下行事就要谋害君王。因此，和这种人交往，就会受到玷辱，任其发展作乱，就会危及社稷安全。这就是邪恶奸佞之人的行为。"

刘向的"人臣之术论"

刘向在《说苑·臣术》篇中，依据对人臣的行为和心术的轩轾，将人臣分为十二大类，即：圣臣、良臣、忠臣、智臣、贞臣、直臣、具臣、谀臣、奸臣、谗臣、贼臣和亡国之臣。刘向的人臣之术议论精辟独到，在古代典籍中实不多见。刘向认为：作为臣子应当遵从君王的旨意行事，还要将办事的结果向君王报告，不能自作主张，独断专行。坚持正义而不无原则地附和他人，不用不正当的手段谋取尊贵的地位，他们所作所为必然是有益于国家，必然有助于辅佐君王治理国家。所以，他们不但能使自己生前地位尊贵，而且还会泽及子孙，福荫后人，臣子的行为有"六正""六邪"之分。行为符合"六正"就非常荣耀；行为属于"六邪"之列的就是耻辱。荣耀或耻辱就是得福或招祸的开端啊！那么，什么是"六正"，什么是"六邪"呢？

"六正"的第一类是指能在事情开始之前或在未见端倪的时候，就能够预见到将产生的结果，尤其是在关乎存与亡、得与失的重大问题上，能够防患于未然，在坏事发生之前及时止住，使君主超出众人之上，立于显赫荣耀的地位，天下人都称颂他，能这样做的人，就是"圣臣"了。第二类，虚心诚意向君王进言，献计献策，并疏通进谏渠道，用礼义奉劝君王，对君王讲述长远的国策，弘扬君王的美德，纠正他的缺点。事业成功之后，将成就归功于君王，决不自吹自擂，夸耀自己的功绩。这样的臣子就是"良臣"。第三类，不顾自身地位低微身体有病，废寝忘食地为国家操劳。为了举贤荐能，不厌其烦地列举古代贤人禅让等美德，处理问题按君王意旨行事，这样做是为了有利于治国安邦。这样的臣子就是"忠臣"。第四类，对事情的成败利钝有着敏锐的洞察力，善于早做准备，防患于未然，堵塞漏洞，断绝祸根，变不利为有利，使事情向好的方面转化，让君王放心，根本用不着担忧发愁。这样的臣子就是"智臣"。第五类，遵命守法，忠于职守，谦恭礼让，决不无功受禄，还能将君王的赏赐转让他人，不接受馈赠礼品。衣冠简朴整洁，饮食节约俭朴。这样的臣子就是"贞臣"。第六类，当国家混乱，国君昏庸，而别人对国君的所作所为不敢劝阻之时，敢于冒犯君王天威，批评其错误行为，不顾自身安危，只要换得国家安定，哪怕是粉身碎骨，也毫不后悔。这样做的人就是"直臣"。以上谈的是"六正"的表现。

"六邪"指的是这样六种人：第一种人，心安理得地做官而无所用心，贪图富贵，一味经营自家产业谋取私利，而置国家大事于不顾，有知识不肯用，有良

策不肯献，有能力不愿出。君王如饥似渴的需求治理国家的高见和良策，而他却不肯尽一个仁臣的职责。他追逐自在，庸庸碌碌，混迹于普通人之中，随波逐流，还不时窥测方向，见风使舵。这样的人就是"具臣"。第二种人，君王说的话，他都说好，君王做的事，他都说行，背地里摸清君王的爱好是什么，立即奉献上去，使君王赏心悦目，让君王收留，与之往来，寻欢作乐，根本不考虑这样做的恶果。这种人就是"谀臣"。第三种人，内心相当阴险，但貌似恭谦，处处谨小慎微，花言巧语，妒贤嫉能。对于自己想举荐的人，就夸耀他的优点，却把他的缺点隐匿起来；对于自己想排斥的人，就大肆宣扬其过错，却把他的优点掩盖起来，致使君王由于胡乱行事、用人失察、赏罚不当而号令不行。这样的人就是"奸臣"。第四种人，智谋足以用来文过饰非，辩才足以用来游说撞骗，说反话，换词语，精心修辞，写成文章，对内，离间骨肉亲情；对外，挑起妒忌，搅乱朝廷。这种人就是"谗臣"。第五种人，利用权势，独断专行，打着国家大事的招牌，重其所亲，轻其所疏，结党营私，掠夺财富，以此来显示声威，扩大势力。更有甚者，还擅自伪造君王的诏令来显耀自己尊贵。这样的人就是"贼臣"。第六种人，诬陷忠良，助长邪气，使君王陷于不仁不义的境地；纠结朋党，狼狈为奸，蒙蔽君王。在朝廷上巧言令色，尽说好话，朝廷之外又出尔反尔，当面一套，背后又是一套。使人黑白不分，是非颠倒，长此下去，致使君王的恶名传遍全国乃至邻国。这样的人，就是"亡国之臣"。以上讲的就是"六邪"。

贤良的臣子一言一行恪守的是"六正"的准则，绝不会有"六邪"的行为出现，所以才会使得朝廷之中安定团结，天下大治。

吕公善观情态亲选婿

吕雉（公元前241~公元前180年），山东单父人，汉高祖刘邦的皇后。刘邦死后称太后，临朝执政16年，是中国历史上第一个无冕女皇。

吕后在西汉前期历史上占有重要地位，在她身后，却毁誉纷纭。实事求是地说，在她执掌大权时期，尚能推行"休养生息"的政策，使汉皇朝的政治、经济和文化均得以稳步发展，为后来的文景之治奠定了政治和物质的基础。

吕雉之父吕公，在单父属士的阶层，因此吕雉自小得以闺秀生活，养得姣美如玉。公元前221年，吕公为躲避仇家，携带家眷离开单父，迁居接邻沛县，投奔他的好友沛县令。沛县令顾全友谊，留吕公一家落居此地。出于敬重的善意，沛县令决定为吕公举行大宴，并让沛县的地方绅士和官衙执事都来拜贺。这样，由此便引出了吕雉与刘邦带有传奇色彩的姻缘。

刘邦的父亲是个种田人，刘邦却不喜劳动，靠着能舞枪弄棒的武艺，居然讨得了小小的泗水亭长之职，与沛县的功曹萧何、典狱长曹参、县吏夏侯婴等人交往甚密。

刘邦也参加了沛县令为吕公举行的大宴，而且泰然自若地坐在首席上，谈笑风生，频频饮酒，旁若无人。酒阑席散，客人俱皆告辞，吕公以目示意刘邦留

下。待无他人时，吕公对刘邦说："我年轻时就给人看相，还没见过像你这样有福相的人，不知你娶亲没有？"刘邦活到36岁，还未曾有人关心自己的婚事，连忙答道："家境贫寒，尚未娶亲。"吕公高兴地说："这太巧了，我有一女，还待于闺中，如不嫌弃，愿许配于你。"刘邦听罢感到喜从天降，一文未花吃顿盛宴不算，又白白赚了个媳妇，心里乐不可支。当即翻身下拜应允，订了迎亲的日子后，兴冲冲地告辞回家了。

吕公回到家中，把许亲之事与妻子说了，他的夫人听了十分恼怒。原来，吕公夫妇有两男三女。两男为吕泽、吕释之，三女是吕长姁、吕雉、吕须。子女中惟吕雉生得仪容秀丽，有"贵人"相，因此备受宠爱，不肯轻易许人。如今这"贵人"许给了不务正业、好说大话、且年龄相差10多岁的刘邦，好似一朵鲜花插在牛粪上。吕夫人对丈夫说："你以前讲二女应嫁给贵人，沛县令求婚你都不允，如今却无端送与刘邦，他是贵人吗？"吕公并未动气，仍笑呵呵地耐心解释说："你们妇道不知其理，你放心，我的眼光不会错的。"吕夫人拗不过丈夫，只得同意了这门婚事。

转瞬间吉期已届，刘邦换好礼服，自来迎娶。吕雉装扮一番，坐上彩车，随刘邦去了。如果说吕公嫁女是出于偶然的话，但刘邦与吕雉的结合，却彻底改变了吕雉的命运，使她这样一个普通的平民女子，得以走上政治舞台，在风云变幻的年代里，去施展自己的一番手腕。

石显飞扬跋扈害贤能

石显（？～公元前33年），字君房，济南（今属山东）人。少年时期，因触犯法律被处腐刑，成为阉人。所谓腐刑，又称宫刑，是一种阉割生殖器的极残酷的肉刑。对石显来说，遭受这种酷刑，当然是极大的不幸。然而这肉体与精神上的不幸，却给石显带来命运的转机。古代多用阉人在宫内侍奉皇帝及其亲族。汉宣帝时，受过腐刑的石显，按照当时的规定，被送进皇宫服役。他趁机钻营，爬进尚书机构，成为尚书仆射，尚书令。

当时年少的石显，受刑之后，远离家乡，进入禁城，举目无亲，失爱失倚，孤苦伶仃。恰遇沛（今江苏沛县）人弘恭，也因犯法遭刑，与之同时入宫服役，石显便与他结为至交，聊解孤独之苦。弘恭博通文史，熟知法令，处事老练，比石显成熟得多。二人患难相依，苦心钻营，终于由一个普通的服役阉人，晋升为中黄门。这个职位虽然不高，但却可以接近皇帝。宣帝吸取昭帝时外戚霍氏专权的教训，特从宦官中选拔尚书，二人又升为中尚书，掌管文书奏章，在皇帝左右办事，职位不高，地位重要。不久宣帝选拔弘恭为中书令，成为尚书的长官，石显做了副职，被任为中书仆射。

汉武帝时，有中朝官和外朝官之分。由丞相统辖的正规机构各官，为外朝官，诏令由此颁行。中朝官由近臣如侍中、常侍、给事中、尚书等组成。宦官所

持戟青铜骑士俑出行仪仗　东汉

任的职位，都属中朝官，所以所任职前有"中"字。武帝为集中皇权削弱丞相权力，扩大了尚书的权限。宣帝史称"中兴之主"，能任用贤能之人担任重要官职，虽用弘恭、石显为中书令，直到临终也没有把朝政大权交给他们。但是这个职位却给这两个阴谋家窃取权柄创造了极有利的条件。汉武帝没有想到事情的另一面，即任用宦官担任尚书官职，扩大尚书的权限，给后代带来无穷的祸患。

宣帝临死前将朝政委托给外戚侍中乐陵侯史高、太子太傅萧望之、太子少傅周堪三位大臣。任史高为大司马车骑将军，掌管军事；萧望之为前将军光禄勋，负责保卫宫廷；周堪为光禄大夫，掌管朝政的顾问应对。并由此三人总领尚书事务。就是说石显、弘恭要在他们的管辖下办事。

汉元帝喜好儒学，主张任用儒生治国。萧、周二人都是当世名儒，又是元帝的老师，因此元帝对他们十分信任，经常召见二人议论朝政。萧望之又向元帝推荐博通经学的散骑大夫刘向与忠正耿直的金敞，元帝皆加重用。四人同心谋划朝政，用古代贤王以德治天下的道理劝导元帝，他们的意见多被元帝采纳。此时的石显已在宫中供事多年。元帝即位后，他继续施展先前的手腕，凭着灵活的头脑，乖巧的口舌，又精通朝务，善于探测和迎合君主的心意，很快就取得了元帝的信任。元帝患病时将朝政委托给石显，事无大小，皆由石显奏报、决断，满朝文武百官都敬畏石显，看着石显的脸色办事。

萧望之等朝中忠正耿直之臣，已看到石显等窃居中书之职的人是一股邪恶势力，不铲除，将后患无穷。于是起草一个奏章，向元帝奏请革除中书中的宦官，改用士人担任。元帝宠信石显，当然不会接受这个建议；但对师傅的意见，又不便马上否决，只好搁置不决。萧望之的这个举动，很快就被石显探知，便与萧结下深仇大恨。阴险狡诈的石显，时刻伺机陷害萧望之等人。

萧、周为了加强朝中正直的力量，多次荐举通晓经史的贤明之士，作为选拔谏官的后备人员。有一个会稽郡人郑朋，想要依附萧望之往上爬，写了一份奏章，言称车骑将军史高派遣手下的食客，到郡国为非作歹，谋取私利，揭发许、史两家外戚的子弟犯法作乱的罪恶，并且申述自己的政治主张。萧望之看到奏章，召见了他，认为他有才能，让他待诏金马门。后来发现郑朋行为不正，就没有按时录用他。郑朋看到与他同时待诏的李宫已被录为黄门郎，因而他仇恨萧、周，转身投进许、史怀中。他推托说，以前上奏章是周堪、刘向授意。侍中许章奏禀元帝，元帝便召见了郑朋。郑朋出来扬言说"我被召见时，揭发了前将军萧望之五个小过错，一个大罪过，当时中书令在旁，知道我说的情况。"石显见萧望之向元帝申诉，便命亲信支使郑朋和因行为不正、久待诏而不被用的华龙先发制人，写诬告萧、周密谋排斥车骑将军史高及清除外戚势力的奏章，专等萧望之退朝回家休息时，由郑朋、华龙上呈元帝。元帝见奏，派弘恭审查、核实。萧望之当着弘恭面直言不讳地说："外戚有权位，大多奢侈不法，我要治理好国家，不敢袒护宽容，并无歹意。"萧望之不知这是石显、弘恭的奸计，原来他们预谋用这种办法从萧望之口里得到构成罪过的"供词"。石、弘急忙写成奏章，上呈元帝。奏章中说："萧望之、周堪、刘向三人结党营私，相互抬举，多次诽谤大臣，离间贵戚，妄想独揽大权，作为臣子不忠心尽职，欺骗皇上大逆不道，请谒者召致廷尉。"

石、弘二人整日在皇帝身边，最了解元帝的底细，知道即位不久的元帝还不甚明白公文用语，不懂得"谒者召致廷尉"就是押人监狱的意思，足可以此小术，骗取御笔朱批，使周、刘二人下狱遭辱。

不久，元帝有事要询问周堪、刘向。掌管传达的侍从回报说"二人已经入狱。"元帝大惊，问道："谒者召致廷尉不就是让廷尉审问审问吗？"他哪里晓得这是石、弘的阴谋诡计，元帝斥责石、弘一顿，下令立即放出二人，处理朝政。石、弘当面谢罪，暗中授意大司马史高迫使元帝将错就错而不让其改正错误。他们对元帝胡诌说什么"皇上刚即位，德化还没有传布天下，却先拿师傅做试验，如果不定什么罪，仍让他们出狱供职，可见皇上举动轻率，反而会生出许多议论，有损帝威。既然已经将他们关进监狱，就应该判罪免职，不应出尔反尔。"元帝本是优柔寡断之人，听了史高一番诡言，也觉有理，只好将错就错，于是下诏收缴了萧望之前将军光禄勋印绶，而将周堪、刘向贬为庶人。

数月之后，元帝想起蒙冤的师傅，颁下诏书说："国家将兴，尊师而重傅。前将军萧望之教导我8年，用经书义理开导我，其功劳应当受到称颂。特赐爵关内侯，食邑600户，加官给事中，准予朔望朝请，位次将军。"同时召回周堪、刘向，拟拜为谏大夫。石显、弘恭急向元帝面奏，还是那些老话，说再起用周堪、刘向，就等于自己表明有过失。结果二人只做了中郎。元帝准备拜萧望之为丞相，萧望之的儿子散骑中郎萧伋，恰在这时呈表奏为其父前次入狱申冤。石、

弘抓住这个机会，以萧望之指使儿子为自己申冤、归罪皇上之罪名，奏请逮捕萧望之入狱。元帝考虑良久说："老师禀性刚直，怎肯接受胥吏逮捕？"岂知石、弘正要利用萧望之的这一特性达到逼杀的目的。

石显进前说："人命至重！望之所犯法，不过是言语小罪，他不会放在心上。"元帝听他轻描淡写地一说，即批准了他们的奏请，以为这样不过教训教训师傅罢了。石、弘立即命令持御旨面交萧望之，以示非假。紧接着石、弘又急令督巡"二辅"治安的长官执金吾，发兵前去围住萧府。萧望之启读御旨后，不肯受辱，就要自杀。其夫人劝说道："这不一定就是皇上的意思，不如冷静地等待皇上醒悟，再发来新的命令。"萧望之又见兵马已围住府第，就不再有什么希望，便仰天长叹道："我曾经充数做过宰相，而今已年过六十，还要再入牢狱苟且求生，那不很卑鄙吗！"说完，便饮鸩自尽。

元帝得知师傅死噩，大为悲伤。石、弘二奸只遭痛责，并未加罪。皇帝如此庸弱低能，奸佞的阴谋无不得逞，忠直之臣无不遭殃，这是两千多年封建专制时代留下的一条教训。

萧望之本是一位德高望重的老臣，又是当世名儒。他的死，朝野上下，议论纷纷。都说是石显陷害致死。此时弘恭已病死，石显代任中书令。他听到这种议论，胆战心惊，担忧天下儒生群起而攻，就想出一个计策，前去结交一位经学名家，名叫贡禹，字少翁，琅琊（今属山东诸城）人，以博通经义、品行高洁而闻名当世。宣帝时，征为博士，做过凉州刺史、河南令。元帝初即位，征为谏大夫，多次向他询问政事，虚心听取他的意见。贡禹鉴于连年歉收，郡国贫困，朝政腐败，曾几次上书抨击朝廷奢侈，建议元帝选贤任能，诛奸邪，罢倡乐，修节俭，轻赋役。这些建议多被元帝采纳。朝臣多仰慕贡禹，乐于同他交往。石显要结交贡禹，不是因为贡禹提出的建议利国利民，而是要借助贡禹的盛名，来掩盖自己的罪责。石显登门拜访，贡禹不便拒绝，只好虚与周旋。为了讨好贡禹，并标明自己为国荐贤，石显多次在元帝面前称赞贡禹的美德，又荐举贡禹为光禄大夫。后值御史大夫陈万年死，又荐举贡禹继任。这时，许多人都认为石显能如此荐贤举能，怎会嫉妒、谗毁萧望之呢？贡禹虽多次上书元帝建议诛除奸邪，但却无一次涉及宦官、外戚。这分明是贡禹以此表示对石显荐举自己位列三公的感激之情。这就是石显借荐举贡禹的美名给自己涂上一层脂粉，隐藏起凶相，妆饰成善面，蒙蔽那些不知者或糊涂者的眼睛，以解脱害人的罪责。然而风头一过，石显仍专权横行，凶相毕露。

元帝是一个尊师重傅的人，他对萧望之的自尽，十分痛惜。师傅周堪晋升为光禄勋，周堪弟子张猛升为光禄大夫，加官给事中，准予出入宫禁，参与朝政，以此寄托对已离世的师傅的哀思。石显见元帝对周、张信任，又恨又怕，便不失时机地在元帝面前谗毁二人。

已被革职的刘向，见周堪、张猛二人身居要职，担心他们日后遭到奸佞们的

迫害，希望自己再得进用，助他们一臂之力，于是写成密章，引经据典，劝元帝铲除奸佞。密章呈入宫廷，经过中书时被石显发现。石显认为刘向无职无权，无须多虑，倒是在位的周堪、张猛是他专权的最大心腹之患，必须想办法除去他们。他先调动外戚子弟，大造舆论，迫使周、张向中书屈服。周、张师生刚正不屈，石显又生诡计。

汉代是一个天道神学迷信思想统治的时代。武帝时，董仲舒提出"天人感应"说，认为自然界出现灾害和异常现象与人世间的君主不明、忠良衔冤、奸佞当道等有直接关系。灾异的发生是天对人事的谴责与威慑。这些似是而非的理论谁都可以拿来为自己所用，因而并没有什么好处。刘向写给元帝的密章，就列举了历代灾异与人事的关系，以此劝谏元帝。永光元年（公元前43年）夏天，天气突然寒冷，太阳色青无光。石显借机，调动口舌，大造舆论，说天象异常是周堪、张猛在朝用事的结果。元帝虽然信任周堪、张猛，然而众口铄金，也不得不尊行"天命"，贬周堪为河东太守，张猛为槐里县令。石显实现了"清君侧"的目的。这个宦官竖是很有心计的。

石显专权横行，构陷忠良，误国害民，朝野痛恨。他担心有一天皇上采纳谏言，任用贤才，自己会被疏远。诡计多端的石显又玩弄权术，骗取皇上的绝对信任。一天，石显要去宫外官府办事，临行前向皇上请求："回来时恐怕漏尽更残，宫门已闭，请允许用皇上的诏命让守门官吏开门。"元帝觉得这是一桩小事，随即应允。石显办完事，故意拖至夜深方还。到宫门前，声称皇上诏命开门。守官听命，放入石显。不久，有人上书告发石显矫诏开门。矫诏，即假传君命，这是要犯死罪的。奏章呈送元帝，元帝见后笑了一笑，便将奏章交给石显看。石显看毕，当即跪下，痛哭流涕，说："陛下过分宠爱小臣，把朝政委任给我，群臣无不嫉妒，想要陷我死地，像这样的事情不止一次，多亏陛下圣明，了解事情原委。愚臣地位低下，诚不能用轻贱之躯使万民称快，而挡住天下的怨恨。臣愿退离机要的职位，到后宫充当一名扫除的力役，就是死了，也无所怨恨，望陛下垂怜悯之心裁处小臣，使小臣免死。"这一通哭诉，打动了心肠柔弱的元帝，认为石显说得有理，从此之后元帝更是唯石显是听，任何对石显的非议，他都置若罔闻。

朝中有个郎官，名京房，字君明，东郡顿丘人。他精通《易》学，擅长以自然灾变附会人事兴衰。鉴于石显专权，吏治腐败，遂制订一套考功课吏法，约束各级官吏。元帝对这套方法很欣赏，下令群臣与京房讨论施行办法。但朝廷内外多是石显羽翼下的贪官污吏，考功课吏法，就是要惩治和约束这些人，他们怎能同意推行呢？京房心里明白，不除掉石显，腐败的吏治不能改变。于是他借一次元帝召见的机会，向元帝一连提出7个问题，列举史实提醒元帝认清石显的面目，除掉身边的奸贼。可事与愿违，语重心长地劝谏并没有使元帝醒悟，丝毫没有动摇他对石显的信任。

　　既然考功课吏法不能普遍推行，元帝就令京房推荐熟知此法的弟子作试点。京房推荐了中郎任良、姚平二人去任刺史，自己要求留在朝中坐镇，代为奏事，以防石显中间作梗。石显当然对此心中有数，他早就把京房视为眼中钉，正想寻找机会将他赶出朝廷。于是趁机提出让京房作郡守，以便推行考功课吏法。

　　元帝不知石显用心，任京房为魏郡太守，在那里试行考功课吏法。郡守的官阶虽然高于刺史，但没有回朝奏事的权力，还要接受刺史监察。京房请求皇上给予不隶属刺史监察之下和回京奏事的特权。元帝应允，但京房还是不放心，在赴任途中二上密章，提醒元帝辨明忠奸，揭露石显等人的阴谋诡计，又一再请求回朝奏事。元帝还是听不进京房的苦心忠谏。一个多月后，石显诬告京房与其岳父张博通谋，诽谤朝政，归恶天子，并牵连诸侯王无罪而被下狱处死。京房的支持者御史大夫郑弘被贬为庶人。

　　石显只玩弄了一个小小的权术，居然骗取了元帝的绝对信任，堵塞了忠谏之路，除掉了心腹大患，可见他奸谋的深远和诡诈。

　　京房既死，朝中能与石显抗衡的唯有前御史大夫陈万年之子陈咸。此时陈咸为御史中远，总领州郡奏事，负责考核诸州官吏。他既是监察官，又是执法官。陈咸正年轻气盛，无所畏惧，才能超群，刚正不阿，曾多次上书揭露石显奸恶行为，石显及其党羽皆对他恨之入骨。在石显指使下，到处寻找陈咸过失，并要乘机除掉他。

　　陈咸好友朱云，是当世经学名流。有一次石显同党少府五鹿充宗设坛讲《易》，仗着元帝的宠幸和尊显的地位，没有人敢与他抗衡。有人推荐朱云，朱云因此出名，被元帝召见，拜为博士，不久出任杜陵令。后又调任槐里令。他看到朝中石显专权，陈咸势孤，丞相韦玄成阿谀逢迎，但求自保。朱云上书弹劾韦玄成懦怯无能，不胜任丞相之职。石显将此事告知韦玄成，从此韦玄成就与朱云结下仇恨，后来官吏考察朱云时，有人告发他讥讽官吏、妄杀无辜。元帝询问丞相，韦玄成当即说朱云为政暴虐，毫无治绩。此时陈咸恰在旁闻知，便密告朱云，并代替他写好奏章让朱云自己上书申诉，请求呈交御史中丞查办。

　　石显及其党羽早已控制中书机构，朱云奏章被仇家五鹿充宗看见并将其交给石显。石显批交丞相查办。丞相管辖的官吏定朱云杀人罪，并派官缉捕。陈咸闻知，又密告朱云。朱云逃到京师陈咸家中，与之商议脱险之计。石显密探知，报告丞相。韦玄成以执法犯法等罪名上奏元帝，终将陈咸、朱云二人拘捕下狱，判以服苦役修城墙的刑罚。石显借韦玄成之手，一箭双雕，摈除了两个贤能之臣，可谓阴险狠毒之极。

　　自元帝即位，石显便开始施展阴谋手段，欺蒙庸主，擅权用事，飞扬跋扈，阴险狡诈，网罗党羽，势倾内外，无恶不作，构织罪名，陷害贤能，罪恶昭著，天下切齿，专权长达16年之久。

曹丕权欲熏心害甄妃

建安五年（200年），当时中国两个最大的军事集团袁绍、曹操的争雄之役——官渡之战拉开了战幕。经过两年的争锋，兵少而劲锐的曹操终于击败了兵多势大的袁绍。建安七年，袁绍吐血而死。虽然长子袁谭，少子袁尚仍拥有重兵，继续与曹操周旋，但谁都知道，袁家的大势已去，气数已尽。

建安九年（204年），曹操围邺。此时袁绍子袁谭之妻甄氏与婆婆刘氏处于围城之中，生活困苦，精神紧张。袁绍已死，袁谭、袁尚此时正在互相残杀，所以，刘氏对自己的命运早已不抱什么希望。但甄氏此时正值盛年，她不能不考虑，假如一旦城破，自己该怎么办呢？

这年八月，邺城终于被攻破了。曹兵涌进城来，一群士兵冲到袁府门前，正要鼓噪而入。甄氏吓得躲在刘氏的怀抱中，婆媳二人抖在一起，听候命运的发落。正在这时，一匹白马飞驰而来，未等马停稳，便跳下一个青年将军，止住士兵，命令道："不准任何人入内！"说罢，便独自步入内室。

这位青年将领，就是曹操的儿子曹丕。原来，曹氏父子早已听说了甄氏的美貌与才识，对于袁家得此儿媳，艳美不已。曹丕从围邺开始，就打好主意：城一破，立即奔袁府。现在，他正是为甄氏而来。进入室内，只见刘氏、甄氏拥作一团，惊恐不安。甄氏把头埋在刘氏膝上，只能看到她的一头乌发和婀娜的身姿。于是曹丕便对刘氏说道："袁夫人受惊了，请不必惊慌，也请新妇抬起头来！"

刘氏听命，便捧起了甄氏的头。甄氏面对曹丕，顿首低眉，惊魂未定，以巾拭泪。曹丕还在甄氏抬头之际，便惊得呆住了，连一句话也说不出来。眼前这个女人真是太美了！颇有文才的曹丕竟不知该怎样形容她的美貌，只觉眼前仿佛闪耀着一片光华，震颤着他的心灵。就在曹丕痴痴呆呆的时候，甄氏也渐渐定下心来，略微抬起双目，瞟了面前这位青年将军一眼。只见他英气勃勃，却又沉稳自信，不觉下意识地和丈夫做了一番比较，心里感叹：真是位青年英雄。甄氏这么一瞟一思，内心的恐惧渐渐消逝，重新恢复了平素的端庄娴雅，便大大方方地向曹丕请了个安。曹丕定下神以后，立即步出袁府，恰好碰到曹操派来接袁氏家属的将士，便向他们命令道："不准入内，待我报请丞相！"

曹丕驰马拜见曹操，提出迎娶甄氏的要求。曹操对甄氏也是早已属意，城一破，他就立即下了保护袁府，不准任何人入内的命令，意欲得到甄氏，不料还是被曹丕抢先了一步。事到如今，也只好顺水推舟，答应了曹丕的请求。甄氏的命运，从此便进入了一个新的阶段。曹操治家很严。妻子卞氏非常贤惠。甄氏来到这个家中如鱼得水，她孝敬公婆，取悦曹丕，爱护弟妹，施恩于下。

卞氏的身体不很好，一犯病，就很长时间卧床不起，每当这时，甄氏总是侍候身旁，不离左右。公元211年，曹操证讨割据西北的韩遂、马超，卞氏随军前

三国割据图

往。大军到了孟津（今河南省），卞氏犯了病，只得留下来。消息传到留居邺地的甄氏耳朵里，甄氏十分焦虑，寝食不安，不断派手下人去问安。几批问安的人回来后都报告说，夫人的病已经好了，而甄氏却不信："夫人在家的时候，老毛病一犯，总要一些日子才能治好。这次怎么这么快就好了呢？这一定是为了安慰我，才命令你们这么说！"心里便越发焦急。最后，卞氏从孟津给她写了亲笔信，说病确实好了，甄氏这才放下心来。等到大军回到邺地，甄氏就急忙去拜见公公、婆婆。她远远望到卞氏的确很健康，便高兴得流下泪来，在和卞氏谈起当时的忧虑时，又止不住地哽咽。忽悲忽喜，忽喜忽悲，把卞氏也感动得流下了眼泪，左右个个随着唏嘘不已。好一会儿，大家的心情才平静下来。卞氏端详着甄氏，疼爱地对曹操说："真是个孝顺媳妇啊！"曹操平素就很欣赏甄氏的为人，此刻看她如此动情，心里不停地感叹：德貌双全，确实难得。

甄氏比曹丕大5岁，又是再嫁之妇，但曹丕却一意宠爱甄氏达十几年之久。

这当然与甄氏的美丽非凡有关，更重要的，还在于甄氏有一套笼络曹丕的本领。甄氏丽质天然，但是她从不在众多嫔妃中树敌，越是得宠，她越注意谦损自己。嫔妃之中，有谁得了宠爱，她不仅当面劝勉，而且在曹丕面前也时时褒奖；对于那些得不到宠幸的，她就亲自去安慰开导，并且借宴会欢悦的时候，向曹丕进言："黄帝帝业稳固，后代昌盛，原因就在于妃妾多、子孙多，殿下也要广求名媛淑女，使枝叶繁茂，根基牢固。"甄氏的这一套，特别合曹丕的心意，得到了曹丕的赞赏，同时，也在后宫树立了声望。

甄氏嫁给曹丕的第二年，便生了一子，即后来的魏明帝曹睿，以后又生了一女。甄氏对两个孩子非常慈爱，而曹睿因异常聪明，也深得曹操的喜爱，曹操总爱把他带在身边。建安二十二年，曹操东征，卞氏、曹丕、曹睿兄妹皆随军前往。甄氏因病，留守在邺。过了一年，大军才回来。卞氏手下的人见甄氏身体健康，精神很好，就觉得奇怪，问甄氏："夫人您和子女别了一年，您不思念他们吗？怎么您的精神看上去这样好呢？"甄氏笑着回答说："思念是思念的，但孩子跟着祖父、祖母出去，祖父祖母亲自照料，我又有什么不放心的呢？"甄氏这番话，说得非常得体，既取悦了尊长，又不失情理。

从建安九年到建安二十二年，经过13年的共同生活，甄氏彻底赢得了曹家的信任和好感。建安二十二年，曹丕被立为魏王太子，确定为曹操的继承人，甄氏也被立为太子夫人。建安二十五年春天，曹操去世，曹丕即位为魏王，甄氏正式做了王妃。这一年的十一月，曹丕废了汉献帝，篡汉自立为魏文帝，但是，甄氏却未被立为皇后，她的命运，进入了最后的悲惨阶段。

从建安二十年开始，曹丕对甄氏渐渐有了嫌弃之意，只是曹丕为人阴险，并未有所流露。曹丕嫌弃甄氏的原因，是他觉得甄氏妨碍了他争夺王位。

从建安元年（196年）曹操迎奉汉献帝定都许昌以后，曹操便始终控制着朝政大权。建安十八年五月，汉献帝诏命曹操为魏公，建国魏。七月，在邺建立魏社稷宗庙。建安二十二年，晋封曹操为魏王。此时的汉献帝完全成了一个傀儡，只剩一个皇帝的虚名了。谁都知道，天下已是曹家的天下，而不是刘家的天下了。

随着曹家地位的稳固，曹氏内部争夺继承权的斗争也愈来愈激烈。曹操共有25子，长子曹昂已死在征战中。有资格争夺太子位的，只有3人：论年龄，以曹丕为长；论才华，以曹植为最；论战功，以曹彰为著。但曹彰只有匹夫之勇，缺乏治国之才。曹丕、曹植则不同，二人都有雄才大志，身边又各有一班谋士幕僚，都具备继承王位的能力。按照封建礼制，曹丕为长，自当立为太子，但偏偏曹操宠爱曹植。曹植才华横溢，文思敏捷，从小就能诗善文。成年以后，文名盖世。建安十六年春天，曹操与其家属共游新建成的铜雀台，令他们兄弟吟诗作赋，以试其才。曹植出口成章，作了脍炙人口的《登台赋》。辞藻之华美，文采之飞扬，令曹操赞赏不已。有时曹操故意给他们弟兄出难题，别人往往一下子答

不上来，曹植偏偏能应声而对，聪颖明显超过其他弟兄。曹操本意是想立曹植为太子的；但顾忌于礼制，同时也有一些大臣反对，才使得他犹豫不决。

曹操宠爱曹植，想立曹植为太子，曹丕心里一清二楚。同时，他心里还念念不忘另一件事：建安九年攻破邺城时，曹操也曾想得到甄氏，又亲眼见甄氏到了曹家之后，深受父母的喜爱，所以他老觉得自己迟迟不能被立为太子，除了曹植得宠外，也与当初自己先一步娶了甄氏触违了曹操有关。

因此，曹丕心里既忌恨曹植，又迁怨甄氏。偏偏甄氏生性贤淑，对于兄弟之争采取不偏不倚，毫不介入的态度。本来甄氏对弟弟妹妹，从来都是爱护体贴、感情笃厚的，而对曹植的文才，更是赞赏。曹植对嫂嫂，也是非常敬重，叔嫂关系很好。甄氏对曹丕陷害曹植的一些做法，很看不惯，加上她严守妇道，从不干预国家政治。所以她不仅不是曹丕争夺继承权的助手，反而是一个不利因素。又恰在这时，后宫里的另一位妃子郭氏和曹丕的阴险性格很合拍。她看准了曹丕的野心，就不断给曹丕出主意，造舆论，帮助曹丕争夺继承权，越来越博得曹丕的欢心。经过数年的争斗，曹丕终于如愿以偿，于建安二十二年冬天，被立为太子。

曹操死后，曹丕即位为魏王。在此之前，他还不敢公然冷淡甄氏，怕得罪曹操，影响他得到王位，现在，他再也无所顾忌了，便把甄妃撇在一边，一味宠幸为他夺取王位出过力的郭妃、李贵人等。甄氏此时也看透了曹丕阴险残忍的为人，既不满他冷淡自己，也不满他迫害曹彰、曹植的行为。

公元220年，曹丕逼汉献帝"禅让"，登上了皇帝宝座。登基以后，他想立郭妃为皇后，但甄妃是嫡妻，甄妃所生曹睿又是长子。废嫡立庶，废长立幼，这种违反封建礼制的做法对于刚刚即皇帝位的曹丕，是个大忌。更何况自己能继承曹操的王位，当时振振有词的理由就是遵从礼制，此时更不能违反这个原则。这样，甄妃越发成了曹丕的眼中钉，曹丕更加冷淡她，干脆把她扔在邺城，自己在洛阳，根本不和甄妃见面。

甄妃遭到这样的待遇，心里非常痛苦。虽然怨恨曹丕，但将近20年的夫妻，使她仍然眷恋曹丕，忠于曹丕，为抒发自己的情怀，她便作了一首《塘上行》：

> 蒲生我池中，其叶何离离。
> 傍能行仁义，莫若妾自知。
> 众口铄黄金，使君生别离。
> 念君去我时，独愁常苦悲。
> 想见君颜色，感结伤心脾。
> 念君常苦悲，夜夜不能寐。
> 莫以豪贤故，弃捐素所爱；
> 莫以鱼肉贱，弃捐葱与韭；

莫以麻集贱，弃捐菅与蒯。

出亦复苦愁，入亦复苦愁。

边地多悲风，树木何修修。

从君致独乐，延年寿千秋。

在这首诗里，甄妃抒发了自己被弃后"独愁常苦悲"的痛苦心境，也表达对曹丕的忠贞感情，流露出强烈的身世之感。然而，也惹出了大祸。

权欲熏心的曹丕，在郭氏的蛊惑下，正在寻找除掉甄妃的机会，这时，他看到了这首《塘上行》。20年的夫妻恩爱，他全抛脑后，以他的文才，也应看得出此诗中甄妃对他的深厚情怀，但他置之不顾，抓住诗中有"怨言"，迫令甄妃自尽。在千般愁情、万般绝望之下，她含恨死去，终年才40岁。

曹丕和郭氏，逼死了甄妃还不解恨，不仅不按王妃的礼仪去安葬她，反而用米糠填塞死者的口，并故意让人把死者弄得披头散发，草草下葬。美貌贤淑的甄妃，其结局，竟是这样悲惨！

甄妃死了以后，郭氏立为皇后。曹丕因为逼死了甄妃，便对曹睿也放心不下，他命令曹睿做郭皇后的养子（郭后无子），试图培养曹睿对郭后的感情。但甄妃死时，曹睿已17岁，他知道母亲是被逼死的，所以不仅对郭后爱不起来，反而怀恨于心。因此也受到曹丕的猜忌，一直未立他为太子。有一天，曹丕去打猎，曹睿随行。忽然发现一只母鹿带着一只小鹿。曹丕张弓搭箭，瞄准母鹿射去，母鹿应弦而倒。曹丕指着惊慌逃窜的小鹿命令曹睿："快射！"却不见曹睿开弓，只见他流着泪对曹丕说："父皇已经射死了它的母亲，臣儿我不忍心再射死孩子！"曹丕听了，不由得放下弓箭，沉思良久。这事过后不久，曹丕决定立曹睿为太子。就在这一年，曹丕去世，曹睿即位，称为魏明帝。

魏明帝即位后，立即追谥甄妃为魏文昭甄皇后，用葬皇后的礼节重新为她安葬，并为她立了宗庙，诏告天下，盛赞甄皇后的美德。接着，又追封自己的外祖父、甄后的父亲甄逸为敬侯；封自己的舅舅、甄后之兄甄严为穆侯；并让自己的表兄甄像袭承敬侯的爵位。不久，又给了甄像散骑常侍的高官，并领职伏波将军、射声校尉。甄像死了以后，继续让甄像的儿子甄畅继承侯爵。甄家其余后代，被封为列侯的还有七八人，连甄后的母亲、嫂嫂也都受了册封，甄家终于复兴起来了。

奸佞之人李义府

唐高宗时的奸臣李义府很善于伪装自己，他虽然非常奸佞，但在外表上，却给人一种颇为柔顺、谦恭的感觉，与人说话也总是面带微笑，而把阴险狡诈和偏私妒忌藏之于心。凡遇不顺心者，皆加以中伤陷害。这样的口蜜腹剑之人，更带欺骗性，也更具危害性。久而久之，朝野皆透过面纱看清了他的真实嘴脸，称他

"笑中刀"。因其"以柔而害物"，故又称他为"人猫"。

　　李义府因得宠于高宗和武后，攫取威柄，就愈加胆大妄为。洛州有一女子因罪被关押在大理寺。李义府闻其貌美，让大理丞毕正义将其释放，他要纳其为小妾。大理卿段宝玄闻听此讯，马上向高宗奏明此事。高宗便令给事中刘仁轨、侍御史张伦审问，弄清事情真伪。李义府黔驴技穷，为了防止事情泄露，便逼令毕正义自缢于狱中，杀人灭口。高宗内心明白，却装糊涂，不问其罪。侍御史王义方明知弹劾李义府会祸及自身甚至连累其母，但在其母的坚决支持下，还是挺身而出，上奏："义府于辇毂之下，擅杀六品寺丞；就云正义自杀，亦由畏义府威。如此，则生杀之威，不由上出，渐不可长，请更加勘当！"并且当庭大声斥责李义府退下，李义府则左顾右盼，若无其事！义方再三斥责，李义府见高宗沉默无语，只好退出。王义方当庭宣读了弹劾李义府的奏章。高宗本想息事宁人，没料到王义方居然揪住不放，十分恼火，不但不问李义府的滥杀之罪，反说王义方毁誉大臣，言辞不逊，将其贬到外州做司户。

　　李义府"诛弃骨鲠大臣"，何止王义方一人？显庆二年（657年），李义府进中书令，兼检校御史大夫，加太子宾客，封为河间郡公。这时，他与礼部尚书许敬宗秉承武后旨意，诬奏侍中韩瑗、中书令来济与褚遂良图谋不轨，贬韩瑗为振州刺史，来济为台州刺史，"终身不听朝觐。"又贬褚遂良为爱州刺史，柳奭为象州刺史。这些太宗朝以来的重臣，忧国忧民，维护朝纲，是李义府等人行其奸佞的绊脚石，所以相继被贬。

　　奸佞之人，大都亦是贪得无厌之辈，擅于结党之流。李义府也不例外。显庆三年（658年），得宠于上的李义府，将其诸子、甚至婴儿，都封列为官。如此荣宠豪贵，李义府仍不满足。"唯贿是利"，他与其母、其妻及诸子"卖官市狱，门口沸汤"，足见其贪婪之至。同时，李义府不惜施用各种手段培植亲信，多树朋党，其势可"倾动朝野"。

　　李义府如此得意忘形，胡作非为，自然要引起一些朝臣的不满。中书令杜正伦，乃一元老重臣，对李义府的所作所为甚是厌恶；李义府依仗恩宠，也不把杜正伦放在眼里。杜正伦便暗地与中书侍郎李友益商量，想要设法搜集李义府的罪证，然后将其除掉。不料，李义府却得知了这一消息，便来个恶人先告状，想要反诬杜正伦。于是，俩人在高宗面前争辩不休，相互指责。高宗虽然宠信李义府，无奈杜正伦乃太宗朝重臣，又言之有理，然而高宗又不想光处罚李义府，便各打五十大板，对双方都做了惩罚：贬杜正伦为横州刺史，李义府为普州刺史。当时朝中舆论支持杜正伦，而武后则偏袒李义府。高宗做出这样的决定，表面上看是"两责之"，实际上只是对杜正伦的惩罚。因为，李义府本该惩处，贬为刺史就算高抬贵手了；而杜正伦刚正进谏弹劾奸佞，理应受到赏赐，却反遭贬谪，岂不是黑白颠倒？事实上也正是如此，杜正伦死在了横州，而李义府不到一年又官复原职。显庆四年（659年）八月，高宗诏令李义府为吏部尚书、同中书门下三品，其余官封如故。

这期间，朝廷内部发生了一次大变动。唐太宗皇后之兄长孙无忌，因反对高宗立武昭仪为皇后，深为武后所怨。武后伺机陷害长孙无忌。经过一番谋划，许敬忠诬告国舅长孙无忌乃"今之奸雄"，意欲谋反。于是高宗将其舅父长孙无忌放逐黔州，其子秘书监驸马都尉长孙冲等被除名，流放岭南。同时还斩杀了贬在外地的韩瑗、柳奭等，受牵连的大臣达十多人。就连中立不言的燕公于志宁也被贬为荣州刺史。这是武后势力对唐朝元老派的一次毁灭性打击。从此，朝权进一步被宫中势力所控制。没有这个变故，李义府官复原职恐怕不会如此之快。经过这个变故，李义府重入朝廷也就更加胆大妄为了。

李义府既已显贵，总觉得自己的家族世代未能列入氏族志——贞观时所修的《氏族志》，是一大缺憾，应予更改。他的这一想法，与武后是不谋而合的。因为武后家族也未入《氏族志》。于是李义府和许敬忠奏改《氏族志》。有武后在高宗面前鼓动，高宗自然准奏。新订氏族志更名为《姓氏录》。李义府借此机会，终于跻身于名门望族了。李义府曾说他本出于赵郡李氏，并与诸李氏叙亲疏。"无赖之徒藉其权势，拜伏为兄叙者甚众。"给事中李德崇开始与其叙同谱，待其被贬普州，德崇便将其从赵郡李氏族谱中削除。李义府听说后十分恼怒，重新为相后，便唆使亲信罗织罪名诬陷李德崇，将其下狱，并逼其自杀。由此可见，李义府报复心极强，且心狠手辣，稍不如意，便想尽办法以达到复仇的目的。

李义府的家族挤进了《姓氏录》，他又觉得先祖的坟墓实在寒酸、有失体面了。于是，李义府要将其祖父改葬于永康陵旁。李义府大兴土木，示意附近各县都派丁夫、车牛参加修建。三原县县令李孝节趁机竭力讨好李义府，私下征集众多丁夫、车牛，昼夜不停地输土筑坟。见三原县县令如此大张旗鼓，附近七县的县令唯恐自己稍有怠慢而得罪了李义府，便迫不得已地带领人丁、车牛去供役。高陵县县令张敬业一向忠厚老实，迫于压力，终日劳累，活活累死在工地上。助役者七县之多且不说，就连王公以下的各级官吏也都争先恐后地为其送礼，赠送安葬所需用品。送葬那天，高宗下诏令"御史节哭"。送葬的马车，以及祭奠供帐等物，从灞桥到三原70里，浩浩荡荡，络绎不绝，成了唐朝以来王公大臣们未曾有过的豪华葬礼。这即是他贪谋无厌、盘剥百姓的充分表演，又是他权倾朝野的一次炫耀和示威。为祖父迁坟，竟有这般举动——上至高宗下诏，中至公卿送礼，下至县令供役，达此行能有几人？可以说，李义府的葬祖坟之举，既是想光宗耀祖，更是玩弄阴谋诡计的十足暴露。

李义府越得势就越加钻营奸佞之道，不仅自己肆无忌惮，就连整个家族也无所顾忌，"专以卖官为事"。久而久之，高宗也觉得他的所作所为未免有些过分，劝他说，"听说你的儿子、女婿以法行事，多有过失，我已为你多加掩盖，你应该劝他们少为之。"可以说，作为一国之君的高宗，这番话说得相当客气了。然而李义府自恃有武后撑腰，揣摩众臣无有敢上谏其罪之人，便勃然变色，慢慢地问："是谁向陛下这么说的？"高宗说："何用问我，是你自己所为嘛！"李义府

无言以对，但并未对高宗谢罪，只是慢慢退去，惹得高宗满心不悦。李义府之所以敢于如此对高宗不恭，就是因为有武后作后盾，所以竟敢不把皇帝放在眼里。

大卖国贼秦桧弄权

在中国历史上最大的卖国贼，当推宋朝的秦桧。

秦桧步入仕途之时，正值北宋王朝风雨飘摇之际。宋徽宗宣和七年（1125年），金兵发动了侵犯北宋的战争。沉溺于骄奢淫逸中的徽宗，被气势汹汹的金兵吓得魂飞魄散，忙将皇位传给太子赵恒，自己率人逃往镇江去避难。赵恒即位，是为钦宗，钦宗的胆子并不比徽宗大多少，也是个软骨头。靖康元年（1126年），金兵包围了沛京，派遣使臣索要太原、中山、河间三镇。钦宗及朝中要臣均同意割让三镇以议和。秦桧被派作割地使，前往河中办理交割事宜。未及秦桧到达，金兵已经退却，他只好半途而归。

这年闰 11 月，金兵再次南犯，汴京失陷，徽宗、钦宗及后妃、亲王均被扣押。翌年 2 月，莫俦等从金营归来，传达金帅命令，推立异姓为皇帝。留守王时雍等召集百官军民共议，想立张邦昌。百官失色不敢答。监察御史马伸当众提出："我们都是诤臣，怎能坐视而不

杭州岳王墓秦桧夫妇　南宋

吐一词，应当共同给金帅上议状，要求保存赵氏。"当时秦桧是御史丞，即御史台的长官。御史台是纠察官邸、肃正纲纪的机构。马伸是其下属，居然能当众力陈保赵之主张，他自己当然不能不有所表示，怎么表示呢？他既怕惹恼金帅而大祸临头，亦怕赵家不满而遗祸将来，绞尽脑汁，想出个两全其美之计：单独写一状纸送交金营。他在状文开篇便写道："今金人拥重兵，临已拔之城，操生杀之柄，必欲易姓，桧尽死以辩，非特忠于主也，且明两国之利害尔。"秦桧向金人申明，他此举之目的，并非完全是尽忠于赵家王朝，也是在替金人权衡利弊。他分析道："赵氏自祖宗以至嗣君，百七十余载。'宋于中国，号令统一。'而张邦昌不过是个'附会权幸，共为蠹国之政'的角色，若立其为帝，'四方豪杰必共起而诛之，终不足为大金屏翰。'如果一定立其为帝，'京师之民可服，天下之民不可服；京师之宗子可灭，天下之宗子不可灭。'"然后，秦桧建议说："愿复嗣君位以安四方，非特大宋蒙福，亦大金万世利也。"秦桧此状，可谓算尽机关之作，既反对立张邦昌为帝，拥戴恢复钦宗之位，又讨得了金人好感，成了赵氏宗室的忠义之臣，达到了他明保赵室、暗媚金主之目的。

金人虽未采纳秦桧的建议，但已看出秦桧替金人献策的良苦用心，对其颇感兴

趣。靖康二年（1127年）三月，金人扶持张邦昌为大楚皇帝，北宋从此灭亡。四月，金兵北撤，掳走了徽、钦二帝及宗室、文武百官等三千余人，秦桧也在其间。但是，秦桧却被金人另眼相看。徽、钦二帝都被流放，秦桧却被赐给金太祖的堂弟挞懒任用。秦桧受此厚待，自然受宠若惊，卑躬屈膝地当了金人的奴才，成了宋朝的叛卖者。

靖康二年（1127年）五月，未被金兵掳走的北宋臣僚拥康王赵构在南京应天府称帝，是为高宗，改元建炎，建立了南宋王朝。

高宗建炎三年（1129年）十月，金军又分兵数路，进犯南宋。挞懒奉命攻山阳，秦桧和妻子王氏及婢仆随行。但是，金兵此次进犯，受到了南宋爱国军民的顽强抵抗。金统治者认识到，光凭武力是不能征服南宋的，于是，改用以议和辅佐攻战之策。高唱议和之高调，既可使南宋王朝放松警惕，亦可诱使南宋的投降派破坏抗金斗争。为了达其目的，金统治者还采取了更毒辣的一招：派遣北宋降臣南归，充当内奸，从内部瓦解南宋王朝。金统治集团经过周密分析，认为能胜此任者，非秦桧莫属。一则秦桧已完全对金人伏首听命，足可信赖；二则秦桧当初曾上书金营力主保存赵氏，必为南宋王朝器重。秦桧不胜荣幸地接受了这个派遣，和妻子及婢仆离开军中，取涟水而归。

回到南宋，秦桧编织了一个谎言，说他随挞懒从军，中途"杀金人监己者奔舟而来"。然而，群臣无不感到疑惑：秦桧与司马朴等同拘一处，为何他能独归？"自燕至楚二千八里百，逾河越海，岂无警觉之者，安得杀监而南？"即便是令其从军于挞懒，金人对其戒备不严，但必然将其妻属作为人质，他怎能与妻王氏同回？……总之，群臣对秦桧的归来，都觉得其中有诈，怀疑他可能是金朝派回的奸细。唯有宰相范宗尹、知枢密院李回与秦桧交好，"尽破群疑，力荐其忠。"

宋高宗也不是能力挽狂澜的圣明之君，他毫无收复失土之意，只想偏安一隅。他早就知道秦桧是力主议和的，这正符合他的心意；秦桧又从金营新归，掌握金人情况，肯定会拿出议和良策。所以他立刻召见了秦桧，秦桧当面向宋高宗提出："如欲王下无事，南自南，北自北。"话说白了，就是：承认金人对吞占的北方领土的拥有权，只维持南方的偏安，不再抗金收复失地，天下才能太平无事。并且呈上了他代高宗草写的给挞懒的求和书。一心只求乞和的高宗，看出秦桧能为其与金媾和出力，顿时大喜过望，对群臣说："桧忠朴过人，朕得之喜而不寐。"当时就任命秦桧为礼部尚书。秦桧从行人员王安道、冯由义等均改为京秩。三个月后，秦桧又被升为参政知事（副宰相）。足见高宗对秦桧的器重和信赖。

秦桧一回到南京，就力倡议和，并促使高宗采取以议和为上上策，这正是金人遣其为内奸的首要使命。在派他南归前，就与他约定，金兵以武力在外威胁，他以议和在内相助，迫使南宋朝廷降服。史称："始，朝廷虽数遣使，但且守且和，而专与金人解仇议和，实自桧始。"

秦桧虽然成了副宰相，但他还嫌权力不大，时刻企图爬上一人之下，万人之

上的宰相宝座。为此，他简直费尽了心机。

韶兴元年（1131 年）七月，宰相范宗尹"建议讨论崇宁、大观以来滥赏"，以图肃正纲纪。年初，秦桧以为此举定会得到高宗钦准，便极力赞成此议。不料高宗却是执意不允，秦桧见此，便来了个一百八十度的大转弯，把自己打扮成此议的坚决反对者，并且借机大搞名堂，排挤范宗尹。

范宗尹曾为其"力荐其忠"，秦桧为了达到图谋相位之目的，变诈反复，恩将仇报，终于迫使范宗尹被罢相。看着相位已虚，秦桧便扬言说："我有二策，可耸动天下。"问其何以不言，他露骨地说："今无相，不可行也。"这简直就是迫不及待地公开要宰相当了。当年八月，他被任命为右仆射、同中书下平章事兼枢密院事（即右相，为二相之一）。秦桧终于爬上了仅次于高宗的高位。

然而，九月，高宗又任命吕颐浩为左相，与秦桧共同执政。对意欲专权的秦桧来说，岂容别人与他分庭抗礼？他便唆使其朋党向高宗进言说："周宣王内修外攘，故能中兴，今二相宜分任内外。"其意甚明，就是想将吕颐浩排挤出京都，朝中仍由秦桧一人掌权。高宗不明就里，居然做出了"颐浩专治军旅，桧专理庶务"的决定，令吕颐浩建都督府于镇江。

秦桧通过一系列卑鄙的手段，罢掉一相，挤走一相，从而达到了独自控制朝政的目的。

秦桧将吕颐浩挤出京都以后，愈发胆大妄为，竭力培植党羽，排除异己。绍兴二年（1132 年）设置修政局，自为提举。设置这个机构，名义上是为了讨论并实施省费裕国、强兵息民之策，实则是秦桧为了大权独揽。

然而，高宗命参政知事翟汝文与秦桧同领修政局。秦桧本想借此专权，哪能容得别人插手！于是，他罗织罪名弹劾了翟汝文，罢其职，一人独揽了修政局大权。秦桧掌管的修政局都干了些什么呢？"薄书狱讼、官吏差除、土木营缮"等等，"事无不统"。就连他的党羽都说，所做之事"俱非所当急者"，还设立修政局干什么呢？因为谁都晓得，"内修，修其所谓外攘之政"。然而，秦桧本来是以议和为金人做内应的，岂敢修"外攘之政"？修政是假，揽权是真。同时也暴露了他内奸的嘴脸。

秦桧的所作所为，直接危害了南宋专制统治集团的利益，更危害了南宋的广大军民，势必遭到朝野的强烈反对。吕颐浩自镇江归京都，筹谋废逐秦桧。几经周折，黄龟年上奏弹劾秦桧"专主议和，阻止恢复，植党专权，渐不可长"，说他胜过当年的王莽、董卓。八月，罢相，贬为观文学殿学士，提举江州太平观。

秦桧之所以至此，主要的原因是南宋最高统治者高宗已对他极为不满。一则秦桧曾提出二策："以河北还金国，中原人还刘豫。"刘豫曾是南宋济南府知府，后降金。金太宗天会八年（1130 年）九月，被金人扶立为大齐傀儡皇帝。高宗召直学士院秦密礼说："桧言'南人归南，北人归北'。我是北人，将安归？"高宗的话说白了，就是：如按秦桧之策而为，我岂下成了无家可归的天子？这还了得！二则，秦桧当初为相，曾说他能"耸动天下"，高宗说："今未闻。"就是

说，高宗根本没有看到他有什么耸动天下之举。秦密礼便把高宗之意写成训词，告知中外，使天下人都认识到了秦桧是个奸臣。

绍兴五年（1131年），金主既死，挞懒主持了金朝的朝政大权。即位的熙宗采纳了挞懒的建议，决定把伪齐统治的地区交给南宋，并归还已死在金国的徽宗梓宫、高宗的生母韦太后到河南诸州。但是，必须以南宋向金称臣、贡纳岁币为交换条件，高宗得知这个音信，虽觉条件过于苛刻，但还是认为议和是上策，考虑到秦桧与挞懒的关系非同寻常，执行议和之策亦非他莫属，于是，绍兴八年三月，又将秦桧迁为右仆射、同中书门下平章事并枢密使（右相）。

当年五月，金人遣使来议和。高宗神色愀然地对秦桧说："先帝梓宫，果有归期，虽待二三年尚庶几。惟是太后春秋高，朕旦夕思念，欲早相见，此所以不惮屈己，冀和议之速成也。"可以看出，高宗的心情是相当复杂的，希望议和速成，但又觉得委实屈辱。秦桧则说："屈己议和，此人主之孝也。"借助颂誉高宗之孝道，促使高宗坚定议和之决心。进而又说："见主卑屈，怀愤不平，此人臣之忠也。"他居然把自己美化成忠臣了。不过，秦桧看出，高宗在议和问题上态度并不坚决。他担心若一再群臣聚议，会使高宗转变态度。于是，他对高宗说："对于议和之事，臣僚们畏首畏尾，各持己见，这样怎能决断大事？如果陛下决意讲和，那就将此事单独交臣处理，不准群臣干预。"高宗表示同意。老奸巨猾的秦桧，对一度曾被罢相的教训记忆犹新，所以，他对高宗仍然有些放心不下，请高宗考虑3日再做决定。过了3日，高宗对议和的态度愈发显得坚决，但秦桧认为时机尚不成熟，仍像上次那样，请高宗再考虑3日。又过了3日，高宗态度毫无变化。秦桧看出其意已决，于是才在朝廷上传达了高宗的这个旨意。

不久，秦桧又玩弄两面派的手法，使反对议和的左相赵鼎受到高宗怪罪，继而被罢相。赵鼎一去，秦桧便独专了相权，更加肆无忌惮地公开主张议和。朝中贤士，凡反对议和者，都相继遭贬。

金国特使张通古、萧哲来南宋议和，却捧着金国皇帝的诏书，"以诏谕江南为名"。这哪里是什么派遣使者议和，简直是一副主子对奴才的架势。秦桧见状，唯恐受天下人责骂，便与萧哲等商议，将"江南"改为"宋"，将"诏谕"改为"国书"，想以表面上虚假的平等，掩盖其纳降称臣的实质。京淮宣抚处肯使韩世忠数次上书力谏，说金国待南宋就像待大齐傀儡皇帝刘豫，不能与其讲和。其议当然不会被采纳。金国使到了泗州，居然提出：要所经过的州县像迎奉宋天子的诏书那样迎奉金帝的诏书；到了临安，南宋的天子高宗要像金臣一样跪拜金帝的诏书。这不仅是对高宗的侮辱，而且是对南宋爱国军民的鄙夷。南宋的许多臣将和爱国军民愤怒至极，又一次掀起了反对议和的浪潮。主战将领韩世忠上疏说："金以诏谕为名，暗致陛下归顺之意，此主辱臣死之时，愿效死战以决胜败。"然而，在秦桧的专权下，未能如愿。

萧哲等到淮安，气焰更为嚣张，说先归还河南，同时册封高宗为帝，然后再慢慢商议别的事情。高宗乃名正言顺的一国之君，金帝居然还要对高宗加以册

国学经典文库

封，何其猖獗无礼！闻知此讯，"军民汹汹"，兵欲变，民欲反。高宗尽管想议和，但对金人欲册封他也满腔愤怒，说："朕嗣太祖、太宗基业，岂可受金人册封。"秦桧审时度势，看出若让高宗受册封，议和之事定然告吹，正在他一筹莫展之际，给事中直学士院楼召给他献上一策：向金使说明，高宗重孝在身，不得行礼，跪拜之礼可由宰相代替。秦桧左思右想，非此而无万全之策，便和金使秘密商议，金使看出南宋军民反对议和之势，唯恐坚持原来要求而得不偿失，只好做出让步。

绍兴九年（1139 年），南宋朝廷正式宣布了议和内容：金人归还河南、陕西地区，并送还徽宗梓宫、韦太后和钦宗。宋对金称臣，每年向金纳贡。

宋、金议和之后，在秦桧的操纵下，对收复的失地既不布置边防，亦不建立战备设施。面对这种状况，南宋的许多臣将颇感忧虑，纷纷上书朝廷，陈述自古讲和未有不变者之道理，请示加强边防，积极备战。

是年，金统治集团内部的斗争愈演愈烈，8 月，金熙宗以谋反罪处死了挞懒，兀术、宗翰掌握了军事大权。兀术历来反对把河南、陕西两地交给南宋，并主张以武力再次夺回。翌年，即绍兴十年（1140 年），金朝撕毁了和约，以兀术为统帅，分 4 路大军大举侵犯南宋。不足一月，河南、陕西地区又落入金人之手。

兀术在继续南侵的进军中，受到了岳飞率领的军队的顽强抵抗。岳飞，字鹏举，出身农家。从 20 岁起，曾先后 4 次从军。建炎元年，上书反对京师南迁，受到革职；建炎四年（1131 年），在清水亭、静安等地区袭击北撤金军，获胜，收复建康，升为通泰镇抚使兼知泰州。所部军纪严明，英勇善战，称为"岳家军"，深受人民爱戴。兀术南侵，岳飞挥师大举北伐，连克蔡州、郑州、洛阳等地。尔后，他亲率 5 万轻骑驻守郾城。兀术带领金军最精锐的拐子马来郾城决战。岳飞指挥将士手持刀斧冲入敌阵，上砍敌人，下斩马足，大败金兵，获得大捷。与此同时，张俊克亳州，王胜克海州，韩世忠战胜于加镇，诸将所向皆奏捷。

南宋军民英勇抗战，对进犯的金军形成了包围之势。本应乘胜追击，大败金军。然而，秦桧却力主班师回兵。这个建议很合乎高宗的心意。高宗本来就无抗战到底的决心，他之所以下令抗金，完全是害怕落到无安身之所的境地。如今见宋军取得了重大胜利，保住了偏安的朝廷，足以同金朝讨价还价地议和；另外，高宗又担心岳飞功高权重，将来难于指挥；所以，高宗不愿继续北伐。于是，下诏让岳飞班师。岳飞不知高宗用意，极力陈奏北伐之利，请求增兵添粮，以便大举北伐收复失土。高宗、秦桧哪里肯听，连发 12 道金牌，令岳飞退兵。岳飞无奈，只好听命。

金兀术本来已准备撤退，见岳家军不败而走，大喜，重又大肆反攻，夺取了蔡州等地。岳飞诸将对退兵之举都怨愤不平。

秦桧看出，岳飞诸将是他议和降金的主要绊脚石，便想收回岳飞诸将的兵

权。绍兴十一年（1141年）四月，给事中范同向他献上一策，秦桧心领神会地采纳了。于是，秦桧密奏高宗，以论功行赏的名义，召回岳飞、韩世忠、张俊三员大将，授韩世忠、张俊并为枢密使，岳飞为枢密副使。名义上三员大将都被升为高官，实则被剥夺了兵权。

夺其兵权，秦桧仍不放心，意欲置其于死地而后快。三员大将中唯张俊是个心怀叵测之人，贪功图利，嫉贤妒能，尤其对岳飞嫉妒无比。秦桧决定利用这个矛盾，先陷害韩世忠，尔后再谋害岳飞。三员大将明升暗降不足一个月，秦桧便迫不及待地要向韩世忠下手了。他派张俊、岳飞去楚州阅韩世忠原属部队。行前，秦桧让他俩搜集韩世忠的过错，遭到岳飞痛斥，而张俊却大效犬马之劳。秦桧愈加认定，岳飞不仅是降金议和的绊脚石，更是他施展阴谋的拦路虎，非先置岳飞于死地不可。

谋害岳飞，显然得找个借口。秦桧指使他的同党编织罪状，上奏章弹劾岳飞。秦桧再从中火上浇油，他的其他党羽也争先恐后地上疏弹劾岳飞。岳飞有口难辩，被迫上奏章请求辞职。八月，被革职。秦桧还不罢休。十月，他暗示张俊诬告岳飞旧将张宪谋反，将岳飞及子岳云逮捕入狱。秦桧命御史中丞何铸审讯岳飞父子，"阅实无左验"，"明其无辜"。于是，改由其死党审讯。大理寺丞李若朴和大理卿薛仁辅说岳飞无罪，其死党便将其弹劾。宗正卿士㒟以全家百口之性命担保岳飞无罪，亦遭弹劾，死于建州。有人因为岳飞鸣冤而被赐死。凡替岳飞鸣不平者，皆被贬或被杀。1142年1月28日，岳飞被赐死在临安大理寺的风波亭，时年39岁。临刑前，这位在抗金战场上叱咤风云的民族英雄，在奸臣们炮制的供状上写下了"天日昭昭！天日昭昭！"八个大字。

岳飞下狱后，韩世忠曾忿忿不平地当面质问过秦桧，让秦桧拿出证据。秦桧说："（岳）飞子（岳）云与张宪书虽不明，其事体莫须有。"意为"这件事也许是有的吧？"韩世忠愤慨道："'莫须有'三字，何以服天下？"当时，金军对南宋最畏惧的就是岳飞，"诸酋闻其死，酌酒相贺。"而南宋军民则"天下冤之，闻者流涕"。

秦桧以"莫须有"的罪名杀害了岳飞，更暴露了他充当内奸、窃权卖国的丑恶嘴脸。

这个大卖国贼杀死了岳飞，罢了韩世忠，赶走了张俊，诛除了异己，权力达到了顶峰。但他并不以把持宋朝朝政为满足，他还想利用权术压制群官，控制高宗，图谋皇位。这也是中国历史上不多见的。

高宗的起居活动有三个地方，秦桧都严加控制。高宗的一举一动，秦桧不但清清楚楚，而且处处都受到他的控制。

对于处理国家大事，秦桧也是为所欲为。天下州县所上的奏章，先送到尚书省，秦桧要怎么办就怎么办，很少给高宗。后来高宗也有所察觉，就责问秦桧："近日全无事？"秦桧说："御前者事，奏到可见。"其实却是：御前诸事，奏到少，唯知桧意。秦桧这种欺君罔上的行为，高宗不是不知道，而是已经无能为力

了。他曾对执宰大臣说：这是秦桧"任意所为，不让朕知天下事耳"。

正因为秦桧骄横跋扈，欺君罔上，专断独行。在百官面见高宗时，不但他自己不奏事于上，而且还"恶闻人言"事于上。有一次高宗上朝问秦桧处州兵反之事，秦桧却有意怠慢而久久不作回答。执政官章某以为秦桧忘记了此事。应对一句，替他回答。事后秦桧怒斥他说："桧不能对，参政却好对；桧未对，参政何故便如此"，随即把章贬斥出朝。使得朝臣畏秦桧胜过畏高宗。

高宗也不甘心受秦桧的欺罔，也曾力图改变这种处境。他下诏说，今后"百官应转对而以病告者，并竢疾愈日上殿"。他还特意对秦桧说："近轮对者，多谒告避免。百官轮对，正欲闻所未闻，可令检举已降指挥，约束施行"。秦桧对于高宗的告诫无动于衷，甚至变本加厉，"秦桧当国，执政官不敢独奏事"。比如枢密院事汤思退初入枢府时，有一天秦桧想除局务官二人，高宗一时没有批示下来，秦桧就起了疑心，让汤留下奏问，汤思退连说不敢，秦桧就说："此桧意，无伤也。"到第二天汤就留了下来，高宗见了大吃一惊，汤奏明情由后，高宗就对他说：这是小事，我一时忘记了，没有别的原因。汤思退将下殿时又对高宗说：我今天留下奏事，虽是秦桧的主意，但是此人多疑，必然会说我论及他事，我呆不长了，高宗劝他不要多虑。这为汤思退壮了壮胆，汤又"略言桧专权蒙蔽之状"，但高宗听了也没有办法，只是"领之"而已。在秦桧的专政下，生杀废置，唯己所欲，高宗反而束手无策，成了一个活木偶。他虽然讨厌秦桧但也无可奈何。正如朱熹所说：国家的权力落到了秦桧之手以后，"高宗更收不上，高宗所恶之人，秦引而用之"，高宗所欲用之人，秦皆摈去之，举朝无非秦之人，高宗更动不得。

野心勃勃的秦桧，并不以此为满足，他还要图谋皇位，造了不少舆论。当时有一个以拆字为生的先生张九万，秦桧就把他招进相府，在地上写了一个字，然后问张九万如何？张九万见他写的是一个"土"字，就猜测其意而奉承他说："相公当加官爵"。秦桧故作惊讶地说："我位为丞相，爵为国公，复何所加？"张九万说："土上一画，非王而何，当享真王之贵。"这个拆字先生倒是猜中了秦桧的心事。秦桧还要士大夫为自己歌功颂德，启示臣下作诗文，为自己涂脂抹粉。如高宗亲书"一德格天之阁"赐秦相府后，即有朝士贺道："我闻在昔，惟伊尹格于皇天；民至于今，微管仲吾其左衽"。秦桧看后大喜，大加提拔。很多人看准了这一点，靠拍马屁而升官发财。

他捏造和隐瞒投降历史，迫害一切知情人，大兴文字狱，对于写野史、笔记、诗文的人，也进行诸多迫害。凡是臣民一言一行涉及文禁者，都会横遭惨祸。

为了说明这个奸贼的专横霸道，我们再举两个例子。

秦桧老贼无恶不作，尽干坏事，死讯传出，不但"四方士民相欢庆"，就是高宗也很高兴。他对一个大臣说：我今日始免得这膝裤中带匕首。由此可知高宗平日防秦桧，到了何等地步！

当时，天下人为了"相欢庆"，纷纷互传秦桧的死讯。如张浚的故吏知道秦桧之死后，立即急驰永州禀告张浚。由于使者过分高兴，赶路又急，到张浚家时"喘卧檐下，殆不能言"。当时张浚已知赵汾被捕，以为自己也会受到株连，正在朝夕不安，忽见来使，不知是吉是凶，把来人救醒后才知是专为告诉秦桧死讯的，"顷刻之间，堂上声如雷"。秦桧死后的碑上，没有一个人愿为其题字，连昔日死党也不愿为之。结果立一无字碑。后来宋将孟珙与金军作战回朝路过时，故意"屯军于桧墓所，令军士粪溺其上"。由于人们痛恨秦桧，其墓被称为"秽冢"。秦桧的墓被盗后，盗墓者被抓，当地官吏有意减其罪。后来在明朝时人们铸秦桧铁像跪于岳飞像前，为千载万世所唾弃。

刘瑾奉迎皇帝害百官

太监刘瑾快66岁才随着荒唐皇帝朱厚照的上台而走红。他被提拔做内宫监掌印太监。这是一个肥缺，职位类似朝廷的吏部尚书。不久又有旨下，令其总管十二团营京量驻军的司令长官，并控制最厉害的火柱兵种——神机营。刘瑾庆幸，自己半个世纪的忍辱负重，在花甲之年终于大权在握了。他从此开始演起政治戏剧来了。

在中国历史上，宦官大多出身卑微，又久处深宫，见闻十分片面，只知奉迎皇帝，绝不体谅民情。他们日近天子，出宣诏命，一旦得势，处理问题往往偏颇，且大多善于与朝廷大臣争权。这在老贼刘瑾那里表现很明显。

明朝制度，司礼监权力极大，所有题奏事情，都要先总报司礼监，它还控制着最大的特务机关东厂和西厂，可以说是集行政权和监察权于一身。可是刘瑾仍不满足，他不愿意小皇帝对自己发号施令。他有两个"征服"小皇帝的"秘密武器"，一个叫"快活"，一个叫"烦恼"。

小皇帝从3岁起就在他的眼睛里长大，他的性情没有刘瑾不了解的。少年天子爱玩爱乐，刘瑾就极力迎合。刘瑾命人修建太素殿，修建天鹅房小码头，还投资巨款在皇宫外修建了一座新式漂亮的宫院，起名叫豹房。小皇帝在这所新宅里，与刘瑾选拔的无数色目——北方西方少数民族的女孩子淫乐，观看优伶做戏，走马乘舟，日不足则继以夜，他哪里还有工夫管

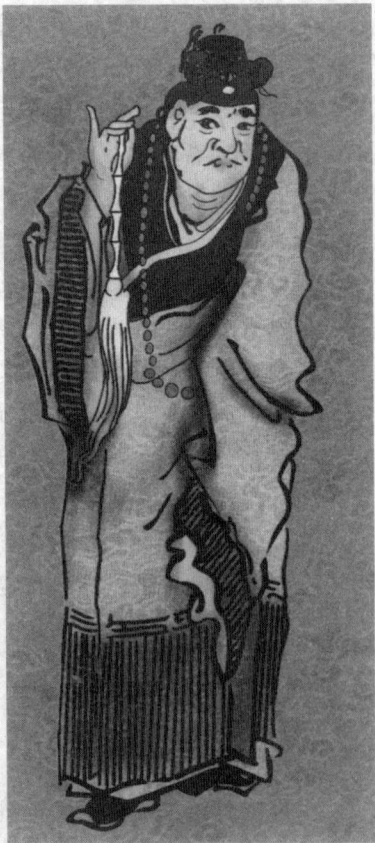

刘瑾像

什么军政奏章或民间疾苦？这就是刘瑾送给小皇帝的"快活"。

在他玩得高兴时，刘瑾故意拿来大批文件让他处理，让官员慢慢地念。皇帝不耐烦了，有一天，他大怒了："我用你干什么的？事事都来烦恼我？"刘瑾要的就是这句话，从此以后，刘瑾便可以堂而皇之地裁决各种奏章了。这是刘瑾送给小皇帝的"烦恼"开始。刘瑾还按规定把拟行的旨意——即他的意见送到内阁起草圣旨。后来刘瑾干脆不再理睬内阁，而和松江市侩张文冕和妹夫孙聪在家中研究拟旨。其实3个人一对半墨水瓶不满，弄不明白，就叫焦芳提笔润色。可惜焦芳也"粗鄙无学识"，所以，那几年的圣旨，大多"狗屁不通"。刘瑾的权力早已超出了人臣的权力，而成了真正的皇权拥有者。

五府六部长官每天候在刘瑾的门前，等候召见汇报；三品官以下，都要跪着请示；外出公干的京官离京还京都要到刘瑾家告别和报告，而且渐渐成为制度。所有奏章先用红本呈给刘瑾，然后，才用白本送通政司，呈报皇帝。都察院奏章写上了"刘瑾"的名字，他便大怒——也难怪，这几年，谁都哆嗦着称"刘太监"，而没有直呼姓名的。直到向来以整顿纲纪自诩的都察院御史们跪趴着谢罪刘瑾才罢休。可见刘瑾的势焰是何等厉害。还有一个邵宝，官至总督漕运副都御史，却从未给刘瑾送过礼，刘瑾派人暗示也不承意。及至召见，"瑾大怒"，吓得邵宝蹲倒在地，而且撒尿于地。刘瑾觉得很威风，向人指湿处说"这是邵宝撒的尿。"什么公卿大臣，在刘瑾眼中，鸡毛不如。他骂祭酒（国立太学校长）王云风"你算什么东西祭酒，一嘴猪毛"。络腮胡子王云风吓得请他视察太学（太监为人们所不齿，只有唐朝鱼朝恩破例视察过太学）来取悦刘瑾。

明太祖朱元璋曾对子孙有遗训："士大夫不为我们所用者，当杀身灭家。"刘瑾也心领神会，残酷地排除消灭异己分子。

正德元年十月，围绕大学士谢迁、刘健退休，形成了一系列冤狱。给事中御史刘玉、左都御史张敷华、工部尚书杨守随、十三道御史薄彦徽、戴铣等上书，请求"留用刘健、谢迁，把'八虎'明正典刑。"刘瑾大怒，派提骑把他们逮捕，有的罢官流放，有的廷杖致死。南京兵部尚书为此一声叹息，被迫退休。颇有名气的理学大师王守仁（当时是兵部主事），上书替薄彦徽等争理，刘瑾假传圣旨痛打50廷杖死而复苏，贬贵州，旋又派人跟踪谋杀。亏得王守仁聪明，把草鞋帽子扔在钱塘江边，写诗稿塞在鞋里，诗曰："百年臣子悲何在，夜夜江涛泣子胥。"特务们看了，以为王已投江自杀，方回京复命。而守仁已逃入了深山，他的父亲也被迫退休。

不久首倡公卿弹劾刘瑾的工部尚书韩文的库房里发现了假银子，刘瑾便以韩不尽职务将其罢官，韩文骑匹骡子连夜登程逃命。

大规模的迫害发生在5个月以后。正德二年三月，颁示奸党名单，包括王岳等3名内臣、两位大学士、3名尚书、两名都御史、1名郎中、4名主事检讨，16名给事中、25名御史共53人，说他们颠倒是非，彼此勾结。命令"吏部查令致仕"。全体朝臣跪在金水桥南听读诏书。由此可见，一时被骂做奸臣的，或许正

是被奸臣骂的忠臣。

正德三年，又以雍泰事件，消灭了一批异己。雍泰也是陕西兴平人，是很有才干的闲住都御史，大家纷纷推荐。刘瑾觉得既是同乡必能三分向，就起用了他。可是雍泰偏不买账，说是"进退在天，刘瑾能把我怎么样！"刘瑾听说后就把任南京户部尚书仅4天的雍泰罢官，把先后推荐雍泰的前朝重臣马文升、刘大夏和尚书许进等都削职为民或者充军。刘大夏已经退休，逮捕他时，正在园中锄草，闻命即骑驴上路。发配甘肃时，雇骡车出都门，百姓追送，父老涕泣，不少女子挎篮送果。这样得民心的人居然遭到如此的迫害。

刘瑾打击面很大，凡不投心对意的都不能见容。

正德三年，不肯给刘瑾送礼，见面又不跪的御史涂祯被锦衣卫廷杖伤重死在大狱，还征索其子涂朴代父充军。三边都御史杨一清治边有功。因与刘有隔阂而被罢官。当年夏天，为追查一封攻击刘瑾的匿名信，竟下令朝官跪在赤日炎炎的奉天门外。连太监李荣都看不过，偷着扔冰块给朝官解渴。晒昏的拖走，中暑死了3人。当晚，300名五品以下官员，都被关进监狱。在数千年封建社会史上这都是绝无仅有的。刘瑾又把同情朝官的太监李荣、黄伟撵出北京。刘瑾通知兴华知府要求少年进士戴大宾离婚，好把侄女嫁给戴，知府不干，也被罢官。

为了进一步迫害异己，刘瑾强化了专政机构和刑法。正德三年，刘瑾设立了外行厂和内行厂，亲自统领；加上东厂、西厂和锦衣卫，爪牙遍布京城内外。创立一个犯法，四邻连逮制度，连隔河而居的也算邻居。江南人赛龙舟，东厂太监谷大用，竟诬说造龙舟是御物而大肆抄家。廷杖朝臣，明初施刑时都要裹盖厚毡，不过表示羞辱而已。自刘瑾开始让犯官脱衣赤体受杖血肉横飞，露筋见骨，打死人是常见的。南京给事中戴铣立毙杖下。蒋钦3次上疏，3次被杖90，死在狱中。刘瑾并开创制作150斤巨枷，让犯官大枷立于街头示众，数日一月不等。因小事儿而受枷者也非常之多。因违规坐轿，因赴任迟到，都会被套上重枷，在苦雨炎日或寒风大雪中受刑，不死也得吐血残废。厂卫为求得刘瑾欢心，搜罗侦缉，到处逞凶，连市井磨工、卖水的也被特务们赶出城外，无法为生，还命令寡妇都要嫁人，停枢没葬的都要烧掉，直闹得人人谈厂色变，惶惶不可终日。

正德四年一月，刘瑾采纳走狗李宪的建议，削夺了刘健、刘大夏等675人的诰敕。浩敕是皇帝给予功臣的殊荣或某种特许（如免死、免刑、免钱粮、准子孙继承官职），这就从根本上削夺并打击了他的反对派。刘瑾如此倒行逆施，草菅人命，使得天怒人怨，有一次他对一个心腹说："我摧折的仕人太多了，天下的仇怨都集中到我身上，我不知往何处退身？"那个心腹劝他乘皇上无子的机会，选一个"幼而弱者"将来为帝，可以使他"长保富贵而无忧"。然而这个帮监却想自己当皇帝。

刘瑾并不满足于这种一人之下、万人之上的局面，他的政治野心非常之大，为此他煞费苦心，实施了一系列的篡权窃国的措施：搁置起弘治帝遗命书；保留了宦官监督京军的权力；自领内厂，控制锦衣卫，把京城的军、特（厂、卫）

两大系统牢牢抓在手里，盘查天下军民府库，使郡县积储空匮，削弱了地方反抗力量；号令"全天下镇守太监得预刑名政事"，8个月后，又革天下巡抚，使直系爪牙参与政权进而控制地方军政两权；为排除障碍，屡兴大狱，又下令"随时考核官员政绩"，而不必拘泥6年一轮回的考核制度，这样，就可以随时找借口铲除异己分子。问题是翰林院那批不听话的人，随时都有可能挤入内阁，容易打破刘氏垄断格局，于是他下令侍读徐穆、编修注俊等调往南京补充各部；焦芳致仕，命曹元入阁顶岗。还有边军，陕西的最近，就用曹雄代替了杨一清。到这时，内阁、七卿、厂卫军，更不用说宦官衙门了，几天之内便都"大一统"了。

刘瑾心头这股登天欲火越烧越热，不少术士像余明余子伦为他推测天命，说是朱氏王朝气数已尽，而刘氏则要"大贵"。于是，他暗令手下太监孙和储备粮食、盔甲和衣甲，两广镇守太监潘干蔡昭造弓弩五百，都运入自己家中收藏。他令人制作了玉玺玉带、龙袍等物。他还在豹皮包裹的团扇中安置蹦簧利刃两把，随时都可以杀掉小皇帝，只要拇指一按就可以了。

刘瑾发动政变的障碍有两个：一个是潜运总督平江伯陈熊。那时，运河是南北动脉，总督有保护运船的一支军队，进可以用兵，退可以切断北京粮道。四年闰九月，刘瑾以陈熊多买田宅的罪名，把他谪降海南去了，另一个是"八虎"之一张永。张永总制神机营，这是火枪火炮兵种，以一可以当十。张永对刘瑾渐生反感，刘瑾也已觉察。正德五年春天，刘瑾乘机上奏，"派张永到南京去吧，那里很重要"。皇上也就点了点头。圣旨未下，刘瑾就传令逐张出军。张永却捷足先登，跑到皇帝面前陈诉了利害："神机营不可放弃。"刘瑾刚要说话，张永挥拳就打，皇帝一时也两难。在这一环上，刘瑾走了一着败棋，种下一个祸根——"八虎"核心散花了，脚下要塌了。

刘瑾此时非常焦急，皇帝20岁了，不会总任凭摆布，一旦翻脸怎么办？河北好几个州县，"响马"贼越来越厉害——这也是刘瑾惹的祸：他要恢复太祖时的屯田制，派官按明朝初年"鱼鳞圈地"追夺官田，加倍收租，逼得军民百姓无法为生，更糟糕的是安化王竟趁军民反查田的机会发布讨伐刘瑾文告，举兵叛乱。使刘瑾更震动的是研究讨伐安化叛军的统帅时，自己的意见竟没有被采纳，张永当了监军。起用杨一清提督宫务。"该动手了！"刘瑾思谋准备着……

然而，对方也在积极地谋划着。杨一清与张永谈起国事时哭了："藩宗乱易除，内乱却不好办哪！"张永明知故问："你说的什么意思呢？"杨一清把身子往前凑了凑，在桌面上写了个"瑾"字。张永忘不了3个月前刘瑾使的坏招，但他为难，叹了口气说道："他日夜在皇帝身边，党羽众多，难办哪。"杨一清分析道："您也是天子重臣。讨伐大任交付您，皇上亲自饯行，赐关防金瓜钢斧，证明了皇上对您信任。您回京报告时，把窦播的文告交给皇上，指出刘瑾祸乱朝政和图谋不轨，如要不制，天下必将大乱。皇帝英武，必会恍然，刘瑾必死无疑。"杨一清接着用辉煌的前景诱导张永："那时，皇上必让您掌握大权，您必有建树，名可垂青史了……"张永看着杨一清忠愤填膺泪坠双颊的样子，又听他策划得很

周到，于是推桌而起，抡起胳臂叫道："我难道舍不得余生报答皇上么！"张永平息了叛乱星夜赶回北京。途中接到朝廷（实为刘瑾）的通知："8月15日进城。"原来，刘瑾的谋反也正在抓紧，计划于8月16日，趁皇帝之兄葬礼百官吊唁的机会连同刚进京城立脚未稳的张永一网打尽。谁知张永的侦探已听到刘宅准备起事的刀甲碰撞声，张永不顾阻止，率军于8月14日进城，分布各处，迅速控制了局势。刘瑾不得不中止计划。中秋节，正德皇帝兴冲冲地登东华门，又在宫内设席招待张永，刘瑾赶来陪酒。到更深，或是劳困或是没情绪或是觉得没事，便不再东扯西拉，告退回家了。刘瑾刚刚脱衣躺下不久，忽听兵甲咣然，院门撞开，披衣未穿，就被绑拖上马车，投入了大狱。

原来，张永等刘瑾一走，便呈上讨伐刘瑾的文告，皇帝越看眼睛越大，张永见状，忙说："刘瑾有阴谋，他要置陛下于死地。"接着就把事先想好的弹劾说了一遍，正德帝听得心惊肉跳，于是下令予以逮捕。第二天张永急忙策动六科十三道纷纷上书，请求诛杀刘瑾。皇帝从章奏中抬起头来："刘瑾有三大罪，应抄他家，张彩也饶不得。"锦衣卫抄了刘瑾家，皇帝看了清单气得发抖，上面写有：玉玺一枚，穿宫牌500，衣甲4000，此外还有龙袍和玉带以及弓弩。至于500万锭银元宝、24万锭金元宝和其他财宝足可支国家军费七八年。特别是刘瑾那把常用的饰貂皮团扇竟装置有弹簧刀。尤其令皇帝震怒，多少个日夜，刘瑾就持它站在身后啊！正德皇帝抖了一下袖子："奴才果然反了。快审讯处置了！"

刘瑾哪知道这个过程，五花大绑跪在午门外，还不倒架子，傲视三法司大臣，吓得刑部尚书刘景不敢问话。皇帝在半开的门内传旨：杖四十。锦衣卫官校应声：打40摆着棍。这种打法厉害，刘瑾被剥光、揪发、嘴啃地、屁股朝天。5棍一换人，40棍下来，血飞肉碎，刘瑾才知道自己创立的脱衣受杖实在苦楚。半天，他强抬起头来，张目四顾："你们百官，都是我起用的，谁敢审我？"诸臣惶恐，没人搭腔。驸马蔡震拍桌喝道："掌他的嘴巴！我来审你！"执行官校揪住头发脚登后背，另有人一左一右，打得刘瑾牙落骨碎。还问："你是谁？忘我恩！""我是驸马国戚！"起初刘瑾还强辩，直到各种违禁实物呈堂做证，才知辩也无益，便说"都有都有"。画供时，手仅能扶笔，勉强画了个十字。

8月29日，刘氏全家老少各挨一刀。张彩死在狱中，尸首被巨斧劈碎扔在大街上。刘瑾受凌迟碎剐之刑。凌迟，是从左乳割起，每刀指甲大片肉，周身割遍，总需3天，白天行刑晚上"睡觉"，直到割够3357刀时，才最后一刀剜出心来，是极其野蛮而残酷的一种刑罚。

刘瑾完了。他的党羽走死逃亡，也散尽了。人们拍手称快。

刘瑾既没有超人的谋略，也没有气拔山河的武功，更没有钟鸣鼎食的家族，然而却能执政五载，辖制百官，害人无数，积财无数，一时间势焰熏天，他的全部绝招不过是"抓住皇帝"四个字而已。

巧用后发制人的 "搅乱战术"

"贵公司的这项产品，其他某某公司也有，而且根据使用经验而言，某某公司的产品较贵公司的更耐用……"

这时对方的言论气势似乎凌驾你之上，其实，他的话中并未使用任何超越企业界常用语的字眼，只因他的言词如江河滔滔不绝，使人无插嘴余地，就演变成他控制了整个局面；此时，如果你采取 "对不起！我另外有事，先告辞了" 的策略，那等于是你自己打退堂鼓了。

因此，我们面临这种劣势时，最好施用拖延战术，伺机突破僵局；而首要之务在打断对方的谈话，利用一些动作来搅乱对方，如果对方步调紊乱了，那你就至少扳回一半的颓势了。这叫 "后发制人"。以下介绍一些搅乱战术：

第一，双手举高，做出抑制对方声音的动作。这动作较常见，如说："你等等！等等！" 表示抑制的动作。

第二，咳嗽。也是常用的方法，只要持续不断地咳，对方即无计可施了。

第三，大幅度地改变姿势。改变一开始时的姿势，或前后倾、或向左右移，都表示出 "休息一下" 的意思。

第四，找个理由离开，分散他的注意力。诸如 "去趟洗手间" 等，很自然的借口，再利用离开的那段时间，重理反击计划、或期待对方因此而安静下来。

第五，做些和话题毫无关系的动作。抽烟、喝茶、找皮包或口袋中的东西等，亦有相当的效果。

第六、故意左顾右盼、东张西望。可以故意去看任何不相关的东西，甚至看天花板，也可以一下子看着说话的人，但马上就移开视线，如此也很管用；不过，这样会留给人以恶劣的印象，因此必须视对方的身份及情况而定。

除了上述的方法之外，也可以 "不断改变坐姿" "不点头" "视线不对准他" 等消极的防御法。如果再运用抬头、交叉手臂或摇晃身体的辅助动作，将会更有奇效。

有些时候，你可能会遇到难缠的谈判对手或者是口若悬河的推销员。为了让对方打住，你可以用些表示厌烦的姿势来提醒对方："可以了，我不想听了。"

这些姿势是：

1. 敲桌子，跺脚。一个人用手在你桌上敲着单调的节奏，无非是想告诉你他的感觉。用笔敲打的人也传达着同样的意思。当这两种姿势配合着脚跟在地板上打拍子、脚抖动或脚尖轻拍时，你会感到一种真正令人神经紧张的节奏，而这种节奏是不会中途断掉的。相反的，它是一种不断的砰、砰声，无疑的这些重复敲打的声音中至少有一种会在某个时候激怒你。这是种不耐烦的姿态。当你感到别人不耐烦了的时候，你就会知趣地停止谈话。同样，你也可以用这办法对付纠缠你的对手。精神病医师相信，我们在没有耐心或焦虑的时候，会想回复到过去

生活经验中自己觉得很有安全感的情境中，比如在子宫里，那时母亲的心跳令人感到舒适，因而我们在烦躁时会制造重复的声音，非言辞地传达自己的需要。

例如，人们称一位劳工谈判者为"强打者"，因为他的手不停地在最近的一块木头上敲得砰砰响。他的心理状态可由其敲击的轻重及速度的快慢很容易地看出来。当他对进行的事感到厌烦时，敲打的速度十分地快，只见四个指头轻轻地敲着，声音小得几乎听不见。如果他的争论快接近尾声，并对该提议做最后的考虑时，又会恢复原来的快速重击，或者一边用中指敲打桌上别的东西，一边研究它，好像在说："让我再看看。"几年以后，这位谈判者不再处理劳工纠纷时，才知道这些动作在他谈判中帮了许多忙。

2. 以手支着头。另一个不耐烦的姿势就是手扶着头，视线朝地面上，似看非看的。这位仁兄无意隐瞒心中的感觉。他只用张开的手支着一边脸，一副"真难过"的遗憾姿势，下巴垂着像在打瞌睡，眼皮也下垂。

3. 胡乱涂画。我们在研究商人谈判时，得知一个人胡乱涂画时就是缺乏兴趣的表现。任何避免直视对方的动作，例如涂画，都会干扰公开的交谈。由于大部分的涂画者，都有欣赏及评鉴自己所绘的几何图形或抽象艺术的倾向，因此必然会影响到他们的倾听能力及交谈的进行。只有少数抽象的思考者可以一边谈话一边自由地涂画，如写些公式等。不过大多数的生意人都是实际的思考者而非抽象的思考者，因此比较懂得在交谈中保持清醒。所以，当对方看到你胡乱涂画着什么时，自然就没有兴趣再谈下去了。

4. 目光空洞。另一种显示厌烦的姿态是"对他视而不见"。或许对方一度会以为这个眼神像死人的家伙正在倾听阁下高谈阔论，不一会儿便要怀疑你是睁着眼睛在睡觉。最肯定你不感兴趣的讯号，就是你的眼皮几乎眨都不眨一下。没有眨眼，即说明你这人恍恍惚惚，心不在焉，对于周围的事物毫不关心或极端厌恶。

再难缠的对手，碰到你摆出的这些姿势，他也会不战而败了。当然，对于你来说，又是不战而胜了。

谁是老板？

人在社会上从事着不同的职业，扮演着各种社会角色。久而久之，社会职业和角色的信号也就慢慢地从举止神态中发射出来。这样，就可以从其神态判断出某人的社会角色。这样的例子，在现实生活中是屡见不鲜的。例如，有两个人到一家公司去联系业务，到了该公司后，他们打听到了老板的办公室在楼的二层右起第一间房。当二位走到这间办公室时，门开着，老板不在。他们估计老板没走远，因为屋内还有一股没有散尽的烟味。于是二人决定下到一楼去找。同时，二人还商量做个小游戏，就是不再找人寻问，而是凭他们的眼力看看能否看出谁是老板。

　　他们来到一楼一个会议室，没有开会，但有几个人正在那里随便说着什么。在这些人中，有的双臂叉抱在胸前，有的一只手插在裤兜里，有的摆着其他什么姿势。其中有一人用两手比画着在说话，他们俩一眼就认定这个说话人是老板，并自信地走过去，恭敬地问道：

　　"请问，您是老板吗？"

　　"是，我就是总经理。你们是……"

　　他们往下的谈话在这本书里已经不重要了，而重要的是，人为什么凭直觉能判断出他人的社会职业。当然，并不是所有人的职业都能从举止神态上看出来，但这并不影响我们从这类例子中去研究问题。

　　朱利·法思特经过研究认为，人体语言常常能反映出人的社会地位。他说，在军队里，级别的高低是通过军衔标记表示出来。然而，在商界，人们既不佩绶带，也没有其他可供人们识别的标记，但高级职员通常还是能发射出体现优越感的人体语言信息。他们是如何做到这一点的？他们有什么办法使下级唯命是从？他们在与同级争权夺利时又用什么手段？两位科学家试图用无声电影系列片来发现这些秘密，他们让一位演员扮演高级职员，另一位演员扮演高级职员的助手，并让他们多次互换角色。在每一场戏中，总有一位坐在办公桌旁，另一位扮演助手的敲门，把门推开，走向办公桌。

　　然后要求观众从级别概念来谈谈对高级职员和助手的印象，从观众的各种判断中得出一系列明显的规律。如助手在门旁站住，从那儿和坐在办公桌旁的人说话，他的级别最低。要是他走到办公室中间，观众就认为他的级别高一点。倘若他一直走到办公桌旁，面对着高级职员说话，则级别最高。

　　另一个帮助观众做出级别判断的因素是时间，即敲门和步入办公室之间的间隔时间以及从敲门到高级职员让他进去的间隔时间。助手越是进去快，说明他的级别越高；高级职员让敲门者等候的时间越长，在观众的眼里，这位高级职员的级别也就越高。

　　助手如何闯入办公室、以什么速度闯入，换言之，他以什么方式"侵犯"这位高级职员的私人领域，这是由助手的级别决定的。

　　上司不必通报，也不需要敲门就可进入下属的房间，而下属却需在上司的门口等到允许后才能进去。如果上司正在打电话，那么下属也许会用脚尖轻轻退出去，过一会再来。如换成下属在打电话，上司则往往满不在乎地留在房间里，以此强调他的级别，直到下属对着听筒抱歉地说："我过一会再给你挂电话"，然后把全部注意力集中到这位上司身上。

　　在西方流传着一个故事——高级职员与外交官箱子。一位高级职员外出旅行，随身带了一只外交官箱子，然而箱子里只装了一顿早餐，他绝对不能放弃这只箱子，因为他要用这只箱子来伪装自己的形象和地位。我认识一位美国的高级神职人员，他到过美国的许多地方。他告诉我，不穿深色的西服、没有外交官的箱子，他从不出现在南方的城市和旅馆里，这两件标记给了他一定程度的威望。

尽管没有军人那样的军衔标志，但工商界同样有大量的地位标记。美国费城的一家大制药厂以其生产的镇静剂闻名遐迩，因此发了大财，职工人数不断增加，总经理决定建造一座新的办公大楼。在设置办公室时，厂方有意识地要体现级别和地位，最上面一层拐角处的房间是为最高人物准备的，下一层的拐角房间给下一级的职员使用，权限再小一点的职员的房间不在拐角处，助理人员的房间没有窗，最后还有被安置在隔成小间的办公室里的职员，小间的隔墙用毛玻璃做成，但没有门，权力更小的职员办公的小间用透明玻璃隔开，最低级职员的办公桌放在一个很大的集体办公室里。

一个职员的"地位"是由下列因素决定的：在该公司工作的时间长短、工作的重要性、工资的高低以及他的学历。在美国，每一个具有医学博士学位的职员，不管他工资多少、在该公司呆了多久，他有权利得到单独的办公室，而哲学系毕业的博士却并不都有这样的权利。

当然，还有室内的窗帘、地毯、沙发和其他家具、女秘书的配备，这些都是体现级别的第二特征。

在整个大楼中，毛玻璃隔间和透明玻璃隔间形成鲜明对照，从各方面来讲，透明玻璃后面的人显得不太重要，地位较低，他们的领域容易遭受肉眼侵犯。

在朱利·法思特看来，上述种种"标记"，都是显示人的"身份"的第二特征，而神态则是第一特征。如果同时运用这两方面的特征，就会看得更准些。

卷五 须眉鉴

经文释义

【原文】

"须眉男子"。未有须眉不具可称男子者。此言眉主早成，须主晚运也。然而紫面无须自贵，暴腮缺须亦荣：郭令公半部不全，霍骠骁一副寡脸。此等间逢，毕竟有须眉者，十之九也。

"少年两道眉，临老一付须。"此

清兵部侍郎朱安沆，须眉颇有光彩

【译文】

人们常说"须眉男子"，就是将须眉作为男子的代名词。事实上也的确如此，因为还没有见过既无胡须又无眉毛的人可称得上是男子。古人说"少年两道眉，临老一副须"。这句话是说，一个人少年时的命运如何，是要看眉毛的相，而晚年境遇怎么样，则以看胡须为主。但是也有例外，脸面呈紫气，即使没有胡须，地位也会高贵；两腮突露者，就算胡须稀少，也能够声名显达；郭子仪虽然胡须稀疏，却位极人臣，富甲天下；霍去病虽然没有胡须，只是一副寡脸相，却功高盖世。但这种情况，不过只是偶然碰到，毕竟有胡须有眉毛的人，占百分之九十以上。

【原文】

眉尚彩，彩者，秒处反光也。贵人有三层彩，有一二层者。所谓"文明气象"，宜疏爽不宜凝滞。一望有乘风翔舞之势，上也；如泼墨者，最下。倒竖者，上也；下垂者，最下。长有起伏，短有神气；浓忌浮光，淡忌枯索。如剑者掌兵权，如帚者赴法场。个中亦有征范，不可不辨。但如压眼不利，散乱多忧，细而带媚，粗而无文，是最下乘。

【译文】

眉崇尚光彩，而所谓的光彩，就是眉毛梢部所显露现出的亮光。富贵的人，他眉毛的根处、中处、梢处共有三层光彩，当然有的只有两层，有的只有一层，

通常所说的"文明气象"指的就是眉毛要疏密有致、清秀润朗，不要厚重呆板，又浓又密。远远望去，像两只凤在乘风翱翔，如一对龙在乘风飞舞，这就是上佳的眉相。如果像一团泼散的墨汁，则是最下等的眉相。双眉倒竖，呈倒八字形，是好的眉相。双眉下垂，呈八字形，是下等的相，眉毛如果比较长，就得要有起伏，如果比较短，就应该昂然有神，眉毛如果浓，不应该有虚浮的光，眉毛如果淡，切忌形状像一条干枯的绳索。双眉如果像两把锋利的宝剑，必将成为统领三军的将帅，而双眉如果像两把破旧的扫帚，则会有杀身之祸。另外，这里面，还有各种其他的迹象和征兆，不可不认真地加以辨识。但是，如果眉毛过长并压迫着双眼，使目光显得迟滞不利，眉毛散乱无序，使目光显得忧劳无神，眉形过于纤细带有媚态，眉形过于粗阔没有文秀之势，这些都是属于最下等的眉相。

满洲贵妇像

【原文】

须有多寡，取其与眉相称。多者，宜清、宜疏、宜缩、宜参差不齐；少者，宜光、宜健、宜圆、宜有情照顾。卷如螺纹，聪明豁达；长如解索，风流荣显；劲如张戟，位高权重；亮若银条，早登廊庙，皆宦途大器。紫须剑眉，声音洪壮；篷然虬乱，尝见耳后，配以神骨清奇，不千里封侯，亦十年拜相。他如"辅须先长终不利""人中不见一世穷""鼻毛接须多滞晦""短笼遮口饿终身"，此其显而可见者耳。

【译文】

胡须有多有少，无论是多还是少，都要与眉毛相称。多须的人，他的胡须应该清秀流畅，疏爽明朗，不直不硬，并且长短分明错落有致。少须的人，他的胡须就要润泽光亮，刚健挺直，气韵十足，并与其他部位相互映衬。胡须如果像螺纹一样弯弯曲曲，这人一定非常聪明，目光长远，豁然大度。胡须如果细长，像磨损的绳子一样到处是细弯小曲，这种人生性风流倜傥，却没有淫乱之心，将来一定能名高位显。胡须刚劲有力，如同一把张开的利戟，这种人将来一定位高权重。胡须清新明朗，像闪闪发光的银条，这种人年纪轻轻就会成为朝中大臣。以上这些都是仕途官场上的大材大器的人物。如果胡须是紫色的，眉毛像利剑那样挺拔，声音洪亮粗壮；或者胡须像虬龙那样蓬松劲挺，有时还长到耳朵后边去，这样的胡须，再配上一副清爽和英俊的骨骼与精神，这样的人即使成不了受封千里之地的王侯，也能做好几年的宰相。其他的胡须，如下巴和两腮先长出胡须，终究没有好处。人中没有胡须，一辈子受苦受穷。鼻毛与胡须相连，命运不顺，前景黯然。鼻唇之间的短髭过长而遮住了嘴，将一辈子忍饥挨饿等等。这些胡须

的凶相是显而易见的，这里就不详细论述了。

智慧通解

"眉"如同日月之华彩，山峦之花木一样，是一个人的健康状况、性格气质、贵贱聪愚的表面特征。古人认为：眉以疏朗、细平、秀美、修长为佳。形状就像悬挂的犀牛角和一轮新月。眉毛细软、平直、宽长者是聪明、长寿、尊贵的象征；而眉毛粗硬、浓密、逆生、散乱、短、促、攒缩者，是愚蠢、凶顽、横死之相。从美学的角度看，也是前者为美，后者为丑。

一个人的健康、个性、秀美、威严都通过眉毛而显示出来。眉相好，使人显得英俊秀挺，聪明伶俐，最容易给人留下美好又深刻的印象。从而增加施展抱负和实现自我的机会，使其可能少年得志，所以，曾国藩认为，"眉主早成"。

胡须近水，故下长而宜垂。一般胡须丰润的人身体健康，精力旺盛，意志力常常也很坚定，工作起来很得心应手。这种人经过日积月累，到了中晚年，事业往往会有所成。

人的眉毛、胡须都只是人体毛发这个整体中的一个部分。既然是整体中的各个部分，那就应该相顾相称，均衡和谐。眉虽主早成，仍要胡须丰美，否则难以为继。再说，眉强须弱，毕竟有失均称，面相便不和谐。"其貌不扬"就这样形成了。胡须虽主一个人的老来运气，但还是需要得到眉毛的照应。不然，就如同久旱的秧苗，迟迟才有雨露浇灌滋润，其果实也不会圆满。总之，阴阳须和谐，须眉要相称，古人相诀中所谓"五三、六三、七三，水星罗计要相参"，就是这个意思。

卧蚕眉

"紫面无须自贵，暴腮缺须亦荣"。"紫面"之人是属于金形人带火相，因金的颜色是白的，火的颜色是红的，紫色则是火炼之金，这是宝色。本书《刚柔》篇也认为："金而合火，乃逆而合，其贵非常"。因此，曾国藩才认为"紫面无须自贵"。再从现实生活以及生理学的角度来看，"紫面"者一般气血充沛、性情刚烈，从事某项事业往往有成，并因此而"贵"。腮为口的外辅，口为水星，腮自然也属水，暴腮之人，水必有余。从前面的论述可以知道：水多者，"贵"。所以，暴腮之人即使胡须稀少不全，也当富贵。

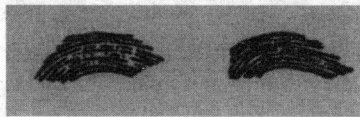

虎眉

卧蚕眉、虎眉

须眉是人体毛发的一部分，头发，如同山脉上有草木。草木茂盛，那么山脉就会被遮掩，如同山野的植被。因此，头发要细软、稠密、短、黑亮、清秀、温馨，这是贵人之相。发色焦黄的人，多带妨克。发色赤红的人，多遭灾难。头发粗硬并且散乱的人，生性刚烈，喜欢独来独往。头发稠密而气味臭的人，命运多舛，一生贫贱。头发卷曲并且散乱的人，生性狡诈，一生贫苦。发际低的人贫贱。发际较高者，秉性温和。后脑发际较高，此人性格怪僻狠毒。因此，耳边没

国学经典文库

有鬓发，其人，心怀毒计。发际侵眉乱额，其人一生多灾难。鬓发粗硬、稀疏，其人财富不多，仅能糊口。

眉须之美在于眉与须相称相合。

相的相称与相合，是就静态形相论形体组织结构成败的原则，这一原则有两个内容：相称原则，相合原则。

相称，指形体各部位之间相互顾盼，相互协调，显得匀称、均衡，使整个形体呈现出完美之相。相称为有成之相，反之则为无成之相。相合，指合五行形局，若合五行形局则为上相，反之则为下相。《五行形相》称："金不嫌方，木不嫌瘦，水不嫌肥，土不嫌矮"等，均合五行形局，为上相。

《灵山秘叶》云："口上曰髭，口下曰须，在颐曰胡，在颊曰髯"。多者不欲丛杂，少者不欲焦萎。

胡须不管多与少，都必和眉毛相称。也就是眉毛多的话，胡须也要多，眉毛少的话，胡须也要少。只有这样，才称得上是佳相。为什么胡须的多或少，"须相"的有成与无成，和眉毛的关系这么大呢？因为眉毛和胡须对于人来讲，属于同类，都是人体的毛发，此其一也；胡须和眉毛同位于人的脸部，都是面部的重要组成部分（当然是专指男性），此其二也；第三则是取其水火既济或水火未济之义，也就是胡须和眉毛相称为既济，不相称为未济，既济是上相，未济是下相。

多者要"清"，"清"就是清秀、清朗、清雅、清爽，就是不浊、不乱、不俗、不丑。要"疏"，"疏"就是疏落、疏散、

清代著名文人俞理初画像，
他的眉毛极富特色

疏朗，就是不丛杂、不淤塞。要"缩"，"缩"就是弯曲得当，不直、不硬。要"参差不齐"，就是有长有短，长短配合得当，错落有致，不要整齐划一，截如板刷。这种多而清、疏、缩、参差不齐的须相，不管眉毛的多或少，都能和眉毛相称。若眉毛多，这种须相可与之形成一定的反差，若眉"少"，这种须相则可从"神"上与之协调一致。因此，曾国藩说，"多者，宜清、宜疏、宜缩、宜参差不齐"。

"少者"要"光"，"光"就是不枯、不涩，就是润泽、光亮。要"健"，"健"就是不萎、不弱、不寒不薄，就是要刚劲、康健、坚挺。要"圆"，"圆"就是不呆、不滞、不死板，就是要圆润、生动、飘然。要"有情照顾"，"有情照顾"就是与眉毛、头发相称，与五岳四渎相称就是有照应，不孤独。

对"多者"和"少者"提出的"四宜"要求，其依据和标准就是相称原则。

眉相的四个条件就是弯长有势，昂扬有神，疏爽有气，秀润有光，其中的弯长、昂扬、疏爽、秀润是因主体的不同而提出的具体要求和标准。也就是说：眉毛长要"弯长"，眉毛短要"昂扬"，眉毛浓要"疏爽"，眉毛淡要"秀润"，而"有势、有神、有气、有光"则是对于各类主体——也就是各种各样的眉毛的共同要求和通行标准。

"卷如螺纹"，指人的须相如同大江大河奔腾之势，在转弯或汇合处激起之漩涡，即象其势，如此须相主人高瞻远瞩、心胸宽大、胆识过人，所以说其人"聪明豁达"。

"长如解索"，是指人的须相如同破挽之绳索身多小曲，即象其形。有如此须相之人爱美好色、风流倜傥却不淫乱、不乱性，所以说其人"风流显荣"。

"劲如张戟"，是指须相如两军对阵时的剑拔戟张之气势，有这种须相的人，有魄力、有胆识、有作为，必能成大器，所以说这样的人"位高权重"。

"亮若银条"，是指须相如生命初成，生命力旺盛，气色润朗，一片生机，即象其气。这样的须相，主人文秀多才，超凡脱俗，所以说其人"早登廊庙"。

"紫须剑眉，声音洪壮"，这样的配合叫金形得金局。"蓬然虬乱，尝见耳后"，是气宇轩昂，威德兼具之相。此二者本为佳相，如能配以清奇的神和骨，乱世可成霸才，治世能为良相。

【经典实例】

楚平王信谗言欲诛太子

《史记·伍子胥列传》卷六十六中记载：

　　楚平王有太子名曰建，使伍奢为太傅，费无忌为少傅。无忌不忠于太子建。平王使无忌为太子取（娶）妇于秦，秦女好，无忌驰归报平王曰："秦女绝美，王可自取，而更为太子取妇。"平王遂自取秦女而绝爱幸之，生子轸。更为太子取妇。无忌既以秦女自媚于平王，因去太子而事平王。恐一旦平王卒而太子立，杀己，乃因谗太子建。建母，蔡女也，无宠于平王。平王稍益疏建，使建守城父，备边兵。顷之，无忌又日夜言太子短于王曰："太子以秦女之故，不能无怨望，愿王少自备也。自太子居城父，将兵，外交诸侯，且欲入为乱矣。"平王乃召其太傅伍奢考问之。伍奢知无忌谗太子于平王，因曰："王独奈何以谗贼小臣疏骨肉之亲乎？"无忌曰："王今不制，其事成矣。王且见擒。"于是平王怒，囚伍奢，而使城父司马奋扬往杀太子。行未至，奋扬使人先告太子："太子急去，不然将诛。"太子建亡奔宋。

这段话的意思就是说，楚平王的太子名叫建，平王让伍奢任太子太傅，费无忌任太子少傅。但是，费无忌并不忠于太子建。楚王派费无忌去秦国为太子建迎

亲，见到这位秦国女子容貌美丽，无忌就快马加鞭回国报告平王说："这位秦国女子漂亮无比，大王您可以自己娶过来，再另给太子娶一位。"于是，楚平王就自己娶了这位秦国女子，对她极为宠爱，并生下儿子叫轸。又另外给太子建娶了一个女子。费无忌通过迎娶秦女的事讨得了楚王的喜欢，因此索性离开太子，改为侍奉楚平王。但是，费无忌又担心有一天平王去世后，太子建即位后会杀掉自己，于是就借机向平王说太子的坏话。太子建的母亲，本是蔡侯之女，得不到平王的宠爱。楚平王逐渐疏远太子，派太子建戍守城父，以防备边境有兵事。不久，无忌又没完没了地对平王说太子的坏话："太子因为那位秦国女子的缘故，不可能不埋怨，希望大王您要有所准备。自从太子居于城父，统率军队，在外广交各位诸侯，并且想要引兵入国都叛乱。"楚平王听后便召来太子太傅伍奢讯问。伍奢知道费无忌向平王说了太子的坏话，就说："大王干嘛非要信任谗佞小人而疏远自己的骨肉至亲呢？"费无忌对楚平王说："大王现在不制止他们，他们的事就要成功啦。那时，大王也要被他们抓起来。"楚平王听了大怒，便将伍奢囚禁起来，又派城父司马奋扬前去杀太子。奋扬奉命前往，还没有到达城父，先派人报信给太子建说："请太子赶紧逃走，否则就要被诛杀。"于是，太子建便逃往宋国避难。

太子建戍守城父，并无反叛之意。而楚平王听信费无忌的谗言，认为太子建要引兵入国都叛乱，遂派人去将太子建杀死，致使太子建逃往他国。

费无忌谗言害伍奢

在《史记·伍子胥列传》卷六十六中，记载了费无忌谗言害伍奢的史实。如下：

> 无忌言于平王曰："伍奢有二子，皆贤，不诛且为楚忧。可以其父质而召之，不然且为楚患。"王使使谓伍奢曰："能致汝二子则生，不能则死。"伍奢曰："尚为人仁，呼必来。员为人刚戾忍诟，能成大事，彼见来之并擒，其势必不来。"王不听，使人召二子曰："来，吾生汝父，不来，今杀奢也。"伍尚欲往，员曰："楚之召我兄弟，非欲以生我父也，恐有脱者后生患，故以父为质，诈召二子。二子到，则父子俱死。何益父之死？往而令仇不得报耳。不如奔他国，借力以雪父之耻，俱灭，无为也。"伍尚曰："我知往终不能全父命。然恨父召我以求生而不往，后不能雪耻，终为天下笑耳。"谓员："可去矣！汝能报杀父之仇，我将归死。"尚既就执，使者捕伍胥。伍胥贯弓执矢向使者，使者不敢进，伍胥遂亡，闻太子建之在宋，往从之。奢闻子胥之亡也，曰："楚国君臣且苦兵矣。"伍尚至楚，楚并杀奢与尚也。

　　这段话的意思就是说，费无忌对楚平王说："伍奢有两个儿子，都是德才兼备，不把他们杀了将是楚国的隐忧。可以用他们的父亲伍奢作人质，召唤他们前来。不这样做，他们将是楚国的灾祸。"（楚平王因太子建事，早已将伍奢囚禁起来）因此，楚平王便派人去对伍奢说："你如果能招来你的两个儿子，你就能够活命。如果做不到，就得把你杀掉。"伍奢说："长子伍尚为人仁厚，我召唤他，他一定会来。次子伍员（伍子胥）为人刚毅凶暴，能忍受耻辱，是能成就大事的人。他看到来后全家都会被抓起来，是肯定不会来的。"楚王不听伍奢的话，派人征召伍家两公子："应召前来国都，我就让你们的父亲活下去，你们不来，现在我就杀掉伍奢！"伍尚想要前往国都，伍员对他说："楚君召你我兄弟前往，并不是为了要放父亲一条生路，而是惧怕咱们逃出去后会生出祸患，所以才拿老父作人质，诈称召见咱俩。咱们兄弟二人一到都城，则父子一起送命。就算赔上咱们兄弟二人，对于老父的死又有什么好处呢？应召前去的话，父亲的大仇也就不能报了。不如逃往他国，借别国的力量来洗刷父亲的耻辱。现在全家死在一起是没有意义的。"伍尚说："我也清楚我们去了不能保全父亲的性命。但我担心的是，父亲召唤我等前去以求得活命的机会，我等拒不前往，将来不能为父亲洗刷耻辱，最终受到天下人的耻笑。"最后，伍尚对伍员说："你可以离开此地了。你是能够报杀父之仇的，我到楚都去受死。"伍尚已经投案被捕，使者又追捕伍子胥。伍子胥张弓搭箭对着使者，使者不敢往前走，伍子胥得以逃亡。他听说太子建在宋国，就赶去投奔。伍奢听到伍子胥逃亡的消息说道："楚国君臣上下要尝到战争的苦头啦！"伍尚被押到楚都，楚平王将伍奢、伍尚一起杀掉了。

　　伍奢和他的两个儿子都是人才，楚平王不但不用，反而听信谗言，想尽办法将其杀掉，真是让人心寒，如此这样政权怎能巩固，事业怎能发展，国家怎能振兴，社会怎能进步？奸佞小人只能奴颜媚骨，取悦上司，贪赃枉法，陷害忠良，从政者必须清醒地认识到这一点，千万不能学那楚平王，做出让仇者快亲者痛的事来。

吴王亡于不分良莠

　　春秋后期，在长江下游崛起了两个国家，一个是吴国，一个是越国。当时，吴国比较强盛，越国比较弱小。

　　吴王阖闾（前514~前496年在位）在位时，曾与越王勾践战于槜李，被越王勾践打败受重伤而死。夫差（吴王阖闾之子，春秋末吴国国君，前495~前472年在位，姓姬，名夫差，即太子夫差）即位后，不忘父仇，以报越为志。吴王夫差二年（前494），吴国与越国再次交战，吴王夫差在伍子胥的辅佐下，大败越国。越王勾践（春秋末越国国君，前496~前465年在位）便派文种去吴国求和，并表示愿意接受称臣为奴的屈辱条件。这时，吴国大臣伍子胥（春秋末吴

国大臣，姓伍，名员，楚国人，其家世为楚臣，他和他父亲伍奢、兄伍尚均仕于楚。楚平王杀了他的父兄，他逃到吴国，事吴王阖闾为行人，与谋国事）就向吴王夫差提出了要"乘胜灭越，以除后患"的建议，遂使夫差拒绝了文种议和的请求。过了不长时间，勾践又派文种以美女和金银珠宝贿赂吴国大臣伯嚭（吴王夫差时任太宰，故称太宰嚭，原为楚国人，为楚大夫伯州犁之孙。为人谄佞，巧于逢迎，极受夫差宠信），使伯嚭答应力劝吴王夫差应允勾践求和。伯嚭给吴王夫差出主意说："越王求降，愿意做你的臣子，你饶恕了他，得到了他的珍宝，对我们国家是有利的。不然打起仗来，要付出多大的代价啊！"对于伯嚭主张求

吴王夫差盉　春秋

和之事，伍子胥坚决予以反对，同时向夫差提出了一个相反的意见，他说："俗话说得好，'治病要除根'，吴越两国，南北相邻，互相攻战，势不两立。勾践是个有深谋远虑的国君，范蠡、文种都是精明强干的谋臣，他们一旦回到越国，就要准备报仇雪耻，现在不趁机灭掉他们，将来是一定要后悔的！"吴王夫差最终采纳了伯嚭的谗言，答应同越国议和，从而丧失了进攻的良机。对于伍子胥的忠告，吴王夫差不仅不听，反而怀疑他私通外国。所以，吴王夫差便赐给他属镂之剑要他自刭而死。伍子胥临死之前告诉舍人，他死后要抉其眼悬于东城门，以观越军之人灭吴国。

吴国撤兵之后，勾践便到吴国履行投降后所接受的屈辱条件，三年后被释放回国。勾践回国后，经过"十年生聚，十年教训"的艰苦奋斗，卧薪尝胆，最后终于灭掉了吴国。

此时，吴王夫差也派使者去向勾践求和，但被勾践所拒绝。吴王夫差后悔当初听信伯嚭谗言，而把伍子胥的逆耳忠言置之脑后，最终导致失败，非常羞愧，自杀身亡。

赵王信谗杀李牧

在《战国策·秦策五》中，记载了赵王信谗杀李牧的史实。摘录如下：

司空马去赵，渡平原。平原津令郭遗劳而问："秦兵下赵，上客从赵来，赵事何如？"司空马言其为赵王计而弗用，赵必亡。平原令曰："以上客料之，赵何时亡？"司空马曰："赵将武安君（李牧），期年而

亡；若杀武安君，不过半年。赵王之臣有韩仓者，以曲合于赵王，其交甚亲，其为人疾贤妒功臣。今国危亡，王必用其言，武安君必死。"韩仓果恶之，王使人代。武安君至，使韩仓数之曰："将军战胜，王觞将军。将军为寿于前而捍匕首，当死。"武安君曰："缲（李牧）病钩，身大臂短，不能及地，起居不敬。恐惧死罪于前，故使工人为木材以接手。上若不信，缲请以出示。"出之袖中，以示韩仓，状如振梱，缠之以布。"愿公入明之。"韩仓曰："受命于王，赐将军死，不赦。臣不敢言。"武安君北面再拜赐死，缩剑将自诛，乃曰："人臣不得自杀宫中。"过司马门。趣（趋）甚疾，出诹门也。右举剑将自诛，臂短不能及，衔剑征之于柱以自刺。武安君死。五月赵亡。

　　这段话的意思就是说，司空马离开赵国，从平原渡黄河。平原津令郭遗去慰劳他，并向他问道："秦军攻赵，尊客您从赵国来，赵国的情况怎么样了？"司空马说："赵王不用贤才，不纳忠言，我曾为赵王出谋划策却都不被采纳，因此赵必将亡国。"平原津令问："依尊客您估计，赵国会在什么时候灭亡呢？"司空马说："赵国如果任用武安君李牧为将，可以坚持一年，最终也要被灭掉。如果赵国现在杀了武安君，那连半年也挺不住。赵王的臣下有个叫韩仓的，以阿谀奉承迎合赵王，与赵王关系极其亲密。而他的为人则是嫉妒那些贤能之人和有功之臣。现在国家危亡，赵王一定会听从韩仓的话，武安君一定会因此而丧命。"不出司空马所料，韩仓果然说武安君李牧的坏话，于是赵王听信了韩仓之言，派人去代替李牧为将。李牧回到赵国都城，赵王派韩仓去见李牧，并列举他的罪状说："有一次将军您打了胜仗，国王亲自举杯向您敬酒。将军您上前向国王敬酒祝寿时身上还隐藏着短剑，依法这是死罪。"李牧说："我患有拘挛病，身材虽然高大而手臂短缩，手够不着地，故礼仪不周而失敬。我恐怕因此获罪，所以让工匠做了木杖接在手上。国君如果不相信，请允许我以接手杖出示。"李牧把那假肢从袖中亮出来给韩仓看，那样子就像木杖、门槛之类，用布缠着。李牧又说："希望您入宫到大王面前说明这一情况。"韩仓说："我从国王那里接受命令，赐给将军您的只有一死，不得赦宥。我可不敢入宫对国王讲那些事。"李牧面对北方拜了又拜，感激国君"赐死"之恩，然后抽出剑来要自杀，又说："为人臣子的不能在王宫中自杀。"李牧出司马门，脚步走得很急。出了诹门，右手举起剑来要自杀，因为手臂短，够不着。李牧就口衔利剑插入屋柱来刺伤自己。李牧死后，过了五个月赵国就被秦国灭亡了。

　　武安君李牧，生年不详，卒于公元前228年，是当时赵国的名将。长期驻守赵国北部，甚得军心，曾经大破匈奴，灭襜褴，破东胡，降林胡。赵王迁三年又大败秦军，以功封武安君，是赵国难得的人才。有李牧在，外敌不敢入侵赵国，秦灭赵也将颇费周折。然而赵王迁却不信任他，而是听信谗言，中了秦军的反间

之计，将他杀害。最后赵国终被秦灭，赵王迁也当了秦国的俘虏。赵王迁的做法实在令人可悲。

袁绍用人良莠不分

袁绍是东汉末年众多诸侯中一个比较复杂的人物。他在前、中期的军事活动中，尚且能够礼贤下士，因而成为一个据地四州、拥兵数十万的强大诸侯。在当时动荡纷乱的年代，袁绍虽算不上一个旋转乾坤的英雄，但也是一个对当时政局发生过重大影响的风云人物。但是，到了后来，袁绍却在用人问题上良莠不分，任人唯亲，正如郭嘉所言，"绍外宽内忌，所任多亲戚"。陈寿在《三国志》袁绍本传赞语中说："好谋无决，有才而不能用，闻善而不能纳。"

在袁绍手下，有一个足智多谋的将领叫沮授。袁绍能在当年据地四州，拥兵数十万，在很大程度上是沮授的功劳。沮授有一个难能可贵的品质，就是敢于据理直谏，一而再，再而三，甚至再三再四。开始，袁绍听从沮授的计策和劝谏，但是到了后来，袁绍对沮授逐渐产生了反感，不但对他的许多正确主张一概不听，并且还一次又一次地剥夺沮授的兵权。即使如此，沮授仍然非常忠诚于袁绍。据《三国志》记载，袁绍和曹操在官渡交战，被曹操打败，曹军俘虏了沮授，将其押见曹操时大呼："授不降也，为军所机耳！""若蒙公灵，速死为福。"曹操见状感叹万分说："孤早相见，天下不足虑。"曹操不杀沮授，反而厚待于他，但是沮授毫不动心，只想着回到袁绍身边，最后终于被曹操杀死。袁绍帐下，有一谋士田丰，其人才华出众，袁绍曾经按照田丰的计策消灭了公孙瓒。后来，当袁绍决定攻打曹操时，田丰极力反对。他指出，曹操善于用兵，变化无常，虽然兵少，但却不可轻视，不如与其相持，……这样不到两年，便可战胜曹操。如果放弃这一胜策，非要毕其功于一役，一旦失败，悔之晚矣。实践证明，田丰的分析与意见是完全正确的。但是袁绍不予理会，田丰又谏，

牛形灯 东汉

袁绍非常愤怒，认为田丰是在动摇军心，便罚以械刑，并将其关押起来。官渡一战，袁绍果然被曹军打败。袁绍回来后，怕被田丰耻笑，便将其杀死。再如张

邻，勇猛无比，又有计谋，才智过人。但是，袁绍非但不能重用他，而且听信郭图等人的谗言，不予信任，因此，田丰被逼得投奔了曹操，成了曹操的得力战将，为曹魏天下立下了汗马功劳。

袁绍不用良才，必用奴才、蠢才。他对那些曲意奉承自己，实则又无真才实学的人言听计从，十分信任，授以大权。郭图、逢纪、审配等人几乎从来没有直言上谏过，只会阿谀奉承，事实也多次证明他们的主张并不符合客观实际。但是，袁绍对于他们的过错不但不追究治罪，反而屡屡委以重任。这样一来，袁绍身边的人才，大多背离而去投靠他人。荀彧本来慕名投奔袁绍，但经过一段时间的观察，他看出袁绍只是布衣之雄，于是便投奔曹操，被任为司马。郭嘉也是先投奔于袁绍帐下，后因袁绍不会用人，便弃袁而投奔于曹操，受到曹操的重用，任为司空府军师祭酒。

袁绍虽然也曾有过兵多将广、独占一方的辉煌时期，但终因不会用人，而导致最后被弱小于他的曹操所打败。所以曹操耻笑袁绍说："此乃外强中干之辈，关键之时举棋不定，优柔寡断，也不足一顾。"

袁绍这一历史人物，其所作所为，实为庸人之举，他的失败结局，为历史增添了笑柄。

李存勖用人不当败亡

唐朝被推翻以后，中国历史经历了五代十国的大分裂、大动荡时期，其中五代的第二个王朝——后唐是由唐庄宗李存勖创建的。李存勖，生于885年，卒于926年，他出生在一个西突厥内迁的沙陀贵族家中，因其父李克用曾经带兵帮助唐王朝打退过黄巢农民起义军，所以被唐政府赐予国姓。后梁开平二年（908）正月，李克用死，李存勖继承晋王王位（唐昭宗乾宁二年，即895年，李克用被唐朝封为晋王）。后来，李存勖在吞燕灭梁等一系列战争中前后驰骋达15年之久，堪称英雄将才，然而，不过三年时间，他却变成了内外叛离、置身无所的独夫民贼。

李存勖是靠军人的帮助登上皇帝宝座的，但是，他掌权以后，却对帮助他夺取政权的功臣用而不信，忌杀无辜。这些成了他败亡的直接原因。早在后梁贞明二年（916），李存勖和梁军在河北决战的时候，梁将率兵3万袭击晋阳城，想一举占有晋的后方。当时，晋阳守兵很少，留守张承业不得不征发城中所有的人来抵抗梁军，形势异常危急。已经退休的老将安金全自告奋勇，率本家及其退休将领家的子弟数百人出城奋战，将梁军打退，保住了晋王的根据地，而李存勖不仅不予奖赏，反而埋怨安金全出战不是奉自己的命令而擅自行动。

同光三年（925）李存勖为了摆脱国内财源枯竭的困境，发动了对前蜀的战争，以便据有富有的四川，掠夺更多的财富。当时，李存勖任长子李继岌为西南行营都统，谋臣郭崇韬为都招讨使，派兵6万攻蜀。由于前蜀君臣昏庸，将帅怯

弱，再加上郭崇韬指挥有方，后唐兵长驱直入，如入无人之境，前后不到70余天，就灭亡了前蜀，掳获兵士、财宝不可胜计。

郭崇韬在后唐的大臣中，是最忠直廉洁和有见识的一个。是他力排众议，再三建议李存勖不失时机地进行了灭梁的战争，功勋卓著。因此，他看不惯李存勖身边为非作歹的宦官，在西征途中，他曾对皇子李继岌提出将来要把宦官清除出去的建议。因此，宦官对他恨之入骨。郭崇韬入蜀以后，为了安定人心，到处招抚兵将，出榜安民，于是前蜀降将们竞相称赞郭崇韬。李继岌年幼无知，他见郭崇韬很得人心，就听信宦官的话，怀疑郭崇韬存有企图。李存勖征发蜀中财物，查看府库账本，认为所得财物太少，非常生气。在洛阳的宦官乘机造谣说："那里的财宝都被郭宗韬霸占了，他招降纳叛，笼络人心，是想谋反啊！"李存勖半信半疑，宦官们就暗地里说服刘皇后，让她下了一道密诏，指示李继岌在成都杀死了郭崇韬父子。

郭崇韬冤死后，愚蠢的李存勖又听信伶人景进说的"当正师进川之时，朱有谦以为讨己，有拒命之意，如不除掉他，必有后患"的谗言，杀了朱有谦的全家。朱友谦是素有威望的有功大臣，李存勖曾经亲自对他说过"成吾大业者，公之力也"的赞词。朱友谦被杀之后，功臣宿将莫不寒心，从此兵变接连发生。

同光四年（926）春，伐蜀有功的骁将康延孝率先起兵反叛李存勖。他以为郭崇韬复仇为口号，使战火蔓延两川。接着，邢州（今河北邢台）军将赵太也起兵反叛。继而贝州（今河北南宫市东南）以及李嗣源率领的兵士都纷纷反叛李存勖。

李存勖闻变，惊恐万状。这时才想起收买军心，但为时已晚，兵将士卒毫不感激。李存勖只得退回洛阳。当退到蒙阳时，将士已逃亡过半。刚到洛阳，就遭到了郭从谦率领的军队的袭击，李存勖在乱兵中被流矢射中身死。

闵帝疑忌大臣遭厄运

后唐长兴四年（933）十一月，后唐明宗皇帝李嗣源驾崩，十二月一日，他的第三个儿子李从厚继承帝位，是为闵帝。

李从厚，小名菩萨奴，出生于915年，卒于934年。后唐长兴四年（933）十一月，明宗李嗣源临死前，派人将李从厚从天雄召回（当时任天雄节度使，封宋王）继承了帝位。他即位后，一直把潞王李从珂和石敬瑭当成眼中钉。因为李从珂是明宗李嗣源的养子，但是他作战勇敢，屡立战功，因此被明宗封为潞王，任凤翔节度使。闵帝李从厚一直对潞王李从珂放心不下，担心他起来造反，夺取皇位。因此，他把李从珂的儿子李重吉从朝中调到亳州任团练使，把李从珂一个已经削发出家当尼姑的女儿召进宫中作人质。就是这样，李从厚还是不放心，又将李从珂改镇河东，将河东节度使石敬瑭改镇成德，将成德节度使范延光改镇天雄，让自己的堂兄弟李从璋调任凤翔，接替李从珂的节度使职务。对此，李从珂

心里非常恼怒，在部下的鼓动下，于是便拒绝朝廷命令，起兵造反。闵帝李从厚急忙派兵前去镇压。后唐长兴五年（934）三月，朝廷军队兵临凤翔城下，潞王情况危急，正在这时，朝廷军中羽林指挥使、偏将杨思权突然反戈，率众投降潞王李从珂。李从珂于是便重整旗鼓，率领兵马直接攻打洛阳。不久，李从珂率军攻打并夺取了陕州。闵帝听说陕州失守，便打算逃到魏州，召见孟汉琼，让其去

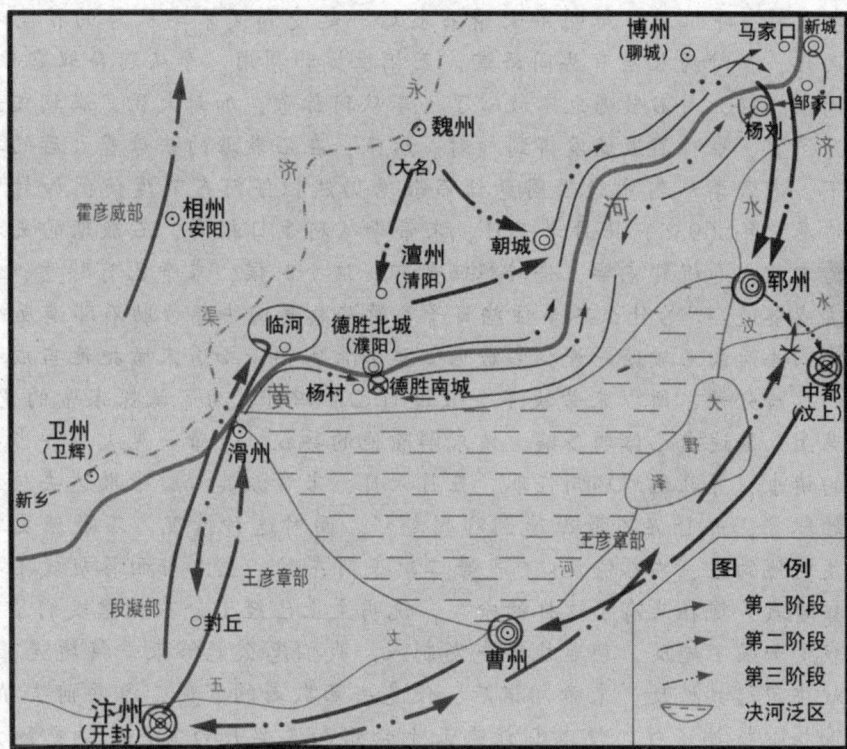

后唐灭后梁之战示意图

魏州安置。但是，孟汉琼不应召命，闵帝只好只身匹马逃出洛阳，奔向魏州。四月一日，闵帝到达卫州（今河南汲县）时，遇见石敬瑭，认为得救，于是没有再去魏州。石敬瑭原来也和潞王李从珂一样，是被闵帝不相信的将领之一，现在看见闵帝单身逃来，便把他安置在驿馆之中，自己却率军向洛阳进发，与李从珂会合。四月四日，李从珂进入洛阳，六日即皇帝位，是为末帝。末帝废闵帝李从厚为鄂王，派王弘贽将驿馆迁至卫州州署。九日，末帝派王弘贽的儿子王峦用药酒去杀闵帝。闵帝知是药酒不肯喝，王峦就用绳子将闵帝活活地勒死了。闵帝死时年仅二十一岁，在位仅有四个月。

李从珂排挤石敬瑭致亡国

后唐末帝李从珂，是后唐明宗李嗣源的养子，出生于886年，卒于936年，他本姓王，镇州（今河北正定）人，出身微贱，后为明宗为将时所掠，收为养子。

李从珂在即位前，与明宗女婿石敬瑭一起受到闵帝李从厚的猜忌和排挤，因此，当时两人还有共同语言，互相拉拢和利用。李从珂夺取皇位后，又同闵帝一样，对石敬瑭也不放心了。李从珂称帝，加封大臣，满朝文武大臣都升了官，唯独石敬瑭没得到加封。后来，在石敬瑭的岳母曹太后的再三劝说下，末帝李从珂才勉强同意让石敬瑭仍然担任河东节度使，加封中书令。清泰三年（936）正月十三日，末帝李从珂生日祝寿，石敬瑭的夫人长公主为末帝上寿祝贺完毕，告辞想回晋阳。这个时候，末帝已有醉意，便对长公主戏耍道："为什么不多住些日子？莫非急着回去想帮助石郎造反吗？"长公主回去后向石敬瑭一说，石敬瑭心里非常害怕，知道末帝把他当成企图篡权的危险分子，所以末帝决不会放过自己。四月，为了试探末帝的意图，石敬瑭上表陈述自己体弱多病，请求解除他的兵权。末帝一见大喜，当即同意他的请求，并让他到郓州任职。五月六日，末帝派其心腹张敬达去接替石敬瑭的职务，并督促石敬瑭速到郓州赴任。面对这种情况，石敬瑭更加恐慌，便对他的左、右幕僚说："我等二次来河东时，主上当面答应我不再派人来接替我，现在又有了这样的命令，说明主上已经十分不相信我们了，如此，我们如果不造反，朝廷就要先发制人。我们怎么能够束手待毙呢？"遂后，就决定起兵造反。末帝闻讯后，便免去石敬瑭的官爵，派兵前去镇压。石敬瑭担心抵挡不住，便以割让幽云十六州和尊契丹为父、岁纳贡赋为条件，请求契丹出兵相助抵抗末帝李从珂的军队。契丹主耶律德光满口答应，立即出兵帮助石敬瑭解了晋阳之围。石敬瑭在契丹的扶持下，于十一月十三日在晋阳即位。随后，石敬瑭率军南下，直逼洛阳。十一月二十六日，后唐末帝李从珂见大势已去，便与曹太后、刘皇后、雍王李重美等携带传国玉玺登上宣武楼自焚。末帝李从珂时年五十二岁。至此，后唐灭亡。

刘承祐诛臣杀身

五代后汉皇帝刘承祐，是高祖刘知远的第三个儿子，出生于923年，卒于950年。高祖在位时，曾受封周王。乾祐元年（948）正月，高祖刘知远去世，时年十八岁的刘承祐即位，是为隐帝。

隐帝刘承祐即位后，用枢密使、右仆射、同平章事杨邠总理机要政务；枢密使兼侍中郭威主持征战；归德节度使、侍卫亲军都指挥使兼中书令史弘肇典领京城警卫；三司、同平章事王章掌管财政。所起用的这四位大臣各尽职守，忠于朝

廷，使得国家基本安定，富有生机。然而，隐帝随着年龄的增长，越来越认为这四位大臣对他约束太多，十分不自由，便逐渐产生不满情绪。隐帝刘承祐非常轻佻荒淫，不理朝政，他每次听完音乐之后，便赏赐给乐官们锦袍、玉带。史弘肇听说后，非常气愤地对隐帝说："将士们守卫边疆，殊死苦战，尚且没有赏赐这些东西，乐官这些人有何功劳？竟然得到锦袍玉带！"随后全部没收归入官府。另外，隐帝想立他所宠爱的耿夫人为后，杨邠认为立后太早；后来，耿夫人去世，隐帝又想用皇后之礼安葬，杨邠认为不可；隐帝想把自己左右的宠臣都加重用，太后的亲戚也想参与政事，杨邠一一都加以裁减抑制。所有这些，都使隐帝感到十分不愉快，因此便产生诛杀诸臣之意。加上隐帝左右宠臣对这四位顾命大臣十分憎恨，经常向隐帝进谗诬告，说道："杨邠等人专横跋扈，肆无忌惮，经常挟制陛下，这样下去，最终定会犯上作乱。"奸臣谗言正中隐帝下怀，于是隐帝便与宠臣李业、聂文进、石匡赞、郭允明谋划诛杀杨邠等人的计策。

乾祐三年（950）十一月十一日早晨，杨邠等毫无防备，照例上朝。几十名武士突然从广政殿冲出，将杨邠、史弘肇、王章三位大臣杀死。尔后，聂文进立即召集文武百官，宣布隐帝旨意说："杨邠等人密谋造反，现已服罪处决，特与诸位共同庆贺。"随后，隐帝又派人去杀死郭威的亲属。这时，郭威任天雄节度使，听到朝中变故，知道已无生路，只好以清君侧的名义举兵反叛，南下攻打汴京。隐帝不甘示弱，亲自督军出城与郭威决战。然而刚一交手，隐帝将士便四散奔逃。隐帝一见不妙，急忙逃回汴京城下，但是守城的开封府尹刘铢却拒不开城。隐帝无奈，只好向西北方向逃窜。此时，跟随他一起逃亡的宠臣郭久明，见隐帝大势已去，想以杀死隐帝的功劳投顺郭威，便趁隐帝不备，上去一刀将隐帝捅死，时隐帝年21岁，在位仅3年。

袁崇焕遭诬陷至死

在《明史》《明史纪事本末》等书中，记载了明末抗金名将、杰出的军事家和民族英雄袁崇焕不被信任而惨遭迫害的事件。袁崇焕，祖籍广东东莞人，生于1584年，卒于1630年。

万历四十八年（1620）七月，明神宗、光宗先后去世，幼子朱由校即位。当时，大明帝国犹如残阳西下，整个国家机器运转不灵，官僚之间的党派之争愈演愈烈。文武群臣口头上讲的是忠心为国，实际上关心的是一己之利。人人都高谈阔论，看起来才华横溢，但谁也不做实际工作。懈怠、麻痹、自私、虚伪、昏庸、愚昧、贪婪、钩心斗角成了这群官僚的共性。庞大的帝国像一个垂死的老人一样四肢麻痹，行动不便，指挥失灵。吏治腐败到了极点，贿赂公行，行政效率低下，整个官僚机器基本陷于瘫痪。国家的财政经过魏忠贤时期的破坏已经濒临绝境。另外，后金努尔哈赤趁机发动攻势，明朝守将或死或逃，关外沦陷。

这个时期，袁崇焕正在京城接受政绩考核，他的成绩列为优等。御史侯恂慧眼识才，发现袁崇焕具有"英风伟略"，因而提出了破格提拔的建议，让其保卫

山海关。于是，袁崇焕被授兵部职分司主事，天启二年（1622）升任山东按察司金事、山海关金事，命其出关抗击敌人。

袁崇焕在出关前，首先拜访了曾经镇守辽东的熊廷弼，两人长时间地交谈，非常投机，行阵计策不谋而合。袁崇焕出关以后，看见难民背井离乡，妻离子散，生活苦不堪言。防御工事被破坏殆尽，将士灰心丧气。于是，袁崇焕便尽力安抚难民，安慰鼓励戍边将士；同时亲临前线考察，加紧修筑防御工事；撤换不得力的将领，擢拔冒死无畏之士委以重任。他号令严明，赏罚不殆，即使是自己的女婿犯法也与庶民同罪，自己无毫厘之差，因此深得军民信赖，士气非常高昂。

袁崇焕所以能够授命出关御敌，原是由兵部尚书、东阁大学士孙承宗力加推荐。当时，孙承宗亲督辽西军务，开创了辽西抗金的大好局面。但是，由于宦官魏忠贤在皇帝面前百般诋毁，几进谗言，使孙承宗失宠丢职。魏忠贤保荐他的同党高第到辽西督战，

袁崇焕像

高第贪生怕死，一到辽西，就命令袁崇焕向后撤退。袁崇焕在辽西修葺城池，演练兵马，筹划屯田，为表明战斗到底的决心，他将他的老母和妻子接到前沿。对于高第如此误国误军的行径，袁崇焕十分恼怒，他说："将在外，君命有所不受，更何况是你高第！我已立下军令状，死也死在疆场上，后撤是不可能的。"

高第一看明着来不能使袁崇焕就范，于是就在暗中操纵他的爪牙命令明军向后撤退，只留给袁崇焕一座宁远孤城和1000人马。袁崇焕一看大势已去，十分痛心，但他并没有因此而动摇他誓死守城、保卫大明江山的决心。手下将士也发誓血战到底。袁崇焕一面命令军民囤积粮食，修筑城池；一面烧毁城外房屋，使敌人失去粮草基地，找不到掩体；另外，他肃整内部，惩办叛徒和敌人侦探。袁崇焕站在瞭望台上，密切注视着敌人的动向。敌众我寡，他诱敌深入，待敌人逼近城墙时全力展开反攻，多次重创敌人，并使敌人主帅努尔哈赤受了重伤，被迫败退。

努尔哈赤死后，他的儿子皇太极继续攻打宁远。由于袁崇焕巧妙指挥，不但保住了宁远城，而且援助了其他明军。正当袁崇焕不断取胜，敌人惊恐万状的时候，昏庸无能的朝廷又撤换了他，把大片领土贡让给了后金。袁崇焕无奈只好请求解甲归田，回了广东老家。

崇祯元年（1628）七月，袁崇焕受召回到北京，十四日，崇祯帝朱由检在建极殿东面的高台上（俗称平台）召见了他。朱由检对袁崇焕抱着很大的期望，

便把复辽任务交给了他。袁崇焕求胜心切，全力正面对付敌人，然而，却不料敌人乘虚而入逼近北京。皇太极使用反间之计，使崇祯皇帝对袁崇焕产生疑心，魏忠贤死党也乘机诬陷袁崇焕企图叛明投金。对此，崇祯帝没有细查便信以为真。于是，将袁崇焕以卖国罪名打入天牢，不久就被处斩。就义那天，不明真相的市民竟雨点似的向他投以砖头石块。

袁崇焕在战场上力挫强敌，屡建奇功。然而崇祯帝却轻易听信敌人反间计，将袁崇焕凌迟处死，使其含冤于九泉之下。这实在是历史上的一大悲剧。

李秀成遭忌致死

洪秀全领导的太平天国起义军，有一名重要的将领和统帅，就是忠王李秀成。李秀成，广西藤县人，生于1823年，卒于1864年，早年参加拜上帝教，太平军金田起义后，举家入伍。李秀成是一位天才的军事家，为洪秀全的天朝立下了汗马功劳。

1853年太平天国定都南京后，杨秀清发现李秀成是一个具有卓越军事才能的人才，便把他举为右四军师，不久升为后四监军，继而升为殿右二十指挥、二十二检点、地官副丞相、地官正丞相、合天侯。

石达开离京出走后，李秀成被封为副掌率、合天义，与英王陈玉成共掌军政。后又升为后军主将。李秀成在执掌军政大权期间，与捻军相呼应，多次与清兵交战，解除了清兵对天京的围攻。1858年，李秀成与陈玉成部会师，进占浦口，再破清军江北大营。1860年5月，调集数路人马，又破清军江南大营，乘胜攻克丹阳、常州、无锡、苏州等地，直逼上海。后奉命西征，转战湖北，不久又回江浙一带，与清军及西方几国组织的"常胜军"作战，在敌强我弱的情况下，屡挫敌人，建立了奇功。

清廷湘军首领曾国藩是镇压太平天国起义的刽子手，他率领湘军屡犯天京，李秀成率部英勇抵抗湘军的侵犯，多次将其击败，并且直捣湘军老巢祁门。曾国藩一向坐镇指挥，从不上前线，在李秀成的强大攻势面前，不得不认真对待，亲自到阵前指挥。有一次，曾国藩认为祁门固守无望，便给妻子留下遗书，准备一死了之。

李秀成治军严格，所到之处，秋毫无犯。在他率部攻打苏州时，老百姓箪食壶浆，夹道欢迎，店铺民房门首都帖上红字标语。洪氏家族对于李秀成的威严十分惧怕，只要李秀成在京，洪氏家族便"不敢逼人，不敢强欺城中百姓，不敢欺逼官兵"。李秀成一旦离开京都，洪氏就"逢屋查过米银等物，任其挥霍"，使全城上下不得安宁。由于李秀成公正廉洁，秉公办事，奸佞之臣把他视为眼中钉，肉中刺，尤其洪氏家族的老幼千方百计在天王洪秀全面前诽谤中伤李秀成。洪秀全明知李秀成有治国治民安下天的卓越才能，却也对他猜忌嫉妒，不予信任，怕他拥权自重产生逆心，因此，对其百般限制，处处防范。

1862年，曾国藩、曾国荃兄弟在美、英、法组成的"常胜军"的支持下，

率领湘军倾巢而出，围攻南京。这时，李秀成正在奉贤、南江、川沙与中外反动派交战。因为天京形势吃紧，洪秀全便严诏催促李秀成率部回援天京。李秀成率部30万众，返京进攻围困天京的湘军。他的军队没带御冬寒衣，粮草供应断绝，但将士奋勇杀敌。洪秀全一方面命令李秀成冒雪前进，从长江上游解救南京，另一方面又从李秀成部调走部将，削弱他的力量。李秀成奉命前进，江浙留守部队却无人调度，陷于混乱状态。李秀成孤军奋战江北，竭尽全力攻敌石垒，坚持40余天，洪秀全不但不予支援，接济粮草，而是又将李秀成诏令回京，将其军队再行瓜分，致使李秀成部将士战死、病死、饿死及掉队者达10余万人。在形势极为不利的情况下，李秀成向洪秀全提出"让城别走"的建议，这在当时是一条求生之路，洪秀全却严厉拒绝，死也不放李秀成等冲出南京，使其只能固守危城，坐以待毙。

1864年7月天京陷落，李秀成护送幼主洪天贵福以数百骑乘夜色从太平门断墙缺口处突围向南逃走，途中被追兵冲散，幼主逃往湖州，李秀成藏匿民间。因奸人告密，被曾国荃捕获。曾国藩亲自审问李秀成，李秀成谈吐从容，毫无惧色。他要敌人给他纸笔，要写一份自述。自述分析了太平天国兴亡成败的原因，直陈天王及其主要决策者的过错。李秀成写完自述的当天夜里，即被"凌迟处死"，断了他复燃天国烟火的一线希望。

洪秀全疑忌部下酿悲剧

太平天国是中国历史上一次反对清朝封建统治和外国资本主义侵略的伟大农民战争，历时14年，纵横18省，其规模之大，时间之久，为中国农民起义之首。作为这次革命的主要发动、组织、指挥者——天王洪秀全（广东花都区人，生于1814年，卒于1864年），是中国近代史上最有影响的人物之一。

1851年1月11日，洪秀全领导拜上帝教会众在金田村宣告起义，建号"太平天国"，初聚会众约万人。次年3月攻陷南京，便建都于此，全军号称50万人。洪秀全从产生武装起义的念头到攻破南京自立为天王，前后不过5年，发展之迅速，影响之深远，攻势之猛烈，声势之浩大，都出乎常人所料。

洪秀全像

太平天国各路军马奋勇拼杀，南征北战，很快夺取了长江以南的半壁河山。这使清朝统治者和外国列强极度恐

慌,他们便互相勾结起来进行镇压。由于胜利,洪秀全冲昏了头脑,滋生骄傲情绪,逐渐失去检点,生活奢侈,迷信神鬼,放纵洪氏兄弟为非作歹。更有甚者,对于异姓将帅猜忌怀疑,极不信任。洪秀全把朝事托给中军主将、东王杨秀清主持,又怕杨秀清揽权自重,产生离异反叛之心,便暗中调右军主将北王韦昌辉回京辅政。韦昌辉率3000精兵入京后即受洪秀全的密诏残杀杨秀清及其全家。同时,对其部属大加屠戮。时隔两个月,韦昌辉也被诛杀。此时的太平天国,竟一时没有总理朝政之人。这就是发生在1856年9月在太平天国内部的"天京变乱"。

在这种情况下,天王洪秀全只好召翼王石达开回天京,合朝文武"同举翼王提理政务"。石达开文武兼备,又深得人们爱戴,完全能胜任众人之托。但是,洪秀全从天京变乱中吸取了一个错误的教训,就是"洪"姓以外的人都不可靠,不能信赖。于是,洪秀全一面让石达开总理朝政,另一方面又封其长兄洪仁发为安王、次兄洪仁达为福王,名曰与石达开共同处理政事,实际上是暗中对石达开加以钳制。安、福二王"又无才情,又无算计,一味古(固)执,认实开情",使得石达开左右受制。石达开是个性情刚直的人,自然受不了这种窝囊气,负气离开天京,带领10万太平军精锐走上单独抗清的道路。石达开沿路张贴告示,一方面声明"惟欺妖灭尽",表示要继续抗清,另一方面又说洪秀全"重重生疑忌,一笔难尽陈",表明了他出走的直接原因。

石达开出走以后,太平天国更加衰弱不堪。李秀成所回忆的"朝中无将,国内无人",基本上反映出了当时天朝内部的凄惨景象。石达开统率的太平军,从安庆出发,起初在江西、浙江、福建等省活动,但因敌强我弱,屡战不利。从1859年起,又转战于湖南、广西、湖北、四川、云南、贵州等省,虽然多次击败清军,但由于孤军奋战,战斗力日益削弱,军心逐渐涣散。1863年5月,石达开在四川大渡河紫打地(安顺场)陷入清军包围,屡战不利,最后全军覆没,石达开本人也被清军解赴成都凌迟处死。

天京变乱以后,石达开率军出走,其实是与洪秀全的疑忌有着直接关系。太平天国合朝上下非常拥戴石达开,而石达开也想有一番作为,如果洪秀全一心一意依靠石达开,这场出走悲剧是完全有可能避免的。

由于洪秀全后期的骄傲、昏庸,致使太平天国内部互相残杀,防御日渐松弛。1864年,天京被清军合围,城内粮食空荒,人心浮动。在此情况下,洪秀全竟下诏要人们以草充饥。7月天京陷落,轰动一时的太平天国宣告失败。

识人高手楚庄王

白日依山尽,黄河入海流。
欲穷千里目,更上一层楼。

这首千古传诵的诗,是诗人通过登鹳雀楼这座三层高的楼,以对自然景物的

描写，抒发了宏远的抱负和博大的胸襟，也表现了宇宙的无限。人们千古传诵这首诗，把它看作是追求理想和崇高境界的象征。

我们在识人的问题上，要真正做到慧眼识良才，也应该像诗人那样，"欲穷千里目，更上一层楼。"因为只有站得高，才能看得远，看得透彻。

"一鸣惊人的楚庄王"，可算是我国古代识人高人一等的人。楚庄王是"春秋五霸"之一，在齐桓公、晋文公、宋襄王、秦穆公和楚庄王这五位霸主中，从实力、人力和功绩等综合起来比较，大概就以楚庄王为最强。关于他的故事很多，最有名的大概就是"三年不鸣不飞"的故事。

春秋楚长城遗址

庄王即位三年，但是，却从来不曾关心过政事，每天只是饮酒作乐，不分日夜地游玩。并且，他还贴出了布告说："谏者处死刑。"

于是，光阴似箭，日月如梭，不知不觉地就这样一年、两年过去了。臣子中有许多人也暗自庆幸着君王是个好逸乐之人；于是这些臣子也陪着他一同玩耍，十分愉快。不过，也有一些对庄王不以为然、不愿随之沉沦的臣子。

某一天，重臣伍举抱着被诛杀的决心，来到庄王面前。当时，庄王左手抱着郑国的丽人，右手搂着越国的美女，带着轻微的醉意接见他。"臣万分惶恐，希望告诉王上一些话。

"你难道不知道我已昭告天下'谏者处死刑'吗？""其实，臣只是想说个谜语给大王猜猜。""哈哈！是谜语啊！那就没有关系。你说说看吧。""是这样的：山丘上有一只鸟，栖息在那儿已经三年了。这三年里它不飞也不叫。请问它是只什么鸟？"庄王听了以后，就回答他说："它虽然三年不飞，但却可以一飞冲天，它不鸣则已，一鸣则天下惊，你说的话我都明白，退下去吧！"

庄王严肃的表情一过，代之而起的，又是一副玩世不恭的样子。之后，庄王依然没有改变，而且玩得比以前更过分了。

这一回，一名叫作苏从的重臣出来了。他与伍举不同的地方是说话向来直来

直往，毫不留情面。这回他是冒着被处死的危险，打算向庄王进谏。庄王见苏从来谏便再三地叮嘱他："你应该知道我那个'谏者处死刑'的布告吧！"苏从回答说："如果能唤醒沉睡的君王，我这区区小命，就算是牺牲掉又如何！"庄王原来就在等待，看谁会对他提出强烈的意见。现在，时候到了，他突然停止游乐，重新整顿起国中政事来。庄王首先就由人事上开刀，当初和他一起游乐的数百名臣子全部加以处分，并起用新人。另外则把国事委任于伍举、苏从二人。由此可见，庄王实际上故意沉迷于玩乐，然后趁机安安稳稳看臣子的表现如何。等到他弄清楚了谁是可造之才、谁是不可靠的人之后，就当机立断调整人事，从而巩固了政权和国家的基石。庄王可谓一代英杰。

韩愈论伯乐与千里马

古人说："得十良马，不若得一伯乐；得十良剑，不若得一欧冶。"意思说，得到十四好马，不如得到一个伯乐；得到十支宝剑，不如得到一个欧冶。这两句话把得马、得剑和得人比较，指出了得人的重要。说明伯乐、欧冶的识才和自身贤良的重要性。伯乐，即孙阳，古之相马者，春秋时秦穆公之臣。欧冶，即春秋时期善铸剑者，相传曾为越王铸过鱼肠、谌卢、巨阙、胜邪、纯钧等五支宝剑。

得十良马，不如得一伯乐，原因就在于：世有伯乐，然后有千里马。也就是说，只有当世上有了识别马的伯乐，然后千里马才能被发现。如果没有伯乐的出现，千里马就不会被发现。"飞黄伯乐不世出，四顾骧首空长嘶。"实际上，"世上岂无千里马，人间难得九方皋。"世上难道真的没有千里马吗？不过是缺少九方皋那样的善于相马的人罢了。也就是说，世上人才到处都有，只是识才之才难遇。所以，有人提出"华章藻蔚，非朦腴所玩；英逸之才，非浅短所识。"这就指出了识别人才的人需要有良好的素质。

千里马常有，而伯乐不常有。这就是说，千里马是一直都存在着的，但是伯乐却不是任何时候都有的。没有伯乐，千里马虽然存在着却不被世人所发现；一旦有了伯乐，一直存在着的千里马才被人发现。可见得十良马，不如得一伯乐，意指有了识才之人才会涌现出无数的人才，能识别人才的人，比人才更难能可贵。

韩愈像

得十良马，不如得一伯乐，还在于"伯乐不可欺以马，而君子不可欺以人"，"骐骥长鸣，伯乐昭其能"，"唯贤知贤，唯圣知圣，凡人安能知非凡人邪？"

"人生机遇贵相知，孰谓世间无伯乐。"识人知人需要能识千里马那样的伯乐，而对于伯乐这样的人才，世上任何时候也或多或少地存在着，问题在于患不识伯乐。

"世有伯乐，然后有千里马。千里马常有，而伯乐不常有。"这是唐代韩愈的一句名言。其意思是指世上有识别马的伯乐，然后千里马才被发现。千里马是一直都存在着的，但是伯乐不是任何时候都有的。

韩愈在《杂说》篇中对世有伯乐，然后有千里马的结论做过这样的论述，他说，"千里马常有，而伯乐不常有。故虽有名马，只辱于奴隶人之手，马骈死于槽枥之间，不以千里称也。"意思是说，虽然有千里马，但是由于缺乏伯乐式人才，千里马也只能辱没在不识马的人手里，和普通马一样，死在马厩里，而没有被认作千里马。这里说明了知人是很重要的，没有知人本领的伯乐，千里马也就难以发挥作用。屈原以骏马自喻，感叹无人了解他，"伯乐既没，骥焉程兮！"即伯乐死后，还有谁能识别骏马呢？苏轼在《次韵参寥师寄秦太虚三绝句时秦君举进士不得》中也指出："回看世上无伯乐，却道盐车胜月题。"意思是说，世上没有伯乐，明明人才不得其用却反说用得很好。《国策·楚策四》说：有匹千里马拉盐车上陡坡，拉到一半上不去，膝折腿抻。伯乐赶上，攀辕而哭，把自己的衣服脱下来，盖在千里马身上。后来就用以比喻有才而遭抑制，不得其用。

不贪恋高位的山下年彦

1977年1月8日星期六，松下电气工业公司的创始人松下幸之助先生召见了当时在26位董事中年资倒数第二的山下年彦，单刀直入地对他说："董事长高桥荒太郎要辞职了，我女婿正春将接替他的职务。我要你当总经理。"

事前对此完全没有预料的山下年彦愣住了，他甚至怀疑松下先生是不是有些老糊涂了，要知道在他前面还有那么多资历深的人。于是他回答道："我敬谢不敏。我担当不了这个职务。"

对这个回答，松下没有恼怒。他说："我知道，这决定太突然，可能使你吃惊，我也不要求你马上答复我。"

第二天，山下年彦再次来到松下办公室，下定决心要拒绝接受这个职务。

"你考虑过了吗？"

"是的，先生，我不能接受这个职务。"

"好吧，我不勉强你。不过，我要你知道，我是百分之百认真的。把这个职务给你，不是我轻易决定的。这，你不要忘记。"

离开了松下办公室，山下年彦以为事情就此结束了。

但事实上并没有，松下又派他的女婿正春劝山下年彦接受这个职位。

诚恳的劝说打动了山下年彦的心，他终于走马上任了。这次松下公司的人事变动，被当时日本的许多报纸称为是继 1964 年在东京奥运会中跳高运动员山下赢得金牌那闻名遐迩的一跳之后的另一次"山下的跳跃"。

"山下跃跃"的结局是怎样的呢？事实证明，松下的选择没有错，他充分认识到了山下年彦的才能，知道他适于总经理一职。

当山下年彦上任时，松下公司正陷于困境，问题不仅仅在于电器销售不畅，严重的是，公司已经变得呆滞，运转不灵，缺乏远见。

更糟的是，它自我感觉良好，没有意识到自己存在问题的严重性。但事实上，那时在松下的 48 个生产部门中，只有生产熨斗和电池的两个部门还保持高额利润，其他所有部门的利润都在下降。

面对此情此景，山下年颜首先使全体职工都意识到了危机的存在。他借用温斯顿·丘吉尔的一句话说："我不是为了眼看松下公司逐渐垮台而来录它的总经理的。"就任的第一年，他就做出了有关盒带式录像机的重要决策。

当时，市场有松下的 VHS 和索尼的 BETAMAX 两种体系，哪一种将主宰美国市场呢？这是个关系到 10 亿美元销售额的大问题。

在美国销售的录像机，必须能记录长时间的比赛节目。索尼录像机的录像时间是两个小时。山下年颜咬紧牙关告诉美国的 RCA 公司，"松下可以向你们提供连续记录 4 小时的录像机。"

就此，松下和 RCA 签订了合同。

这是个相当大胆的决定，因为松下当时甚至连可以记录两小时的录像机都没有。

合同到手了，山下年彦带领生产部门、研究实验部门和子公司协同作战，终于奇迹般地在限期内履行了交货合同。

而通过这件事，松下公司逐渐恢复了精悍、灵敏的风格。

接着，山下年彦又推行了各部门人事的调动和调换，让职工巡回调动，目的是使职工得以施展他们没有显露出来的才华，更好地为公司服务。

1984 年，随着公司情况的好转，山下年彦发起了"86 行动"，即更新经营机构；加大公司的能量；扩大海外业务。这些目标要在 1984~1986 三年内完成。

3 年过去了，"86 行动"达到了预定目标，而它最大的成就还不仅于此，这一行动让松下的职工们认识到公司必须变革的道理，年轻一代进入了领导层。

建立了功业的山下年彦并没有贪恋高位，他认为就像在接力赛中，赛跑运动员要在全速前进中交接棍棒一样，他也应该退休了，好使后来人从他工作前进的惯力中受益。

明帝以貌取人

在任何有人群的地方，假恶丑与真善美总是并存的。如果一个人获得了幸福、健康、才能、财富、快乐、权势等一切，但放弃了对真、善、美的追求，那

么他就会堕落成动物。所以，我们识人时也必须识人的真、善、美。真善美是十分相近的品质。凡是美的都是和谐的和比例合度的，凡是和谐的和比例合度的就是真的，凡是既美而又真的也就在结果上是愉快的和善的。爱因斯坦说过，照亮我的道路，并且不断地给我新的勇气去愉快地正视生活的理想，是善、美和真。人体美，是万美的荟萃。再没有比人类形体更美的了。人体美在于四肢五官端正匀称，再加上鲜明的色泽。人的美丽可爱，不仅仅是由于他的容貌，还决定于他的精神面貌。一个品质高尚的人，永远是年轻和美丽的。身体的美，若不与聪明才智相结合，是某种动物性的东西。心灵美比形体美更为珍贵，我们应该学会把心灵的美看得比形体的美更为珍贵。论起美来，状貌之美胜于颜色之美，而适宜并优雅的动作之美又胜于状貌之美。同样，一个打扮并不华贵，却端庄、严肃而有美德的人是令人肃然起敬的。一个真正有美的心灵的人总是有所作为而且是一个实实在在的人。我们识人就是要对实实在在的人进行考察，看其有无真、善、美的品质。例如，在科学界，最动人的篇章莫过于达尔文与华莱士的友谊。达尔文在环球考察结束之后，投入了写作《物种起源》的紧张工作。正当他写到第十章的时候，收到远在马来群岛华莱士的一篇论文。论文不谋而合地提出了"自然选择"的观点，这不能不使达尔文大为惊异。可是这时，达尔文想到的并不是对方可能捷足先登，成为进化论的创始人，而是满怀惊喜，希望优先发表华莱士的论文。后经一些学者的劝告，他才决定同时发表论文。识人就是要识那些真善美统一的人。

职贡图卷（部分）　明　仇英

俗话说："人不可貌相，海水不可斗量"。可是自古以来，就有人相信，相貌跟才能有关系，甚至跟命运有关系。鼻直口方，两耳垂肩，是帝王之相；倒眉豆眼，尖嘴猴腮，是鼠辈之相。唐代考选官员有明确的规定，考试之外，还要看应选

者的身相口齿。当然，那主要还是出于朝廷官员形象的考虑，就像今天秘书、公关人员要求有漂亮的外表、优雅的风度一样。至于科试录取以貌定名，这就有点牛头不对马嘴了。在明代科举史上，很有几个皇帝以貌取人。始作俑者，就是明太祖朱元璋。

查继佐的《罪惟录》记载：洪武四年（1371），明朝举行开国后的第一次科举考试。本来拟定郭翀为状元，可是朱元璋觉得此人貌不惊人，不足以显示大明帝国的新兴气象，于是将气宇轩昂、相貌堂堂的吴伯宗点为状元。有其父必有其子，明惠帝朱允炆登基第二年，也就是建文二年（1400），殿试原拟王艮为第一名，明惠帝听大臣描述了王艮的长相，嫌王艮形象不佳，改为第二。谁来做状元呢？阅卷大臣意见不一。一部分人主张定胡广，一部分人主张定汤博，谁也说服不了谁，只好请皇帝定夺。惠帝命令宣胡广、汤溥上殿，他要亲自看看再定。胡广接到圣旨，立即前往。他长得广雅秀气，堂堂一表人才，惠帝一看即中，就定他为状元。不过惠帝觉得他名字不太好，"胡"通常指北方那些袭扰中原的少数民族敌对国，"蛮胡"怎么能让它扩张广大呢。惠帝让胡广改名为胡靖，"靖"有安定、肃清的意思。汤博本来长相也不差，可惜他动作迟缓了些，胡广先他上殿，汤溥只能痛失状元桂冠。

前人创式，后人效尤，以貌取状元就形成了习惯。陆容的《菽园杂记》里说，正统元年（1436），明英宗朱祁镇第一次临朝试进士，大学士杨士奇主持阅卷。初定浙江的周旋为状元，名单刚宣读，就有人发问，周旋相貌如何，在场的几位浙江籍官员连忙插话，说这个人身体修长，皮肤白皙，算得上浙江的美男子，大臣们一听，那还有什么好说，又有文才，又有扮相，衙门奏报皇上。御旨批准，周旋定为状元。等到传胪唱名，官员们大吃一惊，站出来的周旋不仅谈不上漂亮，而且相当丑陋。浙江籍的几个官员面面相觑，不知怎么回事。原来浙江应试的还有一个周瑄。周旋是温州人，周瑄是淳安人。"旋"和"瑄"，浙江人听来音差不多，浙江籍官员把周瑄当作了周旋，造成了误会。生米煮成了熟饭，状元已经宣布出去了，也不好更改，周旋幸运地保住了状元头衔。

英宗有了第一次的经历，第二次就谨慎了。正统四年（1439）殿试，大臣奏报名次，定张和为第一名。英宗不放心，特地派贴身太监去实地观察一下长相。太监偷偷到张和的住处看了看，回来报告说张和的一只眼睛有毛病。英宗提笔一下将张和降至二甲第一（总第四名）。可怜张和爹妈没有给他一副好脸相，套到头上的状元帽又飞了。最后经过太监相面，取施勋为状元。

让皇帝操心中魁状元的脸相，总不是个事。后来，殿试初定名次后，干脆就让新进士们都到内阁来唱一次名，看了长相再最后确定状元。陆粲的《庚巳编》记录了一件趣事：成化十四年（1478）殿试，大学士万安主持阅卷。开始大臣们看了一天卷，找不出一份十分称意的卷子。万安左翻右翻，觉得江西泰和人曾彦的卷子比较出色。大家经过反复比较，觉得万安有眼光。当天晚上，入选新进士唱名。喊到曾彦时，万安特意留神地观察了一下。曾彦身材伟岸，面目英俊，气度不凡。万安暗暗高兴，一唱完名，就兴奋地对同僚们说，状元可以确定了。大

家也一致同意万安的意见。宪宗问明情况，批准了万安所定名次。传胪唱名的那天，应声站出来的状元曾彦，皱纹满脸，髭须满腮，分明是个六旬老汉，毫无儒雅之气，万安和大臣们大吃一惊。典礼结束，他们急忙找出曾彦的卷子看，怎么文章也觉得非常平庸。一夜之间有这么大的变化，是大臣们眼睛有毛病，还是曾彦有神明相助，施了障眼法。其实，哪有神明相助，只不过是万安和大臣们老眼昏花而已！这一年取录进士350人，平常人也会看花眼，更何况万安是个60岁的老头呢。

郭翀、王艮、张和都是不幸的，周旋、曾彦则是万幸。和他们比较起来，丰熙的命是不幸之中的万幸。明弘治十二年（1499），殿试结束后，明孝宗朱祐樘亲自阅卷。看到浙江宁波人丰熙的对策，十分赞赏，定为第一。孝宗派人打听丰熙的相貌，回报说丰熙的脚有毛病。祖宗之法不可改。只得易人。于是，孝宗心生一法以作宗补，定丰熙为一甲第二，赏赐同状元。丰熙也就成了身着状元袍的假状元。

孟尝君采纳鲁仲连建议用贤才

"天生我才必有用"。一般来说，每个人都有其所长，有其所短，如能发掘人之长处，则能发现更多的人才；如不见人之所长，只寻人之所短，将认为人才缺少甚至无才。因此只视人之所短，则不知才；能发现人之所长，则人才来源不绝。

而能否发现人之所长，使众多人才涌现，用人者必须抛弃论资排辈的成见，排除个人的爱憎，眼睛不只是向上，主要是要向下，不拘一格选人才，能如此，则不会因"一叶障目"，人才在身边而视不见，众多的人才将会脱颖而出。不拘一格选人才，这既是知人用人的准则之一，也是事业能否取得成功的一个重要因素。

《战国策·齐策三》记载："孟尝君有个门客，因不喜欢他，拟赶他走。鲁仲连对孟尝君说：'猿猴猴错（离）木（树）据（居）水，则不如鱼鳖；历险乘危，则骐骥不如狐狸。曹沫之奋三尺之剑，一军不能当；使曹沫释三尺之剑，而操铫（大锄）鎒（锄草具）与农夫居垄亩之中，则不若农民。故物舍其所长，之其所短，尧亦有所不及矣。今使人而不能，则谓之不肖；教人而不能，则谓之拙。拙则罢，不肖则弃之，使人有弃逐，不相与外，而来害相复（报复）者，岂非世之立教首（重要教训）也哉！'"孟尝君说："善！"才没有赶走那位门客。

孟尝君曾任齐相多年，其门下食客三千人，以养士著称。鲁仲连是齐高士，有卓识奇谋，常游说各国，排解纠纷。孟尝君最尊敬鲁仲连，通过两人的谈话，可见两人对人才看法不同在于：孟尝君派人干的事没有做好，便认为他无能；教人的事不会，就认为他笨拙，要将他赶走。鲁仲连则认为事物舍其长而取其短，即使是圣王唐尧也不能把事情办好。这说明鲁仲连是主张用人要弃其所短用其所

长。孟尝君与鲁仲连这种认识上的分歧，实是反映了两种知人用人的不同观点。

鲁仲连所谈的是如何正确用人的问题，即用人如器，各取所长，才能知人用人，充分发挥人的才能，这样就能团结更多的人为己所用。如果是弃其所长而用其所短，这就不可能知人，必然认为其人无用笨拙而不用，如此则无可用之人，从而孤立自己，增加了仇敌。历史上得人失人，都与用人所长或用人所短有关。这确是个重要的经验教训。

由于孟尝君采纳了鲁仲连的意见，纠正用人所短的做法，懂得用人之所长，其食客三千有各种各样的人才为之所用。识人坚持量才适用的原则，要注意用人之长，避人之短。每个人才的具体情况往往不同，有的是通才，有的是多才，有的是专才；有的少年得志，有的大器晚成，等等。但是作为一种社会现象，每个人才的长处与短处却是客观存在的。"一个人的长处里同时也包括某些缺点，短处里同时也含着某些优点。"例如，有的人才很有魄力，敢想敢干，但考虑问题往往不够周密，显得不够稳重；有的人才处事稳重，深思熟虑，却往往又失之魄力不足；有的人才原则性强，但工作方法却可能欠灵活，等等。正像吴玉章同志在一段自我总结中所分析的那样："我觉得我有优点，但同时又有缺点。如我忠诚坦白，因此常缺乏警惕性，易受人欺；有恒心毅力，但因此做事迟缓，不敏捷；志趣远大，但又好大而不顾实力，常常不能完成计划；……"这种现象在我们人才队伍中较为普遍。所以我们要用辩证的观点来看待一个人才的长处和短处，在看到一个人才的短处的时候，需要再分析一下，与短处联系的会有些什么长处；在看到他的长处的时候，也要分析一下，与长处联系的还可能有什么短处。在某种情况下，扬长能够避短，避短必须扬长，扬长了也就避短了。扬长与避短之间不是孤立的或平行的，而是交叉融合在一起的。使用人才，不要把着眼点放在"全才"上，而应当放在扬其所长上，实事求是地取长避短，先看长处，多采长处，使之"八仙过海，各显神通"，发挥长处，施展才干。

人才，不是全知全能的完人，但各有特点和所长。有的善于做军事工作，有的善于做政治工作；有的精通某种专业，有的具备多方面的才干；有的懂专业但缺少组织领导能力，有的则二者兼而有之；有的适合当主官，有的适合做副职；有的长于带兵，有的则做机关工作更能发挥作用，等等。领导者的责任，就是按照他们这些不同的长处和特点，量才使用。为各类人才提供最能充分施展才能的

国子鼎　战国齐器

机会和条件，使人尽其才，才尽其用。

坚持量才适用的原则，首先是要正确处理好按需使用和量才使用的关系。中国共产党历来主张人才使用要"按照才干，按照需要，同时兼顾。量才为主，应急也不可免"。提拔人才要"坚持人、事两宜的原则，用人得当，适得其所"。就是说，合理地使用人才，要从事业和工作的需要出发，同时又尽可能地照顾到个人的志趣和专长，使二者有机地结合起来。这里，事业的需要是第一位的，个人的才干和特长，应当服从于事业的需要并为事业服务，不能离开党和军队建设的需要而过分强调照顾个人的才干和特长。在实际生活中常常有这样一些情况：在一些德才素质大致相当的干部中，有的人因本单位工作需要而提拔了，有的人却因暂无这种需要仍要做一般的工作；有的人走上关键岗位，有的人则为了培养接班人而要腾出位子；有的人虽有某种特长，但为了服从大局，则需要转行；有的人虽缺乏某方面的才干，因职责的需要却要从头学起，等等。所有这些，如果单从发挥人才的某种才干、长处着眼，似乎是不好理解的。但是，如果放眼于整个事业发展的需要，却并不难理解，而且还会自觉地这样去做。也就是说，当发挥个人长处与服从革命需要之间发生了矛盾，应该在服从需要的前提下再考虑个人特长的发挥。那种只看重发挥个人特长，不顾及整体利益和客观可能的态度，是党的人才政策和组织纪律所不允许的。

识人贵在重用贤才

放大眼光了解人，这是识人学中一条基本定律，是人类自古至今对识人实践的经验总结和理论上的升华。无论任何时代，要想从众多的人群中发现人才，识别人才，必然放大眼光了解人。作为无产阶级革命家、政治家更应该重视放大眼光了解人，为无产阶级革命事业和社会发展选拔一批又一批的杰出人才。

在中国共产党的历史上，放大眼光了解人的事例屡见不鲜。1938年9月，陈云同志在题为《干部政策》的报告中，就曾提出"放大眼光来了解人"几个字。了解人是选拔人的前提。可是，我们一些同志缺少作为一个政治家的眼光——视野太窄；或者只看到机关，看不到战线；或者只看到眼皮底下的几个熟人，看不到默默无闻的埋头苦干的同志；或者只看到党政干部，看不到技术干部……选才眼光覆盖面积太小，选来选去就是那么几个人；只有扩大眼光，才能见前所未见，闻前所未闻，把真正有才学"而才美不外现"的同志，从最不为人注意的地方选拔出来。

在眼光狭隘的人才选拔者中，有一种人专门把眼光放在"亲"字上，或者"亲信"，或者"亲戚"，或是"亲近"。在现实生活中，有人常常挑选所谓熟人、朋友、同乡、对个人忠实的人，吹捧自己上司的能手，而根本不考虑他们在政治上和业务上是否称职。在狭隘的眼光者那里，还常常会出现矮子里拔将军的现象，这是难以使贤才得以重用的。

历史的经验值得注意：被刘邦打败、自刎乌江的楚霸王项羽，就是一个任人

唯亲，看不到其他有才能者或看不到也不予选用的人，结果落得个树倒猢狲散的下场。王夫之在《读通鉴论》中记载了这段史实："陈平曰：'项王所任爱，非诸项即妻之昆弟，虽有奇士不能用。'故羽非尽不知人，有蔽之者也。"意思是说，也不是项羽看不见可选用的人才，而是他旁边的人蒙蔽了他。

选用人才，非亲不用，其他贤才一律视而不见，历来为一些有见识的人所反对。司马光在《资治通鉴》中说："臣闻用人才，无亲疏、新故之殊，唯贤、不肖之为察。其人未必贤也，以亲故而取之，固非公也；苟贤矣，以亲故而舍之，亦非公也。夫天下之贤，固非一人所能尽也，若必待素识熟其才行而用之，所遗亦多矣。古之为相者则不然，举之以众，取之以公，公曰贤矣；己虽不知其详，姑用之，待其无功，然后退之，有功则进之；所举得其人则赏之，非其人则罚之。进退赏用，皆众人所共然也，己不置毫发之私于其间。苟推是心以行之，又何遣贤旷官之足病哉？"

司马光讲的"天下之贤，固非一人所能尽""举之以众，取之以公"的道理，就是"放大眼光"的意思，但是，在他那个时代，只不过是一种幻想罢了。今天，我们处在世纪之交的开放时代，我们不仅有了"放开眼光"的必要，而且有了"放开眼光"的可能。在改革开放和社会主义现代化建设的伟大实践中，公开选拔人才，我们应当放眼看世界，扩大视野，在五湖四海的范围内识别人才，了解人才。

识人贵在放大眼光了解人，而要真正做到放大眼光了解人，必须树立和提高思想境界，克服在识人用人上的短期行为。

毛泽东同志曾教诲人们要树立"美好的理想境界。"人们也常说："××思想境界高"。可见境界是有美丑、高低之分的。

我国著名的哲学家、美学家、诗人宗白华于1943年在论述境界时就曾对境界问题有精到的见解。他认为："人与世界接触，因关系的层次不同，可有五种境界：(1) 为满足生理的物质需要，而有功利境界；(2) 因人群共存互爱关系，而有伦理境界；(3) 因人群组合互制的关系，而有政治境界；(4) 因穷研物理，追求智慧，而有学术境界；(5) 因欲返璞归真，冥合天人，而有宗教境界。而于后两者之间，以宇宙人生的具体为对象，借以窥见自我的最深心灵，这就是'艺术境界'"。宗白华在此文中还说，"功利境界主于利，伦理境界主于爱，政治境界主于权，学术境界主于真，宗教境界主于伸"，"艺术境界主于美"。

《汉语词典》中说：境界是事物所达到的程度或表现的情况，那么领导境界就是指领导者通过一定的方式实现领导的程度和情景了。

《老子》十七章有云："太上，不知有之；其次，亲而誉之；其次，畏之；其次，侮之。"其意思是说，最好的世代的最好的统御者，人民群众不感到有他的存在；其次，人民群众亲近和赞美他；再次，人民群众畏惧他；更其次，人民群众轻侮他。老子在这里说的统治或领导优劣的四个层次，也就是四种境界，四种类型。老子所以推崇第一种境界，用他在同一章里的话来说，就在于其"悠兮其贵言，功成事遂，百姓皆谓'我自然。'"这就是说，领导者悠悠然不轻易

发号施令，事情办成功了，老百姓都说，"这是我们自己这样做的"。美国著名学者哈林·克里夫兰在其所著《未来的行政首脑》一书的英文版的扉页上引用了老子的这段话，并在其《中译本序》中赞扬说："老子关于领导人的座右铭，两千五百年以来，仍未有出其右者。成功的领导艺术的标志是：当事成之后，被领导者均认为'事情是我们自己做的。'"这是领导与被领导交变"同一"的结果。领导行为不仅力求合乎事物的客观规律，而且更重要的还在于顺乎民心，合乎民意，与群众的意愿完全吻合，这样被领导者就感觉不到有外来的强制力量，而自由自在地做其所欲做，为其所乐为。于是，领导者对他们来说，自然也就"不知有之"了。虽然老子的构想有着浓重的"乌托邦"色彩，但这仍不失为极高的领导境界，其合理的内核仍闪烁着理想的光辉。

识人要有预见和远谋

识人要有预见，这不仅是识人的基本规律的客观要求，而且也是用人的基本规律的客观需要。我们的前辈已在这方面为我们总结出了不少丰富而宝贵的经验。仅就我国古代来讲，《管子》一书中就讲得极为明显。此书中指出："考虑到一年后的事，只要种下谷物就好；考虑到十年后的事，就该种树；要是考虑到长远的终身问题，就得好好培育人才。"这也就是人们常说的"十年树木，百年树人"。育人要有预见，识人也同样需要预见。特别是对年轻人，即使目前还没成熟也不要紧，只要注意关心培养，说不定日后就会发挥出惊人的潜力。年轻人只要勤勉不懈，人人有可能成为各据一方的大人物。

远谋，即战略眼光，是古今名将所具有的非常人所及的一种素质。其意有三：一是超前谋，二是大处谋，三是谋之深。超前谋，就是远见卓识，极目远眺。"自古以来不谋万世者，不足谋一时。"没有超前的谋划，就不会有高人一筹的用兵良策，一次世界大战结束后，在法国军事学院学习的戴高乐上尉就预见"下一次战争将是坦克战"。他于1934年出版的《职业军队》和《未来的陆军》两本书中，又明确地提出精良的装甲部队将是未来战场上决定胜负的主要突击力量。当时法国统帅部对此不予理睬，而德国将军们却很重视。装甲兵总监、兼任陆军参谋长的古德里安等根据《职业军队》提出的见解，创建头三个师的坦克部队。接着在二次大战开始不久的1940年5月，他们便运用集群坦克闪击法国。法国只支持一个半月就俯首结城下之盟。为此，法国人痛心地说，"德国人赢得胜利，只花了十五个法郎（指戴高乐那本书的售价）"。作战如博弈，棋艺高深，看得路数远，才能保持主动，步步皆活；反之，棋艺低劣，思路不广，只顾吃子不去谋势，则步步被动，致使满盘皆输。在战争的博弈中，古今名将正如高明棋手，不但要知其已然，且要知其将然。他们的思维不断地向前开拓，他们的眼睛时刻盯着新的战场。

大处谋，就是着眼全局，善于从宏观上谋划。"不谋全局者，不足谋一域。"领兵驭将，要做出大的战略决策，就必须在把握全局中运筹局部，从而导演出许

多有声有色威武雄壮的活剧来。自古善谋全局者，大多是"不畏浮云遮望眼，只缘身在最高层。"诸葛亮在《隆中对》中向刘备提出西占荆益两州，东联孙权，北抗曹操，南和诸夷的建议，就是从宏观上谋划而做出的正确战略决策，从而使走投无路的刘备重整旗鼓，"鼎足三分"，被后人传为美谈。今天，作为一名高级指挥员更要善从大处谋划，处处着眼全局，才能关照全局，正确决策，驾驭整个战争的变化发展。如果游离于全局之外而谋局部之事，难免要碰钉子的。

谋之深，就是见微知著，迅速做出反应和对策。月昏而风，础润而雨。战争与其他事物相较，具有较大的偶然性和不确实性。但它的发生也总是有征候可寻，端倪可察的。高级指挥员是战场上的运筹者，只有具备超常的洞察力，见微知著，迅速做出正确的反应，才能攻必取，战必胜。齐鲁长勺之战，曹刿从齐军旗靡辙乱，看到军心涣散，军旅不整而溃逃，敦促庄公做出追击的决策，以至大获全胜。谋之深，亦即看得清，从现象把握本质，不为种种假象所迷惑。俗话说："见日月不为明目，闻雷霆不为聪耳。"领兵打仗，无明几知微这之，待情迹昭著才下决心，必定较少作为，难上"名将谱"之列的。

江山代有才人出，古今名将多远谋。作为我军中高级指挥员，要想驾驭现代战争，演出一幕比古人有过之而无不及的闪耀着指挥艺术之光的活剧，重视远谋这一素质的锻炼与养成，实在是非常重要的。

修筑兖州景灵宫时，王旦作朝修使，内臣周怀政与他一起前往。凡有人趁他空闲时请求谒见，王旦必然要等到随从都到齐了，才穿戴整齐，出来在公堂上接见，事情一说完，就马上退堂。后来周怀政因犯过失而遭处罚，才知道王旦的深谋远虑。

唐代李佑，官做到右龙武统军，许多公卿都想要他的女儿做儿媳，都被李佑一一拒绝了。一天，李佑将所有幕僚都召集聚会，声称他将在宴会上选女婿，众人议论纷纷，猜测他必然是选一个名门贵戚的子弟。等到入宴却不见动静。酒喝到一半，李佑拉着最末尾座位上一个军官，对他说：我知道你还没有结婚，请允许我将小女的终身托付与你。并即席举行了婚礼。

后来，有人询问他这样做的原因。李佑说："我每每看见那些缙绅之家，总是与名门望族结婚姻，其实他们的子弟长期沉溺于奢侈淫靡，大多没有善终。我凭借自己的军事谋略得到爵位，自己的女儿，何必非要去攀附高门而博取虚假的名望呢？"听的人都认为这是真知灼见。

司马光说："媳妇一定要那些家境不如我的，女儿一定要嫁给家境胜过我的。媳妇的家境不如我家，就知道勤俭朴素；把女儿嫁到胜过我的人家，就知道畏惧严谨。"这些话在当时可谓名言。然而看看李佑如何选择女婿，司马温公的话就只能是意犹未尽了。

历史是不能割断的，观察一个人，不只要看他现在的所作所为，也要联系他的过去的历史，才能对其人有较全面的、深刻的认识。

人们的所作所为，决定于其思想、品格及其所追求的目的，这也就决定他的发展方向。至于他发展的方向是吉是凶，主要决定于他自己和客观的存在。明智

的人对其所料之人，能联系其人的过去和现在以及客观存在三者结合分析，以预将来。

《汉书·冯唐传》记载：冯唐，祖父是赵人，父亲时迁代。汉兴，又迁安陵，有一天，汉文帝刘恒驾临郎署，与郎署长冯唐谈，知他祖父先后住赵、代，便说："吾居代时，吾尚食监高祛数为我言赵将李齐之贤，战于钜鹿下。意未尝不在钜鹿也。父老（对老人的尊称）知之乎？"唐答道："齐不如廉颇、李牧之为将也。"刘恒问："何已？"唐说："臣大父（即祖父）在赵时，为官帅将、善李牧，臣父故为代相，善李齐，知其为人也。"刘恒知道廉颇、李牧比李齐更强，很高兴，拍着胯骨叹息说："嗟乎！吾独不得廉颇、李牧为将，岂忧匈奴哉！"唐说："陛下虽有廉颇、李牧，不能用也。"刘恒被冯唐顶撞，勃然大怒，立即拂袖转身走了。

刘恒回到宫中，过了一会儿，气还没有消，便招来冯唐，责备何以当众羞辱他，冯唐答道："鄙人不知忌讳。"这时，匈奴常入侵、骚扰边境，刘恒深以为虑，又问冯唐："公何以言吾不能用颇、牧也？"冯唐答道："臣闻上古王者遣将也，跪而推毂（车辆），曰：'阃（城门）以内寡人制之，阃以外将军制之；军功爵赏，皆决于外，归而奏之。'此非空言也。臣大父言李牧之为将居边，军市之租皆自用飨士，赏赐决于外，不从在覆也。委任而责成功，故李牧乃得

汉文帝刘恒像

尽其知能，选车千三百乘，彀骑万三千匹，百金之士十万，是以北逐单于。"刘恒接受其批评，及时改正错误。当然，也因刘恒这人能为国为民，能闻过则改，故能成为"文景之治"的奠基者。

卷六　声音鉴

经文释义

【原文】

人之声音，犹天地之气，轻清上浮，重浊下坠。始于丹田，发于喉，转于舌，辨于齿，出于唇，实与五音相配。取其自成一家，不必一一合调，闻声相思，其人斯在，宁必一见决英雄哉！

【译文】

人的声音，犹如天地之间的阴阳五行之气，有清浊之分。清亮的声音轻悠而上扬，浑浊的声音沉重而下坠。声音从丹田开始启动，在喉头发出声响，随着舌头的转动，在牙齿那里形成清浊两种音，最后经由嘴唇发出来，这恰好与宫、商、角、徵、羽五音相对应。听人的声音，要能辨识这个人声音的独特之处，而不一定完全与五音相符合。只要听到声音就会想到这个人，这样就会闻其声而知其人，而不一定要见到本人的面貌才能看出他究竟是个英才还是庸人。

【原文】

声与音不同。声主"张"，寻发处见；音主"敛"，寻歇处见。辨声之法，必辨喜怒哀乐；喜如折竹，怒如阴雷起地，哀如击薄冰，乐如雪舞风前，大概以"轻清"为上。声雄者，如钟则贵，如锣则贱；声雌者，如雉鸣则贵，如蛙鸣则贱。远听声雄，近听悠扬，起若乘风，止如扬琴，上上。"大言不张唇，细言不露齿"，上也。出而不返，荒郊牛鸣。急而不达，深夜鼠嚼；或字句相联，喋喋利口；或齿喉隔断，嗒嗒混谈：市井之夫，何足比较？

钟清

国学经典文库

【译文】

声和音不同。声是由发音器官的启动而产生的，可以在发音器官启动的时候听见；而音在发音器官闭合的时候产生，在发音器官闭合的时候才可以感觉到它。辨别声的方法首要的是要辨别发音之人的喜怒哀乐。人在欣喜之时发出的声，宛如翠竹折断，清脆悦耳；愤怒之时发出的声，就如平地一声惊雷，豪壮有度；悲哀之时发出的声，则如击碎一块薄冰，凄切悲伤；在欢乐之时发出的声，就如雪花于疾风吹来之前在空中飞舞，宁静洒脱。总之，都以清脆、轻扬为悦耳之声。如果是刚健雄浑的阳刚之声，像钟声一样激越洪亮、充满阳刚之气的声为最佳，如果像敲锣之声一样浮泛无力，就很卑贱。如果是温润文秀的阴柔之声，那么，像鸡鸣一样清朗悠扬，就高贵；像蛙鸣一样喧嚣空洞，就卑贱。发出的声远远听来，刚健激越，而在近处听，却又温润悠扬，起身的时候如乘风悄动，悦耳动听，止声的时候又如高手抚琴，雍容自如，这才是所发之声中的最佳品。俗话说"高声畅言也不需大张其口，低声细语也要牙齿含而不露"，这是发声中的较佳者。如果发出的声像荒郊旷野中独牛的哀叫，虚浮没有余韵；或者像夜深人静时老鼠偷吃东西时发出的"吱吱咯咯"的声音一样，急切而不畅达；说话时一句紧跟一句，急促却又语无伦次；说话时口齿不清，吞吞吐吐，嗫嚅含糊。这几种都属于市井中人的粗鄙俗陋之声，又怎么能与以上几种声相比较呢？

【原文】

音者，声之余也，与声相去不远，此则从细曲中见耳。贫贱者有声无音，尖巧者有音无声，所谓"禽无声，兽无音"是也。凡人说话，是声散在前后左右者是也。开谈多含情，话终有余响，不唯雅人，兼称国士；口阔无溢出，舌尖无窕音，不唯实厚，兼获名高。

【译文】

音，是声的余波或余韵。音和声差距不大，但它们之间的差异从细微的地方还是可以听出来的。贫穷卑贱的人说话往往只有声而没有余音，显得粗野不文；圆滑尖巧的人说话则只有音而无声，显得虚伪做作。所谓的"鸟鸣无声，兽叫无音"，说的就是这种情形。普通人说话，只不过是一种声响散布在空中而已，并无余音可言。如果说话的时候，一开口，声音中就饱含着情，到话说完了，仍有余音缭绕，这种人就是温文尔雅的人，而且可以称得上是社会名流。如果说话的时候，即使口阔嘴大，却先出气而后发声，即便口齿伶俐，也又不矫造轻佻。这不仅表明这个人自身内在素养深厚，而且预示着他还会获得盛名隆誉。

智慧通解

人生于天地之间，其声音各有不同，有的洪亮，有的沙哑，有的尖细，有的粗重，有的薄如金属之音，有的厚重如皮鼓之声，有的清脆如玉珠落盘字正腔圆，有的人身材矮小，声音却非常洪亮，即日常所说的"声如洪钟"，有人生得高大魁梧，说起话来却细声细气，有气无力。古人对这些情况加以总结归纳，得

出了一些规律。

实际上，现代生理学和物理学已经证明，声音的生理基础由肺、气管、喉头、声带、口腔、鼻腔三大部分构成，声音发生的动力是肺，肺决定气流量的大小，音量的大小主要由喉头和声带构成的颤动体系决定，音色主要取决于由口腔和鼻腔构成的共鸣器系统。声音是物体震动激动空气而形成的，声音是听觉器官——耳——的感觉。声音的音量有大小之分，音色的美异之别另有音高、音长之分。

人类的声音，由于人与人不同，健康状况不同，生存环境不同，先天禀赋不同，后天修养不同等等而有很大差异，所以声音不仅在一定程度上表现着一个人的健康状况，而且还在一定程度上表现着一个人的文化品格——他的雅与俗，智与愚，贵与贱（这里指人格修养），富与贫。

既然如此，那么声音便和人的命运（过去和现在的生存状况，和未来的生存前景）有一定关系。但是如果说声音能够决定人的命运，则未免虚妄不实。成功的歌唱家，一般都有苦学苦练的经历，但是如果天赋不高，单靠苦学苦练，是不会成为歌唱家的，不过声音对人的命运的意义不能过分夸大。不少政治上身居高位的大人物，其讲话、演说的声音，实在令人不敢恭维，而其命运却不能算不佳。

古人历来是比较重视声音的，并认为声音是相中的一个组成部分，还做了深入的观察和研究。在五行分配上，古人把声音分为：

金声，特点是和润悦耳；

木声，特点是高畅响亮；

水声，特点是时缓时急；

火声，特点是焦浊暴烈；

土声，特点是厚实高重。

对声音与人的命运之间的关系，也有一个很明确的说法。

曾国藩承前人之说，认为人禀天地五行之气，其声音也有清浊之分，清者轻而上扬，浊者重而下沉，由是清者贵，浊者贱，道理说得很明白。

黑漆戗金笙　清

"始于丹田"句，作者认为，声音中上佳者，应是始发于"丹田"中的。丹田，在人身脐下三寸处（古之道家有上丹田、中丹田、下丹田之说，这儿属其一）。发于丹田的声音深雄厚重、韵致远响，是肾水充沛的表现。肾水充沛，身

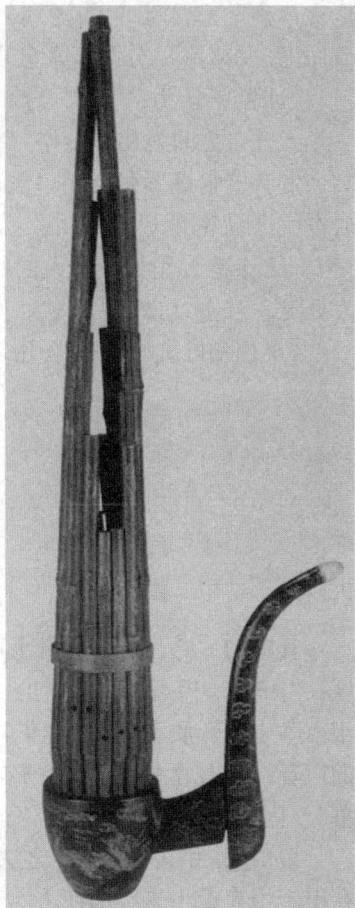

体自然健康，能胜福贵，因而主人福贵寿全。同时，这种丹田之气充沛，丹田之声洪亮悦耳，易引起共鸣效果，给人很舒服浑厚的感觉。

不好的声音，则是那种发于喉头，止于舌齿之间的根基浅薄的声音。这种声音气不足，给人虚弱衰颓之感觉，为肾水不足的表现，主贱主夭。

以人的声音来判人的命运，是否正确，尚可以讨论。曾氏在本章尾又说到，"不必一一合调"，那自是又有不合规律一说了。重要的还在于"闻声相思"，一个"思"字，说明识人仍不可呆板得事，得视具体情况而定。

《冰鉴》中所讲的是由人的音质和音色来判别人的命运，如能结合人的语言共同断之，应更全面。语言是思维的结果，由语言可以发现一个人的思维方式之特点，这对一个人行事做法有重要影响，甚至是决定性的影响。

"声音"，在现代来讲，是一个词，一般不把它分作"声"和"音"来讲。也有"声"和"音"的区别，"声"与"音"各有所指各有侧重点，还不能一概而论。《冰鉴》分两章来分别论述"声"与"音"的特点。

《冰鉴》认为，"声"与"音"的区别是：

人开口之时发出来的空气振动产生"声"，此时空气受振动的密度大、质量高，发音器官最紧张；闭口之后，余下来仍在空气中振动而产生的是"音"，此时空气振动密度已经减小，发音器官已松驰下来，是"声"传递的结果，为"声"之余韵，正如平常人们所说的"余音绕梁"。《冰鉴》用"声主'张'，寻发处见；音主'敛'，寻歇处见"这句话来表述这个意思。

《灵山秘叶》中有这么几句话：

> 察其声气，而测其度；
>
> 视其声华，而别其质；
>
> 听其声势，而观其力；
>
> 考其声情，而推其征。

其中的"声气"，略同于声学中的音量，通过"声气"粗细，察看人的气度；"声势"相当于声学中的"音长"，"声势"壮者，其力必大；"声华"相当于声学中的音质音色，"声华"质美，则其人性善品高。"声情"相当于带感情的声音。人有喜怒哀乐七情在语音中必然有所表现，即"如泣如诉，如怨如慕"。因此，由音能辨人之"征"，即心情状态。

《冰鉴》中说："辨声之法，必辨喜怒哀乐。"前面谈到，人的喜怒哀乐，必在声音中表现出来，即使人为地极力掩饰和控制，但都会不由自主地有所流露。因此，通过这种方式来观察人的内心世界，是比较可行的一种方法。

那么"喜怒哀乐"又有什么具体的表现呢？

"喜如折竹"，竹子由于它自身的韧脆质地特点，"折竹"就有哗然之势，既清脆悦耳，又自然大方，不俗不媚，有雍容之态。

"怒如阴雷起地"，阴雷起地之势，豪壮气迈，强劲有力，不暴不躁，有容

涵大度之态。

"哀如击薄冰"，薄冰易碎，但破碎之音都不散不乱，也不惊扰人耳，有悲凄不堪击之像，但不峻不急，有"发乎情，止乎礼"之态。

"乐如雪舞风前"，风飘雪舞，如女子之临舞池而衣带飘飘，不胜美态，雪花飞舞之时轻而不狂不野，柔美而不淫不荡，具有轻灵飘逸的潇洒之态。

钟响与锣鸣，都属于雄声即阳刚之声，声音粗壮，气势宏大，然而"钟"声洪亮沉雄，远响四方，余韵不绝，悦耳愉心，所以为"贵"；而"锣"声则声裂音薄，荒漫沙嘶，余韵了无，刺耳扎心，所以为"贱"。

雉鸣与蛙鸣，都属于雌声即阴柔之声，声音轻细，如旷野闻笛。然而"雉"声清越悠长，声随气动，有顿有挫，抑抑扬扬，同样悦耳动听，所以为"贵"；而"蛙"声则聒聒噪噪，喧嚣嚷叫，声气争出，外强内竭，同样刺耳扎心，所以为"贱"。

从以上可知，无论雄声还是雌声，都有贵贱之分。有的相书以雄声为贵，而以雌声为贱，有笼统不细，不分清浊精细之嫌，实为大谬。

"远听声雄"，是说其声有山谷之呼应，表明其必气魄雄伟，赋情豪放；"近听悠扬"，是说其声如笙管之婉转，表明其人必多才多艺，智慧超群；"起若乘风"，是说其声有如雄鹰之翱翔，表明其人必神采飞扬，功名大就；"止如拍琴"，是说其声如孔雀之典雅，表明其人必娴雅冲淡，雍容自如。——以上皆为"声"之最佳者，所以被作者定为"上上"。

"大言不张唇"（严格地说，这是不可能的，应该是"大言却不大张唇"）是谨慎稳重，学识深厚，养之有素的表现；"细言若无齿"，表明其必温文尔雅、精爽简当、成熟干练。——以上为"声"之佳者，所以被作者定为"上"。

荒郊旷野，一牛孤鸣，沉闷散漫，有声无韵，粗鲁愚妄之人，其"声"大抵如此；夜深人静，群鼠偷食，声急口利，咯咯吱吱，尖头小脸之人，其"声"与此相似。至于"字句相联。喋喋利口"，足见其语无伦次，声无抑扬，其人必幼稚浅薄，无所作为；"齿喉隔断，嗒嗒混谈"，足见其吞吞吐吐，不知所云，其人必怯懦软弱，一事无成。——以上"声"相，当然属于下等，所以作者才不屑一顾地说："何足比较"！

这一章文辞优美，见解精辟，很能体现曾国藩的文笔风貌。曾国藩以应举发迹，文人气很浓厚，深爱治学，不但勉励家人儿子要孜孜不倦地学习，他自己也是清后期湘派文学的代表，著述论学，都有较大成就，所编《十八象诗钞》与五代的萧统所编的《文选》一前一后，遥相呼应，都是古代文字整理汇编优秀的先本。从这儿，可见其文学才华的一斑。

古有《论声》篇云：夫人之有声，如钟鼓之响，器大则声宏，器小则声短。神清则气和，气和则声润，深重而圆畅也。神浊则气促，气促则声焦急而轻嘶。故贵人之声，多出于丹田之中，与心气相通，混然而外达。丹田者，声之根也；舌端者，声之表也。夫根深则表重，根浅则表轻，是知声发于根，而见如表也。若夫清而圆，坚而亮，缓而烈，急而和，长而有力，勇而有节。大如洪钟腾韵龟鼓振音；

小如玉水飞鸣，琴弦奏曲。见其色则猝然而后动，与其言久而后应，皆贵人之相也。

小人之言，皆发于舌端之上，促急而不达。何则？急而躁，缓而涩，深而滞，浅而燥。火大则散，散则破，或轻重不均，嘹亮无节，或睚眦而暴，繁乱而浮；或如破钟之响，败鼓之鸣；又如寒鸦哺雏，鹅鸭哽咽；或如病猿求侣，孤雁失群；细如蚯蚓发吟，狂如青龟夜噪；如犬之吠，如羊之鸣，皆浅薄之相也。男有女声音贫贱，女有男声亦妨害。然身大而声小者凶，或干暴而不齐者谓之罗网。声大小不均，谓之雌雄。声或先迟而后急，或先急而后迟，或声未止而气先绝，或心未举而色先变，皆贱之相也。无神定于内，气和于外，然后可以接物，非难言有先后之叙，而辞色亦不变也。苟神不安而气不合，则其声先后之叙，辞色挠矣，此不美之相也。夫人禀五行之俎，则气色亦其五行象也。故土声深厚，而木声高唱，火声焦烈，水声缓急，而金声和润。又曰声轻者断事无能，声破者作事无成，声浊者谋运不发，声低者鲁钝无文。清泠如江中流水者极贵，发音浏亮，自觉如瓮之响声，主五福备。

诗曰：

> 木声高温火声焦，
> 和润金声最富饶。
> 言语却如深瓮里，
> 水声圆急韵飘飘。
> 贵人声音出丹田，
> 气质喉宽响亦坚。
> 贫贱不离唇舌上，
> 一生奔走不堪言。

声大无形托气而发，贱者浮浊，贵者清越。太柔则怯，太刚则折。隔山相闻，圆长不缺，斯乃贵人远见风节。身小声雄，位至三公。身大声小，寿命折天。声如破锣，田产消磨。声如火燥，奔波无靠。男儿声雌，破却家资，女人声雄，夫位不宁。

《太情神鉴》认为：

人有声犹钟鼓之响，若大则声宏，若小则声短。神清气和，则声温润而圆畅也。神浊气促，则声焦急而轻嘶也。

故贵人之声，出于丹田之内，与心气和通，汪洋而外达，何则？丹田者，声之根也。心气者，声之端也。舌端者，声之表也。夫根深则表重，根浅则表轻。

若夫贵人之声，则清而圆，坚而亮，缓而烈，急而和，长而有力有威。若音大如洪钟发响，音小似寒泉飞韵，接其语则粹然而后动，与之言则悠然而后应。是以声之善者，远而不断，浅而能清，深而能藏，大而不浊，小而能新，余响激烈，笙簧宛转流行，能圆能方，如斯之相，并主福禄长年。

国学经典文库

若夫小人之声，发于舌端，喘急促而不远，不离唇上，紊杂而断续，急而又嘶，缓而又涩，深而带滞，浅而带躁，或大而散，或如破鼓之声。或如寒鸡哺雏，或似孤雁失群，细如秋蚓发吟，大似寒蝉晚噪。雄者如犬暴吠，雄者似单雁孤鸣。如斯之声，皆为浅薄也。或男作女声细者，一世孤穷；女作男声暴者，一世妨害。

古人认为，人既然有五行之分，声音也有五行之别。《照胆经》指出：

金声：韵长清音响，远闻完润则贵，破则贱。

木声：韵条达，初全终散，沉重则贵，轻则贱。

火声：韵清烈条畅不濡，圆润而慢则贵，焦破而急则贱。

水声：韵清响急长，细则贵，重浊则贱。

土声：韵厚重，源长响亮，远闻则贵，近细则贱。

关于声音和人的性格、命运的关系，总结如下：

雌雄声：大小不均，主下贱；

罗网声：干暴不齐，主贫贱；

声音太轻：主断事无能；

声音如破：主作事无成；

声音昏浊：主谋运不佳；

声音太低：主鲁钝无如；

声音太柔：主性格怯懦；

声音太刚：主早夭少寿；

声小身大：主凶而早夭；

声雄身小：主位至三公；

声如破锣：主家业难立，田产消尽；

声如火燥：主一生奔波无靠；

男人女声：主性格轻浮，家资破尽；

女人男声：主性格缺乏女性的温柔，克妨丈夫；

声音清冷如涧中流水：主大贵；

声音响亮如瓮中之响：五福俱备。

《礼记》中谈到内心与声音的关系。《礼记·乐记》云："凡音之起，由人心生也。人心之动，物使之然也。感于物而动，故形于声。声相应，故生变。"对于一种事物由感而生，必然表现在声音上。人外在的声音随着内心世界变化而变化，所以说"心气之征，则声变是也"。

不但声音与气能结合，也和音乐相呼应。因为声音会随内心变化而变化，所以：

（1）内心平静声音也就心平气和；

（2）内心清顺畅达时，就会有清亮和畅的声音；

（3）内心渐趋兴盛之时，就有言语偏激之声。

这样不就可以从一个人的声音判断一个人的内心世界吗？有关这方面知识，《逸周书·视听篇》讲到四点值得研究：

（1）内心不诚实的人，说话声音支支吾吾，这是心虚的表现；

（2）内心诚信的人，说话声音清脆而且节奏分明，这是坦然的表现；

（3）内心卑鄙乖张的人，心怀鬼胎，因此声音阴阳怪气，非常刺耳；

（4）内心宽宏柔和的人，说话声音温柔和缓，如细水长流，不紧不慢。

《大戴礼记·少间篇》记载："商汤通过声音选取人。"《文王官人篇》"六征观人法"中有"听声处气"的办法。刘劭《人物志·九征篇》亦曾经涉及过声音取人之法，这里按先后排列如下：

《文王官人篇》认为，天地最初的元气产生万物，万物产生后自然有各种声音，而声音有刚烈有柔和，有的混浊，有的清脆；有的美好，有的丑恶，而刚柔、清浊、美恶都产生于声音本身。心性华丽夸诞的人，发出的声音就流宕发散；心性柔顺贞信的人，发出的声音就柔顺而有节制；心性卑鄙乖戾的人，发出的声音就嘶哑而丑恶；心性宽缓柔顺的人，发出的声音温和而又美好；贞信之气中正简易，仁义之气舒缓和悦，智能之气简练悉备，勇武之气雄壮直率。因此要聆听其发出的声音，判断气质的类型。

《人物志·九征篇》认为：容貌颜色的变化动作，是由于心气的作用，而心气的外在表现则是声音的变化了。人的气息结合则形成声音，声音和旋律节奏相适应，有的声音听起来有中和平缓的气象，有的声音听起来清雅流畅，有的声音听起来回旋荡漾。

人的声音，如同人的心性气质一样，各不相同。通过人的声音而判断人的心性气质，这样一来，人的聪慧愚笨、贤能奸邪就可以判断出来了！成年人固然可以通过声音判断人的道德品行，即使婴儿小孩，精血虽未充实完备，但是其才气性情的美好丑恶，也很容易被有识之士看破。《春秋左氏传》记载鲁昭公二十八年，伯石刚生下来时，子容的母亲去告诉婆母说："大伯母生了一个儿子！"婆母要去看望，走到厅堂时，听到伯石的声音便掉头而回，说："是豺狼一样的声音！狼子野心昭然若揭，这恐怕要亡掉羊舌氏家族了！"于是没有看望伯石，而后来杨食我（即伯石）果然帮助祁盈覆灭了羊舌氏宗族；又记载，楚国司马子良生下儿子越椒，子文说："这孩子长得虎背熊腰，而发出的声音如同豺狼一般，如果不杀掉他，将来他一定毁掉若敖氏家族！"子文的预测后来也被证实。《晋书·桓温传》记载，桓温生下来不满一周，太原人温峤看见桓温说："这孩子骨相奇特，容貌非常，再让哭一声看看！"等听到桓温的哭声，温峤便说道："这真是一个英雄人物！"后来桓温果然以雄武之才专擅东晋朝政，甚至想窃取东晋的江山，这都是明显的例证。听声察音的说法，古人很少谈及，很难准确地解释，但是我们大家都熟知的事实是：男人生性气质刚强，所以声音就舒缓粗壮；女子生性气质柔和，所以声音就温润和蔼、美丽媚人；年龄大的人心力已衰耗殆

尽，所以其声音就松弛缓和；而婴儿幼童心气刚刚充实饱满，所以其声音就迅疾爽脱，其他的以此类推，也可以大致了解了。

我自己还认为，不仅声音可以帮助我们观察人、了解人，就是那些被人调弄演奏的乐器也可以反映出调弄、演奏者的心理状态；声音从人的喉舌发出，而乐器的声音则由人的手弹拨打击乐器而产生，人的喉舌虽然与乐器有很大的不同，但是产生声音的原始的、内在的动力则是一样的。《论语》记载孔子在卫国时打击磬石，有人身背草编的筐子走过孔家门口，说道："这个击磬的人很有心事啊！"过了一会这人又说道："庸鄙浅陋啊！怎么那样固执呢？大概是没有人了解自己吧！击磬的声音深切激越，但表达的感情则是浅显平易。"《吕览·季秋纪·精通篇》记载：钟子期夜晚听到

鎏金铜编钟　明

击磬的声音，感到十分悲伤，便派人把击磬人招来问道："您击磬的声音为什么那样悲哀呢？"击磬人回答说："我的父亲不幸因杀人而被处死，我的母亲因此被罚为公家酿酒，我自己被罚作公家的击磬人；我已经三年没有见到母亲了！我思量着如何能赎回母亲，却一点办法也没有，因为我自家也是公家的财产，因此心中十分悲哀！"钟子期感慨地说道："伤心啊！伤心啊！人心不是臂膀，臂膀也不是木椎、石磬，但是人的心里伤心悲痛，而木椎、石磬都有感应！"所以君子之人在一件事上精诚就能感通别的事物，自己有了真诚的感情就能感动别人，难道一定要苦苦劝说吗？《后汉书·祢衡传》记载，祢衡为渔阳百姓击鼓免过时，步履缓慢，容貌神态都大不一样，声音高昂激越，悲壮感人，听到的人无不慷慨感叹，悲愤不已。《晋书·王敦传》记载：晋武帝曾经召见时贤一起谈论声伎艺文之事，每个人都有自己的见解，众说纷纭，只有王敦坐在那儿，一言不发，好像与自己没有关系，但气色十分难堪，说自己只知道击鼓作乐，于是挽袖振袍，挥椎击鼓，鼓声和谐激昂，而王敦本人更是神气自得，旁若无人一般。当时举座时贤之辈均为王敦的雄迈豪爽的风度倾倒而赞叹不已。这四件事，两件是击磬，两件是击鼓，但通过击磬、击鼓表现人的心性气质是十分明显的。这也足以证明，通过乐器的调弄演奏也可以观察人的善恶智愚、清浊正邪了！也可能有人怀疑击磬、击鼓都是技艺之人干的事，而技艺精练老道的人，音节旋律都可以模仿，如何加以区别？但这些人不知道这样的道理，人只有了解了乐器而又不以调弄演奏乐器为业，他的精神风貌、心性气质才可以通过乐器表露出来；不然的话，天下的乐工多极了，整天里为了养家糊口，到处奔波，连自己的身体都无暇

顾及，又怎能向别人展示自己的精神气质呢?

通过语言来观察别人，也是观人术的一个重要类型。这里先追本溯源，叙述一下《易经·系辞》中的"六辞"和《孟子》中"知言"的记载如下:

《易经·系辞下》里说:一个人将要背叛你的时候，他的语言一定是惭愧歉疚;一个人心中有疑惑的时候，他的语言一定是支支吾吾，躲闪逃避;吉祥有福的人一定是沉默寡言;躁动不安的人一定是叽叽喳喳，说起来没完没了;诬陷别人的人，一定是讲话游移不定;没有立场、没有原则的人讲话一定是理不直、气不壮，唯唯诺诺。

《孟子·公孙丑篇》里说:不全面的言辞我知道它的片面性在哪里;过分的言辞我知道它的失误处在哪里;不合正道的言辞我知道它与正道分歧之处在哪里;躲躲闪闪的言辞我知道它的理屈之处在哪里。

王伯厚所著《困学纪闻》里说:"修饰言辞贵在心诚;如果是内在的修饰就是心诚意恳，如果是外在的修饰就是花言巧语了。《易经》很重视言语，《系辞上》以沉默而告终，是培养其诚恳;《系辞下》在'六辞'处结束，用以考验其是否诚恳;文辞并不仅限于言语，而是包括古往今来语言、文字!"我认为《易经》的六辞之法既然是考验人诚实与否的办法，那《孟子》的四辞之说应该也不会是例外，只不过孔子作《易经·系辞》的时候，诸子百家还没有兴盛起来，应该主要是通过言语观察人;至于孟子的时代，天下的学子不是信奉扬朱，就是信奉墨子，而且还有告子论述人性的言论，许行重视农业的言论，张仪、公孙衍、淳于髡之辈游说骋辩;而且上述这些人大都有著作传世，那么孟子"辞而辟之"的说法，就仅仅是言语了!但是言语却不能不包括在文辞之中，下面列表示意:

国学经典文库

文辞
　　{
　　修其内，——诚实，——默而成之，不言而行，
　　——成德之人。
　　修其外，——巧诈，——惭愧，支吾，多言，游词，屈穷。
　　——将要叛乱的人，心中有疑惑的人，急躁的人，诬陷他人的人，失其所守的人。
　　}

按照上面的列表看来，先民德行全备的人，可以做到不言而信，沉默恭行;所以孔子看见温伯雪子而不发一言，大概观察人，开始时并不需要听他说话才予判断;再次一等的才需要观察他的言语，也就是《论语》所说"一开始的时候，我对于人是听到他讲什么就信他会做什么";再次一等就是观察他的言语而不足以评判他的行为，就是《论语》中所说"现在我对于一个人是听到他讲什么后再看他干什么";最下一等的就是，看到他的行动，众人都不相信，但这已超出通过言语观人察士的范围了;内在修养和外在修养的区别就是这样，企图观人察士的人可以进一步考察!

至于通过观察一个人的言语来断定一个人的贤能与否、聪明愚笨、祸患福气，这样的历史事实很多，例如《春秋左氏传》鲁襄公十四年记载:卫国的国君在郑这个地方，臧纥去齐国慰问。卫国国君与臧纥说话时态度粗暴无礼，臧纥回来后告诉别人说:"卫国国君恐怕不能回国了!他讲的话如同粪土一样!流亡

在外却不知道改变自己的行为方式，怎么能够回国恢复政权？"子展、子鲜两个人听见这话，就见臧纥，与他交谈了一阵。臧纥在道路上又对别人说："卫国国君肯定会回国的，因为子展、子鲜两个都主张卫国国君回国，一个推，一个拉，想不让卫国国君回国是不可能的！"

又如《左传》鲁襄公三十一年正月记载：鲁国的穆叔在晋国参加朝会回来后告诉孟孝伯说："赵孟这个人快要死了！他说话刻薄，不像一个君主；而且年龄不超过五十岁，说起话来像七老八十似的，啰哩啰唆，他肯定长不了！如果赵孟死了，执掌朝政者可能会是韩子。您为什么不去告诉季孙？可以与他建立友善的关系，这个人是个君子。"孟孝伯说："世上做君主的那么多！有几个说话不尖酸刻薄的？现在是朝不谋夕了，还要和他建立什么友善关系？"穆叔便对人说："孟孝伯这个人快要死了！我告诉他晋国赵孟说话尖酸刻薄，而孟孝伯说话更尖酸刻薄！"九月，孟孝伯死去。

上述两则告诉我们的是多么深刻而明显的道理：卫国国君说话如粪土一样臭不可闻，臧纥因此断定他不能回归故土；子展、子鲜与臧纥的一席谈话使臧纥断言二人足以拥戴卫国国君返国；赵孟执掌国政而言语尖酸刻薄，因此必死无疑，而孟孝伯气力衰竭，也就是所谓"自顾不暇，何况他人"。这些都是绝对可信的道理。其他的例子如馣明长相丑恶，如果不是堂下有一番议论，叔向几乎与他失之交臂；范雎进见王稽，没谈几句话，王稽已经知道他是贤能之辈：言语与人的聪明愚笨、贤能奸诈关系太密切了！

通过言语观人察士的功效，已经如上所述，那么言语的品类等级如何判定呢？《礼记·曲礼》"口容止"条注释认为不要随便乱说。《王制篇》"识亦言"条里四条诛死罪中有诛及言语的情况，这就是"言语伪诈而又强词夺理，顺应无理而又花言巧语；"《大戴礼记》中有"恶言"，"忿言"，"流言"，"烦言"的分类；《韩诗外传》论述言辞时有"隐语"，"讳语"，"移语"，"苟语"的分别；子部书中如《鬼谷子》里有"佞言"，"谀言"，"平言"，"戚言"，"静言"的分法，名称实在是太多了。我自己认为，古时候人所说的话都很诚恳忠实，如果说话不诚恳忠实，便会流于花言巧语；所以《尚书》说："何必害怕花言巧语十分诣佞的人！"《诗经》里有"巧言如簧，颜之厚矣"的诗句。《论语》中说："那些花言巧语的人，很少有仁德！"上述诸书都断定花言巧语是不好的言语，但没有定花言巧语是什么样的言语。大概花言巧语是美好华丽的言语，但美好而华丽的言语从来都不讲信用。谄媚别人的，谗毁别人的都是用美好而华丽的语言；花言巧语是实行欺诈的语言，一切伤风败俗的无耻行径都是在花言巧语下进行；我们观察他人言语，只能取那些没有华丽辞藻的朴实言语。

宋瑾撰写的《古观人法》也通过言语评定君子小人的说法："言语平易浅近而意义深远悠长，简单明了，清越激昂而又能隐恶扬善，表达自然朴素，出语温和厚道，平实和气而又自出天性，能做到这样的人是在上位的君子；言语拘谨，不苟言笑而又耻于谈及自己的长处，乐于说及别人的善处，不掩饰自己的过失，不揭露别人的隐私，是身居下位的君子；言语奸诈邪深，对事情穷根追底，喜欢

高谈阔论，旁若无人而又能控制局面，学问渊博，出语温顺，但是不知道自己的过失而别人又不能驳倒。这样的人是身居上位的小人；言语杂乱无序，话很多而道理不明，随声附和别人而无主见，轻易改变自己的观点而很少有实话，听到别人的隐私就津津乐道，没有穷止，明知道别人具有仁义道德却百般刁难，万般排挤。这样的人，是身居下位的小人。

老子说："最善辩论的人就像不善讲话的一样。"孔子说："君子言语迟钝而行事敏捷。"由此可知，口不善言的人未必有什么损失，巧言善辩的人也未必有什么收获。辩论的内容应该符合道理，而天下最大的道理，是不辩自明的，长篇大论、滔滔不绝地探讨这些明显的道理，又有什么意义呢？君子应该是说到做到，如果他把主要精力用在言辩上，那么在行动上就不得不懈怠，人不可能在言情事物两方面都很博大精通，这也是可以肯定的。赵文子的话讷讷不畅，就像不是从他嘴里说出来的一样，但他所举荐的晋国管库之士，却有七十多家；周勃、张相如被当时的人称为德高望重的长者，但他们谈事情有时都说不出话来。因此可知采辩去讷的人，他考察任用人的依据，肯定有不合乎道理的地方。古书中记载采辩去讷的事例，则如下所举：

《续世说·奸佞类》：郑注本来姓鱼，人们都把他看作是水中的动物。他因行医穿梭于长安的权贵富豪之家。李愬镇守襄阳时，曾得到过他的治疗，效果很好，后来他移镇徐州后，便让郑注参与决断军政大事。郑注长于诡辩，阳奉阴违，善于了解别人的心意而投其所好，但他又作威作福，因此军府中的人都很憎恶他。监军王守澄曾很气愤地把人们对郑注的看法告诉李愬，李愬说："他真是一个奇才。将军可以与他谈一谈，如果觉得不满意再让他走也不晚。"李愬让郑注去拜访王守澄，开始王守澄还面带怒容，等到交谈起来，郑注能言善辩，纵横捭阖，所说的话都合乎他的心意，于是王守澄顿生相见恨晚的感觉。后来王守澄入朝做枢密使，郑注于是很受重用。御史李款上折弹劾郑注对内结交宦官，对外结交大臣，要求将他交付司法部门查办，十天之内，他接连上呈了几十个奏章。王守澄知道后，把郑注藏在了右军中。中尉官韦元素等都非常憎恶郑注，左军将佐李宏楚对韦元素说："郑注奸佞狡猾，天下无双，如果不能趁他在卵壳的时候除掉他，一旦羽翼丰满，肯定会成为国家的心腹大患。现在因为御史弹劾他，藏在军中，请让我以您的名义去找他，就伪称您有口疾，让他给治疗一下，我们趁机抓住他。"韦元素认为这样很好，就让李宏楚去找他。郑注来了以后，先是点头哈腰，接着，奸佞的话语便像泉水一样喷涌而出，韦元素不知不觉地便握住了他的手，显得很亲热，听他谈话都忘了疲倦，最后赠给他很多金银布帛并送走了他。

《汉书·儒林传·申公传》：皇上，让使者在车上装上了布帛宝玉，用蒲草包裹住车轮子，赶着四匹马驾的车去迎接申公他的两个弟子赵绾、王臧坐着轻便的驿车跟随。接回后，申公去参见皇上，皇上向他询问治理国家的事情。申公这时已是八十多岁的老人了，他回答说："把国家治理好不在于说得多，而是在于多做实事。"这时皇上正喜好文章辞赋一类事，听了申公的回答，沉默了起来。

但既然已把申公召来了，便任命他为中大夫，安排在鲁邸居住，商议政教之事。太皇窦太后喜欢老子的理论，不喜欢儒术，她寻找到赵绾、王臧的过错责备皇上说："这是想重新做新垣平啊！"皇上因此废掉了政教之事，撤了赵绾、王臧的官职，他们全都自杀了；申公也因病免官回家，几年后便死了。

古语说："一样米养百样人"，世上没有两片一样的树叶，人物也是如此。从性格上去分类，或是从专长上去分类，彼此的质性都不可能相同，必有差别。因为质性不同，所以在谈话与辩论时，必定会发生种种的偏差，疏失与障碍。我们要善于抓住这些偏差，分析其中的道理，即可以用来认识人。

刘邵认为天下有四理，明识四理的人分为四家：道理家、事理家、义理家、情理家。由于不明于理而会产生"情有九失""流有七似""说有三失""难有六构"等在人物交往过程中所产生的诸多困难，由此而总结出通天下之理的八种能力，即"八能之通"。

话要说得妥当，事情要处理得宜，就必须讲求一个"理"字。可是我们把一件事放在众人面前讨论，很难获得一致的看法。甚至有许多观点完全对立，针锋相对，互不退让，导致不欢而散。原来的讨论会到最后变成辩论会，甚至发生观点战，这种事现在从地方到中央都存在。

为什么会演变成这种情况呢？主要因为人多、道理多之故。人一多，彼此材质不同，所持的观点就会不一样，甚至对立，所以说"人才异则情诡"；至于道理多，你认为你有理，他认为他有理，如此就很难沟通了，所以说："理多品则难通"。

彼此无法沟通，互不接受对立的观点，那么要讲求意见上的统一就相当困难了。

【经典实例】

曾国藩听音知罗萱

罗萱，字伯宜，湘潭人。父汝怀，道光十七年（1837）拔贡，曾任过芷江学训导，候选内阁中书，以学行闻于时，著有《湖南褒忠录》。罗萱生有凤慧，工诗文书法，能传其父学。为诸生，屡列优等。倡导经世之学，领湖南诗坛风骚数百年，著名的封疆大吏贺长龄，以"家风不可及"闻名遐迩的新化邓显鹤、沈道宽对他都很器重。

曾国藩奉命办团练，招揽人才之时，"湘乡奇伟非常之士，争自剖磨立功名，肩相摩，指相望。"罗萱是最早应募到曾门的人之一，传说当时每天都有百十人到营中报名，曾国藩一一召见，问询长短，稍有才能的人都留了下来。一天，曾国藩已召见多人，倦极不见客。正在似睡非睡时，忽听外面有吵声，起身向窗外一望，但见一位身材不高，只穿一件单衣的青年人被守门人拦住。青年人声音朗朗，气质非凡，但任凭怎样讲，守门人仍不放行。青年人也不气馁，大有不见曾

国藩不罢休的气势。正在僵持之际，曾国藩推门而出，并喊住守门人，对罗萱说："听君的声音爽朗圆润，必是内沉中气，才质非凡之人。"遂将罗萱引入上宾之位，俩人叙谈起来。随后，曾国藩立即决定让罗萱掌管书记，日常文牍往还，也一并交给了他。

曾国藩率湘军东下时，罗萱以亲老欲辞，但曾国藩写信请他入府，并说："今专足走省，敬迓文旌，望即日戒涂，惠然遄臻，无为曲礼臆说所误。蟾蜍裹沙而不行，於菟腾风而万里。士各有志，不相及也。千万千万！祷切祷切！"咸丰五年（1855）曾国藩入南昌，重整水师；后进屯南康，设置楚师三局，制造弹药武器，又设船厂，建内湖水师。四月，罗萱随曾国藩经吴城入南康。六月，在青山营次与塔齐布会商军务。七月，随曾国藩吊湘军著名将领塔齐布。

塔齐布是与罗泽南齐名的湘军将领。姓托尔佳氏，满洲镶黄旗人。受都统乌兰泰器重，由火器营护军升三等护卫。咸丰六年（1856）发湖南，以都司用。次年秋，以守长沙功，署中军参将。当时曾国藩用戚继光法训练士卒，每当检阅步卒，塔齐布都穿着短衣，腿插短刀侍立一旁。曾国藩很奇怪这位身材高大，面身赤红的满族军官。与之相谈，大为赞赏。及至他辖下的军中检查，见其训练精严，曾国藩退而叹息：绿营兵有这样的已是凤毛麟角，因此更加敬佩塔齐布。但副将清德却忌恨塔齐布的才勇，常在提督鲍起豹的面前讲塔齐布的坏话，提督也不分青红皂白，多次羞辱他。曾国藩于是上疏弹劾副将，举荐塔齐布忠勇可大用，并说："塔齐布将来如出战不力，臣甘与同罪。"咸丰帝为此革清德职，加塔齐布副将衔。塔齐布因此很感激曾国藩。

曾国藩手札

塔齐布平时有愚憨、无能之态，及至战场，摩拳切齿，口流唾沫，一副好似要生吞对方的架势。尤好单骑逼近敌垒侦视虚实，几次进入危境，都转危为安。

咸丰四年（1854），塔齐布以收复湘潭功，超升湖南提督，鲍起豹被革职。塔齐布位至大帅后，遍赏提标兵，收人心，并在左臂刺"忠心报国"四字，得士卒死力。每当深夜，呼亲卒相语家事，说到悲痛事，相对泣泪以流。塔齐布以严于治军，并能与士卒同甘苦著称。一次，德化县令给这位大帅送了一张莞席，塔齐布说："军士皆卧草土，我睡莞席，岂能安枕？"立令退回。该年底，曾国藩正驻军南昌，塔齐布驻扎九江，隔庐山相望，因太平军往来攻袭，两人多日不通音信，曾国藩为此十分焦虑。除夕前一天，塔齐布攻九江，后因寡不敌众，单骑败走乡间，马陷泥潭中，迷失道路。后被一位乡农带回家中。次日，各军以塔

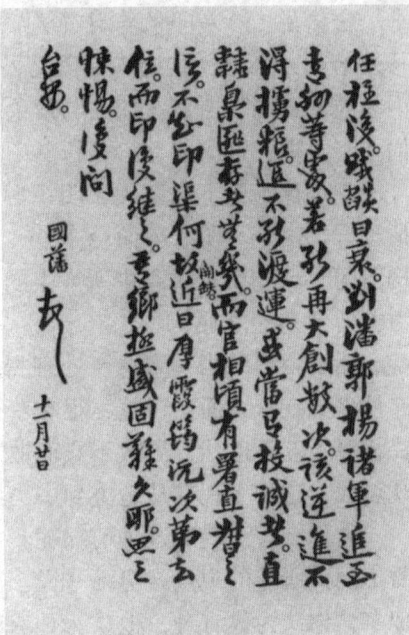

齐布未回，汹汹如所失，士卒哭作一团。曾国藩也悲痛不已。三更时，乡农将塔齐布送回，曾国藩、罗泽南立即而起，光着脚出去相迎，三人抱在一起，以泪诉劳苦。便塔齐布却谈笑自若地说："饿极了，快拿饭给我吃。"各营官都惊喜异常，饭毕，已是元旦。

咸丰五年（1855）夏，曾国藩遣李元度率平江勇渡河攻湖口，约定次日塔齐布攻九江，使太平军腹背受敌。清晨，塔齐布忽患心悸而卒，年35岁。据说，塔齐布每战前，先让百名亲兵蒙面，从中选一人为掌纛，每战必胜。死前的一个晚上，选掌纛时，有一纯施粉墨者，塔齐布见之，默然不悦，勉强说："好！好！纛授你了。"第二天即卒。七月十九日，罗萱随曾国藩驰赴九江陆营，吊念塔齐布。并派副将玉山等300人护丧到南昌。

咸丰五、六年（1855～1856）间，是曾国藩处境最困难的时期。戎马倥偬，而客居江西，兵饷皆不宽足，又受太平军石达开部不时攻袭，常常是停泊船上，不用说安生休息，性命也时有不保。为了取得朝廷的信任，还必须经常奏报军中缓急。而罗萱上马操剑，下马走笔，兼具文武，形影不离，是难得的人才。曾国藩每有上疏，罗萱皆操笔如流。有时"警报骤逼，势危甚"，罗萱也"甘心同命"。又时常调节诸将之间的矛盾，使各当其意以去。六年，翼王石达开入江西，攻陷瑞、临、袁、吉、抚、建诸郡，省城孤悬。罗萱领湘军三千人攻建昌，城即破，但太平军援军忽至，都司黄虎臣战死，城未攻下。于是曾国藩又令其攻抚州，将至，又得知曾国华、刘腾鸿等自鄂援江攻瑞州，曾国藩又令他自抚州赴瑞合攻。在瑞州，罗萱与刘腾鸿等与太平军展开了殊死战，八战皆捷，取得了瑞州战役的胜利。曾国藩坐视瑞州后，罗萱以久在军中，遂向曾国藩乞假归湘中。

不久，巡抚骆秉章召罗萱治湘潭团练，刘培元招罗萱至衢州与谋军事。罗萱稍规大计，皆不肯久留，亦自以文士不欲竟弃科举，屡应省试，终不第。同治元年（1862），拜曾国藩于安庆，又至其从兄记名提督罗逢元于当涂，也不欲久居。家居后更加专心学问。同治二年，郭嵩焘升任广东巡抚，屡召罗萱到广州，委托他创立水师，罗又谢归。又同刘德谦领威信军防郴，不久，霆军叛勇溃入粤，罗萱进屯乐昌。地方官命增募威震军，乱平而归。从此，罗萱不再关注兵事。

罗萱是喜欢贡献才智又不愿仕进的人，回到家乡后本想专心读书，以写作终其生。可是，地方大员及同乡亲朋不断召其入幕，他均婉言谢绝。同治七年（1869）十一月，既是同乡挚友而平生又很钦佩的黄润昌奉命入黔，与记名布政使席宝田会同镇压起义。黄润昌再三请求，罗萱入军营掌文案，兼理营务处。每天白天出外领队作战，夜晚笔削奏牍。

黄润昌原受曾国荃的赏识，咸丰九年（1859）召入安徽军营。当他千里迢迢抵至皖营时，正值曾国荃已南还家中，因无依靠，便借居太湖药局，不久生病，想粗装逃出。后被侍卫吴德水招入营就医。礼部主事李榕，当时在曾国藩处充营务，与之相见，十分高兴，遂进入曾国藩的幕僚。次年，在攻复安庆中，黄润昌成功地策动了程学启反叛，后帮李鸿章立足上海，十一年，又招抚皖南太平军。立坤字前、后营，又立蔡字、平字、猛字诸营。同治三年，因随攻金陵，加布政

使衔。

黄润昌得檄令已是腊月，黔省极为寒冷，罗萱到营后随即开赴清溪。清溪是原邓子垣的军所。安营扎寨后，罗萱和黄润昌分辩向，设水师，作战守，作大举进攻的准备。湘军进入黔境后，先后攻克铜仁、遵义等五郡，而南路进攻受阻。罗萱与邓子垣一同到席宝田处请战。同治八年（1870）三月，黄润昌、罗萱遇伏战死。黄润昌年仅29岁，罗萱年43岁。

罗萱貌温雅，文翰流美，而性极恬退，从军十余年，不趋便营利，亦不图仕进，至死还是个知府。著有《仪郑堂文笺注》二卷，《粤游日记》一卷，《蓼花斋诗词》四卷。

抗金名将岳飞

岳飞字鹏举，宋徽宗崇宁二年（1103年）二月十五日出生。据说岳飞出世那天，他那响亮的啼声惊醒一只停在他家茅屋上的大鸟张起双翼，在天空中飞鸣起来。父亲岳和便替儿子取名叫"飞"，别号"鹏举"。希望儿子将来鹏程万里，远走高飞。

岳飞出世还没满月，就遇到黄河决口，滔滔洪水淹没了整个汤阴县。岳飞一家随乡亲惊惶奔逃。这时岳和又走散了，在大水就要吞没岳飞母子时，岳飞的母亲姚氏急中生智，连忙抱着岳飞跳进一口大瓦缸里，顺水漂到岸边，才给人救起，一家人又得团聚。

岳飞家境贫穷，自幼便帮父母干些农活。虽然上不起学，但他却很爱读书写字，母亲姚氏便在地上，用树枝教他写字，还经常给他讲古代英雄豪杰的故事。岳飞天资颖悟，少年时便有志气节操，性格朴实敦厚。他喜欢读《春秋左氏传》及孙、吴兵法，对用兵打仗有浓厚的兴趣。

成年后，父亲便把他送到一个有钱的人家韩府去当家丁。给人家看家护院要勇敢、有力，能对付强盗歹徒什么的。岳飞天生有神力，能拉300斤的硬弓，8石的强弩。11岁时，外祖父就带他到县里著名的刀枪手陈广处学枪法。后来又向本村武林高手周同学习射箭。周同老人见岳飞年少有志，勤奋刻苦，便把一辈子掌握的精湛武艺，全教给了岳飞，还把自己最心爱的一支劲弓送给了岳飞，岳飞在他的精心指导下，能左右开弓，百发百中。

岳飞像

　　这时北方的金国，不断地侵犯宋朝。金兵逼近汴京时，宋徽宗吓得昏倒在地，苏醒过来以后，连皇帝都不敢当了。公元 1125 年十二月退位，称"太上皇"。他的儿子赵桓继位，是为宋钦宗。钦宗和他父亲一样，也是个昏庸懦弱的软蛋。宋钦宗靖康元年（1126 年）八月，金太宗又出动大军南下，十一月便逼近开封。京城无赖郭京声言他会神术"六甲法"，只要挑选七千七百七十七人，经过咒语训练后，便刀枪不入，即可捉拿金兵两路元帅，消灭金军一个不剩。兵部尚书孙傅立刻推荐给钦宗，钦宗对郭京封官赏银。郭京坐在汴京城楼上，装腔作势。他命城上的守军全部撤退，妄称凡人偷看一眼，他的神术就失灵了。郭京在实在混不下去的情况下，便携带金银财宝溜出城门，向南逃得无影无踪。金军不费一兵一卒，便开进汴京。

　　宋钦宗带领大臣，赶到金军元帅大营送上降表，向金国称臣。还派出大批官员，三番五次地向富豪之家大肆搜刮金银财宝，以讨好金军。至于朝廷府库就不用他操心了。因为金军进城就查封了。宋钦宗靠送白银黄金和劳军的美女，仅维持了两个多月的帝王生活，第二年春天，就被扣压起来。金太宗下令，把徽宗、钦宗、太后、皇后、妃子、公主，甚至驸马和宦官，以及各种工匠等 3000 多人，全部押送到金国当奴隶。一队队的牛车、马车载着金 1000 万锭、银 2000 万锭、绢 1000 万匹，其他财宝、文物图书不计其数，洋洋自得地回国了。

　　北宋王朝就这样被金国灭亡了。

　　这次野蛮的颠覆和掠夺发生在北宋靖康年间，所以历史上称之为"靖康之耻"。

　　金军在退走以前，曾在宋朝当过宰相的投降派头目张邦昌做了傀儡皇帝，国号楚。可是张邦昌只过了 36 天的皇帝瘾，就被赶下台了。

　　公元 1127 年五月初一，康王赵构在文武百官的拥立下，于南京应天府（今河南商丘）即位做了皇帝，改年号为建炎，是为宋高宗。他重建的宋朝，历史上叫南宋。

　　赵构是宋徽宗的第九个儿子。开封沦陷之前，他的哥哥宋钦宗封他为"天下兵马大元帅"，让他出汴京集结"勤王"兵力，他才逃脱了当俘虏的厄运。

　　岳飞早在公元 122 年宋朝"联金抗辽"之际，便被真定府路安抚使刘韐以"敢战士"招募入伍。不久，其父病故，岳飞回家奔丧，离开了部队。在国家又遭受危难之际，20 岁的岳飞，决心从军抗金。年迈多病的岳母深明大义，支持岳飞从戎报国。一天晚上，他让儿子把衣服脱下来，岳飞跪在母亲的面前，在灯光下，岳母用针在他的背上刺"精忠报国"四个字，岳飞忍痛接受母亲的期望和勉励。

　　岳飞在相州投身于康王麾下。开封一天比一天危急，岳飞眼看着康王虽竖起抗金的旗帜，招兵买马，却畏敌如虎，不敢进军北上迎敌，而是尽量避开金兵的锋芒，躲得越远越好。岳飞眼巴巴地看着开封失守，非常激愤，但又敢怒不敢言。

　　高宗继位后，起用抗战派李纲做宰相；任命投降派黄潜善任中书侍郎，掌朝

政大权；任命汪伯彦担任同知枢密院事，执掌军权。宋高宗同徽、钦二宗一样是软骨头。他不但不敢把都城迁回汴京，甚至连应天府也不敢久留。立朝后，在黄、汪二奸臣的怂恿下，就逃到繁华的扬州，把扬州做了临时首都，日日夜夜饮酒作乐，过着荒淫无谌的生活。宰相李纲决心收复失地，多次上书宋高宗要巡视部队，鼓舞士气；要向北迁都，组织、支持地方的抗金义军；要起用能人，疏远奸邪……这些建议高宗听得不耐烦。黄、汪二人乘机离间，他们说李纲名气大，要压过皇帝了，是个最危险的人物；金国最不喜欢李纲，有他在，金兵早晚还会打过来。于是宋高宗仅在立朝75天，就把忠心耿耿的李纲罢免了。

岳飞再也按捺不住自己的愤怒了，毅然向高宗呈上一份长达数千言的奏章。指责黄潜善、汪伯彦这些人送皇上的车驾一天天向南，这些弄权误国的奸臣不能维系中原百姓的信仰。……

黄、汪二人看到岳飞的奏章，恼羞成怒，在高宗面前进献谗言，告岳飞干涉国事。说他现在这么小的一个官就敢上书言事。将来难免会造反。高宗从其言，以"小臣越职，非所宜言"罪，罢免官职，令其回乡。

岳飞被夺官归田后，金兵又一次大举南犯。岳飞在家乡再也呆不住了。

当时，河北招抚使张所正在招募天下的英雄豪杰。岳飞认为张所是个忠心报国的良将便前去投奔。张所也早就听说岳飞治军有方，打过许多胜仗。两人一见，果然很投机。张所问岳飞："听说你打仗勇猛，你一人到底能对付多少金兵？"岳飞答道："战争的胜负不能光凭将领勇猛不怕死，用兵之道，首要还是制定计谋。"

张所深以为然，他感到岳飞确实是一位了不起的军事奇才，立即派他任中军统领，跟随都统王彦，带7000精兵渡过黄河去攻打卫州的新乡等地。王彦贪生怕死，不敢正面迎击金军。岳飞只好亲率一军猛冲敌阵，金兵招架不住，被杀得人仰马翻，连金军的大旗也被岳飞夺得。他冲锋陷阵，锐不可当。宋军将士见岳飞如此威风，个个英勇无畏，战斗中活捉了金军千户阿里孛。新乡又回到宋朝掌管之中了。

岳飞作为一个偏将，在新乡战斗中发挥了主将的作用，确实立下了大功，这一点王彦虽然心里明白，但却嫉妒不已，对岳飞不配合不支持。但岳飞仍又打了几次胜仗，把敌将黑风大王刺于马下，活捉金兵统帅拓跋耶马等，缴获了无数的战利品。至此，金兵就给岳飞打怕了，都称岳飞为"岳爷爷"，望到"岳"字战旗，就魂飞魄散。

对岳飞有知遇之恩的张所，后来被主和派罗织罪名罢官免职。河北招抚使之职由王彦继任。岳飞本来对罢免张所就很不平，心胸狭窄的王彦又当上了自己的顶头上司，他就更加气愤。于是，带领自己的人马重去投奔宗泽。

当年，岳飞应募参加赵构的军队后，有一段时间曾在副元帅宗泽的领导下，参加过解救汴京的战斗，立下不少的战功。宗泽十分赏识岳飞。有一次，他对岳飞说："论勇、论智、论才，你都比得上古之良将。但你只会野战这是不够的。"说着宗泽把一些绘制好的阵图递给岳飞。岳飞感激老前辈对自己的培养和厚爱，

但却不赞成老帅的意见。他说："古今时势不同，每个战场的地形、险易也有区别，怎么能按照固定的阵图用兵呢？"宗泽反问道："依你之见，古人的兵书、阵法就都没用了吗？"岳飞又答道："先布阵而后作战，这是用兵的常法，但形势常有变化，布阵就不能拘泥阵图。所谓运用之妙，全系一心，这就要看指挥员能否审时度势，以变制变了。"宗泽听了岳飞的论兵之道，觉得耳目一新。因为北宋期间的将帅出征，都是按照皇帝亲自颁发的阵图去布阵作战，把将领们束缚住了，宗泽也自然深受影响。所以，听了岳飞的议论后，觉得他的军事思想是很了不起的。

高宗继位后，经李纲的推荐任命宗泽担任东京留守兼开封知府。岳飞此次投奔帐下，宗泽十分高兴，遂任命岳飞做他的留守司统领。不久，又升任他做都统领。岳飞协助宗泽安定汴京，招募壮士，训练部队。在城外设立了 24 个据点，保卫京城，沿着黄河修建堡寨，称为连珠寨，形成巩固的防线。宗泽一连 20 多次上书，请求高宗回师汴京，高宗置之不理，沉迷偏安于一隅，宗泽忧愤成疾，背生疔疮，整天诵吟杜甫"出师未捷身先死，长使英雄泪满襟"等诗句抒发自己的郁闷心情。建炎四年（1130 年），70 岁的老将宗泽含恨而死。死前连喊："过河！过河！过河！"

宗泽死后，朝廷命杜充接任开封留守。杜充是一个贪生怕死的无能之辈。金国得知宗泽已死，便派骁将黏罕率 50 万大军侵犯汴京。杜充根本无心留守，便以南下"勤王"之名，率部退到建康。金军轻而易举地开进汴京。

昏庸的高宗又将留守建康的重任交给了擅离开封的杜充。杜充在建康整天吃喝玩乐，不问兵事。金军统帅兀术率兵从马家渡越过长江天险时，他根本没有设防。他怕金兵破城后怒杀了自己，索性出城投降，保全活命。

岳飞在主帅弃城，军心涣散的形势下，无力据守，为了保存实力，只得撤离建康城，转移至淮南、广德一带。他在这一带六次袭击金军，六战皆捷。俘虏金兵数千人，生擒金兵猛将王权。

建康失守后，在扬州歌舞升平的宋高宗如梦初醒，慌忙逃到杭州。到了杭州又逍遥快活起来，整天忙着建行宫，修御花园，游山玩水，养金鱼。可是金人却看准这个昏庸的皇帝好欺侮，兀术便从安徽广德打来，流亡朝廷又慌忙逃到越州（绍兴），在越州又觉得不保险，便又逃到明州（宁波）、定海（镇海），后来索性就漂流海面，不敢上陆了。兀术得知高宗走海道出逃，索性自己也抛弃战马，下海去追，一直追出 300 多里。

兀术为什么没有追上这个毫无抵抗力的皇帝呢？那是因为在海上有宋朝水师的堵截，在陆地上有岳飞紧紧尾追他的主力部队。兀术这才认识到孤军深入的危险性。于是放弃南进灭宋的计划，准备由杭州沿大运河北撤。

当金军撤至常州时，岳飞突然从宜兴杀过来，四次阻击，大败金兵，活捉金军万户少主孛堇等 11 个大头目。金兵死伤不计其数。

当金军北撤到镇江附近时，又遭到南宋大将韩世忠的拦击。金兵有 10 万，韩世忠手下宋军才有 8000 人，双方在江边摆开阵势，展开决战。韩世忠披挂上

阵，他的夫人梁红玉身着戎装，在江心的一艘战船擂鼓助威，金兵死伤无数，兀术险些被活捉，他的女婿龙虎大王被俘虏。这就是历史上著名的黄天荡大战。

金兀术在黄天荡被围困48天后，摆脱了韩世忠的阻击，逃到金兵占据的建康，准备在那里休整，他下令大抢3天。这时岳飞已在建康的牛头山布下天罗地网。他选派数百精兵，穿着黑色衣服，入夜时潜入金军大营，在约定的时间里应外合，潜伏的数百宋军个个以一当十，猛袭中军大帐。外围的宋军杀声震天。金兵一听是岳家军吓得慌不择路，只知向北逃跑。牛头山伏击战，共杀死金军大小将领170多人，士兵数千人，缴获军用物资不计其数，南下金军全部覆没。

岳飞大获全胜，收复了江南巨镇建康。岳飞从此成名远扬。

金兀术自建康惨败后，改变了直逼江南的战略。准备先攻取川、陕地区，控制长江上游，然后顺流东下，徐图灭宋。在中原则主要依靠伪齐军队来牵制宋军。

公元1130年金国在开封拥立了一个傀儡政权，册封刘豫当他们的儿皇帝，称为齐国。刘豫在北宋末年历任殿中侍御史、河北提刑等职。高宗建炎二年（1128年）知济南府，杀济南抗金将领关胜后降金。受金册封为"齐帝"后，多次配合金兵攻宋。绍兴三年（1133年），刘豫伪军相继占领了襄阳、唐、随、邓、郢、信阳六州，控制了江汉一带要地，切断了南宋与川、陕地区的联系，使他们得以与金主力相配合，造成压迫江浙之势。

岳飞连续上奏高宗，他说："襄阳六郡，地为险要，恢复中原，此为基本。"高宗从江、浙安全着想，勉强同意了岳飞的主张，但对他的用兵严加限制，规定六州收复后，不得越界进兵。

绍兴四年（1134年）五月一日，岳飞率军出征，战船渡到长江中流，岳飞对幕僚们说："我不擒获贼寇，就不渡过此江！"郢州伪将京超号称"万人敌"，凭借坚城抗拒岳飞。岳飞擂鼓催动士兵登城，京超跳崖而死，收复郢州。接着，派遣张宪、徐庆收复随州。岳飞赶到襄阳，李成迎战，左翼靠着襄江，岳飞笑道："步兵适宜在险阻地区作战，骑兵适宜在开阔平地作战。李成左翼骑兵排列在江岸，右翼步兵排列在平地，虽有10万军队又能有什么作为。"他举起马鞭指着王贵说："你用使长枪的步兵进攻李成的骑兵。"指着牛皋说："你用骑兵攻击他的步兵。"两军交锋，李成军的战马应枪倒毙，后面的骑兵都被挤着掉入江中，步兵死亡不计其数，李成连夜逃走，岳飞收复襄阳。

岳飞进军邓州，李成和金将刘合孛堇排列营寨抗拒岳飞。岳飞派遣王贵、张宪乘敌军不备发起攻击，敌军大败，仅有刘合孛堇只身逃脱。李成的党羽高仲退保邓州城，岳飞率领军队一鼓作气攻下邓州城，擒获高仲，收复邓州。最后收复了唐州、信阳。

岳飞以迅雷不及掩耳之势，不到3个月就收复了襄阳六州，捷报传到临安，朝野一片欢腾。高宗也惊叹不已，十分高兴，几次接见岳飞。岳飞趁此良机，面奏他恢复中原的谋略和决心。卖国贼秦桧，怕得要死，他千方百计地通过高宗节制岳飞的军事行动。令其班师回朝，驻守鄂州（今武汉市武昌）。

绍兴七年（1137 年），宋朝抓到一个金兀术的密探，岳飞计上心来，决定利用这个密探除掉刘豫这个心腹之患。岳飞叫部下把那个人绑到大帐里，岳飞一见那人就佯装认错了人，对部下说："松绑！"随后又对那人说"你不是张斌吗？我派你到大齐约齐豫引诱四太子（即金兀术），你怎么一去不复返了。我只好又派人去联系，刘豫已经答应我今年冬天以联合进攻长江为名，把四太子骗到清河。你拿着我的信竟然不送，难道是要背叛我？"侦探怕死，假意认罪，请求戴罪立功。岳飞说："先饶你这一次，给你一个立功的机会，你拿着我的信去见刘豫，问明出兵的时间。"于是岳飞给刘豫写了一封信，把那人的大腿割开了一个口子，将密信放入，然后包好，警告他不得泄露。那个侦探忍痛回到兀术处，向兀术报告了被岳飞捕获的全部经过，并将密信取出交给兀术。兀术看后大吃一惊，派人火速报告金国国君，于是刘豫被废。

刘豫被废黜后，岳飞又上奏说："应该乘废掉刘豫的机会，攻其不备，长驱直入，进取中原。"朝廷还是没有答复。不久，却晋封岳飞为"武昌郡开国侯"以示安抚。岳飞以 32 岁的年龄封侯，在别人看来应该意满志得了，但岳飞并非追逐功名之辈，他有忧无喜。一天，登上鄂州一座临江楼阁，凭栏北望，思绪万千，遂写下著名的《满江红》词：

> 怒发冲冠，凭栏处，潇潇雨歇。
> 抬望眼，仰天长啸，壮怀激烈。三十
> 功名尘与土，八千里路云和月。莫等
> 闲，白了少年头，空悲切。
>
> 靖康耻，犹未雪，臣子恨，何时
> 灭？驾长车，踏破贺兰山缺。壮志饥
> 餐胡虏肉，笑谈渴饮匈奴血。待重头，
> 收拾旧山河，朝天阙。

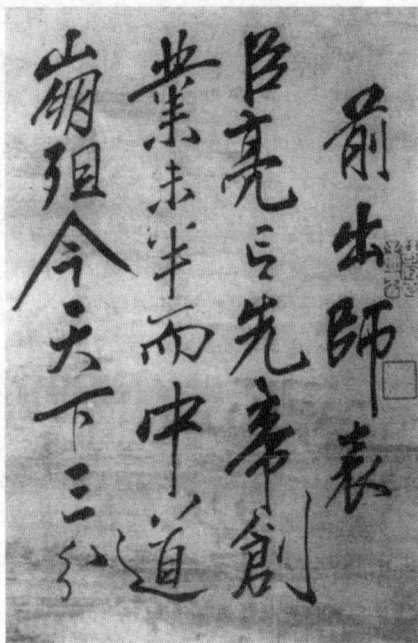

前出师表　宋　岳飞书

这首词抒发了岳飞报仇雪耻的雄心壮志和光复祖国山河的崇高理想。千百年来一直激励着中华儿女的爱国情怀。

南宋朝廷在金国没有直接入侵，相对稳定的形势下，开始着手解决内乱的问题，各地官员纷纷向朝廷请求派岳飞平定叛乱，镇压农民起义。

岳飞虽然受命解除过农民起义军的武装，但他的军队对老百姓却是秋毫无犯。"冻死不拆屋，饿死不掳掠"是岳家军的传统。有一士兵拿了百姓一缕丝麻去捆柴草，岳飞发现后，立即将他斩首。可见，岳飞的军纪是多么严厉！岳飞在平定虔州起义后，对官兵下令凡投降的义军一个不杀。可是由于这一带的义军曾袭击过隆祐皇太后，高宗恨之入骨，密令岳飞屠城报复。岳飞请求诛杀首恶，赦

免胁从，高宗不许。岳飞再三累奏，高宗冲着他的面才赦免了虔州城，百姓感其恩德，家家绘岳飞像供奉。

岳飞利用这一时机，驰骋江西、湖南等地，收降了各路抗金义军，聚集了众多的英雄豪杰。岳家军精锐部队发展到 3 万多人。岳家军不仅军纪严明，训练也很严格。在一次训练俯冲跳跃障碍这个项目时，他的儿子岳云从山坡上疾驰而下，马被绊倒，岳飞不由分说猛抽岳云一顿军鞭。可是战士生病了，岳飞却能亲自调药照顾。阵亡将士的家属子女，也能得到他的照顾、教育或抚养。凡朝廷的封赏犒劳，他都平均分给部下，自己不多拿一丝一毫。

蜀将吴玠一向敬佩岳飞。因为在当时，南宋的将帅大都妻妾成群，他也不惜重金在蜀地买个如意的美女，千里迢迢送给岳飞。岳飞不好意思正面推辞，便想出一个拒纳的点子。他让那个美人立在屏风后面，对她说："我家吃粗茶淡饭，穿布衣麻鞋，娘子如果不怕吃苦，就说愿意留下；若过不惯这种日子就请回自便。"那女子觉得当朝赫赫有名的王侯将帅之门，荣华富贵享都享不完，哪里会过那种清贫生活？这不纯粹是笑谈吗？再说就凭自己这副千娇百媚的好颜色，他能舍得打发我走吗？她只顾在屏风后嗤嗤地笑，也忘说"愿意留下"的话了。于是，岳飞对差使说："你看，她是不愿意留下，请带回去说我谢过吴将军了。"

在这样的将领统率下的军队，必然无敌于天下，金军一听岳家军，闻风丧胆，纷纷议论说："撼山易，撼岳家军难。"

金国大将兀术建康大败而回之后，主和派占了上风。金国统治者决定改变对中国的策略，以和议代替攻战，想通过谈判获得他们在战场所得不到的东西。于是向宋朝发出和议的信号。

南宋朝廷也分两派。主和派的代表秦桧，曾被金人俘虏过，是金国释放回来暗中从事卖国活动的高级间谍。这时他已升为宰相，把向金人屈辱议和，作为朝廷大事，绞尽脑汁制造借口，说什么议和于"孝、悌、仁、慈，一举四得"，纯粹是骗人的鬼话。宋高宗则只求有一个偏安的小朝廷，金人只要不再打过来，什么条件都可以答应。他和秦桧对谈判代表说，只要和议成功，地界划到哪里都可以。主和派实际是投降派。

以岳飞为代表的主战派，则反对议和，因为当时内外形势都明显地对南宋有利。岳飞亲到临安说服宋高宗，为他指出："夷敌不可信，和好不可恃，相臣谋国不臧，恐贻后世讥论。"昏庸的高宗最怕岳飞打到金国，迎回二帝，自己就座不成金銮殿了，因此对岳飞反对议和大为不满。

绍兴九年（1139 年）正月，以高宗、秦桧为代表的投降派，终于不顾各界舆论的强烈反对，接受金国提出的议和条件。这些条件是：宋高宗向金国称臣；金国把中原、陕西等地"赐"给宋朝；宋朝每年向金国交纳贡银25万两，绢25万匹；金国答应归还宋徽宗及其皇后的灵柩。这就是割地输银的宋金"绍兴和议"。后来由于战争，和议被搁置两年，直到绍兴十一年（1141 年）才正式签订，条约的内容也有些改动。

高宗将和议布告全国，大赦天下，给百官晋位升级，以示庆贺。按照当时的规

制，文武官员也要向朝廷上表祝贺。但吴玠等主战将领拒不上表。岳飞上了表，但表文的内容却说：议和绝非长久之计，敌人无事而请和，其中必有阴谋。况且以岁币达成和议，金人会得寸进尺，后果必不堪设想。只有重整军备，报仇雪耻，收复失地，赢得抗金胜利，国家才有前途。岳飞的这篇《谢表》，充分反映了南宋广大官兵和民众的爱国精神，很快便在朝廷内外广为传诵。秦桧读后，对岳飞更加忌恨。

历史证明，岳飞的预见是完全正确的。绍兴十年（1140）五月，金兀术发动政变，撕毁和约，亲率4路大军向南宋发动大规模的进攻。高宗如梦惊醒，又吓昏了头。连连下诏，要求各路宋军奋起抵抗。

岳飞接到出征的命令后，立即调兵遣将，布置好作战的阵势。他坐镇郾城指挥，准备抗击金军的主力部队。

金军统帅兀术进驻汴京，与众将商议军情。共同认为，宋朝的将帅都不难对付，唯独岳家军兵精将勇，锐不可当。当兀术探知岳飞驻守郾城的兵力并不多时，遂下决心调集自己的主力龙虎大王、盖世大王的军队与岳飞郾城决战。

宋金两军摆开战场，列好阵势。岳飞首先派他的儿子岳云去打头阵。出阵前，岳飞对岳云说：“如不能取胜，定斩不饶！”岳云虽然年轻却勇冠三军。他双手使两个80斤重的大铁锤，冲入敌阵，如入无人之境，杀得金兵尸横遍野。部将杨再兴随即也单枪匹马，穷追不舍，兀术险些被他生擒，金军大败。

第二天，兀术驱使他的王牌军前来攻城。他的王牌军就是3000“铁浮图”和1.5万多骑“拐子马”。“浮图”是塔的意思，“铁浮图”就是铁塔兵，即连人带马都披上一身铁盔铁甲，不怕刀枪箭矢。“拐子马”就是3匹马横连在一起，后面用拒马木挡住，只能前进，不能后退。有巨大的冲击威力。“铁浮图”和“拐子马”配合使用，无论是居中冲锋，还是包抄两翼，在当时都是无坚不摧的。岳飞抓住了“拐子马”的弱点，训练出“盾牌军”破敌。让那些视死如归的勇士上阵时，伏倒在地，挥动扎蔴刀专砍马足，一马被砍，另两马必倒。这一仗下来，兀术的“铁浮图”“拐子马”几乎全部被歼灭。兀术大败回营，泣不成声地哭道：“我自起兵以来，全靠拐子马得胜，现在全完了。”

兀术仓皇后撤，逃回开封。岳家军乘胜追击，长驱直入，一直打到距离北宋故都汴京只有40多里的朱仙镇。岳飞勉励将士们说：“让我们直捣黄龙府（金人的老巢，在今吉林省农安县），到那时，我要跟你们尽兴痛饮！”

郾城大捷使整个中原都震动了，各地义军纷纷前来投奔，汴京城里城外的百姓，用牛车拉着粮食，顶着香盆，到大道边迎接岳飞的军队打过来。

岳飞正想利用天时地利，渡过黄河，继续收复失地。但是不料却在1天之内收到皇上连发的12道金牌。道道金牌圣旨都是强令岳飞班师回朝。

岳飞悲愤地说：“十年之力，废于一旦，所得州县，一朝全体，社稷江山，难以中兴，乾坤世界，无由再复。”他实在不忍心，但是如果不回去，那就是抗旨不遵了。在忠君就是爱国的时代，精忠报国的岳飞是不可能跳出这个局限的，他只好遵旨班师。沿途的老百姓哭喊着，跪请岳飞留下来。岳飞流着热泪安慰百

姓，掩护百姓撤退。

岳飞的部队撤走后，大片土地得而复失，用宋朝将士的鲜血、生命换来的北伐胜利果实，就这样被昏庸的皇帝轻易地葬送了。

岳飞回到临安（杭州），高宗和秦桧，乘机收回岳飞和韩世忠、张俊三个大将的军权，派他们做明升暗降的大官枢密使和枢密副使。

这时，金兀术为要报复岳飞打败他的耻辱，又率领大军，从开封出发攻打过来，占领了很多地方。秦桧忙向兀术讲和，兀术写了一封信给他说："如要讲和，必须杀了岳飞！"

秦桧也觉得，岳飞一天不死，和议一天不成。就下了狠心，千方百计，陷害岳飞。他知道张俊妒忌岳飞功高，王彦和岳飞有怨，就收买他们做帮凶。又用计谋，煽动和岳飞有仇的谏议大夫万俟卨，做成一个陷害岳飞的圈套，叫他们捏造种种罪状和证据，出面控告岳飞，硬说岳飞勾结金人，存心造反。

秦桧把陷害岳飞的圈套布置好后，就派他的心腹殿前司统制杨沂中，带着堂牒，往庐山逮捕岳飞。

岳飞被捕到杭州后，就押在大理寺监狱。他经过一处，看见岳飞和张宪，脖子上戴着枷锁，手脚戴着镣铐，遍体鳞伤，在那里痛楚呻吟。岳飞的眼泪，像雨一样的下来。他想：我一生忠心为国，舍生取义，为什么今天也会来到这里呢？

岳飞被关在牢狱里，受尽了种种酷刑的折磨，但是他不被屈打成招。

秦桧最初派何铸做审问官，他把秦桧事先捏造的罪状，读给岳飞听。岳飞听了，只说了一句："我被奸贼秦桧陷害，一切都完了，还有什么可说的？"便合上眼睛，任凭狱卒拷打，什么也不说。

这时，大理寺丞李若朴、何彦猷，觉得岳飞委实冤枉，没法定罪。大理寺卿周三畏也认为没法审问下去。韩世忠这时已被解除了军权，听到岳飞被诬下狱，心中愤愤不平，便去质问秦桧：

"岳飞犯了什么罪，有什么真凭实据说他谋反？"

"这事情莫须有（或许有）。"秦桧说。

"莫须有三个字，怎能说服天下人呢？"韩世忠愤怒谴责。

秦桧冷笑一声，置之不理。

这样拖延了两个多月，任凭秦桧怎样千方百计捏造岳飞的罪状，但终没有一件可以定岳飞的死罪。

到了那年腊月二十九日，秦桧和妻子王氏围炉吃酒，为了岳飞案没法了结，因此闷闷不乐。王氏也是个凶狠歹毒的女人，认为"缚虎容易纵虎难"，献计叫秦桧下毒手杀死岳飞了事。

秦桧听了王氏之计大喜，于是写一张字条，藏在一个黄柑中，送与审案的万俟卨。

万俟卨是秦桧的同党，奉了秦桧之命后，便在最后审问岳飞的时候，强迫岳飞在一张伪造的供状上签字。岳飞仰天长叹了一声，在供状上面，写了"天日昭昭，天日昭昭"八个字，意思是说：我对国家的一片忠心，苍天是会知道的。

这天晚上，岳飞就被毒死在大理寺风波亭。儿子岳云，部将张宪，也同时被杀。当时岳飞年39，岳云只有23岁。

后人为纪念岳飞忠勇事迹，在西湖修起一座岳王庙。他的坚贞不屈和忠勇为国的精神，人们将永世不忘。在岳飞坟墓两旁，有两个用铁铸成秦桧夫妇的跪像，永受人们唾骂。

康熙帝治绩辉煌

我国现在的版图是在清朝康乾盛世奠定的，我国的人口也是在康乾盛世突破一亿大关的。那时的中国不但是亚洲最强盛的国家，也是世界上数得上的泱泱大国。康乾盛世历时130多年，是中国封建社会第三个黄金时代。它自康熙始，经雍正，至乾隆后期，包括三朝，而康熙则是康乾盛世的开拓者和奠基人。康熙帝（1654～1722）即清圣祖，名爱新觉罗·玄烨，是清朝入关后的第二代皇帝。这位治绩辉煌的大帝，在位61年，是中国封建帝王中亲政时间最长的一位。

公元1661年正月，年仅24岁的顺治皇帝逝世于清宫养心殿。顺治遗诏中指定皇三子玄烨继承皇位，新皇年号康熙。史称玄烨"天表奇表，神采焕发，双瞳日悬，隆准岳立，耳大声洪，徇齐天纵。"

康熙帝继位时，年仅8岁，按照顺治帝遗诏，由四个满族大臣帮助他处理国事。四辅臣中鳌拜功高震主，专横跋扈。他欺皇帝年幼，经常在康熙面前呵责朝臣，甚至大吼大叫地与幼帝争论不休，直到皇帝对他让步为止。他主张"率祖制，复旧章"，事事遵照太祖太宗时的办法处理，把顺治帝时的一些改革措施一一废除，朝廷积习日深。

四辅臣中的索尼年迈早死；遏必隆依附追随鳌拜；唯有苏克萨哈敢于抵制鳌拜，但他一直处于受压制的地位。公元1667年，康熙已经14岁了，按照祖制，

掐丝珐琅缠枝莲熏炉 清

他可以亲政了。苏克萨哈在康熙亲政的第六天，上疏请求隐退。苏克萨哈上疏的目的，一则表明鳌拜专横，自己不得不退；二则试图以自己的隐退迫使鳌拜、遏必隆也相应辞职，交权归政。鳌拜自然明白苏克萨哈的用意，他和同党一起，编造苏克萨哈"背负先帝""藐视冲主"等大罪24款，将其逮捕入狱，要处以极刑并诛灭全族。康熙得到奏报，坚持不允所请。鳌拜怎肯善罢甘休，他挥动拳头对皇帝无理，连续上奏好几天。康熙和他的祖母孝庄文皇后，怕因为这件事鳌拜狗急跳墙，造成国家的动乱，最后只能妥协一时，仅将磔刑改为绞刑，其他的一切处置措施，都照准了。

冤杀苏克萨哈后，鳌拜的气焰更加嚣张。朝廷大臣虽更加不满，但慑于他的淫威，人人以求自保，没有人敢于碰硬。

康熙皇帝年少有志，岂肯看到大权旁落，江山毁在自己的手里，他在祖母的指导下，开始了计除鳌拜的各种准备。

康熙先是采用"欲擒故纵"的麻痹战术。给鳌拜父子故意戴高帽，分别加封他们父子"一等公""二等公"的爵位，"太师""少师"的封号，使他们位极人臣，树大招风，更加孤立，甚至连鳌拜图谋不轨，都没有惊动他。

有一次，鳌拜称病在家，玄烨便前去探视。御前侍卫和托发现鳌拜神色反常，便迅速走到鳌拜床前，揭开席子发现一把匕首。鳌拜惊慌失措，玄烨却"毫不在意地"说："刀不离身是满人的故俗，不足为怪！"当场稳住了鳌拜。但康熙心中更加明白，除掉这个恶魔，绝不可掉以轻心。

当时皇宫的戍卫都被鳌拜控制了。于是，玄烨特选一批忠实可靠的少年入宫，以"练布库戏"（满语：摔跤）为名，另外组成一支可靠的卫队——善扑营。这些少年都是贵族子弟，每天和少年皇帝在一起练摔跤，武功越来越好，本领越来越大。鳌拜入宫，经常看到他们，以为是些小孩子把戏，久而久之，也就不以为然了。

有一次，康熙皇帝得知鳌拜要进宫奏事，便把善扑营的少年卫士集合起来，对他们说："鳌拜作为先皇托付给我的辅臣，不以国事为重，处处安插亲信，排斥异己，滥杀大臣，甚至胆敢加害于我。你们都是清楚的，为了祖宗社稷，必除此大患。"他见小侍卫们群情激昂，又说："你们虽然年纪轻轻，可都是我的左膀右臂。我要靠你们除掉这个老家伙。但他武将出身，你们是怕他呢，还是听我的？"侍卫们一个个摩拳擦掌，齐声呼喊："独畏皇上！"

康熙八年（1669年）五月十六日，鳌拜像往常一样大摇大摆跨进内宫的门槛，行至康熙近前，还没站稳脚，小侍卫看到皇帝发出的暗号，一哄而上，拳打脚踢，连拉带拽，将他打翻在地。鳌拜什么阵势都见过，却没见过这种对付他的场面，起初还以为是这群小孩子跟他闹着玩呢。他见到小皇帝那冷峻的面孔，和"给我拿下"的威严指命，才明白过来，然而，已经晚了，他终于被擒拿归案了。

康熙皇帝命康亲王主持审讯。议定鳌拜欺君罔上等罪行30款。他虽罪不容诛，死有余辜，但康熙念其效力年久，军功显著，遂免其一死，他的死党则一网打尽。一个少年皇帝，能以迅雷不及掩耳之势，不动一刀一枪，智除大权奸。朝野称赞，后人评论康熙的机智果断时说："声色不动而除巨慝，信难能也。"

从此，他逐步地将中央和地方权力集中到自己的手中，得心应手地治理国家。

康熙皇帝除掉鳌拜后，又一个心结便是"三藩"问题。他把这件事写成个字条，挂在宫里的柱子上，一次又一次地思考着……

所谓"三藩"，就是指平西王吴三桂、靖南王耿精忠和平南王尚可喜这三个藩王。他们原来都是明朝的重要将领，投降清朝后，在统一战争中，为消灭明朝和镇压反清的农民起义，立功封爵。三藩之中，吴三桂的地位最高。

吴三桂这个钻营有术的人，28 岁就当上了宁远总兵，是明朝镇守辽东的重要将领。他在一次回京述职时，以千金之资购得苏州名妓陈圆圆。李自成攻陷北京后，陈圆圆为义军所得。这个"冲冠一怒为红颜"的变色龙，在高官厚禄的引诱下，扯起"为君父复仇"的遮羞布，致书降清。引清兵入山海关，使清军得以长驱直入北京城，由此建立起在全国的统治。接着，他为清廷从西北打到西南，效尽了犬马之劳，被封为"和硕"亲王、平西大将军，管辖着云南、贵州。

当时无论云贵、两广，还是东南沿海，局势还很不稳定，朝廷极需要他们弹压地方，因此不惜给予种种特权，希图以恩宠结其欢心。可是"藩"的势力越来越大，以至难以控制，成了朝廷的威胁了。

吴三桂，他就是云贵两省的土皇帝，地方大小官吏一律由他任免。自行收税，不但不上交，朝廷每年还要从其他省税收中拨给他白银 2000 万两，比国家总收入的一半还多。老奸巨猾的吴三桂，经常在所辖的民族地区挑起矛盾和冲突，然后派出自己的武装去镇压，借以向朝廷表示西南地区多事，安边守土离他吴三桂不行。他的五华山藩府富丽可比皇宫，到处掠买美女，整日拥姬宴乐，作威作福，一天天地助长了他们与朝廷的离心力。

康熙皇帝感到三藩的气焰日益嚣张，要想实行中央集权，巩固自己的统治，非撤藩不可。康熙时刻都在寻找解决三藩问题的时机。康熙十二年（1673 年），平南王尚可喜以年老多病为由，主动申请撤藩，"归老辽东"。康熙抓住这个机会，立即批准。此举深深地震动了吴、耿两人。他们已看出朝廷急欲撤藩的意向，惶惶不安。为消除朝廷的疑虑，先后被迫上章请撤。而吴三桂根本无意撤藩，思想毫无准备，而且心存侥幸，以为朝廷必予"慰留"。不料，弄假成真，康熙朝纲独断，力排众议，同意撤藩。

吴三桂始料不及，又急又恨，决定起兵对抗。他身穿明朝的孝服，把军队拉到永历帝（明桂王）的墓前，磕头如捣蒜，号啕大哭，以此收拾军心。他打出"复明讨清"的旗号，自称"天下都招讨兵马大元帅"，率大军经黄河北上。一路所战连连告捷，仅 3 个月，便占领湖南全境，前锋直抵长江南岸，摆开了飞渡长江天堑、直捣京师的态势。这时，他又改称"周王"，南方 6 省被他全部占据。

吴三桂振臂一呼，天下响应，耿精忠叛于闽，孙延龄叛于广西，四川巡抚罗森等叛于蜀，襄阳总兵杨来嘉叛于湖北，陕西提督王辅臣叛于宁羌，西北为之动摇。河北总兵蔡禄父子策划于怀庆，以谋泄而未逞；更有甚者，京师有杨起隆等数十人谋划攻占大内。京城内，数夕起火，谣言四布，人心惶惶，争欲躲避……是时，"东南西北，在在鼎沸"。朝廷中有人主张以长江为界，分疆而治，向吴三桂求和。

康熙采取了毫不妥协的立场。从一开始，他就迅速地做出反应，断然决定：尚藩、耿藩停撤，削除吴三桂爵位，将其长子吴应熊逮捕，不久即下令处死，以寒吴三桂之心。同时，紧急调兵遣将，分据要津，积极防御，先守而后攻，以荆州为大本营，沿长江布防，阻挡吴军的正面进攻；以山东兖州为适中之地，接济南北；以重兵驻杭州、南昌等地，全力挡住耿军攻势，防止他与吴军合势。战争

国学经典文库

的进程表明，康熙的这一战略是正确的，恰好击中了叛军的要害。吴三桂的重大失误，就是屯兵南岸，不渡江，军队的锐气随着时间的后延而低落下来。他不愿远离云贵根本，希图与清廷谈和，划江为守，得半壁江山。在遭到康熙的坚决拒绝后，仍全力固守湖南不进，这就给事先毫无准备的清军以喘息的时间，并使康熙从容调兵，顺利实施其战略计划。他利用"君临天下"的政治地位，不仅动员全国奋起"讨逆"，而且千方百计地分化、瓦解吴的部属，诱之以利，晓之以理，不断地削弱吴的实力。而当吴军渐呈劣势时，这种分化、瓦解起到了军事上不能取代的作用。

康熙十五年（1676 年）六月，王辅臣在平凉被围后，被迫接受了康熙的一再招降。西北战事遂告结束。康熙调其得胜之师疾速南下，增援荆州。十月，清军攻入福建，逼近福州，耿精忠被迫出降，从而剪除了吴三桂东南一翼。次年，已暗通清军的尚之信公开表态反正，迎接清军进入广州。这时，清军已完成了对吴三桂的战略大包围。吴三桂已感到江河日下，匆忙于康熙十七年（1678 年）三月在衡州称帝，国号"大周"，改元"昭武"。局势继续恶化，他忧心忡忡，于八月病死。他的孙子吴世璠即位，改元"洪化"。吴三桂一死，部属军心涣散，斗志锐减，屡战屡败，退回云南。

康熙不失时机地布置战略大反攻。康熙二十年（1681 年）九月，三路大军会师于昆明城下，长数十里。一个月后，在孤立无援的情况下，粮食不继，人心惶惶，南门守将暗降清军，里应外合，昆明陷落。吴世璠服毒自杀，其部属骨干人物或投降自杀，或被俘处斩。

康熙在平叛过程中，为收揽人心和瓦解叛军的政治需要，一再颁发诏旨，阐明朝廷宽大为怀的政策。但当获得完全胜利之时，则改而采取严厉的手段，欲斩草除根，永绝后患。同年十二月，以定"逆案"的名义，对那些已赦免的叛乱骨干分子重新处理。靖南王耿精忠被处以磔刑。平南王尚之信以"逆罪"赐死。王辅臣在康熙召他进京的途中自尽而死。耿的长子、尚的一个弟弟同时被斩首处死，他们的部属凡属骨干分子皆处以死刑。其副将以上将吏都被调进京，逐个审查，分别惩处。至于其下军官和士卒，皆发遣东北边疆，充当站丁、驿卒，罚作苦役，其子孙世代不得为官。

历时 8 年之久的平息三藩之乱，连同其他反清抗清的力量也一并消灭了。这就拔除了隐藏在统治集团中的敌对派别，消除了各种隐患。因此，康熙对吴三桂叛乱的铁血镇压，不仅是军事的，也是一次政治与思想的大扫荡。清王朝因祸得福，它通过这场波及全国祸结六省的内战，变得空前强大，建立了稳固的统治。

公元 1661 年（清顺治十八年），民族英雄郑成功收复了被荷兰殖民者侵占了38 年的中国领土台湾。

郑成功收复台湾后，不久就去世了，他的儿子郑经率领郑氏部属仍然坚持反清复明。但是这时清朝已经稳固地统治了中国大陆。

康熙皇帝决心收复台湾，实现国家的统一。他始终把和平统一台湾作为对台的基本策略。朝廷为和谈付出了艰辛的努力。郑经集团在历次和谈中始终坚持

"依朝鲜例，称臣纳贡"的基本立场和首要条件，企图将台湾从祖国大家庭中分裂出去。这是康熙皇帝所不能接受的，但康熙皇帝在其他方面都做出了重大的让步，如允许郑氏世代留守台湾，不触动其在台湾的统治地位等。但郑经集团顽固坚持分裂的立场，不断宣扬台湾不是中国的领土，为分裂制造舆论。这样，9次和谈归于失败。

康熙二十年（1681年）四月，福建总督姚启圣向朝廷报告了郑经死去，郑氏集团因争权夺势发生内乱的情况。康熙皇帝认为武力统一台湾的时机已经到来，于当年六月果断做出了进军台湾、澎湖的战略决策。

"闻鼙鼓而思良将"。康熙皇帝下定以武力统一台湾的决心之后，就开始考虑清军水师主将的人选问题。当时的福建水师提督万正色虽然擅长海战，战功卓著，但他是武力统一台湾的反对者，无法正确地贯彻康熙皇帝的战略思想，康熙果断地将其调离原职。这时福建总督姚启圣和内阁学士李光地向康熙推荐了曾担任过福建水师提督的施琅。康熙皇帝经过仔细斟酌，于康熙二十年（1681年）八月做出决定，任命施琅为福建水师提督，担当率领清军进攻台湾的重任。

施琅的确是攻台清军主将的合适人选。他生长在海边，自幼随父从事海上贸易活动，精通航海，对海疆的气候、地理等方面的情况了若指掌。从军后，转战东南沿海，有丰富的海战经验。其次，施琅通晓兵法、战阵，并一贯主张以武力统一台湾，所以多年来精心谋划对台用兵方略。施琅又是从郑氏阵营中反叛出来的，他熟悉台湾郑氏集团内情，他的智勇韬略也一向为郑军官兵所畏惧。他在郑氏集团中的故旧很多，为他争取内应和进行情报工作提供了便利条件。施琅不但是武力统一政策的坚决拥护者，而且对统一充满信心。

康熙皇帝不但起用施琅，而且授予他全权指挥攻占行动的"专征"大权，给予充分信任，保证了攻台清军指挥系统的协调一致。康熙对自己不善海战是很有自知之明的，他说："我对陆上用兵可以做到筹划周密，但我不了解海上情况，不能盲目地遥控指挥。"因而他统筹全局，保证福建前线的各种需求；在作战指挥问题上十分尊重前方将领的意见，从不强行干涉其行动。

郑氏军队攻打台州的告急文书传到朝廷时，康熙正领着皇子在畅春园练箭，他只说了一句"知道了"。不一会儿，又有战报传来，康熙帝仍然是一句"知道了"。当台州失陷的消息传来，几位皇子再也无心射箭了，纷纷请求父皇调兵遣将。康熙帝则不慌不忙地说："战争千变万化，从京城到前线遥遥数千里，如果接到战报，就降旨发令，怎么能符合当时当地的战况呢？如果盲目地遥控指挥，前方将领就会丧失主动权。如果不执行命令，是违抗圣旨，若遵旨而行，就要贻误战机。如今我不随便降旨，就是让他们能够指挥若定，不受任何干扰。"

康熙二十二年（1683年）六月十六日，施琅率领大小舰只300多艘、水军2万多人，向澎湖郑军发起进攻，初战失利。施琅的左眼被火器击伤，血流满面，但仍然镇定如初，继续指挥作战。施琅很快吸取教训，对下一步作战行动进行了周密筹划和部署。施琅将清军分为四部分：施琅亲率56只大型战船组成的主攻部队，正面进攻郑军主阵地娘妈宫；总兵陈蟒等率领由50只战船组成的东线攻

击部队，从澎湖港口东侧突入鸡笼屿，作为奇兵，配合主攻部队夹击娘妈宫；总兵董义等统率50只战船组成的西线攻击部队，从港口西侧进入牛心湾，进行佯动登陆，牵制西面的郑军；其余战船作为预备队，随主攻部队跟进。十八日，施琅先派战船攻取澎湖港外的虎井、桶盘二岛，扫清了外围。二十二日早7时，经过充分休整和准备的清军向澎湖郑军发起总攻。经过9小时激战，清军取得全面胜利，共毙伤郑军官兵1.2万人，俘获5000余人。击毁、缴获郑军战船190余艘。郑军主将刘国轩乘小船从北面的吼门逃往台湾。此役清军阵亡329人，负伤1800余人。

清军攻占澎湖，使台湾失去了屏障，门户洞开，清军对台湾郑氏集团已形成大兵压境的有利态势。

施琅为贯彻康熙帝"因剿寓抚"的战略方针，下令暂停军事进攻，一面休整部队，补充弹药给养，做好进攻台湾的准备；一面采取措施，推动台湾问题向政治解决的方向发展。他在澎湖禁止杀戮，张榜安民；优待战俘，放其归台；向台湾军民发布《安抚输诚示》，宣扬朝廷对宽大投诚者的政策；又派原刘国轩的副将曾蜚赴台做刘国轩的工作，让刘劝说郑克塽（郑经之子）等人向清朝投诚。

施琅的父亲和弟弟曾被郑氏集团杀害，但他能摒弃家仇，以国事为重。施琅对刘国轩、冯锡范的部下郑重表示："断不报仇！当日杀吾父者已死，与他人不相干。不特台湾人不杀，即郑家肯降，吾亦不杀。今日之事，君事也，吾敢报私怨乎？"这对消除台湾军民的"恐施""恐清"心理起了很大作用，表现出施琅不仅是一个智勇双全的武将，而且具有清醒的政治头脑和卓越的政治才能。

施琅的做法，符合康熙皇帝对台湾"抚之为善"的战略思想，康熙皇帝深表赞许，并及时向台湾郑氏集团颁布了赦罪诏书，严肃指出：郑克塽等人若能真心归顺，不但以往罪过全部赦免，而且将得到朝廷的优待。

在内外压力的逼迫下，以郑克塽为首的郑氏集团终于在康熙二十二年（1683年）七月五日完全接受了清政府的和谈条件，放弃抵抗企图，向清政府缴械投诚。十三日，施琅率清军在台湾登陆，接管台湾全境。

统一以后，在朝廷中又发生了一场争论。有人主张把台湾的老百姓迁移到大陆来，放弃那块土地。大学士李光地竟然提出把台湾送给荷兰人。施琅主张派官兵前去镇守，才能巩固海防，否则就会遗留祸患。康熙帝对早期殖民主义者素来存有戒心，认为外国人决不可轻信，在讨论台湾弃留问题时，他坚决反对弃而不守的主张。康熙二十三年（1684），康熙帝命令，在台湾正式设立一府三县，即台湾府和台湾、凤山、诸罗三县。归属福建省管辖，同时设置总兵一员、副将两员，驻兵8000人；另在澎湖设置副将一员，驻兵2000人，使台湾的行政建置同大陆整齐划一。从此台湾处于清朝中央政府的管辖之下，重新回到了祖国怀抱。

平定三藩之乱和统一台湾之后，清朝在南方的统治得以稳固。于是，康熙把注意力转向北方。他说："罗刹（沙俄）扰我黑龙江、松花江一带30余年，他们的窃据之地距我朝发祥地甚近。如不及早剪除，边民就不得安宁，朕自亲政以后，对此极其留意。"他决心彻底解决东北边境的沙俄入侵问题。

明朝崇祯十六年（1643年），沙俄首次派遣瓦西里·波雅科夫以探险的名义，从雅库次克出发，率兵沿黑龙江、松花江入侵。他们野蛮地抢劫我边民的貂皮和粮食，杀人放火，奸淫妇女，甚至把人抓来烤着吃。清初，他们先后在黑龙江流域建立了雅克萨和尼布楚两个据点，作为侵略中国的基地。

康熙十三年（1684年），康熙皇帝向沙俄发出要求撤兵的通牒，继而下令断绝双方边贸。接着命令当地驻军将雅克萨一带的青苗全部割掉，想以断粮的方法迫使沙俄军队自行退走，也未奏效。1685年，康熙任命都统彭春为统兵大臣，统一指挥黑龙江将军萨布素等各路兵马。五月二十五，清军以强大的炮火攻击雅克萨城，俄军支撑不住，守将托尔布向清军投降，清军收复了雅克萨城。彭春遵照康熙帝的指示，把俄军的俘虏以及妇女儿童700多人全部遣送回去，然后把雅克萨城放火烧毁，率领清军撤回到千里之外的瑷珲城。

清军撤走以后，沙俄侵略军卷土重来，构筑工事，配置火力。企图固守雅克萨。康熙帝命令萨布素统率清军把雅克萨城团团围住，在城外挖掘壕沟，堆成高土垒，用长围久困辅以强攻的战

康熙帝大阅兵之盔甲

术来对付负隅顽抗的俄军。双方在雅克萨持续展开3个多月的激战。俄军最后只剩不到150人。康熙帝一面部署对雅克萨的围困，一面通过驻中国的荷兰使者，再次给沙皇去信，表示愿与俄国和谈。沙皇政府被迫接受了清政府的倡议，派出了以戈洛文为全权代表的代表团与清政府进行谈判。

康熙二十八年（1689年）八月二十二日，中俄双方代表在尼布楚举行边界谈判。康熙帝向以索额图为首的清朝代表团交代了与俄方谈判的基本原则：尼布楚、雅克萨、黑龙江上下游以及与黑龙江相通的一河一溪，统统是我国的领土，不可以割让给沙俄。谈判正式进行时，戈洛文企图强迫清政府接受两国以黑龙江至海为界的要求。索额图严正指出沙俄军队必须退回到色楞格河以西，把尼布楚与雅克萨归还给中国。谈判曾一度陷入僵局。

然而沙俄军队新近在同土耳其交战中连吃败仗，伤了元气，没有力量在黑龙江流域再同中国交战。所以，沙皇早就拟定了三种谈判方案，密令戈洛文相机行事：第一方案是以黑龙江为界。第二种方案是以尼布楚为界。第三种方案是如果前两个方案都行不通，就共同商定日后派代表团再协商解决。戈洛文坚持以黑龙江为界，是想多蚕食中国领土，向沙皇请赏。这时，他十分担心谈判就此破裂，

回去无法向沙皇交代。

戈洛文正在发愁，忽然听说中国代表团的翻译前来议事。他觉得有机可乘，马上热情接待。原来，中国代表团的翻译是耶稣教会传教士张诚（原名革比勒，法国人）、徐日升（原名佩雷拉，葡萄牙人）。他们表面上为中国皇帝效力，私下里也干一些窃取情报一类的事情。这次中俄谈判，索额图在会谈中隐隐约约感觉到他们俩和俄国人的关系有点暧昧，可是中国方面又没有人能胜任翻译，所以，只好仍然让他们担任翻译。张诚和徐日升见到了戈洛文，向他转达了中国钦差大臣的口信，接着徐日升很神秘地压低声音说："康熙皇上要全力对付西北部的噶尔丹叛乱，所以急于和你们缔约。他命令钦差大臣，初议之时，以尼布楚为界，如果你们不答应，就以额尔古纳河（在现在内蒙古自治区东北边境）为界。现在你们坚持以黑龙江为界，占领雅克萨，那是根本不可能的。如果你们能在尼布楚和雅克萨之间找一个地方，或许更现实一些。"说完，便急忙起身告辞，戈洛文命人取来贵重的礼品送给他们。

后来双方进行了一系列的讨价还价，最后，索额图根据康熙帝的指示做出了一些让步，同意把尼布楚让给俄国，以额尔古纳河为中俄边界。九月七日晚上，双方举行了隆重的仪式，中俄《尼布楚条约》签字生效。

《尼布楚条约》虽然把原来属于中国的一些土地让给了俄国，但这是清朝政府出于战略上的考虑同意的，是双方商议的结果，因此是平等的条约。从此，在长达150年的这段时间内，边境一直比较平静。

康熙皇帝急于和沙俄签订尼布楚条约，的确是为了腾出手来对付蒙古族准噶尔部落首领噶尔丹发动的叛乱。

元朝灭亡以后，成吉思汗的子孙退回塞外，驻扎在大沙漠南北，逐渐形成了漠南蒙古、漠北蒙古、漠西蒙古三大部。清朝入关建立全国统治后，清政府设立蒙古衙门，管理蒙古各部。漠北蒙古、漠南蒙古同清政府保持"虔修礼好，敬贡有年"的臣属关系，每年向清朝廷献白骆驼1头，白马8匹，称为"九白之贡"。漠西蒙古又称厄鲁特蒙古，却不肯与清朝合作。漠西蒙古又分成四部，其中准噶尔部最为强大，它控制了阿尔泰山周围地区。噶尔丹是准噶尔部的一个贵族，早年去西藏当过喇嘛，康熙十年（1671年）乘准噶尔内乱，由西藏回到本部落，取得了统治权。

噶尔丹野心勃勃，在沙俄的支持和怂恿下，不断向外扩张。1688年，引兵3万由杭爱山大举进攻喀尔喀蒙古（漠北蒙古）。1690年六月，以10万大军深入漠南蒙古，一直推进到内蒙古乌珠穆沁草原，直接威胁到内地的安全。

康熙皇帝对准噶尔叛乱，早有戒备。他看到噶尔丹势力强横，妄自尊大，"断不免窥视中原"，做好了集中兵力平叛的军事部署。然而朝中一些大臣慑于沙俄支持下的噶尔丹的强大势力，"皆谓不可"，康熙力排众议，决策亲自统兵出征。

康熙二十九的（1690年），康熙第一次亲征，驻扎在长城口外，任命他的哥哥裕亲王福全为抚远大将军，出古北口，进至乌兰布通和准噶尔兵决战。噶尔丹

摆出"驼城"的阵势，以拒清军，他把1万头骆驼捆住脚，让它们俯卧于地，然后在驼背上搭起箱垛，盖上湿毡，然后让弓箭手从箱垛里放枪射箭。清军隔河列阵，先用火炮轰击，随后骑兵冲杀，"驼城"被攻破，噶尔丹大败而逃。次日，便派随军的西藏喇嘛到清军请和。清军使者见噶尔丹跪在"威灵佛"前磕头起誓，听信了他悔过的言辞，中了他的缓兵之计。康熙对失此良机非常气愤，给了福全停薪3年，裁去三佐领的处分。

1694年，康熙约噶尔丹会盟，噶尔丹违约不至，反而派兵攻掠喀尔喀，并密派使者策动内蒙古科尔沁等部叛离清朝归附准噶尔。与此同时，沙俄也派出使者与噶尔丹相约，"至青草出后，助鸟枪手一千及车装大炮，发至东方界上"，噶尔丹遂于1695年率骑兵3万，沿克鲁伦河而下，到达巴颜乌兰一带，扬言"借俄罗斯鸟枪兵6万，将大举内犯漠南"，噶尔丹又点燃起叛乱的战火。

康熙皇帝接到报告，决定第二次亲征。兵分3路，亲率中路大军从独石口进入大沙漠，直奔克鲁伦河。当噶尔丹得知康熙亲统大军进抵克鲁伦河时，便不战而退，扔下庐帐、器械等物，仓皇逃去。康熙命总兵岳升龙等率军追击，又密谕西路费扬古军截击噶尔丹的"脱逃之路"，结果西路军于昭莫多与叛军相遇，双方进行了一场激战。

费扬古按照康熙"预授之策"，令骑兵先下马步战，然后以角声为号齐上马围而歼之，自午至暮，双方展开了殊死的战斗，在清军浴血奋战下，叛军大败，噶尔丹仅率数名骑兵逃走，其零星散逃叛军千余人也都投降了清军。昭莫多战役基本上歼灭了噶尔丹叛军力量，清军取得平叛战争的决定性胜利。康熙因而结束了第二次亲征。

噶尔丹自昭莫多战败后，率其残部流窜于塔米尔河流域一带，而他的伊犁根据地早在他进攻喀尔喀时为其侄策妄阿拉布坦所占据。但噶尔丹仍坚持分裂割据，拒不接受清廷招抚，妄图做最后挣扎。

康熙深深懂得，对以噶尔丹为首的准噶尔割据势力，"一日不可姑留"，必须乘其新败之后，迅速剿灭，因而决定进行第三次亲征。1697年（康熙三十六年）春，康熙亲赴宁夏，命费扬古、马思哈两路出兵，进剿噶尔丹残部。这时噶尔丹部下不过五六百人，弹尽粮绝，其部下闻清军来剿，皆弃之而去，纷纷投降了清军。当时沙皇俄国对屡战屡败的噶尔丹已不感兴趣，拒绝他逃往俄国。噶尔丹走投无路，三月十三日病死于阿察阿穆塔台。至此，噶尔丹的叛乱被彻底平定。

康熙前后8年，亲统大军，3次出征漠北，在广阔无垠的大沙漠与叛军战斗与周旋，屡涉寒暑，劳苦艰难。这种为维护国家的统一，奋不顾身的精神是难能可贵的。

康熙在平定战乱的同时，六下江南，整顿吏治，改革赋税，奖励农垦，治理河患，采取种种措施，发展社会生产，把天下治理得太平、昌盛，不愧是一代励精图治的有为之君。

齐桓公胆识过人用管仲

据《史记·齐太公世家》记载，齐襄公当政时，因醉杀鲁桓公，他的弟弟公子纠和小白因怕受到牵连，所以分别同其师傅管仲、鲍叔牙到鲁国和莒国避难。

齐国国君无知被雍林人刺杀后，齐国诸位大夫商议立君之事。这时高奚等人暗中派人到莒国召回小白，商议让其继位。鲁国人听到无知死讯后，也发兵送公子纠回齐国继位，并命管仲率领军队阻拦小白回国。在进军的路上，与小白的人马相遇，管仲向小白射了一箭，恰中小白的带钩，小白装死而骗过管仲，躺在车中立即奔回齐国，继承了君位，是为齐桓公。小白即位后，发兵攻打鲁国，在乾地将鲁兵打败，并送信给鲁国国君道："子纠是我的哥哥，不忍亲手杀他，请鲁国把他杀了。召忽、管仲是我的仇人，请你们交给我把他们剁成肉酱，否则，我就围攻鲁国。"鲁国害怕，便在笙渎杀了公子纠，召忽自杀，管仲自请囚禁。

齐桓公发兵攻打鲁国，原想杀死管仲，以报一箭之仇。为此，鲍叔牙对齐桓公说："我跟您已经很多年了，今天您被立为国君，这是非常荣幸的事情。国君的地位虽然很崇高，但是我没有本领再帮助您提高地位和荣誉了。如果仅仅治理齐国，有高奚和我两个人的辅佐就足够了。如果您要称霸诸侯，那非有管仲不可。论本领，他比我大很多，所以管仲在哪个国家，哪个国家的地位就会提高，你可千万不能错过这个机会呀！"齐桓公非常奇怪地反问道："管仲亲自用箭射过我，差点使我丧命，我们怎么还可以用他呢？"鲍叔牙听后哈哈大笑，并对桓公说："这就是他忠于自己主人的最好表现。如果您能宽恕他，重用他，他也一定会像侍奉公子纠一样地侍奉您。"于是齐桓公听从了鲍叔牙的劝告，便使用"佯召管仲欲报仇"的计谋，将管仲要回齐国。

当装载管仲的囚车一到鲁国的北面边境，齐桓公早就派鲍叔牙在那里迎候他了。管仲回到齐国以后，齐桓公不计一箭之仇，拜管仲为相国，而鲍叔牙则为副手。管仲执政后，与鲍叔、隰朋、高奚同心协力治理国家，改革内政，整顿军制，发展经济，救济贫穷，选拔贤才，使齐国很快强大起来。到公元前656年，齐国威望大大提高了，齐桓公终于取得了霸主地位。

齐桓公对管仲本有一箭之仇，欲将其剁成肉酱方解心头之恨。但经鲍叔牙的举荐，说明齐国要想称霸于诸侯非管仲辅佐不可的道理后，具有雄才大略的齐桓公不仅不杀管仲，而且委以重任，让其执掌国政，实在是胆识过人。如此这样的事没有宽广的胸怀和远见卓识，是断然办不到的。

晋文公善听用勃鞮

晋文公，春秋时晋国国君（前636~前628在位），名重耳，又叫公子重耳。晋献公次子。献公妃狐姬所生。献公嬖骊姬，杀太子申生，他被迫流亡，在外

19 年。后借秦穆公之力回国，被立为晋国国君，是为晋文公。他即位后，重用狐偃、赵衰、贾佗、先轸等人，协力修明内政，整顿法纪，加强战备。同时尊重东周王室，平定周王室王子带之乱，迎周襄王复位，几次出师救宋国，并与楚军在城濮交战，采取诱敌深入之法，大败楚军，尔后在践土会盟诸侯，继齐桓公之后为春秋诸侯霸主。

重耳刚当上国君之后不久，有一天，大夫狐偃领来一个叫勃鞮的人，向晋文公说是有机密事情向他报告。可是，当晋文公听说要求见他的是勃鞮，表现得十分生气。原来，晋惠公在位时，非常害怕自己的王位被重耳夺了去。因此，他曾经委派勃鞮去刺杀重耳。勃鞮当时非常认真地执行晋惠公的命令，比原计划提前一天找到了公子重耳，并一刀砍断了他的衣袖，如果不是重耳跑得快，早就被勃鞮杀掉了。所以，这次当晋文公听说勃鞮求见他时，他非常生气。他对侍从说："你们去对勃鞮说，我没有去抓他跟他算账已经够便宜他了，他还有什么脸面来求见于我？"那几个侍从向勃鞮转达了晋文公的话，勃鞮听了以后笑着说："我还以为主公在外边奔波了 19 年，总该熟透了世情，没想到还是这个样子。我看如此下去，弄不好还会倒霉呢！现在，他做了国君，我想来效忠于他，他却不接见我，这对我来说不会损失什么，只怕是我走了，他的麻烦也就来了。"侍从听勃鞮这么说，就赶快回去向晋文公如实报告。狐偃也劝晋文公接见勃鞮。晋文公这个人头脑非常清醒灵活，政治敏锐性很强，所以他经过考虑，没有因往日的仇恨而意气用事，于是立即决定召见勃鞮。

原来，勃鞮真的掌握了一件很重要的事情，准备向晋文公报告。晋文公在回国做君主之前，原来晋惠公重用的宠臣吕省和郤芮两位大夫，一直紧随着晋惠公，想把晋文公除掉。后来因为重耳有秦穆公的大军护送回国，吕省、郤芮二人知道敌不过秦军，不得已便投降了重耳。但是，他们两人原是晋惠公的心腹，因此，他们感到晋文公做了国君，是对他们的很大威胁，所以就联络勃鞮图谋发动叛乱，杀死文公另立新君。勃鞮认为，过去谋杀重耳，是替国君办事，现在既然重耳已经做了国君，如果再搞叛乱，杀君另立，这样不利于国家，于是就跑去向晋文公报告了这件事。

由于晋文公事先掌握了吕省和郤芮的叛乱阴谋，他便在叛乱发生之前，以生病为由不能视朝，暗暗逃到秦国躲避，在晋国便由心腹大臣布置好了对付吕省、郤芮的计策，结果吕省、郤芮的叛乱很快得到平息，并将其抓获。

晋文公虽然成功地粉碎了吕省、郤芮二人为首的叛乱，但是因为他们手下还有很多党羽尚未清除。后来，晋文公准备把吕省、郤芮的党羽全部捕杀，他的大臣赵衰劝他说："乱党的头子已经除掉，您应该宽宏大量，如果一大批人再被杀掉，恐怕会失掉人心，甚至可能会被激出大的变故。"晋文公听了赵衰的话，感到很有道理，所以便予以采纳，下令大赦，不再追究吕省、郤芮余党的罪行。但是，吕省、郤芮的党羽对于晋文公的大赦不敢相信。这时，很多谣言流行于朝野上下，人心惶惶，形势很不稳定。晋文公看到这种情况感到十分担心。有一天，晋文公正在宫内洗头，守门卫兵进来向他报告说有一名叫头须的人求见。晋文公

听后十分生气地对卫兵说："这个头须十分可恶，当年他把我们可害苦了，今天竟然还有脸来求见我。告诉他，我不把他杀掉已经够宽容他了，让他赶快滚蛋吧!"原来，晋文公当年流亡在外时，头须是晋文公手下的一个小吏。在晋文公最困难的时候，他竟然把晋文公当时所有的金帛全部偷走逃跑了，结果害得文公和他的随从们一度只能靠讨饭活命。今天他来求见文公，所以晋文公十分生气。

卫兵把文公的话转达给头须，可头须听后仍然不肯离去。他说："主公因为宽恕了勃鞮，才能没有遭到吕省、郤芮的毒手。为什么不能宽恕我呢? 我既然来求见他，就必然有我见他的道理!"卫兵又把头须的话报告了晋文公，文公听后，自言自语地说："看来，我的器量是太小啊!"于是立刻召见头须。

头须进宫以后，先向晋文公认错赔罪，尔后向晋文公说："吕省、郤芮的余党实在太多，杀不胜杀，他们又感到自己罪恶太大，所以不敢相信您的赦免，如果不想办法，恐怕是会出问题的!"听他这样说后，晋文公马上意识到问题的严重性，所以便认真地请教头须有什么好的办法可以解决。头须告诉晋文公说："当初，我偷过你的钱财，害得你受苦挨饿，这件事晋国上下都清楚。现在你为了让吕省、郤芮的余党们能够相信大赦令，可以从我身上做起，让他们都知道你确实是一个不计前嫌的人。"

晋文公听了头须的谈话，认为至情至理，于是就赦免了头须，并让头须做了自己的车夫还特让头须驾车，自己坐着车子连续几次到处游玩。这样一来，吕省、郤芮的余党们都暗地议论，他们说，像头须这样的人，晋文公不仅赦免他，而且能够录用他，看来大赦是真的了。于是，他们纷纷效忠于晋文公，从而很快稳定了晋国的政局，使经济、文化等事业得到了迅猛的发展。

燕昭王求贤

战国后期，燕国被齐国打败，燕王哙被杀，及至太子平继位，是为燕昭王（前311～前279年在位），他想招纳贤才辅佐自己治理国家，使燕国强盛起来以报国家之仇。但是，由于国小力弱，难以雪先王之耻，于是他便向郭隗先生求教求贤的方法和措施。

在《战国策·燕策》中，记载了燕昭王求教郭隗的史实。郭隗对燕昭王说：

> 帝者与师处，王者与友处，霸者与臣处，亡国与役处。屈己而事之，北面而受学，则百己者至；先趋而后息，先问而后嘿，则什己者至；人趋己趋，则若己者至；冯几据杖，眄视指使，则厮役之人至；若恣睢奋击，跳籍叱咄，则徒隶之人至矣。此古服道致士之法也。王诚博选国中之贤者，而朝其门下，天下闻王朝其贤臣，天下之士，必趋于燕矣。

这段话的意思就是说，凡是成就帝业的人，以贤者为师；要想成就王业的

人，与贤者为友；假若要想成就霸业的人，便以贤者为臣；如果是亡国之君，则以贤者为奴仆。真心实意地向贤者学习的人，就能得到胜过自己一百倍的人；如果自高自大，背靠着桌子，斜着眼睛指手画脚，或是瞪着大眼，随意打人骂人，

泰山齐长城遗址

呼来喝去，得到的便是只有仆役和奴隶。这就是行大道得人才的方法。郭隗又对燕昭王说，大王如果能够广选国中的贤才，并且亲自去拜见他们，天下的贤才听说大王如此重视人才，就会都纷纷来到燕国为大王效力。

郭隗讲完求贤之道以后，又向燕昭王讲了这样一段故事，他说："古时有位国君，想用一千两黄金去买一匹千里马，三年过去了，还是没有得到。国王身边的仆从请求出去买马，在第三个月时，得到一匹千里马，但它死了，仆从便花去五百两黄金，把这匹死马买了回来回报国君。国君闻听大怒道：我所要的是活马，死马有何用处，还损失了五百两黄金。国君恼羞成怒，扬言要杀仆从。仆从说：死马尚且要五百金，何况活马呢？天下的人必以为大王诚心肯出大价钱买马；千里马就要到了，大王等着瞧吧！果然，不到一年，一共来了三匹千里马。"接着郭隗对燕昭王说："大王若要求贤，就先从我开始吧。像我这样的人都能被任用，何况比我还要贤能的人呢？这些贤人，就会迢迢千里来到燕国啊！"

另据《史记·燕召公世家》中记载：

> 燕昭王于破燕之后即位，卑身厚币以招贤者。谓郭隗曰："齐因孤之国乱而袭破燕，孤极知燕小力少，不足以报。然诚得贤士以共国，以雪先王之耻，孤之愿也。先生视可者，得身事之。"郭隗曰："王必欲致士，先从隗始。况贤于隗者，岂远千里哉！"于是昭王为隗改筑宫而师事之。乐毅自魏往，邹衍自齐往，剧辛自赵往，士争趋燕。燕王吊死

问孤，与百姓同甘苦。

二十八年，燕国殷富，士卒乐轶轻战，于是遂以乐毅为上将军、与秦、楚、三晋合谋以伐齐。齐兵败，湣王出亡于外。

这段话记述了燕昭王求贤的故事。就是说，燕昭王即位的时候，正是燕国被齐国打败的危难之际。为了报仇雪恨，洗刷国耻，昭王以谦恭的态度，丰厚的财礼广招天下人才。他对郭隗说道："齐国乘我国内部混乱的机会，出兵打败了我们。我深知现在的燕国，国小力弱，没有足够的力量报这深仇大恨。但是，我确实想得到一批有才干的人才来帮助我振兴国家，以洗雪先王蒙受的耻辱，这就是我的心愿。你看是否有值得推荐的人选。如有这样的贤人，我要亲自侍奉他。"郭隗说道："大王如果一定要想招贤纳士，就先从我开始吧。对我这样的人你如果能够做到以礼相待，比我有才能的人，哪能嫌道路遥远而不来呢？"昭王听后认为确有道理，于是便给郭隗改建一座漂亮的房子，并把他当作老师一样以礼相待。这件事一传播出去，乐毅从魏国来了，邹衍自齐国来了，剧辛从赵国来了，还有许多贤士纷纷奔赴燕国。另外，燕昭王又亲自吊唁死者，慰问孤寡的人，与老百姓同甘共苦，不辞辛劳地治理国家。

在众多贤能人才的辅佐下，经过28年的努力，燕国富强了起来。士卒轻逸乐战，于是昭王任命乐毅为上将军，联合秦、楚、韩、赵等国一起打败了齐国，攻入齐国都城临淄，占领了莒和即墨两座城池以外所有齐国的土地。并把齐湣王逼得逃到国外去了。

"必欲致士，先从隗始"，封建帝王尚能做到，在今天，各级领导者更应能够做到，以博大的胸怀，广招天下贤能之士，为国为民出力。

秦王重用李斯平天下

李斯（前277~前208），生于战国末年，是楚国上蔡（今河南上蔡县西南）人。曾经做过文书小吏，后到齐国求学，拜荀卿为师，学成之后便投奔秦国。

李期到秦国后，很快得到秦王政的赏识，被封为客卿。在秦王统一六国的过程中，韩国害怕被秦消灭，便派水工郑国到秦鼓动修建水渠，目的是想以此削弱秦的人力和物力，牵制秦的东进。后来，秦国发现了郑国的目的，这时，东方各国也纷纷派遣间谍到秦做宾客，刺探秦国的情报。秦国群臣对外来的客卿议论纷纷，并建议秦王下令将其一律驱逐出去。于是，秦王政便下令驱逐各国来秦的客卿。

针对这一情况，李斯便上书秦王，反复阐明广泛使用人才和"地无四方，民无异国"的道理，这就是著名的《谏逐客书》。

李斯在《谏逐客书》中指出：

昔穆公求士，西取由余于戎，东得百里奚于宛，迎蹇叔于宋，求丕

豹、公孙支于晋。此五子者，不产于秦，而穆公用之，并国二十，遂霸西戎。孝公用商鞅之法，移风易俗，民以殷盛，国以富强，百姓乐用，诸侯亲服，获楚、魏之师，举地千里，至今治强。惠王用张仪之计，拔三川之地，西并巴、蜀，北收上郡，南取汉中。包九夷、制鄢、郢，东据成皋之险。割膏腴之壤，遂散六国之纵，使之西而事秦，功施到今。昭王得范雎，废穰侯、逐华阳、强公室，杜私门，蚕食诸侯，使秦成帝业。此四君者，皆以客之功。由此观之，客何负于秦哉！向使四君却客而不纳，疏士而不用，是使国无富利之实，而秦无强大之名也。

今取人则不然。不问可否，不论曲直，非秦者去，为客者逐。然则是所重者在乎色乐珠玉，而所轻者在乎人民也。此非所以跨海内制诸侯之术也。

臣闻地广者粟多，国大者人众，兵强则士勇。是以泰山不让土壤，故能成其大；河海不择细流，故能就其深；王者不却众庶，故能明其德。是以地无四方，民无异国，四时光美，鬼神降福，此五帝、三王之所以无敌也。

上述话的意思就是说，从前，秦穆公寻求有才能的人才，在西边戎族那里得到由余，在东面宛地得到百里奚，从宋国迎来了蹇叔，从晋国找到了丕豹和公孙支，这五个人都不是秦国出生的，而秦穆公却重用他们，使他们帮助秦国吞并了20个小国，称霸西戎。孝公采用商鞅的变法主张，改变了旧的风俗习惯，因而使人民得到温饱，国家得到富强，老百姓愿为国家出力，诸侯亲近服从，还打败了楚、魏两国的军队，占领了广阔的土地，开创了国富民强的局面。惠王采用了张仪的计策，攻下了三川，西并巴蜀，北得上郡，南夺汉中。还吞并了许多少数民族的地方，攻克楚国的鄢、郢，东占成皋这个险要的地区，获得大片肥美的土地，解散了六国的合纵联盟，使他们听从秦国的摆布，功绩一直延续到现在。秦昭王得到范雎，废掉穰侯，驱逐了华阳君，加强了朝廷的权威，堵塞了私人专权的门径，逐渐吞并诸侯，使秦国成就了帝王的功业。这四位国君，都是因为重用客卿取得了成功。从这些事例来看，客卿有什么地方对不起秦国呢？假如过去四位国君都拒绝客卿的帮助，疏远这些人才，不重用这些人才，那么，就会使秦国得不到好处，更不会有今天的强盛和显赫的名声了。

现在招纳人才就不是这样，不管有才无才，也不论可用不可用，更不管其品德如何，只要不是秦国人都要他们离开秦国，凡来秦国的各国的客卿都要被驱逐。这样看来，你们所重视的是美色、音乐、珍珠、宝玉，而轻视的是人才。这样做，不是平定天下和制服诸侯的良策。

鉴于上述原因，李斯强调说："我听说土地宽广的国家粮食就多，国家大人口也就多，军队强的战士就能勇敢作战。泰山之所以那样高大，是它从不舍弃任何泥土的缘故；河海之所以很深，是它不择细流的原因；当国君的要显示自己的美德，就不应该抛弃广大人民。因此不要分地区，不要分内外，只要团结和谐，

就会粮食丰足，鬼神也会降福于你们，这就是五帝三王在天下无敌的原因。"

秦王政看到李斯的《谏逐客书》后，认为李斯所讲的道理是正确的，于是采纳了他的意见，将逐客令立即取消，并封李斯为廷尉。同时，认为郑国修渠对秦国也有益处，并让郑国领导将渠修完，这就是有名的"郑国渠"。

世界上最可宝贵的是人，是人才。只要充分发挥人的积极性和创造性，什么人间奇迹都是可以创造出来的。特别在今天，充分发掘人才资源，发挥人才的巨大作用，对于建设有中国特色的社会主义尤为紧迫和重要。这也是摆在各级领导者面前的一项具有伟大战略意义的任务。李斯在对选拔人才、使用人才问题上，提出的"地无四方，民无异国"的理论是十分正确的，至今仍有借鉴作用，值得各级领导者学习。毛泽东同志曾经告诫我们，历史的经验值得注意。在改革开放，建设有中国特色社会主义的今天，以史为镜，借鉴历史经验，广泛地引进人才，并充分发挥他们的作用，更具有实际意义。

唐宣宗用人问政绩

唐宣宗李忱，原名李怡，宪宗李纯的第十三子，与穆宗李恒为兄弟关系，是敬宗李湛、文宗李昂、武宗李炎的叔父。出生于810年，卒于859年。会昌六年（846）三月即皇帝位，是为唐宣宗，在位14年。

宣宗李忱是一位宽厚待人的皇帝。他喜欢走访民间，由此得知他的下属在政治方面的优劣，并从中提拔政绩优秀的官吏。

有一次，唐宣宗到北苑去打猎，路过一片树林时，看见8个樵夫刚打完柴正在休息闲唠。唐宣宗便停住马走过去和樵夫们说起话来。经过闲谈，宣宗知道他们是泾阳县的人，他便乘机问樵夫们说："泾阳县令是谁？"回答说："是李行言。"又问："为政如何？"回答说："李县令为人正直，敢作敢为，有一次，有五六个强盗抢劫百姓财物后，怕官府查罪，便躲进北司军营中。李行言派衙役去抓强盗，军营中的将领说什么也不肯放人。李行言毫不惧怕，冲进军营抓住了强盗，并将藏匿强盗的将领打了几十大板，还判处了强盗的死刑，百姓们无不为之称快！"唐宣宗听了以后，将李行言的名字记在心中，打猎回到宫中，便将李行言的名字写在帖子上并将它挂在殿柱上。

两年以后唐宣宗任命李行言为海州郡守，李行言进宫拜谢皇恩。唐宣宗问他说："卿是否在泾阳县当过官？"李行言说："是，当过二年泾阳县令。"唐宣宗听后非常高兴，吩咐左右说："取紫金赐予李行言。"李行言非常纳闷，不知为何要赐金于他，但是又不敢随便问皇帝。这时，唐宣宗笑着对李行言说道："卿可知道朕为何赐金于你？"李行言一听正是自己想知道又不敢问的事，连忙奏请说："臣不知。"唐宣宗命人从殿柱上揭下写有李行言名字的帖子，拿给李行言观看，并对他说起了事情的原委。最后说，这些紫金就是奖赏他的政绩的。李行言听后非常激动，决心尽力尽责以报效朝廷知遇之恩。

又有一次，唐宣宗到城西去打猎，走到渭水边时，看到在祠庙外围着一群百

姓。走近一看，是一些上了岁数的老者在设斋拜佛。他觉得非常奇怪，既不是斋日，也不是祈风求雨的时节，为什么要拜佛呢？于是，唐宣宗下马，走进佛堂去向那些老者询问缘由。一个老者告诉他说："我们是醴泉县的百姓，县令是李君爽，他治政有方，体恤民情，是个非常清廉的父母官。但是他的任期已满，我们想要留住他，准备到郡府去请求再将他留任。我们来此拜佛，祈求佛爷保佑我们能留住李君爽。"唐宣宗听后，为有李君爽这样的下属所感叹。回到宫中，又将李君爽的名字写到了屏风上。

唐宣宗始终没有忘记醴泉百姓拜佛求留李君爽的情景。因此，后来中书省两次呈报任免醴泉县令，唐宣宗都未批准。过了一年之后，怀州刺史的职位空缺，中书省请求派任。唐宣宗亲笔写下御书："醴泉县令李君爽可任怀州刺史。"对于一个小小醴泉县令，宣宗能够如此了解，使他的文武大臣大惑不解。直到李君爽上任前来拜谢皇恩，唐宣宗重赏了他，并说起打猎遇到百姓求佛一事，李君爽和文武众臣才明了其中的缘故。

能否选准人才，合理使用人才，关键在于了解人才，知人才能善任，对于人才不了解，不清楚，有无才能和政绩也不知道，那么用准用好人才也就无从谈起。在这方面，唐宣宗的做法值得借鉴。

明宣宗慎用人才

我国古代历史上，有过不少历史盛期，正如史书上所说，"明有仁宣，周有成康，汉有文景，清有康乾"。"明有仁宣"，便指的是明朝仁宗和宣宗时期，把社会推上了太平盛世。

明宣宗，即朱瞻基，明仁宗长子，永乐九年（1411）立为皇太孙，永乐二十二年（1424），仁宗即位后，立为皇太子。1425年5月，仁宗病死，朱瞻基即皇帝位。

朱瞻基即皇帝位之后，逐步感到明朝旧制有许多弊端，应该进行改革。改革从何着手呢？朱瞻基经过派出人员进行视察得知，各州县的官员多是庸才，更有一些人贪赃枉法，无恶不作，民愤极大。并且进一步认识到，产生这种状况的主要原因，在于选拔官吏制度上的弊端，必须加以改革。

明宣宗像

过了一段时间，吏部给明宣宗朱瞻基呈上一个关于任命苏州等九郡新知府的名单让其审批。上早朝的时候，明宣宗朱瞻基问吏部尚书说："你们对这九个人是否做了详细考核？"尚书郭琎出班回答说："苏州等九府，历称最为难治的地

方，此番确定人选，颇费斟酌。"明宣宗问："那么，这九个人选可以胜任吗？"郭琎不得不实说："并非最优秀的人选。"明宣宗朱瞻基一听非常生气地训斥道："这么重要的事情，是可以马虎的吗？"郭琎辩解说："官吏升迁，限于资格，因此受到限制，如无圣上明示，不敢越级选拔。"朱瞻基听后一想，祖制如此，也不能只怪吏部。于是说："那就将此事缓一缓吧。"然后对其他大臣说："各部、院负责官员都可以举荐人才，只要你经过考察认为这个人德才兼备，不论级别高低，均可破格提拔。只是，朕所要的可是具有真才实学的人才！"

对于明宣宗朱瞻基的上述改革，朝野上下互相传颂、议论着，但是文武大臣却感到了沉重的压力，他们不荐不行，荐出的不是人才也不行，将来不胜任犯了律条要受到牵连，只好认真仔细地去考察选拔人才。

经过一段时间，被推荐的人选名单和履历材料呈到了皇帝那里，明宣宗又找内阁大学士和吏部尚书、侍郎等人集体研究，确定下来后再由吏部正式任命。到任之前，明宣宗又亲自一一召见他们，鼓励他们秉公办事，克勤克俭，清正廉洁，爱民如子。并向他们明确指出，如要发现某人贪赃枉法，一律斩首。

新官赴任后，明宣宗朱瞻基又分别派出巡抚和都察到各地去考察他们的政绩。半年后的考察结果表明，这批官员都做出了比较突出的政绩，百姓也比较拥护。例如苏州知府况钟，到任之后不久就查处了多起州官的贪赃枉法事件；对考察了解到的许多弊政，都一一加以改革；特别是通过访查，了解到百姓感觉租赋过重，于是，对于苏州各县农民不合理的负担40万担租赋上报奏免，减轻了农民的压力。另外，他不畏上峰，亲自绑缚不法皇宫太监送往北京皇宫交皇帝处理。对于他的事迹，在朝廷上下广为传颂。宣宗十分注意广招人才，为了表达他思贤求才的愿望，他曾亲作《猗兰操》一首赐给大臣。他在序中说："孔子自卫返鲁，见兰之茂与众草为伍，自叹生不逢时而作《猗兰操》。朕今虑山林岩谷之贤亦有怀才不遇者，故拟作此诗。"诗中写道："兰生中谷兮，晔晔其芳；贤人在野兮，其道则光。暧兰之茂兮，与众草为伍。呜呼，贤人兮，汝其予辅。"在宣宗的大力倡导下，文武大臣向宣宗举荐了大批清廉正直的官员出任府、州长官，他们多数为明王朝的兴盛做出了贡献。

经过上述选拔官吏的改革和实践，明宣宗朱瞻基便下令以后选人用人均仿效此法。

康熙善用举贤之人

康熙（1654~1722），是清圣祖爱新觉罗·玄烨的年号。他是清朝很有作为的皇帝，非常懂得治国安邦必须善于举贤用人的重要意义。因此，他始终坚持在考察之中擢用人才。

康熙在位期间，噶尔丹叛乱，他三次率军亲征。在三次亲征噶尔丹的战争中，他对随军将领和官吏的实际能力亲自进行了比较详尽的考察。他从西路军主将费扬古巧设伏军大败噶尔丹，取得重大胜利的过程中，发现费扬古有勇有谋，

具有统帅三军，领兵作战的指挥才能。回来后，便给费扬古晋升一等公（即封爵名称）。在康熙第二次亲征噶尔丹时，发现绿旗总兵官王化行，队伍整齐，战功卓著。因此，在第三次亲征噶尔丹时，便破格提拔王化行为军中总参。同时，对于那些无能的官吏如户部侍郎思格色等实施罢免。有一次，康熙命思格色去塞外负责挖井供水。康熙问思格色一口水井大约能够供多少人马饮用，思格色迟迟回答不出来，于是康熙立即革去他的官职，并当众指出："思格色为官昏聩无能，心中无数，令其居官何用？"

康熙皇帝读书像

康熙在位期间，曾多次巡行外地，查访吏治，体察民情。他在巡行江南时，路经河南某城，当地官吏为了迎接圣驾，整顿交通，做出临时规定，凡是皇帝经过的道路，以划线为界，分左中右三路通行。左右两路，官商百姓可以自由往来行走，中路作为御道，只供皇帝专行，任何人不准走动，并贴出布告，命令官民皆知，家喻户晓，不得违犯，否则依法严惩，同时还派出典吏沿路巡视警戒。布告贴出的当天中午，一个官员冒犯规定，骑马沿中路行走。典吏对其进行劝阻，他非但不听，反而鞭打典吏，并声称他是当今皇帝的太监。这位典吏不畏权贵，执法如山，立即喝令左右将这位太监拉下马来，狠打五十大板。府台大人听说此事后，认为一定大祸临头，忙令左右给典吏带上刑具，等候皇帝处置。康熙进城得知此事后，马上招来典吏，亲自为其取下刑枷，并倍加赞扬。当即宣布，破格提拔典吏为四品巡抚。

康熙二十四年（1686），张伯行考中进士，经康熙面试后，授予内阁中书职务，不久又调中书科任中书。康熙四十二年（1704），被任命为山东济宁道行政长官。张伯行上任时，正值当年闹饥荒，百姓穷困潦倒，无法生计。张伯行立即把自己家里的钱粮运到灾区，并赶制许多棉衣，救济灾民。康熙皇帝下了分道救灾的命令，张伯行分管汶上、阳谷两县。他给灾民发放了22600多石救济粮。为此，布政使责备张伯行擅自做主，并提出罢免张伯行职务的弹劾奏章。张伯行对布政使的错误行径进行了严厉驳斥，使弹劾风波得以平息。康熙四十六年（1707），康熙皇帝南下巡视，赐给张伯行"布泽安流"的金榜。不久，提升张伯行为按察使。1708年，康熙皇帝再次南下到苏州巡视，他对随从大臣们说：

"我听说张伯行为官十分清正廉洁，这样的人才十分难得啊！"当时就命令苏州所在地的督抚举荐贤能的官员，但是这位督抚却没有举荐张伯行。康熙皇帝于是召见张伯行说："我早就了解你，他们不举荐，我自己来举荐。以后，你居官而善，天下的人就会明白我是知人善任的。"于是提拔张伯行为福建巡抚，赐给他"廉惠宣猷"的金榜。

张伯行德才兼备，为官清正廉明。他在救灾中，能够为灾民着想，独自做主发放了大量救济粮，这本是件大好事，却遭到布政使的弹劾。他刚正不阿，毫不畏惧，可谓有胆有识。但是，就是这样一位贤能之才，却得不到他的上司苏州督抚的举荐。如果不是康熙具有爱才之心，识才之慧眼，那么，张伯行这个人才也就只好被埋没。

康熙皇帝是中国近代史上的一位明君。他深知人才对于治国安邦的重要作用，因此，他非常善于从考察中发现人才，并能大胆起用他们，充分发挥他们的聪明才智。这为加强、巩固清王朝的封建统治奠定了良好的基础。

乾隆私访任用贤才

清代乾隆即雍正帝第四子爱新觉罗·弘历。出生于1711年，卒于1799年。他25岁即位，85岁禅位，89岁去世，是历史上年龄最大，也是有所作为的一位皇帝。

乾隆皇帝在位60年，无论在武功还是在文治方面，都取得了重大的建树。据统计，在经济方面，到乾隆中期，已经达到鼎盛阶段，全国耕地达到6000余万顷，人口达到近3亿；库存银两到乾隆五十五年已由康熙时的5000余万两达到了8000万两。在疆土上，西跨葱岭，西北达巴尔喀什湖北岸，北接西伯利亚，东北至黑龙江以北的外兴安岭和库页岛，东临太平洋，东南到台湾及其附属岛屿钓鱼岛、赤尾屿等，南到南海诸岛。在这个境域之内，除顺天府和盛京外，还划有直隶（河北）等18个行省的内蒙古等几个边疆特区。其国土的辽阔和国势的强大，国内各民族人民经济、文化的联系，都是以往任何朝代所不能比拟的。

乾隆时期之所以取得上述丰功伟绩，关键在于乾隆帝能够善于发现人才，正确使用人才。他在选拔人才时，经常采用微服私访的方式去掌握他们的德才情况。

当时，常州有位杨瑞莲，此人是乡间一儒，擅长篆隶之学，蛰居乡里，一直怀才不遇。他有一位亲戚叫梁诗正，在朝廷做官，他便前往京师去投奔这位亲戚找点事做。恰好此时朝廷开设了一个两清古鉴馆，将内府所藏的古鼎尊彝罍等青铜器加以图绘并摹录铭文成书。梁诗正便推荐杨瑞莲入馆充当缮写官。这年8月13日，馆中人多去参加乡试，只有杨瑞莲一人留在馆中。午后，推门进来一位头戴青纱小帽的人，徐徐来到杨瑞莲面前。杨瑞莲不知此人是谁，寒暄几句之后便坐下继续缮写文章。这时，这个人便和杨瑞莲随便闲谈起来。这人打听到馆中其他人都去参加乡试后，便问杨瑞莲为何单单留下来不去参加。杨瑞莲回答说：

"唯恐内庭有传写之事，所以留下来伺候。"这人又了解了杨瑞莲的姓名、里籍及何人引荐入馆等，杨瑞莲便一一详告。问了这些事后，这个人就对杨瑞莲说："先生，能将你写的东西拿给我看一下吗？"杨瑞莲便拿出自己所写的东西送给这个人看，这个人看后颇为赞赏。正当此时，几位内侍闻声寻来，杨瑞莲才知此人原来就是乾隆皇帝。杨瑞莲急忙连连叩头谢罪，乾隆笑着颔首离去。第二天，他召见梁诗正说："你的那位亲戚杨瑞莲非常坦诚，篆、隶也很好，不能参加乡试，十分可惜，可赏给举人。"梁诗正顿首拜谢。这样，乾隆帝一个诏令，杨瑞莲便也成了举人。后来，杨瑞莲为缮修《两清古鉴》做出了贡献，书成之后被提拔为湘潭令。以后，杨瑞莲便以其善书自恃，得罪了一名显宦，这位显宦便寻机弹劾他。乾隆闻奏，立即朱批："杨瑞莲诚实人，予所深知，所参不准。"便将原奏退了回去。可见，乾隆皇帝是多么爱惜人才！如果执政者没有爱才之心，那么人才怎么能够聚集其身边并尽心为其服务呢？

亡国之君秦二世

在《史记·秦始皇本纪附二世皇帝》中记载：

> 赵高欲为乱，恐群臣不听，乃先设验，持鹿献于二世曰："马也。"二世笑曰："丞相误邪！谓鹿为马。"问左右，左右或默，或言马以阿顺赵高，或言鹿者。高阴中诸言鹿者以法。后群臣皆畏高。

这段话的意思就是说，赵高担任秦国丞相后，大权在握。但是仍然不够满足，想在宫中作乱窃取皇帝的宝座。他唯恐作乱时群臣不听他的话，便事先进行试探，上朝的时候将一头鹿献给秦二世皇帝说："这是一匹马。"二世皇帝笑着说："丞相说错了吧？把鹿说成了马！"赵高于是便问左右群臣。群臣有的不作声，有的说是马以逢迎赵高，有的直言说是鹿。赵高便暗中寻找借口，以触犯法律为名，将那些说是鹿的大臣加以迫害。自此以后，群臣们便都惧怕赵高，唯恐被其陷害。

这个指鹿为马、颠倒是非的故事，发生在秦二世三年（前 207）八月。

赵高（生年不详，卒于公元前 207 年），本出自赵国国君之后的远房支族。赵国灭亡时，其父亦被徙入咸

阳陵铜虎符　秦

阳，后因罪处以宫刑。其母被收为宫奴后，与人私通，生赵高、赵成兄弟等。赵高兄弟亦被处以宫刑，继续留在宫廷侍奉秦始皇。赵高身材高大雄健，但生性狡

黠，舌巧如簧，又善书，他见秦始皇重视法治，便也投其所好，开始钻研先秦诸法。几年过后，他深受秦始皇的赏识，说赵高"强力，通于狱法"，并被擢为专门掌管皇帝车马的中车府令，成了秦始皇的近臣。自此，为秦朝留下了祸根。

秦始皇有20多个儿子和10多个女儿。长子扶苏是皇太子，随名将蒙恬北守匈奴。幼子胡亥则留在秦始皇身边。秦始皇本人在消灭六国、统一全国后，为了炫耀武功和寻求长生不老之药，曾经多次出巡。他东临碣石，西抵黄陵，南至衡阳，北极燕代。始皇三十七年（前210），秦始皇带着丞相李斯、中车府令赵高和公子胡亥等人再次出巡，队伍途经钱塘（今浙江余杭）、江乘（今江苏镇江）而进入琅邪（今山东胶南），准备取道返回都城咸阳（今陕西咸阳市东北20里）。但是，当队伍行至沙丘（今河北广宗西北大平台）时，秦始皇因身染重病而亡，结束了他既是伟人又是暴君的一生。

秦始皇在沿胶东半岛北岸继续向西行进，到平原津（今山东平原附近）时就病倒了。当时，跟随秦始皇出游的丞相李斯、中车府令赵高以及公子胡亥等，虽见秦始皇已经病危，但由于秦始皇最厌恶死亡，忌讳"死"字，所以未敢向他问及后事。不过，随着病情的加重，秦始皇自己也明白死要临头了。于是，他给在北边监军的长子扶苏留下了玺书，让他急赴咸阳主办丧事，明确地安排由扶苏来继承帝位。玺书封好后，放在中车府令赵高处，没有来得及交与使者。赵高素与蒙恬、蒙毅兄弟和皇太子扶苏不和，阴谋另立公子胡亥，便诱逼丞相李斯同意，篡改诏书，并派遣王离以赐扶苏。书中写道：

> ……扶苏为人子不孝，其赐剑以自裁。将军恬……为人臣不忠，其赐死，以兵属禅将王离。

这份假冒的诏书，是由赵高的亲信王离捧着念的。于是，太子扶苏只得饮剑而亡，蒙恬也在下狱后被逼自杀。尔后由赵高策划并操纵，胡亥被继立为帝，是为秦二世。李斯继续做丞相，赵高升任为郎中令，全面掌管宫中警卫，并成为二世身边最亲近的决策人物。

二世做皇帝后，每日吃喝玩乐。一天，他对赵高说："人生在世，就像骑着快马穿过一堵墙的缺口，实在是太短暂了。我既然做了皇帝，富有天下，就打算随心所欲享尽一切快乐，你看如何？"赵高听后立即拍手称赞，说："好主意！只有贤明君主才能这样干，那些愚蠢的君主才禁止这样做，不过陛下应该注意：沙丘之谋，诸公子和大臣们都在怀疑。诸公子都是陛下的兄长，大臣们又都是先帝任命的，现在陛下刚刚即位，他们都怏怏不服，恐怕要搞暴乱。蒙恬、蒙毅兄弟长期将兵，他们虽已入狱，但人还未死。想到这些，我就吓得发抖，唯恐性命难保，陛下怎么能在这时高枕无忧呢？"

二世胡亥听赵高这一说觉得问题还相当严重，自己一时还不能尽情享乐，就向赵高讨教对付诸公子和文武大臣的计谋和策略。于是，赵高和盘端出了他早已谋划好的喋血黑策。喋血黑策的内容是变换刑法，使法律更苛刻更严酷，让犯罪

国学经典文库

的人连坐受诛，乃至灭族，消灭大臣而疏远骨肉，使贫困的人豪富起来，使卑贱的人高贵起来，统统除掉秦始皇任命的大臣，换上二世的亲信。赵高并非常得意地对二世说："这样可以铲除祸害，杜绝奸谋，德归陛下，群臣拥护。到那时，陛下就可以高枕而卧，尽情享受人间乐趣了。所以这是一个最高明的办法。"

二世一听，非常高兴，于是便采纳了赵高的喋血黑策立即着手修改律令，严刑峻法，向大臣和骨肉兄弟挥起了无情的屠刀。

喋血黑策的受害者首先是蒙恬、蒙毅兄弟。本来，二世在即位之前的归途中知道扶苏已死，见蒙毅也祷告山川而回就想释放蒙恬，仍用蒙氏兄弟为将。可是赵高因早年犯罪受过蒙毅制裁，怀恨在心，捏造说先帝早就想立胡亥为太子，只是因蒙毅谏阻才未立成，于是二世就打消了释放蒙恬的念头，并把蒙毅囚在了代郡（今河北蔚县东北）狱中。赵高日夜毁恶蒙氏兄弟，喋血黑策确定之后，二世遂决定先拿蒙氏兄弟开刀。二世的叔父子婴听到消息，前来向二世进谏，他列举战国诸侯杀害忠臣、亡国殒身的先例，规谏二世不要诛杀蒙氏兄弟。但是，二世已被赵高蛊惑至深，对于子婴的规谏置若罔闻，于是派人将蒙氏兄弟杀害。

蒙氏兄弟被杀后，屠刀继续挥向朝中大臣。二世让赵高主管办案，赵高乘机罗织罪名，处死大批朝臣。右丞相冯去疾和将军冯劫认为"将相不辱"，相继自尽。每位大臣含屈而死，往往还要连及一串亲友，就是担任宫廷警卫的亲近侍臣三郎官也有不少人无辜受害。在屠杀大批朝臣的同时，赵高乘机大量安插亲信，如其弟赵成任中车府令，女婿阎乐为咸阳县令，其他如御史、谒者、侍中等要职，多更换为赵氏人。按照原来赵高对二世所说，屠杀大臣空出要职之后，任命二世的亲信人，但二世毫无心机，也没有什么亲信人，他最亲信赵高，以为赵高安置的亲信便是自己的亲信，因此，他就放手让赵高随意安插摆布，为赵高网罗党羽，培植势力，架空二世创造了条件。

赵高在残害文武大臣的同时，旋即向二世的骨肉兄弟和同胞姐妹狠下毒手。一次，在咸阳市上，二世的12个兄弟同时被砍头，腔血喷射，触目惊心。又一次在杜邮（今陕西咸阳东）的刑场上，二世的6个兄弟和10个姐妹同时被活活辗死，血肉狼藉，惨不忍睹。公子将闾三人，平时行为十分谨慎，一时定不出罪名，就将他们囚在内宫，诸公子被杀后，赵高便派使者逼他们自杀。

大臣和诸公子惨遭杀害后，财物统统没收，连坐受刑的人不可胜数。有一位公子高，看到兄弟姐妹都惨遭毒手，自知难免一死，想逃走又怕亲友受到连累，为了保存亲友，便给二世上书要求为父皇殉葬于骊山脚下。二世见书大喜，批准了公子高的请求，赏赐十万钱殉葬于骊山。

二世以为自己年少，又刚即位称帝，要威服海内，必须向父皇学习，巡游天下，以向全国百姓展示自己的威风。于是便于二世元年（前209）年初，开始东巡郡县。这次出巡，南到会稽（今苏州），北至碣石（今河北昌黎北），然后由辽东（今辽宁辽阳）返回，四月回到咸阳。在出巡途中，赵高又向二世建议说："现在陛下出巡，应该趁机诛杀一批郡县官吏，这样既可排除异己，又可威震天下，当今时代不是崇文，而是尚武，望陛下赶上时代步伐，不要多虑。"二世非

常赞赏赵高的建议，便立即采纳。于是法令日急，诛杀累累，群臣人人自危，老百姓更是无所措手足，到处昏天蔽日，鸡犬不得安宁，整个秦朝帝国到处都成了屠宰场。

赵高唆使二世残酷屠杀臣民，同时自己也到处乱杀无辜，引起朝野内外的普遍怨恨。为了避免大臣朝奏时的指责和进一步控制国柄，他劝二世取消朝会制度，日居深宫之中，群臣奏事皆由赵高代行处理，成了一个名副其实的孤家寡人。对此，《史记·李斯列传》中做了如下记载：

> 初，赵高为郎中令，所杀及报私怨众多，恐大臣入朝奏事恶毁之，乃说二世曰："天子所以贵者，但以闻声，群臣莫得见其面，故号曰'朕'。且陛下富于春秋，未必尽通诸事，今坐朝廷，谴举有不当者，则见短于大臣，非所以示神明于天下也。且陛下深拱禁中，与臣及侍中习法者待事，事来有以揆之。如此则大臣不敢奏疑事，天下称圣主矣。"二世用其计，乃不坐朝廷见大臣，居禁中。赵高常侍中用事，事皆决于赵高。

这段话的意思就是说，早年，赵高做郎中令的时候，曾经公报私仇陷害、残杀过许多人，如今害怕大臣们入朝面奏皇帝的时候揭露自己，于是就对二世说："天子之所以尊贵，是因为大臣们必须听他发号施令，而不能面对面地进行商议，所以天子才称'至尊无上'。再说，陛下现在年龄尚轻，未必通晓一切事理，如今坐议朝廷，奖赏责罚如果有不恰当的地方，就会在群臣面前显露出您的短处，就不能向天下人显示出您的睿智圣明来。陛下不如暂且深居宫中放手让为臣和内侍中研习法律的人接待大臣奏事，这样，对呈禀上来的事情就可以有所斟酌、揣度。这样一来，大臣们呈报事情时就不敢再故弄玄虚，疑言惑上，而天下的人也都会赞誉您是圣明的君主了。"二世深以为是，采用了赵高的计谋，从此深居宫中，不再莅临朝廷接见大臣。通常由赵高与内侍们代理政事，朝政大事的决定权全部落在了赵高的手中。

李斯在秦始皇执政期间，曾以献计献策有功而官至丞相，但他为人自私妒贤，曾陷害同窗韩非致死。赵高为了立公子胡亥为皇帝，在诱逼李斯参与篡改诏书以后，便在二世面前多方谗毁李斯，诬说李斯有"逼上"和指使其子李由"为逆"之嫌，从而构成狱案。二世全权委命赵高审理丞相狱案。赵高指责李斯父子通贼谋反，收捕了李氏的全部宗族宾客并用酷刑逼迫李斯招供，后报二世，于是判处李斯族刑，夷灭三族。二世二年（前208），李斯被押赴咸阳市并遭五刑，先黥面、割鼻、断去左右脚趾，再拦腰斩为两段，最后剁成肉酱。合家灭门，无一得生。

李斯被杀以后，二世便拜赵高为丞相，事无大小都由赵高决定，赵高成了实际的独裁者。二世三年（前207）八月，他想踢开二世自己做皇帝，又担心群臣不拥护，就导演了一场"指鹿为马"的荒唐剧，来检验群臣的态度。并极力纵

容二世不必上朝，退居上林苑去"高枕肆志宠乐"。二世不仅屈从于赵高的淫威之下，而且愚蠢透顶，认为赵高是他的故人，且行为清正，在平安中不放肆，在危险中不变心，以忠得升，以信守职，实在认为他很好。但他万万没有想到，他所认为最忠于他的赵高，正是他的掘墓人。

为了加速篡夺政权的步伐，赵高与其弟赵成、女婿咸阳令阎乐秘密商议，由阎乐带了一支暴乱党徒，假装成农民起义军直逼上林苑，并以农民军口吻数说二世罪状说："足下骄恣，诛杀无道，天下共畔足下，足下其自为计。"意思是要二世自杀。二世不知死期将至，先是要见丞相赵高，不许；又要求去帝号称王、称诸侯，亦不许；二世无奈，只好哀求保全性命，自己愿与妻子去当普通百姓。阎乐这才凶相毕露地说："臣受命于丞相，为天下诛足下，足下虽多言，臣下不敢报。"于是，二世遂被阎乐逼而自杀。

二世自杀后，赵高匆匆赶到上林苑，从二世身上摘取玉玺佩戴在自己身上，准备登基坐殿。然而"左右百官莫从"，赵高气愤至极，只觉得天旋地转，勉强支撑着身子要上殿，但是，仿佛是天怒人怨，"殿欲坏者三"。赵高无奈，只好不敢再称帝，将玉玺传给子婴。子婴即位后，与身边的宦官韩谈和儿子设计将赵高杀死，并夷其三族。

历史是无情的。不久，刘邦率领起义军进入武关，屯兵霸上，派人劝说子婴投降，子婴于是白马素车，手捧玉玺在道旁迎接刘邦进入咸阳。这样，统一全国仅有15年的秦王朝灭亡了。

晋武帝宠信奸佞遭祸乱

晋武帝（236~290），即司马炎，字安世，河内温县（今河南温县西南）人。晋武帝是晋朝的开国皇帝。太康元年（280）灭掉吴国，继而统一了全国，结束了三国纷争的局面。然而，就在他死后的次年即太熙二年（291），即统一全国后不到10年，便爆发了导致西晋王朝灭亡的"八王之乱"。

晋武帝在统一全国之初，作为夺取政权的直接参与者和领导者，深感政权来之不易，所以能够励精图治，恢复经济，发展生产，曾经出现过被史学家誉为的"太康之治"的盛世。那么为什么在此后不久便发生了统治集团内部自相残杀的混乱局面呢？这确是一个令人深省的问题。

古人曾用这样两句话概括如下两种对人生影响的因素："生于忧患，死于安乐。"充满忧患的日子固然常使人如飘摇于风雨中的一叶扁舟，产生一种不安全感，甚至领略到辛酸和一种苦涩的滋味，但正是这种不安全感、辛酸和一种苦涩的滋味，往往能为生命的主体找到一个适当的突破口，从而使痛苦和压抑转化成一曲高扬的人生凯歌，转化成奋起抗争与拼搏的精神和力量。可是，当时过境迁，苦涩变成了甜蜜，辛酸变成了幸福，忧患转化为安乐，生命的冲动，精神的追求便会从此消歇，原来奔腾咆哮、骚动不止的人生之河变成了低吟浅唱、昏昏欲睡的细流。从忧患的日子走进和平安乐世界的司马炎面对大一统的局面，面对

任他主宰的广袤的山河和芸芸众生，感到了一种满足和陶醉。就在此时，他那一直奋进的生命之船也随之搁浅。

司马炎本来以俭约清廉著称，执政后，生活上开始奢侈起来，当年那个御车的青丝绳断了以青麻代之、御医献雉头裘而当众焚之的司马炎已成为历史，安乐的日子使司马炎完全成了一个被物欲、色欲所主宰的昏君。他大规模地修建祖先的陵庙，十二根巨大的铜柱皆用黄金镶镀，饰以明珠，所用石料都是从遥远的地

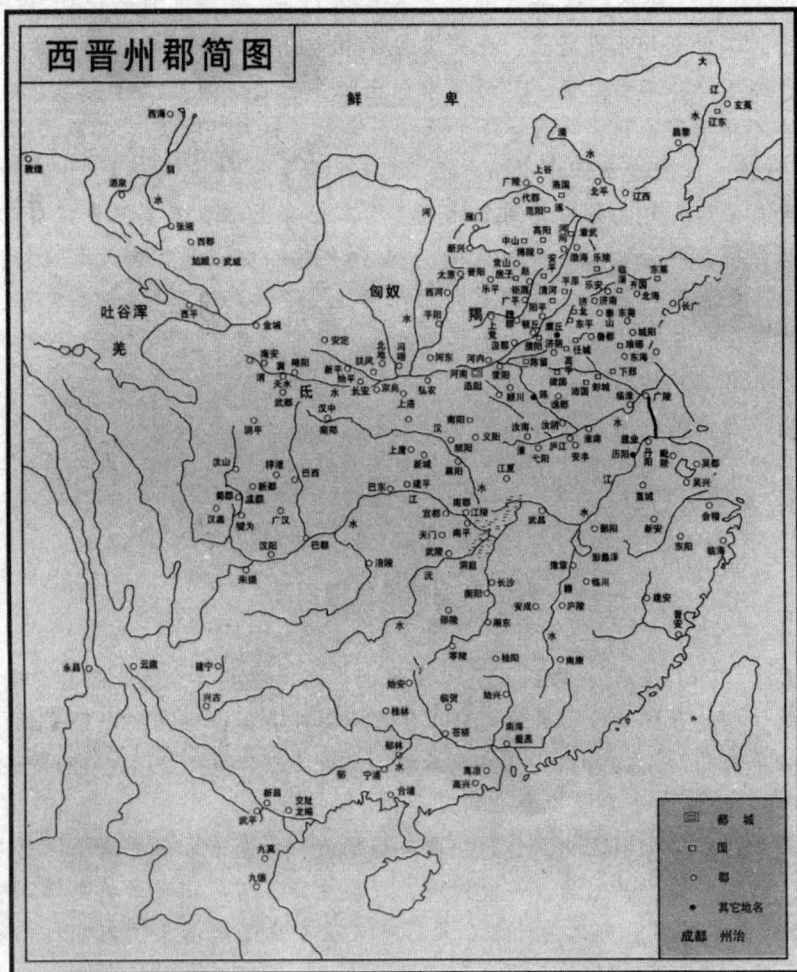

西晋州郡简图

方运到洛阳的，耗费的民力令人惊叹。司马炎为了满足自己的色欲，在灭吴之后，又收留了孙皓宫中5000多宫女，以至后宫超过一万。因为人数太多，他只能驾着羊车漫游，一些想接近皇帝、一睹天颜的后妃，便在门前插上竹叶，并撒上盐巴，以使贪吃的羊走过自己门前时能够停下。正如《晋书·胡贵嫔传》记载："时帝多内宠，平吴之后，复纳孙皓宫人数千，自始掖庭殆将万人，而并宠者甚众，帝莫之所适，常乘羊车，恣其所以，至便宴寝。宫人乃取竹叶插户，以

盐汁汤地，而引帝车。"于是，"临朝宽裕，法度有常"的治国方针改变了；"制奢侈以变俭约，止浇风而反淳朴"的安邦要求不提了；"宇量弘厚，造次必于仁恕"的思想作风不见了；"雅好直言，留心采擢"的用人主张抛弃了。晋武帝司马炎变得居功自傲，不纳谏言，耽于游宴，怠于政术。晋朝的局势迅速下落。

导致晋朝衰败的一个主要原因，在于晋武帝司马炎，宠用贾充、荀勖、荀颐、冯紞等一大批奸佞之徒，他言听计从，多方袒护。同时，又大封宗室为王，对皇位继承人及辅政大臣的选定也不得其人。并且袒护后党，听信谗言。杨骏原来官职卑微，但自女儿杨芷立为皇后以后，他便"超居重位"，封临晋侯。杨骏为了专断朝政，一面"布树亲党"，一面"尽斥群众"，使得朝廷纲纪大弛，请托交行之风日炽。当时的质直大臣刘毅，曾经劝谏晋武帝要斥逐那些"阿党之臣"，并坦率地指出武帝卖官鬻爵钱入皇帝私库的过失，但结果却被逐出徙至青州为地方官。太熙元年（290），晋武帝司马炎病危，杨骏与皇后杨芷便密藏诏命，将同受诏命辅佐太子司马衷的汝南王司马亮排挤掉，自己成了唯一的顾命大臣。晋武帝司马炎死后，杨骏便身兼太尉、太子太傅、假节、都督中外诸军事，掌握了朝廷的军政大权。杨骏的弟弟杨珧、杨济，也都官至卫将军、征北将军。由于杨氏后党专横跋扈，被称为"三杨"，致使"公室怨望，天下愤然"。所以各个封王也以扶危社稷之名而操戈枕剑了。

司马炎共有26个儿子，长子毗陵悼王早夭，次子司马衷被继立为太子。但司马衷却是荒唐可笑的庸才。据《晋书·惠帝记》载：当他在华林园内听到蛤蟆叫声时，他向随从问道："此鸣者为官乎？私乎？"又如当他听到百姓因荒乱饿死时，他说："何不食肉糜？"因此，朝廷大臣如卫瓘、和峤、王浑、张华等人，认为应立晋武帝的弟弟齐王攸为继承人，或者让齐王攸辅政，但武帝却逼着正在患病的齐王攸到封国去，致使他呕血而死，死时只有36岁。

晋武帝司马炎不仅在选立太子问题上出现失误，而且在选太子妃问题上也是失策的。太子妃贾南风性妒而酷虐，"尝手杀数人，或以戟掷孕妾，子随刃坠地。"武帝曾发怒要将她废掉，但却听信奸臣杨珧、荀勖等人的谗言而未废。贾南风为皇后以后，暴戾日甚，她先是以惠帝司马衷诏命要楚王玮（武帝之子）带兵进京诛伐杨党，并利用楚王玮之手杀了汝南王亮（武帝叔父）。然后，贾后又矫诏杀了楚王玮。于是，赵王伦（武帝叔父）、齐王同（武帝侄）、长沙王乂（武帝子）、成都王颖（武帝子）、河间王颙（武帝弟）、东海王越（武帝叔父）等人，相继扯起"护卫王室""讨伐叛逆"的大旗，使宫廷政变演变为历时16年之久的"八王之乱"。

"八王之乱"虽然发生在武帝死后不久，其原因也比较复杂，但是武帝在统一全国以后，居功自傲，不纳忠言，重用奸佞，则是"八王之乱"的直接原因。为此，王夫之在《读通鉴论》卷十一中指出："（齐王）攸即废，晋不必亡，（荀）勖、（冯）紞不除，晋无存理。"

高湛昏庸重用和士开

北齐武成帝高湛是高欢的第九个儿子，高洋的胞弟。皇建元年（560），高湛伙同高演发动宫闱政变后，按照事先的约定，封高湛为右丞相、领京畿大都督，并且许诺高湛为高演之后皇位继承人。结果不到几天，高演一反初衷，诏令自己的儿子高百年为皇太子，又封狄伏连为幽州刺史，斛律羡为领军，以此削弱高湛的兵权。对此，高湛看在眼里，记在心里，等待时机，以求篡位。高湛为了夺取皇位，便为虎作伥，协助高演将已被囚禁的废帝高殷押送晋阳处死，高演顺利登基称帝，并因高湛有功，诏令改封高湛为皇位继承人。

皇建二年（562）十一月，高演去世，高湛继承皇位，改皇建二年为大宁元年。

荒淫残暴、声色狗马，是北齐皇帝的通病。高湛当皇帝后，威逼兄嫂李氏（文宣帝高洋妻子）和自己私通，因被高洋之子高绍德发现，高湛便当着其母李氏的面将其杀死，李氏见儿子被杀，恸哭不已，哀声震天，高湛不仅不予收敛，反而兽性大发，把李氏衣服全部扒光，用皮鞭狠狠抽打后，将其装入布袋后扔进水池。大宁元年（562）四月，娄太后病亡。高湛不但不缞服守灵，停止乐舞，而且照样身着黄袍，舞女娉婷，笙歌曲曲，觥觥交错，欢乐不已。

重用奸佞，不理朝政，把军政大权全部委托给奸佞小人，这是北齐其他皇帝所没有的毛病，而高湛却一开北齐之先河，把朝政大权和盘托给和士开。高湛当长广王的时候，和士开能弹一手好琵琶，从而赢得了高湛的信任。高湛当皇帝后马上委托和士开为侍中、开府仪同三司。事无大小，全由和士开裁决。高湛无论是上朝议政，还是在宫廷里宴请宾客，每时每刻都由和士开伴随，有时干脆就同和士开一起吃睡。偶尔和士开离朝，还没走几分钟，高湛心中便怅然所失，有一种说不出的孤独感，于是便立即命令卫队去追赶和士开，说皇帝十分想念，令他马上回宫。无比受宠的和士开趁机对高湛说："自古以来，帝王死后都要化为灰土。圣贤尧舜和暴虐桀纣，死后又有什么区别呢？世上的事都是虚的，陛下应该趁着青春壮年时光纵情享受，无所顾忌。一日快乐可胜百年长寿，至于朝政，完全可以交给大臣去办理，您不必耗费精力。"高湛听后心中大喜，于是便不理朝政，委托和士开总管一切，赵彦深具体掌管官爵，元文遥掌管财政，唐邕掌管军政，冯子琮掌管东宫。高湛放心地沉湎于酒色，每三、四天才去上朝一次，象征性地在奏折上画画圈，然后全权交给和士开去处理。

高湛重用奸臣，造成了北齐政纲紊乱，上下一片怨声载道，朝廷内外尤其对和士开、祖珽等奸臣恨之入骨。祖珽非常清楚，现在自己气焰嚣张、颐指气使，是因为高湛还活着，一旦高湛去世，自己是死是活，很难预料。祖珽考虑很久，想出了一条妙计，对和士开说："自古以来，还没有哪个帝王会像当今陛下宠爱你一样宠爱大臣，可谓举世无双，但你想过没有，一旦陛下去世，你还能保住今天的地位吗？"

　　和士开认为祖珽说得很有道理，便问祖珽怎么办好。祖珽便说："你应该这样劝皇上：文襄、文宣、孝昭的儿子都没能当成皇帝，高殷虽然当了几天，结果皇位还是保不住。陛下何不趁康健之年，早立太子为帝呢？这样太子的皇位就可以固若金汤，万无一失了。"他接着对和士开说："太子高纬当小皇帝后，他们父子都会感激我们的，即使是老皇帝去世，我们将来和现在一样，仍然可以过快活日子。"

　　和士开听了祖珽的话后非常高兴，碰巧有一天出现彗星，和士开便怂恿太史上奏说："彗星出现，是上帝要求天子除旧布新的征兆，天下应该更换天命，才能保住天祚不变。"祖珽接着说："陛下虽然是天子，但还没有达到人间最尊贵的地位——太上皇。陛下应该早令太子登上皇位，这样可以顺应天命，江山稳固。"和士开又把禅位后的各种益处一一陈列。高湛尤其害怕高殷的惨剧会再次降临在自己的儿子头上，所以最后也就同意禅位。

　　河清四年（565）四月，高湛禅位给儿子高纬。河清四年改为天统元年，高湛成了北齐第一个太上皇，荒淫残暴更加肆无忌惮。天统四年（568）十二月，高湛病危，临终前，高湛握着和士开的手说："不要辜负我的期望，好好扶助幼主。"说罢驾崩，终年32岁。

　　和士开是一个奸佞小人，他在取得武成帝高湛的信任并把握朝中大权以后，为保全自己的权势和地位，对朝中忠直之士，与他同居高位者以及得到皇帝宠信将居高位的人，都心存忌恨，至于反对他的人，更是恨之入骨，横加排斥，置于死地而后快。

　　和士开百计邀宠于武成胡皇后，竟与胡皇后长期勾搭成奸。河南王高孝瑜劝谏武成帝不要让和士开常与胡皇后对坐握槊，说："皇后天下之母，不要与臣下接手。"武成帝接受了这一劝谏，而使和士开非常忌恨河南王，并经常向武成帝告他的阴状，说高孝瑜奢侈僭越，高孝瑜竟因此而被害死。祖珽精通琵琶技艺，颇得武成帝高湛宠爱，经常让他与和士开共同献技，珽弹琵琶，士开胡舞、和士开恐怕祖珽会夺去自己的宠爱地位，因而使尽心机，将祖珽"出为安德（今山东济阳）太守"。高元海、高乾和毕义云三朝臣对和士开擅权不满，准备弹劾他，此事被和士开觉察，抢先一步，奏称高元海等三人交结朋党，想企图专制朝政。高元海因此被罚打马鞭六十，高乾被疏斥，毕义云见势不妙，立即贿赂和士开，才被放过，改任兖州刺史。胡皇后的哥哥胡长仁，封陇东王，投附于他的"三佞"邹孝裕、陆仁惠和卢文亮力劝胡长仁夺掌朝权，和士开侦知后，深感自己的权势受到威胁，因而将邹孝裕等贬官放逐。邹孝裕等又劝胡长仁计杀和士开，又为和士开所侦知，再贬邹孝裕之官，胡长仁也被贬出京城，出任齐州刺史。胡长仁身为国舅，封王爵，任职右仆射及尚书令，竟被和士开随意处置，大为怨愤，遂派遣刺客暗杀和士开，和士开躲过了暗杀，竟怂恿后主高玮将胡长仁处死，除去了危及自己的一大隐患。

　　后主之弟高俨，对于和士开专权朝政非常痛恨，和士开对他不断打击，将高俨的官职剥夺殆尽。高俨决心将和士开除掉，便与领军大将军狄伏连等周密策

划，于武平二年（571）七月的一天早晨，将和士开设计伏杀。一时朝野上下，大快人心。

南宋开国第一奸

北宋末年，政治黑暗，国力日衰。与此同时，金朝却崛起于北方，日益强盛起来。金先是联宋灭辽，然后便大举南侵攻宋。宣和七年（1125年）十二月，金兵逼近开封，宋徽宗急忙把帝位传给太子赵桓（钦宗），自己逃往南方。靖康元年（1126年）秋，金兵又分东西两路南下，于十一月破开封。次年四月，撤兵而去，带走包括徽、钦二帝在内的全部俘虏和财物，这就是著名的"靖康之难"。北宋统治到此结束。五月，康王赵构即皇帝位于南京应天府（今河南商丘），改年号为建炎，是为宋高宗。后来高宗又定都临安（今杭州），偏安于南方，史称此后的宋朝为南宋。在北宋末和南宋初的朝廷中，形成了主战派和投降派的激烈斗争，黄潜善身居宰辅，同李纲、宗泽等人的抵抗主张相对抗，成为建炎期间投降派的主要代表。他为了推行其投降主张，排斥正直，嫉害忠良，竭尽卖国之能事，终于使原来的一点收复中原的希望化为泡影。

黄潜善（1068~1129年），字茂和，邵武（今福建邵武）人。擢进士第，宣和初，为左司郎。潜善为人狡诈，善以谎言邀功请赏，入朝后把高宗捧得飘飘然而忘乎所以，心里对黄潜善充满了好感。建炎二年（1128年）十二月，黄潜善又自右仆射兼中书侍郎为光禄大夫、左仆射兼门下侍郎，成为左相。汪伯彦则升为右相。邪恶无能的黄潜善在国难当头之时，毫无建树，却以攀附而位极人臣。

掌权后的黄潜善就干起了误国的勾当。

李纲是主战派的著名代表。"纲负天下之望，以一身用舍为社稷民生安危，虽身或不用，用有不久，而其忠诚意气凛然动乎远迩。每宋使至燕山，必问李纲、赵鼎安否，其为远人所畏服如此"。以李纲这样的人才和威望，当国土沦丧、强敌压境之际，无疑乃国之栋梁，堪可宝贵。但黄潜善妒贤嫉能，为推行其投降卖国主张，百般排挤倾陷李纲，使李纲根本无法贯彻实施其抗战措施，难以发挥其本来可以发挥的重大作用。

早在靖康年间，李纲就曾力挽狂澜，阻止了避敌南逃之议，提出了"整饬军马，固结民心，相与坚守，以待勤王之师"的战略，曾一度鼓舞了士气，一时颇有匡复振作之象。但宋钦宗后来又听信了"浪子宰相"李邦彦之谗言，罢李纲尚书右丞之职以媚金人；甚至为了与金达成和议，竟以"纲主战议，丧师费财"为由，将李纲再谪宁江。不久，金兵再度攻入，宋钦宗看到议和并不能起到阻止金兵南侵的作用，于是再次起用李纲。李纲率勤王之师行至中途，都城失守，徽、钦二帝被金人掳去。赵构开大元帅府于河北，复李纲旧职；即位之初，因李纲最孚众望，乃拜其为尚书右仆射兼中书侍郎（右相）。李纲颇思竭尽匡扶之责，为国效力，实施其抗战主张，以保宋朝社稷。后来的事实证明，李纲主张抗战是唯一正确的选择，而且其很多设想都是可行的。但是，在奸佞当道的情况

下，李纲再度受挫，他的满腔热血只能付诸东流。

李纲拜相，黄潜善等投降派立即群起而攻之。黄潜善、汪伯彦自认为有"攀附之劳，拟必为相"，对李纲为相非常嫉妒和不满，千方百计排斥和打击，对李纲的一系列正确建议极力进行阻挠和破坏。

李纲拜相后，首上十议，其大略为：一议国是，反对屈辱求和，主张战守；一议巡幸，认为皇帝驻地"长安为上，襄阳次之，建康又次之"；一议僭逆，主张处死国破僭位的张邦昌"以为乱臣贼子戒"；一议伪命，提出"国更大变，士大夫屈膝伪庭者，不可胜数，宜依唐肃宗六等定罪，以励士风"；一议战，认为"军政久废，宜一新纪纲，信赏必罚"；一议守，主张"沿河及江、淮、措置抗御以扼敌冲"；一议本政，反对政出多门及阉官、恩幸、女宠干预朝政；一议责成，主张"择人而久任之，以要成功"；一议修德，主张"宜益修孝悌恭俭之德，以副天下之望"。

就当时的形势来看，李纲所上十议，应该说是御敌安邦的宏猷良策，高宗如果真能切实地贯彻实行，或许会有中兴之望，但黄潜善等人却大加阻挠。他们做贼心虚，对其中"僭逆""伪命"二议尤为讳忌。李纲进"十议"后，"帝与潜善等谋之"，黄潜善等人为高宗出谋划策，将李纲的"僭逆、伪命二事留中不出"。李纲据理力争，但黄潜善坚持异议，"主邦昌甚力"。李纲对高宗说："邦昌僭逆，岂可使之在朝廷，使道路指目曰：'此亦天子哉！'"纲"因泣拜曰：'臣不可与邦昌同列，当以绩击之，陛下必欲用邦昌，第罢臣。'"但当时李纲为举国军民希望所在，高宗还不能舍李纲而不用。后来，李纲虽然做了让步，提出"邦昌罪当诛，陛下以其自归，则贷死而窜之"，但黄潜善仍然百般庇护张邦昌，说什么"在远不如在近"，结果，仅贬张邦昌为节度副使，潭州安置。

赵构称帝后，在皇帝应驻何处的问题上，朝廷内形成了两派的对立。李纲志在恢复中原，认为"车驾巡幸之所，关中为上，襄阳次之，建康为下"，天子应该"示不忘故都，以系天下之心。不然，中原非复我有，车驾还阙无期，天下之势遂倾不复振矣"。李纲总结了历史上的经验教训，具有长远的战略预见，其主张是正确的。但是黄潜善、汪伯彦等人却迎合高宗避敌苟安的心理，力主"巡幸东南"，阻止李纲之议，将李纲的诸多论束"留中不报"。建炎元年七月，高宗"诏幸东南"，"李纲极论其不可"，并且详细论述了驻跸西北的好处，指出："盖天下精兵健马，皆在西北，委而去之，岂唯金人乘间以扰关辅，盗贼且将蜂起，跨州连邑，陛下虽欲还阙，且不可得，况治兵制敌以迎还二圣哉！为今之计，或当暂幸襄、邓以系天下之心。盖襄、邓西邻川、陕，可以招兵，北近京畿，可以进援，南通马蜀，可以取货财，东连江、淮，可以运谷粟，山川险固，民物淳厚。今冬计且驻，候两河就绪，即还汴都，策无出于此者。"在李纲的力争之下，高宗不得不收回手诏，"许兴南阳，以范致虚知邓州，修城池，治宫室"。但"既而潜善与汪伯彦力请幸东南"，使高宗既许之议复又动摇。看到黄、汪等人的阻挠和破坏，李纲对人说："天下大计，在此一举，国之存亡，于是焉分，吾当以去就争之。"于是李纲向高宗进言说："臣近者屡蒙震翰，改正已行事件，

又所进机务，多未降出，此必有间臣者。"又"极论君子、小人不可并立，且言疑则当勿用，用则当勿疑"，但高宗惑于黄潜善等人之言，并不能真正倚信李纲，"后数日，遂有并相之命"，授黄潜善为右仆射兼中书侍郎（右相），用以牵制李纲。

金兵虽灭掉了北宋，但北方人民出于民族感情，并不愿接受金人的统治。河北、河东两路军民奋起反抗，他们"推豪杰以为首领，多者数万，少者亦不下万人"。李纲认识到了北方人民中间所蕴藏的巨大力量，认为"不早遣使慰谕，即为金有"，请求朝廷招抚。主张在河北、河东分别置招抚司和经制司，"择有才略者为之使宣谕天子恩德，所以不忍弃两河于敌国之意。有能全一州、复一郡者，以为节度、防御、团练使"。

对于李纲等人这样至关重要而又唯一可行的光复大计，黄潜善等人竟丧心病狂地加以百般阻挠和破坏。张所刚刚受命，黄潜善即指使其党羽河北转运副使、权北京留守张益谦"奏所置司北京不当，又言招抚司置后，河北盗贼愈炽，不若罢之"。李纲据理予以痛斥："所留京师招集将佐，今尚未行，不知益谦何以知其骚扰！朝廷以河北民无所归，聚而为盗，置司招抚，因其力而用之，岂由置司乃有盗贼！今京东、西群盗公行，攻掠郡县，亦岂招抚司过也！"但是高宗和这些奸臣本是一路货色，终于排斥了李纲。

黄潜善等人为了擅宠专权和主和投降，容不得任何主张抗战的忠义之士。他们在李纲罢相之后，便把攻击的目标集中在主战派的另一著名代表人物宗泽身上。

宗泽，自幼豪爽有大志，登元祐六年进士第。康王开大元帅府，以宗泽、汪伯彦为副元帅，曾屡败金兵，因而成为举国瞩目的抗战派中坚人物。加之他"质直好义"，为官"国尔忘家"，故威望益著。

宗泽先是被汪伯彦所阻抑。汪鼓动康王让宗泽率兵在外作战，使宗泽"自是不得预府中谋议"，将其变相排挤出帅府。宗泽离开赵构后，率兵自大名转战开德、卫南，屡战屡捷，使金兵闻风丧胆。

就在宗泽在外力战之时，黄潜善被授副元帅之职，与汪伯彦共同排挤李纲、沮抑宗泽，从而使主战派更难申其志。

建炎九年五月，赵构即位于南京，宗泽人见，"涕泗交颐，陈兴复大计，时与李纲同人对，相见论国事，慷慨流涕，纲奇之"。赵构深被宗泽的慷慨忠义所感动，想把他留在南京，但"潜善等沮之"。最后，高宗除宗泽为龙图阁学士，知襄阳府，而未能使其在朝廷发挥更大的作用。

当时高宗刚即帝位，全国军民精神为之一振，巴望能重整河山，再图进取，因而全国义兵蜂起，纷纷抗金勤王。如果高宗能及时而有效地利用这种形势，当会大有希望。可是黄潜善、汪伯彦却反其道而行之，极力迎合高宗苟且偷安的心理，力主议和，反对抗战。他们大力主张根据靖康时同金订立的屈辱和议，划河为界，割让蒲、解之地。他们甚至阻挠刑部把高宗即位的大赦文书下到河东、河北两路及河中府解州，以此讨金人好感，向其表示和议之诚意。在这种情况下，

宗泽再次上疏，坚决反对割地求和，希望高宗抓住时机出师抗战，以图恢复。他说："天下者，太祖、太宗之天下，陛下当兢兢业业，思传之万世，奈何割河之东、西，又议割陕之蒲、解乎？自金人再至，朝廷未尝命一将、出一师，但闻奸邪之臣，朝进一言以告和，暮人一说以乞盟，终致二圣北迁，宗社蒙耻。臣意陛下赫然震怒，大明黜陟，以再造王室。今即位四十日矣，未闻有大号令，但见刑部指挥云'不得誊播赦文于河东、西，陕之蒲、解'者，是沮天下忠义之气，而自绝其民也。臣虽驽怯，当躬冒矢石为诸将先，得捐躯报国恩足矣。"宗泽的满腔报国热情，再次打动了高宗，"上览其言，壮之"。但由于黄潜善等从中作梗，仅是将当时年已69岁的宗泽改知青州，仍然没有被重用。

忠义识忠义，英雄惜英雄，李纲深知宗泽的德能，故大力向高宗举荐。时开封府尹出缺，李纲对高宗说"绥复旧都，非泽不可"。朝廷因以宗泽为东京留守，知开封府。"时敌骑留屯河上，金鼓之声日夕相闻，而京城楼橹尽废，兵民杂居，盗贼纵横，人心惶惶"。宗泽既至，抚慰军民，惩治盗贼，修治楼橹，并屡出师挫敌，"民赖以安"。由于宗泽秣马厉兵，竭诚抗战，加之威望索著，此时广大军民无不闻风响应，乐于效命。在这种形势下，宗泽上疏请高宗"亟归京师，以慰人心"，并向高宗尖锐指出："其唱为异议者，非为陛下忠谋，不过如张邦昌辈阴与金人为地耳！""黄潜善等忌泽成功，从中沮之"，宗泽以极其焦灼的心情上奏20余次，恳请高宗早下回銮之诏，可是，"前后建议，经从三省枢密院，辄为黄潜善等所抑"。他们"每见泽奏疏，皆笑以为狂"。宗泽不得不哀叹："吾志不得伸矣！"最后，宋高宗终于"用黄潜善计，决意幸东南"，从而失去了坐镇汴京、收复中原的大好时机。

在宗泽留守东京、知开封府时，金曾遣人以使伪楚（张邦昌僭号楚）为名至开封府，宗泽洞察其意，指出："此名为使，而实觇我也。"于是"拘其人，乞斩之"。可黄潜善等对金使竭尽保护之能事，他们"皆以泽拘金使为非"，说服高宗急诏宗泽将金使延置别馆，优加礼遇。其奴颜婢膝、认贼作父之态令人作呕。

宗泽同李纲一样，也力主招抚两河义军，而且这方面颇有成绩。当时有"河东寇"巨王善，"拥众七十万，车万乘，欲据京城。泽单骑驰至善营，泣谓之曰：'朝廷当危难之时，使有如公一二辈，岂复有敌患乎？今日乃汝立功之秋，不可失也。'善感泣曰：'敢不效力！'遂解甲降"。"时杨时号'没角牛'，兵三十万；王再兴、李贵、王大郎等各拥众数万，往来京西、淮南、河南北，侵掠为患，泽遣人渝以祸福，悉招降之"。另外，宗泽还招抚了王彦的"八字军"，遣"八字军"渡河取怀、卫、浚、相等州。当时义军到处涌现，"山寨忠义之民相应者不啻百万"，他们"引领举踵，日望官兵之至"。宗泽认为，如果把这一巨大的力量组织起来，"中兴之业，必可立致"。但黄潜善在国难当头之际，仍一味从最卑劣的私利出发，担心宗泽成功而影响自己的地位，因而又"从中沮之"。他不但诬陷义军是"以义师为名"的"盗贼"，禁止其勤王，而且还将招抚义军作为罪名，欲罢宗泽东京留守之职，幸有御史中丞许景衡为其出面说话，

申明"得宗泽方能保东京，有东京，行在始安枕"，高宗从自身安全考虑，才没有罢宗泽之职。

黄潜善不仅完全阻挠破坏了宗泽诸多抗敌救亡的重大措施，而且派自己的亲信为东京副留守，以监视掣肘宗泽。宗泽眼见自己报国无门、壮志难酬，已经出现的中兴有望的大好形势惨遭破坏，不禁"忧愤成疾，疽发于背"，最后终于在建炎二年七月含恨而死。在其临终前，"诸将杨进等排闼入问，泽矍然起曰：'吾固无恙，正以二帝蒙尘之久，忧愤成疾耳。尔等能为我歼灭强敌，以成主上恢复之志，虽死无恨！'众皆流涕曰：'愿尽死。'诸将出，泽复曰'吾度不起此疾，古语云，出师未捷身先死，长使英雄泪满襟！'泽将殁，无一语及家，但连呼'过河'者三。遗表犹赞帝还京。"泽死之际，犹愤愤以故国河山未复为恨，殷殷以赞帝还京、出民水火为念，这位英雄老将的满腔爱国忠诚直可动天地而泣鬼神！事过八百余年，今天抚读这段荡气回肠的悲壮史录，仍令人不能不为宗老将军的遭遇和精神而感泣之，由此对黄潜善等奸邪更加愤恨。

英宗偏听成敌俘

王振是看着小皇帝英宗长大的。这王振本是教书先生出身，有一定的文化，加上又能说会道，善于讨太子喜欢，慢慢就控制住了太子。英宗即位，王振自然得受重用。不过明正统初年，宦官王振的势力虽然有所增长，但由于受到张太后和大臣"三杨"的限制，还没有达到擅权的程度。

正统五年（公元1440年），杨荣病死，七年张太后离开人世，八年杨士奇死。"三杨"之中只剩下杨博在朝，但年老多病，无力过问政事。新选入阁的马愉、曹鼐等资浅势轻，难以左右朝中局势。英宗虽然年长，但无主见，事事依从王振。这就为王振擅权打开了方便之门。

王振见到掌权的时机已经成熟，毫不手软，立即跑到前台，把朝中大权一把夺了过来，正式开始了专擅朝政的生涯。

首先，王振摘去朱元璋时挂在宫门上那块禁止宦官干预政事的铁牌，肆无忌惮地管起国政来（当年朱元璋曾有此种禁令严禁宦官干政。有一次一位老宦官因为在宫中供事长久，说话就比较随便起来，一次他不加注意，从容地谈到了政事，朱元璋毫不留情，立即砍掉了他的脑袋）。接着大兴土木，役使军民在皇城内建造不亚于皇宫的府第。又修建智化寺，为他祈福等。

王振控制朝政以后，为了扩大自己的势力和显示自己的威风，大搞结党营私和排斥异己的活动。谁若顺从和巴结他，就会立即得到提拔和晋升；谁若违背了他，立即受到处罚和贬黜。顺我者昌，逆我者亡，一时间，把朝廷搞得乌烟瘴气。

一些官僚见到王振权势日重，纷纷前来巴结贿赂，以求高升。有位工部郎中，名叫王按，最会逢迎。一天，王振问王按说："王侍郎你为什么没有胡子？"王按无耻地回答说："老爷你没有胡子，儿我怎么敢有？"一句话说得王振心里

甜滋滋的，立即提拔他为工部侍郎。徐希和王文亦因善于谄媚，被王振提拔为兵部尚书和都御使。王振还把他的两个侄子王山和王林提拔为锦衣卫指挥同知和金事。又把死心塌地依附于自己的心腹马顺、郭敬、陈官、唐童等，安插在各个重要部门。谁要向他贿赂，谁就会得到提拔和照顾，福建有位参政宋彰将贪污的数以万计的官银送给王振，立即被提拔为布政使。这样，从中央到地方迅速形成了一个以王振为核心的朋党集团。

王振在招降纳叛、结党营私的同时，又大力排斥异己，陷害忠良。

正统八年（公元1443年）的一天，炸雷击坏奉天殿一角，英宗因遭此天灾，特下求言诏，要求群臣极言得失。翰林侍讲刘球看到英宗不理朝政，王振擅权不法，引起朝政紊乱，上疏提出"皇帝应亲自处理政务，不可使权力下移"等项建议。王振看到刘球的建议有侵己之处，大怒，立即下令逮捕刘球入狱。这时，正值编修官董林因自己要求任太常卿一事而被王振关进狱中之时，王振便想通过董林之事置刘球于死地。立即指使其党徒马顺用毒刑拷打、逼迫董林承认他自己请太常卿之事是受刘球所指使。董林被逼不过，只好屈服。王振便以此下令处死刘球，并把刘球的尸体肢解为碎块。朝野大臣听说此事，皆不敢上疏言事了。还有，驸马都尉石景，一天在家里责骂用人太监员宝，王振又无事生非，硬说石景骂员宝是指桑骂槐，把矛头对准了他，于是，石景也被投入了锦衣卫大牢。

王振依恃英宗，靠手中大权，极力打击反对派，弄得人们胆战心惊，生怕得罪了王振而遭家破人亡之祸。一些无耻之徒见状，对王振更是俯首帖耳，见到王振不是俯首揖拜，就是望风跪拜。时间一久，重臣揖拜、廷臣跪拜就成了一项不成文的规定。如果有人见到王振不拜，就要遭到横祸。

明彩塑太监像

一次，御史李铎碰到王振没有跪拜，就被逮捕，关进监狱，后被贬官流放到辽东铁岭卫服役。还有，大理寺少卿薛宣是王振的同乡，但他痛恨王振擅权专恣，不和他来往。一次，王振会议东阁，众公卿见王振来到，都俯首揖拜，唯独薛宣一人不拜。这下可惹恼了王振，遂怀恨在心。后来，北京有位指挥病死，王振的侄子王山欲将其妾岳氏据为己有，但这个指挥的妻子不同意，王山就与岳氏密谋，诬告该妻毒死了自己的丈夫，并逮捕该妻交给都察院审讯。薛宣在审理这一案件时，发现所告与事实不符，即主持公道，为该妻辩冤，又一次触犯了王振。王振听说这件事以后，大怒，立即指使他的党羽控告薛宣受了被告贿赂，并将薛问成死罪。临刑时，他的几个儿子争着代父受刑，王振的仆人和侍郎王

伟也出来为薛宣申辩。王振一看众怒难犯，只好免去薛宣的死罪，但仍罢官削职，放回乡里。

人们不但要向王振跪拜，还必须向王振送礼。一些人为了升官发财，每次朝会都向王振送礼。更有一些无耻之徒，为了讨好王振，极力帮助王振收礼，并当众公布礼物数目。比如，王佑就曾在众人面前说，某人以某物送给王振，某人没有送礼等。结果送礼者得到提拔，没有送礼者受到处罚。于是，人们纷纷向王振送礼，多至千金，少亦百金左右。时间一久，向王振送礼成了宫中一项不成文的规定，如果有人不送礼，也要受到惩罚。

国子监祭酒李时勉，曾建议改建国子监以发展教育事业。但他比较正直，不向王振献媚，不贿赂不送礼，只是依制接待，引起王振不满。后来，王振便以李时勉砍掉国子监前古树的一些树枝为借口，罚李时勉身戴重枷在国子监门前示众，李时勉身顶烈日，坚持3天，才在三千多名太学生和孙太后的请求下，开枷释放。那时，李时勉已被折磨得奄奄一息。还有那位铮铮铁骨的于谦，正统十一年（公元1446年）准备进京见皇帝，朋友们都劝他给王振带上一点儿礼物，他坚决不同意，两袖清风，来到京城，结果被王振暗地指使其党羽李锡给他加上对皇帝不满的罪名而关进了监狱，并判处死刑。后来在山西、河南两省官民进京伏阙请愿的压力下，王振才免了于谦的死罪。

王振就是这样利用手中权力，一面结党营私，大力提拔那些溜须拍马、谄媚逢迎之徒；一面大打出手，残酷地镇压那些反对自己专权和对自己不恭不敬之人。在王振的淫威控制下，人心危惧，为了生存，许多人不得不走王振的门路，向他献媚、送礼。王振则遍受贿赂，大肆贪污，家中财富越来越多。后来王振败绩，籍没其家产时，仅金银就有六十余库，玉盘一百多个，珊瑚树高六七尺者二十余株、其他珍玩则不计其数，足见其贪污受贿的程度。由于王振势焰熏灼，公侯勋戚纷纷尊称他为"翁父"，英宗对他更是信任不疑，尊称他为"先生"而不叫他的名字。在英宗的带动下，朝野内外对王振一片恭维之声，王振擅权达到了高峰。

王振控制朝政以后，不仅对内党同伐异，大耍淫威，对外也投机取巧，沽名钓誉，破坏边防，终于招致了瓦剌贵族的进犯。

瓦剌是蒙古族的一部。元朝灭亡以后，一部分蒙古族退回蒙古草原和东北等地。后经朱元璋数次打击，内部发生混乱，逐步分裂为鞑靼、瓦剌和兀良哈三部分。在明朝初期，三部分别臣服于明朝，每年都要向明朝献马朝贡。

永乐以后，在蒙古三部之中，瓦剌部日益强大，宣德时，瓦剌逐步控制了鞑靼，正统初年，又征服了兀良哈，统一了蒙古三部。瓦剌统一蒙古以后，进而想恢复大元天下，统一全国，因而对明朝不断骚扰，成为明朝北方的严重边患。

王振擅权，不但不布置加强北方边防，反而接受瓦剌贿赂，与瓦剌贵族进行走私交易。为了获利，王振让他的死党、镇守大同的宦官郭敬，每年私造大量箭支送给瓦剌，瓦剌则以良马还赠王振作为报答。为了讨好瓦剌，王振还对其贡使加礼款待，赏赐丰厚。瓦剌自从与明朝建立"通贡"关系以来，每年都派出贡

使携带着良马等货物到明朝朝贡，明朝政府则根据其朝贡物品的多少，相应地给予回赐。一般情况下，回赐物品的价值要稍稍超过朝贡物品的价值，同时，也要给对方贡使一定赏赐。因此，瓦剌为了获取中原财富，非常愿意到明朝来朝贡。按照原来规定，瓦剌每年到明朝的贡使不得超过50人。后来，瓦剌贪图明朝回赐的欲望越来越大，贡使人数日益增加。到正统初年，瓦剌贡使的人数经常增加到二千余人。王振对瓦剌增加贡使，丝毫不加以限制，按数给予赏赐，致使瓦剌的胃口越来越大。正统十四年（公元1449年），瓦剌首领也先竟然派出两千五百多人的贡使集团，为了多领赏物，又虚报为3000人。瓦剌贡使冒领赏物，原是习以为常的事情，因王振与瓦剌有勾结，接受也先的贿赂，所以，瓦剌贡使冒领赏物，他都装作不知道。这次，王振却一反常态，叫礼部按实际人数发给赏赐，又轻率地将瓦剌贡马削价五分之四，仅付给瓦剌索求诸物的五分之一。瓦剌贡使没有得到满足，愤怒而归，并添油加醋地向也先做了汇报。也先一听，勃然大怒，立即召集军队，以明朝减少赏赐为借口，兵分4路，大举攻明，并亲率一支大军进攻大同。

瓦剌铁骑来势凶猛，迅速向南推进。明朝守卫西北的将士，几次凶战失利，急忙向京师请兵救援。根本不懂军事的王振，对瓦剌的军事进攻没有足够的认识，无知地以为让英宗亲征，就能把瓦剌兵吓跑。所以，他为了侥幸取胜，冒滥边功，便在明朝没有充分准备的情况下，怂恿英宗亲征，让英宗效仿宋真宗亲征的榜样，以便青史留下美名。英宗平日里对王振言听计从，这次听了王振的话，也认为亲征是他大显身手的好机会，便不与大臣们商议，轻率地做出亲征的决定，并宣布两天后立即出发。

英宗亲征的诏旨刚一颁布，满朝文武大吃一惊。兵部尚书邝坤和侍郎于谦，力言明军准备不够，皇帝不宜轻率亲征。吏部尚书王直亦率群臣上疏说："如今秋暑未退，天气炎热，旱气未回，青草不丰，水泉犹塞，士马之用不甚充足。况且车驾既行，四方若有急奏，哪能尽快抵达。其他不测之祸，难保必无。万望皇帝取消亲征之令，另行选将前往征讨。"可英宗听信了王振的鬼话，对众大臣的谏阻，一句也听不进去，非要亲征不可。

王振和英宗在两天之内凑合了50万大军，胡乱配些粮草和武器，就匆匆出发了。当时，与英宗和王振同行的还有英国公张辅、兵部尚书邝坤、户部尚书王佐及内阁大学士曹鼐、张益等一百多名文武官员，但英宗不让他们参与军政事务，把一切军政大权都交给王振一人专断。此次出征，准备仓促，组织不当，大军出发不久，军内自相惊乱，未到大同，军中已经乏粮。不断有人死亡，尸体铺满了道路。再加上连日风雨，人情汹汹，还未到达前线，军心已经不稳。一些随驾官员，见到此种情景，再次请求英宗回军。王振一听，大为恼怒，为了杀一儆百，特罚谏阻最有力的兵部尚书邝坤和户部尚书王佐跪于草地之中，直到天黑才准起来。后来，王振的同党彭德清以天象谏阻，王振也不听，仍然逼着大家继续前进。

也先听说英宗御驾亲征，决定采取诱敌深入的策略，佯作退却，引诱明军进

入大同及其以北地区，然后出其不意，一举击溃明军。8月1日，王振和英宗顺利进入大同，他们看到瓦剌军队北撤，以为瓦剌害怕英宗亲征，坚持继续北进。邝坤等人深感途中未见瓦剌一兵一卒，未损一矢，并不是什么好兆头，恐怕瓦剌另有诡计。因此，他再次上章请求回军，提醒王振不要中了瓦剌的埋伏。王振仍然不听。第二天，王振的同党、镇守大同的宦官郭敬把前几天前线惨败的情况密告王振，并说，如果继续北进，"正中瓦剌之计"。王振听了郭敬的话，才害怕起来，急忙传令，第二天撤出大同。

最初，王振想从紫荆关（今河北易县西北）退兵，以便途经他的家乡蔚州，让英宗驾幸他的府第，向家乡父老显示自己的威风。于是，王振下令取道紫荆关回京。王振未与瓦剌接战，即仓皇退兵，军纪更加混乱。走了40里以后，王振忽然想起，大队人马经过蔚州，一定会损坏他的田园庄稼，于是，又改变主意，火速传令改道东行，向宣府（今河北宣化）方向行进。这时，瓦剌已知明军不战而逃，急忙整军来追，形势十分紧张。大同参将郭登和大学士曹鼐等向王振建议说："自此趋紫荆关，只有40里，大人应该从紫荆关回京，不应再取道宣府，以免被瓦剌大军追及。"王振不听，一意孤行，坚持折向宣府。

明军迂回奔走，8月10日才退到宣府。这时，瓦剌大军已经追袭而来。英宗急忙派恭顺伯吴克忠、都督吴克勤率兵断后，以掩护英宗撤退。结果，他们都战死沙场。英宗又派成国公朱勇等率骑3万前去阻击，朱勇等冒险进军至鹞儿岭，陷入瓦剌重围，虽然英勇奋战，但寡不敌众，3万军队全部覆没。

王振在朱勇率军阻击瓦剌之时，加紧撤退。13日，狼狈地逃到土木堡（今河北怀来东南）。这里离怀来城仅20里，随行的文武官员都主张进入怀来城宿营。可王振以为一千余辆辎重军车没能到达，害怕自己搜刮来的东西受损失，便不顾英宗和数十万大军的安全，传令在土木堡宿营。邝坤一再上章要求英宗先行驰入居庸关，以保证安全，同时组织精锐部队断后拒敌。王振皆置之不理。没有办法，他只身闯入英宗行殿，请求英宗速行。王振见状，怒不可遏，骂道："你这个腐儒，怎么会知道用兵之事，再胡说八道，必死无疑！"即刻命令武士强行把他拖了出去。

第二天，英宗想继续行进，但为时已晚，瓦剌军队已经包围了土木堡。土木堡地势较高，旁无泉水，南面15里处有条河流，但被瓦剌军队占领。明朝数十万军队被围两天，取不到水喝，渴得嗓子直冒烟。没有办法，王振只好让士兵就地挖井，可挖了二丈多深，也不见一个水滴。士兵们急得像热锅上的蚂蚁，怨声载道，军心进一步涣散了。

包围土木堡的瓦剌军知道明军找不到水喝，饥渴难忍，便准备把他们引出堡垒，一举歼灭。15日，也先派遣使者到明军处假装与王振谈和，以麻痹明军。王振见也先派人来谈判，喜出望外，便不辨真假，满口答应，并通过英宗让曹鼐起草诏书，派两人去也先军营谈判具体议和事宜。

也先为了迷惑明军，假装撤退，故意将土木堡南面河水让出，暗地里则做好埋伏，只等明军争水大乱之际，出兵全歼。王振看到瓦剌军向后撤退，以为瓦剌

军真的要议和，遂不加分析，轻易地下令移营就水。饥渴难忍的军士得令后，一哄而起，纷纷越过战壕，奔向河边，军队顿时大乱。正在明军争相乱跑之际，只听一声炮响，瓦剌伏兵四起，喊声震天，瓦剌兵像潮水般涌了过来。乱作一团的明军，哪里经得起这样的冲击，顷刻之间，全线瓦解。随着瓦剌骑兵刀剑飞舞，一排排明军倒了下去，再加上溃退的明军自相践踏，不一会儿，死尸就铺满了大地。有一些侥幸未死的士兵，很快就成了也先的俘虏。

两军开始交战，英宗皇帝就在亲兵保护下，奋力突围，可左冲右突，还是冲不出去，身边的护兵却越来越少。英宗见大势已去，心知突围无望，索性不再突围，跳下马来，面向南方，盘膝而坐，等待就缚。不一会儿，瓦剌兵冲上来，一个士兵上前要剥取英宗的衣甲，一看他的衣甲与众不同，心知不是一般人物，便推拥着他去见也先之弟赛刊王。赛刊王在盘问英宗时，英宗反问道："你是谁？是也先，还是伯颜帖木儿，或者是赛刊王？"赛刊王感到英宗说话的口气很大，立即报告也先，也先派遣留在瓦剌军中的明朝使者去辨认，才知道他就是英宗。

英宗被俘，英宗的护卫将国樊忠万分愤怒，他一手抓住王振，一手抢起铁锤，大喊一声说："今天，我要为天下人诛杀此贼！"说完，他把满腔仇恨都凝聚在铁锤之上，对准王振的脑袋，狠狠地砸了下去。王振连哼叫一声都没有来得及，就脑浆四溅，像一摊泥似的倒了下去。王振这个祸国殃民的恶宦，终于落得个罪有应得的可耻下场。

土木堡之变，英宗被俘，明朝50万军队差不多全部被歼，从征的一百多名文臣武将几乎全部战死沙场。这一消息传到北京，百官张皇失措。聚集在殿廷上号啕大哭。后来，皇太后忍住眼泪，命令英宗的弟弟朱祁钰监国。都御使陈镒等也擦干眼泪，面奏王振之罪，他们满怀悲愤地说："王振罪不容诛，死有余辜。殿下如不即正典刑灭其家族，臣等今日皆死在这里。"说罢，跪地不起。这时，王振的死党马顺还为王振遮护，喝逐群臣。给事中王宏见马顺还在装腔作势，怒不可遏，上前一把抓住马顺，拳打脚踢，当场结果了他的性命。愤怒的人们又当场打死了王振的另外两个死党宦官毛贵和王长。接着，成王下令杀死王振的侄子王山并族诛王振之党，把马顺的尸首拖到街头示众，王振家族不分老少一律处斩，并籍没王振家产。朝野内外听到这一消息，才算出了一口闷气。

熹宗偏信忠贤逞凶

明朝是个太监猖狂的朝代，连续出了几个专权的太监，给王朝以沉重的打击，而魏忠贤则给这个摇摇欲坠的破房子踢了最后一脚，弄得中央无干臣，边疆无良将，百姓无宁日。此后，谁也没有力量挽回颓势。18年后，明王朝以至整个民族便坠入了更加黑暗的深渊。

这魏忠贤年轻时，曾因还不起赌债，被一群恶少打得落花春红。伤好之后，他将复仇计划付诸实施，成了阉人。嫁妻寄女，从河间来到北京。多亏自己好骑术射术和诚实的外表加上酒量，博得东厂太监孙暹的赏识，收在名下，带进

皇宫。

　　这以后有两次他几乎倒了大霉。入宫不久，他便张扬起来，交了一些酒肉朋友，弄得自己赤字连篇。只好跑到四川求人抽丰。谁知竟被人叫作无赖，关在屋中差点闷死。这次教训使得他认识到：还得夹起尾巴做人，闷头办事，装成傻子。此后他结识了内宫监总理太监马谦，把他调到管理化妆品处。在这里他凭借权力，施展渔色的本领，结交了几个能在上边说话的宫女。可怜宫女们正值青春，却愁锁深宫，于是和宦官结成"食伴"，有时还花前月下拥抱依偎，聊解幽怨。而魏忠贤的手术进行得极不彻底，性功能尚存。有了这个"优势"，他获得了第二个转机，却也是第二个霉运。神宗皇帝的长孙朱由校出生，为他选了个奶妈客氏。这客氏才18岁，哪甘寂寞，与东宫大太监王安的手下魏朝结成"食伴"，后来魏忠贤依靠秘密武器也结交上了客氏。但是秘密不久让魏朝所发现，便把他罚到管柴火的地方去了，疏隔了客魏的关系三年。

　　这二三年间，魏忠贤深刻反省，恨自己色迷急进，而且可能切断他借助皇太孙上进的道路，又得夹起尾巴做人。但是不久，光宗突然去世，皇长子被立为皇帝，年号改为天启，他就是熹宗。

　　熹宗即位，按照惯例，要把侍候自己的太监安置在重要的岗位上，客氏也反复地劝说，熹宗任命魏忠贤为司礼秉笔太监。但是魏忠贤目不识丁，如何秉笔？真是荒唐！魏忠贤从此开始了乱政混世的七年。

魏忠贤像

　　魏忠贤的阴谋活动有个完整的计划。他大体上是前三年对内廷下手，后四年是对朝廷开刀。他心狠手毒，秽乱春宫，在和客氏制服了内廷妃嫔和小皇帝之后，就一步步地掌握了朝中大权。到了天启四年，忠贤大肆搏击群臣以后，大批无耻之徒，争相谄媚忠贤。围绕这个核心，形成了从内阁大学士到边关将帅的数百人庞大集团。其中干将首推崔呈秀，此人"卑污狡猾"，曾被高攀龙弹劾贪污，吏部拟处流放，呈秀求饶被拒，于是转投忠贤，即头涕泣求救。当时，忠贤正寻求外廷援助，反击东林。"得呈秀，相见恨晚，遂以为腹心，日与计划。"成为忠贤后期外廷谋主。还有一个少年翰林冯铨，美容公子，入朝携带数双靴子，一会一换。"自顾其影，镜不离左右。"因其父弃地逃跑躲避金兵，被劾闲住。魏忠贤进香，冯铨跪在路上迎接。忠贤带他进京，起用为大学士，那时，他还不到40岁，破明史大学士年龄的最低纪录。有的史料认为，他是忠贤的"龙阳君"（即男妓）。倪文焕犯罪，认崔呈秀为父，催呈秀转呈魏忠贤，亦被封官晋爵。一个以私利为纽带集合起来的一群，必是藏污纳垢的垃圾坑。

　　魏党中见利忘义的小人比比皆是。70 岁的刘志选，罢官 30 年，叶向高起用他为南京工部主事，方一上任，即攻击向高，取媚忠贤，又诬参张国纪，企图在倾覆皇后以后，分得一勺羹（张国纪乃张皇后之父）。曹钦程本是汪文言举荐为朝官的，却诬陷挤兑汪文言，忠贤连连提拔他官升三级。而王绍徽以尚书的高贵地位，却亲自下厨给魏忠贤炖猪蹄，被人讥称"炖蹄尚书"。

　　至天启五年以后，连忠贤也弄不清自己有多少党羽。据反魏派整理的名单，有以工部尚书兼左都御史崔呈秀为首的"五虎"，有以掌锦衣卫事田尔耕为首的"五彪"，有曹钦程等"十狗"，有石三畏等"十孩儿"，还有"四十孙"之流。崇祯二年定逆案时，列名人员高达 261 人之多。

　　这个阵容，实事求是地说，其中也不乏"人才"，可惜心术不正，其反动能量确是很大。他们帮助魏忠贤干尽坏事，也借助忠贤的力量做尽了坏事。禁城东角楼管事小宦官也常用忠贤名义杀更小的宦官，3 年内杀了百多个。更不论其他。没有他们，忠贤不能翻江倒海；没有他们，忠贤又何以成为历史的大罪人呢？

　　魏忠贤保护党羽，但行为刻薄，不许有半点离心或者"拆群"的现象存在。魏广微参与制造"六君子"冤案，后来，其父一点骨血发挥点作用，上书请求交法律处分，不要让锦衣卫酷刑折磨，忠贤就下令批准他的"乞休"请求，赶回家去。曹钦程德行太坏，同类不齿，忠贤"责以败群，削其籍。"尽管这家伙哭哭啼啼："父子之恩难忘"，忠贤也不为所动。因而魏党阵营比王振大，比刘瑾坚固，能量更是王、刘所不能比的。

　　忠贤十分注意武装力量，刘瑾败事时，深夜束手就擒，尽管他自领内厂，设党羽掌握京营都无济于事。忠贤决心建立一支完全属于自己的"武装"。天启元年，他勾结大学士沈㴶，鼓动皇帝设立"内操"。即从阉人中选拔士兵，由宦官任将校，驻扎禁城宫苑，隶属于司礼监和东厂。其武器装备都远远超过京营，因为兵仗局属于宦官 24 衙门之一。天启三年十二月他又亲自提督东厂。就个人素质而言，他比刘瑾要端严，深沉许多。三五年中，忠贤征服内廷，控制内阁，提督厂卫，豢养公卿，操纵第二武装，看来将"天下无敌"了。权势和罪恶的畸形发展必将给国家和历史造成巨大的灾难，其后果也一定是可悲的。

　　忠贤为人阴险狡诈，尽杀忠良。越来越成为众矢之的。他也张弩待发，而且毫不留情，他要用毒箭。他用心研究过刘瑾的教训：树敌多、杀人少。比如对杨一清，罢了官却不杀，以致东山再起，出谋划策，与张永一道弄得刘瑾千刀凌迟。忠贤深谙政治斗争就是你死我活，加上他那残忍的本性，使他一出手就显示出喋血嗜杀，从肉体上消灭政敌的"彻底性"来。魏朝、王安、宫妃等概不饶过，必杀之而后安。杀人就是为了夺权和固权。

　　然而狡猾的魏忠贤并不蛮干，他是很讲究策略的。首辅大学士叶向高"光明忠厚"，"朝士与忠贤抗者率倚向高。"忠贤虽然"默恨之"，并煽动指使"群阉围其邸大噪，"迫使向高"乞归"，然而魏忠贤仍然表面上"命加太傅，遣行人护归。"大学士刘一燝，抑制客、魏滥加荫赏，又请求把客氏赶出宫廷。"由是，

忠贤辈大恨"，霍维华、张鹤鸣闻风攻击，也只是"传职允其去，又追夺诰命勒令养马而已。"至于天启初年前后任吏部尚书的周嘉谟、张问达、赵南星和左都御史邹元标这许多人正人君子、东林党人在位，阻碍着魏忠贤阴谋的实现。而忠贤仅仅矫旨给以优厚待遇和较高的荣誉，促使并允许他们体面的退休。但这并不说明魏忠贤心慈手软。他在谈到大学士朱国帧时说："这个老头儿也不是正经人，只是还没把事情做绝，让他好生去吧。"原来他是度量再三，才放生的。看来，忠贤的高明之处在于不做力所不能及的事情。其理智足可以控制感情，不像刘瑾凭感情用事——像跪朝臣于奉天门外，逮300朝臣入狱形式上轰轰烈烈，实质上无济于大事；也不像王振冲动式地胡作非为。他在天启三年以前，尚没有能力整死东林党，非不想杀，是不能杀则不杀。

天启四年，魏忠贤把主攻方向移向朝廷，开始外线作战，方显出恶魔本色。

这场激战是在夏天揭开序幕的。春天，锦衣卫逮捕内阁中书（机要秘书）江文言，（这位汪中书是天启初年王安和刘一煜之间的联系人，因为他的努力形成了东林党控制政府的局面。）准备兴起大狱，打击朝臣。虽然不久即开释，但震惊了东林党人，魏忠贤要开刀了。魏忠贤的活动已越出北京，每出必驷马扬扬，浩浩荡荡，不可一世，甚嚣尘上。这种示威性的张扬，引起朝臣的不安。六月，素以敏锐善察刚直敢谏著称的左副都御史杨涟首先发难，上疏参劾忠贤。列举其二十四大罪。诸如：破坏政体，排斥顾命大臣，交结阁臣，不容正色之臣，喜怒过于皇帝，伤害陛下妃嫔皇子，擅杀内臣，滥袭恩荫，兴大狱，更圣旨，用东厂快私仇，纵容奸细，创立内操阉兵，外出俨如圣驾，走马御前不自服罪等等。同时请求驱逐客氏出宫，下忠贤刑狱。

杨涟疏成，准备面呈皇帝。谁知第二天熹宗免朝，他怕夜长走漏消息，就连夜由会极门递入司礼监。魏忠贤听了十分惶恐，王体乾却浅浅扬眉一笑。趁天启帝"匠心独运"汗垂两鬓的功夫，体乾一本正经地读"二十四罪疏"，要害地方必改的改，略的略，反正皇帝心不在焉，更不会拿到手去细看的。天启帝听得圆圆半片，皱皱眉："宫里的事儿，杨涟怎么知道的呢？问他。"第三天临朝，只见阉兵数百，刀剑斧瓜，不准言官奏事，杨涟无可奈何了。然而群臣激动，连上70余疏，皇帝哪里有耐心去听完，连说："拟旨责备。""忠贤既得瓦全，便从此改心放手，为恶无所忌惮。"崔呈秀、冯铨已集合在忠贤膝下，劝他兴大狱用廷杖。忠贤不敢贸然，他要先做一个尝试，并且耐心地等待群臣淋漓尽致地把底露完。

魏忠贤的"尝试"选中了小小的屯田郎中管铸钱的万煜。他因请求内宫监把废铜交出来，遭到拒绝而上疏认为：魏忠贤一手握定废铜，目的在操天下之利，以及揽天下政权，这是奸雄用意。魏忠贤矫旨：廷杖一百。廷杖，是中国明朝特设的刑罚，大棒打屁股，正德以前，臀股包裹厚毡，示辱而已。刘瑾开始脱衣行杖。轻重全在监刑太监的口令上"打""着实打""好生着实打"，是"轻打""打残""打死"的三等信号。万煜被提到午门时，已被群阉拳毁奄奄一息，哪里经得住"好生着实打"呢，于是立毙杖下。杀鸡给猴看，廷臣被震慑了。

几天后，又要杖责林汝嘉（叶向高的亲信），林逃亡，一百多阉兵围住叶府，登堂入室，谩骂追索。叶向高上疏要求魏忠贤"自请归私地"，圣旨却答以"忠贤勤劳"，于是叶向高愤而辞职。正直的旗帜倒了，邪恶的旗帜顾秉谦晋升为首辅。

魏忠贤得意了。双方准备着决战。这段时间，魏忠贤充分利用矛盾扩大阵营。明朝万历以后，党争渐渐激烈。那时，文选郎顾宪成因与内阁政见不一而被罢官。遂归无锡不再出仕，重修宋朝大儒杨时的东林书院，讲学其中，并与高攀龙、钱一本等结为同志。许多不满朝政，有志再整朝纲的志士纷纷奔集东林书院，讲究"家事国事天下事"，议论时政点评人物，一时间成为正气之源。为淮抚李三才的去留问题，他们与朝廷展开大论争，被骂作"东林党"（封建社会，"党"是"团伙"的同义词）。此后，与东林党对立的方方面面往往结成集团，专与之背反。论战和政治打击一直纠缠不休，直到明朝灭亡。

天启初年，东林党曾执政。天启三年京察，一批趋附邪恶的浙党昆党宣党官员被赶出要津。这些走投无路的官员，做困兽之斗，奔走在忠贤门下。东林党人与反对派廷臣之间的矛盾，恰好被忠贤所利用。他竖起反东林党的大旗，收编"散兵游勇"，招降纳叛，其中不乏鬼头鬼脑鸡鸣狗盗之徒。魏广微作《缙绅便览》，开列"邪人"名单，又手写应该起用而被东林压倒的人名单，抄送忠贤，王体乾、涂文雅又以小楷抄本，藏在袖中，作为优赏惩处的依据。

魏忠贤与东林党人的决战于天启四年秋拉开帷幕。九月，崔呈秀贪污案被高攀龙查实，革职听候处分。十月初一，皇帝百臣行祭天大礼，魏广微迟到，被魏大忠李应升抓住弹劾，内有"广微当退读父书，保其家声，勿倚三窟与言官为难，异日亦可见乃父于地下。"矛头所指已很分明。

魏忠贤狗急跳墙，说动皇帝把东林党首领高攀龙、赵南星、杨涟、左光斗、袁化中等罢官削籍，还有大批反魏朝官外谪或降职，正臣与秋叶一起纷纷飘落，以至"部署为空"。天启四年十月，魏忠贤决战获胜，终于控制了朝廷，但他决不做刘瑾那样的傻事，决计彻底消灭政敌。从四年十月到五年四月，魏忠贤筹划着大规模剿杀。在组织上，他起用了反东林党人的丁绍拭、阮大铖等入阁或掌六部；在理论上，李鲁生提出"宅中而王，旨不从中出而谁出"，为魏忠贤用中旨（皇帝不经内阁会议直接下达的命令，已被客、魏利用）独裁制造根据；总体部署则是利用熊廷弼案为突破口来打倒杨涟等人。

所谓熊廷弼案，原来是天启二年二月，明军在与后金对垒的战役中丧军6万，朝廷把经略熊廷弼下狱，判斩决。廷弼想托汪文言用4万银子贿赂掌权的东林党人以求缓刑，但没有真正实行。"五虎"首领锦衣卫指挥许显纯在东厂监督用酷刑逼汪文言诬供：杨涟等受熊贿赂。汪文言活活被打死，临死大叫："天哪，哪有受贿的杨大洪（杨涟字大洪）啊！"许显纯捏造口供，相继逮捕了一大批东林党人。七月，逮捕杨涟、周朝瑞、左光斗、魏大中、顾大章、袁化中等，下在锦衣卫左狱。顾秉谦拟旨，五日一"追比"（用大刑逼退赃）。其实许显纯从七月初四到九月初四60天中已追比了24次，每次间隔只有两三天。第一次追比受刑后"诸君子头色墨而颠秃，裳上脓血如染，两狱卒挟持才能移步"。第二次则

"股肉俱腐"。第五次"杨公大号无回声，左公声哟哟如小儿啼"。第六次"杨左伏地若死人"。七月，杨、左、魏一同被杀在狱中。不久袁、周也先后被暗杀。只有顾大章交付法司为斩刑，自缢而死。杨涟最惨，"二囊压身铁钉贯手"。死者无葬处，还活着的老母寡妻也只能栖宿城楼。最先识破客魏，最先打击客魏的干臣死了，尸体出狱时以席绳捆，"尸虫沾沾坠地"。魏大中的儿子、《核舟记》的作者魏学伊为父冤而哭死。其实，熊廷弼早年曾攻击东林党，魏大忠是坚决主张斩熊廷弼的。八月，熊廷弼——一代帅才被斩于菜市口。魏忠贤收到一箭双雕之效。为这"功劳"，皇帝先赐客魏金印各一颗，每颗金重200两，印文"钦赐顾命元臣忠贤印"。那时，皇后之宝只是梨木雕刻，可见客魏地位已到了何种程度！

大狱之后，开列黑名单之风盛行。崔呈秀作《天鉴录》，王绍徽叙《同志录》，韩叙造《点将录》，《点将录》把《水浒》中人物绰号加在东林党人头上，颇有儿戏国事味道。魏忠贤的心腹太监各抄一份，藏在袖中，按名捕杀。魏忠贤下令拆毁天下所有的东林书院，无锡的东林书院夷为平地。天启五年十二月，用皇帝名义发布《东林党人榜》，列名三百余人。下令"生者削籍，死者追夺，已削夺者禁锢。"东厂横行，不容人说话。中书吴怀贤读杨涟"二十四罪疏"拍案叹息叫好，竟被杀、抄家。

天启六年三月，魏忠贤指使浙江织造右监李实，再次弹劾东林党人，并按名捕治周起元、高攀龙、周宗建、缪昌期、周顺昌、黄尊素、李应升。除高攀龙在家投花池自杀外，其余六人都被许显纯暗杀在狱中。他们都是反客魏的重要人物。周宗建捶杖几死时，许骂曰："你还能说魏公不识一丁吗？"缪昌期曾策动反魏，拒绝给魏忠贤写碑文，又替杨涟起草"二十四罪疏"。他们都从容赴难。周顺昌临命不顾家人悲号，从容为寺僧书写扇面"小云楼"并识日月，投笔出门就捕；李应升"登舟作赋，略无抑郁之色"。当时，东林党人代表着正义和清明，德望极高。魏忠贤的党羽在杭州和苏州逮捕周顺昌和黄尊素时，遭到民众的围攻。后来，魏忠贤处死颜佩韦五人。散文家张溥为之作《五人墓碑记》，五人与"七君子"俱流芳千古。

这时的魏忠贤堪称位极人臣势焰烛天。

史料上未见有魏忠贤大规模敛财的记载，也未见籍没财产若干的记载。他到底是一种什么心理在支配呢？其实，魏忠贤志在天下，有了天下，什么都没有呢？若不能巩固政权，敛财还不是替人家敛，而自己则只能敛到怨和仇吗？刘瑾不就是这么一头蠢猪么！魏忠贤要的是权势，争的是根基。

天下不乏媚臣佞人，他们称誉这个大太监为"厂臣"，而且不放过任何一个机会来巴结他，为其邀功请封。肃宁县新修城墙，要为他加功；抓住个假间谍，也说亏"厂臣指授机宜"，请封其为伯爵，赐田700顷；皇宫新大殿竣工，晋忠贤上公，赐田2000顷，赐铁券；袁崇焕保住宁远城，自然也是"赖厂臣安攘天下"，加恩三等；更可笑的是雷震火药库失火，仪仗大象受惊跑上大街踩死百姓，火扑灭，象也被捉住，爪牙们觉得机不可失，赶忙上颂，"赖厂臣……"大奸惑

主，天启帝临死时还嘱咐为忠贤晋王位。魏忠贤的女婿外甥、亡兄娘舅也一并沾光。客氏家族当然也是气势不凡。明朝276年，封为国公的一共15人（太祖开国功臣10国公，永乐2国公，景春1国公），连太祖的谋士刘基也只封为诚意伯，可见封公封侯是极其谨慎的事。从景泰至天启178年仅封两公，都封在短短一年，且集中在魏家。魏忠贤自以为真的功高万代了。

魏忠贤经常用炫赫仪从和超常服制来试探朝野的反应。明朝旧制，秉笔司礼太监不得在城外住宿和远出。他却常常出游，上涿州，祭天寿山，查成苑，视河务。每出则千骑从随，高马鲜衣，身响箭，乐器鼓吹，百姓焚香插柳枝，大员跪路侧。他自己则戴束发金冠坠珍珠穗，衬衣衬裤绣金线蟒龙，外套苍龙图只比藩王少一只爪子，颜色与皇袍只逊一色。他公然在宫里皇帝寝室外漱口，在乾清殿上撕吃狗肉……众人见惯，不以为怪。魏忠贤生在正月三十，正月十五开始，祝寿的、送礼的、求签字（不知忠贤怎么签字）的每日挤满乾清宫台阶。正月三十那天，山呼"千岁千岁千千岁"，声震殿瓦，皇帝不能听不到，却没人说什么。

事情到了这一步，连客氏的母亲——一个普通的老农妇，也劝客氏不要太过分。客氏在宫中坐小轿，除了缺一把青纱伞盖，俨如先帝妃嫔。她住咸宁宫，夏贮冰冬贮炭，饭菜要内宫单做御用的水平，叫作"老太家膳"，自比皇帝"八母"之一。有时告假回宫外私宅，出入都在五更天，司礼监太监前导，坐八抬轿，呼声远在圣驾巡幸之上，灯笼无数，如同白昼，沉香如雾，鲜美似仙人，升厅入室，管事奴才叩头呼"老祖太千千岁!"何等威福。然而皇上赞成，群臣不语，百姓不管，党羽热烈欢迎。忠贤更加得意。但他仍担心天下不买账。怎么表示天下人的拥戴呢？建生祠（活人功高接受神仙般的供献的场所），首先想出这一高招儿的是浙江巡抚潘汝祯。

天启六年六月，潘汝祯上疏，说是："厂臣心勤体国，念切恤民，莫不途歌巷舞，欣欣相告，戴德无穷，公请建祠，用以祝敬"。皇帝发下圣旨："宜从众请，以垂不朽"。有这无耻小人潘汝祯作俑，群小响应。一时间应天建祠虎丘，杭州建祠西湖畔，雄居岳飞祠上。此外蓟辽、延绥三边、天津、大同，京师各门，比比皆是。城市建、边关建、连卢沟桥、上林苑、菜园牧场、国子监、都督府、工部、巡盐、漕运无不争先恐后。更奇怪的是国戚皇族，驸马宗王也因"衣租食税，歌咏太平，不敢忘厂臣奠鼎之功，各愿捐资建祠。"国子监学生陆万龄更是热血沸腾，居然上疏说：孔子作《春秋》，厂臣作《要典》，孔子诛少正卯，厂臣除东林。所以厂臣功在大禹之下孟子之上，宜与孔圣人比肩。请求在国子监西建生祠，把厂臣的先祖牌位和孔氏先祖同祭。于是生祠又上新台阶。大同巡抚上任时，生祠已建成，又请建坊。生祠又有新气象。生祠穷极工巧，有的用沉香木雕像，金银珠做肠胃，设机巧运动眼目舌牙张合自如。有的请仿照祭天礼制、地方官率领军民春秋两祭的；有请仿历代帝王陵寝制度专设军户世代守祠的。有个萧萃肃，单请自己出钱独建生祠，说是"与众同建，不显一片忠心"。蓟辽总督阎鸣泰首先请求皇帝赐题祠名，以致无数的祠名均由御赐，例如什么广恩、崇德、族功、德芳、咸仁、隆勋等等。不知熹宗皇帝也是在向忠贤献媚还是企图甘

国学经典文库

言避祸。当此之时，歌功颂德的章奏铺天盖地，用尽汉语中美语谄言，有的说"人心依归，天心所向"；有的说"至圣至神乃文乃武"。魏忠贤听得如醉如痴，也自以为天下归心，竟生起一片帝王之心来。

魏忠贤一伙把建生祠上颂章当作尺秤，衡量着天下忠心的分量，发现异己则要肆意惩处。蓟州兵备因不肯随巡抚给魏忠贤之生祠拜三叩头，便被拷打，后被刑部处以斩刑。蓟州道胡士蓉不肯附言建祠而被逮捕。一伙翰林不做颂文，却作诗嘲讽时政，被指为妖言而遭杀戮。魏忠贤如此倒行逆施，惹得天怒人怨，地火正在酝酿，而客魏却浑然不觉。而这最终导致他毙命旅舍，死有余辜。

天启七年夏天，天启皇帝病重，魏忠贤十分着急，同时也积极准备着可能发生的一切。他派了3名内操太监镇守山海关，霍维华总督蓟辽，控制大军，又命心腹太监总督太仓和漕运，控制物资和粮道，崔呈秀以兵部尚书兼领都察院，继续迫害正义之士。皇帝日益浮肿，8月26日终于一命归天。所生三子均已夭亡，遗命五弟信王朱由检继承帝位。

朱由检素知忠贤恶劣，深自戒备，并决心铲除。入宫之初，表面上对忠贤十分温和，以安其心。一日，突然令内操兵出宫赴兵部领赏，再令予以解散，不许入宫。第二天下诏削夺良卿、良栋，鹏翼的爵号，又令忠贤听读他的"十大罪疏"。忠贤求崇祯帝内监徐应元说情，崇祯帝却批准忠贤养病私家发配凤阳，徐应元亦戍边。忠贤此刻还有武装死党千人追随。皇帝震惊，再命"锦衣卫擒处，治其罪"，兵部和锦衣卫联合出动追赶到阜城旅舍。忠贤与心腹宦官李朝钦痛饮后用一条绳子吊死。尸体被凌迟，把脑袋送往故乡河间挂杆示众。

客氏呢，六月就被赶出了皇宫。后被乱棒打死，焚尸扬灰。魏忠贤集团的其他成员或被斩或被流放或被罢免，呼啦啦大厦倾覆，大都受到了应有的惩处。

如果我们不再重复封建专制主义政治体制里造成历史悲剧根源的话，那么，魏忠贤的得逞则告诉我们，明王朝后期激烈的党争，为其阴谋活动提供了足够的土壤和空气，使他迅速地得到了一群招之即来，不召也来，而且极其疯狂残忍的爪牙。魏忠贤客氏及其党羽，特别是崔呈秀、王体乾这个核心，给我们留下的思索也是不少的：阴谋家常举着堂堂正正的天子的大旗，实际上干着一切勾当又都是在瓦解着"天子"的基业。因为他们知道，阴谋在以阴谋的形式出现时，那实在是最可悲的。然而历史是无情的，它的忍耐也是有限度的，一切阴谋终将暴露无遗，一切阴谋家终究要受到审判。这魏忠贤竟然活着时建生祠，除了给后人留下笑料之外还能有什么作用呢？权力可以为善，也可以为恶；可以给人带来荣耀，也可以给人带来耻辱，这就要看如何用权了。胡作非为自以为得计，这也只能得逞于一时，而最终结果是并不妙的。再诡再凶也逃脱不了历史的审判。

春秋第一说

战国时的烛之武是有名的策士。有一次，他代表郑国出使秦国巧言妙语说服秦穆公罢兵，而救国难于危难之际。

　　鲁僖公三十年的时候，秦穆公联合晋文公出兵围困了郑国，此时的郑国是郑文公执政。秦兵从西南压境而来，本来屯兵于函陵的晋军也配合秦军，向郑国步步进逼，形势十分危险。郑文公大惊失色，倒是大夫叔詹很是镇静，他推荐烛之武去做说客，想办法劝退秦人退兵。如果秦兵退走，剩下晋兵就好办多了。他是力荐老臣烛之武出使秦国，认为必定能说服秦王退兵。郑文公报着试试看的态度请来了烛之武，原以为是个什么风流学士，没想到竟然是个十分苍老的驼背老翁，心中不免大失所望。但这是国家用人之际，也就顾不上那么多了。这烛之武长期得不到重用，见到郑文公时说："我年富力强的时候，都不如人（意指没有被郑王重用），而今年事已高，恐怕无能为力了。"烛之武虽然应召赴国难，但在见到郑文公时，对文公先前未曾重用他也流露出一些怨情。

　　郑文公在此情此景下，已知自己"平时不烧香，临时抱佛脚"的错误，只好深自责备，同时又以利害之义告诉烛之武。郑文公说："当年我没有早重用你，现在情急才求到你，这是我的过错。但是今天情急，倘若真的郑国灭亡了，对你也是极为不利啊！"

　　烛之武出于国家利益，又见郑文公承认了过错，同时也顾及自己的利益，就接受了出使秦国做说客的差事。趁一个深沉的夜色，烛之武沿着绳索下了郑城，去见那霸气十足的秦穆公。下面就是他见到穆公的说辞。

　　"大王和晋国联合起来进攻郑国，郑国知道自己危在旦夕。但是，如果郑国灭亡确实对你秦国、对你大王有好处，我便永不回郑国，至死在大王鞍前马后，为你效劳。"烛之武开宗明义，直指灭郑对秦是否有益，来挑起秦王的兴趣。

　　秦穆公听了此话，只是不吱声。

　　"秦国越过别的国家远途跋涉，来征服郑国，一定是劳神费力，也是很艰难的举动。其结果呢，恐怕是灭了郑国，更加强大了晋国。灭郑国，晋国得利多，你秦国得利是很少的啊！"烛之武进一步指出万一灭掉郑国，那也是加强了晋国，反而危及你秦国人利益的道理。

　　此时秦穆公内心认为，烛之武的话是对的，但表面仍没有露出行色。

　　烛之武一点儿也不气馁，接着说道："倘若大王放弃进攻郑国的行动，与郑国和好，两国互通商贾，协同发展，这对你才是没有坏处反而有好处的。"烛之武在这里又向秦穆公抛出一个诱人的钓饵。

　　秦穆公听到这里，虽然没有作声，但是抬眼环视了一下左右大臣，大臣中也没有人吱声。

　　"况且据我所知，大王曾经多次厚赠晋国，晋国口头答应将焦、瑕、朝济等地划归秦国版图，但如大王你所知晓的，他们根本没有兑现，可见是个背信弃义之国。何况，晋国本来就是贪得无厌的，他曾是东边与郑国修好，西边却对你秦国虎视眈眈，日夜图谋你秦国。而今说是联合灭亡郑国，其实是借机削弱你秦国的力量。削弱秦国的力量而帮助晋国强大起来，这样干合适不合适，请大王你多加思量！"

　　削弱秦国而壮大晋国，这赔本的买卖，秦穆公坚决不干，他再也掩饰不住自

己的真情，一跃而起，快言赞道：

"你所说的完全对！"

秦晋统一战线很快便告破裂，秦郑反成联盟。在夜深人静时分，函陵之军尽撤回本国，郑国因此解了围。

烛之武求见秦穆公，是在秦、晋合谋入侵郑国，大兵压境，情况十分危急的情况下，而且秦穆公也知道烛之武的来意，故而在会见中采用了一种非合作以至敌对的态度。这一切使得烛之武的游说十分被动、困难。此时的烛之武若哀求、乞怜是无济于事的，哪怕是运用委婉曲折、拐弯抹角的策略，恐怕也是行不通的。他深知秦穆公联合晋国进攻郑国，企图灭亡郑国，其目的无非是为了秦国的利益。于是，他抓住秦穆公只关心本国、本人利益这一点，使自己似乎完全站在维护秦国利益的立场上，先后以"郑亡而秦无利可图""秦越国以图郑土实难""亡郑实益晋薄秦""晋国屡背秦"等等道理，单刀直入地陈说秦、晋联合灭郑对于秦国的害处，如果放弃进攻计划，与郑国友好对秦国有益处，从而打动了秦穆公，使秦穆公在斟酌了自己的利害得失之后，终于接受了烛之武的游说建议。烛之武就这样不辱使命，挽救了郑国灭亡的命运。

子贡舌解鲁困

公元前482年，齐国陈恒为相，而齐简公推荐国书为大将，领兵千乘进驻汶水之上，待命进攻鲁国。当时孔子正在鲁国编删诗书，听到此消息大惊道："鲁乃父母之国，今日敌军压境不可不救！谁愿出访齐国？"子贡自告奋勇，愿访齐国，孔子同意了。

子贡跑到汉水求见陈恒。陈恒知道子贡是孔子的得意门生，善于辞令，此次到来，必然是为游说齐国，决定先发制人。陈恒接见时，开口便问："先生此来，是为鲁国做说客的吧？"接着说："两国即将交兵，倘若是做鲁国的说客，我们不欢迎；倘若不做说客，我们奉为上宾。"子贡答道："我这次来，是为齐国的利益而不是为鲁国的事而来的。我们鲁国是很难攻打的国家，陈相国为什么要想攻打鲁国呢？"陈恒问道："鲁国有何难攻打的？"子贡说道："鲁国的城墙十分单薄而且又矮，城池很小而且浅，国君软弱，大臣无能，士兵也不善于作战。吴国城墙特别高，城池非常大，军兵精锐，装备精良，又有良将把守，是非常容易把鲁国攻下来的。"

一席话说得陈恒勃然大怒，大声喊叫道："你说的难攻和易攻，完全颠倒了，先生再如此戏弄于我，休怪我不客气了！"

子贡说道："我确实是以实言相告，只怪你自己执迷不悟，理解不了。不然，请叫你身边的人退下，我给您一一说清楚。"

陈恒依言，喝退左右，再问其故。

子贡说道："我听人说，'忧在外的攻其弱，忧在内的攻其强'。我暗地了解了您的处境，你在国内跟诸位大臣难以同心共事，大臣们又是各有盘算。您叫他

子贡手植楷

们去打软弱的鲁国，他们轻而易举地立了大功，而您却没有份，诸大臣的势力就会一天比一天强大，而您的势力反会危在旦夕！如果您命令军将去攻打吴国，大臣们在外面与强国相持，而您就可以一手遮天控制国内形势，这不是理想的计谋吗？"陈恒听后茅塞顿开，认为子贡说得有理。但转念一想，对子贡言道："我的兵马已经开到汶水之上了，如果突然改变主意调去攻打吴国，人们会猜疑我的，这如何办才好呢？"

子贡说："这个不难，你可暂且采用按兵不动的办法，待我去说服吴国，以救援鲁国为借口进攻你齐国，那时您调兵遣将进攻吴国就有理由了。"陈恒高兴地接受了子贡的建议，停止向鲁国进军，等待向吴国宣战的机会。

子贡连夜赶到吴国求见吴王夫差，见到夫差时，子贡开门见山追述过去吴鲁曾经联合进攻齐国的战斗友谊，说到齐国要报复鲁，大军已开到汶水之上，一旦攻破鲁国，唇亡齿寒，到时吴国就是齐国新的进攻目标了。吴国若趁"解救"鲁国的机会攻打齐国，然后回过头来收拾鲁国这样千乘之弱的小国家，必然威震强大的晋国，那时吴国就可以称霸诸侯了。吴王听完子贡的讲述，果然同意出兵进攻齐国了。

子贡奉孔子之命出访齐、吴，本是为鲁国的利益而奔波的，可是他对谁也没说一声请求援助鲁国之事，而是针对当时国与国之间的利害关系以及陈恒、夫差的心理状态，分别道出他们的忧患，告之以利害，终于把即将烧到鲁国的战火引开，反而挑起了吴、齐两国之间的战争，此人三寸舌强似百万雄兵，不可谓不能也。

邹忌讽齐王纳谏

战国时代,"七雄"之一的齐国,到齐威王时国力颇是强大。也许是因为功业皆成的缘故,威王逐渐地变得骄傲、固执起来,开始听不进逆耳忠言,政治上出现了危机。齐国的大臣都很忧虑,纷纷谏威王励精图治、居安思危、广开言路,使齐国在群雄争霸的斗争中立于不败之地。可是威王听不进劝告,有时还险些把忠心直谏的大臣斩首。这样,众臣就逐渐冷了心肠进言者日益减少了。

邹忌,是威王的宰相,当时见到众臣谏劝齐威王纷纷失败的情形,心里十分忧虑。但是,他又一时想不出妙法,因为他知道硬谏、直谏是无济于事的。一天,他突然从自己与城北徐公比美的情形里顿悟到谏劝齐威王的方法。

有一天,邹忌朝服衣冠,对镜梳妆,发现自己"修长八尺有余,身体映丽",颇以为得意,见其妻进来。便问其妻:

"我与城北徐公相比,哪一个美?"

"你美得多,徐公哪能及你美哩!"其妻毫不迟疑地答道。

邹忌从房里出来,见他的小老婆正在外间梳理,便又问道:"我比徐公美吗?"

小老婆想了想说:"徐公远不及你美啊!"

第二天,有客人来拜访邹忌,邹忌在交谈中又想起前一天的话题,于是便问客人:"我与徐公相比,谁更美呢?"

客人仔细端详了一番,然后微微一笑,说:"徐公的美赶不上你!"

邹忌听了这些赞誉,十分开心,但也有些疑惑,我真的比城北徐公美吗?于是决定召见城北徐公,以看个究竟。第二天,城北徐公来见邹忌,忌反复端详徐公,又多次窥镜自视,最后他还是觉得自己远远比不上徐公之美。

明明自己的美远远比不上徐公,为什么自己的老婆、小老婆,还有客人,都愿意违心地说自己之美远甚于徐公呢?寻思良久,他突然领悟到其中的奥妙。于是邹忌立即兴冲冲地去见威王。威王一见邹忌非同平常的神情,立即问道:

"邹卿今天为什么匆匆而来,莫非有什么急事要禀告寡人?"

邹忌答道:"不是有急事,只是一时有一顿悟,想告诉大王你!"

"丞相,请讲!"威王也催促他。

"微臣前日偶然窥镜自视,自以为很美,并以此询问自己的妻、妾和造访的客人,他们也都说我的美远胜于徐公。我也知道自己可能不如徐公美。于是昨日专程召见徐公相比,一比之下,深知自己差得太远了。可为什么妻、妾和客人明明知道我之美不及徐公,又都说我比徐公更美呢?原因在于:妻子说我比徐公美,是因为爱我;妾说我比徐公美,是因为畏怕我的威严;客人说我比徐公美,又是有求于我也!"邹忌如此说了这番切身经历与体会。

"邹卿讲得有道理!"威王一听邹忌自述经历颇符实情,便脱口赞道。

邹忌听到齐威王的褒赞,又见此时威王兴致勃勃,便话锋一转,说道:"今

天齐国地域千里，城池120座。宫廷王后王妃，没有不爱戴大王的；朝廷群臣，没有不畏怕大王威严的；四境邻国，没有不有求于大王的。由此看来，大王你平时是很难听到真话，倒很容易受蒙蔽的啊！"

威王听到此，方才明白邹忌说自己与徐公比美这一经历的本意，细加回味，觉得很有道理，于是激动地说："对！"

自此之后，威王便改过自新，而且还颁布政令，号召全国说：

"上至大臣，下至平民，能当面指出我的过错者，受上赏；能上书谏劝我的人，受中赏；能在私下议论，甚至发牢骚，能传到我的耳朵中来的，也可受到下等奖赏。"

政令刚刚颁布之初，大臣们纷纷入朝谏言，皇宫里热闹非凡。几个月后，断断续续地有人入朝谏言；一年之后，有人还想谏劝，可是没有什么话题，亦即没有发现齐王有什么过错。自此之后，齐国言路广开，政通人和。燕、赵、韩、魏等国听说，也都纷纷来朝见齐威王。

江乙旁敲侧击醒楚王

楚宣王是战国时代七雄之一的泱泱大国楚国的君王。在他执政期间，由于振先王之余威，国家治理得颇是升平。可是，后来宣王逐渐感到他所重用的大将昭奚恤集兵权于一身，大有拥兵自重的势头，连中原各诸侯国都视之如猛虎，楚国诸大臣更是慑于其威。这时，宣王一方面感到兵权集于一身的昭奚恤可能对自己的王位造成威胁，倘若有朝一日，昭奚恤发动兵变，那后果不堪设想。另一方面又思忖着，昭奚恤镇守边关，中原诸国视之如虎，又是定国安邻的人才。思想矛盾，迟迟没有采取什么防范措施，只是抱着侥幸心理，等等再说，且还日益对昭奚恤宠遇非常，希冀通过怀柔、仁义手段使其忠诚对己。其实，这正是姑息养奸、纵虎为患的错误做法。有识之士早就看得明白，只是楚宣王没有明说，也没有人敢轻易劝谏。究其原因，一来是怕惹宣王生怒，二来又恐怕得罪昭奚恤。

一天，宣王在朝，突然问众大臣道："我听说北方诸侯各国，十分畏惧昭奚恤，果真如此吗？"

众大臣一听宣王问及此事，良久无人敢言语。宣王见无人答对，也只好准备罢朝。此时，一位从魏国来楚客居为官名叫江乙的出班称有奏言。宣王令其奏上。江乙当着宣王和众大臣的面说道："老虎到外寻求别的野兽，想得而食之。一日逮住一只狐狸，正想美餐一顿，狐狸却说：'你怎敢吃我呢？玉皇大帝让我下来统率百兽，尊为百兽之王，今天你吃掉我，这是违抗天命啊。你要是以为我说了假话，那好，我走在前面，你跟在后面，你看看百兽见了我有没有不逃走的？'老虎同意狐狸的主张，就跟在狐狸后面想看个究竟。果然百兽看到都逃之夭夭。老虎不知道百兽是畏惧自己而逃走，反而以为真是畏惧狐狸才逃走的哩！"

说到这里，江乙看看宣王，又瞧瞧众大臣，只见他们都显出一副莫名其妙的神情，于是江乙接着说：

"今天大王你拥有 5000 里疆域，又有百万雄兵，而兵权在昭奚恤之手。北方诸侯惧怕昭奚恤，其实是畏惧你那百万雄师——这就好像百兽不是真怕狐狸，而是畏惧后面的老虎一样。"

至此，楚宣王方才明白江乙叙说"狐假虎威"这一寓言的真实用意，群臣也如梦方醒。原来江乙是运用旁敲侧击的手法，借用寓言巧妙地说出了他们想说而不敢说的话，想进而无妙法进的谏言。

此后，楚宣王逐渐削弱了昭奚恤的兵权，使楚国避免了可能出现的武装政变。宣王执政期内，楚天下一直还算太平。

作为一国之君的楚宣王，自己拥有雄兵百万，令中原诸国畏如虎狼，但却不知就里，反以为北方各国是慑于他的大将昭奚恤的威风。由于这种心理错觉，不仅使昭奚恤自以为是，拥兵自重，而且还使宣王与楚国群臣有一种唯恐发生兵变的沉重心理压力而不敢轻易搬动昭奚恤的苦恼。此时的江乙，如果直言相谏，不一定能化解宣王的疑虑和困扰。于是他巧妙地运用旁敲侧击的手法，讲一个"狐假虎威"的故事，来暗示昭奚恤与楚宣王的事，指出昭奚恤是"狐"，楚宣王是"虎"，北方诸侯怕昭奚恤是假，怕你楚宣王的百万甲兵才是真。由此，楚宣王终于解除了内心恐惧的沉重负担，从而能防患于未然，果敢地削弱了昭奚恤的兵权，才使楚国保持了较长时间的政局稳定。

秦公编钟　春秋前期

范雎入秦干政

范雎入秦时，正是秦国迅猛攻击关东六国的时候，曾屡破三晋（魏、韩、赵）之师，使魏、韩俯首听命；南拔楚国两座重地，幽死楚怀王于秦；又连连东败强齐。这时，欲入秦国干政，有诸多困难：一则是"四贵"掌权、排除异己；二则是秦廷上下人才济济，自然傲视关东人物；三则是秦昭王被权臣贵戚包围，又兼深居简出，难得亲理万机。范雎用尽心机，务求面见秦昭王，陈述治国安邦之大计。

一次，他求人向秦昭王侈报家门，说道："现有魏国张禄先生，为天下辩士，他要拜见大王，声称：'秦国势如累卵，失张禄则危，得张禄则安。'可是，其

言只可面陈，不可代传。"这分明是故作危言，耸人听闻。此计虽工，无奈对手也确实难缠：任你千条妙策，他只是不闻不问。范雎住在下等客舍，过着粗食淡饭的生活，待命一年有余，仍未得到任用。

周赧王四十五年（前270年），秦国跨越韩、魏而攻齐国，取刚、寿二地，用以加大穰侯魏冉的封邑陶。这就给范雎攻击政敌提供了借题发挥的机会。魏冉自秦昭王二十一年（前294年）代相以来（中间因病辞相一年），虽然建树不凡，但也犯了一些重大策略性错误。主要表现在三个方面：其一，数次用兵赵国，违犯了避实击虚的原则。那时，赵国经过武灵王"胡服骑射"，进行政治、军事变革30年，又有一批杰出的政治家、军事家如蔺相如、廉颇、赵奢等主持国政，国力正处在鼎盛时期，堪称北方强国。秦轻视韩、魏两个肘腋之患，跨国远征，缺乏正确的策略原则和得力的措施，必然招致重大损失，做出无谓牺牲。比如，开始于昭王三十七年且延续到次年的秦、赵之战，便以赵奢挥师大破秦军告终。其二，秦国约会齐国分别尊称东、西二帝，过早地暴露了秦国并吞天下的政治意图，触犯了当时人们心目中以周天子为正统的旧观念，图虚名而招来实祸。其三，接连远伐齐国，进行没有必胜把握且得不偿失的消耗战，浪费了人力、物力。这显然违背了秦孝公、惠文王、秦武王以来的传统方针，转移了主要斗争目标，是十分失策的。其四，秦国在昭王当政初期，业已出现枝繁干弱的趋向，贵族私家富厚重于王室，倘再扩充魏冉封邑，更助长尾大不掉之势。

鉴于上述失误，范雎当即上书秦昭王，说道：

臣闻明主立（临）政，有功者不得不赏，有能者不得不官，劳大者其禄厚，功多者其爵尊，能治众者其官大。故无能者不敢当职焉，有能者亦不能蔽隐。使以（假使以为）臣之言为可，愿行而益利其道；以臣之言为不可，久留臣无为也。语曰："庸主赏所爱而罚所恶；明主则不然，赏必加于有功，而刑必断于有罪。"今臣之胸不足以当椹质（腰斩时所伏器具），而腰不足，以待斧钺，岂敢以疑事尝试于王哉！……臣闻善厚家者取之于国，善厚国者取之于诸侯。天下有明主，则诸侯不得擅厚者，何也？为其割荣（能分割擅权者之政）也。良医知病人之死生，而圣主明于成败之事，利则行之，害则舍之，疑则少尝（稍试）之，虽舜禹复全，弗（不）能改已。语之至者（至深至秘之语），臣不敢载之于书，其浅者又不足听也……臣愿得少赐游观之间（用点儿游玩时间），望见颜色。一语无效，请优斧质（愿受死刑）。

范雎这篇说词，最可贵之处在于具有深刻的政治思想，直接涉及选官制度问题。他力主选贤使能，奖励军功、事功，反对用贵任亲。这在血缘关系纽带又粗又长的早期封建社会里，无疑是闪光的思想。其次，他指出权臣"擅厚"（专权专利）问题，直刺时弊，目击中了秦昭王的心病。昭王是很有雄心、很有作为的帝王，但早年处在宗亲贵戚的包围之中，已有如芒在背之感，对这样的谏词自然

十分关切。再次，范雎所说"语之至者，臣不敢载之于书"，显然示之有隐秘之语，诱使秦昭王想入非非。这是故意打埋伏，设法面见秦昭王。最后，范雎信誓旦旦地宣扬其言的绝妙效用，足以振聋发聩。

秦昭王见书大喜，立谢王稽荐贤之功，传命用专车召进范雎。

而这时的范雎进入秦宫，早已成竹在胸，径直向禁地闯去。秦昭王走来，他故意不趋不避。宦官见状，怒声斥逐他说："大王已到，为何还不回避！"范雎却反唇相讥，说道："秦国何时有王，独有太后和穰侯！"这话分明是刺激昭王。由于语中有较强的针对性，果然收到出奇制胜的效果。昭王听出话中有音，又恰恰点到心中隐痛，赶忙把他引入密室，单独倾谈。

凡是一个足智多谋的人，均能把虚与实、张与弛处理得恰到好处。秦昭王越是急切地请教高见，范雎越是慢腾腾地故弄玄虚。秦昭王毕恭毕敬地问道："先生以何教诲寡人？"范雎却一再"唯唯"连声，避而不答。最后，秦昭王深施大礼，苦苦祈求说："先生难道终不愿赐教吗？"

范雎见秦王心诚，这才婉言作答："臣非敢如此。当年吕尚见周文王，所以先栖身为渔父，垂钓于渭水之滨，在于自知与周王交情疏浅；乃至同载而归，立为太师，才肯言及深意。其后，文王收功于吕尚，而最终得以王天下。假使文王疏于吕尚，不与之深言，那是周无天子之德，而文王、武王难与之共建王业。"

这番话的妙处，是把眼前的秦王与古代的圣君相连，既满足了秦昭王的虚荣心，又激励他礼贤下士。范雎话里话外，还以吕尚自况，把自己摆到贤相的地位。昭王却之，即等于自贬到桀、纣行列。这就是逼使对方就范的计谋。

继之，范雎设身处地地说道："臣为羁旅之臣，交疏于王，而所陈之词皆匡君之事。处人骨肉之间，虽然愿效愚忠，却未见大王之心，所以大王三问而不敢作答。臣非畏死而不进言，即使今日言之于前，明日伏诛于后，也在所不辞。然而，大王信臣，用臣之言，可以有补于秦国，臣死不足以为患，亡不足以为忧，漆身为癞、披发为狂不足以为耻。臣独怕天下人见臣尽忠身死，从此杜口不语，裹足不前，莫肯心向秦国。"这话更进了一层，先是披露肝胆，以情来感动昭王；嗣之说以利害，以杀贤误国震慑昭王，给自己的人身、地位争取更大的安全系数。

最后，范雎才点出秦国的政治弊端："大王上畏太后之严，下惑奸臣之谄，居深宫之中，不离阿保之手，终身迷惑，难以明断善恶。长此以往，大者宗庙倾覆，小者自身孤危。这是臣最恐惧的。"

其实，上述之弊虽确有之，但并非治理秦国的当务之急。范雎所以要大论此事，意在用"强干弱枝"来迎合昭王。与此同时，也借以推翻范雎将来立足秦廷的政敌。谋略家们的良苦用心，往往表现在一言一行之中。他们为着自我的政治意图，不停地开动着思想机器。

正因如此，才使范雎言必有中。秦昭王推心置腹地答道："秦国僻远，寡人愚下。如今得以受命于先生，真是三生有幸。自此以后，事无大小，上至太后，下及大臣，愿先生悉教寡人，万勿疑虑。"

范雎虽已取信于秦昭王，具备了从政的基本前提，但因初入秦廷，尚不敢深涉内政，仅只纵论外事，借观秦王俯仰，他首先分析了秦国的优势：

> 大王之国，四塞以为固，北有甘泉、谷口，南带泾、渭，右陇蜀、左关、阪，奋击（雄兵）百万，战车千乘，利则出攻，不利则入守，此王者之地也。王并此二者而有之。夫以秦卒之勇，车骑之众，以治诸侯，譬若施韩卢（良犬）而搏蹇兔（瘸兔）也，霸王之业可致也。而群臣莫当其位，至今闭关15年，不敢阅兵于山东者，是穰侯为秦谋不忠，而大王之计有所失也。

范雎既看到秦国地利，又看到秦民善战，可谓"知己"。秦昭王一听，自然"顾闻失计"。范雎接着提出了远交近攻的策略，这以后成为秦国的国策。

接着他又在内政方面实行变革，推行"强干弱枝"的方针，加强了中央集权。他设计打击韩国，智算长平消灭赵军45万。但他也因嫉妒白起而迫害死了他。他让自己的亲将郑安平进攻赵国，郑兵败降赵，依照秦法，范雎便株连降敌大罪，当收三族连坐。秦王法外施仁，原赦其罪，还加赐食物，慰勉范雎。

越一年（前255年），范雎的另一亲信王稽，身为河东守，却与关东诸侯私通，因此被赐以弃市重刑。范雎接连涉嫌，身家地位岌岌可危，不能不思退身之路。

一日，秦昭王临朝兴叹："现今武安君既死，郑安平、王稽等或叛或降，内无良将，外多敌国，我恐楚国铁剑利而将士勇，倡优拙而思虑远，借以图秦，实堪忧虑！"话中虽不无激励朝臣之辞，但显然另有责备范雎之意。范雎情知失宠，且渐且惧，只得借病退避，时常不肯上朝。

就在范雎进退维谷之时，燕人蔡泽来到秦国。此人貌不惊人，却是志向宏大，才华出众。他曾广游列国，屡以其学干政，可惜久久怀才不遇。此时获悉范雎失意，连忙赶来，欲下说辞。可他知道，侯门幽深，殊难面见相国，于是想出个激将法来，使人扬言于范雎："燕客蔡泽，为天下雄辩智士，倘能一见秦王，必可夺取范雎相位。"

范雎自拜相以来，渐渐目空天下人物，倘在通常情况下，很难出面会客。今日听到这番狂言大语，不知不觉地落入圈套，愤然自语道："五帝三代之事，诸子百家之说，我悉知之；千人之辞，众口之辩，我能摧折。此人谅有何德何能，敢困我于秦廷，夺我的相位。"于是，他马上召见蔡泽，傲然问道："先生有何术竟能夺我相位？"蔡泽不慌不忙地对答："君侯见识何其晚！众所周知，君明臣直为举国大福，父慈子孝、夫信妻贞为一家大幸。然而，比干忠正却不能存于殷，申生孝敬却不能完于晋。原因何在？皆因其下虽有忠臣、孝子，其上并无明君、贤父。纵观古今，身与名俱全者，最上；名可旌而身死者，居中；身存而名辱者，最下。商鞅、吴起、文种诸人，竭力尽忠，功高盖世，然而却惨遭诛戮，不得身名俱全，甚为可悲。现以君侯而论，声名功绩不如上述三子，然而禄位贵

盛、私家富厚却有过之而无不及。再看秦王信君侯，又不如秦孝公信商鞅、楚悼王信吴起、越王勾践信文种。当此之时，尚不知进退之术，我诚恐君侯祸患深于商鞅等人。君岂不知：天地万物，四时之序，无功者来，成功者去，这是浅易道理；日中则移，月满则亏，物盛则衰，这是天地常数；进退盈缩，与时变化，这是圣人大道。可惜凡夫俗子，惑于私利，以致昏聩不悟。正如鸿鹄、犀、象，所居之处本远离险地，但为香饵引诱，终不免于死。书中有言：'成功之下，不可久处'君侯相秦，计不下座席，谋不出廊庙，坐制诸侯，利施三川，以实宜阳；决羊肠之险，塞太行之道，斩断三晋通途，令六国不得合纵；栈道千里通于蜀汉，使天下皆畏秦。秦之欲已得，君之功至极，正当秦国分功之时，却不思退避，则有商鞅、吴起、文种之祸。君何不让归相印，择贤者而授之。"

蔡泽谈天道，论人事，堂而皇之，语语动人，也确实寓有深意。范雎则是心有灵犀，一点即通。他赶忙奏知秦昭王，盛誉蔡泽之贤，荐他代己为相。

范雎于秦昭王五十二年（前255年），谢病辞相之后，旋即病死。以言得进而听言而退，也算是有了一个完满的结局。

庄辛言激襄王

楚襄王之父楚怀王因听信谗言，放逐屈原之后，不仅失去了当时席卷天下，包举宇内，囊括四海的优势，而且连年遭到秦国的进攻，变得一蹶不振，最后连自己也被秦扣留，客死秦中。楚襄王即位之初，同样不思进取，整天沉于酒色，偷以苟安，不听谋臣庄辛之谏，结果尽失鄢、郢、巫、上蔡、陈等地盘，自己只好逃到城阳苟安于一域之地。这时才后悔得捶胸顿足，一把鼻涕一把眼泪求到庄辛名下说：

"寡人不能用先生之言，今事至于此，为之奈何？"

庄辛，这位继屈原之后楚国的又一英才，虽很不满意襄王的昏庸、愚昧，但念及受苦受难的楚国人民和国家，他的一片报国赤子之心未变，仍希望楚国再度强盛起来，故此对襄王进行了一番动情地劝谏：

"我听到俗话说：'见到兔子再找狗，为时不晚；亡羊而补牢，未为迟也。'我也听说，历史上汤武王以百里之地而兴国，桀纣自恃有天下而亡国。今天楚国虽然变得弱小，大大小小加起来，也有数千里之地，不是远胜于百里之域吗？"

楚襄王听后，又惊又愧，虽然没有说话，但从神情上观察，是深受感动了。庄辛顺水推舟，一鼓而下：

"大王你没见到蜻蜓吗？6只脚，4张翅膀，飞翔于天地之间，饥而啄蚊虻食之，渴以甘露饮之，自以为无患，与人无争。不想竟被顽童以胶丝做圈套住玩耍，最后成为蝼蚁的食粮。"

楚襄王静静地听着。

"蜻蜓是小动物，不足为奇。黄雀呢，俯啄粟颗粒，仰栖茂树，鼓翅奋翼，自以为无患，与人无争，不想最后惨死在王孙公子的弹丸之下。"

楚襄王凝神看着庄辛，点了点头，庄辛又继续道：

"黄雀也是小动物。那么黄鹄呢？游于江海，淹乎大沼，俯可食鳝鲤，仰可啮会衡，奋其六翮，而凌清风，飘摇其高翔，自以为无患，与人无争，不是最后也成为猎人鼎中之物，盘中之餐吗？"

庄辛说到此，瞥了襄王一眼，见其神情专注，便又说开去：

"黄鹄之事也小，再看蔡灵侯吧。他南游乎高陂，北陵乎巫山，饮茹溪之水，食湘江之鱼，左抱幼妾，右拥美女，与之驰骋乎高蔡之中，而不以国家为虑，最后被灵王捆绑而去。"

这回襄王有些不自在了，似乎坐立不安，但庄辛假装不见，一气呵成道：

"蔡灵侯之事也不值得一提，再看看大王你自己吧，左州侯，右夏侯，坐着车跟鄢陵君、寿陵君四处游览，吃的靠俸禄，四时还有人馈赠金银珠宝，与他们驰骋于高山大川，而不以天下国家为虑，不思念先王的重托，最后不是被流放于城阳吗？"

一席话，说得楚襄王悔恨交加，当庄辛再抬眼看他时，只见襄王"颜色乍变，身体战栗"。从此，襄王便舍酒色，远小人，振奋精神，励精图治。虽没有恢复到祖先时的版图，但也没有被秦国迅速灭掉。这与庄辛善于以事喻理，以言激将的劝导有很大关系。楚襄王沉迷酒色已深，庄辛的劝说倘若是轻描淡写地点一点他的过失，或者没有丰富的事例来启发、刺激襄王，而只是赤裸裸地批评，能使襄王这样的昏君醒悟、震动以致振奋起来吗？！

激将有正激（正面激励）和反激（反面激励）之分，二者运用于不同的对象、场合和目的。激言励志中，庄辛激楚襄王可算是正面激励；而在军事斗争中，激将起兴多采用反激法。如果对方是自己人，就用反面的刺激性的话语去激励对方，以唤起他对那受到压抑的自尊心。因为每个人都有自尊心、荣誉心，但有时由于某种原因，这种自尊心、荣誉心受到了自我压抑，此时开导与说服往往不能使之振奋。如果有意识地运用反面的刺激性语言，"将"他一军，便会使其自尊心从自我压抑下解脱出来，产生新的兴奋。俗话说"水激石则鸣，人激志则宏"就是这个道理。这种以激燃自尊火花为目标的游说艺术，往往能在短时间内激出巨大的力量。

蒯彻善言巧进退

秦二世元年（前209年）七月，陈胜、吴广揭竿起义之后，派部将武臣（号武信君）略取赵地，连克10余城，其余皆固守不下。相持之余，武臣欲速定赵地而无由以进；秦朝地方官员人心惶惶，欲求后路而无由以退。蒯彻心知，处在这一进一退之间，只要能设法周旋其中，走好一着棋，便能全盘皆活。于是，他编成一篇危言，先去游说范阳令徐公，一见面便说："臣是范阳平民蒯彻，因我暗自怜悯徐公将死，故来相吊。虽然您危在旦夕，却又得我而生，值得祝贺。"

秦末农民战争图

徐公乍闻这耸人听闻的"将死"二字，不由得面色陡变；乃至听说尚可转死为生，又觉得诧异不解。在这忽忽生死之间，便不由自主地伏身下拜，即问其故："先生何以为我而忧？"蒯彻说："先生任秦县令10余年，杀人之父，孤人之子，断人之足，黥（脸上刻字涂墨）人之面，真是数不胜数。慈父孝子争欲杀公，以报私仇。所以不敢试刀于公之腹，实为畏惧秦法。现今天下大乱，法令不施，慈父孝子将乘机报仇，而成'慈'、'孝'之名。这就是我要为您忧虑的缘由。"这话恰恰说到徐公的心坎上。自陈胜、吴广起事以来，尤其武臣政略河北之后，他反复思索却终无良策的正是这些。因此，徐公急忙接问道："我何以遇先生而生？"蒯彻说："武信君武臣不嫌我愚钝，派人向我询问祸福。我正要前去见他。"接着，他把自己见到武臣后的打算告诉徐公。

徐公听完，再拜称谢，立即备办车马用具，送蒯彻去见武臣。

武臣见蒯彻盛装前来，便当作上宾接待，并虚心请教定赵之策。蒯彻说："将军倘必欲战胜而后略地，攻战而后下城，我以为这是危亡之道。如能用我之计，可不战而略地，不攻而下城，传檄而千里定。"武臣忙问："先生此话何意？"蒯彻回答："范阳令本应整顿士卒，准备迎战。然而，他贪生怕死，迷恋富贵，故欲以范阳城先降武信君。倘若先降者得不到优惠，则边城必将互相传告，婴城固守，那便是金城汤池，万不可攻。为君之计，不如备华盖朱轮之车，迎接范阳令，使他游行于燕、赵之郊，夸示荣耀。边城见先降者身得富贵，必然相率而降，犹如阪上走丸，这就叫作传檄而千里定。"

武臣喜出望外，果然备下车辆100乘、骏骑200匹以及金印紫绶，迎接徐公，封之为侯。燕赵闻风，先后有30余城投降武臣。蒯彻一张嘴连接了双方的心而实现了买空卖空的目的。

在刘邦与项羽的战争中，蒯彻料知韩信在楚、汉之间具有举足轻重之势，附汉则汉兴，倚楚则楚胜。但是，他更清醒地看到，不论汉兴或楚胜，韩信均不得善终。原因在于他才兼文武，有着震主之威，不会得到刘、项竭诚信任。早在汉三年六月，项羽攻克荥阳，进围成皋时，刘邦逃到小修武，曾自称汉使，于凌晨驰入韩信军营，趁他未起，收取符印，易置将士，削夺其军。这已露出刘邦忌韩信的端倪。鉴于此，蒯彻便以江湖术士的身份再下说词，试图先用诡秘之语来感悟韩信。他说道："早年我曾研习相书，可我相君之面，最大不过封侯，况且危而不安；然而相君之背，却是贵不可言。"

以韩信的聪明，自然知道"背"是"背汉自立"之意，但为了测其高深，故意反问道："先生此言何谓？"蒯彻示意支开闲人，然后独对韩信发表了一通高论。首先，他对比今昔时势的转变，分析了两个最大军事集团的实力现状，说道：秦末初发难时，英雄豪杰建号侯王，登高一呼，天下之士云合雾集，众如鱼鳞杂袭，势同飘至风起。当此之时，唯独思虑灭秦而已。如今秦亡，继之以刘、项纷争，致使无数人民肝脑涂地，流离于荒野。汉王率数十万之众，拒守巩、洛，背山阻河，却未建尺寸之功，甚至屡挫败北，兵溃于荥阳，箭伤于成皋，退定宛、叶之间，这叫作智勇俱阳。楚人起自彭城，转战逐北，进至荥阳，因利乘胜，威震天下；然而却兵困于京、索之间，势穷于西山之下，至今已3年。楚、汉锐气挫于险塞，粮食尽于内藏，百姓疲极，命无所归。"随后，蒯彻又指出当时韩信所处的重要地位："以我所料，非有天下贤圣，难息天下祸乱。当今，刘、项悬命于将军：将军为汉则汉胜，与楚则楚强。我愿推心置腹、披肝沥胆以效愚忠，唯恐将军不能用我之言。"蒯彻边说，边注目观望韩信，见他凝神沉思，遂把自己的计划和盘端出："方今为将军计，莫如两利俱收，三分天下，鼎足而立。如此，三方互相牵制，则无人胆敢轻举妄动。凭将军的贤圣，有如此多的甲兵，依靠富饶的三齐之地，合纵于燕、赵诸侯，乘楚汉后方空虚，体谅百姓的心愿，西向为民请命，制止刘、项之争，则天下谁敢不听！然后，将军据齐国故土，收淮、泗等地，以德怀柔诸侯，以礼相待士民，则天下君王必能争相朝齐。常言道：'天予不取，反受其咎；时至不行，反受其殃。'愿将军深思熟虑。"

站在韩信一方来说，这确乎是最高明的建言。说他"高"，首先在于蒯彻抓住了业已成熟的时机，即所谓"时至"。以韩信的杰出军事才干，乘刘、项势穷力竭之际，确可坐收渔人之利。再者，蒯彻对当时的民意给予了极大的关注，看到了远自战国以来的长年分裂战争留下的创伤，也看到了秦王朝的短暂统一却无相应的安定，尤其看到秦末以来已连续6年的战乱，使"丁壮苦军旅，老弱疲转漕"，生民倒悬于水火，普遍滋长着厌战情绪。就连项羽那样嗜杀成性的人物也发出"天下汹汹数岁"的感叹。当此之时，罢战修和是极有吸引力的口号（通常人并不知道三足鼎立会造成什么后果）。

可惜，韩信只是个非凡的军事家，却不是杰出的政治家；仅仅有大将之才，却不是帝王材器。他拒绝了这种建议，后来天下刚刚平定就被刘邦和吕后杀害了。临死他发出了"悔不用蒯彻之言"的长叹。

汉高祖平定陈稀，回师长安，听到韩信临终之语，急诏齐国传讯蒯彻。

蒯彻来到长安，汉高祖斥之说："你曾教唆过韩信谋反吗?"蒯彻自认不讳："然，臣固（确实）教之。竖子（对韩信轻蔑称谓）不用臣之策，故令自夷（杀）于此。如彼竖子用臣之计，陛下安得而夷之。"这种应对，简直是斗胆。刘邦大怒，立即传命，要把他烹杀。蒯彻却从容辩解说："狗各吠非其主（非本家之人）。彼时（那时），臣独知齐王韩信，非知陛下也。（况）且秦失其鹿，天下共逐之，高树者先得。天下汹汹争欲为陛下之所为，顾（只是）力不能，可殚诛邪（难道能将往日的竞争对手斩尽杀绝吗?）"

蒯彻这番话，也是冷眼观世所得到的沥尽心血的斟酌之辞。其一，他面对的是有政治远见且豁达大度、惜才怜士的刘邦，而不是心妒手狠的吕后，所以采用实话直陈的方式。这虽然冒着冲撞龙颜的风险，却足以引起惺惺惜惜之意。其二，他陈辞之时，天下已成一统局面。倘在群雄并争之际，定把故国的忠臣智士视为大患，非能招降之，则必诛除之。天下安定之后，当国明君，往往以旌扬忠贞气节为务，借以感悟本朝臣民。刘邦对丁公、季布兄弟一杀一捧，道理就在于此。所以，深谙世故的蒯彻，敢于以昔日对韩信的忠贞自命，竟能避避开杀身之祸。结果，刘邦传命赦免蒯彻。

汉六年（前201年）正月，刘邦分封同姓为王，以庶子刘肥为齐王，命曹参为齐相国。曹参相齐9年，礼贤下士，曾请蒯彻为幕宾，参议政事。

齐国有处士东郭先生和梁石君，早年曾被齐王田荣劫持，屈意从乱。田荣败亡以后，二人自惭出仕匪类，一同隐居深山不出。

到曹参相齐时，有人对蒯彻说："先生受曹相国礼遇，在拾遗举过、显贤进能方面，齐国无人可比。齐国有处士梁石君和东郭先生，世俗之人莫能望其项背，先生为何不举荐给曹相国?"蒯彻说道："好。"又一转念：凡微举事成功，必需探索成功的奥妙。于是，他对来人讲了一个饶有意义的故事："我乡里中有个妇人，平日与邻居相处和睦。一天，这个妇人家夜间丢了一块肉，婆母疑被她偷走，生气把她逐出家门。妇人清晨起身离家，与邻里辞行，顺便说起被逐的原因。有位老太婆说：'你路上慢点走，我有法子让你家里的人去追你回来。'说

完，老太婆拿了一把乱麻乞火（引火）于丢肉之家，编了一番话说：'昨夜间，几只狗争一块肉，互相厮斗起来，咬死了我家的狗。我来引把火，去炖狗肉。'这家听罢此话，急忙去追回媳妇。从这事来看，乡里老母并非谈说之士，乞火也不过是还妇之道，然而却能达到预期目的。道理何在？在于物有相感，事有适可。我也要相机行事，去'乞火'于曹相国。"

一天，蒯彻面见曹参，说道："世上有两种妇人：一种妇人丈夫死去3日立即改嫁；一种妇人幽居深宅终身守寡，甚至从不走出大门。相国如果求娶妇人，当选哪一种呢？"曹参道："自然娶终身不嫁的妇人。"蒯彻立刻接口说："用人也当如此。像东郭先生和梁石君，实为齐国俊杰，隐居不嫁，未尝卑辞屈节以求仕。愿相国派人以礼相请。"

由于蒯彻注意到事物间的联系，即所谓"物有相感"，用妇人不嫁二夫之贞来喻臣子不仕二主之忠，又能抓住做事的征候，适时而行，即所谓"事有适可"，自然能言必有中，如愿以偿。曹参欣然应道："敬受命。"于是，迎请来东郭先生、梁石君，皆待为上宾。

诸葛亮舌战群儒

"诸葛亮舌战群儒"的故事至今广为人称颂。其实它说的还只是诸葛亮只身出使东吴，游说孙权与刘备结成"抗曹联盟"整个活动的花絮。诸葛亮这次外交活动不仅对双方意义重大，而且其间阻力与困难也着实不少，但在诸葛亮面前一个个迎刃而解，终使他不辱使命促成孙刘联盟，形成共同对抗曹操的格局。

我们先来看看这次外交活动压在诸葛亮身上的担子。

"先成鼎足之势，然后再图中

古隆中牌坊

原"，是诸葛亮在隆中为刘备制定的两阶段战略目标，前者是近期的、低层的，后者是长期的、最高的，两者之间层次清楚，结构合理。但目标不是现实，要使目标变成现实，还必须有切实可行的战略实施步骤。

可当时的形势是，曹操战败刘表，尽夺荆襄之地，又赶走刘备，使刘备连落脚的地方都没有。曹操还率领80万大军，乘胜南下，企图一举吞并东吴，一统天下。真若如此，别说在荆州建基业，刘备一伙连性命都难保住。在这紧要关头，能否说服东吴孙权，形成孙刘联合抗曹的局面，则既是实现其战略目标的关键步骤，又是保全性命的紧急措施。成功，则战略目标的实现有望；失败，则既定的战略目标有可能成为空话，诸葛亮就是在这样的背景下出使东吴的。

现实中东吴却不是铁板一块，既有主和的"智囊团"，又有主战但又年轻气

盛的周瑜，还有颇存抱负但犹疑不决的孙权，这都是诸葛亮要认真对待的，倘若一着不慎，就会导致满盘皆输的后果。面对如此复杂的局面，诸葛亮却能应付自如，飘逸洒脱，不能不称道他的超人智慧。

诸葛亮一到东吴，孙权命鲁肃引他"先见江东英俊，然后开堂议事"。肃乃引孔明至幕下。他见张昭、顾雍等一班文武20余人，峨冠博带，整衣端坐。孔明逐一相见，各问姓名。施礼已毕，坐于客位。张昭先以言挑之曰："昭乃江东微末之士，久闻先生高卧隆中，自比管、乐。此语果有之乎？"孔明曰："此亮平生小可之比也。"昭曰："近闻刘豫州三顾先生于草庐之中，幸得先生，以为'如鱼得水'，思欲席卷荆襄。今一旦以属曹操，未审是何主见？"

孔明自思张昭乃孙权手下第一个谋士，若不先难倒他，如何说得孙权，遂答曰："吾观取汉上之地，易如反掌。我主刘豫州躬行仁义，不忍夺同宗之基业，故力辞之。刘琮孺子，听信佞言，暗自投降，致使曹操得以猖獗。今我主屯兵江夏，别有良图，非等闲可知也。"昭曰："若此，是先生言行相违也。先生自比管、乐——管仲相桓公，霸诸侯，一匡天下；乐毅扶持微弱之燕，下齐七十余城：此二人者，真济世之才也。先生在草庐之中，但笑傲风月，抱膝危坐。今既从事刘豫州，当为生灵兴利除害，剿灭乱贼。且刘豫州未得先生之前，尚且纵横寰宇，割据城池；今得先生，人皆仰望。虽三尺童蒙，亦谓彪虎生翼，将见汉室复兴，曹氏即灭矣。朝廷旧臣，山林隐士，无不拭目以待：以为拂高天之云翳，仰日月之光辉，拯民于水火之中，措天下于衽席之上，在此时也。何先生自归豫州，曹兵一出，弃甲抛戈，望风而窜；上不能报刘表以安庶民，下不能辅孤子而据疆土；乃弃新野，走樊城，败当阳，奔夏口，无容身之地，是豫州既得先生之后，反不如其初也。管仲、乐毅，果如是乎？愚直之言，幸勿见怪！"

这是一番极具挑衅性又有事实依据的话，常人会为其论所服。但是孔明听罢，哑然而笑曰："鹏飞万里，其志岂群鸟能识哉？譬如人染沉疴，当先用糜粥以饮之，和药以服之；待其腑脏调和，形体渐安，然后用肉食以补之，猛药以治之：则病根尽去，人得全生也。若不待气脉和缓，便投以猛药厚味，欲求安保，诚为难矣。吾主刘豫州，向日军败于汝南，寄迹刘表，兵不满千，将士关、张、赵云而已：此正如病势已极之时也。新野山僻小县，人民稀少，粮食鲜薄，豫州不过暂借以容身，岂真将坐守于此耶？夫以甲兵不完，城郭不固，军不经练，粮不继日，然而博望烧屯，白河用水，使夏侯惇、曹仁辈心惊胆战：窃谓管仲、乐毅之用兵，未必过此。至于刘琮降操，豫州实出不知；且又不忍乘乱夺同宗之基业，此真大仁大义也。当阳之败，豫州见有数十万赴义之民，扶老携幼相随，不忍弃之，日行十里，不思进取江陵，甘与同败，此亦大仁大义也。寡不敌众，胜负乃常事。昔高皇数败于项羽，而垓下一战成功，此非韩信之良谋乎？夫信久事高皇，未尝累胜。盖国家大计，社稷安危，是有主谋。非比夸辩之徒，虚誉欺人；坐议立谈，无人可及；临机应变，百无一能。——诚为天下笑耳！"这一篇言语，说得张昭并无一言回答。嗣后又分别有虞翻、步骘、陆绩等一班谋士纷纷责难诸葛亮。诸葛亮不慌不忙，因人而异，对他们挑衅性的语言一一加以分析，

对他们热衷"夸辩、虚誉欺人";"欲使其主屈膝投降,不顾天下人耻笑";"不思报敌,反怀篡逆之心";"数黑论黄,舞文弄墨";"笔下虽有千言,胸中实无一策"等等言论逐一揭露,在揭露中阐述己方的意见,既显示己方的实力,又为实现孙、刘联盟清除了理论上的一些障碍。这一回合,诸葛亮可谓大获全胜。

待到诸葛亮会见孙权时,偷眼看孙权:碧眼紫髯,仪表堂堂。孔明暗思:"此人相貌非常,只可激,不可说。等他问时,用言激之便了。"尚未开言,诸葛亮已相机拿定主意。待献茶已毕,孙权曰:"多闻鲁子敬谈足下之才,今幸得相见,敢求教益"。孔明曰:"不才无学,有辱明问。"权曰:"足下近在新野,佐刘豫州与曹操决战,必深知彼军虚实。"孔明曰:"刘豫州兵微将寡,更兼新野城小无粮,安能与曹操相持?"权曰:"曹兵共有多少?"孔明曰:"马步水军,约有100余万。"权曰:"莫非诈乎?"孔明说:"非诈也。曹操就兖州已有青州军20万;平了袁绍,又得五六十万;中原新招之兵三四十万;今又得荆州之军二三十万;以此计之,不下150万。——亮以百万言之,恐惊江东之士也。"鲁肃在旁,闻言失色,以目视孔明;孔明只做不见。权曰:"曹操部下战将还有多少?"孔明曰:"足智多谋之士,能征惯战之将,何止一二千人。"权曰:"今曹操平了荆、楚,复有远图乎?"孔明曰:"即今沿江下寨,准备战船,不欲图江东,待取何地?"权曰:"若彼有吞并之意,战与不战,请足下为我一决。"孔明曰:"亮有一言,但恐将军不肯听从。"权曰:"愿闻高论。"孔明曰:"向者宇内大乱,故将军起江东,刘豫州收众汉南,与曹操并争天下。今曹欲除之太难,略已平矣;近又新破荆州,威震海内;纵有英雄,无用武之地;故豫州遁逃至此。愿将军量力而处之;若能以吴、越之众,与曹抗衡,不如早与之绝;若其不能,何不从众谋士之论,按兵束甲,北面而事之?"

权未及答,孔明又曰:"将军外托服从之名,内怀疑贰之见,事急而不断,祸至无日矣!"权曰:"诚如君言,刘豫州何不降操?"孔明曰:"昔田横,齐之壮士耳,犹守义不辱。况刘豫州王室之胄,英才盖世,众士仰慕。——事之不济,此乃天也,又安能屈处人下乎!"

孙权本是一位有志气、有抱负之人,三世拥有江东,不说有早图中原之心,起码是不甘人下的,怎肯轻易北面降曹,俯首听命呢?诸葛亮正是抓住孙权这一点,用言一激,犹如用锥刺股,直气得孙权"不觉勃然变色,拂衣而起,退入后堂"。这正是诸葛亮所期望收到的效果。果然孙权气消之后"邀孔明入堂,置酒相待",共商联合抗曹之事。

对在江东最具影响力的周瑜,诸葛亮则根据他心骄气盛的特点,采取气激智斗方法,或辱之,或激之,或劝之,或阻之,巧妙变化,多方刺激,诱其乖乖"上钩"。激得周瑜"离座北指",大骂曹操"欺吾太甚","吾与老贼势不两立"!这一来周瑜反倒主动求于诸葛亮了:"望孔明助一臂之力,同破曹操。"此时的周瑜,虽心存抗操的念头,可在诸葛亮面前却故显深沉,不露痕迹,同时也想试探诸葛亮,故而谈及抗曹之事,周瑜总是以言语搪塞,游说出现僵持状态。足智多谋的诸葛亮便针对周气量狭小,且又根据凡人对爱情都是自私的特点,巧

借情报，故意曲解曹植的《铜雀台赋》中的两句话，激起他对曹操的满腔怒火，痛下"不灭曹操誓不为人"的决心。下面就是这场游说的简述：

一天晚上，鲁肃引诸葛亮会见周瑜，鲁肃先问周瑜："今曹操驱兵南侵，是战是和，将军欲如何？"周瑜说道："曹操挟天子以令诸侯，师不可拒。而且，兵力强大，不可轻敌。战则必败，和则安。我的意见和为上策。"鲁肃大惊道："将军之言错了，江东三世基业，岂可一朝白白送给他人？"周瑜说道："江东六郡，千百万生命财产，如遭到战祸之毁，大家都会责备我的。因此，我决心讲和为好。"诸葛亮听完东吴文武两大臣的一段对话，觉得周瑜若不是抗曹的决心未定，也是一种有意试探。此时如果不另辟蹊径，只是讲一通吴蜀联合抗曹的意义，或是夸耀周瑜盖世英雄，东吴地形险要，战则必胜的道理，肯定难以奏效。于是，他巧用周瑜执意求和的"机缘"，编出一段故事，激怒了周瑜。诸葛亮说道："我有一条妙计，只需差一名特使，驾一叶扁舟，送两个人过江，曹操得到那两个人，百万大军必然卷旗而撤。"周瑜急问是哪两个人。诸葛亮说道："曹操本是一名好色之徒，打听到江东乔公有两位千金小姐，大乔和小乔，长得美丽动人，曹操曾发誓说过：'我有两个志向，一是要扫平四海，创立帝业，流芳百世；二是要得到江东二乔，以娱晚年。'目前虽然领兵百万，进逼江南，其实就是为乔家的两位千金小姐而来的。将军何不找到乔公，花上千两黄金买到那两个女子，差人送给曹操？江东失去这两个人，就像大树飘落一两片黄叶，如同大海减少一两滴水珠，丝毫无损大局；而曹操得到这两个人必然心满意足，欢欢喜喜班师回朝。"

周瑜也不是那么好欺之人，他就问道："曹操想得到大乔和小乔，有什么证据说明这一点呢？"诸葛亮答道："有诗为证。曹操的小儿子曹植，十分会写文章，曹操曾在漳河岸上建造了一座铜雀台，雕梁画栋，十分壮丽，并挑选许多美女安置其中，又令曹植作了一篇《铜雀台赋》，文中之意是他若做天子，立誓要娶'二乔'。"周瑜问："那篇赋是怎么写的，你可记得？"诸葛亮说道："因为我十分喜爱赋中文笔华丽，曾偷偷地背熟了。"周瑜请诸葛亮背诵。诸葛亮即时背诵道："从明后以嬉游兮，登层台以娱情……临漳水之长流兮，望园果之滋荣。立双台于左右兮，有玉龙与金凤。揽'二乔'于东南兮，乐朝夕之与共。"诸葛亮这里是用了移花接木之法，对曹植之诗做了这样的解释。不过话又回来，诸葛亮也不是凭空捏造冤枉曹氏父子。一来古时"桥""乔"不分，说桥为乔也是神来之笔，巧极智极，捕风捉影也是真正遇上了；二来曹氏父子确是好色之人，说他们有此心此意也未可知，不为冤枉。

周瑜听罢，见赋中果有"揽'二乔'于东南兮，乐朝夕之与共"的句子，不觉勃然大怒，霍地站立起来指着北方大骂道："曹操老贼欺我太甚！"此时诸葛亮表面上急忙阻止，其实是火上浇油，说道："都督忘了，古时候单于多次侵犯边境，汉天子许配公主和亲，你又何必可惜民间的两个女子呢？"周瑜说道："你有所不知，大乔是孙策将军夫人，小乔就是我的爱妻！"诸葛亮佯作失言，请罪道："真没想到是这回事，我真是胡说八道了，该死该死！"周瑜说"不知

者不为罪"，他不计较诸葛亮的"冒失"，只是对曹操怒火中烧，大声喊道："我与曹操老贼誓不两立！"诸葛亮却不慌不忙，故作姿态地劝道："请都督不可意气用事，望三思而后行，世上绝无卖后悔药的。"周瑜说道："我承蒙伯符重托（指孙策，他是孙权的哥哥，临死前嘱咐孙权，内事不决问张昭，外事不决问周瑜，即把国家大事和孙权政权的安危托付给他），岂有屈服曹操之理？我早有北伐之心，就是刀剑架在脖子上，也不会变的。劳驾先生助我一臂之力，同心合力共破曹操。"于是孙、刘结成的抗曹联盟得以实现。

卷七　气色鉴

经文释义

【原文】

面部如命，气色如运。大命固宜整齐，小运亦当亨泰。是故光焰不发，珠玉与瓦砾同观；藻绘未扬，明光与布葛齐价。大者主一生祸福，小者亦三月吉凶。

【译文】

如果说面部象征并体现着人的大命，那么气色则象征并体现着人的小运。大命是先天生成的，但仍应该与后天遭遇保持均衡，小运也应该一直保持顺利。所以如果光辉不能焕发出来，即使是珍珠和宝玉，也和碎砖烂瓦没有什么不同；如果色彩不能呈现出来，即使是绫罗和锦绣，也和粗布糙葛没有什么区别。大命能够决定一个人一生的祸福，小运也可以决定一个人几个月的吉凶。

曾国藩像

【原文】

人以气为主，于内为精神，于外为气色。有终身之气色，少淡、长明、壮艳、老素是也。有一年之气色，春青、夏红、秋黄、冬白是也。有一月之气色，朔后森发、望后隐跃是也。有一日之气色，早青、昼满、晚停、暮静是也。

【译文】

气是一个人生存和发展的主要支柱，在内部表现为人的精神，在表面表现为人的气色。气色有多种形态：其中有贯穿人的一生的气色，俗话说的"少年时期气色为淡，所谓的淡，就是气稚色薄；青年时期气色为明，所谓的明，就是气勃色明；壮年时期气色为艳，所谓的艳，就是气丰色艳；老年时期气色为素，所谓的素，就是气实色朴"，就是指这种气色。有贯穿一年的气色，俗话说的"春季气色为青色——木色、春色，夏季气色为红色——火色、夏色，秋季气色为黄色

——土色、秋色，冬季气色为白色——金色、冬色"，就是指这种气色。有贯穿一月的气色，俗话说的"每月初一之后如枝叶盛发，十五之后则若隐若现"，就是这种气色。有贯穿一天的气色，这就是俗话说的"早晨开始复苏，白天充盈饱满，傍晚渐趋隐伏，夜间安宁平静"，就是指这种气色。

【原文】

科名中人，以黄为主，此正色也。黄云盖顶，必掇大魁；黄翅入鬓，进身不远；印堂黄色，富贵逼人；明堂素净，明年及第。他如眼角霞鲜，决利小考；印堂垂紫，动获小利，红晕中分，定产佳儿；两颧红润，骨肉发迹。由此推之，足见一斑矣。

【译文】

对于求取功名的士子来说，面部气色应该以黄色为主，因为黄色是正色、吉色。如果有一道黄色的彩云覆盖在他头顶，那么这位士子必然会在科考殿试中一举夺魁，高中状元；如果两颧部位各有一片黄色向外延展，像两只翅膀直插双鬓，那么这位士子离登科升官或封爵受禄已经为期不远；如果命官印堂呈黄色，那么这位士子很快就会大富大贵；如果明堂部位即鼻子白润而净洁，那么这位士子必能科考入第。其他面部气色，如眼角，即鱼尾部位红紫二色充盈，其状似绚丽的云霞，那么这位士子小考必然能够顺利考中；如果命官印堂，有一片紫色向上发动，那么此人经常会有一些钱财之利；如果两眼下方各有一片红晕，而且被鼻梁居中分隔开来，从而互不连接，那么这人肯定会喜得贵子；如果颧骨部位红润光泽，那可以肯定，此人的亲人必然能够立功显名、飞黄腾达。由此推而广之，足可以窥见面部气色与人命运关系的情形。

【原文】

色忌青，忌白。青常见于眼底，白常见于后端。然亦不同：心事忧劳，青如凝墨；祸生不测，青如浮烟；酒色愈倦，白如卧羊；灾晦催人，白如傅粉。又有青而带紫，金形遇之而飞扬，白而有光，土庚相当亦富贵，又不在此论也。

最不佳者："太白夹日月，乌鸟集天庭，桃花散面颊，颓尾守地阁。"有一于此，前程退落，祸患再三矣。

清代的妇女形象

【译文】

面部气色忌讳青色，也忌讳白色。青色一般出现在眼睛下方，白色则经常出现在眉端。它们的具体情形又有差别：如果是因为心事烦扰而面呈青色，那么这种青色多半浓而且厚，形状像凝固的墨痕；如果是因为遭遇飞来横祸而面呈青色，那么这种青色一定轻重不均匀，像浮烟一样浓淡不一；如果是因为嗜酒好色精神疲惫而面呈白色，那么它的形状一定像一头蜷卧的白羊，不久就会消散；如果是因为遭遇了大灾难而面呈白色，那么这种白色一定像枯骨一样阴森，充满死气。还有青中带紫的气色，如果是金形人遇到这种气色，一定能够飞黄腾达；也有白润光泽的气色，土形兼金形人面上呈现这种气色，也会获得富贵，这些都是特例，不在以上所论之列。而最为不佳的，则是以下四种气色："眼圈周围都是白色，额头集聚黑色，或面颊呈桃红色，地阁为浅赤色。"只要有其中的一种面色，都会前途黯淡，灾祸连连。

智慧通解

在传统相学中，"气色"是分为"气"和"色"两个概念的。汉代刘邵在《人物志》一书中就把"气"和"色"分开来识别人才。

他认为，"躁静之决在于气"。即通过一个人的"气"的观察，可以看出他是好动型的或是好静型的，因为气之盛虚是一个人性格的表现，气盛者则其人好动，气虚者则其人好静。

通过对一个人声音的识辨，也可以识人："夫容之动作，发乎心气，心气之征，则声变是也。夫气合成声，声应律吕：有和平之声，有清畅之声，有回衍之声"。其意思说，外表的动作，是出于人的心气。心气的象征又合于声音的变化。气流之动成为声音，声音又合乎音律。有和平之音，有清畅之音，有回荡之音。

在论以"色"观人时，他说：

"惨怿之情在于色"。即通过对一个人"色"的观察，可以看出他情感的表现。因色是情绪的表征，色悦者则其情欢，色沮者则其情悲。

色，主要是指人的面色："夫声畅于气，则实存貌色；故诚仁，必有温柔之色；诚勇，必有矜奋之色；诚智，必有明达之色"。气流的通畅发出了声音，一个人的性格则会在相貌和气色上有所流露。所以，仁厚的人必有温柔的貌色；勇敢的人必有激奋的气色；智慧的人必有明朗豁达的面色。

在《冰鉴》的这一章里，作者认为，人以气为主，气在内为精神，在外为气色，把气与色看作表里性的一组概念。更重要的是，本章从气色的重要性，存在形式和类型角度来说明气色变化不定，在观察气色时应持变化的观念，不能作机械式的判断。

"人以气为主"，是说"气"对人非常重要，处在主宰的地位；"于内为精神，于外为气色"，是说"气"有一内一外两种存在形式，内在存在形式是"精神"。外在存在形式为"气色"；换句话说，观察"气"，既要观察内在的"精神"，又要观察外在的"气色"。这两句话实际上指出了观察"气"的门径，也

指明了"精神"与"气色"的实质。

人一生要经历漫长的路程，大致说来有四个时期：幼年时期、青年时期、壮年时期和老年时期。在各个阶段，人的生理和心理发育和变化都有一定差异，有些方面甚至非常显著。表现在人的肤色上则有明暗不同的各种变化。这就如同一株树，初生之时，色薄气雅，以稚气为主；生长之时，色明气勃；到茂盛之时，色丰而艳；及其老时，色朴而实。人与草木俱为天地之物，而人更钟天地之灵气，少年之时，色纯而雅；青年之时，色光而洁；壮年之时，色丰而盛；老年之时，色朴而实，这就是人一生几个阶段气色变化的大致规律。人的一生不可能有恒定不变的气色，以此为准绳，就能辩证看待人气色的不同变化，以"少淡、长明、壮艳、老素"为参照，可免于陷入机械论的错误中去。

人的生理状态和情绪，常常随季节和气候的变化而变化，而这种内在变化就会引起气色的变化，所以季节不同、气候变化，人的气色也不同。所谓"春青、夏红、秋黄、冬白"，是取其与四时气候相应所做的比拟。应该说，这种比拟颇为准确：

春季，草长莺飞，百花盛开，绿色遍野，春情萌发，人类的生存欲望，此时最为强烈。按照五行之说，春属木，木色青，于人则为肝，春季肝旺，所以形之于色者为青，青色，生气勃勃之色也。

夏季，赤阳高照，天地为炉，人类的情绪，此时最为激动。五行上夏属火，火色红，于人则为心，心动则气发，气发于皮肤呈红色。

秋季，风清气爽，天高云轻，万木黄凋，人类受此种肃杀之气的感染，情绪多凄惶悲凉。秋属金，金色白，"金"为兵器，"白"为凶色，虽然得正，却非所宜。宜黄者，以土生金，不失其正，而脾属土，养脾以移气，所以说"秋黄"。

冬季，朔风凛冽，砭人肌骨，秋收冬藏，人类生活，此时趋于安逸，冬属水，水色黑，于人则为肾，肾亏则色黑，不过其色虽得正，却非所宜。宜白者，以金生水，不失其正，而固肾以养元。

"一月之气色"，随月亮的隐现而发，初一之日后，气色如枝叶之生发，清盛可见，十五之后，气色就若隐若现，如月圆之后，渐渐侵蚀而消失。

"一日之气色"，则因早、中、晚气候的变化而有小范围的变化，大致上是早晨气色复苏，如春天之草绿；中午气色饱满充盈，如树木之夏茂；傍晚气色渐隐渐伏；夜间气色平静安宁，即秋收冬藏之意。

故《洞微玉鉴》中云：

"气者，一而已矣。别而论之，则有三焉：曰自然之气；曰所养之气；曰所袭之气。自然之气者，五行之秀气也，吾秉受之，其请常存。所养之气者，是袭义而生之气也，吾能自安，物不能挠。所袭之气者，乃邪气也，若所存不厚，所养不充，则为邪气所袭也。"

《大戴礼记·少间篇》记载，"尧是通过人的相貌取人，而舜则是依据人的态色取人。"如果认为观人术是在不断进步的话，那么舜的观色取人要胜过尧的观状取人了。《说文解字》解释道："颜，就是指眉目之间的地方"，"色，就是

眉目之间的气色。"以前郗雍能辨别出盗贼，观察他的眉目之间就可以得到隐藏的情形，晋国国君让他观察成百上千的盗贼而没有一个差错。《韩诗外传》也有这样的记载，"如果有温顺善良之意在心中，可以通过眉目之间看得到，如果心中有邪恶污秽之意，而眉目也不能掩盖住。"这是颜色说的来源，然而颜色是整个面部的总称，眉目之间的地方只是其中特别重要显著的地方罢了！

观色相人法最精辟的论述在《大戴礼记·文王官人篇》中，其议论如下：

"欢喜的颜色是油然而生，愤怒的颜色是怫然而生，有欲望的颜色是呕然而生，恐惧的颜色是薄然出现，忧愁悲痛的颜色是垒然而静。真正智能之士的颜色必然难以穷尽，真正仁德之士的颜色必然受人尊敬，真正勇敢之士的颜色必然难以震慑威赫，真正忠心之士的颜色必然可亲可敬，真正廉洁之士必然有难以污染的颜色，真正宁静之士必然有可以信赖的颜色。本质纯正的颜色明朗皓白，安定镇静，本质欺伪的颜色烦乱不堪，使人厌倦，人虽然想居中不偏，但颜色却不能尽如人意！"

观色相人法的记载其次则见于刘劭所撰《人物志·八观篇》：

"所以忧惧害怕的颜色大都是疲乏而放纵，热燥上火的颜色大都是迷乱而污秽；喜悦欢欣的颜色都是温润而愉快，愤怒生气的颜色都是严厉而明显，嫉妒迷惑的颜色一般是冒昧而无常；所以一个人，当其说话特别高兴而颜色和语言不符时，肯定是心中有事；如果其口气严厉但颜色可以信赖时，肯定是这个人语言表达不是十分畅敏；如果一句话未发便已怒容满面时，肯定是心中十分气愤；将要说话而怒气冲冲时，是控制不了的表现；所有上述这些现象，都是心理现象的外在表现，根本不可能掩饰得了，虽然企图掩饰遮盖，无奈人的颜色不听话啊！"

察言观色在历史典籍中有验证的，首推《帝王世纪》：

《帝王世纪》记载，商容和殷商百姓观看周朝军队进入商都朝歌时，看见毕公来到，殷商百姓便说："这真是我们的新君主啊！"商容却不同意："不可能是！看他的颜色面貌，十分威严但又面呈急躁，所以君子遇到大事都呈诚恐之色。"殷商百姓看到太公姜尚到来，都说："这大概是我们的新君主了！"商容也不同意，"这也不是！看见他的颜色相貌，像虎一样威武雄壮，像鹰一样果敢勇武。这样的人率军对敌自然使军队勇气倍增，情况有利时勇往直前，奋不顾身，所以君子率军对阵要敢于进取，但这人不可能是我们的新君主。"当看到周公旦来到时，殷商百姓又说："这应该是我们的新君主了！"商容还是不同意，说："也不是，看他的容颜气色，脸上充满着欢欣喜悦之气，他的志向是除去贼人，这不是天子，大概是周朝的相国；所以圣人为民首领应该有智慧。"最后，周武王出现了，殷商百姓说："这肯定是我们的新君主了！"商容说："这一位正是我们的新君主，他作为圣德之人为海内百姓讨伐昏乱不道的恶君，但是见恶不露怒色，见善不现喜气，颜貌气色十分和谐，所以知道他是我们的新君主。"

察言观色在诸子百家典籍中有验证的大约有下列记载：

《吕氏春秋·精喻篇》还记载：齐桓公汇合诸侯时，卫国国君来晚了，齐桓公朝会时与管仲密谋讨伐卫国；退朝回到后宫，卫姬看到齐桓公来到，便下堂拜

揖齐桓公，请求齐桓公赦免卫国国君的罪过；齐桓公说："我对卫国没有什么打算，你请我赦免他什么罪过？"卫姬回答说："贱妾我看见您进入后宫时，趾高气扬，好像是有征伐他国的气象；而看到贱妾我时，颜色又有变化，所以知道您要讨伐卫国。"第二天，齐桓公朝会时揖拜管仲，管仲向齐桓公说："您要放弃讨伐卫国了吗？"齐桓公十分吃惊："仲父您怎么知道的？"管仲回答说："您朝会揖拜时态度十分恭谨，言语和缓，而看到我时又面露惭色，所以为臣知道您要放弃伐卫了！"齐桓公说："这太好了，仲父在朝廷治理军国大政，夫人在宫内辅弼君德，我知道我不会被各国诸侯笑话了！"

《吕氏春秋·精喻篇》记载：晋襄公派人出使周朝，对周朝天子说："敝国君主现在病得很厉害，通过占卜知道是因为三涂山在作祟，所以敝国君主派遣下臣我请求天子您假借道路为敝国君主祈福去灾。"周天子答应了晋国使臣的请求。朝见礼仪结束后，晋国使臣离开王宫，苌弘对刘康公说："在三涂山为国君祈福去灾而受到周天子的礼遇，这是吉庆的事情；但晋国的客人却面有勇武气色，可能要有别的事情发生，希望您能防备他！"刘康公于是整备军队予以防备。晋国军队果然趁着在三涂山祭祀的机会，命令杨子率军十二万人紧随其后，从棘津渡河偷袭聊、阮、梁三个小国，把这三个小国灭亡了。

《说苑·权谋篇》记载：齐桓公与管仲密谋讨伐莒国，讨伐令还未发布而举国皆知。齐桓公十分奇怪，就问管仲，管仲说："国内一定有圣人知道此事！"齐桓公恍然大悟地说："啊！昨天百姓服役时，有人手拿拓杵，眼望天空，难道是那个人吗？"于是命令再次让百姓服役，而且不得让别人替代。过了一段时间，东郭垂来了，管仲说："这个人肯定是那个圣人！"于是命礼宾宫廷请进朝堂，与管仲见面。管仲说："您就是那个传言说要征伐莒国的人！"东郭垂说："正是我！"管仲说："我没有说要征伐莒国，您为什么散布谣言要征伐莒国？"东郭垂回答说："为臣听说过，君子善于谋划，小人善于揣摩，这是我揣摩的结果！"管仲又问："但我没有要征伐莒国，您是怎么揣摩的呢？"东郭垂回答说："我听说过君子之人有三种颜色：悠然自在的喜庆之色，是要举行庆典；愀然清静的哀痛之色，是要举行丧葬；而勃然充盈的愤怒之色，是要有征伐之事。日前，我看到您在台上时，脸上充满了勃然愤怒的气色，这是兵革扰动的迹象；您虽没有明讲，但所说的都关于莒国的；您振臂挥手，指向的都是莒国。我私下考虑，没有臣从的小诸侯国，只剩下了莒国，难道不是莒国吗？所以我说要讨伐莒国！"

纵观上述诸例，颜貌气色是这样的不可掩饰遮盖，然而行动举止也不是无关紧要的事；例如齐桓公将要征伐卫国而趾高气扬，准备讨伐莒国而口说言谈、振臂挥手都与莒国有关。所以气色是人体精华之所在，颜容是人身的粗疏的部分；如果颜容和气象不相般配，那真是行尸走肉一般的臭皮囊，绝非得道之人。所以大奸大恶之人，都是对自己的气色进行掩饰遮盖；如果气色不能和颜容相匹配，就是美好的气色无处附着，这样的人不是像有病发疯之人一样哭笑无常、举止奇怪；就是妖狂之辈，神不守舍。所以说颜貌要借助良好的气色而更加绚丽，气色要依赖美好的颜貌而存在，二者相辅相成，缺一不可。因此喜好品评人物的人，

可以依据这个法则去察言观色了！

《庄子》和《列子》等书，都很善于描绘有道之人的气色。如说"老聃沐浴之后，颜色气质看起来根本不是尘世中人"，又说郑巫看到壶子，认为是见到了"湿灰"，这些都是说得道之人物我俱忘时，几乎无法通过其颜貌气色来了解他内在的心理状态。《论语·乡党篇》里也详细记载了孔子的容貌气色，前人认为是把孔子描写得活灵活现；现在我们来考察《论语》描写孔子的语言，如"恂恂如也"，"侃侃如也"，"訚訚如也"，"色勃如也"，"怡怡如也"，"愉愉如也"，"必变"，"必以貌"，"必变色而作"等，都是圣德之人动静变化的最高准则在容貌气色上的具体而又细微的反映！战国时期的田光特别善于议论勇武之人的气色，认为"夏扶之勇是气血之勇，故夏

终身劳碌的妇女

扶气怒之时，面红耳赤；宋意之勇是气脉之勇，故宋意发怒时，面目灰青；秦武阳之勇是骨骼之勇，故武阳愤怒时，面目灰白；荆轲之勇是神武之勇，故荆轲震怒时而气色不变如常。"西汉时刘宽虽然在任职仓库小吏时，也从没有疾言厉色。西晋王戎与嵇康相处二十来年，却从未见他有喜悦愤怒的气色；卫玠曾认为，人的德行、智力不及中人，可以从感情上原谅他，无缘无故而私相干求可以晓之以大理而予以拒绝，所以卫玠一辈子喜怒不形于色；北宋时，吕端任宰相，受到皇帝褒扬嘉赏也不喜，遇到坎坷挫折也从不畏惧；上述诸例都是贤德之人道德深厚、器宇轩昂、见真识远的反映。再反观平常之人的容貌气色，那真是听到一个人的赞誉便喜不自禁，遇到一个人的诋毁而勃然大怒；受到一点点宠幸便得意忘形、沾沾自喜；受到一星点惩处便惊恐畏惧、吓得要死。这和古往今来的贤哲大德相比，真是天壤之别，云泥之隔，相距不可同日而语。

宋瑾有通过察言观色辨别君子小人的办法，这里也记述如下：

喜怒不形于色，宠辱不惊于身，处危难之际而仍然能够性情闲适畅朗，听到赞誉或诋毁时能够颜色不变，以天下之兴衰治乱为己任，先天下之忧而忧，后天下之乐而乐，这样的人是高居上位的君子；愤怒而不至于放肆，得意而不至于忘形，从不猜测将来人生、事业的得失取舍，更不因此而忽喜忽怒，不揣度未来己身的荣宠和耻辱，更不因之欢欣忧戚，这样的人是身居下位的君子；喜怒哀乐都由感情，恩人仇人界线分明，喜欢玩弄权术欺上瞒下，固执迂腐，骄傲放纵，喜欢同类，排斥异己，患得患失，色厉而内荏，羞于谈及自己微贱时的小事，害怕别人提及自己未发达时的经历，这样的是在上位的小人；一有风吹草动就惊慌失

措，遇到事情就慌里慌张，风风火火，喜欢卖弄自己的长处，害怕提及自己的缺点，符合自己就十分欢喜，反对自己就愤怒非常，想到自己可能荣华富贵就神采飞扬，将要升至高位时便颜色大变，这样的人，是身居下位的小人。

古人认为，人禀气而生，"气"有清浊、昏明、贤鄙之分，人有寿夭、善恶、贫富、贵贱、尊卑的不同，这些由"气"能反映出来。气运生化，人就有各种不同的命运和造化。

"气"旺，则生命力强盛；"气"衰则生命力衰弱。生命力旺盛与否，与他日常行事的成败有密切联系，生命力不强，难以夜以继日顽强地与困难做斗争，自然难以成功。生命力旺盛，则能长期充满活力、精神焕发，是战胜困难，取得成功的必要条件。但是"气"的旺衰，与人之好动好静并不一样。好静好动与性格有关，与"气"则无直接联系。同时应注意，有的人"气"躁，其人好动，"气"沉，其人好静，那人"气"与这儿所讲的"气"不是一回事，应区分。

"色"，就人体而言，指肤色，或黑或白，且有无光泽，古人认为，"色"与"气"的关系是流与源的关系，"色"来源于"气"，是"气"的外在表现形式，"气"是"色"之根本，"气"盛则"色"佳，"气"衰则色悴。如果"气"有什么变化，"色"也随之变化。古人合称为"气色"。大家知道，人生病，其"气色"不佳，就是"气色"之一说的一种表现。

古人有关"气色"的有两组重要概念：

一是主色与客色。主色，就是先天之色，自然之色。古人认为，先天之色随五行形相而生而现，且终生不变，五行之色与五行形相对应起来，金为白色，木为青色，水为黑色，土为黄色，火为赤色。这五种颜色是基本的肤色，实际中也会有一些变化，只要与五行形相相配，就是正色，就是吉祥之色。

客色，就是后天之色，随时间变化，四季、晨昏均有不同表现。以客色来定吉凶，自然是随时间、方式、部位而定，没有什么恒定的规律。古人的"气色"，更多的是指这种变化不定的客色。

二是吉色与凶色。吉凶祸福是古代预测学要预知的重要内容，是阴阳学的价值指向。吉色与凶色又称正色与邪色，吉色代表吉祥顺利，凶色兆示凶险恶祸。合五行之色的为吉，不合为凶。主要依据五行肤色而定。客色则依十二地支所在部位而定。

"大命固宜整齐"，意指人的智慧福泽应当比例均衡，不宜失调。如果失调，不平衡，则智者往往早夭，福者往往庸愚，这种状态自然谈不上好命。"小运亦当亨泰"，亨泰，在《周易》中元亨利贞之说，泰有"天交地泰"之名，亨泰就是吉利顺畅之义，意思是说小运流年如顺和通泰，方才是好。如果小运偏枯晦滞，也易早夭，或元气不足，难当福贵。犹如有钱却不会花之人，守着巨大财富，却享受不到人生富足的乐趣。

现实生活中确有这种情形，聪慧者早夭，多福者平庸。唐代诗人王勃在七岁即写出脍炙人口的"鹅，鹅，鹅，曲项向天歌，白毛浮绿水，红掌拨清波"小诗，到临死前数月，在滕王阁上所做的《滕王阁序》中说"时运不济，命途多

舛"，而他死时才 27 岁，如能"大命整齐"，"小运亨泰"，则可福寿双全，名声高重了。

气色旺，自然有光泽闪烁。作者用了两个比喻来说明这个问题。珠玉自比瓦砾珍贵百倍，因为它有闪烁悦目之光焰，如果失去了美丽的光泽，与瓦砾还有多少区别呢？丝绸绵织，如果失去它明艳光滑的色泽，与平常的葛布又有多少区别呢？人之气色旺，则有光泽。失去光泽，还能说气色旺吗？那么其人之命运自不可言好了。

"气色"对人之命运有非常重要的影响，从大处说，可推测一生的祸福；从小处讲，也能主他三五个月的吉凶。大处者，是与生俱来，不会轻易变化的；小处者，是临时而发，随时而变，或明或暗，变动不居的。因此，作者说"大者主一生祸福，小者亦三月吉凶"。

古人认为，"气"为"至精之宝"，与人的健康状况和命运的蹇滞顺畅息息相关，由"气"能知人命运；"气"又有人心人性的指示作用，由人之"气"能看出人的性格优劣和品德高下，即"气乃形之本，察之见贤愚"。

《逸周书·官人》认为："民有五气：喜、怒、欲、惧、忧。喜气内蓄，虽欲隐之，阳怒必见；欲气、惧气、忧悲之气皆隐之，阳气必见。五气诚于中，发形于外，民情不可隐也。"它说明，人的各种感情总会在外部有所流露，即使想隐瞒也不会完全隐瞒得住，因此还是可以通过外部表情了解一个人的思想的，除了少数心计很深的阴谋家和喜怒不形于色的人之外，对多数人都可采这种观察办法。比如作者指出："诚智必有难尽之色，诚仁必有可尊之色，诚勇必有难慑之色，诚忠必有可亲之色，诚洁必有难污之色，诚静必有可信之色。"智、仁、勇、忠、洁、静等几种优秀品德在表情上都能看出来。"质浩然固以安，伪蔓然乱以烦。虽欲改之，中色弗听，此之谓观色。"有浩然正气其表情总的说来都显得稳固安然，弄虚作假者其表情总的说来都显得杂乱烦躁、脸色发黄。有人虽然竭力想用假象隐瞒真实的感情，但又不是很容易做到的，因此观色还有一定作用。

陈代成像

孟子曾提出一种"观眸观察法"，即通过观察一个人的眼睛了解一个人的真实思想。他说："存乎人者，莫良于眸子。眸子不能掩其恶。胸中正，则眸子了焉；胸中不正，则眸子眊焉。听其言也，观其眸子，人焉瘦哉？"他认为一个人的眼睛最能反映一个人心里在想什么，意思是说眼睛是心灵的窗户。一个光明正

大，心地无私，眼睛必然明亮，目光必然有神；一个人如果做了亏心事，一般都不敢正眼看人，眼神自然不正。在听一个人讲话时，注意观察他的眼神，就可以判断是非真假。

姜尚的八征法其中第八征即"醉之以酒，以观其态。"让其喝醉酒，看他酒后表现如何。酒后吐真言，酒后失固态，一般能反映一个人的真实思想。

《吕氏春秋·论人》篇提出了一种"六验"法，即设置了六种不同的条件观察一个的表情和表现："喜之以验其守"，让一个人兴奋，看他能否坚守一种信念，会不会出现得意忘形的情景。"乐之以验其僻"，使其娱乐，考验他有什么怪僻的毛病，比如是否喜欢酒肉，喜欢金钱美女，游玩享乐等。"怒之以验其节"，使一个人发怒，看他能否控制自己。"惧之以验其特"，设置一种恐惧的场合，看他是否有胆量，是否临危不惧。"哀之以验其人"，让他处于悲哀的情况下，看他是否有真情实意。"苦之以验其志"，使他处于艰难困苦的情况下，看他是否坚持自己的志向。这是一种反馈观察法，即放一个试探气球，看一个人在各种情况下的表现，可以看出一个人的真实思想品质。这是一种人为的考验，我们并不提倡，但在不同情况下观察一个人的表现还是可取的。

【经典实例】

自古知人识人难

事之至难，莫如知人。这是宋朝诗人陆九渊的一句名言，他揭示了识人的基本情况。说明了世上千难万难的事情，再没有比了解识别人更难的事情了。

事之至难，莫如知人。原因之一在于"凡事之所以难知者，以其窜端匿迹，立私于公，倚邪正，而以胜惑人之心者也。"这就是说，识人这样的事情不易了解的原因，是由于它隐藏迹象，把私心掩盖起来而显出为公的样子，把邪恶装饰成正直的样子，而且以必然的胜利去迷惑人的头脑。说明人的奸恶之所以难以辨识，是由于有正直、忠诚、善良的外表作掩护。

事之至难，莫如知人。原因之二在于"人心难测"。

人心险于山川，难于知天。这就是说人的内心比险峻的高山和深邃的江河还危险，比天还难以捉摸。

事之至难，莫如知人。原因之三在于"人之难知，不在于贤不肖，而在于枉直。"识别人的难处，不在于识别贤和不肖，而在识别虚伪和诚实。人有坏人与好人之分，英雄有真英雄与假英雄及奸雄之分，君子有真君子与伪君子之分。人还可以分为虚伪与诚实。有表面诚实而心藏杀机，有"大智若愚"表面看上去是愚笨的样子，而内在里却是聪明之人；有"自作聪明"而实际是愚人；有当面是人，背后是鬼的两面派。

事之至难，莫如知人。原因之四在于"材与不材之间，似是而非也"。即指贤才与非贤才之间，似是而非，难以分解。可以说，任贤非难，知贤为难；使能

非难，知能为难。正因为任用贤德的人并不太难，识别有贤德的人才真正困难；使用有才能的人并不难，发现有才能的人才真正困难。所以，正因为上述种种原因，难怪人们常说，天下者，知人为难。

知人难，推举贤才也难。因为有贤才的人，在他未成才时，不为人所知，或知之的少，知者如无名无权也推荐不了。如果已锋芒毕露，才华超人，会被嫉贤妒才者所忌，不仅不肯推荐，甚至加以诽谤，诚恐其超过自己，或代己之位，对彼尊贵，自己则卑贱。而有的虽知贤也不愿推荐，这种人认为多一事不如少一事，怕推荐的人如出事累及自己。故世上虽有奇才，愿推荐的少。

因此，荐贤者不仅要有知人之明，还要有荐贤之量，不嫉贤妒才，有为国家荐贤的至公之心，所以说，能荐贤才的人其本人就是贤才。历史事实说明：正因有推荐贤才的贤才，才能出现不少闻名于世的大才，这些大才也与推荐他们的贤才的大名共同垂誉于史册。

《宋史·程元凤传》记载：宋度宗时，程元凤任少保、观文殿大学士，他荐举人才，不徇私情。有世交之子来求升官，元凤谢绝，其人累次来请求，言及先世之情，元凤说："先公畴昔相荐者，以某粗知恬退故也。今子所求躐次，岂先大夫意哉？矧以国家官爵报私恩，某所不敢。"可是，有人尝被元凤弹劾，后见他改过，而其才可用，便推荐之，元凤说："前日之弹劾，成其才也；今日擢用，尽其力也。"

元凤选拔人才是坚持原则的，不应提升的，即使是有恩于己的人的儿子，也不提升，正如他所说不能"以国家官爵报私恩"。而对曾被他弹劾的人，因其改过而才可用，就推荐提升，正如他所说："前日之弹劾，成其才也；今日擢用，尽其力也。"细味元凤言行，值得借鉴的有三：一、推荐和使用官吏，元凤都是出于为国的公心，不存在任何私人的成见。二、弹劾人是为保护人才，是不使其人走上邪道，使其回到正路，促其成才。三、辩证地看人。对官吏有错误则弹劾，不使其有害于国家；改正了错误，其才可用，则擢升，使国尽其才能。元凤如此为国保护推荐人才，只有大公无私的人才能做到。

能否辨伪，与能否知人用人大有关系，崔群向唐宪宗提出要辨伪必须"纠之以法"，这是很有见地的主张。事见《旧唐书·宪宗本纪》：

唐宪宗对宰臣说："听受之间，大是难事。推诚选任，所谓委寄，必合尽心；乃至所行，临事不无偏党，朕临御已来，岁月斯久，虽不明不敏，然渐见物情，每于行为，务欲评审，比令学士，集前代昧政之事，为《辨谤略》，每欲披阅，以为鉴诫耳。"崔群说："无情曲直，辨之至易；稍有欺诈，审之实难。故孔子有众好众恶之论，侵润肤受之说，盖以暧昧难辨故也。若择贤而任之，待之以诚，纠之以法，则人自归公，孰敢行伪？陛下详观载籍，以广聪明，实天下幸甚！"

唐宪宗对下属进言，认真评审其是非，但有时要辨别进言者说的善恶真伪，感到是大难事。因此，他令学士总结前代关于这方面的经验教训，写成《辨谤略》，作为鉴诫。崔群说唐宪宗以史为鉴，是可增广聪明的，但事属暧昧，一时

是难于辨别的，故孔子有众好众恶以分善恶之论。而崔群提出的意见，比之孔子所说更能解决问题，即"择贤而任之，待之以诚，纠之以法，则人自归公，孰敢行伪"。这就是以诚待贤，如果行伪作恶，则以法处理，这样做，官必奉公守法，不敢作伪为非了。

崔群在宪宗时，官至中书侍郎，同中书门下平章事，参与朝政。穆宗继位，因他拥护穆宗储位，故甚得信任，任检校左仆射兼吏部尚书。他为人清正，时称贤相。

左仆射王起频主持贡举工作，每次贡院考试完毕，都将录取的名单呈给宰相最后定夺。由于录取的人不多，宰相廷英说："主司试艺，不合取宰相与夺。比来贡举艰难，放人绝少，恐非弘访之道。"唐武宗说："贡院不会我意。不放子弟，即太过，无论子弟、寒门但取'实艺'耳。"

由于职权和取才原则没有明确规定，所以主持取才工作的王起频心中无数，恐取士有失，故呈宰相最后决定。对此，宰相廷英提出两点意见：一是录取的士人不必呈给宰相决定；二是录取的人太少了，不利于广招人才。对此，唐武宗确定了取士的原则：取士要取有"实艺"的，即有真才实学的人，不论他是贵族子弟还是出身于寒门。

黄釉加彩绘贴金文官俑 唐

唐武宗确定取才的原则，负责取才者就可有所遵循。但有了原则还不能保证所取的是有"实艺"的，还要有具体的办法，不然，原则是难于贯彻执行的，有可能落于空谈。

俗语说："人心难测。"人心何以难测？心是指人的思想，思想是无形的，看不见，摸不着，它隐藏在人的脑海里；且思想又非固定的，是随着客观世界的变化而变化。所以，要摸透人的思想是不易的，故说人心是难测的。

照理说，思想指导人们的言行，人的思想必然在他的言行中表现出来，也就是说人的思想和他的言行应该是一致的。可是，各人表现不同，有一致的，有不一致的。其人所想与其言行一致的，这种人易知；如果其人所想的与他的言行不一致，或者他说的是一套，做的又另是一套，这种人就难知。

由于人心难测，人所想与其言行又有不一致的，其表现往往是表里不一，互相矛盾，因此，古往今来，都有知人难之叹。

人们常说，"知人知面不知心"，这恐怕也道出了"人心难测"的道理。有人说不要轻易相信他人的知心话，这不是没有道理的。有的人特别是在情浓之际和说话投机的时候，总是轻信他人的知心话。对方向我吐露了真言，我又为何向

人家讲假话？所以把心里的话全掏出了讲给人家听。然而，你可知道，他"真诚"地在你面前说别人的坏话，他在别人面前又会"真诚"地说你的坏话。因为人都有讨好他人的心理。而且，人总是在变化的，今天你是他的朋友，明天你可能又成了他的对手。是对手，他就可能利用你那些知心话，特别是隐秘的话来攻击你。

所以，心里话往往是不可靠的。对此，最好不要轻易相信它。如果失去了这方面的警惕性，轻信了别人的知心话，则容易上当受骗。

人们常说，知人难，知人心者更难。因为在现实生活中，有的人说的和心里想的不一样。嘴里说的不是心里想的；心里想的又不是嘴里所说的。历史上这样的例子是很多的。

汉光武帝刘秀知错庞萌便是其中的典型例子之一。庞萌在刘秀面前，表现得很恭敬、谨慎、谦虚、顺从，刘秀便认为庞萌是对己忠心耿耿的人，公开对人赞誉庞萌是"可以托六尺之孤，寄百里之命者"。其实，庞萌是个很有野心的人，他明向刘秀表忠，暗里伺机而动，当军权一到手，便勾结敌人，将跟他一起奉命攻击敌军的盖延兵团消灭了。最赏识的人叛变了自己，这对于刘秀是当头一棒，使他气得发疯，后来他虽将庞萌消灭了，但他由于知错人而遭到的巨大损失是无法弥补的。刘秀之失，失在静中看人，他被庞萌的假表忠所迷惑了，竟认为他是"忠贞死节"的"社稷之臣"。而来自敌营的庞萌归附刘秀不久，尚未有何贡献足以证明他的忠心，刘秀竟对他如此信任，是毫无根据的。

刘秀是个深谋远虑的人，他以诚待人，知人善用，不少人因他赏识而成为东汉一代英才。但"智者千虑，必有一失"，当他被表面现象所迷惑时，也就必然犯了静止看人的错误。

佞奸难辨　贤者难识

在识人的发展史上，常常能听到许许多多的人经常讲这么一句共同的话，即"人不易知，知人不易"。人之所以不易识别，原因是多方面的，但主要是下列原因：

其一，"凡事之所以难知者，以其审端匿迹，立私于公，倚邪正，而以胜或人之心也。"这就是说，事情不易了解的原因，是由于它隐藏迹象，把私心掩盖起来而显为公的样子，把邪恶装饰成正直的样子，而且以必然的胜利去迷惑人的头脑。说明人的奸恶之所以难以辨识，是由于有正直、忠诚、善良的外表作掩护。

其二，"凡有才名之士，必遭险薄之辈假以他事中伤。始乎屏弃，卒不得用"。也就是说，凡是有才能的贤人，必然要遭到阴险浅薄之类人的恶意中伤。起初被迷惑而遭冷落，而最终得不到使用。说明因奸佞之人的无事生非造谣中伤，使得贤才难以被识别而加以使用。

其三，"潜伏着的感情和隐藏着奸诈，是很难从一个人的外貌了解到的。"

所以古人说"伏情隐作，难以貌求"。同时也说明了"人之深者有二种。一曰深沉。如纳言自守，容人忍事，内外分明，外边浑厚，不露主角，不呈才华。此德之上者。一曰奸深。如闭口存心机，深挟诈，形迹诡秘，两目斜抹，片语斜锋。此恶之尤者，切不可以深沉君子，与奸深并观也。"这就是说，人的所谓"深"，有两种情况。一是深沉。其表现为少言语而守本分，能容人忍事，内外分明，待人处事浑厚而不逞强，不炫耀才华。二是奸深。其表现为缄口不言而心藏杀机，阴诈深藏，行为诡秘，双目斜抹，说话阴阳怪气。前者是最有道德的贤才，后者是极为险恶的奸人，所以切切不可将二者混淆，等同齐观。可是，在人际交往中，二者则经常混淆，造成贤佞难辨。

其四，"贤人必为国计，而不肖者专为身谋。为国计者必恃至公，故言直而援少；为身谋者专挟己私，故喻巧而援多。"这就说明了这样一个基本的问题，即品德高尚的人必定一心为国，品质恶劣的人则专为自己盘算。一心为国的人必定是从最大的公心出发，所以说话直来直去，支持他的人就少；为自己盘算的人必定从私利出发，所以说话曲折巧妙，支持他的人就多。这进一步说明，奸与贤的界限虽是清楚的，然而，要识别也不是一件易事。

对于佞奸者来说，是因其能以假象蔽其真像，以外表又掩其内心的奸诈，且其谋深术巧，使人迷惑而难以辨识。

《吕氏春秋·疑似》指出，物之相似最能迷惑人，它说："使人大迷惑者，必物之相似也。玉人之所患，患石之似玉者，相剑之所患，患剑之似吴干者。贤主之所患，患人之博闻辩言而似通者。亡国之主似智，亡国之臣似忠。相似之物，此愚者之大惑，而圣人之所加虑也。"这是说，相似的事物最能迷惑人，石似玉，玉工难以辨其真伪；剑似吴干宝剑，铸剑师也难识其优劣；博闻善辩的人似通而实不通，足以惑人而误事，这是贤明君主所虑的。历史上不少亡国之君自恃见识超人而独断独行，其左右也顺其意投其所好，因而被视为心腹忠臣，正是其君似智而实不智，其臣似忠而实佞奸，以致亡国亡身。最典型例子，就是明崇祯皇帝及围绕在他左右的那班佞臣。崇祯认为他是英明之主，臣下无人超过他，他的旨意就是真理，与他相左的视为庸才，或逆臣，一直至死都认为明亡咎不在己，而在于群臣无能。他相信的都是对他听话、奉承的宦官和佞臣。正是这些似智、似忠的君臣断送了明朝。但这位似智的崇祯皇帝，他跟其前几代的只想享乐连朝也上不上的皇帝确有点不同，他日夜操劳，好像有作为的贤君，故能迷惑人，因而不少人为之惋惜，认为他非亡国之君，而处于亡国之时。

奸佞之人能使人不知其奸诈，是因其用心险而术巧，对此，《元史·列传四十五》有精辟的论述："奸邪之人，其用心也险，其用术也巧。惟险也，故千态万状而人莫能知；惟巧也，故千蹊万径而人莫能御。其诣似恭，其奸似直，其欺似可信，其佞似可近，务以窥人君之喜怒而迎合之，窃其势以立己之威，济其欲以立己之爱，爱隆于上，威擅于下，大臣不敢议，近亲不敢言，毒被天下而上莫之知。"明严嵩就是这样用心险而用术巧的奸佞人物。严嵩其人无才略，他最大的本事是巧于媚上，窃谋权利。世宗即以信道求仙著名的那位嘉靖帝，他虽昏

庸，却自以为高明，凡拂其意的，不是廷杖，即杀戮，对严嵩则另眼相看，因严嵩善写"青词"，并作文为嘉靖歌功颂德。严嵩百事顺嘉靖意，照其意旨行事，故得入阁参与政事。严嵩虽年过六十，精神焕发，勤于政事，日夜在内阁值班，连家也不回。嘉靖大为赞赏，赐其银记，文曰："忠勤敏达。"严嵩害人不露痕迹，被害的人也不知被谁所害。凡比己位高的，严嵩表面对他很恭敬，实伺其过害之，取其位而代之。崇祯居深宫，大臣难得谒见，只有严嵩得亲近，旨意由他代下，因此他能一手遮天，权倾天下，结党营私，大受贿赂，是当时最大贪官。嘉靖对他长期信任而不疑。严嵩之能遂其奸，采取的手法都一样，即前所说"窥人君之喜怒而迎合之"而已，因而"爱隆于上"，"毒被天下而上莫之知"。

崇祯皇帝像

　　佞奸难辨是因其心险而术巧，而贤者难识是因其忠而直，故不为庸主暴君所喜欢。《元史·列传四十五》谈及知贤之难，是由于有下列几种情况：一、贤者不遇时，或无人推荐，因而隐居不出，必然不为世人所知。二、人君知而召之出仕，却不重视，待之如奴仆；或待之以礼，而言不见用；或用其言，而急功近利，且使佞人参与。因此，难以发挥贤者的作用，也就不为其君所赏识。三、贤者不为所知，也是因为：人君居于高位，喜听别人的过错，而不喜人说自己的过错，所行是务快己心，而不是务快民心，贤者为公为民必然进谏以纠正其错误，这就使其君很不高兴，不会得到赏识而被重用，也因此，君臣就难于相处。而拒谏喜谀的人君，其左右必多佞人，他们最嫉贤者，必然大肆诋毁、多方陷害，正直的贤者不获罪杀头已算万幸，又何能发挥其才能为国为民做好事呢？正是由于以上种种原因，故贤人难知难任。

识人须由表察里

　　识人须由表察里，这既是前人经验的总结，又是现实识人的需要。早在商周时期，吕尚就提出选将才不能以外表为准。他说："夫士外貌不与中情相应者十五：有贤而不肖者；有温良而为盗者；有貌恭敬而心慢者；有外谦谨而内无至诚者；有精精而无情者；有湛湛而无诚者；有好谋而不决者；有诡激而有功效者；有悾悾而不信者；有恍恍惚惚而反忠实者；有如果敢而不能者；有外勇内怯者；有肃肃而反易人者；有嚆嚆而反静悫者；有势虚形劣而外出无所不至，无所不遂者。天下所贱，圣人所贵，凡人莫知，非有大明，不见其际，此士之外貌不与中

情相应者也。"吕尚列举了人才中这么多的表里不一的现象，说明了识人须知表察里。

人的表里关系，比一般事物的现象和本质的关系复杂得多，更难于认识，因为在世界上的事物中，最莫测高深的是人。现象是事物本质在各方面的外部表现，而现象和本质一般是统一的，人们可以透过现象来揭示其本质。可是，对于邪佞的人来说，想通过其外貌的表现来透视其内部世界就难得多了。因为邪佞的人巧于弄虚实，实者虚之，虚者实之，实实虚虚，虚虚实实，弄得人们满头雾水，很难识其庐山真面目；也因其心险而术巧，足以混淆贤佞，颠倒是非，使人主以佞为贤，以贤为佞，以非为是，以是为非，因而害人害民害国。

知人难，难在于分其良莠、贤佞，这是因为人是很复杂的。《六韬·选将》举了这样的十五种例子：有的外似贤而不肖，有的外似善良而实是强盗，有的外貌恭敬而内实傲慢，有的外似谦谨而内不至诚，有的外似精明而内无才能，有的外似忠厚而不老实，有的外好计谋而内缺乏果断，有的外似果敢而内实是蠢材，有的外似实恳而内不可信，有的外似懵懵而为人忠诚，有的言行过激而做事有功效，有的外似勇敢而内实胆怯，有的外表严肃而平易近人，有的外貌严厉而内实温和，有的外似软弱，其貌不扬而能干，没有完不成的事。人就是这样往往表里不一。尤其是表里不一，又巧于伪装的人，以其外善蔽其内恶，以其外贤掩其内奸，那就更难辨别了，所以佞人常能欺人而得售其奸恶。因此观察一个人，不能只看其表面，要透过其表面现象透视其内心世界，这就是说要从表到里，看是否一致，才能知其人。要做到这一步，确是不易。而能否知人，决定于如何看人，如看人重德重其实践，佞奸者骗人之术则难于得逞。如果只听其言而不察其行，且喜人歌颂，恶人直言，就恰好为阿谀者所迷，把佞奸视为正直，将忠直视为佞奸。

一个由克里斯多夫·布兰尼根和大卫·韩福瑞斯所领导的英国研究组织，分析和编录了上百种脸部、头部和身体的不同姿势和表情，从中归纳出有三种笑最普遍，那就是：微笑、轻笑和大笑。

微笑就是不露出牙齿的笑容，一般当事人没有实际参与什么活动时，常常会面带这种笑容，这是一种会心的笑法，有默契的暗示和事不关己的态度。

轻笑则露出上牙，嘴唇微微裂开，这被称作是"招呼新朋友"的笑容，亲友之间打照面，差不多都把它当作是一种打招呼的礼节。

大笑常见于当事人十分开心的时刻，这时上下门牙都暴露出来，而且发出朗朗笑声，人们发出这种笑声时，大多数心情激动愉快。

除此之外，还有一些我们常见的笑容。比如一个涉世不深的女孩子，笑的时候常常面带羞容，抿着嘴，很不好意思。而另一个老谋深算的人，皮笑肉不笑的时候，嘴唇完全向后拉，使唇部形成长椭圆形，这种笑并非来自内心。美国伯明翰大学的艾文·格兰特博士说："这种笑是一个人假装欣赏一个笑话或太偏激的言论时，一个醉汉注意到一个女孩时，老板在办公室追逐女职员时，所发出的一种狞笑。"

那么，东方人的笑容有什么特征呢？

外国人对东方人的微笑感到困惑，不知道这种微笑所含的意思，觉得高深莫测。其实，东方人在西方人面前，由于语言不通，无法交流感情，又怕被人说没有礼貌，只好表现出很暧昧的微笑，这仅仅是一种缓解气氛的临时性措施。这种莫测的微笑，常使西方人感到不安，他们认为这样笑含有讥讽的含义。

其实，这只不过是文化背景不同的缘故。俗语说："眼泪没有国界"，笑的国界却是很严格的，笑会因为文化的差异，表现为不可理解的现象，因此，微笑本来是表达美好情感的表情，反倒引起对方的疑心，这就是文化背景不同所造成的不和谐感。

随着东西方文化越来越多的交流，很多西方人开始理解东方人的微笑了，他们甚至觉得自己对于暧昧的微笑显得太神经质了，他们了解到东方人希望自己的表情友善，而不是冰凉凉地板着面孔，同时，他们也懂得了，用微笑来回答微笑，是促成双方保持良好关系的开端。

另外，比如说"神经质的傻笑"，就是一个内在不调的例子，这种笑声极不协调，看上去这种表情表示愉快，但是这个姿态簇（种种姿态形成姿态簇）的另一个方面象征着极端的不愉快，不仅是手臂、腿部有紧张的动作，整个身体也像是在逃避一种不愉快的处境而变动着。这种姿态簇，不是对幽默的言辞所产生的反应，相反的，这种笑很牵强，甚至是受到惊吓所造成的。人们虽然有各种各样的姿态，但每一个姿态相当于一个字在一种语言的功能，各种姿态适当地组合起来，才能产生一个完整的像，所以，单凭观察和对某些孤立姿态的了解而迅速下结论，是最不可取的了。

没有表情并不等于没有感情，恰恰相反，没表情的时刻有时反倒使感情更加冲动。

有些人在受到委屈的时候，脸上一阵红一阵白，感到十分难堪，继而当他平静下来的时候，脸上呈现出一副无动于衷的样子，其实，他在心中积聚了怨恨和不满。

有些人对上级不满，却敢怒不敢言，只得做出一副爱答不理的样子，事实上，他心中的怒气非常大，只不过是拼命压抑着罢了。如果进一步观察他的面部表情，就会发现情况并不对头，那张冷冰冰的脸上喜怒哀乐都不形于色，而在这下面，蕴藏着强烈的反抗心理，如果紧迫感增加的话，眼睛马上会瞪得很大，鼻孔会显露皱纹，或在脸上出现抽搐现象。如果发现对方面部抽搐，那就表示在他的深层意识里，并非毫无触动，而是正陷入激烈的不满和冲突中。碰到这种情景时，不要直接去询问他原因，而应该柔声地去安抚他，以稳定他的情绪。

同样是毫无表情，也有两种情形：一种是极端的不关心，另一种是根本不放在眼里。比如说，人们正交谈的时候，有人却很茫然地看着一个地方，似乎不知所措。事实上，这种神情不一定是冷漠，也许表示某种爱意。尤其对女性来说，她们不愿意公开表示自己的好意，往往露出相反的表情。有些人想掩饰自己矛盾的心情，就露出漠不关心、无动于衷的神情。

日本教育心理学家在《洞察者》一书中给读者介绍了一种方法，可以帮助读者从表情去洞察对方的深层心理，那就是把电视机的声音关上，然后全神贯注地看着画面，这样可从演员的表情上，洞察人类的心理活动。

日本有一位漫画家叫手冢治虫，他在构思作品时，常常在无声的电视机前坐一整天，当他在探讨手足活动和表情变化之间的关系时，就将全部精力放在人类深沉的意识中，结果发现了日常生活中无法体验的人类的心理秘密，这样，崭新的构思就形成了。

愤怒或憎恨的时候也会微笑。当人们不愿意把内心的欲望或想法赤裸裸地表现出来的时候，无意识就采取自我防卫的措施。弗洛伊德把这种情况，叫作防卫机制。这种防卫的方法，就是利用相反的表情，表达内心真正的欲望或想法。

如果轻易流露出愤怒、憎恨、悲哀和恐怖等感情，很可能招致许多麻烦，影响社会生活，因为这种感情有一些副作用是无法消除的，因此大家都竭力去压抑这种负性的感情，尽量去表现喜悦和愉快。一对感情已经破裂的夫妻，矛盾变得早已不可调和，然而他们走上法庭时，有时会平静自然，面露微笑，有经验的人们便说，这对夫妻已经无法调解了。

另外，有不同意见的双方彼此往往水火不容，如果把这些敌意和反感的情绪直接表达出来，不仅会制造出许多危机，还会被社会所不容，于是，就产生了一些相反的表现形式，这种情况在心理学上叫反动形式。

曾经有位报社记者说："如果要了解影剧界的夫妇关系是否协调，那倒不是很困难的事，只要我们专心注意电视上的综合节目，现场节目以及歌舞节目，倘若他们不断表现出比以前更愉快的表情，或者唠叨不休，甚至不断地特别强调夫妇之间的协调状况，就是一种不协调的迹象了。"

感情的活动到底会使脸部的肌肉发生哪些变化呢？很多年来，生理学家和心理学家一直在做这种实验，想以此来确认两者之间的关系，法国心理学者德修欧等人，曾用电流刺激脸部的肌肉，用这种方法来观察人们的表情活动，然后用黑点做记号，用来调查表情与肌肉活动之间的相关状况，由于脸部的肌肉，比身体上其他部位的肌肉发达，所以，随着不同的感情，面部表情的变化就很显著，特别是眼睛与口周围的肌肉更发达，当我们研究大脑皮质的运动时，可以发现脸部与手的活动比其他部位灵敏。

某种感情的出现，会带来表情的变化，这使我们理解到，感情的表现跟脸部的肌肉活动是息息相关的。彼此发生冲突时，会产生与平时不一样的表情：眉毛下垂，眉头皱起，牙齿虽然未露出来，嘴唇却紧绷着，微微向前突出，头和下颚挑衅地向前挺出，和对方怒目相视，在这种情况之下，彼此都牢牢地盯着对方，如果避开目光，就意味着失败或害怕。

如果表达震惊的情感，嘴会不由自主地张开，下颚的肌肉会放松，下颚下垂；如果对某件事情发生了兴趣，会不由自主地张开嘴巴，眼睛下的每一条面部肌肉都放松了，有时甚至会伸出舌头来。

美国的乔治·彼特在《训练和发展杂志》上写道：不愉快或迷惑可以借助

皱眉来表达，嫉妒或不信任时会扬起眉毛，想采取敌对的态度时则绷紧下颚肌肉，不仅如此，嘴唇也紧紧闭上，并且斜目瞪视，这表示他摆出一种防卫姿态，而且尽量不再说话或做出其他反应。

有位推销百科全书的业务员谈到了这样一个经验：当他把百科全书的样本交给一个顾客时，就目不转睛地注视着这位顾客的面部表情，这时候与其坐在顾客的面前，还不如坐在顾客的身旁，因为坐在旁边比较容易看见对方脸上的肌肉变化，当客人翻阅样本时，大体上在他的脸上就已经有个买与不买的决断。顾客的表情也许不那么明确，可是琢磨起来，却很有趣，所以有经验的推销员一眼便能看穿对方的心理。这就是那位推销员总结出来的经验。

感情会使表情逐渐明朗，同样，表情也可能反映出来的是一种压抑的感情。在各类文学作品中，均有这方面的描写，如果感情和表情不统一，就处在失去平衡的状态了。

美国的戏剧学校有一门学科，就是训练人们表情异于感情，比如说，内心感到愤怒和痛苦的时刻，表面上却很轻松愉快，这种训练法据说易使人得神经病。由此可见，要做出一种与感情不符的表情对于人们来讲是极难的。戏剧学校学生在经过严格的训练之后，外表看起来非常平静，能根据剧情的发展来变换表情，以引起观众的兴趣。

齐桓公用宁戚

刘向《新序·杂事》记载齐桓公用宁戚的故事：宁戚是卫国人，想到齐国去投靠齐桓公，因路远家穷，于是租赁一辆牛车，一路做点小生意，经过千辛万苦，才到了齐国。夜间无钱住旅店，便在齐国城门外躺着，待天晚入城。适刘桓公夜间出城迎接客人，随从很多，手执火把照耀如同白天，宁戚见了，为了引起桓公的注意，他敲击着牛角，唱着悲歌。桓公听了，对他的仆人说："异哉！此歌者非常人也。"便命令后面的车载宁戚一起回朝。回到宫内，随从请示桓公如何对待宁戚，桓公说："赐之衣冠将见之。"宁戚穿好衣冠后便来晋见桓公，桓公与他讨论治国称霸之事，在谈到治国之道时，宁戚劝他先要统一思想，做好团结内部的工作。第二天拜见桓公，宁戚献称霸之策。可是，将要任宁戚官职时，群臣却有不同的意见，说："客，卫人，去齐五百里，不远，不若使人问之，固贤也，任之未晚也。"桓公说："不然，问之恐其有小恶，以其小恶，忘人之大美，此人主所以失天下之士也。且人固难全，权用其长者。"于是重用宁戚，封他为卿。

齐桓公是春秋五霸中的第一个霸主，他之所以能称霸，主要原因是他知人善任，大胆提拔才智之士。他从宁戚所唱的歌中，便知是"非常之人也"，及与交谈治国称霸之道，宁戚所论使他深为敬佩，便决定重用之。群臣见宁戚初来便重任之，认为如此用人不够慎重，主张调查其人确是贤才重用之，这是一般用人的准则，无可非议。而桓公用人却有他独特的见解，他主张不要调查也有他的理

由：因为是人总有缺点，查出他的缺点将使人忘记他的大优点；而人是难以十全十美的，主要用的是他的长处。齐桓公已发现宁戚有辅佐他治国称霸的大才，他就不想计较他过去的小缺点了。

事实证明，桓公没有看错宁戚，他任用宁戚负责农业方面的官职后，"垦田创邑，辟土殖谷，尽地之利"，使农业生产大大发展了，国家日富，民裕兵足，为桓公称霸奠下了经济基础。

"白衣卿相"柳永

有人向宋仁宗推荐柳三变，仁宗问："得非填词柳三变乎？"答："然。"仁宗说："且去填词。"柳三变因不得志，日夜纵游娼馆酒楼间，自称："奉旨填词柳三变。"（明·杨慎《艺苑雌黄》）

柳三变，即柳永，崇安（今属福建）人。璟进士。他以词名闻天下，其词多描绘城市风光和歌妓生活，仁宗重礼教，深斥浮艳虚薄之文，他看了柳永《鹤冲天》的"忍把浮名，换了浅斟低唱"，说："且去浅斟低唱，何要浮名？"由于仁宗不喜欢柳永的词风，所以有人向他推荐柳永时，他要柳永"且去填词"。由于不被赏识，柳永更放荡不羁，在下层混迹终生潦倒，死于旅中，由他所钟情的歌妓们集资埋葬。

宋代宫城遗址

柳永自称"奉旨填词柳三变"，这是他对仁宗不用他而半开玩笑地发泄其怨气，但仁宗要他"且去填词"，也可以说是用柳永之所长。正因柳永仕途不得意，一生潦倒，才能接触现实和底层人物，故其填词能填出人间的真

情实意，对宋词的发展做出巨大的贡献。他的词因来自民间，能反映现实生活，且情景交融，音律谐婉，语言通俗，很得人们喜爱，在当时流传很广，相传"凡有井水处，即能歌柳词"。

柳永自封"白衣卿相"，这是他以其特有的玩世不恭的态度对科举制度的嘲弄。如果柳永官场得意，得任卿相又如何？以他这种浪子词人的气质，估计不会做出多大政绩，而让他"且去填词"，终于填成一代大词人。用才，不一定让他当官，应根据其所长，适合干什么就让他干什么，这样才能发挥他的所长，而有所贡献。让柳永"且去填词"不是能说明这个道理的最典型例子吗？

用反面的话激励别人

"间之以是非而观其志"，这是诸葛亮提出的了解、识别人的方法之一。了解、识别人的方法很多，采用通过拨弄是非挑拨离间来了解其立场。这种方法与我们平常所说的无事生非，无中生有，在张三面前说李四的不是，在李四的面前说张三的不是一样，是一种激将法。什么是激将法？简单地说，就是从心理学角度出发，用反面的话激励别人，使之下决心做什么事的一种语言表达方式。

一般来说，激将法有如下几种：一是"明激法"。就是针对对方的心理状态，直截了当地给以贬低，用否定的语言刺激，刺痛之、激怒之，使之"跳起来"，从这激将的过程来观察识别对象真正的志气和志向。《三国演义》中，周瑜企图假借曹操之手杀掉孔明的时候，孔明仍然采用激将法，揭穿周瑜的诡计。当孔明欣然同意接受劫曹操粮草命令时，对鲁肃说："吾水战、陆战、马战、车站各尽其妙，何愁功绩不成，非比江东、公与周郎辈止一能。公等于陆地能伏路把关，周公瑾但堪水战，不能陆战。"鲁肃将此言告知周瑜，周瑜愤怒地说："何欺我不能陆战耶！不用他去，我自引一万马军，往聚铁山断粮道。"肃又将此言告知孔明，孔明将问题挑明，并从抗曹大局出发，笑对鲁肃说："公瑾令我断粮者，实欲使曹操杀我耳。"这里，孔明正是利用周瑜的自尊心，好胜心强，不甘落后的虚荣心，故意夸耀自己，贬低周瑜，从而达到自己的目的。

二是"暗激法"。就是不直接就事论事，而采取隐晦，旁敲侧击的方法去激励下属，刺激下属，或有意褒扬第三者，暗中贬低对方，激怒起下属下定超过第三者的决心，从而达到促使下属努力工作，完成任务的目的。

三是"自激法"。就是一味地褒扬对方光荣的过去，而不提及其现在，无形中就否定了下属现在的工作，从而激励起对方改变现状的决心。

四是"导激法"。激将法不能只采取简单的否定或贬低，而要"贬中有导"，既能激励他的意志，又要指明其奋斗方向。

在识人过程中，采用"间之以是非而观其志"，要注意分寸。"反话"容易使人泄气。所以，采用这一识人方法时出发点一定要正确。不是为了整人去挑拨是非，而是为了选拔人才，用是变非，非变是去激被考察者的志向变化，观其在是非曲折中能否承受这样的考验。如果受了一点委屈，被误解就破瓶子破摔，这

样的人是成不了大器的。应该有大将风度，不管风吹浪打，胜似闲庭信步。

一生百战沙场的杨勇

六十多年前，湖南省文家市里仁学校的一间教室中，中共地下党员、校长陈世乔在给同学们讲解"勇"字的含义："'勇'字，形容士兵的忠诚、勇敢、刚强不屈，这才是一个好儿男的阳刚之气……"。这次讲课，给一名叫杨世峻的学生以巨大的触动，为了激励自己也成为一名为国为民的勇士，他改名"杨勇"。

杨勇一生百战沙场，最能体现"勇"字精神的是他身上的5处伤痕。

1933年10月，红三军团40师14团在中央苏区的绚口与敌遭遇，双方都措手不及"狭路相逢勇者胜"。团政治处主任杨勇，冒着弹雨，带头冲入敌群，一场短兵相接的厮杀展开了。突然，一发子弹从他的头顶中央穿破了头皮，血很快流到面颊、颈部，他全然不顾，继续冲杀，敌人落荒而逃。战后，杨勇受到军团长彭德怀的称赞，胸前挂上了一枚三等红星奖章。同时，头顶也留下一块永久的纪念——两公分长，不再生发的弹痕。

大军压境，炮声隆隆。长征中最激烈、最残酷的湘江战役拉开了帷幕。蒋介石为围追堵截红军，设置了4道封锁线，湘江是最后一道。由何键统领的近40万大军利用湘江屏障，阻拦8万红军。在德国军事顾问李德的错误指挥下，红军误入蒋介石精心设计的铁三角合围圈。蒋介石得意叫喊："流徙千里，四面受制，下山猛虎，不难就擒。"红军生死存亡在此一举。在这次战役中，担任红40师10团政委的杨勇率部执行掩护中央纵队过江的重任。炮火纷飞，血肉横飞。数十倍的敌人蚂蚁般的涌来，一批战士倒下了，又一批战士牺牲了。团长沈述清中弹身亡；师参谋长杜中美代理团长，又壮烈殉国。敌人再次潮水般涌来，杨勇杀红了眼，一块弹片飞来，钻入他的右大腿，他咬牙一把将弹片拔出，大声呐喊："为团长报仇！"冲出堑壕，战士们随其而上，疯狂的敌人"退了潮"。两昼夜的血战，10团400余名官兵血染湘江，使中央纵队顺利过江。从此，杨勇的腿部也留下了一块"湘江战役纪念章"。

1935年1月，在长征路上的土城战斗，给杨勇打上了第三块战争的烙印，也是他负伤最重的一次。土城是赤水河东岸的重要渡口。川军刘湘的主力部队抢先占领了土城所有的有利地形，毛泽东、周恩来、朱德亲临战场指挥，10团政委杨勇又一次带队冲锋，一发无情的子弹从他的右腮穿人，从唇部钻出，一进一出，杨勇失去了6颗牙。当时，血似喷泉，用嘴指挥不了战斗，他用笔下达命令，脸上是血，手上是血，笔上是血、纸上也是血，最后杨勇昏倒在血泊中。土城战斗，原以为敌人4个团，实为8个旅9个团，我军伤亡惨重。后来，军委命令停止攻击，避实就虚，西渡赤水。这次伤愈后，杨勇脸上留下的弹窝，30多年后，才由北京医院院长吴蔚然用手术刀治愈。

宋太祖醉酒吐真言

古人的识人之道有其独特之处。"醉之以酒以观其性"，不失为一种好方法。通常人们一般认为酒后爱发脾气的人，喜欢和别人吵架的人，不醉的时候肯定是好脾气，是好好先生。其实，这种见解是再荒谬不过的了。实际上，酒并不颠倒人性，或者在人们心里制造本来并不存在的情感，它只是撤去理性的岗哨，从而迫使我们显出种种丑态——而在清醒时刻，我们总是有办法掩饰过去。酒不过是加强和更加激发了我们的感情（通常总是涌在心头而未暴露就是了）。所以三杯老酒一下肚，人的各种性格——爱生气的，多情的，慷慨的，柔和的，贪婪的，就会格外清楚地表现出来。

宋太祖夺了天下不久，就问赵普："自唐末以来的几十年间，换了十几个皇帝，征战不息，其原因何在？"赵普回答："因藩镇的势力太强大了。皇帝势弱而臣子势强，自然无法控制局面。今天只有稍微削减他们的权力，控制他们的钱粮，收编他们的精兵，天下才能安定。"话未说完，太祖就说："你不用再说了，我已经知道。"过了不久，太祖和老友故将石守信等饮酒，酒酣耳热之时，命令左右侍候的退下，对他们说："我如不依靠你们的力量，不可能有今天，我将永远铭记

宋太祖赵匡胤像

你们的恩德，每时每刻都不忘怀，然而作天子也十分困难，简直还不如当节度使快乐。我现在整夜睡不安枕啊。"石守信等人问："为什么呢？"太祖说："这不难知道，身居这个位置的人，谁不想将他干掉。"石守信等人都惶恐万分，向太祖即头说："陛下为什么说出这样的话？"太祖说："事实难道不是这样吗？你们虽然没有这个野心，但你们手下的人想富贵啊！一旦他们将黄袍给你们穿上，就是想不做皇帝，也不可能啊。"石守信等人都叩头哭泣道："我们虽然愚蠢之至，还未到这种地步，只求陛下怜悯我们，给我们指一条可以求生之路。"太祖说："人生短暂，如白驹过隙，想求富贵的人，不过多得些金钱，使自己优裕享乐，使子孙不受贫乏之苦。你们何不放弃兵权，选择些好田宅买下来，为子孙创立永久的产业，多多购置一些歌儿舞女，成天饮酒作乐，以终其天年。如果这样，我们君臣之间，也就可免却互相猜测怀疑，不也很好吗？"石守信等人再次拜谢太祖："陛下替臣等想到这种

地步，真所谓同生死的亲骨肉啊!"第二天，他们几个人都说自己有病，不能继续任职，请示太祖解除了他们的兵权。

活张说被死姚崇捉弄

姚崇和张说一块当宰相，却一直闹矛盾。姚崇鄙薄张说贪财，张说讲姚崇假学道。后来，姚崇病笃，晓得不久于人世了，于是对儿子吩咐道："我死后，你一定得请张说给我起草墓碑文，才算尽了孝道。"由于张说是当时的大手笔，又是当朝的宰相，所以人们都以有张说写的碑文为荣，姚崇自然也不会例外。姚崇的儿子深知父亲和张说的矛盾，觉得让张说给父亲起草碑文困难很大。其实，姚崇深知张说的为人，才如此这般地吩咐儿子一番。

姚崇死后，文武百官都亲临相府吊唁，皇帝还下旨让张说主祭。张说来到摆满古书画和古玩的姚崇灵前，觉都是些稀世珍品，硬是爱不释手。姚崇的儿子见此情景，立即说道："这些都是父亲平日喜欢的东西。叔叔喜欢，就送给你做个纪念吧!"张说得意忘形地说："老夫何以为报?"姚崇的儿子说："先父墓碑还空着，如果能得到叔叔的大手笔，我们活着的子孙和故去的父亲都会感激的。"张说即刻要来纸笔，一挥而就。张说回到家中，总感此举不妥，心想：平日我百般诋毁姚崇，如今却在他的墓碑上写了些谀辞，岂不违心吗？当他派家人将珍物全部送还姚府，并企图取回那篇手稿时，为时已晚了。因为姚家早有准备，张说一走就很快把碑文送到皇帝那里盖上了印玺。张说家人只好空手而归。对此，张说非常后悔地说："死姚崇还能够支使我给他撰碑，我比姚崇差多了。"

活张说之所以被死姚崇捉弄，完全在于姚崇掌握住了张说的致命弱点——贪财。凡贪财的人，如不下决心丢掉贪心，总难免见利忘义，利令智昏，轻则为人捉弄，重则误入歧途，悔之莫及。

左雄和周举都不私于党

《后汉书·左雄传》记载：左雄推荐周举（字宣光）为尚书，因周举称职，朝议都认为左雄推荐得人。左雄又推荐冀州刺史冯直任将帅，因冯直曾犯受贿罪，周举以此弹劾左雄，左雄说："吾尝事冯直之父而又与直善，今宣光以此奏吾，乃是韩厥之举也。"

左雄是个忠君爱国之士。顺帝初立时，大臣都怠于政事，成天混日子，他们互相告说："白璧不可为，容容多后福。意是说不要像白玉那样独自清洁，当与众同和可多后福。而左雄当时只不过是个议郎，却操心国事，目睹其非，就上书奏事，因而为尚书仆射虞翊所赏识，上书推荐，被任为尚书令，后升司隶校尉。他主张要治理好国家，重在用贤，因此，他很注意推荐人才。他推荐周举因称职被人赞誉，但推荐冯直却受到周举的弹劾。如果左雄是私心重的人，必将对周举大为恼火，因周举是他推荐，今反以"怨报德"，但左雄却赞扬周举弹劾他"乃是韩厥之举"。

他接受周举的弹劾，自己做了自我批评，坦直承认自己推荐冯直是因他是冯直父亲的旧部，又与冯直相好之故。周举无私地弹劾推荐他的人左雄，左雄对被推荐者弹劾而感欣慰，这是因二人能抛开恩怨，全从国家利益出发，这种至公的精神是值得发扬的。

英明之君赏识宗道

"期之以事而观其信"，这是诸葛亮的知人之道中的重要方法之一。也就是说，要考察一个人是不是人才，可以采取对所考察的对象嘱托其办事以此来观察其是否守信用。因为，普天之下如此之大，不愁没有有才能的人，而愁的是没有做到信任委用啊！

识人是为了用。如果所识之人是爱说大话，爱说空话的，肯定不会言必行，行必果。对于这种言而无信，说话的巨人，行动的矮子，我们怎么能把其看作人才而加以重用呢？

《宋史·鲁宗道传》记载：鲁宗道，字贯夫，亳州（安徽亳州）人。中进士。真宗时任东宫左渝德，负责对太子的调谏和规劝，宗道为人刚正，遇事敢言，真宗称他"鲁直"。虽住家近酒店，有同乡来，便请他到酒店饮酒。适真宗派使来召他，使者久候不见，待宗道回来，使者说："即上怪公来迟，何以为对？"宗道说："第以实言之。"使者说："然则公当得罪。"宗道说："饮酒，人之常情；欺君，臣子之大罪也。"真宗果追问，使者以宗道所说转告。真宗问宗道，宗道谢罪说："有故人自乡里来，臣家贫无杯盘，故就酒家饮。"真宗见他说话老实，认为"忠实可大用"，尝将此意告知刘皇后。不久，真宗死，七岁的儿子继位，称仁宗，由刘太后临朝听政，太后遵真宗所嘱，升宗道任右谏议大夫，参知政事。

宗道之所以为真宗所赏识，是因他为人老实。真宗在英明之君，但能赏识宗道，说明他不是糊涂之主。宗道为人刚正而诚实，敢于坚持原则，据实以争。太后提升他参政，他并不因此感恩而盲目附从，或阿谀顺命，有人请立刘氏七庙，刘太后征求辅臣意见，辅臣虽不同意却不敢说，只有宗道出来反对，坚持不可。仁宗与太后同往慈孝寺，太后车驾先行，宗道坚持必须皇帝先行，太后车驾只好随后。枢密使曹利用恃权纵横胡为，宗道常在朝廷上揭露其不法行为。因此，贵戚都害怕宗道，称为"鱼头参政"，因其姓上是"鱼"字，且其为人骨鲠如鱼头。

贤才贾谊遭谗毁过早夭折

古人云："用人不限资品，但择有材。"即主张使用人应该不局限于资格、官阶级别，只要是有才能的人就选择。资历、级别、门第，都不过是表面的印记，不能说资历深、官阶大、门第高，其人必有才能。资历深浅，虽对衡量其人

所从事的工作熟悉与否可供参考，但不能说工作久了其才必高。官阶高的原因颇多，有的是靠自己才能上升，而有的则因朝里有人，或善于献媚得宠而爬上高位。不能说出于名门必有才，所谓"虎父无犬子"只是自夸。在古代，显贵之家称"高门"，卑庶之家称"寒门"，这不过是有势者自高其家门以压人，它与人的才能高低毫无关系。因此，以资历、级别、门第论人，则难于知人，如此用人，必然多庸才，将会失去人才。

西汉时期，很有才华的贾谊，就是因为资历浅而被当时的汉代老臣用各种各样的方法加以排挤。

贾谊，西汉雒阳（今河南洛阳东）人，时称贾生。十八岁时，便以善写文章知名于郡中。因他才华、见识超人，为汉文帝所重用，后竟被汉老臣谗陷排挤，事见《史记·贾生列传》：

贾谊文才为河南太守吴公所赏识。"常召置门下，甚幸爱"。汉文帝即位，因吴公治绩为天下第一，征为廷尉。吴公向文帝推荐贾谊，说贾生年少，颇通诸子百家之书。文帝召为博士。是时贾生才二十余岁，是博士中最年轻的。每次有诏令议事，年老的博士都不能对，只有贾生能答，大家都自认不如。因此，文帝甚为赞赏贾生，给予超级提升，一年之中升到太中大夫。

贾生政治、经济、军事等方面都提出有见识的建议，并抨击当时

彩绘骑马俑　西汉

的弊政。他极力主张改革政制，以加强中央集权。当时许多律令的重新制定，促使列侯返回封地，都是贾生发难创议的。于是，汉文帝拟任贾生为公卿，与大臣商议，遭到老臣周勃、灌婴等的极力反对，他们谗毁贾生说："雒阳之人，年少初学，专欲擅权，纷乱诸事。"因此，文帝疏远他，不用其议，贬贾生到长沙，任长沙王太傅，贾生郁郁不得志。继为梁怀王太傅。

贾生以年少而受到文帝赏识，一年之中升到太中大夫以至要任他为公卿，这不能不引起朝廷上下侧目而视，而引起一些人的妒忌也是不足为奇的。问题的严重在于周勃等老臣的谗毁，实在是一种嫉贤妒才的恶劣行为，它使一代英才还未发挥他的作用，便过早地夭折了。说周勃等老臣所说的是诬蔑，是因为它是毫无理由和没有根据的，说他"年少初学"，意思是说他年少资历浅，所学不多，不懂什么，从贾生对策超过诸老博士，以及他献策和改革主张看，他所见超出当时

汉朝诸臣之上。个人学识的深浅，不在他年少年老，主要看他见识高低。显然，周勃等老臣以"年少"而否定贾生是错误的。周勃等老臣斥责贾生"专欲擅权，纷乱诸事"，这就触及彼此矛盾的焦点，它反映了权利的争夺和新旧两种思想的斗争。周勃等老臣是主张照旧章办事，贾生是主张实行改革，他的政改意见反映在所上的《治安策》上，这就必然触动既得利益者，周勃等老臣就是其代表。贾生的《治安策》，其目的在于加强中央集权。因西汉建立后兼用分封制，使诸侯王势力日益膨胀，已形成尾大不掉的政治形势。要改变这种状况，贾生认为最好的办法是："众建诸侯而少其力"。这就是将诸侯国分封为若干小国，以削弱其力量，这样就可加强中央集权。这对于刘家中央政权以其诸侯王都是有益的。如果及早实行这办法，在景帝时就不会出现"七王之乱"。文帝虽重视贾生的建议，却犹豫不决，因在周勃等老臣的压力下，不用其策，将其下贬，致忧伤而死，时年才三十三岁。

自古以来，贤才多遭忌，非贾生独然。贾生被贬长沙，及渡湘水，作赋吊屈原，既是吊屈原，也是自吊。自屈原至贾生，正足以说明：嫉贤妒才者不仅阻塞贤路，且是贤才的断送者。

千军易得　一将难求

"千军易得，一将难求"，这是中国的一个识人的古语，它说明在人才不易识的情况下，相对一般人才而言，千军易得，一将却难求。在作为社会生活一个特殊组成部分的军事领域里，统帅的决心具有重大作用。军事领导人才是统御部队的人才。作为一支部队，一个组织，没有领导人才的控制、驾驭之意，必然是一盘散沙，缺乏战斗力，遇到困难和敌情，定将一触即溃。俗话说，蛇无头不行，讲的正是此理。因此，在识人过程中，我们不仅要识别平时能练兵，战时能打仗的一般军事人才；更重要的是能识别平时能治军，战时能指挥打战的各类指挥人才，注意识别、发现和培养、选拔一批能担负起跨世纪重任的军事高级指挥人才。

在我国历史上，历代思想家、政治家都认识到"为政之要，唯在得人"，发出了"千军易得，一将难求"的感叹。深切地感到军事人才在决定战争胜败、国家兴亡中的重要地位和作用。

我国最早的杰出军事家和思想家吕尚在《六韬·龙韬》篇中说："故兵者，国之大事，存亡之道，命在于将。将者，国之辅，先王之所重也，故置将不可不察也。故曰：兵不两胜，亦不两败。兵出踰境，期不十日，不有亡国，必有破军杀将。"意思是说，两军交战，必有一胜一败，其中不是亡国，就是覆军杀将。他还强调："故曰将不仁，则三军不亲。将不勇，则三军不锐。将不智，则三军大疑。将不明，则三军大倾。将不精微，则三军失其机。将不常戒，则三军失其备。将不强力，则三军失其职。"这些都说明军事领导人才是关系到整个军队命运的。因此，选将是十分重要的。孙武在其《孙子·谋攻》篇中说道："夫将

者，国之辅也，辅周，则国必强，辅隙，则国必弱。"又说："故知兵之将，生民之司命，国家安危之主也。"吴起在《吴子·图国第一》中认为，关键的将领对于作战的胜败是至关重要的，他说："若以备进战退守，而不求能用者，譬犹伏鸡之搏狸，乳犬之犯虎，虽有斗心，随之死矣。"意思是，没有合格的军事人才去打仗，只能是自取灭亡。因此他说："凡战之要，必先占其将而察其才。因形用权，则不劳而功举。"就是说，对待对方的将领，也要看其才干而定出对付的方法。在怎样对待军事人才地位的问题上，吴起主张要"加其爵列""厚其父母妻子"，实行优厚待遇。他说："一军之中，必有虎贲之士，力能扛鼎，足轻戎马，搴旗取将，必有能者。若此之等，选而别之，爱而贵之，是谓军命。其有工用五兵，材力健疾，志在吞敌者，必加其爵列，可以决胜。厚其父母妻子，劝赏畏罚。此坚陈之士，可与持久。能审料此，可以击倍。"对"能者"实行"爱而贵之"的政策。孙武、吴起作为中国古代著名的军事家，自身就是杰出的军事人才，他们的军事人才思想反映了他们本人的切身体验，因而是十分可贵的。

在封建社会里，曹操既是一位著名的政治家、军事家，又堪称三国时代人才思想的集大成者。他不仅在实践中广招贤才，形成谋士如云、战将如林的鼎盛局面，而且他对人才问题进行了较系统的研究和总结，对我国古代的人才思想有所建树。曹操崇尚周公"一沐三握发，一饭三吐哺，起以待中述志"；"呦呦鹿鸣，食野之苹，我有佳宾，鼓瑟吹笙"。并说"山不厌高，海不厌深，周公吐哺，天下归心"，表示对贤才的爱慕与思念之情，也体现了当时封建社会明君贤臣对人才地位的重视程度。

伟大的革命先行者孙中山，在四十年革命生涯中，始终把人才问题视为关系社会兴衰与事业成败的重要问题。他在1894年致李鸿章书中提出："深维欧洲富强之本，不尽在于船坚炮利、垒固兵饷，而在于人能尽其才，地能尽其利，物能尽其用，货能畅其流。此四事者，富强之大经，治国之大本也。"

纵观中国历史，大凡社会动乱、战火四起、军事斗争集中而又突出的时候，军事人才就特别受到国家和社会的重视。在中国历史上流传的"黄金台""招贤榜""求贤令""三顾茅庐"等人才佳话，都是这一思想的生动体现。

古人云："若非行久垂三顾，谁识茅庐一卧龙"。这就是说，若不是先主刘备三顾茅庐，谁能认识隐居茅庐的"卧龙"诸葛亮。正因为刘备慧眼识贤才，曾三次到诸葛亮隐居处请他出山辅佐自己打天下，诸葛亮出山辅佐刘备打天下中更显出英雄的本色。

刘备"三顾茅庐"，力请诸葛亮的故事人人皆知。台湾企业家王永庆效先人之行，五访茅庐，方请得当今台塑集团的首席顾问丁瑞铁先生。丁瑞铁在台湾金融界颇有地位。1964年，台化公司成立前夕，资金短缺，经企业家陈逢源介绍，王永庆认识了丁瑞铁。当时丁瑞铁任大同公司协理，因而婉言谢绝了王永庆邀他到台塑的诚意。但是王永庆没有放弃，他深深知道人才难得，于是效刘备之法，先后五次盛情邀请丁瑞铁。在真诚的感动下，丁瑞铁终于答应了王永庆，决定赴台塑效力。丁赴任后，就创下了民营企业向国外取得长期低息贷款的先例，台塑

所需要的资金就此解决。目前，在丁瑞铁的鼎力相助下，台塑创下了台湾化纤纺织第一位、民营制造业第三位的成绩。

求才贵在心诚意挚。王永庆的成功莫不归因于他求贤若渴的执着，这也反映了一个明星企业家应有的风采。

俗话说：火车跑得快，全靠车头带。在我国社会主义现代化建设的伟大事业中，我们不仅需要成千上万的各类优秀人才，而且更需要一批能治党治国的政治家、思想家和领导人才。在社会主义现代化建设的新农村中，还总是"村看村，户看户，群众看党员，党员看干部"。所以各级领导干部作为

刘备像

老百姓的"父母官"，肩负历史的重任。我们在识别人才时，更要注意发现、选择和培养、使用具有领导素质和才能的人才。同样，同农村一样，三百六十行，应当行行出状元。尤其是要识别和选拔好各级各类的领导人才。特别是高中级领导干部。他们是国家的决策者、组织者、指挥者和管理者。他们的素质高低，对国家的兴衰和强弱，关系极大。对这类人才的要求要比一般人才的要求高得多，识别和选拔这样的人才难度也相当大，所以，人们为此常说："千军易得，一将难求"。即便是这样难，也要注意百里挑一，千里挑一，万里挑一，始终不断地挑下去，挑准挑好以适应社会的需要。

子产出使晋国

宾至如归的典故，出自春秋时期鲁国人左丘明的《左传·襄公三十一年》。书中写道："……宾至如归，无宁菑（灾）患，不畏寇盗，而亦不患燥湿。今铜鞮之宫数里，而诸侯舍于隶人，门不容车而不可逾越……"这是春秋时郑国大臣子产（公孙桥）出使晋国时回答晋士文伯的话。

公元前542年，在鲁襄公死的那个月里，郑简公的执政大臣子产出使晋国。晋鲁同姓，晋平公便以鲁襄公的丧事为由，命令关闭馆门不见子产。子产吩咐人把晋国宾馆的墙门毁掉，让车马开进去。晋大夫士文伯为此责怪子产。子产说："郑国是个小国，随时都可能被大国吞并，所以不敢安稳过日子，才尽搜郑国财宝前来朝贡。可是晋国执意不见我们，又没有得到会见日期，既不敢呈现贡品，又不能放在外边。听说过去晋文公为诸侯盟主时，宫室简陋，连可供游观的台阁都没有，可是接待诸侯宾客的地方却修建如同宫殿一般。墙用涂料，馆舍内有库府马厩，有人管柴草，还设火于庭，有人服役，各行其是，各陈其物以供宾客，教其不知，恤其不足，宾客来到这里如同到了家一样，不会想到有什么不安宁的地方，也不必担心东西物品被盗或被潮湿。可是现在晋国的宫殿和离宫连绵数

里，而接待宾客的馆舍却像奴隶住的地方，馆门矮小得连车马都不能进去，盗贼公行，病患不得防御，会见宾客没有时间。宾客来到这里，感到自己性命难保，如不拆墙，贡物无法保藏，这是很大罪过。虽说晋鲁有同姓之忧，但也是郑国之忧，如能使贡物得保护，呈送晋公，我国负责再把墙门修好。"

士文伯向晋平公汇报了。赵文子说："我们用收管奴隶的墙壁去对待诸侯，真是无地自容，这是我们的过错。"便命士文伯向子产认错。晋平公也很快会见了子产，厚礼相待，并且下令改建了宾馆。后来便以"宾至如归"形容接待宾客的尽善尽美。

无心谈话便"打岔"

在会谈中，一方由于紧张或没有了谈话兴趣常常会做出一些打岔的动作，以打扰或打断对方的话题。当然，有时为了急于插话，也会做出一些打岔的动作，使对方停下来听他说。

打岔常用的动作很多，这里谈的是最主要的几种：

一是玩弄小物品。打岔动作的常见者即是用手玩弄身边物件的动作，这是紧张心理之表现。尤其是跟初见面之人碰面时，不分男女都会用手把玩火柴盒、打火机或折叠毛巾之类，借以缓和内心的紧张。还有，在女方家提亲时，有些女性不胜害羞便做出扯椅垫绒毛之类的动作。现在，男女关系比较开放，纵或跟男性同坐，而用手玩弄小东西的女性似乎已经不太常见。

问题在于为解除紧张感所做出的此种动作，究竟给予对方何种信息呢？由于用手玩弄小东西，确有可能将自己感到紧张的情绪传向对方；然而，对方反而会在意该手的动作，导致对话题不感兴趣的现象。

其结果，为了打断对方说话，故意用手把弄身边的物品，便造成对方视线在意手的动作，达到搅乱作战之目的。有人经常对不想接见的编辑或朋友们，故意玩弄手表、火柴盒之类，以阻挠对方说话，往往均能收到效果。但是，想听取对方的说话的内容时，必须注意，用手把弄小东西反而会带来反效果。

边谈话边玩弄小物品，有时也是利用小东西使势力范围扩大的方法。譬如：隔着桌子面对面坐着时，在两个人之间，下意识地在中央划出一条无形的线，使双方均持有均等势力范围者乃必然之事。可是，如果将桌上的小物件，譬如：烟灰缸、茶杯之类，故意推向对方那里，则自己的地盘便无形中扩大，对方的势力范围也就因而缩小。此不单是物理面积的大小，其与心理领域的大小也有极大的关联。亦即，受到烟灰缸或茶杯挤压的一方，在下意识之中会感受到心理上的压迫，因此便采取椅子挪后，身体向后靠等防御性的姿势。假使您想站在优于对方的心理地位，首先就要利用桌上的小物件等，扩大物理的领域。经验丰富的推销老手之类，就是经常巧妙地运用该一手段，以制服对方，所以，防止他们扩张物理的领域，非常重要。有一位购车人就是被汽车推销商巧妙的奉茶动作征服，结果买下了本来不想买的汽车。

最后，当您想拒绝对方的情感传达时，千万别碰对方拿出来的物品。尽管手与手并无直接的接触，只要手触及对方拿出的物品，便透过该物体跟对方形成接触，而演变为接纳对方的信息。所以你上街购物时，要经常提醒自己尽可能不要碰店员推荐的商品。因为一旦伸手接触，便跟对方构成亲密感，终被说服而买下东西。

二是扯耳朵。谈话的一方当不想听对方说话或急于插话时，常常是无意识地扯拉自己的耳朵。所以，一个人若想成为一个好的听众，最大的困难就是克服急欲打岔的冲动。我们每分钟可听 650~700 个字，而一个人的说话速度每分钟约为 150~160 个字。因此一般听者在听话之中，有四分之三的时间是在评估、接受、反对或比较对方的谈话。对方的话不能打动听者或引起听者的激动时，就大大地增加了打岔的欲望。这时听者甚至会表现出一种想打岔，欲说话的姿势。这对听者与说话的人都是一个大问题。若说话的人给对方一个想插嘴的动机，则听者会由于想改变自己的角色而憋得难过。另一方面，说话的人若使听者无心倾听或急于发言，那么他的话随时会有被人打断或没人倾听的可能。若说者无意刺激听者，对方或许会睁着眼睛睡觉。因此认识这种非言辞的讯号，对于排除这类困难是很重要的。每个人都希望自己善于与人交谈。如果我们愿做某种让步，如对方做出打岔的姿势时能停下来让他说话，就办得到。在小学时我们有举手发言的习惯，而这对我们打岔的举止影响极大。虽然明知举手是让人知道我们有话要说的讯号，但是大部分的人却不使用它，通常才举到一半时就收回了，而改以一种扯耳的微妙动作，然后再回复原位。

三是把手插入衣服口袋里。如果你正在跟你的上司谈话，要是上司听得不耐烦了，他常常会把手插在口袋里，甚至还会在屋里踱来踱去。

如此看来，一些有点官僚派头的人将手插入裤子或上衣口袋中的姿态，究竟是带有何种意义的身体言语，想必很容易就可有所了解吧！将发出各种语言的手隐藏起来的行为，可视为不让对方看破自己内心的警戒心理表现，也是不信任对方的证据。也许他们是一边面露笑容地倾听，一边却将手插入口袋中的手握紧，准备攻击的架势。当然，此种动作，也可视为企图扩大势力范围的职业性姿态。但不论何者，手插入口袋而倾听对方说话者，的确可说是不仅不同意对方，且并不想确立其与对方的亲密情感传达的意思。

正确识别打岔的动作是有意义的。当上述这些动作出现时，你首先要根据对方的面部表情判断他是想结束谈话还是想插话，如果他面无兴奋的表情，就是不想谈下去了。相反的，也许是听者想告诉你，你的一席话是多有益而多吸引人。当你对听者打岔的姿势有所反应时，对方会认为你是个十分健谈的人，因为你允许他积极地参与谈话。正如哲学家季诺所说："我们有两只耳朵一张嘴巴，或许就是叫我们多听少说的意思。"

心不在焉乱点头

"心不在焉"一语见于《礼记》载《大学》。书中写道："心不在焉，视而不见，听而不闻，食而不知其味。此谓修身在正其心。"

《大学》是儒家经典之一，传为秦汉时期，儒家之作。原为《礼记》中的一篇，南宋教宗淳熙年间（1171~1189），朱熹把《大学》列入他所撰《四书章句集注》中，从此成为"四书"之一。

《大学》中认为，"格物"才能"致知"，致知必须"诚意"，而诚意在于"正心"。正心就是指心意正中不偏，纯直不邪，单一不杂。否则，就是"心不在焉"，就会视而不见，听而不闻，食而不知其味。"正心"是"修身"的关键，如果心不正，则不能"修身"，不能"修身"，也就不能"齐家""治国""平天下"。《大学》认为，"大学之道在于明德。"原来说"心不在焉"就是没有把"心"放在"明德"这个境界上面。

现在汉语中说的"心不在焉"，是取其字面意思，形容某人的心思和精力不在某件事情上，泛指身在其境，而心在其彼。

在会客中，你可能会有这样的体验，在你与某人的交谈中，对方边听边点头。这时，你就会产生一种满足感，因为你认为你的话他在认真地听着，或者你还会认为是你的话打动了对方，甚至你会进一步认为对方很赞同你的看法。

其实，很可能他边点头，边想别的事，你说什么他根本没往心里去，这就是"心不在焉"的"听而不闻"。不信你问他："我这样说，你看对不对？"他会如梦方醒，跟你哼哼哈哈地说："啊，是呀，是呀，那是呀……"等等。

因此，在会谈时，很重要的一点，就是用心思地与对方交谈，不能心不在焉地笑一笑，哼一哼，或点点头，同时眼睛到处看。否则，对方就不愿意跟你谈下去了。

当然，有时是因为谈话的一方心里想起了很急的一件事，但是，又不好意思中断谈话，于是，就出现了心不在焉的情况。这时，另一方就应该主动停止谈话，如说："今天谈了不少啦，很愉快，改日再聊吧。"

问题是，在对方不断点着头时，你怎么能看出他是"心不在焉"地瞎点头？

关于点头方面的实验，有以下的结果：

对同一个人，有时印象良好，有时感觉恶劣。实验里电视演员被分为两组，易产生好印象的，及产生恶劣感觉的，而由另一些人来评判，看过此录影部分，心里所发生的变化。

结果发现根据接受与否，亦表示能否承诺对方。初步分析如下：

第一，当对方针对谈话内容或音律，向你做点头的动作，表示其对你表示某种承诺的允许及好感。

第二，若于两人的谈话过程中，点头超过三次以上，此举表示对你说话技巧感觉不耐烦或否定的意味。

第三，若点头的动作与谈话情节不符，表示对方不专心，或有事隐瞒你。

另外，还可以从面部表情上做出断定。正如有的资料指出的，人和猴子同被称为视觉动物，所以当由视觉上得到讯息时，通常都能够留下深刻的印象。通常给予人们视觉和听觉印象较深刻的，大致包括：

①脸。

②声音。

③语音（谈话内容）。

例如在新闻、报章杂志所见的肖像画，仿佛曾相识，对其印象深刻不减。盘旋在脑里的脸部神经细胞因人而异，每人脸部的表情反应程度也不同，如果遮住一个人的眼睛，他的反应能力将会减弱。当你想要读懂对方的心理，最重要的还是脸部表情：即使只是嘴与眉的变化，也能慢慢领悟出他的心理。

眼睛是无声的语言

在宾主的交谈中，双方使用最多的是"眼神"。研究资料证明，人们在谈话，只要不是盲人相会，他们的眼睛的作用，常常超过了有声语言。有些说不清的内心感情，可能一个"眼神"就表达了。

"眼神"有许多用途，上司可以用"眼神"让部下紧张，情人也可以用"眼神"勾出对方的心。我们在这里研究的，是在宾主交谈时，怎样用"眼神"消除客厅里的紧张空气，让对方快点放松下来。因为，即使是比较熟的人隔上一段时间再相见时，也会多少有点不知说什么好的感觉，这就是紧张，那么，陌生的人初次相见就更不必说了。因此，掌握这方面的运用，是很有意义的。

日本棒球教练星野曾说过："眼神可决定胜负。"当然他指的是教练的那种凶狠的眼神。如果这种眼神被运用到客厅里，客人早就被你吓跑了。

使用什么样的眼神能使对方放松精神，从而对你产生好感，有五个要点：

第一，尽量对准视线：这是应该注意的最基本事项。若想使对方放松或使现场气氛变得融洽，则应该注意下列的另外几点。

第二，焦点应该轻松地放在对方脸部中央：虽然说，我们平时与人交谈时，应该注视对方的眼睛，因为这是一种礼貌。但是这样注视着对方，会使对方产生紧张或不自在的感觉，只要把视线轻松置于对方眼睛、鼻子、嘴唇的周围即可。

第三，避免长时间地凝视：凝视时间在十秒钟以上，双方之间就可能会产生不安的气氛，因此眼睛不应该静止在一点上，而应该缓慢而适切地移动着。

第四，视线在交会或离开时应先换一次气：如果我们仔细观察别人的交谈时，就会发现没有视线同时"交会"或"转移"的现象，通常是一方在注视另一方时，对方会换口气，将视线转移到别的地方。这种现象会你来我往的重复下去。换言之，"换气"的时机非常重要。

关于"换气"这一点，在《高明的说话秘诀》一书中，曾提供一套有趣的数字，这里特别提供出来，供各位做参考。关于亲密的人相互注视的时间，在平

常聊天时为三秒钟，谈有趣的话题时为五秒钟，其他一般状况有一秒钟，而视线移开的时间为七秒钟。

第五、视线不能突然很快地转开，当我们在拥挤的车厢中，与别人的视线相遇时，总是会慌张地把视线转移到别的地方，这是在强调"我和你没有任何关系""我不想和你有任何牵连"。但是在会客厅里，绝对不能有这种神气，因为这样做会让对方以为你正在拒绝沟通，可能会给他留下十分恶劣的印象。

心病终需心药医

我们观察研究人的情态，都是要有的放矢的解决由身体动作反映出来的心理上存在的某种问题。因为这样往往会更有针对性。这就叫"心病终需心药医"，或叫"解铃还需系铃人"。

这两句话出自清人曹雪芹《红楼梦》第九十回。林黛玉听见雪雁传信贾母已给宝玉定了亲，便灰心失意，病情加重，乃至滴水不进，后来又听雪雁说贾母的意思是宝玉的亲事要亲上加亲，便以为肯定是自己无疑了，于是病又好转。作者在说林黛玉的心病减退时，写了一副对联："心病终需心药医，解铃还是系铃人。"

"心药"，出《秘藏宝钥》原指佛教的一种传教方法，说这能治好众生的心病。西汉名赋家枚乘《七发》中说吴国客人用七个问题治好了楚太子丹的心病。后来说有什么"心药"，源于此。（参见"要言妙道，说而去之"条）

"解铃"，见明·瞿汝稷撰佛家禅宗语录《指月录》卷二十三《法灯》：眼日问众："虎项金铃，是谁解得？"众无对。师适至，眼举前语问，师曰："系者解

怡红夜宴图 清

得。'眼日：'汝辈轻渠不得。'"这就是说，法灯禅师性格豪放，不拘泥于佛教戒规，别人都蔑视他，唯独法眼禅师对他器重。有一天，法眼问众人："老虎脖子上的金铃谁能解下来？"众人回答不出。法灯正好过来，法眼又提问法灯，回答说："系上去的人能解下来。"法眼因而说："大家对法灯禅师不要轻视。"

明·陈洪漠《治世余闻·上篇》卷一："上体稍不佳朗诵诗云：'自身有病自身知，身病还得心自医。心若病时身已病，心生元是病生时。'"

"心病终需心药医，解铃还是系铃人"，已成为宋朝以来民间谚语，比喻思

想上的问题，需要从思想上医治。

现在，我们通常见到的一种心病，就是人都怕老了，大概是因为"老"离"死"比较近的缘故，抑或是"老了，不中用了。"这句话给人造成心理压力。总而言之，人都怕"老"，也不愿意承认自己"老了"，特别是女性，多大岁数都喜欢听见别人称她小，而不愿意听见称她老。

针对这种"心病"，在与人会见交谈中，应当减少甚至避免使用带"老"字的称呼，以便减轻甚至消除本来已经上了年纪的人的心理压力。大概这也算是一副"心药"吧！

报纸上曾经刊载有关对一名老人称呼而引起他非常高兴的故事。

当这名老人住院时，据说他听到护士喊"王先生"时，心里极为高兴。不可否认地，目前大多数人称呼老人时，多半是"老先生"或"老太太"，但上述的称呼却顾及老人们的心理，不使他们想到自己的年龄，反而觉得自己的阅历受到重视。

当人们接到他人的名片时，也应该立刻记住对方的名字，并在谈话中多多利用，表示随时请求对方的意见及尊重之意。

例如"您对此事有何意见？"不如"王先生您对这件事有什么看法？"可以吸引对方的注意力！或者若无其事向对方表现亲切感，与其说"府上"或"贵公司"，不改与对方的名字连用，"如王先生公司"或"王先生家里……"等等。

前述的老先生听到护士称他"王先生"时，也必然感觉自己受到重视，"只有这位护士小姐，才是真正关心病人的护士。"

但初次见对方时，也应适度称呼对方的名字，不宜频频使用。过去某校曾命男、女学生进行一项实验，即当男学生与女学生谈话时，从男学生呼喊女学生名字的次数，测试女学生的心理反应。结果发现——过于频繁的称呼对方的名字，使女学生产生受人欺骗、过于熟稔或此人别有企图的感觉。关于这项结论，人们在客厅应对时，也应该多加注意。不然，又会造成另外一种"心病"。

当然，仅仅是注意到称呼还是不够的。在使用符合对方心理的称呼的同时，还必须配以面部表情和其他方面相应的身体动作，如真诚地微笑、热情地献茶等等。

最佳的告辞就是恋恋不舍

会完客，谈完话，客方就该告辞了，主方便要送客走。

无论是客方还是主方，都不能动作太快，也不能露出喜出望外的表情，否则，就会给对方一种"啊，原来你早就想结束谈话呀！"的感觉。这样，就会影响你们以后的交往。

最佳效果的告辞就是双方都显得恋恋不舍，以便对方留下深刻的印象。

"恋恋不舍"一词，原指贪念荣禄，后演变为对人的依恋之情。最早出自西汉司马迁的《史记·范雎蔡泽列传》。原文是："公之所以得无死者，以绨袍恋

恋，有故人之意，故释公。"在这里，就是以"恋恋"来喻贪婪荣禄。

范雎（字叔）原是魏国人，因游说魏王，被魏国须贾谗言残害，后化名张禄入秦国，说服秦昭王远交近攻，驱逐贵族外戚，于公元前266年做了秦国宰相。后化装来到魏国，在酒馆里须贾发现了昔日之范雎就是今日强秦宰相张禄，吓得连忙叩头请罪。范雎对须贾说：你这个人一向贪婪禄位，所以没能死而活到现在。你现在死到临头，考虑到过去相识，还是把你放了吧。"这里的"恋恋"是指须贾追逐荣利的行为，并没有什么对人"不舍"的意思。

在东汉王逸的《楚辞·九思·悼乱》中也有"顾章华兮太息，志恋恋兮依依"的词句。意思是说，见楚台而叹息，舍不得离开自己的远大抱负。"依依"出自《诗经·小雅·采薇》中："昔我往矣，杨柳依依。"故，"恋恋不舍"后来也就变成与"依依不舍"同用了。

真正成为对人的"恋恋不舍"之意，是南宋王明清《挥尘录·后录》卷六："钱穆父与蔡元度俱在禁林，二公雅相好。元祐末，穆父先坐命词，以本官知池州。无度送之郊外，促膝剧谈，恋恋不忍舍。"这是讲的北宋哲宋赵煦元祐末年（1094）时，钱穆公做池州知府，过去与他一同在朝中做官的老相好蔡元度送行到郊外，二人促膝叙旧，舍不得离开。

"恋恋"再加上"不舍"，更显示出不愿分离的样子。明朝的凌濛初在《初刻拍案惊奇》十二卷中，也描写了一个恋恋不舍地镜头："看了他后门，正在恋恋不舍，忽然隔墙丢出了一件东西来。"

"恋恋不舍"既是一种心情，也是一种场景，它是通过人们告辞时的身体动作来体现的。如果谈完话，主人也不送出门，客人头也不回地大步离去，谁能说这是"恋恋不舍"呢？这分明是谈崩了，谁也不想再见到谁的情景。

作为主方，要表示"恋恋不舍"的心情，就应当等客人先起身，然后自己再起身，否则，主人先起身，就是赶客了。通常是送客人到门口，甚至送得更远，然后，主动伸出手去握对方的手。这时，握着不动要比摇动着好，稍停再松开。不能松开手就转身，还要目送客人走远了再转身回屋。注意关门不能"咣当"一声，这样，客人会心里"一惊"，产生疑惑。

作为客方，要表现出舍不得离开的意思，也要通过一些身体语言来完成。关于这一点，日本有位身体语言学者做了专门研究。他在其著作《如何运用身体语言》中，首先分析了日本政界人士离开会场的镜头。他说，政界人士召开记者招待会时，电视台总会从头到尾作完整的实况转播，仔细观察会中的情形，会发现一个有趣的现象，那就是发表意见和发表会上的政界人士，简直判若两人，这很可能因为松懈下来之后，呈现出真实面目的关系。

报纸上曾刊出日本竹下新总理在召开记者招待会之后的照片，他用毛巾擦拭着脸上的汗水，表情像是松了一口气似的，状至疲惫，其离去的背景更令人有此感觉。因此他说，与某人会面结束后，告辞时离开现场的动作，常会意外地让对方留下深刻的印象，因此对于背后注视的眼光不可掉以轻心。具体做法，他提出了五点：

1. 告辞时应表现出依依不舍的样子

离去时切不可以"总算结束了"的心情，草草地离开现象，匆忙地离开会场会使人觉得你想尽速地逃离现场，应该刻意地将动作放慢，表现出依依不舍的样子，方能博取对方的好感。

2. 告辞时靠近对方

在远方打招呼地说："凡事拜托了！"和在对方的身旁说这些话，效果差距相当大。从说话的地方移动缩短和对方的距离，如在客厅的入口处，即使用身体靠近对方也是极自然的。

3. 应说出对方的名字或说"我们"

当你起身告辞时，与其说"请多帮忙！"也不如说"那么，林先生！就请多帮忙了！"来得具有效果。另外，说"再来考虑一下"也不如"我们再来考虑一下"容易获得好感。

4. 告辞时应抬头挺胸

关于告辞的动作应与初见面时相反，初见面时应谦虚地弯腰致敬。如果告辞时也采取相同的姿势，容易给人一种丧家之犬的感觉。应该以开朗明快的态度离开。

5. 以握手等方式接触对方的身体

如果可能的话，告辞时不妨一边说话一边碰触对方的身体，用手肘碰触效果也极佳，同辈或晚辈之间可常利用这种方式。

加拿大有一家清洁公司在结束清洁工作后，在住户的马桶上留下一朵蔷薇，以示谢意。此举不但幽默且令人留下美好印象。

传达求爱的讯号

狄更斯在《匹克维克旅游记》中有这样一段描写："这些三五成群围在一起的婆婆妈妈们，似乎正聊得起劲，却不时地将焦急的目光投向旁边的子女身上。他们忆起自己年轻的时候，在这个年龄已经知道卖弄风情，如故意遗失披肩，戴上手套，搁下茶杯等等；虽然看起来似乎是件小事，但或许会演变出令人意想不到的好结局。"这里所说的年轻女性在男性跟前"故意遗失披肩，戴上手套，搁下茶杯"等"卖弄风情"的动作，实际上就是通过身体语言向异性发出的求爱信号。不仅女性会发出求爱信号，男性也具有同样的本能。在与异性的接触中，能否求爱成功，直接与求爱者的传送和接收求爱姿势的能力有关。所谓"一见钟情"，就是男女双方都在向对方传送求爱姿势的同时，接收了对方的信号。

人们用什么样的姿势和身体动作来沟通彼此相悦的欲望呢？我们现在列出两性都会用来吸引异性的讯号。你会发现女性求爱讯号会比男性的多，这是因为女性求爱讯号的范围比男性广泛。

部分的求爱讯号可以经过深思熟虑的，而有些却是完全不自觉的。我们如何学会这些讯号是很难解释的，有一个流行的理论是说它们根本是天生的。

亚伯特·谢夫兰博士在他的《心理治疗中的类似求爱行为》中提到，当某人加入一群异性中时，会产生一些生理的变化。比如，一些准备性接触的肌肉动作会出现，脸庞胀起，眼睛下陷，不再有身体松弛的现象，胸部挺起，腹部自然收缩，下垂的肚子也不见了，身体像直立的雕像，人也显得很有活力。这是男女双方共同的现象。若分别研究，各自的求爱动作又有不同的特点：

（1）男性的求爱姿势

像多数种类的动物一样，男人在与异性接近时也会有展示自己的行为产生。除了刚刚说过的一些自然生理反应外，他还会摸摸喉头，把领带弄直。要是没打领带，他会拉直衣领或拍掉肩膀上的灰、整理袖扣、衬衫、外套或其他穿着。他也可能会整理头发。

他能对女性所做最大胆的性展示，就是强调他生殖区的拇指插在腰带的姿势。他也可能把身体转向她，同时脚尖指向她。他会使用亲密的注视，而且使对方目光保持得比平常久一点。如果他真的感兴趣，他的瞳孔就会放大。他会常常在站着时，把手摆在臀部上方，以加强他的体型，同时表示准备与这位女性亲近。当他坐着或靠墙站时，他会打开双腿展示裆部。

在求爱仪式里，多数男性的收获就像站在河里用棒子打鱼一样。而女性，等下我们会谈到，就比较有魅力，她们捕到的鱼会比男性想象中的还要多。

（2）女性的求爱姿势

女性也用与男性相同的一些基本的展示姿势，包括整理头发，拉平衣服，一只或两只手摆在臀部上方，脚尖或身体指向男性，延长的亲密注视和逐渐增加眼睛接触等等。她们也用拇指插在腰带的姿势，虽然这是男性的性侵略姿势，女性用得比较细腻，只用一只拇指插进腰带，或让它在皮包或口袋中露出。

女人在感到兴奋时也会瞳孔扩张，同时面颊发红。下面是一些其他的女性求爱姿势：

①甩头。把头用力甩，使头发从肩膀上或脸上甩到后面去，即使短发的女性也会用这个姿势。

②暴露手腕。女性对男性感兴趣，会渐渐地露出她手腕的光滑肌肤。手腕部位一直是被认为是人身体上最性感的地带之一。她说话时，也会使手掌让男方看到。吸烟的女性在吸烟时，这种挑逗的手腕和手掌姿势就会很容易表现出来。这种暴露手腕和甩头的姿势常常被想要表现女性姿态的男同性恋者模仿。

③张开的腿。在男性还没有到视线范围内时，她们的腿会张开得比平常宽。这在她们坐着或站着都可能使用。可把这种姿势和腿交叠的防御性姿势相比较。

④扭臀。在走路时，臀部是强调骨盆部位的重要角色。以下的一些更细微的女性求爱姿势已经在广告界促销产品或服务方面被使用了好几个世纪。

⑤轻轻地一瞥。女性用半张开的眼睛，可以使男性有足够长的时间注视她，然后，她又很快地移开目光。这使人有一种窥视与被窥视的挑逗感觉，能够燃起多数正常男性的欲火。

⑥微张而润湿的嘴唇。戴斯蒙·莫里斯博士形容这是"自我模拟"，因为这

种姿势象征女性的生殖区。用唾液或唇膏都可以使嘴唇显得湿湿的。这两种姿势都可使女性有性欲望的样子。

甜蜜的情侣

有一篇小说中说，世间真正的甜蜜在情侣间。然而，并不是所有的情侣都是像蜜一样的甜。也有人说，未婚的情侣是甜蜜的，而已婚的情侣慢慢就不那么"甜"了。

在满堂男女的屋子里，你能说出哪些是未婚，哪些是已婚吗？再有，你能看出哪些情侣有强烈的感情，而哪些情侣感情平淡？还有，怎样判断哪些情侣喜欢相伴而出、相伴而归，而哪些不喜欢？

按照卡莱罗的见解，这些都可以从"非语言沟通"中看出来。他说："爱情使某些人非常愉悦，使有些人过得很糟。我们观察到对那些认为有意义的情侣而言，两人之间会产生某些对他们有特别意义的姿势和动作（相依相偎，心心相印，含情脉脉，相互授受）。"

据观察，在团体中，已婚的妇女比未婚妇女较易与其他妇女成对交谈，而未婚女性较易与男性成对交谈。观察中，很少见到两个单身女性在交谈，即使是有这种情况，也多半是稍谈即逝。

与已婚的情侣比较，未婚的情侣较喜欢在每天晚上相处，似乎就像要告诉别人他们是相互隶属的。情侣发生了争吵，只注意到双方在争吵而不去理会这种紧张的关系，这样对双方而言都是非常合适的。假如相互微笑，那么没有露出牙齿的就是深含意味的微笑。一般而言，已婚或是未婚者若是相处得不太好就不常会触摸对方，在这种情况下，一方若是触摸另一方，则对方的反应是很快地抽出被触及的手或臂膀。

情侣之间的触摸是一种很有趣的神秘现象。愿不愿意去触摸对方，或者让不让对方触摸，这都与情侣之间的"情"到了什么程度有关。也就是说，触摸和接受触摸，都是在无言地传达爱意。因为触摸表示占有的权利，也是保护和再信任的姿态。授者可能向受者保证，而且了解受者对保证的需求。在气氛很好的宴会或交际场合中，轻轻一碰就可以得到对方。在研究原始民族中，据发现显示，触摸的行为表示并没有侵犯和占人便宜的意思。

富兰克林·劳伦斯在谈到"触觉沟通"时认为，触觉沟通的经验，在人格发展上是有其重要性的。他发现，人们在触摸上的需求是不同的，这种差异，完全基于其幼儿时期如何满足的方式上的不同。在青少年期以及恋爱时期，我们看得出触觉沟通次数的增加。爱情关系很强烈的方面乃在于触摸的行为和被触摸的需求，这是极易认定的。

除了触摸之外，在甜蜜的情侣之间，还可以用姿势和所呆的位置来表达爱意。谢夫连·亚伯观察到，个人以姿态和位置表示爱意，譬如把位置或身体倚向对方，有时候把他们的椅子或身体阻挡在大家的通道上而不觉困窘。除了姿势和

眼睛的传神之功是"眉来眼去"

几乎所有的人际关系中都离不开互相注视。而在情场上，人们使用得最多的"武器"就是眼睛，眉来眼去都是情。已故西班牙哲学家加塞特在其著作《人和人民》中，把目光看成是从人的内心发出的百发百中的子弹，他认为眼窝、眼睑、虹膜和瞳孔组成了"一台包括舞台和演员在内的完整的戏"。

加塞特说，眼睛的肌肉是极其纤细的，所以每一种目光都具有和其他目光不同的细微特点。目光的名目繁多，有"瞬间目光""持久目光""直接目光""一掠而过的目光""钩人心思的目光"，还有"偷看""瞟眼"等等。

根据加塞特的观点，每一种目光都在告诉我们发出目光的人在干什么，但只有跟事情的前因后果结合起来，目光才有完整的意义。

在各种看的动作中，有一种被称为偷看的目光，它能保证我们在任何情况下看人，爱看多长时间就看多长时间，前提是被看的人不知道我们在看他。当被看者的目光将要和我们的目光相遇时，我们的目光必须赶快滑开。

在所有的看人方式中，"眯眼"是最有效、最逗人、最神秘、最复杂、意味最深长的目光，它不仅短暂，而且又含义丰富。这是一种眼睑半闭半开，给人困倦的目光。投这种目光时，眼睑几乎有四分之三闭着，好像在隐藏自己的目光，而实际上却在压迫目光，并将目光"箭一样地射出去"。一位画家离开画布，退后几步看自己作品时用的就是这种目光。

不仅睁着眼看时能够发出信号，我们还通过闭起眼睑发出信号。伯德惠斯特尔教授报道说，有5个年轻的护士在进行一次系列试验时可以区分23种不同的眼睑闭合。但她们都说，在23种眼睑位置中只有4种真正表达一些意思。重复一次试验后，伯德惠斯特尔教授便给这4种位置下了定义：眼睑张开、眼睑微垂、眼睑稍眯、眼睑闭上。

除了眼睑的位置以外，如果再动眉毛，那就能看出更多的信号，科学家们已发现40种不同的眉毛位置，大部分人认为其中有一半位置能表示某种意义。

如果利用富有意义的眉毛动作和富有意义的眼睑动作，再加上各种皱眉动作，我们不是可以得出无数的排列和组合了吗？假定每一种组合表示一个意思，那么我们通过眼睛及上述部分所发射的信号实际上就无穷无尽了。

在很多场合，往往觉得手是累赘的附着物，比如缺乏经验的业余演员在台上表演时，不知道该把手放在哪里去。同样，在某些情况下，我们也会感到我们的眼睛成了累赘的附着物，简直不知道看什么地方好。

两位陌生旅客在餐车里面对面坐着，他们可以互相做一番自我介绍，吃饭间谈一些毫无意义、甚至是很无聊的话；他们也可以互不理睬，并尽量避开对方的目光。斯金纳在一篇随笔中描写了这么一个场面："他们重复读着菜单，一会儿拿起餐具玩儿，一会儿瞧瞧自己的指甲，好像是平生第一次看见这些指甲似的。不可避免的时刻终于来到了，他们的目光碰到了一起，但仅仅是短暂地相碰，然

后马上转向窗外，一个劲儿地欣赏着一现即逝的景色。"

同样，在电梯里挤满人的公交车辆中，显然也存在一个如何看人的问题。踏进了满员的电梯或超载的地铁车厢，我们通常对别的乘客看上一眼，然后转移目光，并不一直看着某人，这一眼表示："我已看见你们，但我不认识你们，我没有不礼貌地凝视你们的企图。"

在公共汽车和火车上，难免要和许多人呆在一个小小的空间里，坐上很长时间，这时要做到不去凝视别人是很难的。当然，我们可以到处看来看去，或者目标不明确地扫视着，尽管如此，还是会碰上别人的目光，遇到这种僵局，不妨微笑一下，用以表明："很抱歉，你在看我，我也在看你，但我们都知道，这是一个小小的事故。"

我们经常从文学作品中读到眼睛是"智慧的""会意的""善良的""凶恶的""冷漠的"。如果眼睛不能传递人的感触，文学作品也不至于会这样描写。人体用来发射信息的所有部分中，眼睛是最重要的部分，它们可以传递最细微的感情，即使面部完全处于毫无表情的时候，一个人如何使用眼睛、眼睛与脸上其他部分的配合、目光持续的时间、眼睑的开闭、瞬时的眯眼以及脸部和眼睛的其他许多细小变化和动作都能发出信息。

"牛仔漫不经心地跳上马，他的手指在枪管上滑动，他那冷酷的目光在搜索盗马贼的背影。"

这是一个人们很熟悉的情景，它出现在每一本粗犷的西部小说中，就像爱情小说一样，男主人公的目光在女主人公的目光中燃烧，她的目光熔化在他的目光中。在文学作品中，眼睛不仅能看，还能知道、讥讽、钻透、给予温暖……

眼睛真的在做这样的动作吗？有没有燃烧的目光、冰凉的目光、伤人的目光呢？还有人把眼睛说成是"心灵之窗"，实际上眼睛只是十分普通的视觉器官。当然眼睛在不同的人身上有不同的颜色，以上无非在说明眼睛的"传神"之功。

在西方，身体语言爱好者们对眼睛的"看"法。作了很仔细地研究。

格哈特·尼尔森博士为了摸清视觉通讯中的规则，分析了被采记者的目光，他把采记的情景拍成电影，然后反复地以慢镜头放映。他发现，讲话多的人很少看对方；听话多的人，看对方的时间较多。如果人们开始说话了，就先把目光从对方身上移开，说话结束了，则大部分人会重新看着对方。为什么有这么多人在说话时避免看着对方，根据尼尔森博士的看法，是为了避免出现岔开话题的情况。

美国特拉华大学的拉尔夫·V·埃克斯莱因博士认为，一个在说话时不看对方的人是不希望自己的说话被打断。如果在说话过程中正视一下对方，则表示在他说话停顿时，对方可以打断他的话。假如他停顿了，但并不看着对方，说明他的思想还没有断，这种信号表示："这还不是我要讲的全部内容，我只是在略作考虑。"

倘若听者对讲话者扫视一下，那等于在说："我对你所说的不十分同意，我有别的看法。"

要是说话者自己将目光转掉，这可能表示："我对自己所说的也不太有把握。"

在听对方说话时看着对方，意谓："我也是这个看法"，或者："我对你说的很感兴趣。"如果说话者看着听者，那就是说："我对我讲的完全有把握。"还有，当我们在斥骂孩子的时候，他们往往不愿看我们，这是一种类似鸵鸟的心理："如果我不看你，你就不能伤害我。"

人们之所以用"眉来眼去"这个词来形容情人间相互发射求爱的信息，你想让男朋友离你更近些，其实不用话什么，只要递个"眼神"过去就够了。可见，比嘴巴更会说话的是眼睛。

坐失良机与操之过急

男女之间的爱情关系，都是从"结识"开始的。

然而，不少小伙子或姑娘，总感到不会接近异性，更谈不上"结识"了。因而，爱情也就无从谈起了。

朱利·法思特从身体语言学的角度，研究了如何结识姑娘或小伙子。他曾经很生动地讲述了这样一个故事：

很久以前，当我还在波士顿当兵时，有一个外出日，一位同事要我跟他一起出去"找姑娘"。

在这方面我没有什么经验，于是我就跟着一起去了，详细地观察着我的这位同事。

他沿着人行道溜达，对那些他感兴趣的姑娘们正面相视，同时扬起一条眉毛。如果这位姑娘放慢了步子，最后停了下来，并对着她的化妆盒照镜子；或者她继续走路，但把所有的橱窗都一家家看过去，这就是回答信号："你引起了我的注意，也许我对你没有反感。"

然后我的同事转过身去，隔着一幢房子的距离跟在这位姑娘后面，这一非直接接触的跟踪是整个程序的必要组成部分。他也可以通过跟我说几句话而与她建立起间接联系，如说一些关于她穿的衣服、她走路的姿势以及她的长相之类的话，这一切都以半开玩笑的语气表达，既能保全姑娘的面子又不让做出感到受辱的反应。

姑娘开始总是装出一种不以为然的样子，如果这一阶段持续时间太长，则表示他不受欢迎。倘若姑娘嗤嗤地笑了起来，并与他答话，或者还有一个女伴在场，她跟她交换着对他的看法，则说明对方很有意向。

最后，"演习"以下列方式结束：我的同事和这位姑娘肩并肩地走在一起，两人亲密地喋喋不休起来。我发现今天的青年也在应用这一技巧，即人体语言技巧。而且每一步都有严格的规定，必须从头至尾遵守规则，否则，双方的"对话"随时都可被其中一方轻而易举地中断，所以严格遵守规则是成功和顺利地结识对方的必要前提。

应该指出，开始往往有一段伪装的前奏。不妨注意一下公园里的两只鸽子，雄鸽一面围着雌鸽转，一面咕咕地叫着，并施展出全部建立联系的手腕，而雌鸽却装出若无其事的样子。同样，人类中的两性追逐也不能避免这一小小的过渡。

哥本哈根大学心理学实验室的格哈特·尼尔森博士在其著作《自对照研究》中描写了人体语言在美国青年的"叫春舞"中的应用。

尼尔森博士对"叫春舞"作了仔细研究。从男青年与女青年之间的初步接触到建立关系，他发现共有24个步骤。两人的步骤是先后必然地协调进行的，为此他举了一个例子。他先走一步——捏她的手，然后等她走下一步，等她走完这一步——捏他的手，他再走下一步——和她的手指交叉。在他把手臂勾到她肩上去以前，中间不能省掉任何一步。然后他可以抚摸她的背部，同时把手接近她的胸脯，但她也可以用上臂压住侧身而阻止他的触摸企图。

只有在第一次接吻后，他才允许再次尝试去接触她的胸脯。一般来讲，在没有尽情地吻她以前，他并不指望去确实地抚摸她。规则禁止他从正面去触摸她的胸脯。另外还禁止在第一次拉手前就接吻。

在掌握这些"步骤"时，一定要注意"顺势"而行，也就是要掌握"快"和"慢"，既不能"坐失良机"，也不能"操之过急"。凡把事情弄糟的人，往往是犯了这两个毛病中的一个，特别是后一个。

所以根据尼尔森博士的观察，判断一个男子或姑娘是"快"还是"慢"，不是根据他们做每一步动作所需的时间。"跳过"或"混淆"步骤被视为"快"，如果一方对过渡到下一步的信号置之不理，或者不允许对方进入下一步，则被认为"慢"。

男经理误解女经理砸了生意

这是一个真实的故事。

地点：某饭店的雅间。

时间：夏天。

人物：男女两位经理，以及男方的女秘书。

情节：女经理是某纺织厂的，男经理是某服装公司的。女经理为了向男经理推销一批布料而设宴"边吃边谈"。于是，故事发生了。

由于夏天天热，女经理在商谈中，总想把两脚伸得开一些才舒适。又由于同男经理座位较近，所以，几次伸脚都碰到了男经理的脚。男经理有些激动了，他认为女经理向他表示爱意了，或者是他常碰到的那种"色情推销"又出现了。于是，他支开了自己的女秘书，把手伸到桌子下面去摸那女经理的腿。

"你想干什么？"女经理愤怒地责问。

"我觉得是你让我这样做的。"男经理红着脸缩回了手。

这时，女秘书进来了，女经理仍余怒未消。弄得男经理狼狈不堪。

这桩生意谈不成已经是不言而喻的了。

　　我们要研究的是，那位男经理到底犯了什么错误。当然，这里不是指的他道德上的生活作风错误，而是要从身体语言上弄清他为什么会"误解"了女经理。

　　这里就涉及了所谓"假性爱接触"。

　　男女之间较密切的接触当然并不都是暧昧关系，那么用什么方法来区分哪是真暧昧关系，哪是假暧昧关系。对于真暧昧关系，通常都要补充一种信号，这里牵涉到同一个通讯层次中的两个同步信号。

　　向对方表示不应该用人体语言发出暧昧信号的一个方法是，同时暗示出他们是在进行工作、在谈生意、在教室里上课，或者指出是医生在给病人治疗，而不是在和她调情。一般只要发射一个人体语言的不完整信号或者跳过一个信号的重要组成部分，就能达到上述目的。

　　假如两人（一男一女）在一次商业谈判中挨得很近，由于他们相互正视，或者把腿伸出去进入对方的私人空间，也许会建立起一种类似调情的关系，但通过移开目光或提高说话声音，使所有在场的人都能听见，就可以中断和对方的联系。可能是由于两性交往的一个重要组成部分受到压抑，同时缺少一些必要的成分（如双方目光不断相碰、轻轻地私下说话以及旨在吸引对方的手臂姿势和其他动作），所以不可能产生真正的暧昧关系。

　　另外还有一个办法，即声称当时的关系绝非两性关系：男方在谈判时干脆提到自己的妻子、自己的女朋友或未婚妻（女方可以采用同样的方法），从而缓和局面，以此向对方说明："我们是朋友，不是相爱者。"

　　据报身体语言研究者的观点，人的全部行为是按照一定的模式、一定的方式、方法、次序和原则进行的。此外，人的行为是由许多一定的细小环节组成的，这些环节又组合成行为的大单元。如果去掉其中一些细小环节，那最后的模式就变了样，一种暧昧模式也就会变成非暧昧模式。人们在处理一件商务的时候，往往佐以一点性色彩，这种色彩当然不是认真的，参加者也决不指望任何性的满足，但还是利用存在于他们之间的两性区别。经商者使用人体语言的性信号是为了建立某一种"人际关系"，教师用它作为教学辅助手段，精神病科医生、心理学家用这一手段为病人创造一种有利的心理状态。他们都知道在运用性信号，却没有这方面的欲望。

　　但是谁也不能保证，在这种场合下就不会产生真正的暧昧关系。有许多教师对他们的女学生做出了性爱反应，许多经商者跟女同事建立了两性关系，也有许多精神病科医生和女病人交往起来。

　　关键在于，一定要分辨清对方是不是真有性爱的要求。换句话说，也就是要区分什么是"假性爱接触"。

　　假性爱信息经常出现，它们几乎成了我们文化的重要组成部分，它们不仅出现在家庭以外，而且出现在父母与孩子之间、主人与客人之间，甚至出现在男子之间或女子之间。在这种性爱——非性爱关系中，始终应该明白，真正的目的不是性爱，所以从一开始必须发出明确的限制信号或作间接声明，以免到了最后其中一位突然醒悟道："我还以为你……"以致另一位不得不说："不，绝对没有

这个意思。"

谢夫伦教授指出，有的心理疗法医生为了和病人建立起一种私人关系，有意识地应用这种"调情行为"。医生的假性爱接近也许能使一个冷漠的女病人比较坦率地讲话，医生可以显出追求她的样子：整理一下领带，捋捋头发。但他必须同时使病人知道，他的行为基本上是非性爱的。

谢夫伦教授举了一个例子：一家人（母亲、女儿、外祖母和父亲）去找一位心理疗法医生。只要这位医生和女儿或外祖母讲话，那么坐在两者之间的母亲就开始向他传递人体语言的性爱信号，她想把医生的注意力吸引到自己身上（许多妇女当她们不处在人们注意的中心时都会这样）。她撅起嘴巴，双腿交叠起来，又重新伸直，把一只手放在髋部，上身前倾。如果医生捋捋头发，压压领带，或者也向前欠身，无意中对她的"表示"做出了反应，这时女儿和外祖母也把双腿交叠起来，并把翘起的腿伸到母亲的面前，使她在形式上被"封锁"起来，于是母亲停止发射信号，身体重新往后仰。

最有意思的是，每次"封锁行动"都随着父亲的信号开始。父亲坐在一旁，如果他让翘起的一条腿上下跷动，这就是在给信号。其实医生和这一家人都不是有意识地在动作，他们对自己的信号并无概念。

谢夫伦教授对性爱——非性爱行为做了深入研究后得出结论，上述行为模式往往出现在这样两个人之间，即其中一个由于这样那样的原因突然对另外一些东西感兴趣了，或者存心要避开另一位，则另一位就发出对付的信号。在一个较大的集体中（家庭里、工作小组内、商业会谈中）当然也会出现同样的情况。倘若一位成员或参加者不太被人注意或者受到其他人的排斥，他就会发出信号，以便重新进入集体。如果其中一位自己把自己排斥在外，集体也可以通过同样的信号把这个"背离者"召唤回来。

应用上述技巧的人应该懂得信号，应该详细了解起限制作用的、区分真假性爱接近的信号。这两种接近很容易混淆，有的人在发射和接收这些信号时会经常犯错误，他们不懂得这些信号的真正含义。有的人由于心理上的原因，会使真性爱交往半途而废，使其变成假性爱交往，特别是当这种关系发生在不应该的时候。

那位男经理，如果多少懂得一些上述道理，也就不会弄得无地自容而又砸了生意。

卷八　《冰鉴》心语

一、治国篇

【原文】

窃惟行政之要，首在得人。吏治之兴废，全系乎州县之贤否。安徽用兵十载，蹂躏不堪，人人视为畏途。通省实缺人员，仅有知府二人、州县二人。即候补者，亦属寥寥。每出一缺，遴委乏员。小民久困水火之中，偶得一良有司拊循而煦妪之，无不感深挟纩，事半功倍。

【译文】

我认为，行政的重要任务，首先在于得人。吏治兴废，全取决于州县最高长官是否贤能。安徽用兵十年，被糟蹋得不成样子，人人以为那里是可怕的去处。全省确实缺乏官员，只有知府二人、州县长官二人。即使是候补官员，也寥寥无几。每次有了空缺，总是缺乏人员选任。平民百姓长期困迫在

清代官印

水火之中，偶尔遇上一位好官加以抚慰、给予温暖，他们一定会倍受感动，心里感到热乎乎的。这样，就可以取得事半功倍的效果。

【原文】

世事败坏至此，为臣子者独当物色一二忠勇之人，宏济艰难，岂可使清浊混淆，是非颠倒，遂以忍默者为调停耶！

【译文】

世风败坏到如今这般样子，我们这些做臣子的人，应该物色几个忠心耿耿、勇毅超凡的人来救助国家艰难的局面，怎么可以使善恶混淆难辨、是非颠倒不

国学经典文库

分，竟然以忍耐沉默来平息争端，泯灭是非呢？

【原文】

去腊奉到手书，恳恳数千言。昔睹馥蕤之面，今知故人之心。别纸所陈数事，空山忧戚之中，乃能盡伤民瘼，遂欲拯桑梓于水火，起疮痍而沐浴之。其为恻怛，岂胜钦挹。

以世风之滔滔，长民者之狭隘酷烈，而吾子伏处闾巷，内度身世，郎署浮沉，既茫乎未有畔岸；外观乡里，饥溺满眼，又汲汲乎有生涯蹙之势，进不能以自效，退不足以自存，则吾子之迫切而思，以吁于九阍者，实仁人君子之至不得已也。然事顾有难者，自客春求言以来，在廷献纳，不下数百馀章，其中岂乏嘉谟至计，或下所司核议，辄以"毋庸议"三字了之，或通谕直省，则奉行一文之后，已复高阁束置，若风马牛之不相与。如足下所条数事，盖亦不能出乎交议、通谕之外，其究亦归于簿书尘积堆中，而书生之血诚，徒以供胥吏唾弃之具。每念及兹，可为愤懑。故初奉尊书，本思投匦径献；继念身处山中，而属他人上书阙下，近世已无此风，且足下祥琴未届，反授人以口实，故与可亭同年熟商，若其托名他氏，无难缕晰入告；若以尊名特达，则恐无益于民，先损于身，固未可率尔以尝也。中如林、周二公仿汉代绣衣直指之说，良足以铲剧贼而惩墨吏。国藩将据以上请。会林公遽归道山，周公奉命抚粤，而粤西盗贼亦日炽，而不可响迩。于是事有专重，而治盗之使不复能旁及矣。

今春以来，粤盗益复猖獗，西尽泗镇，东极平梧，二千里中，几无一尺净土。推寻本原，何尝不以有司虐用其民，鱼肉日久，激而不复反顾。盖大吏之泄泄于上，而一切废置不问者，非一朝夕之故矣。国藩尝私虑，以为天下有三大患：一曰人才，二曰财用，三曰兵力。人才之不振，曾于去岁具疏略陈大指；财用、兵力二者，昨又具疏言之。兹录一通，敬尘清览，未审足下以为有补万一否？如以为可行，则他日仍当渎请也。

国藩学识短浅，自以猎跻高位，不敢不悚切讲求，奈疾病相寻，心血亏损，夜不善寐，稍一构思，辄心动手颤，年方壮岁，境亦安荣，而脆耗如此，理不可解。薄苇之质，势难坚强以谬附于松柏，辱足下知爱，合倾诚相告耳。至于簪绂之荣，骄人之态，虽在不肖，犹能涤此腥秽，足下乃以衔版见投，毋乃细人视我而鄙为不足深语，今亦不复相璧，但求捐此陋俗，而时以德言箴我，幸甚无量！书不详尽，伏维鉴察，并乞多谢王君子寿，倘有药石，幸贶故人，瞻望云天，企伫曷已。

【译文】

去年腊月接到了您的来信，言辞恳切长达数千字，过去我曾见过您这贤如古人馥蕤的人的面，如今更清楚了您的心胸。您在另一纸上所陈述的几件事，可以看出您虽处在乡野居丧之中，却能感念人民疾苦，由此想要拯救故乡的艰危，医

治战乱的创伤而重新建设家乡。这一片忧伤哀痛的心怀，令人不胜钦佩之至。

在社会风气普遍恶浊、为官作宰的人既目光短浅又残酷暴烈的情形下，您置身于小街窄巷，对内思量自己的经历，一直在官场中沉沉浮浮，茫茫然没有可以立身的理想之岸；对外看到的是家乡到处都充满了饥饿和灾难，又迫切地感到生活越来越艰难的情形。就上而言不能为国报效自己的忠诚，就下而言不能维持自身的生存，可见，您之所以迫切地思虑，用以吁请朝廷，实在是因为仁人志士到了万不得已的地步了啊！不过这事却有难办之处，自从去年春天朝廷下诏求言以来，献议的不少于几百之多，其中难道缺乏极好的谋划计策吗？然而结果却是或者下发到有关机构审核讨论，动辄以"不用议"三字打入冷官，或者送交到中央各部，但就此起草一份文件之后，又再次被搁置起来，再不过问，譬如您陈述的这几件事，恐怕也不能逃避下发有关部门讨论、送交中央各部的命运，其结局也将被扔入废纸篓中，而读书人的一片热血忠诚，白白地成为让衙门办事人员忽略、抛弃的对象。我每每想到这些，心里就充满愤慨不满。所以，初次接到您的意见书，本想直接向朝廷敬献；转而又想到，您目前尚在乡间没有恢复官职，却托别人向朝廷进献意见，近代已经没有这种惯例风气，况且您丧期未满，反而给人留下攻击的把柄。因此我和同学可亭反复商议之后认为：如果将您的意见书以他人的名义，就不难详尽地反映给朝廷；如果以您的名义特别转达，那么就恐怕不但起不到有益国家、人民的作用，反而首先会损害您自己，确实不能轻率贸然地做此尝试啊！您的意见书中提到的让林公、周公二人仿效汉代的制度充任绣衣直指使者这个职务，确实足以铲除大盗、惩治贪官。我将据此向上奏请。不巧的是正赶上林公突然逝世，周公奉命巡抚广东，同时广东西部的贼匪也一天天嚣张强大，竟至于像烈火熊熊不能接近、扑灭。在这种情况下，他负责的事务责任重大，作为专门处治贼匪的负责人，他不再能够顾及其他事情了。

今年春季以来，广东的贼匪更加猖獗，西至泗镇，东到平梧，方圆两千里地域中，都被他们控制践踏，几乎没有一尺净土。推究此事的根源，何尝不是因为地方官吏虐待役使这里的民众，作践的时间长了，激起人民的反抗而不再回头呢？大体说来，高级官员在上面人浮于事，对政局民情等所有事情都抛置一旁不闻不问，这种情形不是短时间内所造成的啊！我曾私下考虑过，认为目前国家有三大危机：一是人才，二是财力，三是军事。关于人才不振一事，我曾在去年陈述上奏说明大概；关于财力、军事这两件事，昨天又陈述上奏予以说明。这里抄录一遍，敬请过目，不知您认为这是否可以起到补救时政的些微作用？如果认为可以实行，那么以后我仍旧要求助于您呢！

我学识浅薄，自从侥幸地登上高位以来，不敢不谨慎从事、忠于职守，无奈疾病缠身，体质太弱，夜里常失眠，稍稍用心思考问题，就心律加速，手指发颤，年纪还正当壮年，处境也算安富尊荣，却如此虚弱，从道理上讲实在想不通。凭我这贱弱的资质，绝对难以坚韧顽强到底来追随于君子之列，蒙您相知厚

爱，理当开诚布公全盘托出啊！至于说到为官的尊荣，傲视他人的心态，即便是我这无德之人，还能去除这种毛病，您却拿表示官阶地位的衔版寄来，别说连那些地位低贱的人会把我看作鄙陋、不值得深谈的人，再说这些东西眼下也不再被人看重，只求您今后破除这些不好的习俗，而时时拿有德之言来规劝我，我将荣幸之至啊！言不尽意，如果有针药，一定要送给老朋友，遥望云天，翘首遥祝。

【原文】

辱逮书辞，宠惠无量。以阁下之贤，而国藩幸同里闬。国有颜子，而行谊不达于岩廊，仆之耻也。来书反复陈譬，所以砭警愚顽良厚！中如"有所畏而不敢言者，人臣贪位之私心也。不务其本而徒言其末者，后世苟且之学也"四语，国藩读之，尤复悚感。盖古之君子，不鄙其君为不可与语尧舜之道，不薄其友为不足与言孔孟之学，不自菲其身不可为圣贤，而姑悠悠浮沈于庸众之中，岂好为高论哉？非此，则不完其本然之量，是不敬其君，不敬其友，而自蹈其身于僇辱之途者也。

【译文】

获赐来信，无比荣幸。凭您的德才，我与您同乡真值得庆幸。国家有您这样一位品行如同颜回的贤人，却不能使天下人皆知，这是我的过失耻辱啊！您在来信中反复陈说设譬，为的是开我茅塞，真是获益匪浅啊！其中，您说的"有所畏惧而不敢进言，这是作臣子的人有贪图禄位的私心。不讲求根本而只论究事物的末节，这是后世之人敷衍塞责的手段"这四句话，我读了深受震动。古代的有道君子，不鄙弃他的君王，以为他不能一同探讨尧舜圣人的道德；不轻视他的朋友，以为他没有资格一同来谈论孔子孟子的学问；不妄自菲薄，认为自己做不了圣贤之人，而姑且在平庸的众人中浮仰沉没，哪里喜欢发表宏论呢？不这样的话，就不能完全实现他原有的器量，这是不尊敬他的君王，不尊敬他的朋友，而他自己也甘愿置身于受辱的境况啊！

【原文】

九月八日接奉初六日在又一村所发手谕，十四日又得读岳州寄骆吁翁一函，十六日夜又奉到蒲圻十一日手示，敬悉种种。动思补救之谕，谨当书绅；委用择人，听言察理二语，国藩阅历尚浅，不无迷失。然今岁在省，于武员中常识塔将，实以今日武营习气，退缩浮滑，恬不事事，骄蹇散漫，如搏沙者之不能成饭，太息痛恨，求如塔将之血性奋发，有志杀贼者，实为仅见，以是屡加器许。此外亦乏亲信之人。至国藩所不许者，则有口同斥，千夫共指。论者或欲混黑白而颠倒之，齐巨屦小屦而一视之，则褊浅之衷，实不能平。今日天下之变，只为混淆是非，麻木不仁，遂使志士贤人抚膺短气，奸滑机巧逍遥自得，安得侍坐函丈，痛哭而一倾吐也！

【译文】

九月八日接到了您初六在又一村所发来的手谕，十四日又有机会读到您从岳州寄给骆吁翁的一封信，十六日晚再次接到您在蒲圻十一日所发手谕，种种情况都已获悉。您手谕上的"动思补救"一语，我一定恭敬地把它写在衣带上永世不忘，您说的"选择贤人委以重任，听其言而察其理"这两句话，因我阅历尚浅，实行起来难免把握不准而失去良才。不过，今年我在省里，在下辖的武职官员中特别赏识塔齐布这个人，实在是因为目前军营风气不好，官兵们遇事退缩，行为虚浮，漫不经心，无所作为，骄纵涣散，如同撮合起来的泥沙不能当饭吃，令人又是叹气又是痛恨，求得一个像塔齐布这样热血澎湃、立志杀敌的人，实在难得，因此我才倍加器重，屡加赞许。除他之外，我也缺乏可以信赖的心腹。至于那些不受我肯定的人，则是人人对之斥骂唾弃。有些人想要混淆黑白颠倒善恶，将大才、小才各种人才混为一谈，那么依着我这不够宽大的胸怀，对此实在不能容忍。造成今天整个社会的动乱，只因为人们混淆是非，万事漠不关心，才使得志士贤人灰心丧气，偷奸耍滑之徒得意扬扬，怎样才能够陪伴在您的身旁，放声痛哭倾诉我心中的忧愤啊！

【原文】

为治首务爱民，爱民必先察吏，察吏要在知人，知人必慎于听言。魏叔子以孟子所言"仁术"，"术"字最有道理。爱而知其恶，恶而知其美，即"术"字解也。又言蹈道则为君子，违之则为小人。观人当就行事上勘察，不在虚声与言论；当以精己识为先，访人言为后。

【译文】

治理政治，首先在于爱民，要爱民必须先察举官吏，察举官吏最重要的在于知人，而知人必须慎于听取言论。魏叔子认为孟子所讲的是"仁术"，"术"字最耐人寻味。喜爱一个人而知其所短，厌恶一个人而知其所长，就是"术"字最贴切的意义。又讲遵行大道就是君子，违反大道就是小人。观察一个人应当从他的行为上去观察，不在于虚假的名声和言论；应当以提高自己的明识为先，访察别人的言论在后。

【原文】

余以欲制夷人，不宜在关税之多寡、礼节之恭倨上着眼。即内地民人处处媚夷、艳夷而鄙华，借夷而压华，虽极可恨可恶，而远识尚不宜在此等着眼。吾辈着眼之地，前乎此者，洋人十年八月入京，不伤毁我宗庙社稷，目下在上海、宁波等处助我攻剿发匪，二者皆有德于我。我中国不宜忘其大者而怨其小者。欲求自强之道，总以修政事、求贤才为急务，以学作炸炮、学造轮舟等具为下手工夫。但使彼之所长，我皆有之，顺则报德有其具，逆则报怨亦有其具。若在我者，挟持无具，则曲固罪也，直亦罪也，怨之罪也，德之亦罪也。内地之民，人

人媚夷，吾固无能制之；人人仇夷，吾亦不能用之也。

【译文】

我认为要想制服夷人，不应在收取关税的多少、礼节问题上的恭敬傲慢上着眼。就是内地的老百姓处处谄媚夷人、羡慕夷人而鄙视华人，借夷人之力以欺压挟制华人，虽然非常可恨可恶，然而有远见的人还不应在此等事上着眼。我们着眼的地方应是，在此之前，洋人在咸丰十年八月进入京师，不损坏我们的宗庙社稷，日下在上海、宁波等地帮助我们攻剿太平军，这两件事都是对我们的恩德之事。我们中国不应该忘记其大恩大德而在小愤小怨上着眼。要想寻求自强之道，总应该以讲求政事、访求贤才为急务，以学习制造炸弹枪炮，轮船为下手的地方。只要使他们的所长我们都拥有，那么在其归顺时我们报德有凭借之物，不归顺时，我们报仇也有凭借之物。如果在我们这方面，没有可以凭借之物，那么我们理曲时固然有罪，我们理直时也有罪。内地老百姓人人谄媚夷人，我们无法制止；老百姓人人仇视夷人，我们也不能利用。

【原文】

臣才识凡庸，于西洋通商事宜，尤未谙究。第就各省海口论之，则外洋之通商，正与内地之盐务相同。通商系以海外之土产，行销于中华。盐务亦以海滨之场产，行销于口岸。通商始于广东，由闽、浙而江苏，而山东、以达于天津。盐务亦起于广东，由闽、浙而江苏，而山东、以达于天津。通商之有五口大臣、三口大臣，犹盐务之有两淮盐政、长芦盐政也。通商之有监督关道，犹盐务之有运司盐道也。通商之综，汇于总理衙门，犹盐务之综，汇于户部也。通商惟长江交易最广，以汉口为都会，亦犹盐务惟两淮引地最广，以汉口为都会也。今薛焕请裁南洋通商大臣，归并地方，亦犹道光十年陶澍请裁两淮盐政，归并总督也。以南洋之广，设一大臣统辖江、楚、苏、浙、闽、粤六省数千里之远。薛焕所称鞭长莫及，诚属实在情形。所在广东、福建、浙江三省，应遵此次谕旨，即由监督道员经理，将军、督、抚稽察，已足以资控驭。至长江深入腹地，路远事繁，臣窃以为当分别办理。自轮船入鄂以来，洋人踪迹，几遍沿江郡县，或传教于僻壤，采茶于深山。违一言而嫌隙遽开，牵一发而全身俱动。关道以洋人恃其凶横，而不敢谁何。督抚以洋务非其专责，而不肯深究。势必至眦眦小忿，皆取决于总理衙门。道途太远，后患孔长。且立法之初，当规久大之计。柔远之事，必择专精之人。今日求一二精于洋务者，尚难其选，而谓此后数十百年，沿江两督四抚，一一求精于洋务者而为之，岂可得哉？臣愚谓此缺似不可裁。宜改为长江通商大臣，专办滨江四省中外交涉事件。或驻镇江、金陵，或驻汉口、九江，添设官属书役若干，廉俸经费若干，应请敕下总理衙门会同该部核议。其汉人洋人之大小词讼，在沪、在鄂之正、子各税，何者由通商大臣专决，何者归总理衙门核复，亦应与驻京公使熟议。其北洋三口通商，事同一律，均宜讨论职掌，永定

清　炮

章程。区区愚见，盖为数省计久长，非为一人图推诿也。

【译文】

我才识平庸，对于和西洋通商之事宜，没有考究过。就各省海口来说，我认为和外洋通商，与内地盐务相同。通商是允许海外的土特产行销于国内。盐务好比海滨场产，行销于口岸。通商开始于广东，由闽、浙波及江苏、山东，最后到达天津。盐务也开始于广东，由闽、浙波及江苏、山东，最后到达天津。通商有五口大臣、三口大臣，类似于盐务有两淮盐政、长芦盐政。通商有监督关道，类似于盐务有运司盐道，通商事务，总归于总理衙门，好比盐务统归于户部。通商以长江交易最盛，以汉口为都会，好比盐务唯两淮引地最盛，以汉口为都会。现薛焕请示裁南洋通商大臣，合并到地方，这同道光十碳陶澍请求裁撤两淮盐政归于总督差不多。南洋地广，设一个大臣统辖江、楚、苏、浙、闽、粤六省数千里之地。薛焕认为是鞭长莫及，实属实情。所以广东、福建、浙江三省，均应遵照此次的谕旨，即由监督道员经手办理、将军、督抚稽查，足以控驭。从长江深入内地，路远事繁，我私下以为应当分别处理。自从轮船入鄂以来，洋人活动的踪迹，几乎遍及沿江各郡县，有的在偏僻的山村传教，有的到山里采购茶叶。稍有一句话不顺从，马上就有了嫌隙，牵一发而动全身。关道因洋人恃强凶横，而不敢稍加约束。督抚借口洋务不是他的专门职责，而不肯加以深究。这势必导致鸡毛小事，也要由总理衙门决断。但又路途太远，来往不便，后患实在不少。而且初立法则，当以长久大局为重。柔远的小事，必须选派专精的人去处理。今天求

取一两个精于洋务的人，尚且难以办到，却说数十年，百年后，要求沿江两督四抚，都精通洋务，这可能办到吗？所以我认为此缺不可以裁去。应改为长江通商大臣，专门办理临江四省中外交涉事件。或者驻守镇江、金陵，或者驻守汉口、九江，添设一些官属书役，拨给一些经费，规定长江通商大臣与总理衙门一同核议处理外交事宜。汉人、洋人的大小词讼，沪、鄂的正、子各税，哪些由通商大臣一人裁决，哪些需要同总理衙门核议，应与驻京的各国公使好好协商。北洋三口通商，也应同长江对外通商一样，都应该讨论职责掌管范围，制定出章程。区区愚见，只为几省长远打算，并非是为了推卸责任。

【原文】

僧邸之意，盖欲驾驭苗练而矜全之。其请尊处探查，盖以所闻异辞，必欲得一确据，以为折衷。年委员等探回一切情形，自邀洞鉴。外间但谓楚师一意主剿，不知希帅前此办法，皆系秉承六次密谕，厥后擒获狗逆，即已宽其既往，予以自新。然希帅所奉密谕。犹令其妥为防范，敝处亦不敢深信其无他。直到八月间苗练退出寿、正两处，然后希帅与弟始皆深信不疑。希帅回籍，鄙人代统其众，谆嘱诸将不设机心，坦白相待。窃意处苗之道，赦其罪而不资其力，或可相安无事。前奉谕旨垂询，即于闰月二十七日奏复。适僧邸以调苗函商，亦即据实转告。日昨摺回，尚不以此议为非，饬交僧邸察度办理。其摺稿先于初四日抄咨冰案，不审卓裁以谓何如？

【译文】

僧邸的打算是想驾驭苗练而保全他们的力量，请你处探查访问，大概是因为所听到的言论，必须寻得一个确凿的证据，才能据以决定合适的应对办法。委托人员探听汇报一切情形，到时请他们洞察秋毫。外面只说楚方军队只一味主张剿灭匪贼，不知道希帅的这些方法都是遵圣上六次密旨行事。后来擒获了苗练，就宽恕了他以往的做法，使他能改过自新。但希帅所遵奉的密旨却还是要妥当防范他们的行为，我也不敢深信他们没有二心。直到八月间，苗练退出寿、正两个地区，我和希帅才深信不疑。希帅回原籍以后，我代他统领他的军队，谆谆告诫诸将要心怀坦荡，真诚相待。我认为处理苗练的方法是赦免其罪行而不能给他能谋反的力量，这样或许可以相安无事。前日奉圣上问询，已经于闰月二十七日上奏回答。正巧僧邸因调动苗练而来函相商，也就依据实事讲了自己的看法。昨天奏折被送回，圣上不认为这方法不对，整理以后交僧邸调查妥善处理。奏折已经于初四送至冰案以备咨询。

二、治军篇

【原文】

凡为将帅者，以不骚扰百姓为第一义。凡为督抚者，以不需索属员为第一义。督抚与属员交涉，以巡捕、门印、签押三处为最。明日起早，经过地方，即

是与州县交涉之始。兹特严定条约，愿巡捕、门印、签押敬听而牢记之。

第一、不许凌辱州县。人无贵贱贤愚，皆宜以礼貌相待。凡简慢傲惰，人施于己而不能堪者，己施于人，亦不能堪也。往尝见督抚过境，其巡捕、门印、签押及委员等，见州县官，皆有倨侮之色、严厉之声，实可痛恨。今当痛改恶习。凡见州县及文武属员，总以和颜逊词为主，不可稍涉傲慢，致启凌辱之渐。

第二、不许收受银礼。凡自爱者，丝毫不肯苟取于人。凡收人礼物，其初不过收茶叶、小菜之类，渐而收及鞍马、衣料，渐而收及金银、古玩。其初不过投赠之情，渐而笑索授意，渐而诛求逼勒，贿赂公行，皆始于此。嗣后我巡捕、门印、签押，务各自爱，不准收受丝毫礼物。即茶叶、小菜、至亲密友赠送微物，若非禀明本部堂再三斟酌者，概不准收。倘有隐瞒收受者，重则枷号棍责，轻则递解回籍。

第三、不许荐引私人。凡巡捕、门印、签押，势之所在，人或不敢不从。或其亲族，或其旧识，或荐至各将营盘，或荐入州县衙门，纵有过失，互相隐蔽，勾通袒护，为患甚大。自此次告诫之后，概不准荐人入将领之营，入州县之署，亦不准各营各署收受。

以上三条，巡捕、门印、签押三处，各写一分，贴于座右。如其自度不能，即趁早告退；若其在此当差，即小心凛遵。本部堂既告诫，尔等亦加倍自行做惕。凡接见文武属员，无论大小，虽至佐杂外委，亦必以礼貌相待，断不以厉色恶声加人。至送礼物者，一概谢绝不收。无论茶叶、小菜，以及裁料、衣服、书籍、字画、古玩、器皿、金银、食物，均皆不收。亦不荐人入武员之营，文员之署。此三者，本部堂若犯其一，准各随员指摘谏争，立即更改。

咸丰十年五月谕巡捕、门印、签押三处。

【译文】

凡是做将帅的人，都要把不骚扰百姓作为最高原则。凡是做督抚的人，都要把不强求索取下属官员财物为最高原则。督抚和下属官员进行接洽交涉，最频繁、最重要的部门是巡捕、门印、签押三处。明日早晨，经过州县，开始与沿途州县的地方当局发生交涉活动。这里特严格制定了有关几条约法，希望巡捕、门印、签押三处的办事人员认真听取并牢牢记住。

第一，不许凌辱州县地方官员。地方官员无论贵贱贤愚，都应以礼貌来对待他们。一切轻忽急慢、骄横无礼的态度，他人以此对待自己，使自己无法忍受，自己以此对待他人，他人也是不能忍受的。以前曾发现督抚经过州县辖境，其所属的巡捕、门印、签押及委员等人，在见到州县官员时，都是神色倨傲轻蔑，声音严厉无礼，实在令人痛恨。现在应当彻底改掉这种恶习。凡是见到州县官员及其文职、武职下属官员，一律以和气、谦逊的态度为主，不可稍微流露傲慢的神态，以致出现凌辱地方官员的苗头。

第二，不许收受他人的钱财礼物，一切爱惜自己名誉的人，都不肯随便向人

索求丝毫。通常收取他人礼物，最初不过接受茶叶、小菜之类，逐渐地开始收鞍马、衣料，并进而是收受金银、古玩。就接受礼物的态度而言，最初不过是应酬交际、联络感情，逐渐发展到以含蓄的方式暗示求取，进而就变为勒索逼迫，公开收受贿赂，都由此开始。今后我处巡捕、门印、签押三处办事人员，务请各自爱惜名誉，不允许收受丝毫的礼物。即使是茶叶、小菜、亲朋好友赠送的小物件，如果不是禀明于我，经过再三斟酌同意接受的，都一律不准收下。假如有人暗中收受，隐瞒不报，严重的戴枷锁，加以棒打，轻微的准开除公职押回原籍。

第三，不许荐举引用个人的亲朋故旧。大凡巡捕、门印、签押等处，是权势集中的地方，人们恐怕不敢不听从他们。于是，他们把自己的亲朋故旧或者引荐到各将领的军队中，或者引荐到各州县的衙门里，即使犯有过失，也可以互相包庇隐瞒，勾结偏袒，产生极大危害。自此次警告劝诫之后，一律不准将亲朋故旧引荐到军队和州县衙门里，也不准各部队、各衙门接收他们引荐来的人员。

以上三条，巡捕、门印、签押三处各写一份，贴在座位旁醒目之处。如果有人自忖做不到这三条，就趁早辞职离开；如果继续在此任职，就谨慎、认真遵守。我已经告诫了你们，你们也应该加倍自我反省、监督。凡是接待文职还有武职的下属官员，无论官大官小，哪怕他们是佐杂外委这样小官卑职，也必须以礼貌待人，绝不可以恶劣的态度对待他们。至于所送礼物，一概谢绝不收。不管是茶叶、小菜，以及布料、衣服、书籍、字画、古玩、器皿、金银、食物，一律都不能收。也不要引荐人去军队、衙门。这三条，我如果违犯一条，允许各位随员批评指正，并立即改正。咸丰十年五月晓谕巡捕、门印、签押三处。

【原文】

国藩之所以迟迟赴局陪诸君子之后者，盖自七月二十五闻讣，至十一月初五始克释缟素而更墨经，若遽趋县城，既不可以缟素而入公门，又岂可竟更墨经，显干大戾。且局中要务，不外训练武艺，催收捐项二端。国藩于用兵行军之道，本不素讲，而平时训练，所谓拳经棍法不尚花法者，尤懵然如菽麦之不辨，而侧闻石樵先生之胆勇，及左右与罗山、赵、康、王、易诸君子讲求切实国藩寸衷自问，实不能及十分之二三。至于催促捐项，无论斩焉在疚，不可遽登人门，即使冒尔从事，而国藩少年故交，多非殷实之家，其稍有资力者，大抵闻名而不识面，一旦往而劝捐，人将有敬而远之之意，盖亦无当于事理。是以再四踌躇，迟迟未出。

然国藩居湘乡之土，为湘乡之民，义不可不同心合力保护桑梓，拟于百日之后前赴县门，一则叩谢石樵先生枉吊敝庐之劳，一则到局与诸君子商榷，以明同舟共济之义。刻下局中章程，国藩曾未闻知颠末。然鄙意以为壮勇贵精而不贵多，设局宜合而不宜分。湘潭、宁乡两县各交界之所，不必另立练局，但在城内立一总局，两处多设探报，贼至则风雨疾驰，仍可御于境上。城内总局人数亦不必多，但得敢死之士四百人，则固可一战。要须简择精严，临阵不至兽骇鸟

散，则虽少亦决其有济。

【译文】

国藩我之所以在各位君子之后才迟迟来到这里的原因，是因为七月二十五日闻知讣告，至十一月初五日才脱去丧服而更墨绖，如匆忙奔赴县城，既不能身着缟素而入公门，又不能身着墨绖前往。况且局中的要务，不外乎训练武艺，催收捐项二件事。国藩我对行军用兵的道理并不时常讲来，在平时训练，所谓拳经棍法不尚花法的，昏昏然犹如菽麦不辨。又听说石樵先生胆量勇气，与左右及罗山、赵、康、王、易等诸君子讲求切实，国藩我扪心自问，实在不能及其十分之二三。至于催促捐项无论多么紧急，也不可随便出入人家，即使贸然从事，我少年的故交，大多非殷实之家，那些稍有资力的，大多闻名而不识面，一旦前往劝捐，人将对我敬而远之，无补于事。这也是事理常规。是以再三踌躇，迟迟未出。

然而国藩居住湘乡之地，为湘乡之民，从道义上讲就不能不同心合力保护桑梓，准备于百日之后前赴县门，一是感谢石樵先生枉吊敝庐之劳，一是到局与各位君子商榷，以表明同舟共济之义。总局中的章程，国藩我未知其内容。然而我认为壮勇贵精而不贵多，设局宜合而不宜分。湘潭、宁乡两县交界处，不必另立练局，但在城内设一总局，两处多设探报，贼兵至则风雨疾驰，可抵御敌于境上。城内总局人数不必太多，但得有敢死队员四百人，就可以一战。要须简择精严，临阵不做兽鸟散走，那么就虽然少却也能保证其有济于事。

【原文】

闻下游逃兵逃勇，纷纷南来；省中当严兵以待，不使其入城乃善。其尤桀悍者，当斩一二人以威众，不审能如吾说否请石翁为书与木公，凡逃兵勇涌及潮勇在城滋事者，劝其杀数人以惩众。宝庆魁守已来省，果今世能者，得渠镇彼当无虑。郴州一带，细问武举陈茂廷等尚无巨盗。平江亦无夥贼。华容大令袁西台青绶，循吏也，又博学，熟于潘靳以来各治水家言，著有《河工编年纪要》。其人尤朴诚，告石翁幸一存之。练兵束伍，鸟枪终不宜在伍内。周金城阵法，亦不使其乱伍。

【译文】

听说长江下游败退的兵丁乡勇，纷纷南下，你们应当加强军务进行防范，以不让溃散兵勇入城为上策。兵勇中尤为桀骜彪悍不从的，就杀几个来惩戒众人，不知能不能像我说的这样，拜托石翁给

太平军大炮　清

木公写封信，告诉他凡是逃兵和水勇在城里闹事的，让他斩杀几个来惩戒众人。宝庆的魁守备已经到位，如果他果真是个有能力的人，攻取渠镇则是没问题的。郴州一带，仔细查问过武举人陈茂廷等没有发现巨盗。平江也没发现贼寇。华容县令袁寿绥字西台，是个规规矩矩的官吏，又博学多才，精通潘靳以来各派治水大家的言论，著有《河工编年纪要》一书。这个人还尤为朴实忠诚，告诉石翁留意。训练装备兵丁，鸟枪最好不要包括其中。练习攻城的阵法，使兵丁不至于混乱溃散。

【原文】

田单攻狄，鲁仲连策其不能下，已而果三月不下。田单问之，仲连曰："将军之在即墨，坐则织蒉，立则仗锸，为士卒倡。将军有死之心，士卒无生之气。闻君言，莫不挥涕奋臂而欲战，此所以破燕也。当今将军东有夜邑之奉，西有淄上之娱，黄金横带而骋乎淄渑之间，有生之乐，无死之心，所以不胜也。"余尝深信仲连此语，以为不刊之论。

【译文】

田单攻打狄城，鲁仲连预料他不会取胜，经历了三个月果然打不下。田单问他什么原因，鲁仲连说："将军您在即墨之时，坐在那里就编织草筐，站在那里就拿着长针，向士兵们倡导勤劳俭朴。将军有就死之心，士兵没有贪生的风气。听到您的号令，没有不挥泪奋臂要求死战的，这就是你之所以能攻破燕国的原因啊！现在将军东边有夜邑的禄田，西边有淄上宫舍的娱乐，腰中带着黄金佩饰而奔驰在淄渑两地之间，享受着人生的快乐，没有战死的决心，所以不能取得胜利。"我深深地信服鲁仲连的话，认为是不可磨灭的真理。

【原文】

前承惠书，存唁不孝。顷又蒙手书，所以期勖故人，甚笃且勤。国藩积愆从愿，无实行而盗虚声，为神明所不容，乃不陨灭我躬，而延祸于吾母，椎心悔憾，盖不得自比于人数，其又何经济之足言！顾如足下所称，"今日不可救药之端，惟在人心陷溺，绝无廉耻"云云。则国藩之私见，实与贤者相吻合。窃尝以为无兵不足深忧，无饷不足痛哭，独举目斯世，求一攘利不先，赴义恐后，忠愤耿耿者，不可亟得；或仅得之，而又屈居卑下，往往抑郁不伸，以挫以去以死，而贪饕退缩者，果骧首而上腾，而富贵，在则名誉，而老健不死，此其可为浩叹者也。足下与某公书，言之至为深痛。积年痒疥，为君一搔，忧患馀生，得少快慰。

国藩来此，盖以鄂中失守，恐其回窜、不得不出以自别于畏死者之徒。至于求有补济，则肮脏之性、将以方枘周旋于圆凿之中，亦知其龃龉而鲜当矣。刻下所志，惟在练兵、除暴二事。练兵则犹七年之病，求三年之艾；除暴则借一方之良，锄一方之莠。故急急访求各州县公正绅耆，佐我不逮。先与以一书，然后剀

切示谕之。年来饱更世故，又经忧患，齿发稍侵，精神颓败。幸故人一来顾我，相对叙论，收召散亡之魂魄，袚濯如山之尘垢，庶生新机而还旧识，即拯时艰于万一，亦未可知。郭筠仙、刘霞仙、罗罗山及平日交旧，都来此间。尚望足下惠然命驾，无任伫企。书不十一，诸维心照，顺问近安。

【译文】

前不久接到你的亲笔信，没向我表示哀悼慰问。不多久又收到你的信，又对我寄予很大的期望，十分殷切。我是众怨丛集，没有实际行为，还沾蒙虚誉，为天地神明所不容，然而不惩罚我自己，却降祸于我的母亲，痛心疾首悔恨不已，不能自比于人类，又谈论什么经世致用之事呢？正如阁下所说的："现在世风不可挽救的原因，只在于人心丧失，不知廉耻"等等，而我的个人见解，实际上与您的正相同。私下里曾经认为没有兵勇不足忧虑，无兵饷不足痛哭，一个人仔细观察整个社会，寻求一位不求钱利，争先赴义，忠心耿耿的人，不能得到；或者寻到了，而又勉强地屈居于卑下之位，往往又心情抑郁，志不得伸，或受到挫辱，或被排挤离职，或死去，但贪财退缩的，如确能飞黄腾达，又富，又有名誉，又十分健壮不死，真让人感叹不已。阁下与某公通信，说到这里深恶痛绝。多年的忧虑，被君一说，忧患余生，也稍得快慰。

国藩来此，因鄂中已失守，怕其来回流窜，不得不出山，以自别于不怕死之人。至于求有补于事，那么我的耿直之性，将犹如用方枘周旋于圆凿之中，也知道鲜有补于事。时下所担心的，只有练兵和除暴两事。练兵犹如治七年的病症，以求三年的平安；除暴则利用一方的良士，铲锄一方的败类，所以急急忙忙求各州县有名望的乡绅，辅佐我的工作。先给他们写封信，然后恳切晓谕。多年来历经世故，又经历忧患，稍年纪衰迈，精神颓败。幸而老朋友您来照顾我，相互交流，招集已散的魂魄，洗常年的尘垢，于是产生新机同从前一样，也许能拯救时艰的万分之一，尚未可知。郭筠仙、刘霞仙、罗罗山及平日的故旧，都来到这里，希望您能来这里，无时不企盼着。信上写的不及十分之一，其余的心照不宣，顺便问候近来安泰。

【原文】

楚勇颇多骄悍不驯，若非严加一番训饬，将来恐不可驭。即以目前论之，亦须君家兄弟乃能一扰，若隶他人麾下，则难尽受羁勒。每与令弟道及，宜思有以降伏之也。前带往鄂之四百，吾弟既署臬司，诸务丛集，恐难分心更问练勇事件，即间有出征剿办之处，亦难亲往督师。若在不获其用，即一并撤回南省，亦无不可。或全留星沙，或撤归新宁，当与令弟细商之。

【译文】

楚勇大都骄悍难驯，若不严加训练和指导将来恐不好统帅。即以目前情况而论，只有你们兄弟才能控制他们，以后若楚兵归他人统领，则更难以调理。每次

和你弟弟谈论至此，思念降伏他们的办法。前次带到湖北的大致有四百人马，贤弟既已署臬司，诸务丛集，恐怕更难分心着手管理练勇之事，即使有出征剿办的行动，也难以亲自督师。如果在湖北不能获使用，就把兵士撤回湖南省，也完全可以。或者全留星沙，或撤归新宁，应与你弟详细地商讨一番。

【原文】

昨夕为一书，专差送去，想已收到。此次招募湘勇，虽为防堵起见，实为岷樵欲招楚勇三千，拟即日以湘勇一千与之，合宝勇以成一军。招募之时，宜与之坚约：直赴江南，隶江大人麾下也。如愿去者少，不能凑成一千之数，万不可勉强添凑，少或五六百，或三四百皆可，总须察其胆气，虽死不避者而后可。与吾选湘勇，外似悫实，中多狡猾。就一邑论之，上中二里，又胜于下里之人，想早在洞鉴。弟所以用湘人者，非私于本邑，实以阁下之忠敢，迥越辈流，急欲相为依倚，以壮吾之魄耳，想心印之矣。银五百，乞照收。国藩再拜。

【译文】

昨天给你写了一封信，派专差送去，我想你已经收到我的信。这次招募湘勇，虽然是为了防堵太平军，实际上是岷樵欲招募三千楚勇，打算到时间先给他一千湘勇，使他们和宝勇合成一支部队。招募的时候，应该与当兵的人约定：直赴江南，隶属江大人麾下，如果愿意去的人少，不能凑够一千，千万不可勉强添凑，招收五六百人，或三四百人都可以，必须检验一下胆量，只有不怕死的才可以。我所选的湘勇，外表老实，内心却很狡猾。对一邑的人来说，上中二里的人胜过下里的人，想你对此已熟知。我用湘人的原因，不是为本地谋私利，实际是因为你的忠勇超越常辈，想借重你来给我壮胆，想你对此心照不宣。送你银五百两，请收下，国藩再拜。

【原文】

抑又有请者，不难于勇，而难于带勇之人。带勇之人，第一要才堪治民，第二要不怕死，第三要不急急名利，第四要耐受辛苦。治民之才不外公、明、勤三字。不公不明，则诸勇必不悦服；不勤，则营务细巨，皆废驰不治，故第一要务在此。不怕死，则临阵当先，士卒乃可效命，故次之。为名利而出者，保举稍迟则怨，稍不如意则怨，与同辈争薪水，与士卒争毫厘，故又次之。身体羸弱者，过劳则病；精神乏短者，久用则散，故又次之。四者似过于求备，而苟阙其一，则万不可以带勇。故弟尝谓带勇须智浑勇沉之士，文经武纬之才。数月以来，梦想以求之，焚香以祷太，盖无须臾或忘诸怀。大抵有忠义血性，则四者相从以俱至；无忠义血性，则貌似四者，终不可恃。两兄平生物色，果有此等人否？如其有之，万望道达鄙意，礼请以出，非弟之私好也，为天下出也。弟之汲汲，尤在于此，千万千万！

【译文】

又有要说明的，招兵勇不难，而带领兵勇的人却很招。带兵的人，第一要有治民的才能，第二要不怕死，第三要不重名利，第四要耐辛劳。治民的才能，不外公、明、勤三个字。不公不明，则兵勇一定不心悦诚服；不勤，那么兵营事务大小，都会松懈不治理，所以在这是第一要紧的事。不怕死，那么临阵当先，士卒才能跟在后面仿效他，所以次要些。

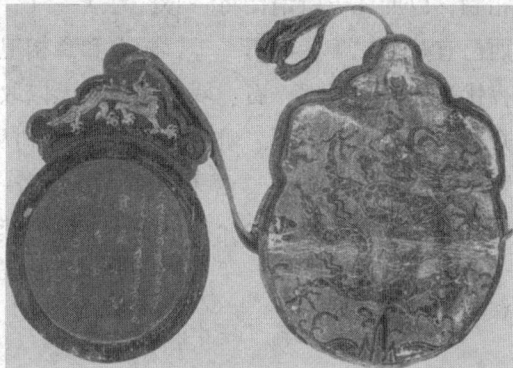

调兵信符　清

为了名利而来的人，保举时稍迟他会抱怨，稍不如意则有怨言，和同辈争薪水，和士卒争毫厘，所以这又次要些。身体弱的人，过度劳累就病，精神不够，时间久了就精神用久，就不能专心，所以这又更次要。这四条似乎求全责备，然而缺一不可让他带勇。所以我常说带兵的人必须是智浑勇沉之士，文经武纬之才。几个月以来，梦想求贤人，烧香祈祷，大概没有一刻不思考这件事。大概有忠义血性的，那么四者都可相随而至，没有忠义血性的，那么表面四者具备，然而终不可靠。两兄一生物色的人，果有这样的人吗？如有，一定希望表达我的意思，礼请他出来，不是弟的私好，这是为天下，为国家出力。我对此特别关注，千万拜托。

【原文】

仆于十六日到家，身染小恙，比已全愈。每念天下大局，极可伤痛。桂东之役，三厅兵寻杀湘勇于市，足下所亲见也。江西之行，镇筸兵杀湘勇于三江口，伤重者十馀人。七月十三、八月初六省城两次兵噪，执旗吹号，出队开仗，皆以兵勇不和之故。七月二十四，临庄诸君遇难，亦以镇筸、云贵兵见贼逃溃，危败不救，遂致斯痛。盖近世之兵，孱怯极矣，而偏善妒功忌能，懦于御贼，而勇于扰民，仁心以媚杀已之逆贼，而很心以仇胜已之兵勇。其仇勇也，又更胜于仇兵。

曩者已西，新宁李沅发之变，乡勇一跃登城，将攻破矣！诸兵以鸟枪击勇坠死，遂不能入。近者兵丁杀害壮勇之案，尤层见叠出，且无论其公相仇杀，即各勇与贼事殷之际，而各兵一不相救，此区区之勇，欲求成功，其可得耶？不特勇也，即兵与兵相遇，岂闻有此营已败，而彼营冒险往救者乎？岂闻有此军饿死，而彼军肯分一粒往哺者乎？仆之愚见，以为今日将欲灭贼，必先诸将一心，万众一气，而后可以言战。而以今日营伍之习气，与今日调遣之成法，虽圣者不能使之一心一气，自非别树一帜，改弦而张，断不能办此贼也。鄙意欲练乡勇万人，

概求吾党质直而晓军事之君子，将之以忠义之气为主，而辅之以训练之勤，相激相劘，以庶几于所谓诸将一心，万众一气者，或可驰驱中原，渐望澄清。目今江西已有楚勇二千，湘勇一千，颇有和衷相卫之象，而自临庄诸君殉难以来，仆日夜忧虑，深恐吾岷、石、罗、筠诸兄无以取胜而立于万全之地，且以贼氛数万之众，而吾勇仅有四千，亦无以壮其魄而树厥威。拟请再练勇六千，合成一万之数，概归岷樵、石樵二君子统领，其经费一面劝捐，一面由藩库提取数万金应用，以此入奏，宜蒙俞允，不识足下以为然否？

【译文】

我于十六日回到了家中，身体欠佳，现已完全恢复健康。每当想到天下的局势，就非常伤心悲痛。桂东这次战役，三厅的兵在市里寻找并杀害湘勇，这是你亲眼见到的。江西之行，镇墺的士兵在三江口杀害湘勇，受重伤的人有十余人。七月十三日，八月初六日，省会城市两次受兵骚动，拿着旗子，吹着号，出动军队进行战争，都是因为兵勇不团结的缘故。七月二十四日，临庄诸君遇难也是镇墺、云贵的军队看见敌人就逃溃，而不去救他们，以致发生了这令人痛心的事情。大概近来的兵士都是非常屏怯，而且又善于忌妒功能，对防御敌人非常害怕，而对扰乱百姓则非常勇敢，对自己的敌人则以仁心诏媚，而对胜过自己的军队则狠心杀害。他们仇视乡勇，则胜于仇视士兵。

从前己酉年间，新宁李沅发起兵，乡勇一举登上城池，马上就要攻破城池！那些兵用鸟枪打击乡勇并使乡勇坠墙而死，使其不能入城。现在又出现兵丁杀害壮勇的案件，尤其层见叠出，且不论他们公然互相仇杀，就是兵勇与敌人发生战争之际，这时各兵不互相救援，这小小的所募之勇，打算求得成功，他们可得到吗？不仅是乡勇，即使兵与兵互相遇见，难道听说有一个营已经败了，而你的营冒险去救他们吗？难道听说有一军饿死，而另一军肯分一粒粮食去救他吗？我的见解是，如果今天打算消灭敌人，必须先统一诸将的士气，万众一心，然后才可以开战。而现在部队的习气，与现在的调遣的方法，即使圣明的人也不能使队伍一心一气，除非别树一帜，改弦更张，断不能消灭此贼敌。我的意思是打算训练乡勇万人，寻求我们这里比较正心、正直而通晓军事的君子作为领导人，以忠义的思想训练士兵，而辅助以训练之勤，相激相励，这样诸将将万众一心，或许可以驰驱中原，这样逐渐可澄清敌人。现在江西已有楚勇二千人、湘勇一千人，很有和衷相卫的迹象，而从临庄那些君子遇难以来，我日夜忧虑，深恐我岷樵、石樵、罗泽南、筠诸兄弟无以取胜而立足于万全之地，并且敌人有数万的军队，而我们的乡勇仅有四千人，也无法壮他们的威望胆魄树立威严。请示再训练六千乡勇，加上那四千乡勇，合成一万人，都归岷樵，石樵二君领导，他们的经费一方面应靠劝捐，另一方面从藩库中提取数万来应用，以此上奏，想获得批准，不知您的看法怎样？

三、择友处世篇

【原文】

臣窃维用人、行政,二者自古皆相提并论。独至我朝,则凡百庶政,皆已著有成宪,既备既详,未可轻议。今日所当讲求者,惟在用人一端耳。方今人才不乏,欲作育而激扬之,端赖我皇上之妙用。大抵有转移之道,有培养之方,有考察之法,三者不可废一,请为我皇上陈之。

所谓转移之道,何也? 我朝列圣为政,大抵因时俗之过而矫之使就于中。顺治之时,疮痍初夏,民志未定,故圣祖继之以宽;康熙之末,久安而吏驰,刑措而民偷,故世宗救之以严;乾隆、嘉庆之际,人尚才华,士骛高远,故大行皇帝敛之以镇静,以变其浮夸之习。一时人才循循规矩准绳之中,无有敢才智自雄、锋芒自逞者。然有守者多,而有猷有为者渐觉其少。大率以畏葸为慎,以柔靡为恭。以臣观之,京官之办事通病有二,曰退缩,曰琐屑。外官之办事通病有二,曰敷衍,曰颟顸。退缩者,同官互推,不肯任怨,动辄请旨,不肯任咎是也。琐屑者,利析锱铢,不顾大体,察及秋毫,不见舆薪是也。敷衍者,装头盖面,但计目前剜肉补疮,不问明日是也。颟顸者,外面完全,而中已溃烂,章奏粉饰,而语无归宿是也。有此四者,习欲相沿,但求苟安无过,不求振作有为,将来一有艰巨,国家必有乏才之患。我大行皇帝深知此中之消息,故亟思得一有用之才,以力挽颓风。去年京察人员,数月之内,擢臬司者三人,擢藩司者一人,盖亦欲破格超迁,整顿积弱之习也。无如风会所趋,势难骤变。今若遽求振作之才,又恐躁竞者因而幸进,转不足以收实效。臣愚以为欲使有用之才不出范围之中,莫若使之从事于学术。汉臣诸葛亮曰:"才须学,学须识。"盖至论也。然欲人才皆知好学,又必自我皇上以身作则,乃能操转移风化之本。臣考圣祖仁皇帝登极之后,勤学好问,儒臣逐日进讲,寒暑不辍;万寿圣节,不许间断;三藩用兵,亦不停止;召见廷臣,辄与之往复讨论。故当时人才济济,好学者多。至康熙末年,博学伟才,大半皆圣祖教谕而成就之。今皇上春秋鼎盛,正与圣祖讲学之年相似。臣之愚见,欲请俟二十七月后,举行逐日进讲之例。四海传播,人人响风。召见臣工,与之从容论难。见无才者,则勖之以学,以痛惩模棱罢软之习;见有才者,则愈勖之以学,以化其刚愎、刻薄之偏。十年以后,人才必大有起色。一人典学于宫中,群英鼓舞于天下,其几在此,其效在彼,康熙年间之往事,昭昭可观也。以今日之萎靡因循,而期之以振作;又虑他日列张偾事,而泽之以《诗》《书》。但期默运而潜移,不肯矫枉而过正。盖转移之道,其略如此。

所谓培养之方,何也? 凡人才未登仕版者,姑不具论。其已登仕版者,如内阁、六部、翰林院最为荟萃之地,将来内而卿相,外而督抚,大约不出此八衙门。此八衙门者,人才数千,我皇上不能一一周知也。培养之权,不得不责成于堂官。所谓培养者,约有数端:曰教诲,曰甄别,曰保举,曰超擢。堂官之于司

国学经典文库

员，一言嘉奖，则感而图功；片语责惩，则畏而改过。此教诲之不可缓也。榛棘不除，则兰蕙减色；害马不去，则骐骥短气。此甄别之不可缓也。嘉庆四年、十八年，两次令部院各保司员，此保举之成案也。雍正年间，甘汝来以主事而赏人参，放知府；嘉庆年间，黄钺以主事而充翰林，入南斋。此超擢之成案也。盖尝论之，人才譬之禾稼，堂官之教诲，犹种植耘耔也；甄别则去其稂莠也；保举则犹灌溉也；皇上超擢，譬之甘雨时降、苗勃然兴也；堂官常到署，譬之农夫日日田间，乃能熟悉稼事也。今各衙门堂官，多内廷行走之员，或累月不克到署，与司员恒不相习，自掌印、主稿数人面外，大半不能识面，譬之嘉禾、稂莠，听其同生同落于畎亩之中，而农夫不问，教诲之法无闻，甄别之例亦废，近奉明诏保举，又但及外官，而不及京秩，培养之道，不尚有未尽者哉！自顷岁以来，六部人数日多，或二十年不得补缺，或终身不得主稿；内阁、翰林院员数，亦三倍于前，往往十年不得一差，不迁一秩，固已英才摧挫矣。而堂官又多在内廷，终岁不获一见，如吏部六堂，内廷四人；礼部六堂，内廷四人；户部六堂，皆直内廷；翰林两掌院，皆直内廷。在诸臣随待御园，本难分身入署，而又或兼摄两部，或管理数处。为司员者，画稿则匆匆一面，白事则寥寥数语，纵使才德俱优，曾不能邀堂官之一顾，又焉能达天子之知哉！以若干之人才，近在眼前，不能加意培养，甚可惜也。臣之愚见，欲请皇上稍为酌量，每部须有三、四堂不入直内廷者，令其日日到署，以与司员相砥砺。翰林掌院，亦须有不直内廷者，令其与编、检相濡染。务使属官之性情、心术，长官一周知。皇上不时询问，某也才，某也直，某也小知，某也大受，不特属官之优劣粲然毕呈，即长官之深浅亦可互见。旁考参稽，而八衙门之人才，同往来于圣主之胸中。彼司员者，但令姓名达于九重，不必升官迁秩，而已感激无地矣。然后保举之法，甄别之例，次第举行乎旧章。皇上偶有超擢，则楩柟一升，而草木之精神皆振。盖培养之方，其略如此。

所谓考察之法，何也？古者询事、考言，二者并重。近来各衙门办事，小者循例，大者请旨。本无才猷之可见，则莫若于言考之。而召对陈言，天威咫尺，又不宜喋喋便佞，则莫若于奏摺考之矣。国家定例，内而九卿科道，外而督抚藩臬，皆有言事之责。各省道员，不许专摺谢恩、而许专摺言事。乃十馀年间，九卿无一人陈时政之得失，司道无一摺言地方之利病，相率缄言，一时之风气，有不解其所以然者；科道间有奏疏，而从无一言及主德之隆替，无一摺弹大臣之过失，岂君为尧、舜之君、臣皆稷、契之臣乎？一时之风气，亦有不解其所以然者。臣考本朝以来，匡言主德者，孙嘉淦以自是规高宗，袁铣以寡欲规大行皇帝，皆蒙优旨嘉纳，至今传为美谈。纠弹大臣者，如李之芳参劾魏裔介，彭鹏参劾李光地，厥后四人，皆为名臣，亦至今传为美谈，自古直言不讳，未有盛于我朝者也。今皇上御极之初，又特诏求言，而褒答倭仁之谕，臣读之至于抃舞感泣，此诚太平之象。然臣犹有过虑者，诚见我皇上求言甚切，恐诸臣纷纷入奏，

或者条陈庶政，颇多雷同之语，不免久而生厌；弹劾大臣，惧长攻讦之风，又不免久而生厌。臣之愚见，愿皇上坚持圣意，借奏摺为考核人才之具，永不生厌落之心。涉于雷同者，不必交议而已；过于攻讦者，不必发钞而已。此外则但见其有益，初不见其有损。人情狃于故常，大抵多所顾忌，如主德之隆替，大臣之过失，非皇上再三诱之使言，谁肯轻冒不韪？如藩臬之奏事，道员之具摺，虽有定例，久不遵行，非皇上再三迫之使言，又谁肯立异以犯督抚之怒哉？臣亦知内外大小，群言并进，即浮伪之人，不能不杂出其中。然无本之言，其术可以一售，而不可以再试，朗鉴高悬，岂能终遁！方今考九卿之贤否，但凭召见之应对；考科道之贤否，但凭三年之京察；考司道之贤否，但凭督抚之考语。若使人人建言，参互质证，岂不更为核实乎？臣所谓考察之法，其略如此。三者相需为用，并行不悖。

【译文】

我私下考虑，用人和理政这两个方面，自古以来都是相提并论。唯独到了我朝，各种政事都已有现成的法规，而且非常详备，难以轻易议论。今天所应当讨论的，只有用人一事罢了。当今人才并不缺乏，要想栽培和激励他们，全靠皇上的妙用。大体上，用人的方法有转移法，有培养法，还有考察法，三种方法缺一不可，请允许我向皇上您加以陈述。

掐丝珐琅麒香熏　清

国学经典文库

　　所谓转移法，指的是什么呢？我朝各位圣主处理政事，大都是根据时俗的过失进行矫正，使它们趋于适中。顺治时期，创伤刚刚恢复，民心尚未安定，所以圣祖继续采用宽松的政策；康熙末年，由于长期太平，官吏松懈，刑罚废弃，百姓刻薄，所以世宗采用严厉的政策加以救治；乾隆、嘉庆年间，人们崇尚才华，好高骛远，所以，具有崇高德行的仁宗采用镇静的方法，对他们进行约束，以改变那种浮夸的风气。一时间，人才循规蹈矩，没有敢自诩多才多智、锋芒毕露的。这样一来，有操守的人倒是很多，而有谋略有作为的人却逐渐感到欠缺。人们大都把畏缩怯懦看作谨慎，把软弱诿靡当成恭顺。据我看来，京城官员办事的通病有二：一是退缩，二是烦细。京外官员办事的通病也有二：一是敷衍了事，二是漫不经心。退缩的人，同官之间互相推诿，谁也不想落埋怨，动不动就请示旨意，谁也不肯受指责。烦细的人，只见小利，不顾大体，能看到秋毫之末，却看不见一车柴草。敷衍了事的人，装点颜面，只考虑眼前剜肉补疮，而不管明天怎样。漫不经心的人，外面完好无缺，中间却已溃烂，上书粉饰自己，而所说的话全无根据。这四种人，习俗竟相沿袭，只求苟且安然、没有过错，不求振作起来，有所作为，将来万一有重大、艰难的事情，国家一定有缺乏人才的忧患。圣德皇帝您深知其中的情形，所以极想得到一位有用的人才，来力挽这种颓废的风气。去年接受考察的京城官员，几月之内，就有三人被提拔为臬司，一人被提拔为藩司，大概是想通过破格越级提拔，来整顿积久而成的萎靡习气。无奈这种风气是大势所趋，很难立刻改变。现在如果急于求取振作的人才，又害怕那些急躁冒进的人侥幸进身，反而不能收到实效。我认为，要想使人才不越出规范，不如使他们从事学术。蜀汉的大臣诸葛亮说："人才必须学习，学习必须弄懂。"这也许是最好的言论啊。然而，要想使人才都知晓好学，又必须靠皇上您以身作则，才能把握住转移风化的根本。据我考察，圣祖登极之后，勤学好问，每天让文臣近前讲学，严寒酷暑，都不废弃；即使自己生日，也不许间断；地方发生战事，也从不停止；每次召见大臣，总是和他们反复讨论。所以当时人才济济，好学的人很多。到了康熙末年，有渊博学识和卓越才干的人，多半是圣祖教导栽培而成的。如今皇上年富力强，正和圣祖研讨学术的年龄相似。我的意见，是想请您在登基二十七月后，实行每天召文臣讲学的惯例。天下传播，人人效仿。召见群臣百官，和他们从容辩论。发现没有才识的人，就用学习勉励他们，以痛惩那种遇事不置可否的疲软风习；发现有才识的，就更要用学习勉励他们，以改掉他们刚愎自用、为人刻薄的过失。十年以后，人才一定会大有起色。一人在宫中做学的典范，全天下的英才都会受到鼓舞，开始在此，收效在彼，康熙年间的往事，是清晰可见的。拿今天这种萎靡相沿的劣习，希望它变成振作的风气，又担心将来再出现败坏国家的事情，便用《诗》《书》对人们进行教育。只期望潜移默化，而不能矫枉过正。转移法的内容大致如此。

　　所谓培养法，指的是什么呢？凡是未入仕途的人才，故且不说。那些已入仕

途的，如内阁、六部、翰林院这些人才最为集中的地方，将来朝中的卿相，京外的督抚，基本上都是从这八个衙门中选拔。那里的人才数千，皇上您不可能一一了解。培养人才的职权，不得不交给各衙门的长官。所谓培养，大致有几个方面：教诲、鉴别、举荐、破格提拔。各衙门的长官对于他的属员来说，一句嘉奖的话，就会使他们感激而努力建功；一句责罚的话，就会使他们畏惧而改正错误。这就是教诲不能不加强的原因。灌木荆棘不铲除，兰花蕙草的色泽就会减损；害群之马不离去，千里马的力气就不能充分施展。这就是不能不加强鉴别的原因。嘉庆四年和十八年，两次命令各部院举荐属员，这也是举荐的先例。雍正年间，甘汝来以主事的身份被赏赐人参，外出做了知府；嘉庆年间，黄钺以主事的身份供职翰林院，得以进入宫中的南书房。这是破格提拔的先例。原来曾经讨论过，人才就好像庄稼一样，衙门长官的教诲，就如同耕种培土；鉴别就如同剔除杂草；举荐就如同引水灌溉；皇上的破格提拔，就如同甘雨按时而降，庄稼即会迅速成长；长官经常到官署中去，就如同农夫天天在田间，才能熟悉农业生产。如今各衙门的长官，大都是在宫内做事的人员，有时数月不能到官署去，与属员常不接触，除了掌印、主稿几人之外，多半都不认识，就如同庄稼和杂草一样，任凭它们在田间同生同死，而农夫却不管不问。教诲的方法没人知晓，鉴别的旧例也已废弃，近来奉诏举荐人才，又只限于京外官员，而不包括京城内部。培养的方法，还有未完全抛弃的吗？自近年以来，六部人员越来越多，有的二十年不能补缺，有的终身不能主稿；内阁、翰林院的人数也相当于以前的三倍，这些人往往十年得不到一件公务，提了一级官品，这本来就已经使杰出人才受到摧残和挫折了。而且各衙门长官又多在宫内，属员终年难得一见。如吏部六位堂官官内就有四人；礼部六位堂官，宫内也有四人；户部六位堂官，都在宫内供职；翰林院两名掌院，也都在宫内供职。这些人在御园随从侍候，本来就难以分身到官署去，却又有人兼掌两部，有人管理数处。当署员的，在文稿上署名时匆匆见一面，向长官汇报时寥寥说几句，即使才德俱优，也不能让长官看一眼，又怎能够使天子了解呢？这么多的人才，近在眼前，却不能用心培养，实在可惜。我的意思是想请皇上您稍加考虑，每部应有三、四位不在宫内供职的长官，让他们每天到官署去，以便与属员相接触。翰林院的掌院，也须有不在宫内供职的，让他们和编写、审核人员相接触。务必使长官对属员的性情、心术一一了解。皇上要不时询问，谁有才，谁正直，谁仅有小智，谁堪当大任。这样一来，不只是属员的优劣完全明白地表现出来，就连长官的能力大小也可以通过比较发现。经过考查核实，八衙门的人才就全活动在皇上您的胸中了。那些当属员的，只要能让他们的姓名传遍天下，不一定让他们做官升职，他们就已经感激不尽了。然后再依照旧例，依次实行举荐法和鉴别法。皇上偶有破格提拔，那就好比梗树、枎树升高、草木振作那样鼓舞人心。培养法的内容大致如此。

　　所谓考察法，指的是什么呢？古时候询问事情、考核言论，二者并重。近来

各衙门办事，小的依照旧例，大的请示圣旨。本来是无法看出办事者的才识谋略的，这就需要在言论方面对他们进行考核了。而召见他们应对陈言时，由于皇上近在咫尺，又不宜花言巧语，喋喋不休，这就不如通过奏本考核他们了。国家制定条例，京内的九卿及各个科道，京外的督抚及各个藩臬，都有进言事情的责任。各省的道员，不许专门写奏折谢恩，只准专门写奏折议事。然而，十余年来，九卿竟无一人陈述时政的得失，司道竟无一份奏折论议地方利弊，大家都保持沉默，一时间形成这样的风气，真让人搞不清是什么原因；科道偶尔也有上疏，但从没有一句涉及国君德行盛衰的话，没有一份弹劾大臣过失的奏折，难道当朝的国君都是尧、舜那样的国君，当朝的大臣都是稷、契那样的大臣吗？一时间形成这样的风气，也让人觉得不可思议。我考察本朝以来，进言匡正国君德行的，孙嘉淦用自是规劝高宗，袁铣用寡欲规劝具有崇高德行的仁宗，都被充分地采纳，至今传为美谈；弹劾大臣的，如李之芳上奏弹劾魏裔介，彭鹏上奏弹责李光地，后来这四人都成了名臣，至今也传为美谈。自古以来，直言不讳的情况没有比我朝更盛的。如今皇上您刚刚即位，就又特地下诏求言，饱含仁义的言辞，使我读后拍手起舞，感激流涕，这实在是太平的景象啊。然而我有些过分的忧虑，看见皇上您求言非常急切，恐怕众位大臣纷纷入奏，或者上疏陈述各类政事，其中有许多雷同的地方，时间长了，您不免会产生厌烦心理；弹劾大臣，害怕助长相互攻击的风气，时间长了，您又不免会产生厌烦心理。我的意思，是希望皇上您坚定心意，借奏折作为考核人才的工具，永不产生腻烦心理。涉及雷同的，不必交大臣讨论就行了；攻击过度的，不必抄发就行了。除此以外的，就只会看到它有利，开始不会看到它有害。人都习惯于旧有的常规，大部分有很多顾忌，如国君德行的盛衰，大臣的过失，若非皇上再三诱导他们，使他们讨论，谁肯轻易去冒天下之大不韪呢？如藩臬上朝奏事，道员呈递奏折，虽有固定的条例，却长久不遵照实行，若非皇上再三督促他们发表言论，谁又敢标新立异，以至触怒督抚呢？我也知道，京内京外、大大小小的人物共同进言，即使轻浮虚伪的人，不会不夹杂其中。然而没有根据的言辞，只能贩卖一次，而不可能故伎重演，明镜高悬，它难道逃脱吗？如今考核九卿的贤否，只凭召见时的应对；考核科道的贤否，只凭三年的京城考察；考察司道的贤否，只凭督抚的评语。如果让每人都发表见解，相互比较参证，难道不更为核实吗？我所说的考察法，大致如此。

以上三种方法相互依赖，同时实行，互不违背。

【原文】

苏垣为仕宦鳞萃之场，以弟所闻，大抵挥霍者蒙卓声，谨守者沉散秩，生辣者鹊起，和厚者蠖伏，标榜者互相援引，务实者独守岑寂。揆斯三者于吾兄，俱未为谐叶。然君子之道，不汲汲于名望，要在案牍律例之中，诚能三折肱而九折臂，则阅时稍久，亦终为僚友所推，上官所许。弟有一言，奉吾兄于数年之内行

之者，其曰"耐"乎。不为大府所器重，则耐冷为要；薪米或时迫窘，则耐苦为要；听鼓不胜其烦，酬应不胜其扰，则耐劳为要；与我辈者，或以声气得利，在我后者，或以干请得荣，则耐闲为要。安分竭力，泊然如一无所求者，不过二所，则必为上官僚友所钦属矣。

【译文】

苏州官署是为官作宰的人荟萃之处，凭我的见闻，那里大体上是奢侈腐化的官员获得好评，忠于职守的官员沦于闲职；办事刻薄的官员乘时崛起，待人宽厚的官员有志难酬；彼此标榜的官员相互勾结称颂，脚踏实地的官员默默无闻。把这三条搁您身上来考察，都说不上合适妥当。不过有道君子的行为，是不急切地追于名利声望，关键是在公文断案之中，真正能达到阅历多，经验丰富，那么阅历稍长，也终究被同僚们所称许，被上级所肯定。我有一句话，奉请您在数年之内依此实行，这就是"耐"这个字。当不被上级器重时，就要把忍耐冷遇作为关键；当生活偶尔出现钱粮困难时，就要把忍耐清苦作为关键；当受不了公务应酬的繁杂时，就要把忍耐烦劳作为关键；当那些跟我同级别的人或许凭借虚名得到好处，那些级别低于我的人或许凭巴结请托得到荣誉，这时就要把忍耐闲置作为关键。安于本分竭尽全力，恬静淡泊好像是一无所求，这样不超过两年，就必定被上司、同僚所钦佩、重用了。

【原文】

吾邑县试，闻已示期，三月八日阅卷一席，弟有好友高君静轩倬书，品学兼优，实堪上客之聘，特以奉荐，务祈推爱礼致，感幸无涯。

【译文】

我家乡的县级考试，听说已经确定日期，至于三月八日这一天的阅卷人，我有一位好朋友，名叫高倬书（静轩），品行学问都是上乘，确实能够担当此职，特予荐举，务请看我的薄面加以聘用，感激不尽。

【原文】

此间文员如魁太守、朱明府，武弁如塔参将、景都司皆忠勇奋发，可与共倡大义。而塔参将言玉山者，为乌都统所赏之第一人，实属难得之才。顷闻阁下因其不赴桂东之援，督责甚严，求少为弛缓，待弟细细察看。人才难得，恐因小瑕而镌去有用之才也。

【译文】

这一地区的文官中如魁太守、朱县令等，武官中如塔参将、景都司，都忠心赤胆奋发有为，可以和他们一同伸张大义。而其中的塔玉山参将，是被乌都统赏识的顶尖人物，实属很难求得的人才。近来听说您因为他不肯前往桂东增援，狠狠地督责了他，求您稍稍从缓处置，等我再仔细对他考察一番。人才难得，只怕

因小错而损失了有用之才啊!

【原文】

火药局内请一储公者,足下在南时,想曾一见。今所为药,好于官物者五倍,而所费减于官价者一倍,用人之有益世事也如是。铸炮局请邹伯韩,叔绩之兄子也,亦佳士,差能为古文。其任事当朴实可倚,惜近时铁质散恶,虽久锤恐尚不精。桂东有吴齐源者,老诸生,徒步来省请兵,与之谈,熟于江广各匪始末及地方情形,资送润生营中,令其广觅向导侦卒。尹安恒为耒阳邓湘伍清和所擒,何贱苟为教谕李传敏所擒,刘大统被擒,吾乡绅耆中,盖往往有可用之才,不能一一保奏,赏以功牌而已。近时名器太滥,此物殊不足珍。然舍此又无可持赠者。

【译文】

火药局聘请的储公这个人,您在南部时,想来已经见过了一面。眼下所生产的火药,要好于官府的五倍,而所耗费的成本要低于官方的一半,用人合理的好处竟如此之大。铸炮局聘用的邹伯韩这个人,是叔绩哥哥的儿子,也是一个才学兼优的读书人,他的古文功底也相当不错。他做事必定诚实可靠,可惜近来铁的质量低劣,即便多次锤炼恐怕还不能达到精纯。桂东有一位叫吴齐源的人,他是一个老秀才,徒步跋涉前来省城投军报国,我与他谈话,发现他对于江、广各地贼匪的情况及各地的情形非常熟悉,于是将他派送到润生的军营之中,命令他广泛地寻求向导和侦察兵。尹安恒被耒阳的邓湘、伍清和所擒获,何贱苟被教谕李传敏所擒获,刘大统被擒获,我家乡的绅士耆宿中,有用人才实在不少,对他们不能一一保奏官职,只能赏给记功奖牌而已。近来各位官爵赏赐得太多太乱,使这些东西显得丝毫都不值得珍贵。但除了这些东西又没有可以拿来赠人的东西了。

火药葫芦

【原文】

带勇之人,诚如来示"不苟求乎全材,宜因量以器使",然血性为主,廉明为用,三者缺一,若失輗軏,终不能行一步也。

【译文】

带兵之人,确实像来信所指出的"不求全责备要全材,应根据各人能力,特长加以任用",不过,择将要以热情胆气为主,廉洁明智为其表现,三者之中缺

少一条，就如同车辆上丧失了关键，结果无法前进一步。

【原文】

王璞山自兴宁归来，晤侍于衡，见其意气满溢，精神上浮，言事太易，心窃虑其难与谋大事。其时渠意欲兴师为湘人报七月之仇，侍亦欲添勇为岷樵助一臂之力，约共招宝勇、湘勇数营来衡训练，并议定军饷不必取诸藩库，器械不必耗诸总局，皆由劝捐徐徐图之。侍曾有书与阁下道及一二，言器械极不易办也。厥后，璞山由湘晋省，适下游有逆匪回窜之说，长沙警严，老前辈饬令带勇先守省城，侍亦料其必如此，仓卒之间，一切饷金、军械，皆不能不取之省局，是今之所招者，非义师，乃官勇也。既为官勇，则当与通省之兵勇通盘筹画。若一处先须交三万金，则各处招勇先交之款，已不赀矣，况后有月支乎？况又有兵饷乎？此璞山阅历太浅，视事太易之过也。

【译文】

王璞山从兴宁回来，到衡州和我会面，我发现他志得意满，神情浮躁，把事情说得太容易，心里暗想很难和他谋划、成就大事。当时，他的意思是打算兴兵为湖南人报复七月份所受到的冤仇，我也打算派兵为岷樵助一臂之力，共同约定招集宝勇、湘勇数营来衡州训练，并商定军饷用不着从省府去求助，器械也用不着从各总局去领取，都采用劝服百姓募捐的办法慢慢解决。我曾给你去信说过其中一些事，说明器械十分不容易办理。其后，璞山从湖南升职到了省里，恰逢长江下游传言太平军要逃窜回来，长沙戒严，您命令带兵先守省城，我也预料事必如此，于是，在情况紧急的时候，所有的军饷、军械，都不能不取用省府和总局的，这样一来，现在所招收的兵士，就不再是民间武装，而是国家军队了。既然身为国家军队，就应与全省的兵卒统一对待，全盘筹划了。如果一个地方首先必须交上三万两银子，那么各个地方招兵先交的款项，就不够了，何况以后每个月还有支出呢？何况还有士兵的军饷呢？这是由璞山经验太少，把事情想得太容易的过失造成的。

【原文】

璞山前欲招勇二千，为湘人报七月之仇。国藩亦欲招勇数千，为岷樵添一臂之助，已有成议，将兴举矣。适田家镇之变，下游警急，长沙戒严，中丞命璞山招勇防守省垣。顷闻业招三千，即日可到省城。故国藩嘱其率以往鄂，若其定议，大约十五前可以启行，十日可抵武昌也。璞山驭士有方，血性耿耿，曾邀吾师常鉴。惟近日气馅盈溢，语涉夸大，恐其恃心不固，视事太易，曾为书规之。兹录呈一览。呈师用其长而并察其不逮，俾得归于深稳之途。幸甚！

【译文】

前些日子，璞山打算招收二千士兵，为湖南人雪洗七月份受太平军进攻屠戮的冤仇。我也打算招数千士兵，为岷樵助一臂之力，且已经商议妥当，即将着手

办理了。恰恰遇上田家镇的变乱，长江下游情况紧急，长沙全城戒严，巡抚命令璞山招兵防宁省会城墙。不久听说他已招了三千兵马，近日内就可以到达省城。

将军跃马奋战图　清

因此，我嘱托他率兵前去湖北，如果他遵守事先商议的决定，大约十五日内可以启程，十日内可以抵达武昌。璞山领兵有方，热情饱满，曾经得到老师您的夸奖。只是近些日子有些骄傲，夸大其词，恐怕是他修养不够，把事情想象得过于简单、容易了，我曾去信规劝过他。这里照录呈上，供您过目。老师您调动他的长处同时看到他的不足，使他能够走上深沉稳健的道路，这就值得庆幸了！

【原文】

有邹宣甫召旬者，善探贼情；邹叔明汉章者，读书渊博，善绘舆图，皆军中大有用之才，本在岷樵营中，顷岷樵在江北未归，二人者已先回武昌。吾师如有用此二人之处，可告知朱石樵传之，实未易得也。

【译文】

有一个叫邹召旬（字宣甫）的人，善于侦探贼匪的情报；还有一个叫邹汉章（字叔明）的人，学识渊博，擅长绘制地图，他们都是军队中很有用处的人才，本来在岷樵的营中供职，最近岷樵去江北没有回来，这两个人先回到了武昌。老师您如果用得着这两个人，可以告知朱石樵，让他传唤二人，他们实在不是寻常容易得到的人才。